한국어 격과 조사의 생성 통사론

한국어 격과 조사의 생성 통사론

최 기 용

한국문화사

한국어 격과 조사의 생성통사론

2009년 4월 20일 초판 1쇄 인쇄
2009년 4월 30일 초판 1쇄 발행
2010년 10월 15일 초판 2쇄 발행

저자와의
협의하에
인지생략

지은이 최 기 용
펴낸이 김 진 수
편 집 조 성 혜
펴낸곳 **한국문화사**

133-823 서울시 성동구 구의로 3 두앤캔B/D 502호
전화·02)464-7708(대표) 3409-4488(편집부) 468-4592~4(영업부)
팩스·02)499-0846
등록번호·제2-1276호(1991.11.9 등록)
e-mail·hkm77@korea.com
homepage·www.hankookmunhwasa.co.kr

가 격 28,000원

ISBN 978-89-5726-658-8 93710

이 도서의 국립중앙도서관 출판시도서목록(CIP)은 e-CIP 홈페이지
(http://www.nl.go.kr/cip.php)에서 이용하실 수 있습니다.
(CIP제어번호: CIP2007001433)

❐ 머리말

한국어 문법에 관심을 가진 연구자로서 한국어의 격 그리고 격조사에 대해 생각을 안 해 본 연구자는 거의 없을 것이다. 이는 이른바 전통 문법적 연구에서는 물론이고 생성 문법적 연구에서도 마찬가지인 것으로 보이는데 한국어의 격이 그만큼 연구자의 눈에 잘 뜨이는 면을 가지고 있기 때문일 것이다. 이러한 점은 필자에게도 예외가 아니었다. 생성 문법적 시각 하에서 한국어 문법을 연구하면서 한국어의 격이 가지는 여러 다양한 양상에 항상 흥미를 느껴 무언가 재미있는 부분이 있을 것이라 생각해 왔었다.

그러나 필자로 하여금 한국어 격의 본격적인 연구에 뛰어드는 것을 막는 그 무언가가 있었는데, 몇 가지 예로 한국어의 격을 둘러싼 양상이 단순한 것 같으면서도 그 단순한 면이 복잡한 면과 함께 공존하고 있어 잘 정돈된 견해를 갖기가 힘들거나 또는 격과 관련된 구문들이 한두 가지가 아니라는 점을 들 수 있다. 그리하여 필자의 판단으로는 격 관련 구문에 대한 파악만 제대로 해도 한국어 문법의 상당 부분을 파악할 수 있을 것으로 보인다. 한 마디로 말해 한국어의 격은 어느 한 면만 봐서는 파악이 제대로 안 되고 전체와 그 부분을 함께 봐야 제대로 파악이 되는 그런 대상이 아닌가 한다.

본 책자는 이런 점을 염두에 두고 한국어의 격에 대해 그동안 필자가 관찰하고 생각해 온 바를 정리한 결과이다. 애초에 바랐던 바는 격에 관한 모든 양상을 종합적으로 그리고 세부적으로 파악하고 한 걸음 더 나아가 한국어의 격 현상이 보편 이론에 어떤 기여를 할 수 있을 것인가를 알아보고자 했던 것인데 그 바람이 제대로 지켜졌는지는 의문이다. 특히 후자를 위해서는 다른 언어의 격 현상과의 정밀한 비교가 필요한데, 그동안 한국어에만 너무 빠져 있어 말 그대로 알아보는 수준에 그친 것이 아닌가 하는 생각도 든다. 본 책자가 앞으로의 비교 연구를 위한 하나의 디딤돌이 되었으면 하는 바람이다.

한편 본 책자에는 한국어의 격에 대한 필자의 생각만이 담겨 있는 것은 아니다. 각 세부 주제 및 부문 별로 필자의 생각 및 제안을 명확히 하고 가능하면 논증을 많이 담으려 노력하였는데, 그 작업의 중요한 일환으로 각 분야의 기존 연구들의 견해 및 견해를 위한 논증들을 정확히 그리고 비판적으로 정리, 소개하고자 노력하였다. 그러나 이런 저런 이유로 이런 작업이 쉬운 작업이 아니었음을 고백하고자 한다. 예를 들어 격을 바라 보는 이론에도 여러 가지가 있어 각 이론을 소화해 내기 어려웠을 뿐 아니라, 이론적 시각의 차이로 제안들 간의 직접적 비교 및 평가가 힘들었던 적도 있었다. 또한 예문에 대한 직관적 판단 상의 미묘한 차이를 어떻게 다룰 것인가에 의한 어려움은 말할 나위도 없었다.

필자의 판단으로는 이 모든 것이 격이 순수 통사적 개념이면서도 의미, 화용적 측면과 깊은 연관이 있기 때문으로 보이는데 이는 결국 격을 무엇으로 볼 것 이냐와 직간접적으로 관련이 있다고 본다. 그런 점에서 이는 경험적 문제로 보이는데, 이와 관련하여 본 책자는 격에 대한 생성 문법의 전통적인 입장 즉 추상격(abstract Case)이 한국어에 실재하고 추상격이 문법 기능과 동일 개념이 아니라는 입장이 올바른 것임을 입증하고자 노력하는 한편 한국어의 격 현상이 보편문법에 기여하는 바가 무엇인가를 구체적으로 살펴보고자 노력하였다.

마지막으로 본 책자는 이론적 배경의 차이와 상관없이 한국어 격에 관한 국내외의 중요한 기존 연구의 성과를 포함시키려 노력했지만 이론적으로는 생성 문법적 입장을 고수하고자 노력했으며 그리고 그런 입장에서 기존 연구들의 이론적 주장을 평가하였다. 그리고 한국어의 격 현상 및 격 관련 구문이 갖는 성격에 대해 각 연구들이 관찰한 바 있는 주요한 경험적 내용들도 좀 더 체계적으로 그리고 종합적으로 정리하고자 노력하였다. 이 두 가지 점이 격에 대한 앞으로의 논의에 있어 이론적으로 그리고 경험적으로 도움이 되었으면 하는 바람이다.

본 책자의 내용을 간단히 소개하면 다음과 같다. 먼저 보편적 특성의 논의를 무에서 출발할 수는 없을 것이다. 옳고 그르건 어떤 출발점이 있어야 하는데 생성 문법에서 항상 출발점이 되는 것은 촘스키의 제안들이다. 1장에서는 바로 격 이론과 관련된 촘스키의 제안 혹은 생각의 변화를 시대별로 소개한다. 이후 2장에서 14장까지는 격 이론과 관련하여 한국어의 격에 대해 논의되어 온 혹은 논의되어야 할 논제들을 하나하나 살펴 본다. 먼저 2장에서는 조사의 문제를 살펴 본다. 영어와 달리 한국어에서는 격이 조사의 형태로 실현되며, 전통 문법에 의하면 조사에는 구조격 조사, 의미격 조사, 특수 조사 등 여러 가지 유형이 있다. 고로 격 이론의 관점에서 이런 조사들을 어떻게 볼 것인가가 논의되어야 하는데 2장에서는 이런 문제에 대한 기존 견해를 소개, 정리하는 한편 필자의 입장을 밝힌다. 3장에서는 한국어 구조격의 부여 혹은 인가의 문제를 다룬다. 특히 주격의 인가와 관련하여 여러 가지 견해들이 많은데 이를 정리, 소개하는 한편, 대격 인가에 대한 논의도 포함시킨다.

한편 한국어는 영어와 달리 아주 다양한 유형의 격조사 교체를 보이고 있다. 격 이론의 관점에서 그러한 교체 현상 자체를 어떻게 바라볼까 하는 점도 이론적으로 중요한 이슈이기는 하나, 그에 앞서 그러한 다양한 유형의 격조사 교체 현상 자체를 차분히 살펴보는 것이 더 중요하다고 할 수 있는데, 그 이유는 교체의 이유가 서로 다를 수도 있으며 그에 따라 격 이론에 던지는 이론적 암시도 다를 수 있기 때문이다. 4장에서 10장까지는 바로 이 교체 현상을 보이는 주요 구문들의 특성을 정리하는 한편 이를 토대로 교체의 원인을 살펴보는데, 각 장이 다루는 교체 현상들은 다음과 같다.

먼저 4장에서는 '-에게/에'로 대표되는 의미격조사와 주격 조사 및 대격 조사 간의 교체 현상을 다루며, 5장에서는 속격 조사와 대격 조사 간의 교체, 6장에서는 속격 조사와 주격 조사 간의 교체를 다룬다. 이어 7장에서 10장까지는 주격 조사와 대격 조사 간의 교체를 보이는 구문들을 다루는데, ECM(Exceptional Case-Marking) 구문(7장), 소망 구문(8장), 어휘피동 구문(9장), 장형 부정 구문(10장)이 그들이다.

한국어는 격조사 교체 외에도 여러 가지 특이한 격 관련 양상을 보이는데, 11장에서 14장까지는 그런 양상들에 대한 기존 견해를 비교, 정리하는 한편 이를 토대로 그런 양상이 격 이론에 어떤 얘기를 해 줄 수 있는가에 대한 필자의 의견을 제시하려 노력한다. 먼저 11장에서는 한국어의 가장 뚜렷한 격 현상 중 하나인 격 중출을 다루고 12장에서는 또 다른 특이한 양상인 격조사 결합(Case stacking)을 다룬다. 이어 13장에서는 부사적 명사구에 나타나는 격조사의 양상을 종합적으로 살펴보고 14장에서는 격조사 생략의 양상을 종합적으로 살펴본다.

마지막으로 15장은 앞 장의 논의들 중 격 이론과 관련된 사항만을 모아 정리한 것으로 독자들은 한국어 격 논의를 토대로 필자가 보편 문법 및 언어 간의 차이에 대해 무엇을 얘기하고자 했는가를 간단히 파악할 수 있다.

본 책자는 2001년 여름 한국생성문법학회 주최로 개설된 "제 3 회 생성문법 여름학교" 강의 그리고 같은 해 겨울에 있었던 "제 1 회 국어학회 집중 강좌"에서 행한 강의가 기반이 되어 완성되었다. 발표장에서 많은 좋은 질문을 해 주신 여러 선생님 및 청중에게 감사를 표한다. 그리고 발표의 기회를 마련해 준 두 학회에 감사하며, 그동안 원고에 대해 많은 관심을 보여주고 좋은 지적을 해 주신 여러 동료 교수들, 특히 안희돈, 안성호, 조성은, 박명관, 김선웅, 임창국 교수에게 감사를 드리고자 한다. 이어 책의 출판을 맡아준 한국문화사 김진수 사장님 그리고 책을 예쁘게 꾸며준 조성혜님께 감사드리며 마지막으로 언제나 마음속의 안식처가 되었던 아버님, 어머님께 이 책을 바친다.

❐ 차례

제3장 격 인가자를 찾아서

제4장 의미격 조사와 주격 및 대격 조사 간의 교체

제5장 속격 조사와 대격 조사 간의 교체

제6장 속격 조사와 주격 조사 간의 교체

제7장 주격 조사와 대격 조사 간의 교체1: ECM 구문

제8장 주격 조사와 대격 조사 간의 교체 2: 소망 구문

제9장 주격 조사와 대격 조사 간의 교체 3: 어휘 피동 구문

제10장 주격 조사와 대격 조사 간의 교체 4: 장형 부정 구문

제11장 격 중출

제12장 격조사 결합(Case stacking)

제13장 부사적 명사구에 나타나는 격

第14장 격조사의 비출현: 구조격의 형태적 비실현

第15장 한국어는 격 이론에 대해 무엇을 얘기하는가: 결론을 대신하여

제1장

생성 문법(Generative Grammar)의 격 이론(Case theory)*

언어의 보편적 특성 연구를 주요 목표로 하는 생성 문법에서 격이 언어의 보편적 특징 중의 하나로 인식되고 또 이를 다루는 격 이론이 등장한 것은 1970년대 말 혹은 1980년대 초반 이후 지배-결속 이론(Government-Binding Theory)이 하나의 이론적 틀로서 자리 잡은 다음부터이다. 그 이후 지금까지 자연 언어가 보이는 격 현상을 다루기 위한 몇 차례의 이론적 변화가 있었으며 여러 언어를 토대로 다양한 제안들이 있었으나, 이론적 논의의 중심에는 언제나 촘스키(Chomsky)의 제안이 있었다고 해도 과언이 아니다(Chomsky (1981, 1986a, b, 1991, 1993, 1995, 2000, 2001a, b) 참조). 물론 이는 촘스키의 제안이 항상 옳다는 것을 의미하는 것은 아니다. 그렇지 않다는 것은 촘스키 자신이 스스로의 제안을 여러 차례 바꾸고 있다는 것에서 알 수 있다. 그럼에도 불구하고 촘스키의 제안은 언어 이론의 다른 분야에서와 마찬가지로 격 이론적 논의에서 항상 일종의 표준의 역할을 해 왔으며 고로 이 분야의 논의를 이해하는 데 있어 반드시 잘 알고 넘어가야 하는 그런 성격을 띠고 있다. 본 장에서는 바로 이런 점을 염두에 두고 격 이론과 관련하여 촘스키가 80년대 이후 지금까지 제안한 여러 가지 생각들과 그 생각들의 기반이 되었던 자료들을 함께 정리한다. 이는 2장 이후 전개될 한국어 격 현상 논의를 위한 틀이 될 것이다.

본 장의 구성은 다음과 같다. 먼저 1절에서는 지배-결속 이론 하의 격 이론의 여러 면모를 소개한다. 격 이론이 대상으로 하는 격의 개념, 종류 및 부여 방식 그리고 격 여과(Case Filter) 등이 주요 내용으로 이를 통해 우리는 생성 문법이 격 현상을 어떤

* 본 장의 내용이 최기용(2008 가)으로 발표된 바 있다.

시각으로 바라보고 있는가를 이해할 수 있다. 한편 90년대 초 생성 문법은 촘스키의 주도 하에 이론적으로 한 차례의 큰 변화를 겪는데 최소주의(Minimalism)의 등장이 그것이다. 이런 최소주의의 등장으로 격 이론도 큰 변화를 겪는다. 2절에서는 그런 변화의 동기를 간단히 살펴보는 한편, 격 부여를 대체하는 격 점검,[1] 격 점검의 구조적 기제 그리고 격 여과의 폐지 등과 같은 주요한 변화들을 소개한다.

1.1 지배-결속 이론 하의 격 이론

1.1.1 격 이론의 대상: 추상격(abstract Case) 대 형태격(morphological case)

앞서 지적하였듯이 생성 문법에서 논의되는 격 이론이 생성 문법 초기에서부터 있었던 것은 아니다. 그러나 이러한 격 이론이 대상으로 하는 격이라는 현상은 명사구가 문장에 나타나는 위치에 따라 서로 다른 형태적 모습을 보인다는 점에 착안한 것으로 아주 오래된 것이다. 즉 아래 라틴어의 예가 보여 주듯이 명사구는 문장에서의 위치에 따라 형태를 달리하여 나타나는데 바로 이런 명사구의 특성이 격이라는 개념으로 포착되어 왔으며 격 이론은 바로 명사구의 그런 측면을 대상으로 하고 있다.

라틴어 제 1 변화(단수)

(1) 가. pórta mágna　　　　주격(nominative)
　　문　큰
　　'큰 문이'
나. pórtae mágnae　　　　속격(genitive)
　　'큰　문의'
다. pórtae mágnae　　　　여격(dative)
　　'큰　문에'
라. pórtam mágnam　　　　대격(accusative)
　　'큰　문을'
마. pórtā mágnā　　　　탈격(ablative)
　　'큰 문으로/에 의해/으로부터'
바. pórta mágna　　　　호격(vocative)
　　'큰 문아'

---

1) 부여 및 점검은 내용은 다르나 공히 격의 인가와 관련된 개념들이다. 둘을 함께 아우를 때에는 "인가"라는 용어를 쓴다.

한편 영어의 일반 명사구들은 속격의 경우를 제외하고는 명사구들이 모습이 똑 같아 격의 존재가 과연 보편적이냐 하는 의문이 제기될 수도 있다. 그러나 대명사의 경우 격의 모습이 일부분 남아 있어 이런 의문을 해소하는 데 도움을 주고 있다.

(2) 가. John 주격
나. John's 속격
다. to John 여격
라. John 대격

(3) 가. I you he she it 주격
나. my your his her its 속격
다. me you him her it 여격
라. me you him her it 대격

이런 점에서 더 흥미로운 것은 라틴어나 영어와 전혀 다른 언어인 한국어의 경우에도 명사구가 문장에서 나타나는 위치에 따라 그 모양이 서로 다르다는 점이다.

(4) 가. 철수가 주격
나. 철수의 속격
다. 철수에게 여격
라. 철수를 대격

이러한 점은 두 가지를 얘기해 주는 것으로 보인다. 첫째, 문장에 나타나는 명사구가 그 위치에 따라 무언가 다른 특성을 가지게 하는 것 즉 격의 존재는 언어의 보편적 특성일 가능성이 높다. 둘째, 그러나 그 격의 형태적 실현의 양상은 언어마다 다를 수 있다.

그럼 격 이론은 이 둘 중 어느 것을 대상으로 하는가? 물론 격 이론이 언어의 보편적 특성에 관한 제안이므로 격의 형태적 실현보다는 격 자체를 대상으로 하고 있다. 혹은 이 둘을 구분하여 각각 형태격 그리고 추상격으로 부르기도 하는데 이런 용어에 의하면 격 이론은 추상격을 대상으로 하고 있는 셈이다.[2)]

2) 형태격과 추상격의 관계에 대한 생성 문법의 기본 입장은 형태격이 추상격의 형태적 실현이라는 것이다. 그러나 아이슬랜드어의 괴이격(quirky Case) 현상은 그런 입장이 너무 단순함을 보여준 바 있으며 더 나아가 형태격이 추상격과는 별개임을 주장하는 연구들도 있다(Aoyagi(1999), McFadden (2004) 등 참조). 한국어의 경우 조사가 형태격과 연관이 있다고 할 수 있는데, 필자는

1.1.2 격의 종류: 구조격(structural Case)과 고유격(inherent Case)

앞에서 우리는 격의 존재가 언어의 보편적 특성임을 보았다. 그러면 격과 관련된 또 다른 보편적 특성은 없는가? 이 질문과 관련하여 가장 먼저 눈에 뜨이는 것은 위의 예에서도 알 수 있듯이 명사구들이 격을 가지되 그 격이 다 같은 것이 아니라는 점이다. 즉 명사구가 갖는 격에 몇 가지 종류가 있다는 점으로 생성 문법에서는 우선 크게 다음과 같은 두 가지 종류가 있다고 본다: **구조격**과 **고유격**.

일반적으로 이 둘을 가르는 중요한 기준은 해당 격이 서술어가 부여하는 의미역(theta role)과 연관이 있느냐인데 구조격은 의미역과 연관이 없고 단지 명사구가 차지하는 구조적 위치에 의해 부여되는 격을 말하며(고로 같은 구조격을 갖는 명사구라도 의미역이 달라질 수 있다), 고유격은 서술어와 일정한 의미역 관계를 갖는 경우를 말한다.[3] 먼저 구조격의 전형적인 경우로는 주격(nominative Case)과 대격(accusative Case)을 들 수 있다. 영어의 경우 이들이 구조격이라는 점은 각각 다음의 예들이 보인다.

주격의 경우

(5) 가. John/He met Mary. John/He; 행동주(agent)
나. John/He is afraid of Mary. John/He; 경험주(experiencer)
다. John/He was killed. John/He; 피동주(patient)

대격의 경우

(6) 가. John met Mary/her. Mary/her; 피동주
나. John believes Mary/her to be intelligent. Mary/her; 경험주

특히 (6나)의 Mary/her는 모문 동사 believe와 아무런 의미역 관계에 있지 않은데도 believe로부터 대격을 부여받는다는 점에서 대격이 구조격임을 보이는 전형적인 예로 언급되고 있다.

주격과 대격이 구조격의 전형적인 경우라는 점은 한국어에서 더 쉽게 확인될 수 있다. 특히 한국어에는 논항이 아닌 성분에도(아래 예의 밑줄 친 부분) 이들 격이 나타나는 경우들이 있는데 그런 성분이 서술어와 의미역 관계를 갖지 않는다는 점에서 이들 격이 구조격임을 보이는 하나의 근거가 될 수 있을 것이다.

형태격과 추상격의 관계에 대해 아직 뚜렷한 견해를 갖고 있지 못하다. 본 책자에서는 일단 조사와 관련된 논의에서 생성 문법의 기본 입장이 유지될 수 있는 가능성을 추구하고자 한다.

3) 또 다른 차이로 격 부여가 이루어지는 층위의 차이가 언급되기도 한다. 즉 고유격은 심층구조(D-structure) 층위에서 부여되는 반면, 구조격은 표면구조(S-structure) 층위에서 부여된다.

(7) 가. 철수가 맥주를 세 병을 마셨다.
　　나. 범인이 모두 세 명이 잡혔다.

(8) 가. 철수가 영미를 만나지를 않았다.
　　나. 영미가 요즘 건강이 좋지가 않다.

물론 논항의 경우에도 이들 격이 구조격의 양상을 보이지 않는 것은 아니다. 논항에 나타나는 이들 격이 구조격임을 보이는 근거로는 다음과 같은 문장들을 들 수 있다.

(9) 철수가 영미가 싫은가 보다.
　　경험주 자극

(10) 가. 철수가 영미를 만나고 싶은가 보다.
　　　　행동주 피동주
　　나. 철수가 영미가 만나고 싶은가 보다.

즉 (9)는 서로 다른 의미역을 가진 명사구에 같은 주격이 부여된 상태이며, (10)의 경우는 같은 의미역을 가진 명사구에 주격은 물론이요 대격이 가능함을 보이는데, 주격이나 대격이 고유격이라면 이런 양상이 불가능하다는 점에서 이들은 주격이나 대격이 구조격임을 보이는 근거가 된다고 생각한다.

한편 고유격의 전형적인 예는 여격(dative Case)으로 독일어나 아이슬랜드어의 다음 예들이 이를 보여준다.4)

(11) 가. Sie hat　ihm　gehelfen　독어
　　　she has　him(D)　helped
　　　'그녀가 그를 도왔다.'

---

4) 고유격의 또 다른 예로 아래와 같은 허사 구문의 관련 성분이 갖는 부분격(partitive Case)이 거론되기도 했다(Belletti(1988) 참조).

(i) 가. There arrived three girls.
　　나. There approached a red car.

그러나 최소주의에서 허사 구문에 대한 논의가 활발해지면서, 부분격을 과연 별도로 인정할 것이냐의 여부 또는 부분격 자체를 고유격으로 볼 것이냐와 관련하여 많은 논란이 있다. 이와 관련된 논의로 Chomsky(1991, 1993, 1995, 2001a), Lasnik(1992, 1995), Groat(1995), Valinikka& Maling(1996) 및 김영화 외(2002) 등을 참조할 것.

나. Við hjálpuðum henni 아이슬랜드어
we helped her(D)
'우리가 그녀를 도왔다.'

지금까지 우리는 구조격과 고유격의 전형적인 경우로 볼 수 있는 예들을 살펴 보았다. 그러면 그 외의 경우들은 어떤 성격을 가지는 것인가? 여기서는 2장에서의 한국어를 토대로 한 논의를 위해 다음 두 가지 점을 위주로 주요 견해를 간단히 살펴 보기로 한다.5)

(12) 가. 속격은 어느 유형에 속하는가?
나. 영어의 형용사와 명사의 보어들에 나타나는 of는 어떻게 처리해야 하는가?

속격은 일반적으로 명사구 내에서 명사 앞에 오는 성분이 갖는 격형을 일컫는 말이다. 영어의 경우는 앞에서 보았듯이 -'s로 표현되는데, 이에 대한 촘스키의 견해는 1981년도와 1986년도의 견해가 서로 다르다. 간단히 말해 1981년도 책자에서는 구조격으로 보고 있지만(Chomsky(1981:170)), 86년도 책자에서는 고유격의 실현으로 보고 있다(Chomsky (1986b:186-204)). 이와 같은 입장 변화는 속격만을 고려해서 이루어진 것은 아니고 형용사와 명사의 격 부여자로서의 성격 및 of의 삽입을 둘러싼 관련 예들의 논의를 토대로 이루어진 것으로 다시 말해, (12나)와도 연관이 되어 있다. 여기서는 이 문제를 둘러싼 촘스키의 견해 및 관련 자료를 간단히 정리하기로 한다.

먼저 다음 예를 보자.

(13) 가. Poirot envies Miss Marple. =Haegeman(1991:162)
나. *Poirot is envious Miss Marple.
다. Poirit is envious of Miss Marple.

(14) 가. *Poirot's envy Miss Marple
나. Poirot's envy of Miss Marple

5) 전치사의 목적어가 갖는 격의 성격에 대해서도 81년도 책자와 86년도 책자에서의 입장이 서로 다르다. 전자에서는 자세한 논의없이 구조격으로 본 반면, 후자에서는 전치사가 해당 목적어에 일정한 의미역을 부여한다는 시각 하에 고유격으로 보고 있다(그리고 그런 격을 일반적으로 사격(oblique Case)이라 부른다). 그러나 영어의 경우에는 of-삽입의 of나 비시제절에 나타나는 for의 경우처럼 의미역 관계 없이 격을 부여하는 경우도 있는데, 그런 경우에 대해서는 구조격을 부여하는 것으로 보고 있다.

위의 예들 특히 (13가)와 (13나)의 대비 및 (14가)의 비문법성에 대해 Chomsky (1981)는 영어의 형용사와 명사가 동사와 달리 격을 부여하지 못함을 보여주는 것으로 분석하였다. 그리고 그렇게 해서 격을 부여받지 못하는 명사구를 살리기 위해 전치사 of가 삽입되며 그 전치사로부터 격을 부여받아 문법적인 문장이 되는 것으로 분석하였다. 한편 이런 분석과 함께 앞에서 지적한 대로 명사 앞 성분이 갖는 -'s는 구조격의 일부인 속격의 실현으로 간주되었다. 결국 이런 입장은 다음과 같이 정리될 수 있다.

(15) 가. 형용사와 명사는 격을 부여하는 능력이 없다.
나. 명사 앞 명사구에 부여되는 속격은 구조격이다.
다. 격을 부여받지 못하는 명사구에 격을 부여해 주는 해결책으로 of-삽입 규칙이 있다.

그러나 Chomsky(1986b:186-204)에서는 (15)에서와 같은 가정이 가지는 문제점을 지적하고 그 문제점을 토대로 다른 해결책을 모색하고 있다. 우선 그 문제점이 무엇인가 보기 위해 다음 문장을 보기로 하자.

(16) 가. *the belief [of John to be the winner]
나. *There was killed of John
다. *It seems of John to be happy.
라. *It is certain of John to be happy.

(16)의 문장들이 갖는 공통점은 (15가)의 가정 그리고 수동 동사 및 seem와 같은 능격 동사는 격을 부여하지 못한다는 가정 하에 격을 부여받지 못하는 명사구들을 하나씩 갖고 있다는 점이다. 고로 (15다)에 의해 of가 삽입되면 좋은 문장이 되어야 하나 (16)은 그렇지 않음을 보여준다. 즉 of-삽입 규칙이 해결하지 못하는 경우가 있음을 보여주는 것이다. 이런 문제의 해결을 위해 촘스키는 (15)와는 아주 다른 해결책을 제시하며 그 해결책의 요체는 다음과 같다.

(17) 가. 형용사와 명사는 고유격 부여자이이며 그 격은 속격이다.
나. 영어에서 형용사와 명사가 부여하는 고유격은 표면구조 층위에서 of-삽입에 의해 실현된다.
다. 명사의 경우 명사 앞으로 이동하는 성분의 고유격은 '-s로 실현된다.[6)]

6) 한편 고유격과 관련하여 촘스키는 고유격의 부여 및 실현이 고유격 부여자의 지배 영역 내에서

(17)이 의미하는 바는 결국 형용사와 명사가 부여하는 격은 고유격이므로 형용사와 명사와 의미역 관계를 가지는 성분에 대해서만 격이 부여되며 그렇지 않은 성분에 대해서는 해당 고유격이 부여 안 되고 고로 (17나)에 의해 of-삽입도 이루어지지 않는다는 것이다. 이제 이를 염두에 두고 지금까지의 예들을 다시 보기로 하자.

먼저 (13다, 14나)는 별 문제가 없다. envious와 envy가 부여하는 고유격을 받은 명사구에 of가 나타난 상황이다. (16가, 라)의 경우는 belief 및 certain이 내포문 내의 주어인 John과 아무런 의미역 관계가 없으므로 of가 나타날 수 있는 상황이 아니다. 한편 (16나, 다)의 경우는 동사의 경우로 이들 자신이 구조격이건 고유격이건 격을 부여할 수 있는 능력이 없으므로 결국 John은 격을 부여받지 못해 비문법적이 된다.

이상에서 우리는 자연 언어의 격이 크게 구조격과 고유격으로 나뉨을 보았고 전자의 전형적인 예로는 주격 및 대격 그리고 후자의 전형적인 예로는 여격을 들었다. 한편 속격과 전치사가 부여하는 격의 성격에 대해서는 한 차례의 입장 변화가 있음을 보았다. 구조격과 고유격의 구분 그리고 속격의 성격 등과 관련된 논의는 어느 정도 언어의 보편적 성격과 관련된 것으로 보이며 고로 영어를 토대로 한 이런 견해들은 한국어와 같은 개별 언어에 빗대어 검토되어야 할 것이다. 이와 관련하여 주격, 대격의 경우는 한국어의 경우도 구조격임을 보았는데, 다른 경우에 대한 논의는 2장으로 넘기기로 한다.

1.1.3 격의 부여

앞서 자연 언어가 갖고 있는 격에 여러 가지가 있음을 지적하며 고유격의 경우는 서술어가 부여하는 의미역과 깊은 연관을 맺는다고 하였다. 이는 다시 말해, 고유격의 경우는 바로 특정 서술어에 의해 격이 부여되므로 격 부여와 관련하여서는 해당 서술어와 의미역 관계에 있는가만을 따지면 됨을 의미한다. 그러나 구조격의 경우는 사정이 다르다. 구조격에 주격과 대격의 두 가지가 있고 다음 예에서 보듯이 명사구들의 문장에서의 위치에 따라 격이 달라지므로 각 격이 어떻게 부여되는가에 대한 논의가 있어야 하기 때문이다.

(18) 가. For him/*he to leave suddenly is foolish.
나. She/*Her introduced him/*he to them/*they.

이루어져야 한다는 취지의 조건을 제시한 바 있다. 자세한 것은 Chomsky(1986b:194)를 참조할 것.

(19) 가. 철수가/*철수를 선애를 미애의 집에서 만났다.
나. 철수가 선애를/*선애가 미애의 집에서 만났다.
다. 철수가 선애를 미애의/*미애가/*미애를 집에서 만났다.

이 문제와 관련하여 지배-결속이론의 일반적 입장은 다음 두 가지로 요약될 수 있다.[7]

(20) 가. 주격은 시제성 굴절소(tensed Infl)가 부여하며, 대격은 목적어를 가지는 동사가 부여한다.
나. 격 부여자에 의해 지배(govern)되는 명사구에만 해당 격이 부여된다.

(20나)에서의 "지배"라는 개념은 지배-결속 이론이라는 이름이 말하듯이 80년대의 생성 문법에서는 아주 중요한 개념으로 격 현상뿐 아니라, 결속, 이동 등 언어의 여러 현상에 관여하는 개념으로 여겨졌었다. 그리하여 그런 현상들을 총괄할 수 있는 여러 정의들이 모색되었는데, 여기서는 앞으로의 논의를 위해 격 부여와 관련하여 일반적으로 받아들여지는 정의를 소개하기로 한다(Haegeman(1991:152), Ouhalla(1999:194) 등을 참조할 것).

(21) 지배(government); 다음 조건이 충족되면 그리고 그런 경우에만 '갑'은 '을'을 지배한다.
가. '갑'이 X^0 범주이고
나. '갑'이 '을'을 최대-통어(m-command)하며
다. '갑'과 '을' 사이에 '갑'을 최대통어하지 않는 한편 '을'을 최대-통어하는 또 다른 X^0, '병'이 없다(비시제(non-finite) 굴절소인 to는 예외).[8]

(22) 최대-통어(M-command); 다음 조건이 충족되면 그리고 그런 경우에만 '갑'은 '을'을 최대-통어한다.
가. '갑'은 '을'을 관할(dominate)하지 않고 '을'도 '갑'을 관할하지 않고
나. '갑'을 관할하는 최초의 최대투사가 '을'을 관할한다.

---

7) 이 외에 영어의 경우에는 인접성도 격 부여의 중요한 요인으로 간주되었다. 이와 관련해서는 Stowell(1981) 및 Chomsky(1981)를 참조할 것.

8) to의 경우는 어떤 정의에서든지 문제가 된다. 고로 to에 대한 여러 가지 언급이 있다. 예를 들어, Haegeman(1991:157)에서는 to가 어딘가 결함이 있어(defective) 지배에 대해 장벽이 못 된다는 단서 조항을 달았으며("non-finite I is 'too weak' to define a barrier for outside heads"), Ura(2001:각주2)에서는 성분-통어와 최대통어를 적절히 혼합해 이 문제를 해결하고 있다

이제 이런 개념에 의해 주격과 대격이 어떻게 부여되는가를 보기 위해 아래와 같은 문장의 구조를 상정해 보자.9)

(23)

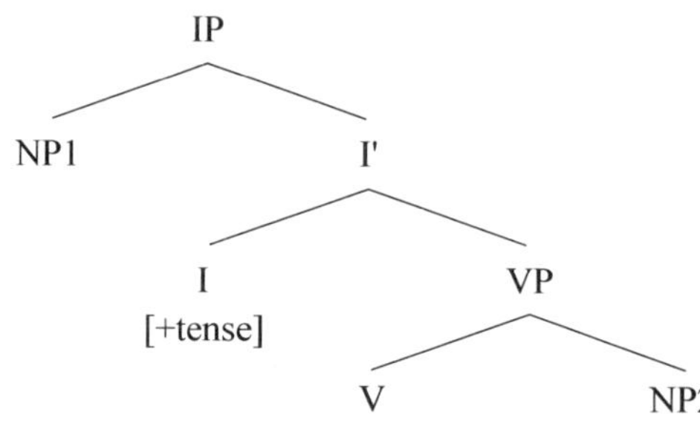

(23)에서 NP1은 주어 위치에 있고 NP2는 목적어 위치에 있다. 한편 (21)에 제시된 "지배" 개념에 의하면 NP1은 시제성 I에 의해 지배되는데 반해, 중간의 VP로 인해 대격 부여자인 V의 지배를 받지 않으며 고로 주격만이 부여된다. 그리고 NP2의 경우는 그와 반대로 대격 부여자인 V의 지배를 받는 반면, I와 NP2 사이에 VP가 있기 때문에 주격 부여자인 시제성 I의 지배를 받지 않으며 고로 대격만이 가능하게 된다.

한편 영어의 다음과 같은 예외적 격 표시(ECM:Exceptional Case-marking) 구문은 이런 지배 개념에 항상 단서조항을 달게 하는 요인이 되어 왔다.

(24) 가. Bill believes John to be intelligent
　　나. Bill believes [$_{IP}$ John to be intelligent]

예외적 격 표시 구뮤의 처리에서 주목할 점은 (24가)의 구조로 세시된 (24나)에서

---

9) 주격 부여와 대격 부여를 "지배"라는 개념으로 통합하는데 있어 "최대-통어"라는 개념이 사용되었음에 주목해야 한다. "최대통어" 대신 더 단순한 아래의 "성분-통어"라는 개념을 사용하면 주격 부여와 대격 부여는 통합될 수 없다. 왜냐면 I가 자신의 지정어를 "성분-통어"할 수 없기 때문이다. 실제로 주격 부여를 "최대-통어"라는 의심스러운 개념으로 통합시키기 보다는 대격 부여와는 부여 양상이 다르다고 보는 입장들도 있다. 즉 주격 부여는 지배에 의해 부여되는 것이 아니라 지정어-핵(specifier-head) 일치에 의해 부여된다는 제안이 그것이다.

성분-통어(constituent-command); 다음 조건이 충족되면 그리고 그런 경우에만 '갑'은 '을'을 성분-통어한다.
(가) '갑'은 '을'을 관할하지 않고 '을'도 '갑'을 관할하지 않고
(나) '갑'을 관할하는 최초의 갈라지는 절점(node)이 '을'을 관할한다.

내포문이 CP가 아닌 IP로 되어 있다는 점이다. 이는 다음과 같은 이유에서이다. 영어의 경우 문장은 S' 혹은 CP로 간주되는데 예외적 격 표시 구문의 내포문도 그와 같다고 본다면 모문 동사와 S 혹은 IP의 지정어 위치에 오는 내포문의 주어 사이에 내포문 주어를 관할하는 동시에 모문 동사에 의해 관할이 되는 보문소(complimentizer)가 있게 되어 결국 모문 동사는 내포문 주어를 지배하지 못하는 상황이 된다. 이런 상황을 막기 위해 예외적 격 표시 구문의 내포문을 S 혹은 IP으로 보는 것이 일반적이다.

그러나 그렇게 보더라도 지배 개념과 관련하여 여전히 내포문 I가 문제가 될 수 있는데 이 문제는 각주 8에서 지적했듯이 예외적 격 표시 구문의 I가 비시제문 특성을 가지는 점을 고려하는 방식으로 해결해 나가고 있으며 (21다)의 단서 조항이 이를 나타내고 있다.

1.1.4 격여과(Case Filter)

지금까지 우리는 전통 문법에서 이미 확인이 되었던 격의 개념에서 시작하여 주로 격의 성격과 관련된 측면을 살펴보았다. 그러나 사실 상 생성 문법의 격 이론이 학자들의 흥미를 끌었던 것은 이런 격의 일반적 성질에 있었던 것이 아니고 영어의 비시제문의 특성, 즉 주어 자리에 어휘적(lexical) 명사구가[10] 올 수 없다는 현상을 격 이론에 입각하여 설명할 수 있었다는 데에 있다. 여기서는 이와 관련된 논의를 정리하기로 한다.

먼저 다음 예문을 보자.

(25) 가. For John to leave suddenly is foolish.
나. *John to leave suddenly is foolish.
다. PRO To leave suddenly is foolish.

위의 예가 보이듯이 영어에서는 비시제절의 주어 위치에 전치사 for의 도움 없이는 어휘적 명사구가 올 수 없다. 이런 현상을 포착하기 위한 최초의 시도는 잘 알려져 있듯이 다음과 같은 여과 혹은 출력 조건을 설정하는 것이었다(Chomsky&Lasnik(1977) 참조).

---

10) lexical이라 함은 음성적 내용이 있음을 말한다. lexical이라는 표현 대신 overt라는 표현이 쓰이기도 한다.

(26) NP-to-VP 여과
NP-to-VP의 구조에서 NP가 어휘적이면 비문법적이다.
단 for가 앞에 오는 경우는 예외이다.

그러나 이 여과는 오로지 (25)의 경우만을 위한 것이므로 (25)의 현상을 설명하기보다는 단지 기술할 뿐이므로 독자적으로 근거가 있는 다른 이론에 의해 설명되면 (26)과 같은 여과는 폐기될 수 있으므로 바람직하다고 할 수 있다. 이 점에 있어 촘스키는 Vergnaud와의 서신 교환에서 아이디어를 얻어 격 이론에 입각한 다음과 같은 격여과가 소기의 성과를 달성할 수 있음을 보였다.[11)]

(27) 격여과
어휘적 명사구에 격이 없으면 비문법적이다.

즉 비시제절의 to가 시제절의 굴절소와 달리 주격 부여 능력이 없다고 보면 비시제절의 주어에는 항상 격이 부여 안 되어 격여과를 어기게 되는 것이다. 이런 격여과는 일반적으로 격을 갖는 것이 명사구라는 점과 연관하여 비록 "어휘적"이라는 내용이 첨가되었지만 개념적으로 아주 자연스러울 뿐 아니라 경험적으로도 설득력이 있어 격 이론의 중요한 부분으로 인정되고 있다.

그러나 한편 위 여과는 격을 요구하는 것이 언어의 여러 통사 범주 중에서 명사구라고만 정하고 있어 좀 더 개선될 여지가 있다고 볼 수 있는데 이와 관련하여 제시된 것이 바로 다음과 같은 가시성 가설(Visibility Hypothesis)이다(Chomsky(1981, 1986b) 등 참조).

(28) 가. 논항 구조를 갖는 서술어로부터 의미역을 부여받기 위해 명사구는 서술어에 보여야 한다.
나. 서술어에 보이기 위해 명사구는 격을 필요로 한다.

---

11) 이와는 약간 다른 안으로 격여과가 적용되는 대상이 명사구가 아니라 명사로 보는 안이 있다(Chomsky(1981:49)). 핵계층이론(X-bar theory)이 맞다면 모든 명사구에는 핵으로서의 명사가 있으므로 두 안 간에 차이가 있을 수 없다. 그러나 필자의 주장처럼 명사구로 투사되지 않는 명사가 있는 경우(K. Choi(1991a) 및 최기용(1993, 1996나, 1998나, 2006가, 나) 등 참조), 두 안이 예측하는 바가 서로 다르다. 즉 각주의 안은 그런 명사에도 격 조사가 출현할 것으로 예측하지만, 본문의 안은 격조사의 출현을 예측하지 않는다.

즉 이 가설에 의하면 격을 필요로 하는 것은 단순히 어휘적 명사구가 아니라 의미역을 필요로 하는 논항이라는 것인데, 이와 같은 가시성 가설은 다음과 같은 두 가지 점에서 격여과보다 낫다고 얘기된다. 첫째, 이 가설은 (27)과 같은 격여과가 왜 성립하는가를 설명할 수 있다. 즉 논항들이 의미역을 필요로 한다는 의미역 이론을 받아들일 때, 위 가시성 가설은 그런 논항이 의미역 이론을 준수하기 위해서는 격을 필요로 한다고 했으므로 의미역 이론으로부터 격여과가 도출된다. 둘째, 다음 문장들은 의문사 혹은 영 운용자(null operator) 이동의 흔적이 공범주(empty category)이므로 어휘적 명사구는 아니지만 격을 필요로 함을 보이는데(Lasnik&Freidin(1981), Hornstein, Nunes& Grohmann(2005) 등 참조),[12] 일반적으로 의문사 및 영 운용자 흔적이 논항으로 간주된다는 점에서 가시성 가설은 이 현상을 자연스럽게 설명한다.

(29) 가. *Who$_i$ is it likely [t$_i$ to be clever]
나. *The man (that) it is likely [t to be clever] ...

(30) 가. I met the man [OP$_i$ that Mary believed t$_i$ to be a genius]
나. *I met the man [OP$_i$ that it was believed t$_i$ to be a genius]

다시 말해, 이 가시성 가설은 격여과를 의미역이론으로부터 도출했다는 점에서 개념적으로 좋을 뿐 아니라, 경험적으로도 뒷받침된다는 것이다. 그러나 다른 한편 나름대로의 문제점이 없는 것이 아니다. 첫째, 앞서 (25다)에서와 같은 예에서 비어휘적 명사구인 PRO는 격을 부여받지 못하는데 그런데도 문제가 없었던 것은 어휘적 명사구가 아니기 때문이었다. 그러나 가시성 가설에서는 바로 문제가 된다. 즉 PRO는 논항이므로 가시성 가설에 의하면 격이 부여되어야 하는데 비시제절의 주어 위치는 격이 부여되지 않는 위치로 보았으므로 가시성 가설은 PRO의 모든 경우를 비문법적으로 보게 된다.

둘째, 가시성 가설에 의하면 격을 필요로 하는 것은 논항이므로 비논항에 대해서는 아무런 얘기를 안 한다. 그런데 다음과 같은 예들은 비논항인 허사 it, there 등이 격을 필요로 하는 양상을 보이고 있으며 고로 이런 현상들을 제대로 포착하지 못한다.[13]

---

12) (29가)의 경우만을 봐서는 어휘적인 who가 이동하기 전에 격을 필요로 한다고 할 수 있으나, 음성적 내용이 없는 (29나)와 같은 경우에는 흔적(trace)이 어휘적이지 않지만 논항이므로 격을 필요로 한다고 볼 수밖에 없다.

13) 그에 반해 앞서의 격여과에 의하면 쉽게 설명이 된다. 비논항 명사구인데도 격을 필요로 하는

(31) 가. *It is likely [it to rain]. =Lasnik&Uriagereka(1988:145)
나. *It is likely [there to be a man here].
다. *I tried [it to seem that Bill was intelligent].
라. *It is likely [it to seem that Bill is intelligent].

결국 무엇이 격을 필요로 하는가와 관련하여 두 가설은 서로 다른 제안을 하고 있는 셈이며 가시성 가설이 갖고 있는 개념적 우월성과는 별개로 이는 경험적으로 결정될 문제로 보인다.[14)]

1.1.5 격여과와 이동

한편 격 이론은 명사구의 분포를 설명하는 외에도 명사구의 이동에 대해서도 일정한 설명력을 갖고 있는데 여기서는 관련 자료와 함께 명사구의 이동에 대해 격 이론이 얘기하는 바가 무엇인지를 정리하기로 한다. 먼저 다음 문장을 보자.

(32) 가. It seems [that John is happy].
나. *John$_i$ seems [that t$_i$ is happy].

(33) 가. *It seems [John to be happy].
나. John$_i$ seem [t$_i$ to be happy].

(34) 가. It was believed [that John is sick].
나. *John$_i$ was believed [that t$_i$ is sick].

(35) 가. *It was believed [John to be sick].
나. John$_i$ was believed [t$_i$ to be sick].

(36) 가. John$_i$ was seen t$_i$.
나. *It was seen John.

또 다른 예로는 Lasnik&Uriagereka(2005:13)를 참조할 것.

14) 가시성 가설에 의하면 논항인 표현은 범주와 상관없이 격을 필요로 하며 이는 문장의 경우도 예외가 아님을 말한다. 그러나 문장이 격을 필요로 하는가에 대해서는 부정적인 견해가 많다. 이와 관련해서는 Stowell(1981) 등 참조. 한편 한국어의 자료를 토대로 정용길(2000), K. Jeong(1999)은 문장도 격을 필요로 한다는 주장을 펼친 바 있다.

먼저 상승 구문이라 불리는 (32-35)의 예문이 보여주는 바는 다음과 같다. 우선 이들 예문의 모문 서술어는 능격 동사 및 수동 동사로 이들은 격을 부여하지 못하는 것으로 알려져 있다. 한편 (32)와 (34)는 내포문이 시제절인 경우 그 주어가 모문 주어 위치로 이동하지 못함을 보여준다. 그에 반해 내포문이 비시제절인 (33)과 (35)는 내포문 주어가 반드시 모문 주어 위치로 이동해야 함을 보여준다. 이와 같은 이동 양상의 차이는 앞에서 본 격여과가 표면구조 층위에서 적용된다는 가정 하에 잘 설명이 된다. 즉 내포문이 비시제절인 경우 내포문 주어가 내부적으로 격이 부여되지 않고 또한 모문 서술어도 격을 부여하지 못하는 성격을 가지므로 제자리에서는 격이 부여되지 못한다. 그러나 모문 주어 위치는 모문 Infl이 시제성을 띠므로 격이 부여되는 위치인데 (33, 35나)의 양상은 바로 격 부여를 위해 모문 주어 위치로 이동하는 양상인 것이다. 이런 설명의 요체는 눈에 보이는 혹은 현시적(overt) 이동이 격이론적 이유로 인해 일어난다는 것인데, 고로 격 부여가 충족된 경우에는 이동이 일어나지 않는다고 보는 것이 자연스럽다고 볼 때, 내포문이 시제절인 경우 왜 이동이 일어나지 않는가도 설명해 준다. 즉 그 경우는 제자리에서 이미 격이 부여된 상태이므로 이동할 필요가 없으며 필요 없는 이동이 일어났으므로 비문법적이라고 볼 수 있는 것이다. 마찬가지의 설명이 수동 구문인 (36)에도 적용될 수 있다. 즉 수동 동사의 목적어가 제자리에서는 격이 부여되지 못해 격의 부여를 위해 주어 위치로 이동한 것으로 해석될 수 있는 것이다.

한편 격 이론과 이동의 이런 양상은 사슬(chain)이라는 개념을 통해 다음과 같은 사슬 조건으로 형식화되었다.[15)]

사슬 조건(Chain Condition)

(37) In a maximal Chain C = {α_1, . . . , α_n}, α_n occupies its unique theta position and α_1 its unique Case-marked position. Chomsky(1986b:137)

1.2 최소주의 하의 격 이론

지배-결속 이론의 다른 여러 이론 및 개념과 마찬가지로 격 이론도 최소주의 하에서

15) 여기서 소개된 사슬 조건은 논항 이동으로 인한 사슬의 경우만을 소개한 것이다. 이런 조건이 허사-논항의 경우에까지 확장될 수 있는가에 대한 논의는 Chomsky(1986b:132-137) 및 Chomsky (1995:64-78)를 참조할 것. 한편 H.-S. Yoon(1996)은 한국어의 ECM(예외적 격 표시) 구문 및 Case stacking(격조사 결합) 현상 등을 토대로 사슬 조건이 수정되어야 함을 주장한 바 있다.

많은 변화를 겪었다. 여기서는 그 변화의 내용을 소개하는 한편 왜 그런 변화가 일어났는가에 대한 소개를 같이 하기로 한다. 그러자면 우선 최소주의가 추구하는 바가 무엇인가를 간단히 이해하는 것이 필요한데,[16] 한 마디로 지배-결속 이론의 연구 성과를 토대로 그동안 언어의 기술에서 사용되었던 여러 원리 및 개념 또는 장치들을 다음 두 가지 조건에 비추어 보아 그것들이 진짜로 필요한 것인가 아닌가를 따져 보려는 시도라고 할 수 있다.

(38) 가. 언어가 기능하기 위해서 지켜야 할 접촉 조건(interface condition)
　　나. 연산 상의 효율성 같은 개념적 조건

(38가)가 말하는 접촉 조건이란 언어가 인간의 다른 인지 능력과 접촉한다는 이해 하에 그럴 경우 그 접촉에 의해 언어에 부과되는 조건들이 무엇인가를 생각해 보자는 것이다. 이와 관련하여 촘스키는 자연 언어가 접촉하게 되는 다른 인지 능력에 크게 두 가지가 있다고 본다. 하나는 소리의 조음 및 인지를 담당하는 측면이고 다른 하나는 해석을 담당하는 측면이다. 촘스키의 용어를 빌자면, 언어는 조음-감지(articulatory-perceptual) 체계 및 개념-의도(conceptual-intentional) 체계와 접촉하며 고로 그런 성격으로 인해 언어에 부과되는 조건만이 접촉 층위 조건으로 인정될 수 있을 뿐이다. 이에 반해 (38나)는 다른 조건이 동일할 때, 개념적으로 단순한 것 또는 효율적인 것이 좋음을 말하는 것으로 일종의 방법론적 제약으로 볼 수 있을 것이다.

그럼 이런 최소주의적 시각 하에 볼 때, 앞에서 소개한 격 이론의 내용 중 어떤 것들이 문제가 되는가? 이를 위해서 먼저 격 이론의 중요한 개념들이 무엇이었는가를 아래 간단히 적어 보기로 한다.

(39) 가. 격의 존재
　　나. 구조격 대 고유격
　　다. 격 부여
　　라. 표면구조 층위 조건으로서의 격여과
　　마. 지배
　　바. 최대통어

16) 이에 대한 간단한 해설로는 박승혁(1997:1장), 강명윤 외(1999:1장), 양동휘(2003:1장), 이홍배(2003:3장), Hornstein, Nunes&Grohmann(2005:1장), Lasnik&Uriagereka(2005:1장) 등을 참조할 것.

이들 중 자연 언어에 격이 존재한다는 것 그리고 그 격이 구조격과 고유격으로 크게 나뉜다는 점은 최소주의 하에서도 거의 바뀌지 않고 있다.[17)] 그러나 나머지들의 경우는 사정이 다르다.

우선 (39라)를 보면, 격여과가 갖는 직관적 내용 즉 명사구들이 격을 필요로 한다는 것은 여전히 유지되고 있으나, 그것을 담은 형식적 내용에 대해서는 의문이 제기되고 있다. 그 형식적 내용은 크게 두 가지이다. 하나는 "여과" 혹은 출력 조건(output condition)의 형식으로 되어 있다는 점이고 다른 하나는 그 조건이 표면구조 층위에서 적용된다는 점이다. 먼저 표면구조 층위(이후 "표구" 층위로 부름)는 지배-결속 이론에서 언어의 다른 세 층위, 즉 심층구조 층위, 논리형태(Logical Form) 층위(이후 "논형" 층위로 부름), 음성형태(Phonetic Form) 층위(이후 "음형" 층위로 부름)와 함께 문장의 표상을 나타내는 층위로 인정되었는데, (38가)의 입장에서 보면 이들 중 인정될 수 있는 것은 논형 층위와 음형 층위뿐으로 심층구조 층위와 함께 최소화 혹은 폐기되어야 할 개념이 된다. 다시 말해 가능하면 언어의 기술에서 사용되어서는 안 될 그런 개념인 것이다. 이 점은 "여과"라는 형식도 마찬가지이다. (38가)에 의하면 여과의 형식으로 인정될 수 있는 것은 접촉 조건에 의해 그 내용이 인정될 수 있는 것이어야 하는데 앞에서 지적하였듯이 격이 의미적 내용이 없는 한 그런 것에 의존한 격여과는 인정될 수 없는 것이다. 이는 다시 말해 격여과가 담고 있는 내용은 유지하되, 그 형식은 버리고 다른 방식을 찾아야 함을 의미한다.

(39마, 바)는 주로 (38나)의 입장에서 재고되고 있다. 먼저 최대-통어의 경우를 보면, 이 개념은 "관할"이라는 개념과 "최대투사"라는 개념을 토대로 규정된 것이다. 그러나 최대-통어보다 더 단순한 개념인 성분-통어가 있으므로 가능하면 최대-통어에 의존하지 않는 설명 방식이 더 바람직하다는 것이다. 그리고 지배의 경우는 격 부여를 위한 지배 개념에 개념적으로 문제시되는 최대-통어가 포함되어 있다는 점 외에도 지배 개념 일반이 갖는 문제점으로 인해 더 이상 언어의 기술에 있어 지배 개념을 이용하지 않는 방향이 모색되었다.[18)]

---

17) 추상격이 독자적인 의미 기능이 없다고 볼 때, 그런 격의 존재는 접촉 조건의 입장에서 보면 문제가 된다. 왜냐면 개념-의도 체계로 봐서는 있을 이유가 없는 그런 것이기 때문이다. 그러나 격의 존재를 입증할 경험적 근거가 너무 많아 격의 존재를 부인하기는 어려우며 고로 촘스키는 존재 이유에 대한 몇 가지 모색을 해 왔다. 예를 들어 격이 이동의 한 동인이 된다거나, 아니면 격이 일치(Agree)라는 절차의 대상(목표)을 활성화(activate)하여 그 절차에 보이게 하는 역할을 한다는 식이 그것이다. 자세한 것은 Chomsky(2000, 2001a, b) 등을 참조할 것.

18) 지배 개념은 성분통어를 토대로 하되 통상 성분통어보다 범위를 좁히는 식으로 규정되어 왔으나

이와 같이 볼 때, 최소주의 하에서 격 이론이 피해야 할 대강의 모습이 나온다. 우선 명사구가 격을 필요로 한다는 내용이 여과의 방식으로 그리고 표면구조층위 조건으로 형식화되어서는 안 될 것이다. 그리고 격 부여의 방식도 최대-통어를 통한 지배에 의한 방식으로 기술되어서는 안 될 것이다. 그러면 실제로 최소주의 하의 격 이론은 어떤 모습을 취하는가? 이 모습도 최소주의 내에서 여러 차례 변화를 겪었는데 주요 변화를 위주로 이를 하나하나 소개하기로 한다.

1.2.1 일치소 기반 격 이론: Chomsky(1993, 1995)

명사구가 격을 필요로 한다는 내용을 격여과의 형식으로 담을 수 없다고 할 때, 촘스키가 제안한 방식은 어찌 보면 극히 단순한 방식이라 할 수 있다. 즉 어휘부로부터 명사가 선택되어 배번집합(numeration)에 포함될 때,[19] 명사의 일반적 성격으로 명사에 격 혹은 격 자질이 추가된다는 것이다(Chomsky(1995:236-237)). 이 때 격의 종류는 임의로 선택된다고 본다.[20] 이런 처리에서 우리는 지배-결속 이론에서 이용되었던 "격 부여"라는 개념이 더 이상 사용될 수 없다는 점을 알 수 있다. 왜냐면 명사가 명사의 고유 특성으로 인해 일정한 격을 이미 갖고 나오는 것으로 처리했기 때문이다.[21] 그러면 격 부여 대신 어떤 개념이 사용되는가? 대신 사용되는 개념은 "점검(checking)"이라는 개념인데 그 내용은 대략 다음과 같다.

(40) 가. 격이 아무런 의미 내용이 없다고 볼 때, 명사구가 그러한 격을 지닌 채로 논형층위에 다다르면 개념-의도 체계가 해석하는데 문제가 있으므로 그런 격은 없어져야 한다.

나. 격을 일종의 자질로 본다. 그리고 이 자질은 명사구만 갖는 것이 아니라, 지배-결속 이론에서 격 부여자로 간주되었던 범주들 즉 시제성 Infl과 타동사도 각각 [주격], [대격] 자질을 갖는다.

모든 현상을 총괄하는 어떤 하나의 개념이 제시된 적은 없었다. 이로 인해 다른 방향이 모색되었다고 볼 수 있는데, 지배 개념에 대한 구체적인 해체에 대해서는 강명윤 외(1999:324-330)를 참조할 것.

19) "배번 집합"의 개념에 대해서는 Chomsky(1995:225-227)를 참조할 것.

20) 여기서 문제가 되는 것은 구조격의 경우만이다. 고유격의 경우는 의미역 관계에 의해 점검이 이루어지는 것으로 볼 수 있을 것이다.

21) 이런 처리에 의하면 가시성 가설을 둘러싼 논쟁이 무의미해지는 것으로 보인다. 왜냐면 명사구가 아닌 명사가 격 자질을 가지는 상황에서, 그 명사가 문장에서 논항으로 쓰일지 아닐지를 미리 알 수 없기 때문이다.

다. 격 점검이 격 부여자와 명사구들 사이에 이루어지며 서로의 격이 같을 경우 양쪽에 있는 격 자질이 점검되고 난 후 지워진다(erase).
라. 도출의 최종 단계에서 아직 점검되지 않은 격 혹은 격 자질이 있으면 이는 개념-의도 체계에 문제가 되며 그런 도출은 파탄(crash)에 이른다.

즉 명사구에 격이 부여된다고 보는 대신 명사가 일정한 격을 미리 갖고 나오고 그 격은 논형 층위에서 해석이 안 되므로(이를 [−해석성]으로 통상 규정한다), 똑 같은 격을 가진 격 점검자 혹은 인가자에 의해 명사구에 있는 격과 격 점검자에 있는 격이 없어진다는 것이다.

그러면 격 점검은 어떤 방식으로 이루어지는가? 이를 위해서는 먼저 일치소 기반 격 이론이 상정하는 문장 구조를 소개하는 것이 좋다.

(41)

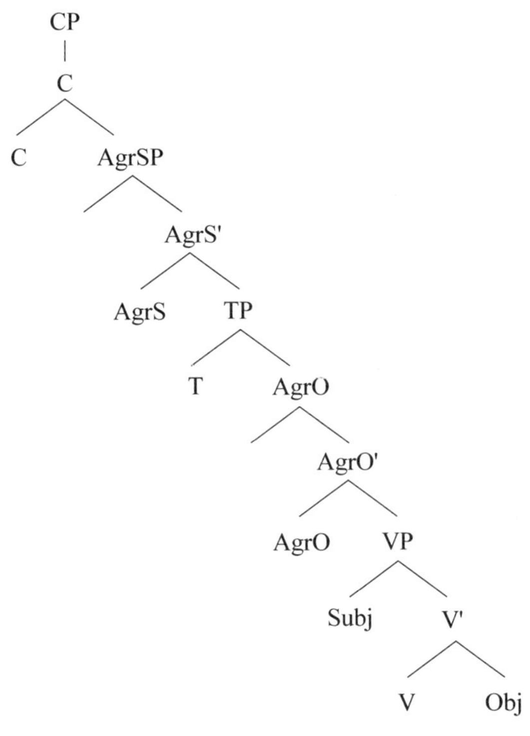

이 구조의 주안점은 일치소(Agr)라는 기능범주를 인정하는 것으로 이 범주는 성, 수, 인칭 자질의 집합으로 규정된다.[22] 이런 구조에서 주어와 목적어는 각각 주어 일치

22) 이들은 흔히 함께 파이(Φ) 자질로 불린다.

소구(AgrSP)와 목적어 일치소구(AgrOP)의 지정어 위치로 이동한다고 본다.[23] 그리고 격 점검은 결국 지정어-핵 관계에 의해 이루어지는 것으로 본다. 즉 주어의 주격은 주격 자질을 가진 T가 주어 일치소로 이동해서 형성된 주어 일치소 복합체와 점검 관계를 이루고 목적어의 대격은 동사가 목적어일치소로 이동한 후 형성된 목적어 일치소 복합체가 갖는 대격 자질과 점검 관계를 이룬다고 보는 것이다.[24] 이를 구조로 표현하면 다음과 같다.

(42) 가. 나.

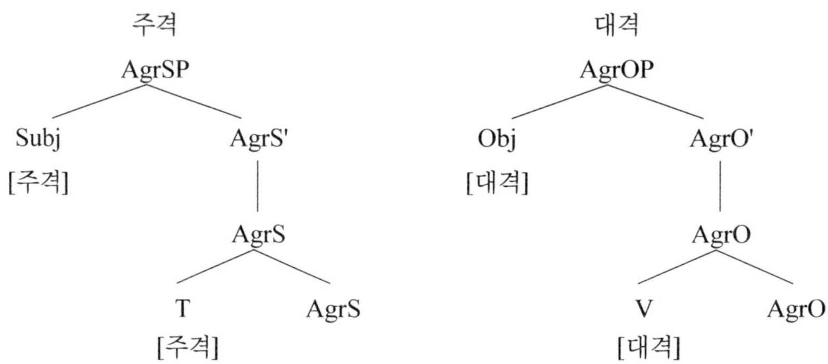

이 방식에서 주목할 점은 일치소의 설정을 통해 주격과 대격의 점검이 지정어-핵 관계로 통합되었다는 점이다. 이는 두 가지 점에서 최소주의 정신에 충실한 개선으로 여겨진다. 첫째, 지배 개념을 대체한 지정어-핵 개념은 문장의 구조가 핵계층이론에 의해 형성된다고 볼 때, 자연적으로 주어지는 개념이다. 둘째, 서로 다른 두 격의 점검 방식이 통합될 수 있다. 그러나 문제는 그런 것을 가능하게 한 일치소의 설정이 바람직하냐 하는 점인데, Chomsky(1995)는 일치소의 설정에 문제가 있다고 보고 다른 방식을 취한다.

---

23) Chomsky(1993)에서는 비현시적 이동의 경우에도 마찬가지 위치로 이동하는 것으로 보고 있다. 그러나 비현시적 이동을 자질-이동으로 파악하는 Chomsky(1995)에서는 해당 핵에 부가되는 것으로 본다.

24) 일치소를 인정하더라도 Chomsky(1993)와 Chomsky(1995) 사이에는 약간의 차이가 있다. 격 자질을 도입한 점은 같으나, 전자의 경우에는 [해석성]과 관련된 설정이 없었던 반면, 후자에서는 [해석성]을 도입한 점이 다르다. 그리고 엄밀히 말해, 전자에서는 명사구가 갖는 자질은 격 자질이라 불렸으나, 격부여자가 갖는 자질은 NP-자질이라 불렸다(Chomsky(1993:29) 참조).

1.2.2 무일치소(Agr-less) 격 이론: Chomsky(1995)

무일치소 격 이론과 일치소 기반 격 이론 간에 가장 다른 점은 문장 구조의 차이에 있으며 그리고 그로 인해 점검의 형식적 내용이 변한다. 무일치소 격 이론이라는 이름에서 알 수 있듯이 이 견해에서는 문장의 구조에 일치소라는 기능 범주를 설정하지 않는다. 그 가장 큰 동기는 파이-자질로 구성되는 일치소가 독립된 핵으로서 논형 층위에서건 음형 층위에서건 해석에 아무런 기여를 하지 않는다는 점과 일치소가 하는 역할이 잉여적이라는 점에 있다.25) 전자가 (38가)의 정신에 비추어 일치소가 설정될 필요가 없다는 논증이라면 후자는 (38나)에 입각한 논증이라 할 수 있다. 그런데 어떤 점에서 일치소의 역할이 잉여적인가? 이를 위해서는 (41)에서 일치소가 다른 범주들과 어떤 관계를 갖는가를 간단히 설명할 필요가 있는데 목적어의 경우만을 들어 설명하기로 한다.

(41)의 구조에서 점검 관계를 이루려고 하면, V는 AgrO로 그리고 목적어는 AgrOP의 지정어 위치로 이동해야 한다. 그리고 이런 이동은 V의 경우, V가 AgrO가 갖고 있는 것과 같은 파이-자질을 갖고 있다는 가정에 의해 일어난다고 보는데 여기서 문제가 되는 것은 결국은 V도 파이-자질을 가져야 한다는 점이다. 다시 말해, V가 갖고 있는 파이-자질로도 목적어와 점검이 일어날 수 있다고 볼 수 있으며 그렇다면 굳이 매개체로 별도의 기능범주를 설정할 필요가 없다는 생각이다. 이런 논리를 따라 문장 구조는 다음과 같이 간소화된다.26)

(43)

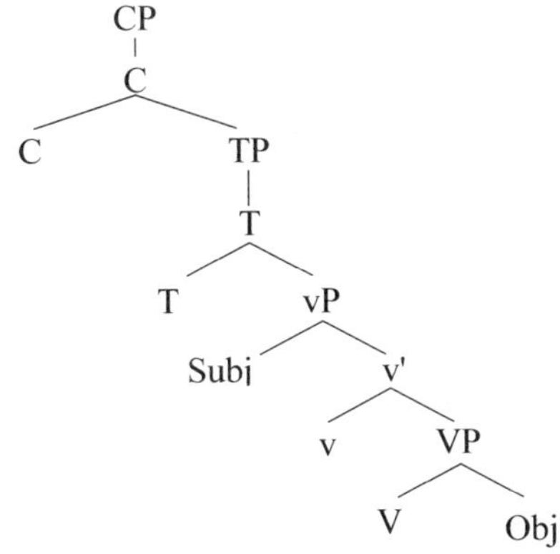

---

25) 그 외 경험적 근거에 대해서는 Ura(2001)를 참조할 것.

26) 일치소의 제거와 함께 아래 구조에는 주어와 목적어의 구조 상 구분을 위해 v가 도입되어 있다. v의 설정에 대해서는 Chomsky(1995)를 참조할 것.

이런 구조 하에서의 점검 관계는 기본적으로는 일치소 기반 격 이론의 내용과 크게 다르지 않다. 다만 대격 부여자를 단순히 타동사가 아니라, 구조 상 새로 도입된 v라고 보는 점 그리고 명사구가 현시적 이동을 하는 경우와 비현시적 이동을 하는 경우 이동의 성격이 다르다고 보는 데에 따른 차이가 있을 뿐이다.[27] 먼저 현시적 이동의 경우는 앞에서와 마찬가지로 지정어-핵 관계에 의해 격 점검이 일어난다고 보고 목적어의 경우는 vP의 외곽 지정어로 이동한다고 보며, 주어의 경우는 TP의 지정어로 이동하는 것으로 본다.

(44) 가. 주격의 현시적 점검

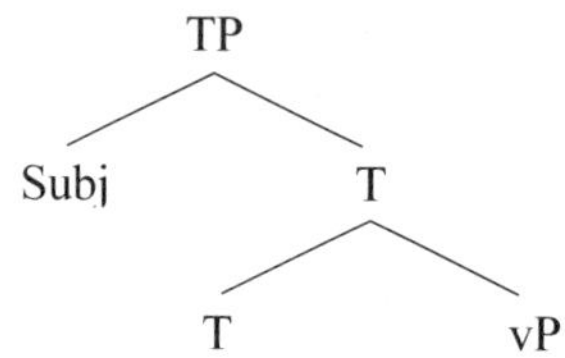

나. 대격의 현시적 점검

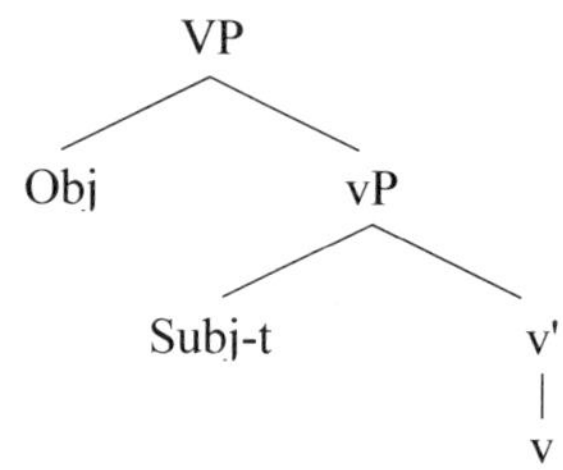

한편 자질의 비현시적 점검 구조는 약간 다르다. 앞에서 지적했듯이 비현시적 이동은 자질 이동(Move-F)으로 핵에 부가된다고 했는데 그 자세한 구조는 다음과 같다.

(45) 대격의 비현시적 점검

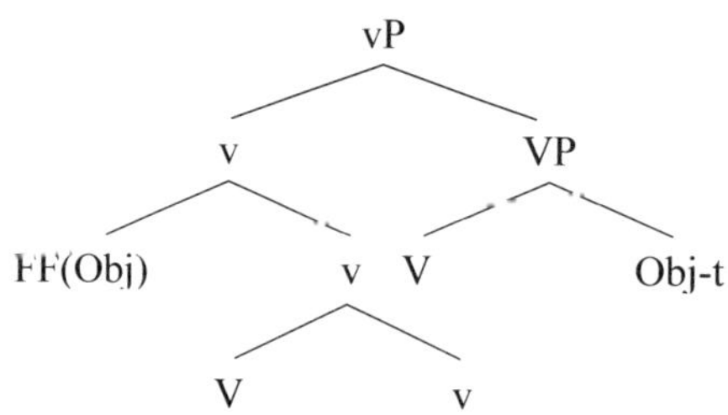

1.2.3 일치(Agree) 절차에 의한 격 이론: Chomsky(2000, 2001a, b)

무일치소 격 이론이든 일치소 기반 격 이론이든 최소주의의 초기의 격 이론이 갖고

---

27) 전자의 경우는 최대 투사의 이동으로 지정어 위치로 가지만, 후자의 경우는 자질의 이동으로 지정어 위치로 가지 않고 핵으로 이동하는 것으로 본다. 이는 이동이 자질의 점검에 의해 일어난다고 볼 때, 경제적 이동은 자질만 이동한다고 보는 것에 따른 결과이다. 그러나 비현시적 이동에서도 최대 투사의 이동이 인정되어야 한다는 주장도 있다. 이와 관련해서는 Pesetsky(2000)를 참조할 것.

있는 공통점은 격의 인가가 격 부여 대신 격 점검이라는 절차를 통해 이루어진다는 것 그리고 그 점검이 피점검자의 이동(그 이동이 현시적이건 비현시적이건)에 의해 일어난다는 것이었다. 이는 최소주의 하에서 문제가 될 수 있는 "여과"라는 장치와 "지배"라는 개념을 없애기 위해 고안된 것이지만, 촘스키 자신은 이 방안에도 일정한 문제가 있는 것으로 보고 있다. 특히 무일치소 격 이론에서 비현시적 이동이 자질 이동의 성격을 띠면서 그로 인해 생기는 사슬의 성격 규정 상에 복잡한 문제가 생기는데 이는 개념적으로 좋지 않는 결과이므로 결국 그런 문제를 유발하는 자질 이동의 개념을 폐기하기에 이른다.[28] 그 대신 제안하는 것이 바로 "일치(Agree)"라는 절차의 제안인데, 우선 그 형식적 내용을 간단히 소개하기로 한다.

일치 절차의 적용 대상 및 내용

(46) 가. 일치라는 절차는 어느 성분에나 적용되는 것이 아니고 [−해석성] 자질을 가진 성분(이를 탐침(probe)이라 부른다)이 같은 자질을 [+해석성]으로 갖고 있는 성분(이를 목표(goal)라 부른다) 간에 적용된다.

나. 목표는 탐침의 자매 영역 내에서 가장 가까이 성분-통어되는 것이어야 한다.[29]

다. 탐침과 목표가 갖는 자질이 서로 맞아야만(match) 일치 절차가 적용될 수 있다. 이 경우 자질의 종류만 같으면 되며 그 값이 같을 필요는 없다.

라. 서로 맞는 자질을 가진 탐침과 목표 사이에 일치 절차가 적용되기 위해서는 두 성분 모두 활성화(active) 상태라야 한다. 즉 비활성화 상태의 성분에는 일치 절차가 적용되지 않는다.

마. 활성화 여부는 해당 성분이 [−해석성] 자질을 가지느냐에 달려 있다. 즉 [−해석성] 자질을 가진 성분은 활성화 상태이며, 이 자질이 점검된 후 없어지게 되면 비활성화 상태가 된다.

이런 일치 절차가 적용되는 전형적인 예가 바로 격 자질의 경우인데, 예로 주격 부여자로 간주되는 시제성 T의 경우를 보자. 이 T는 우선 [−해석성] 자질로 파이-자질을 갖는다. 고로 탐침으로서 이 자질의 점검을 책임져 줄 목표를 찾게 되는데, 이 T의 영역 중에서 가장 가까이 있는 것은 일반적으로 vP의 지정어 위치에 있는 주어 명사구이다. 이 주어 명사구는 파이-자질을 [+해석성]으로 갖고 있으므로 목표가 될 수 있으며 또한 명사구이므로 [−해석성] 자질인 격 자질을 갖고 있어 결국 둘 다 활성화 상태이고 둘이 갖고 있는 자질도 파이-자질로 서로 종류가 같아 일치라는 절차가 적용될

28) 문제의 구체적인 성격에 대해서는 Chomsky(2000:119) 및 이만기·최기용·최동신(2005)을 참조할 것.

29) 보다 더 자세한 내용은 Chomsky(2000:122), 이만기·최기용·최동신(2005), 이숙희(2005) 등을 참조할 것.

수 있다. 그러면 일치 절차가 적용되면 어떤 일이 일어나는가? 그 내용은 다음과 같다.

일치 절차의 적용 결과

(47) 가. 탐침의 [−해석성] 파이-자질은 목표의 [+해석성] 파이-자질에 의해 생략된다.
나. 목표의 [−해석성] 자질인 격 자질은 탐침의 파이-자질이 완전한 경우에만(즉 인칭, 성, 수 자질을 모두 갖출 때) 생략된다. 즉 완전하지 않으면 목표의 격 자질이 생략되지 않는다.[30)]

위에서 알 수 있듯이 일치 절차의 적용 결과 [−해석성] 자질이 생략된다고 했는데, 이 경우의 생략의 의미는 기술적인 측면에 있어 (40)의 유사한 개념과 다소 다르다. 이 차이와 함께 또한 격 자질의 설정에 있어서도 다른데 이 내용을 정리하면 다음과 같다.

격 자질의 비대칭성 및 생략의 의미

(48) 가. [−해석성] 격 자질은 목표만이 가지고 탐침 또는 종전의 격부여자에는 격 자질이 없다.[31)]
나. 목표의 격 자질의 값은 정해져 있지 않은 상태이다.
다. 탐침과 목표 사이에 일치가 일어나면 탐침의 [−해석성] 파이-자질은 목표의 [−해석성] 격 자질의 값을 결정하며 그 값은 음운부로 넘어가고 격 자질은 없어진다.
라. 탐침이 갖고 있는 [−해석성] 파이-자질의 값은 목표의 [+해석성] 파이-자질에 의해 값이 결정되고 그 값은 음운부로 넘어가며 격 자질은 없어진다.

이상에서 알 수 있듯이 일치 절차는 몇 가지 점에서 지배-결속 이론의 격 부여 개념과 비슷한 면이 있어 결국은 초기의 생각으로 되돌아간 것이 아닐까 하는 정도이다. 첫째, 점검의 개념에서는 점검자와 피점검자가 공히 값이 결정된 격 자질을 갖고 있었으나, 일치 절차의 경우에는 그렇지 않다. 즉 점검자에 해당하는 탐침 자신은 격 자질이 없으며 목표에 해당하는 명사구만이 격 자질을 가지는데 그 값은 정해져 있지 않은 상태이다. 고로 일치 절차의 결과 격이 부여되는 양상과 유사하다고 할 수 있다.

30) 이는 영어의 비시제절의 상황을 위한 것이다. 즉 일반적으로 영어의 to는 격을 점검하지 못한다고 보는데 이런 점이 비시제성 T의 파이-자질이 불완전한 것(이는 다른 이유로 설정된다. 그리고 [인칭] 자질만 갖는 것으로 가정한다) 때문에 그렇다고 보는 것이다.

31) 그러면 이 경우 목표의 격 자질의 값을 정하는 것을 무엇으로 볼 것이냐 하는 문제가 생긴다. 파이-자질 그리고 그 파이-자질을 갖는 기능범주(v와 T)가 후보가 될 터인데, 탐침이 무엇이냐에 따라 격의 값이 달라진다는 점에서 후자로 보아야 하지 않을까 한다. 이는 궁극적으로는 애초의 격 부여 개념과 비슷해짐을 의미하는 것으로 보인다.

둘째, 일치 절차에 의한 격 인가는 이동에 의하지 않고 성분-통어라는 구조적 조건에 의해서만 이루어지는데, 이 점에 있어 지정어나 핵으로의 이동에 의해 격이 점검된다고 보았던 초기 최소주의의 입장과는 다르며 오히려 성분-통어와 유사한 최대-통어를 토대로 한 지배라는 구조적 조건에 의해 격이 부여된다고 본 지배-결속 이론의 입장과 유사하다고 할 수 있다.

물론 차이점이 없는 것은 아니다. 여과 및 지배라는 개념을 이용하지 않음으로써[32)]최소주의의 정신을 그대로 살리고 있으며 아마도 가장 중요한 차이는 지배-결속 이론에서는 격 부여가 지배를 통해 제자리에서 될 수도 있고 이동에 의해서도 될 수도 있다고 한 반면, 일치 절차 하에서는 격 인가가 항상 제자리에서만 가능하다고 한 점이 아닐까 한다. 즉 이동에 의하지 않고 격이 인가되는 것으로 보며,[33)] 지정어-핵 관계에 의해서는 격이 인가되지 않는 것으로 보고 있다.[34)]

1.3 요약

지금까지 지배-결속 이론 이후 격 현상에 대해 제시된 여러 제안들을 시기 별로 살펴보았다. 크게 봐서는 세 단계로 볼 수 있는데, 지배-결속 이론 하에서의 격 이론, 점검이라는 개념에 입각한 격 이론 그리고 마지막으로 일치 절차에 의한 격 이론이 그것이다. 흥미로운 것은 앞에서도 지적하였듯이 추구하는 이론적 정신은 달랐지만, 내용에 있어서는 첫 번째와 세 번째가 유사하다는 점이다.

격 현상에 대해 이렇게 다양한 제안들이 있었는데 그 중 한국어의 기술에는 어느 것이 가장 잘 들어맞는가 그리고 한국어의 격 현상은 격 이론에 대해 어떤 새로운 제안을 요구할 것인가? 필자는 다음 장부터 한국어에서 격과 관련된 현상 및 구문들을 하나하나 검토하면서 이런 질문에 대한 적절한 답이 무엇인가를 살펴보고자 한다.

---

32) 지배 대신 사용된 개념은 앞에서 보았듯이 "성분통어"와 "가장 가까움"이다.

33) 고로 이런 입장이 맞다면 지배-결속 이론에서처럼 명사구의 현시적 이동이 격에 의한다는 주장을 더 이상 할 수 없을 것으로 보인다. 이는 격 이론의 큰 경험적 동기 중 하나가 사라짐을 의미한다.

34) 이 점에 대해서는 Chomsky(2001b:10)를 참조할 것.

제2 장

조사를 어떻게 볼 것인가?

격 이론에 의하면 격을 필요로 하는 범주는 명사 혹은 명사구로 되어 있고 또 격의 종류에도 여러 가지가 있다고 되어 있으므로 한국어에서 그런 격들이 어떻게 실현이 될 것인가 하는 것도 격 이론이 다루어야 할 하나의 중요한 과제가 된다. 이와 관련하여 한국어에서는 격의 실현으로 볼 수 있는 뚜렷한 표현이 있는데 그것은 바로 전통문법에서 조사라고 부른 표현이다. 이 표현은 특수조사의 경우를 빼고는 대부분의 경우, 명사 뒤에만 오는 특성이 있어 조사를 격의 실현으로 보는 데 일단 무리가 없는 것으로 보인다.

(1) 가. 철수-가 책-을 읽고 있다.
  나. 철수-가 자기-의 가방-을 잃어 버렸다.
  다. 철수-가 학교-에서 친구-를 만났다.
  라. 철수-는/*는가 키-가 큰 편이다.
  마. 철수-가 책-을 읽고-는 있지만, ...

그러나 문제는 그리 간단하지 않다. 우선 특수조사의 경우 (1마)의 예에서 보듯이 명사 뒤에만 오는 것이 아닌데 반해 명사와 같이 나타나는 (1라)의 '철수는'과 같은 표현은 해당 문장에서의 기능으로 보아 주어이므로 주격 조사 '-이/가'가 함께 나타날 것으로 기대되나, 위에서 보듯이 '*철수는가'의 경우는 비문법적이며, 고로 (1라)에서와 같은 대비를 어떻게 다룰 것인가 하는 문제가 생긴다.

한편 구조격 조사는 격의 실현으로 보는 것이 일반적이나(김영희(1978/1988), Gerdts& Youn(1989), Maling(1989), 김귀화(1994), H.-S. Yoon(1996, 2004a, b), D.-W. Yang (1999), J.-M. Jo(2001) 등), '-에게'와 같이 나타나는 경우나 논항 위치가 아닌 비전형적인 위치에 나타나는 경우들은 달리 보자는 견해들이 있으며(임홍빈(1974/

1998나, 1987가), H.-S. Yoon(1987), J.-Y. Yoon(1989), Schütze(1996, 2001), H.-R. Chae (1999), Y.-J. Jung(2001) 등), 최근에는 구조격 조사의 모든 경우가 격의 실현이 아니라는 주장도(한정한(1999), 고석주(2001, 2002, 2004), 목정수(2003) 등) 있다.

이어 의미격 조사의 경우 이른바 고유격의 실현으로 볼 수 있는 면도 있으나, 한편으로는 명사구의 기능을 하지 않는 경우도 있어 영어의 전치사에 해당하는 후치사로 볼 수 있는 면도 있는가 하면 그 뒤에 구조격 조사가 오는 일도 있어 격 이론 상 의미격 조사의 성격을 어떻게 봐야 하는지 하는 어려운 문제를 낳기도 한다.

본 장에서는 이와 같은 다양한 모습을 지니는 조사를 격 이론의 관점에서 어떻게 볼 것인가 하는 문제를 다룬다. 조사에 대한 논의로서 격 이론과 직간접적으로 연관되는 주요 주제를 확인하고 그런 주제에 대한 주요 기존 연구의 견해를 소개 및 정리하며 각 주제에 대한 필자의 입장을 대안으로 제시하는데, 조사의 성격과 관련된 주요 입장은 다음과 같다: (가) 한국어에서 구조격 조사의 모든 경우는 격의 실현이다. (나) 의미격 조사에는 후치사구의 핵을 이루는 후치사 그리고 논항에 부여되는 의미역 표지로서의 후치사의 두 가지가 있으며 이들 모두는 격 인가자의 속성을 지닌다. (다) 특수조사도 후치사이며 그 자체로 격 인가자의 속성을 지닌다.

한편 전통문법 혹은 학교문법에서는 한국어의 조사가 격조사와 특수조사(혹은 보조사)의 두 유형으로 나뉘는 것이 일반적이지만(남기심(1991/1996), 남기심 · 고영근(1993), 이익섭 · 채완(1983, 1999) 등), 격조사 중에서 아래의 구조격 조사와 의미격(어휘격 혹은 부사격으로도 불린다) 조사 간에 차이가 있다는 것 또한 널리 알려져 있으므로(임홍빈(1987가), 유동석(1995:77-84), 최동주(1997:202-203, 207), 임동훈(2004) 등 참조) 본 장에서는 조사를 아래와 같은 세 유형으로 나누어 논의를 진행한다.

(2) 가. 구조격 조사: 주격 조사 ('-이/가'),[1] 대격 조사('-을/를'), 속격 조사('-의')
나. 의미격 조사: 여격 조사('-에게/에')[2], 처소격 조사('-에서'), 도구격 조사('-로')[3]
다. 특수 조사: '-만', '-은/는', '-도', ...[4]

---

1) 주격 조사의 존대형으로 '-께서'가 언급되기도 한다(이익섭 · 임홍빈(1983), 남기심 · 고영근(1993), Sells(1995), 이익섭 · 채완(1999) 등). 필자는 '-께서'를 주격의 실현으로 보지 않는다. 이에 대한 논의는 2.1.3을 참고할 것.

2) 본 책자에서는 일단 '-에'와 '-에게'를 같은 여격 조사의 변이형으로 본다(이익섭 · 임홍빈(1983), 이익섭 · 채완(1999:178-179) 참조). 최근의 반대 견해에 대해서는 유현경(2003, 2007)을 참조할 것. 그리고 '-한테'와 '-더러'도 이들 여격 조사에 속하는 것으로 본다.

3) '-와/과'에는 접속 조사로서의 용법과 이른바 공동격 조사로서의 용법이 있으며(이익섭 · 채완(1999) 등 참조) 후자의 경우는 직관 상 의미격 조사로 볼 수 있으나, 전자를 어떻게 처리할 것인가는 그리 간단한 문제가 아니다. '-와/과'에 대한 개별 논의는 앞으로의 연구 과제로 돌린다.

2.1 구조격 조사[5]

전통문법적 입장에서 볼 때, 생성 문법의 국어의 격조사 처리 중에서 논란이 되는 부분 중의 하나는 아마도 구조격 조사로 분류되는 세 조사의 처리일 것이다. 일반적으로 생성 문법적 입장을 취하는 연구들은 이들 조사를 격 이론에서 얘기하는 격의 형태적 실현으로 보며 이는 궁극적으로는 이들에 고유한 의미가 없음을 뜻한다. 혹은 격을 비해석성(uninterpretable) 자질로 보는 최소주의에서는 이들 조사들이 그런 격의 형태적 실현이라면 이들 조사에는 고유의 의미뿐 아니라, 아무런 의미가 없는 것이 된다. 그러나 물론 현실은 그리 단순하지 않다. 아래와 같은 구문에서 주격/대격 조사를 가지는 밑줄친 표현들이 초점 해석을 가진다는 관찰이 여러 연구들에 의해 이루어진 바 있으며(H.-S. Yoon(1987), J.-M. Yoon(1989), J.-Y. Yoon(1989), J.-S. Lee(1991), 김귀화(1994), Schütze (1996, 2001), Y.-J. Jung(2001) 등 참조), 주격/대격으로 볼 수 없는 경우들이 있거나 더 나아가 주격/대격 조사의 모든 경우가 고유 의미를 갖는다고 보는 보다 더 적극적인 의견도 있다(고석주(2001, 2002, 2004), 목정수(2003) 등 참조).

Case stacking[6]

(3) 가. <u>영미에게가</u> 호랑이가 무섭다.
    나. 영미가 <u>철수에게를</u> 선물을 주었다.

ECM[7]

(4) 철수는 <u>미애를</u> 천재였다고 믿었다.

격 중출[8]

(5) 가. <u>철수가</u> 바지가 짧다.
    나. 철수가 <u>황소를</u> 뿔을 뽑았다.

또한 생성 문법 내에서도 구조격 조사가 구조 뿐 아니라 의미적인 면에서도 영어의

4) 임동훈(2004)은 특수조사의 하위 부류로 후치사와 첨사를 설정하고 있다.
5) 이 절의 일부분이 K. Choi(2005)로 발표된 바 있다.
6) 이 용어 자체는 격이 중첩된다는 의미인데, Schütze(1996, 2001) 및 본 책자에 의하면 해당 현상들이 격의 중첩으로 분석되지 않는다. 고로 이후 현상을 가리키는 경우에는 "격 중첩"보다는 보다 중립적 용어인 "격조사 결합"을 사용한다. 본격적인 논의는 12장에서 이루어진다.
7) "예외적 격 표시" 구문으로 부르며 7장에서 본격적으로 다룬다.
8) 격 중출에 대한 본격적인 논의는 11장을 참조할 것.

D(eterminer)에 대응되는 것으로 보는 견해들이 많은데(H.-D. Ahn(1988), 박정섭(1992), 홍용철(1994), D.-W. Yang(1995, 1996), 김용하(1999), Y. Jeong(1999), D.-W. Lee(2003), Lee& Cho(2003), 이만기(2004) 등 참조), 이상의 모든 같은 견해들이 맞다면 이들 견해들은 모두 구조격 조사를 격의 실현으로 보는 생성 문법적 시각에 문제가 된다고 하겠다.

본 절의 구성은 다음과 같다. 먼저 2.1.1에서는 격에 대한 생성 문법적 시각에 문제가 되는 견해 중 두 번째(2.1.1.1) 및 세 번째를(2.1.1.2) 주로 검토한다.[9] 이어 2.1.2에서는 한국어 속격 조사의 특성을 토대로 속격이 구조격임을 제안하며, 2.1.3에서는 '-께서'가 주격의 존대형이 아니라, '-시'의 [+화자 존대 의향]과 핵-지정어 일치를 이루는 명사 표현의 [+화자 존대 의향] 자질의 형태적 실현임을 제안한다.[10]

2.1.1 구조격 조사에 대한 기본적 검토

2.1.1.1 구조격 조사는 격의 실현인가 아닌가

구조격 조사를 격의 실현으로 보는 것에 반대하는 입장들이 내세우는 근거에는 여러 가지가 있으나 크게는 다음 두 가지이다. 첫 번째는 구조격의 실현으로 볼 수 없는 다른 경우들이 너무 많거나 혹은 그렇게 볼 경우 많은 문제점이 야기된다는 것이고 두 번째는 보다 적극적인 근거로 구조격 조사에 고유의 의미가 있다는 것이다. 여기서는 이들 입장을 차례로 살펴 본다.

2.1.1.1.1 구조격 조사의 이질성

먼저 첫 번째 종류의 논증을 위해 주로 거론되는 다음 예들을 보자(남기심(1996: 84-88), 고석주(2004:21-26) 참조).

---

9) 첫 번째류의 관찰을 토대로 초점 해석을 가지는 명사구에 나타나는 구조격 조사를 격의 실현으로 보지 말아야 한다는 견해들이 있다(임홍빈(1974/1998나, 1987가), H.-S. Yoon(1987), J.-Y. Yoon (1989), Schütze(1996, 2001), H.-R. Chae(1999), Y.-J. Jung(2001) 등). 그러나 구조격 조사를 갖는 표현의 의미와 구조격 조사 자체의 의미는 별개의 문제라 할 수 있다. 즉 구조격 조사를 갖는 표현의 의미가 구조격 조사가 아닌 다른 데에서 유래할 수도 있으며 그런 입장이 맞다면 첫 번째류의 관찰이 곧바로 생성 문법적 시각에 반하는 것은 아니다. 이와 관련한 구체적 제안은 곧 제시된다.

10) 1장의 "지정어-핵" 관계 대신 "핵-지정어"라는 용어가 사용되었음에 유의해야 한다. 이는 한국어의 "존대" 관련 일치에서는 주를 이루는 것이 지정어가 아니라 핵임을 반영한 용어이다. 자세한 내용은 3.1.1.2.2.4 이후의 논의를 참고할 것. 그러나 단순히 구조적 형상을 언급할 때에는 "지정어-핵"이라는 용어를 사용한다.

--주격 조사의 경우--

(6) 가. 순이가 한복이 잘 어울리겠다.
나. 이 붓의 글씨가 잘 써진다.
다. 북한산의 물이 많이 난다.

(7) 가. 그 사람이 점잖지가 않더라.
나. 그가 앉기가 바쁘게 해인이가 말했다.
다. 점심의 부산옥이고 저녁의 지산장이다.

--대격 조사의 경우--

(8) 가. 그가 고향에를 갔다.
나. 왜 차가 가지를 않지?
다. 사람들이 말하기를 그는 좋은 사람이 아니라더군.

(9) 가. 선박에 있던 나무토막을 재떨이를 만들었다.
나. 그가 온 몸을 먼지를 뒤집어썼다.

(10) 가. 그들은 이 자리에서 열 시간을 나를 기다렸다.
나. 두 달을 쉬었더니 몸이 좀 회복되었다.

즉 위의 예들에서 밑줄 친 조사를 가진 표현들을 주어나 목적어로 볼 수 없는데도 그런 표현에 주격 조사나 대격 조사가 쓰였으므로 이들 구조격 조사를 격의 실현으로 볼 수 없다는 것이 그 논리이다. 한편 남기심 및 고석주 에서처럼 명시적인 근거는 제시하지 않았지만, 구조격 조사를 격의 실현으로 볼 수 없다는 입장은 목정수(2003)에서도 발견된다. 그는 "'격'이란 개념은 명사성분과 서술어의 통사적 관계나 문법적 기능을 말하는(138쪽)" 것이라 보고 "조사 {가}, {를}이 선행 명사(구)의 문법관계 즉, 통사적 기능을 표시하기 위해 붙는 요소가 아니라(149쪽)"라고 주장하고 있는 것이다.

이런 주장들은 한 마디로 주격 조사나 대격 조사가 주어나 목적어를 나타내는 표현이 아니라는 주장인데 주목할 점은 이런 주장이 구조격 조사를 격의 실현으로 보는 격 이론적 입장에 문제가 되지 않는다는 점이다. 그 이유는 물론 격 이론이 논의 대상으로 하는 "격"의 개념이 남기심이나 고석주, 목정수 등이 생각하고 있는 "격"의 개념과 다르기 때문이다. 위의 논의에서 알 수 있듯이 이들 연구들은 "격"의 개념을 문법관계 혹은 문법 기능과 같은 것으로 보고 있는데[11] 격 이론에서 얘기하는 구조격의

11) 고석주(2004:16)에 의하면 생성 문법도 같은 입장을 취하는 것으로 되어 있다.

개념은 문법 관계와는 본질적으로 상관이 없으며 명사구가 문장 내에서 인가를 받기 위해 필요로 하는 비해석성 자질로서의 개념인 것이다. 고로 이런 개념에 의하면 한국어에서 주격 조사나 대격 조사가 대부분의 경우 주어나 목적어를 나타내기도 하지만 구조격 부여의 조건만 맞으면 주어나 목적어가 아닌 다른 표현에도 부여될 수 있는 것으로 예측되며 고로 생성 문법의 격 이론은 (6-10)과 같은 경우의 가능성을 예측하고 있다고 할 수 있다.[12)]

결국 위 두 연구 및 생성 문법의 견해는 "격"의 개념 정의를 둘러싼 오해에서 벗어난다면 주격 조사나 대격 조사가 주어나 목적어를 나타내는 표지가 아닌 것으로 보는 점에서 같다고 할 수 있다. 그러나 구조격 조사의 고유 의미가 무엇이냐와 관련해서는 두 입장이 완전히 갈리게 된다. 즉 생성 문법은 주격 조사와 대격 조사가 각각 주격 및 대격의 실현이므로 고유 의미가 없다고 보는 반면 생성 문법에 반대하는 측은 각 격조사에 고유의 의미가 있다고 주장하는 것이다. 특히 최근에 들어 이런 입장이 강화되고 있는 추세로 보이는데, 고석주(2001, 2002, 2004) 및 목정수(2003) 등은 주격 조사와 대격 조사 모두가 고유한 의미를 갖고 있다고 보고 있다.[13)] 이들은 세부적 내용에 있어서는 차이가 있으나, 주격 및 대격 조사의 고유 의미가 담화 및 화용적 측면과 연관이 있다고 본 점에서 서로 비슷하다.

> 이 연구에서는 조사 '가'를, ... 문장의 '화용 층위'와 관련되는 요소로 파악한다.
>
> 고석주(2002:각주2)

> 둘째, 조사 {가}나 {를}을 격조사가 아닌 담화적 기능 표지, 즉 한정사(=관사)로 보려는 시도
>
> 목정수(2003:161)

사실 주격 조사가 담화 및 화용과 관련된 의미를 가진다는 것은 기존 연구들이 서로 다른 내용으로 얘기해 온 바이기도 할 뿐 아니라 생성 문법에서도 인정되고 있는 것이다. 다만 이들은 그 의미를 이들 구조격 조사의 고유 의미로 보아야 한다는 가장 강한 주장을 한 셈인데, 여기서는 이중 고석주(2002)를 중점적으로 검토, 비판한다.

그(생성 문법:필자 적음)에 따르면, 조사 '-가'와 '-를'은 일정한 의미를 나타내는 '-에', '-에서', '-로' 등의 조사와는 달리 명사구의 문법적 관계만을 표시하는 것이라고 한다.

12) 물론 (6-10)이 보이는 주격/대격 조사의 인가 및 분포를 설명하는 것은 별개의 문제이다.

13) 대격 조사와 관련해서는 홍기선(1994) 등이 이미 독자적으로 고유 의미가 있다고 한 바 있다. 이 문제는 대격 부여와도 관련이 있으므로 3장에서 다루기로 한다.

2.1.1.1.2 주격 조사에 고유 의미가 있는가: 고석주(2002) 검토

고석주(2002:243)는 주격 조사의 고유 의미를 한 마디로 다음과 같다고 본다. "조사 '가'는 '발화 맥락에서 예상될 수 있는 개체들 중의 하나를 선택 지정' 하는 '양태 조사'"이다. 고석주는 이런 견해의 입증을 위해 대체로 다음 세 가지 경우를 살펴보고 있다. 첫째, 주격 조사가 나타날 수 없는 경우, 둘째, 주격 조사가 필수적으로 나타나는 경우, 셋째, 주격 조사의 유무에 따라 의미 차이를 보이는 경우. 이들을 살펴보는 의도는 모두 "선택 지정"이라는 의미에 따라 그 세 경우의 양상이 설명될 수 있다는 것인데 여기서는 그 중 그의 논증에 중요한 처음 두 가지 경우만을 검토한다.[14)]

그러나 그에 앞서 고석주의 견해가 갖는 일반적 문제점 두 가지를 먼저 지적하기로 한다. 첫째, 고석주의 견해에 의하면 Kuno(1973) 이후 흔히 중립적 기술의 의미를 가진다고 여겨지는 위 예문 (6)의 두 번째 주격 조사 및 아래 문장의 주격 조사들이 어떻게 처리되는지가 불분명하다.

(11) 가. 철수가 그 자리에 서 있다.
나. 비가 오고 있다.
다. 머리가 아프다.

이들 주격 조사가 고석주가 "선택 지정"이라 규정한 경우와 의미가 다르다고 하면 그만이나, '-이/가'에 대해 또 하나의 고유 의미를 부여한다는 결과 외에 그러면 왜 두 해석이 서로 바뀌어 나타나는 경우는 허용이 안 되는가 하는 문제가 생기는 것이다. 예를 들어 (6)의 예문에서 첫 번째 주격 명사구는 중립적 기술의 해석을, 두 번째 주격 명사구는 선택 지정의 해석을 가지는 것은 불가능할 것으로 보이는데 '-이/가'가 두 가지의 서로 다른 고유 의미를 가진다고 보는 견해에서는 왜 그런가를 설명하기 어려워 보인다.

둘째, 앞의 예문 (7가, 나)의 경우는 물론이고 아래의 경우들이 보이듯이 주격 조사는 개체를 나타내는 표현이 아닌 경우에도 나타날 수 있다.

(12) 가. 좋은 대학교에 들어가기가 쉽지 않다.

---

14) 세 번째는 주격 조사가 없는 경우에 대비하여 있는 경우의 의미가 "선택 지정"이라는 논증이다. 그러나 고석주 스스로 지적하였듯이 주격 조사를 가지는 예문들이 "선택 지정"의 의미 외에 주격 조사가 없는 경우의 해석도 같이 가지는데, 이는 결국 주격 조사가 "선택 지정"과는 다른 의미도 가짐을 뜻하는 것이 된다.

나. 그 일은 철수의 책임이 아니다.
다. 학생들이 모두 셋이 의자에 앉아 있다.

고로 이런 경우들에 대해서도 "선택 지정"과는 또 다른 고유 의미를 인정해야 할 것으로 보이는데 그 의미 내용이 확인 된다 해도 문제는 형태적 변이의 양상으로 보아 다들 같은 표현으로 보이는 '-이/가'를 서로 완전히 다른 형태소로 봐야 한다는 데 있다. 이는 기술적으로는 허용이 된다 해도 왜 완전히 서로 다른 형태소가 같은 형태적 변이의 양상을 보이는가를 설명하지 못하는 것이 문제점으로 남게 된다.

2.1.1.1.2.1 구조격 조사가 나타날 수 없는 경우

이제 고석주의 두 가지 논증의 경우를 보기로 하자. 먼저 주격 조사가 나타날 수 없는 경우로 모두 네 가지가 논의된다. 다음이 각각의 예이다.

'아무' 와 주격 조사의 의미적 상충

(13) 가. *요즘은 아무가나 대학에 간다.
나. *요즘은 아무가 대학에 간다.
다. *아무것이도 교실에 있지 않았다.
라. *아무것이 교실에 있지 않았다.

유일성

(14) 가. 충무공을 한 마디로 말하면, 충무공은 민족의 영웅이다.
나. *충무공을 한 마디로 말하면, 충무공이 민족의 영웅이다.
다. 사람은 누구나 죽는다.
라. *사람이 누구나 죽는다.

부정문

(15) 가. 아무리 눈을 씻고 봐도 사람 하나 보이지 않았다.
나. *아무리 눈을 씻고 봐도 사람이 하나 보이지 않았다.
다. *아무리 눈을 씻고 봐도 사람 하나가 보이지 않았다.

심리 형용사 구문

(16) *내가 영미가 좋다.

이들 모두에 대한 고석주의 설명은 한 가지이다. 즉 위 문장이 비문법적인 이유는 각 문장인 쓰인 맥락이나 어휘의 특성 상 "선택 지정"이라는 '-이/가'의 의미와 맞지 않기 때문이며 그런 점에서 이들 예문이 '-이/가'의 의미가 "선택 지정"임을 입증한다는 것이다. 과연 그런가? 각각의 경우를 보기로 하자. 먼저 (13)은 '아무'라는 표현이 주격 조사와 같이 나타나지 못함을 보여준다. 고석주에 의하면 '아무'는 "가리키는 개체가 지정되어 있지 않음"을 뜻하는데 이런 의미와 "선택 지정"의 의미가 충돌되어 비문법적이 된다는 것이다. 그러나 과연 '아무'가 '-이/가'와 결합하지 못하는 것이 주격 조사만의 문제인가?먼저 다음 예는 '아무'가 결합하지 못하는 것은 '-이/가' 만의 문제가 아니라, 다른 구조격 조사 전체의 문제임을 보여준다.

(17) 가. *철수가 아무도를 싫어하지 않았다.
나. *철수가 아무를 싫어하지 않았다.
다. *철수가 아무를도 싫어하지 않았다.

(18) 가. *철수가 아무도의 책을 버리지 않았다.
나. *철수가 아무의 책을 버리지 않았다.
다. *철수가 아무의도 책을 버리지 않았다.

물론 이런 경우에 대해 주격 조사 외에 다른 두 구조격 조사도 공동의 의미로 "선택 지정"을 갖고 있으며, 선택의 대상이 서로 다르다고 기술할 수 있다.[15] 그러나 문제는 그럴 경우 고석주(2002:243)의 지적처럼 "조사 '가'가 주어에 집중되어" 쓰이고 "조사 '를'이 목적어에 집중되어" 쓰이는 현상 그리고 '-의'의 경우는 명사구 내의 명사구에만 집중되어 쓰이는 것에 대한 설명이 궁색해 진다는 점에 있다. 다시 말해, 이 세 조사가 "선택 지정"이라는 고유의 공통 의미를 갖고 있는데, 왜 그것이 주어, 목적어, 관형어라고 하는 문장의 문법 기능을 토대로 한 세 유형의 표현에 대해 서로 배타적으로 쓰이는가 하는 점이다. 이는 궁극적으로는 구조격 조사들이 주어, 목적어, 관형어 등의 문법 관계를 나타내는 것이 아니라는 데에서 출발한 고석주의 논리가 결국은 '-이/가'는 주어, '-을/를'은 목적어, '-의'는 관형어와 어떤 형태로든 관련이 있다고 인정해야 하는 셈이 되어 스스로의 출발점을 무너뜨리는 셈이 된다.

또한 '아무'가 구조격 조사와의 결합이 항상 불가능한 것은 아니다. '아무' 뒤에 '-나'라는 조사가 오는 경우에는 그 뒤에 구조격 조사가 올 수 있다.

---

15) 실제로 대격 조사의 경우 고석주(20002:각주 23, 2004)는 이런 입장을 취하고 있다.

(19) 가. 요즈음은 아무나가 대학에 간다.
　　나. 철수가 아무 음악이나를 좋아한다.

고석주(2002:각주5)는 이런 예의 '아무'는 "가리키는 개체가 지정되어 있지 않음"을 나타내는 것이 아니라, "변변치 않은 사람/물건"을 나타낸다고 하여 이 예가 주는 문제점을 회피하려 했으나, 필자의 판단으로는 (19나)에 그런 의미는 없다고 보이며 (19)의 기본 의미는 역시 "가리키는 개체가 지정되어 있지 않음"이고 고석주가 지적한 그런 의미는 화용론적으로 파생된 해석으로 보인다. 또한 고석주의 입장에 의하면 (19)에서 '-이/가'가 없어지면 의미 상으로 아무런 충돌이 안 일어나 결국 '-이/가'가 있는 경우와 없는 경우 간에 해석이 달라져야 하는데 다음 예들은 그렇지 않음을 보여준다.

(20) 가. 요즈음은 아무나 대학에 간다.
　　나. 철수가 아무 음악이나 좋아한다.

즉 (19, 20) 모두 기본적으로 '아무'가 "가리키는 개체가 지정되어 있지 않음"을 뜻하며 (20가)의 경우에도 고석주가 언급한 파생적 해석을 가질 수 있는 것이다. 결국 이상의 예들은 '아무'와 구조격 조사의 결합이 안 되는 것이 의미적 이유 때문이라는 고석주의 견해가 근본적으로 잘못되었음을 보여준다고 할 수 있다.[16]

셋째, 고석주는 '아무'의 의미와 "선택 지정"이라는 주격 조사의 의미가 상충된다고 하였으나, 이는 두 표현이 합쳐졌을 때, 전체의 해석이 나오는 방법으로 한 가지 가능성만을 고려한 결과로 보인다. 그러나 상식적으로 보아 다른 가능성도 있어 보인다. 즉 '아무'에 의해 "가리키는 개체가 지정되어 있지 않은" 상태에서 '-이/가'가 결합되면서 그 중에서 "선택 지정"을 하는 식의 결합도 가능하기 때문이다. 실제로 고석주(2002:235)도 '누구'나 '누군가'의 경우에 주격 조사와 그런 식의 결합이 가능하다고

16) 결국 이상의 예들은 '아무'와 구조격 조사와의 결합이 의미적 요인에 좌우되는 것이 아님을 보여준다. '아무'와 결합할 수 있는 조사로는 '-도'와 '-나'만이 있는데 '아무'가 이들과 같이 나타날 때에도 위의 예에서 보듯이 구조격 조사의 결합에 있어 '-도'의 경우와 '-나'의 경우가 서로 같은 점도 있고 다른 점도 있었다. 즉 구조격 조사가 이들 요소 앞에 올 경우에는 다 비문법적이고((13가, 다), (17다, 18다) 참조), 뒤에 올 경우에는 '-나'의 경우만 좋았다. 한편 이들이 서로 별개의 현상으로 다루어져 함을 다음 예들이 보인다. 즉 특수조사가 어떤 것이 되었든 그 앞에는 항상 구조격 조사가 못 오는데 반해, 구조격 조사가 뒤에 올 경우에는 특수조사의 종류에 따라 허용되는 경우가 있기 때문이다.

(i) 가. 철수*가만/*가는/*가도, ...　　나. 철수만이/*철수는이/*철수도가

보고 있다. 즉 이들 표현의 경우는 "불명확한 개체"를 나타내는데 '-이/가'가 붙어 그 중에서 선택 지정을 하는 양상이라는 것이다.

(21) 가. 지금 밖에 누가 찾아 왔다.
　　나. 지금 밖에 누군가가 찾아 왔다.

그러나 불명확한 개체를 선택 지정하는 것이 가능하다면 지정되어 있지 않은 개체를 선택해서 지정하는 것이 불가능할 것으로 보이지는 않으며 고로 의미적으로 충분히 가능한 이런 해석 방법이 왜 '아무'와 구조격 조사의 결합에 있어 배제되는지는 의문으로 남는다.

넷째, 고석주(2002:225)가 지적하였듯이 (19) 외에도 '아무'가 주격 조사와 결합하는 경우는 아주 많다.

(22) 가. 철수는 아무 말이 없었다.
　　나. 안에서는 아무 기척이 없었다.

그러나 이 문장의 문법성에 대해 고석주는 필자가 바로 앞에서 지적한 해석 가능성을 이용하지 않는다. 그가 취하는 방식은 이런 것이다. 먼저 '아무'의 수식을 받는 명사가 가리키는 것들이 발화 상에서 예견되는데 주격 조사가 그 중에서 "선택 지정"을 하고 '아무'가 기여하는 바는 그런 선택 지정된 것들 중에서 특정으로 지칭되는 것이 없다는 의미라는 것이다. 그러나 '아무'와 주격 조사간의 의미 결합에 있어 이런 방식이 가능하다면 아래와 같은 경우에도 마찬 가지의 방식이 적용되어 문법적이어야 할 것이나 그런 예측은 어긋난다.[17]

---

17) (22)와 (23)의 차이는 다음 예에서 보듯이 전자의 경우 '아무런'이란 표현이 가능한데 반해, 후자에서는 그런 표현이 불가능한 것과 관련이 있다.

(i) 가. 철수는 아무런 말이 없었다.　　나. 안에서는 아무런 기척이 없었다.
(ii) 가. *아무런 사람이 교실에 있지 않았다.　　나. *요즈음은 아무런 학생이 대학에 간다.

이는 궁극적으로 '아무'의 변항 여부의 차이로 보인다. 즉 (22)의 '아무'는 변항이 아닌데 반해, (23)의 '아무'는 변항인데 결속하는 운용자인 '-도'나 '-나'가 없는 자유 변항이다. 이에 대한 자세한 논의는 최기용(1998나)을 참조할 것.

(23) 가. *아무 사람이 교실에 있지 않았다.
나. *요즈음은 아무 학생이 대학에 간다.

이상 '아무'를 이용한 고석주의 논증을 비교적 자세히 살펴 보았다. 필자가 이를 자세히 검토한 이유는 "선택 지정"으로 본 고석주의 논증의 시발점이 '아무'의 경우였기 때문이다. 검토 결과 많은 문제점이 노출됨을 보았다. (13)의 비문법성을 '아무'의 의미와 "선택 지정" 간의 의미적 충돌로 보게 됨으로 인해 구조격 조사들이 문법 관계와 관련이 없다고 한 출발점이 무너지는 결과를 빚기도 하는가 하면, 예측과 달리 '아무'와 주격 조사의 결합이 가능한 경우들이 있으며, 그리고 의미적으로도 '아무'의 의미와 "선택 지정"의 의미가 서로 충돌되지 않는 방식이 가능함을 보았다.

이제 이어 고석주의 두 번째 논증인 (14)을 보자. 먼저 (14나)가 비문법적인 이유에 대해 고석주는 '-이/가' 앞에 오는 표현이 발화 상 유일무이함이 전제되는데, 그런 대상에 대해 선택 지정한다는 것은 의미적으로 맞지 않기 때문이라고 한다. 그러나 이 논리에 의하면 주격 조사가 없는 문장은 그 뒤에 '-는'이 오는 것만큼이나 좋아야 한다. 그러나 고석주 자신이 지적하였듯이 그리 좋아 보이지 않는다.

(24) ?*충무공을 한 마디로 말하자면 충무공 민족의 영웅이다.

즉 그의 분석에 의하면 (14나)와 (24) 간에는 (14나)와 (14가) 간에 나타나는 만큼의 문법성 차이가 있어야 하나, 실제 예는 그렇지 못함을 보인다. 그에 반해, 생성 문법에서는 Chomsky(2001b)의 INT 제안과 구조격의 음성적 실현에 대한 Y.-H. Kim(1998), 김용하(1999:243-288)의 다음 제안을 이용하면 (14나)와 (24)의 비문법성에 대한 설명이 가능하다.

(25) 가. 명사구가 현시적 이동을 하는 경우 명사구의 격은 형태적으로 실현되어야 한다.
나. 명사구가 제자리에 있는 경우 명사구 격의 실현은 수의적이다.

먼저 (14나)와 (24)에서 주어인 '충무공'이 IP (혹은 AgrP, TP) 지정어 위치로 필수적으로 이동한다고 가정하자. 이동한 '충무공'은 (25가)에 의해 주격 조사를 반드시 가져야 하며 이를 어긴 (24)는 비문법적이 된다. 한편 촘스키의 INT 제안에 의하면 이동이 있을 시, 제자리 구성원이 갖는 해석과 이동한 위치에 있는 구성원의 해석이 서로 다르며, 특히 이동한 위치에서는 특정성/한정성 또는 초점 등과 같은 담화관련 해석을 가지게 된다.[18] 이러한 INT 제안이 (14나)의 비문법성도 설명해준다. 즉 (14나)의 주격 조사는 '충무공'이 현시적 이동을 했음을 말하는데, INT 제안에 의해 '충무공이'는 초점 해석을 가지게 되며 새로운 정보를 나타내는 이 초점 해석은 '충무공을 한 마디로 말한다면'에 의해 이미 구정보가 된 "충무공"과 충돌하게 되는 것이다.[19]

한편 (14다, 라)는 '사람이'가 '사람은'의 의미로는 안 좋다는 것을 보이는데, 사실 이런 점은 '-은/는'과 '-이/가'의 의미 차이를 보여주는 예로 많이 거론되었던 것이다. 문제는 그런 예문이 '-은/는' 표현과 '-이/가' 표현의 의미 차이를 보여주는 것이지 두 조사의 고유 의미의 차이를 보여주는 것은 아니라는 점이다. 즉 INT 제안에 의하면 '-이/가'에 고유 의미가 없다 해도 '-이/가'를 가진 표현이 나타나는 구조적 위치로 인해 해당 의미가 생긴다고 볼 수 있기 때문이다.

또한 고석주는 의문문에서 '너'가 주어로 올 경우 '너'의 특성 상 가리키는 대상이 유일무이하므로 주격 조사와 같이 나타날 수 없다면서 다음 예문이 나쁘다고 보고 있으나, 필자의 판단으로는 좋은 문장으로 보인다.

(26) 가. 네가 어디에 갔었니?
　　 나. 네가 과일을 얼마나 샀니?

문제는 이런 논리라면 '너'가 목적어나 관형어로 쓰이는 경우 해당 격조사하고는 항상 못 나타날 것으로 예측하는데 실제로는 그렇지 않다.

(27) 가. 철수가 너를 얼마나 좋아하니?
　　 나. 철수가 너의 책을 언제 빌렸니?

이어 세 번째 논증인 (15)의 경우를 보자. (15)에서 고석주가 보고자 했던 것은 '사람 하나'가 부정극어의 해석을 가질 경우이다. 즉 그럴 경우에는 (15나, 다)에서 보듯이

---

18) 그 간단한 내용은 다음과 같다.

(i) 가. 사슬의 꼬리 부분은 INT'를 가지며 이는 의미역 및 어휘의 고유 성질에 관여한다.
　　나. 사슬의 머리 부분은 INT를 가지며 이는 특정성/한정성, 초점과 같은 담화적 해석에 관여한다.

19) 여기서 주목할 점은 주격 조사에 대해 고유 의미를 상정하지 않고서도 (14나)에 대한 설명이 가능하다는 점이다. 이 분석이 갖는 의의는 나중에 다시 언급한다.

주격 조사가 못 오는데, 그 이유는 바로 부정 극어가 "개체가 없음"을 나타낸다면 선택할 개체가 없으므로 "선택 지정"을 뜻하는 주격 조사가 못 온다는 것이다. 그러나 다음 예문은 그런 설명에 문제가 있음을 보여준다.

(28) 가. 아무리 눈을 씻고 봐도 사람이 한 명도 보이지 않았다.
나. *아무리 눈을 씻고 봐도 사람이 한 명도 보였다.

즉 (24나)의 비문법성으로 보아 '사람이 한 명도'는 부정극어임이 분명한데, 이 경우 '사람'이 뒤에 주격 조사가 가능한 것이다.

마지막으로 고석주는 (16)과 같이 심리 형용사 주어가 일인칭인 경우를 비문법적으로 보며 그 이유도 심리 술어의 의미와 "선택 지정"의 의미가 충돌하기 때문으로 보고 있다. 즉 "선택 지정"은 여러 개체의 심리 상태가 파악된 상태임을 전제로 하는데, 심리 서술어의 특성 상 그럴 수 없어 비문법적이라는 것이다. 그러나 이런 논리에는 몇 가지 문제가 있는 것으로 보인다. 첫째, 고석주는 (16)과 같은 문장이 말뭉치에서 확인이 안 된다는 점을 들어 비문법적으로 본다고 했으나 이는 고석주 자신이 각주 5에서 "아무가 보아도 순하고 말썽 없는 아이"라는 문장이 표준국어대사전에 나오는 문장임에도 불구하고 직관적 판단에 근거하여 나쁘다고 본다고 했으므로 비문법적으로 볼 적절한 근거는 되지 못한다. 실제로 고석주에 의하면 (13)과 (16)이 같은 이유로 비문법적이므로 똑 같은 정도로 나빠야 하나, 그렇지는 않은 것으로 보인다.

둘째, 고석주는 주격 조사가 심리 술어와 같이 쓰일 때에는 여러 개체의 심리 상태가 파악된 상태임을 전제로 한다고 했는데, 왜 그런지에 대한 설명이 없다. 오히려 상식적인 차원에서 보아 다른 사람들의 심리 상태를 모르므로 '나'를 선택 지정하여 심리 상태를 나타낼 수 있다고 본다면 그의 논리대로라면 (16)과 같은 문장이 문법적이어야 할 것이다.

2.1.1.1.2.2 구조격 조사가 반드시 나타나야 하는 경우들

구조격 조사의 출현이 필수적인 경우들에 대해 목정수(2003:161)는 흥미로운 관찰을 하고 있는데, 다음이 그 내용이다: "{가}와 {를}이 필수적으로 요구되는 문장이 단순한 의문문이 아니라 수사의문문으로 해석되거나, 감탄, 반어 등의 의미를 수반한다는" 사실이다. 이는 부인할 수 없는 사실로 보이며 다음 예문들이 이를 보여준다.

(29) 가. 철수 갔니?
나. 뭐, 철수가 갔다고?

그러나 문제는 이 사실만으로 '-이/가'와 '-을/를'에 의해 그런 의미가 생겨났다는 것을 보장해 주지 못한다는 점이다. 앞서 소개한 촘스키의 INT 제안과 (25)에 의해 대안적 설명이 가능하기 때문이다. 즉 주격 조사의 필수적 출현이 해당 표현이 현시적으로 이동했음을 보여준다면 촘스키의 INT 제안은 해당 표현이 담화 관련 해석을 가질 것으로 예측하는데 이는 격 조사를 필수적으로 가지는 경우들이 갖는 의미가 담화, 화용 혹은 텍스트 상의 흐름과 관련이 있다는 목정수의 지적과 같은 내용인 것이다.

유사한 차원의 얘기를 고석주의 경우에도 지적할 수 있다. 그는 주격 조사의 필수적 출현의 경우로 모두 세 가지를 지적하고 있는데, 그 중 수사 의문문의 경우와 선택 의문문의 경우는 담화 차원에서 해석이 정해지는 경우이므로 고석주 식의 설명도 가능하지만,[20] 생성 문법 식의 설명도 가능하다.

한편 남은 한 가지 경우에 대한 고석주의 설명에는 문제가 있어 보이는데 그에 반해 INT 제안과 (25)가 적절한 설명을 제공한다.

먼저 다음 예문을 보자.

(30) 가. 철수가 제일 먼저 학교에 갔다.
나. 철수는 제일 먼저 학교에 갔다.

(31) 가. 철수가 제일 먼저 학교에 도착했다.
나. *철수는 제일 먼저 학교에 도착했다.
다. *철수 제일 먼저 학교에 도착했다.

고석주에 의하면 (30가)는 중의적인데 반해, (30나)는 그렇지 않다고 한다. 즉 (30가)에서는 '제일 먼저'가 '철수'에도 걸리지만, '학교에 가다'에도 걸리고 (30나)에서는 후자에만 걸린다고 한다. 그리고 이와 같은 차이는 '-이/가'가 선택 지정의 의미를 가졌기 때문으로 본다. 즉 '제일 먼저'가 서술어를 꾸밀 수도 있지만, '-이/가'로 인해 담화상의 여러 개체 중에서 '철수'를 선택 지정하는 의미가 '제일 먼저'와 어울릴 수 있어 그리 되었다는 것이다(반면에 '-은/는'의 경우는 그런 의미가 없어 비중의적이라는 것

20) 사실 고석주는 수사 의문문의 해석이 "선택 지정"의 의미에서 도출되어 나온다고 한다. 그러나 그 과정은 불분명하다.

이다). 비슷한 논리가 (31)에도 적용된다. (31)이 (30)과 다른 것은 서술어인데 고석주에 의하면 이 서술어의 특성 상 '제일 먼저'는 '도착하-'는 꾸밀 수 없고 주어하고만 연관을 맺을 수 있는데, 그렇게 해 주는 것은 "선택 지정"의 의미를 가지는 주격 조사의 경우만이라는 것이다.

그러나 이런 논리에는 여러 가지 허점이 있는 것으로 보인다. 첫째, '-은/는'의 경우 '-이/가'와 같은 "선택 지정"의 의미가 없어 '제일 먼저'가 '철수'에 걸리지 않는다고 했으나, 다음 문장의 가능성은 (30가)와 (30나) 간에 적어도 "선택 지정"과 관련된 차이가 무의미함을 보여준다.

(32) 철수는 우리들 중에서 제일 먼저 학교에 갔다.

고석주는 '-은/는'의 경우 "선택 지정"의 의미가 없다고 했으나, 이 문장의 의미는 '-은/는'이 있는데도 선택해서 지정한 것이므로 과연 "선택 지정"의 의미가 주격 조사 고유의 것인지 의문을 제기하게 한다.

둘째, 고석주는 (31)의 패러다임을 보이기 위해 '제일 먼저'가 '도착하-'를 꾸밀 수 없다고 했으나, 다음 문장은 그렇지 않음을 보인다.

(33) 철수가 제일 먼저 도착한 곳은 학교이다.

마지막으로 (31나)가 비문법적이라 했으나 다음 예는 그렇지 않음을 보여준다.

(34) 철수는 우리들 중에서 제일 먼저 학교에 도착했다.

결국 이와 같은 검토는 (30, 31)의 해석 양상에 대한 고석주의 관찰이 잘못된 것임을 보여주며 고로 (31가, 다)의 대비가 "선택 지정"이라는 것에 의해 설명될 수 없음을 보여주는 것이다. 이에 반해 INT 제안과 (25)에 의하면 간단히 설명된다. 여기서 주목할 점은 주어가 '제일 먼저'라는 부사구의 왼쪽에 온다는 점이다. 주어의 원래 위치가 동사구 내부라고 보는 생성 문법식 제안에 의하면[21] (31)은 주어가 동사구 위로 가시적 이동을 한 양상이며 고로 (25가)에 의하면 격이 필수적으로 실현이 되어야 한다.

21) 동사구 내부 주어 가설을 말한다. Kuroda(1988), Sportiche(1988), Koopman&Sportiche(1991), Hornstein, Nunes&Grohmann(2005:80-91) 등을 참조할 것.

한편 고석주의 설명에 의하면 (30)의 경우 (31다)와 달리 주격 조사가 없어도 '제일 먼저'가 서술어를 수식할 수 있으므로 그런 의미로서 좋아야 하나 필자의 판단으로는 (31다)와 별 차이가 없어 보인다.

(35) *철수 제일 먼저 학교에 갔다.

2.1.1.1.2.3 정리

주격 및 대격 조사 표현들 중 초점 등과 같은 담화관련 해석을 가지는 경우가 있다는 것을 부인할 수는 없다. 그러나 그런 해석이 주격 및 대격 조사의 고유 의미이며 특히 주격 조사의 고유 의미가 "선택 지정"임을 보이는 논증에 많은 문제가 있음을 지금까지 봤다. 그리고 우리는 문제의 담화관련 해석이 촘스키의 INT 제안과 (25)에 의해 어떻게 도출되는가를 보았다. 중요한 점은 이러한 분석이 맞다면 담화관련 해석은 주격 및 대격 조사의 고유 의미가 아니라, 이동한 표현의 구조적 위치에서 오는 해석이며 고로 담화관련 해석의 가능성이 주격 및 대격 조사에 고유 의미가 없다는 애초의 생성문법적 입장에 더 이상 문제가 되지 않는다는 점이다.

2.1.1.1.3 격 범주의 설정 여부

지금까지 우리는 구조격 조사에 고유 의미가 있다는 주장에 문제가 있을 뿐 아니라 대안적 설명이 가능함을 보았다. 이는 결국 구조격 조사가 아무런 의미가 없다는 생성문법적 입장을 유지할 수 있음을 보일 뿐 아니라, 격이라는 범주가 한국어에서 여전히 존재함을 보이는 것이다. 한편 구조격 조사의 고유 의미를 통한 논증과는 별개로 고석주(2002, 2004)는 한국어에 격 범주를 설정될 수 없는 일곱 가지 이유를 제시한 바 있는데, 여기서는 그것들을 검토하기로 한다.

먼저 좀 길지만 그의 이유를 그대로 인용해 보기로 한다.

> 먼저, 한국어에서는 인구어의 '격 형태'에 대응하는 명사의 형태 변화가 없다. 둘째로, 인구어의 '격 접사'가 '명사' 범주에만 쓰이는 것과 달리 한국어의 조사는 구나 절 범주와도 결합한다. 셋째로, 명사의 문법적 관계나 구조적 위치와 조사의 형태가 일대일의 대응을 보이지 않는다. 넷째로, 조사의 유무에 따른 의미 차이나 맥락에 따라

조사가 쓰이지 못하는 현상을 설명할 수 없다. 다섯째로, 조사들의 중첩 현상을 설명할 수 없다. 여섯째로, 한국어의 부정대명사에 조사 '가'와 '를'이 쓰이지 못하는 현상을 설명할 수 없다. 일곱째로, 한국어의 조사가, 특히 '가'와 '를'이 '격'이라는 범주로 설명되려면, 개별 조사가 나타내는 기능은 그것이 통사적이든, 의미적이든, 화용적이든, 항상 동일해야 할 것이나 그렇지 않다.

고석주(2002:222)

먼저 첫 번째는 격의 형태적 실현에 관한 것이므로 이 자체가 생성 문법에서 말하는 격, 즉 추상격의 존재를 부정하는 이유는 될 수 없다. 두 번째도 격의 실현과 관련된 것으로 조사의 구조적 위치에 대한 암시적인 입장을 토대로 한 것이다. 그러나 조사의 구조적 위치에 대한 입장이 어떤 것이든 이 또한 격의 실현과 관련된 문제이며 생성 문법은 격의 실현이 언어마다 다를 수 있다고 보므로 이 자체가 추상격의 존재를 부정하는 이유는 될 수 없다. 세 번째 논증은 2.1.1.1.1에서 본 내용을 말하는 것으로 보이며 고로 이에 대한 반론은 생략하기로 한다. 네 번째와 다섯 번째는 너무 성급한 결론이다. 네 번째에 대해서는 촘스키의 INT 제안과 (25)와 같은 제안을 토대로 조사의 유무에 따른 의미 차이를 설명할 수 있는 길이 있음을 앞에서 이미 지적하였다. 그리고 조사의 중첩 현상(Case stacking)도 생성 문법 내에서 격 이론적 입장이 유지되면서 많이 논의되는 주제이므로[22] 고석주의 그런 평가는 너무 성급하다 할 수 있다. 여섯째는 위 예문 (13)을 말하는 것인데 우리는 이미 그 현상에 대한 고석주의 분석에 많은 문제점이 있음을 보았다. 마지막으로 일곱 번째 논증은 격을 문법 관계와 동일시하는 견해에 대한 비판이므로 생성 문법의 격에 대한 비판은 될 수 없다.

이상 한국어에서의 격 범주 존재 여부에 대한 고석주의 논증을 간단히 살펴 보았다. 그 논증은 대부분이 생성 문법에서 얘기하는 추상격에 대한 것이기보다는 격의 형태적 실현 및 문법 관계로서의 격에 대한 것임을 알 수 있었다. 고로 이를 토대로 한국어에서 추상격의 존재를 부인할 수는 없을 것으로 보인다. 오히려 같은 담화 및 화용 기능을 가진다고 여겨지는 조사들이 왜 '-이/가', '을/를', '-의' 등으로 형태를 달리하여 나타나는가를 생각해 보고 그런 류의 구분이 다른 언어에서도 나타난다는 것을 생각해 보면 아무런 의미가 없는 추상격의 존재가 더욱 설득력이 있다고 봐야 할 것이다.

---

22) 이에 대한 보다 자세한 논의는 2.2 및 12장을 참조할 것.

2.1.1.2 "명사+구조격 조사" 구성의 구조[23]

앞에서 지적하였듯이 구조격 조사가 D에 해당한다는 생성 문법 내부의 견해도 구조격 조사에 일정한 의미를 부여한다는 점에서 격 자질을 [-해석성]으로 보는 입장에 반한다. 그럼에도 불구하고 생성 문법의 이 견해는 구조적으로 한국어에도 DP가 있음을 얘기한다는 점에서 많은 호응을 받고 있다. 두 견해가 서로 양립할 수 없는 것은 아니나,[24] 구조격 조사를 D로 보는 입장이 격 자질을 [-해석성]으로 보는 입장과 양립할 수는 없을 것으로 보인다.[25] 어느 하나는 폐기되어야 하는데 후자를 버릴 수 없다면 바로 이 점 하나만으로도 전자의 입장은 폐기되어야 할 것으로 보인다. 이는 결국 "명사+구조격조사" 구성의 구조와도 관련이 되는 문제로 본 절에서는 한정사구(DP) 가설을 포함한 기존 제안들을 소개하고 구조에 대한 필자의 입장을 제안한다.

"명사+구조격 조사" 구성의 구조에 대한 기존 견해에는 크게 두 가지가 있다. 첫 번째 견해는 명사+조사 구성에 있어 조사가 핵을 이루지 않는다는 견해로 이 견해에 의하면 명사+구조격 조사 구성이 명사구를 이루지만, 핵은 여전히 명사라고 보는 견해이다(임홍빈(1987가, 나), 이광호(1988), 유동석(1995:295), 최동주(1997:205), 한정한(2003:178) 등). 구체적으로는 다음과 같은 구조를 제시한다.

(36)

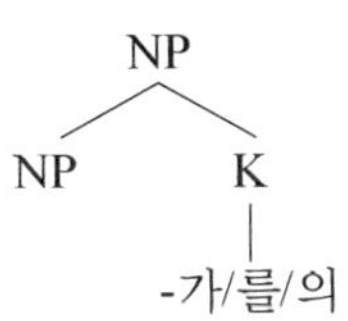

이 제안은 명사+구조격 조사 구성이 전체적으로는 명사구의 분포를 이룬다는 것을 잘 포착하고 있으나, 일반 구조 이론에 의해 허용이 되지 않는 구조를 가지고 있다는 점이 문제로 지적될 수 있다. 즉 이른바 확대 구조-보존 가설에 의하면 최대투사에는 최대투사만이 부가될 수 있는 것으로 보는데(Chomsky(1995) 등) (36)에서는 최소투사인 X^0가 부가되어 있는 상태이므로 개념적으로 문제가 된다고 할 수 있다.

이런 개념적 문제를 해소하는 방안은 물론 구조격 조사를 핵으로 보는 방안인데,

---

23) 이 절의 내용이 K. Choi(2005) 및 최기용(2006나)의 일부로 발표된 바 있다.

24) 구조격 조사를 D로 보지 않고서도 다른 근거에 의해 한국어에 DP가 있다고 주장할 수 있으며 실제로 그렇게 볼 근거들이 있는 것으로 보인다. 그런 근거에 대해서는 5장을 참고할 것.

25) 물론 한국어의 구조격 조사가 격 자질의 실현이 아니라고 본다면 두 견해의 양립이 가능하다.

구조격 조사의 범주를 무엇으로 보느냐에 따라 여러 가지가 있을 수 있으나,[26] 생성 문법 내에서 대표적인 안은 앞에서 소개한 바 있는 한정사구(DP) 가설로 이에 의하면 그 구조는 다음과 같다.[27]

(37)

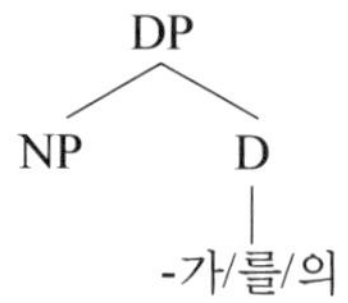

이 견해는 생성 문법의 구조 이론은 물론이요 핵이 뒤에 온다는 한국어의 일반적 특성에도 잘 맞아 폭 넓게 지지를 받고 있는 견해이다. 한편 이 견해에 대한 가장 강력한 근거는 구조격 조사의 해석적 양상에 대한 것이다.[28] 즉 구조격 조사를 D로 보자는 입장들이 공통적으로 내세우는 근거는 해당 조사가 있을 경우와 없을 경우 의미적 차이가 있으며 그 차이가 바로 영어의 특정성(specificity) 여부와 연관이 있다는 것이다. 한 예로 H.-D. Ahn(1988)에서 논의된 것을 보기로 하자. 먼저 그는 Tateishi(1988)의 관찰을 빌어 영어에서 단수 보통 명사구는 D를 요구하나, 비한정 불특정(indefinite nonspecific) 양화사는 D와 같이 나타나지 못함을 지적한다. 그런데 일본어 및 한국어에도 이와 비슷한 제약이 있다는 것이다. 즉 다음과 같은 예문에서 주격 조사가 없는 경우는 비한정 불특정의 해석만이 가능하며, 주격 조사가 있는 (38가)의 경우는 특정의 해석이 가능하다는 것이다.

(38) 가. 누군가가 왔다.
나. 누군가 왔다.

---

26) K로 보자는 견해에 대해서는 임동훈(1991), 임홍빈·장소원(1995), 임홍빈(1999), S. Cho(2000), 최형용(2002), 이정훈(2006) 등 참조. 임홍빈(1999)은 격조사가 핵을 이룬다는 점에는 동의하나, "명사+격조사" 표현을 DP로 보는 데는 반대하고 구조격 조사의 종류에 따라 범주도 달리 설정한다. 자세한 논의는 임홍빈(1999:9-10)을 참조할 것.

27) 목정수의 경우 한국어의 구조격 조사를 한정사(D)로 보아야 한다고 했지만, (37)과 같은 구조를 주장하는 것은 아니다. 그는 단지 구조격 조사가 인구어의 한정사에 대응하는 기능을 한다고 보고 그 범주를 한정사로 보아야 한다는 주장만을 폈다.

28) 흔히 얘기되는 또 다른 근거는 명사와 조사 간의 어순에 바탕을 둔 것이다. 즉 핵이 앞에 오는 언어인 영어에서는 D가 명사 앞에 오는데 반해, 핵이 뒤에 오는 언어인 한국어에서는 조사가 명사 뒤에 와 어순 상 대응을 보이므로 조사를 D로 볼 수 있다는 것이다. 그러나 이 근거는 김용하(1999:167)가 지적하였듯이 다른 근거가 있을 경우에만 이용될 수 있는 것이라고 본다.

이와 비슷한 관찰이 D.-B. Kim(1993), Lee&Cho(2003) 등에서도 보인다. 즉 (39)에서 구조격 조사를 가지는 경우는 해당 명사구가 특정 해석을 가지지만, 없는 경우는 불특정 해석을 가지며, (40)의 경우 어휘적으로 특정 해석을 가지는 '어떤'에 구조격 조사가 안 오면 비문법적인데, 이는 구조격 조사가 안 오는 경우가 불특정에 해당한다고 봄으로써 설명될 수 있다는 것이다.

(39) 가. 나는 사과 세 개를 먹었다.
나. 나는 사과 세 개 먹었다.

(40) 가. 철수가 어떤 학생을 보았다.
나. *철수가 어떤 학생 보았다.

방금 본 바와 같이 구조격 조사를 D로 보는 견해에 여러 가지 장점이 있는 것이 사실이지만, 필자는 다음 몇 가지 이유를 들어 이 견해를 따르지 않는다. 첫째, 앞서 지적했듯이 생성 문법 내에서 한국어의 구조격 조사를 추상격의 실현으로 보는 것이 일반적인데 최소주의에서 추상격은 [-해석성]으로 간주되므로 그것의 실현인 구조격 조사가 일정한 의미를 가질 수 없으며 고로 이에 의하면 바로 위와 같은 입장은 허용될 수 없다.[29)]

둘째, 위 입장에 의하면 구조격 조사가 나타나는 표현은 모두 DP로 간주되어야 하고 그에 따라 "특정성"이라는 해석을 가져야 한다. 그러나 아래 예에서 보듯이 한국어에는 구조격 조사가 나타남에도 불구하고 "특정성"은 물론이요 지시성 관련 해석을 안 가지는 경우들이 상당히 있다.

(41) 가. 철수가 **영리하지가/를** 않다.
나. 철수가 **회사 대표가** 아니다.
다. 철수가 **사장이** 되었다.
라. 철수가 언어학을 **공부를** 했다.

다시 말해 위의 예들은 한국어에서 논항이 아닌 표현에도 구조격 조사가 올 수 있음을 보여주며 구조격 조사가 와도 D 혹은 DP로 볼 수 없는 경우들이 있음을 보여주는

29) 고로 구조격 조사를 D로 보는 견해에서는 구조격 조사를 추상격의 실현으로 보지 말아야 하며, 그에 따라, 구조격 조사의 인가에 대해 전통적인 격 이론과는 다른 이론을 제시해야 할 것이다.

것이다.

셋째, 위 입장의 주요 장점 중의 하나는 구조격 조사의 유무와 특정성 여부 간에 상관성이 있다는 것인데, 다음 예들은 그런 상관성이 완전하지 않음을 보여준다. 우선 특정성의 전형적인 예라 할 수 있는 고유 명사에 구조격 조사가 나타나지 않을 수도 있다.

(42) 가. 너 어제 철수 만났니?
　　나. 나는 더 이상 철수 안 만나고 싶어.

또한 김용하(1999:176)가 지적하였듯이 격조사를 가진다고 해서 항상 특정 해석을 가지는 것이 아니라는 점이다. 즉 (38, 39가)의 예에서 특정 해석도 가능하지만, 불특정 해석도 가능하며 이런 점은 결국 구조격 조사 유무가 특정성 여부와 직접적인 연관이 없음을 보여주므로 상관성 논증은 그 만큼 약화된다고 하겠다.

이상의 검토를 통해 필자는 구조격 조사의 유무와 D 간의 상관성이 완전하지 않다고 보며 고로 구조격 조사를 D에 대응시키지 않는 한편 대안으로 다음과 같은 구조를 제안한다.[30), 31)]

(43) 가.　　　　　　나.

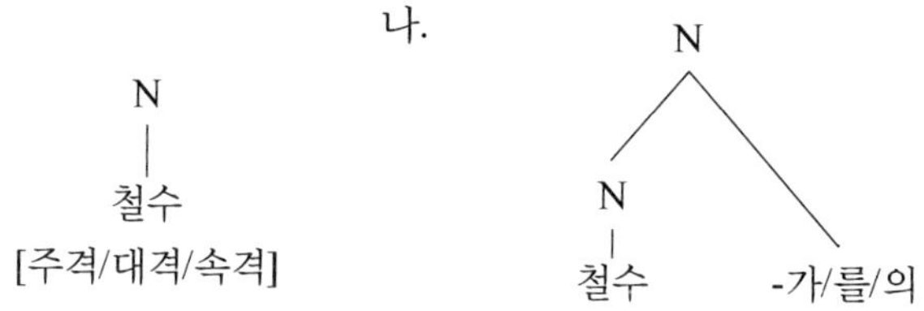

(43가)는 통사부에서 구조격이 자질의 상태로 있음을 보이며, (43나)는 그 자질의 값이 결정되어 음형 층위로 넘어가면서 음성적 내용이 실현될 때 갖게 되는 구조이다.[32)] 이 구조에 의하면 구조격 조사는 통사부 상에서는 구조적으로 아무런 기여를

30) 이 구조는 구조격 조사가 구조적으로 N에만 국한됨을 의미한다. 필자는 한국어의 명사 표현이 DP뿐 아니라(이 경우의 D는 영형이다), NP 혹은 N으로 실현되는 경우도 있다고 보는데 DP 혹은 NP로 실현되는 경우에도 구조격 조사는 (43)과 같은 구조를 가지는 것으로 본다.

31) 이런 분석에서는 구조격 조사의 범주를 무엇으로 보느냐는 별로 중요하지 않다. 다만 형태적 특성을 접미사로 보아야 한다는 점 정도가 중요할 것이다. 그러나 굳이 범주를 부여한다면 필자는 명사 뒤에 오므로 말 그대로 후치사로 보고자 한다.

32) (43나)는 한국어에서 구조격 조사가 형태적으로 접미사라는 점을 X^0-부가 구조를 이용해 보인

하지 않는다. 음형 층위에서 단지 형태적으로만 실현될 뿐이다. 이는 격 자질에 대한 최소주의적 정신에도 잘 부합된다고 본다. 즉 구조격 조사가 명사가 갖는 격 자질의 실현이라면 통사적으로는 아무런 위치를 차지하지 않으며 격 자질의 점검과 함께 격의 값이 정해지고 그 값에 따라 해당 구조격 조사가 형태부에서 삽입이 된다고 보는 것이다.[33] 한편 이 분석에 의하면 김용하(1999:166)가 구조격 조사를 굴절 어미로 보는 견해에 대해 지적한 비판에서 벗어날 수 있다.

(44) [[고요한 명상과] [사색이]] 깊은 진리에 이르게 한다.

그의 지적은 다음과 같다. (44)와 같은 접속의 예에서 구조격 조사를 굴절 어미로 보게 되면 (44)와 같은 구조를 가지게 되는데, 이 구조에 의하면 주격 조사가 전체 명사구와 관련을 맺는 것이 아니라, 뒤 명사하고만 관계를 맺게 되므로 문제라는 것이다. 그러나 이런 비판은 주격 조사가 일정한 기능을(즉 주어를 나타낸다는) 갖고 있음을 전제로 한다. 그러나 구조격 조사에 의미가 없고 또한 통사부 상에서의 구조가 (43가)와 같다고 보면 그의 지적은 적절한 것이 아니라 할 수 있다.[34]

그러면 (43)과 같은 구조에서는 앞에서 보았던 현상들이 어떻게 포착이 되는가? 앞

것이다. 부가 구조를 이용하지 않고 단지 다음과 같이 나타내도 본 논문의 논지에는 큰 영향이 없다.

(i) $[_{N}$ 철수-가/를/의]

33) 격의 값에 따라 구조격 조사가 형태부에서 삽입되는 것이 이른바 내포성 조건(Inclusiveness Condition)의 위반이 아닌가 하는 지적이 있을 수 있다. 그러나 이는 문제가 되지 않는다. Chomsky(1995:228)는 어떤 특정 numeration의 음형 층위로의 연산은 Inclusiveness Condition을 지키지 않는 것으로 보았다.

34) (44)의 구조에 의하면 접속 표현 내에서 외부 인가자에 의해 격이 인가되는 성분은 전체 접속 표현이 아니라 오른쪽 접속항이다. 이 경우 각 접속항의 격이 어떻게 인가되는가 하는 문제가 제기된다. 이 문제는 접속 표현의 구조 및 격 인가 기제와 관련된 문제이므로 별도의 논제로 다루어져야 한다. 여기서는 논증 없이 접속 구조에 대한 양정석(1996)의 견해와 1장에서 소개된 격 인가 기제 중 최근접 성분-통어에 의한 "일치(Agree)" 분석을 제시한다. 먼저 양정석(1996)의 견해를 약간 수정하여 접속 표현의 구조가 다음과 같다고 가정하자.

(i) $[_{\alpha P}$ $[_{\alpha'}$ $[_{NP1}$ ..] $[_{\alpha}$ -와]] $[_{NP2}$ ..]]

이 구조에서 왼쪽 접속항 NP1은 후치사(P)인 '-와'의 보어로서 '-와'에 의해 격이 인가되는 것으로 본다. 한편 오른쪽 접속항 NP2는 지정어 위치에 오는데, 동사구 내부 주어 가설에 의하면 NP2가 외부 격 인가자((44)의 경우는 주격 인가자)에 성분-통어되며 (i)에서 NP2가 NP1보다 격 인가자에 더 근접하여 결국 외부 격 인가자에 의해 격이 인가될 수 있게 된다.

의 관찰을 종합해 보면 특정성과 관련된 일반화는 다음과 같다.

(45) 가. 구조격 조사를 가진 비한정 명사구는 특정 해석을 가질 수도 있고 안 가질 수도 있다.
나. 구조격 조사가 없는 비한정 명사구는 불특정 해석만 가질 수 있다.

한편 필자는 앞에서 구조격 조사의 실현 여부가 논항 명사구의 이동 여부와 관련이 있다고 보았는데, 이를 아래 다시 옮기면 다음과 같다.35)

(25) 가. 명사구가 현시적 이동을 하는 경우 명사구의 격은 형태적으로 실현되어야 한다.
나. 명사구가 제자리에 있는 경우 명사구 격의 형태적 실현은 수의적이다.

한편 이런 가정과 함께 특정성 해석의 여부가 동사구내에 있느냐 아니냐에 의한다는 Diesing(1992a, b), Chomsky(1995, 2000, 2001a, b) 등의 견해를 이용하면 (45)에 대해 간단한 설명이 가능하다. 즉 구조격 조사가 없는 경우는 동사구 내부에 있음을 말하므로 Diesing에 의하면 특정 해석을 가질 수 없게 된다. 그에 반해, 구조격 조사가 있는 경우는 동사구 내부에 그대로 있는 경우와 이동한 경우로 나뉘며 이어 전자의 경우는 불특정 해석을 가지게 되고 후자의 경우는 특정 해석을 가져 (45가)와 같은 결과로 나타나는 것이다.

구조격 조사의 유무와 특정성 간에 부분적으로 상관성이 있는 것은 부인할 수 없는 사실로 보인다. 그러나 그 상관성이 완전하지 못함을 우리는 보았다. 그리고 [-해석성]으로 간주되는 격의 실현이라 할 수 있는 구조격 조사를 특정성을 담고 있는 D에 대응

35) (25)는 격 조사의 출현/비출현을 다루는 14장에서 비논항 명사구의 경우까지를 고려하여 다음과 같이 수정된다.

(i) 가. 격 인가 영역의 안에 오는 성분이 갖는 구조격 조사의 출현은 수의적이고,
나. 격 인가 영역의 바깥에 오는 성분이 갖는 구조격 조사의 출현은 필수적이다.
(ii) 격 인가 영역은 해당 격 인가자의 성분-통어 영역이다.

한편 필자는 (25)를 기술적 일반화로 제시하고 있을 뿐이다. (25)에 대한 본격적인 설명, 특히 왜 이동의 경우에 구조격 조사의 출현이 필수적인가 하는 문제는 본 연구의 범위를 넘어서는 것으로 앞으로의 연구 과제로 돌린다. 다만 (i)이 맞다면 이는 구조격 조사의 출현 여부가 해당 격의 인가 영역과 상관성이 있음을 의미하는 것으로 (25)에 대한 하나의 가능한 분석이 될 수 있을 것이다.

시킨다는 것은 이론적으로도 허용될 수 없음을 지적하였다. 이는 이론적으로 구조격 조사를 D로 보는 견해가 유지될 수 없음을 보이며 이론적으로 문제가 없는 (43) 하에서 문제의 부분적 상관성이 Diesing 및 Chomsky의 INT 이론과 (25)의 가정 하에 잘 포착이 되므로 경험적으로도 뒷받침된다고 할 수 있다.

2.1.1.3 정리

구조격 조사의 유무에 따라 의미적 차이가 있거나 구조격 조사가 나타나는 표현이 담화관련 해석을 가짐을 보이는 현상들이 많으며 그리하여 이를 토대로 구조격 조사에 고유 의미를 부여하려는 시도들이 생성 문법 내외에서 이루어졌다. 특히 생성 문법 내부에서는 이를 토대로 명사+구조격 조사의 구조를 DP로 보기까지 하였다. 그러나 구조격 조사를 [-해석성]인 격 자질의 실현으로 본다면 구조격 조사에 고유 의미가 있다고 보는 일체의 주장은 유지될 수 없다. 이 경우 두 가지 입장이 가능한 것으로 보인다. 구조격 조사를 격과 분리시켜 별도의 원리에 의해 통제되는 현상으로 보거나 (혹은 고석주의 경우처럼 격의 개념을 아예 버리거나) 아니면 위에서 언급된 현상들을 달리 분석하는 것이다. 필자는 한국어의 구조격 조사를 격 이론의 격과 분리시킴으로 인해 잃게 되는 현상들이 많다는 판단 하에, 문제가 되는 의미적 현상이 촘스키의 INT 제안과 독립적으로 제안된 바 있는 (25)에 의해 설명이 가능함을 보였다. 이 설명에 의하면, 구조격 조사의 유무에 따른 의미적 차이는 격의 형태적 실현과 이동 여부 간의 상관성에 의한 것이며, 구조격 조사가 나타나는 표현이 담화관련 해석을 가지는 것 또한 이동으로 인한 격의 형태적 실현과 이동의 해석적 효과에 의한 것이 된다. 이는 결국 격 자질 혹은 그의 실현인 구조격 조사가 [-해석성]이라는 원래의 입장이 유지될 수 있음을 말하며, 추가로 그런 입장에 맞는 구조를 제시하였다.

2.1.2 한국어의 속격

1장에서 우리는 속격의 지위가 주격, 대격과 달리 확실하지 않음을 보았다. 여기서는 한국어의 양상을 토대로 이 문제를 살펴본다. 앞에서 지적하였듯이 한국어의 조사에는 구조격 조사와 의미격 조사가 있는데, 고유격이 의미역과 관련이 있다는 점에 비추어 볼 때, 의미격 조사를 일단 고유격의 실현으로 볼 가능성이 높다고 하겠다. 고로 속격의 성격을 살펴보는 데 있어 속격 조사인 '-의'가 구조격 조사와 의미격 조사 중 어느 쪽에 가까운 성격을 보이느냐를 보면 되는데, 아래의 예들은 '-의'가 구조격 조사와 한 무리를 이룸을 보이며 이는 속격이 구조격임을 보이는 중요한 근거라고 생각된다.

첫째, 특수조사 '-은/는'과의 결합에 있어 '-의'는 고유격의 실현으로 보이는 의미격 조사와 같은 양상을 보이는 것이 아니라, 구조격 조사와 같은 양상을 보인다.

(46) 가. *철수가는/*철수를은/*철수의는
     나. 철수에게는/철수로는/집에서는

둘째, 잘 알려져 있듯이 한국어에는 격 조사 간에 교체 양상이 있다. 즉 구조격 조사인 주격과 대격간에 교체가 일어나기도 하고 의미격 조사와 구조격 조사 사이에도 교체가 일어난다.

(47) 가. 나는 저 책을 사고 싶다.
     나. 나는 저 책이 사고 싶다.

(48) 가. 영희가 몸이 건강하지가 않다.
     나. 영희가 몸이 건강하지를 않다.

(49) 가. 공장에 불이 났다.
     나. 공장이 불이 났다.

(50) 가. 철수가 영희에게 영어를 가르쳤다.
     나. 철수가 영희를 영어를 가르쳤다.

그러나 구조격 조사 간의 교체와 의미격 조사 대 구조격 조사 간의 교체에는 한 가지 차이점이 있다. 즉 후자의 경우에는 교체 외에 격조사 결합이 가능하나, 전자의 경우에는 그런 현상이 안 나타나는 것이다.

(51) 가. *나는 저 책을이 사고 싶다.
     나. *나는 저 책이을 사고 싶다.

(52) 가. ?공장에가 불이 났다.
     나. ?철수가 영희에게를 영어를 가르쳤다.

이와 관련하여 주목할 점은 속격과 주격 및 대격 간에도 교체가 있는데 격조사 결합이 불가능하다는 점이다.

(53) 가. 철수의 손이 아주 크다.
나. 철수가 손이 아주 크다.

(54) 가. *철수의가 손이 아주 크다.
나. *철수가의 손이 아주 크다.

(55) 가. 철수가 미애의 손을 잡았다.
나. 철수가 미애를 손을 잡았다.

(56) 가. *철수가 미애의를 손을 잡았다.
나. *철수가 미애를의 손을 잡았다.

이는 격 교체의 양상이 구조격끼리의 교체인 주격과 대격 교체의 양상과 같음을 보이는 것으로 이 점에 있어 속격도 구조격의 한 종류라고 할 수 있다.

셋째, 구조격 조사와 의미격 조사의 차이점 중 하나로 전자의 경우에는 중출 현상이 가능하나, 후자의 경우에는 불가능하다는 점을 들 수 있다. 이런 차이는 구조격 조사의 경우 구조적 조건만 맞으면 격의 인가가 가능한 데 반해, 의미격 조사의 경우는 의미역과 관련이 있다는 차이에 의거한다고 볼 수 있는데, 다음 예들은 속격의 경우 중출이 가능함을 보이고 있어 중출에 있어서도 속격이 구조격의 한 유형임을 보인다.

(57) 가. ?철수의 피아노곡의 힘찬 연주
나. ?정부의 무역 시장의 무책임한 개방

넷째, 속격이 고유격이라면 그것의 실현인 속격 조사가 지니는 의미역은 일정할 것으로 예상되는데, 다음 예들이 보이듯이 실제로는 그렇지 않다.

(58) 가. 철수의 사망
나. 철수의 사진
다. 철수의 약속
라. 철수의 도착

이상의 예로 볼 때, 적어도 한국어에서는 속격을 고유격보다는 구조격으로 보아야 할 근거가 더 많으며 그리고 이를 토대로 속격이 보편적으로 구조격이라고 주장할 수 있을 것이다. 사실 고유격이 의미역과 깊은 연관이 있다는 정의에 입각해 보면 영어의 경우에도 속격의 실현이라는 of와 's 표현이 명사와 가지는 의미역 관계가 다양하다는 점은 영어에서도 속격을 구조격으로 보아야 할 근거가 있음을 말하며 이는 결국 보편적으로 속격을 고유격보다는 구조격으로 보아야 함을 의미한다.

(59) 가. John's picture 소유주, 피동주(patient)
　　나. John's promise 행위주

그러나 이때 남는 문제는 1장에서 영어의 속격 표현들을 구조격으로 볼 경우에 생기는 문제들을 어떻게 처리할 것이냐인데 이 문제는 미해결로 남겨둔다.

2.1.3 '-께서'의 처리[36)]

'-께서'는 흔히 주격 조사 '-이/가'를 대신하여 주어가 존대 대상일 경우에 쓰이는 이른바 존대형 주격 조사로 알려져 있다(이익섭 · 임홍빈(1983), 남기심 · 고영근(1993:99), 이익섭 · 채완(1999:161) 등).

(60) 가. 선생님께서 영화를 좋아하신다.
　　나. 철수가 영화를 좋아한다.

이런 처리에 의하면 존대형과 비존대형은 서로 같이 나타날 수 없을 것으로 예측되는데 다음 예는 일단 그런 예측이 들어맞음을 보인다.

(61) 가. *선생님께서가 영화를 좋아하신다.
　　나. *선생님이께서 영화를 좋아하신다.

그러나 이들이 같이 나타나는 경우도 있으니 그 중간에 '-만'이 낄 경우에는 좋은

36) '-께서'와 비슷하게 '-에서'도 제한적으로나마 주격 조사로 쓰인다는 지적이 이익섭 · 임홍빈(1983), 남기심 · 고영근(1993), 이익섭 · 채완(1999) 등에서 있었다. 이에 대해서는 의미격 조사를 논할 때 같이 다루기로 한다.

문장이 된다.

(62) 박 선생님께서만이 영화를 좋아하신다.

이는 생성 문법의 격 이론에 심각한 문제를 던져주는 것으로 보이는데(고석주(2004:65-66) 참조), 여기서는 이 문제에 대한 해결책을 모색하기로 한다. 먼저 (62)가 문제가 되는 이유는 하나의 명사구에 두 개의 같은 격이 나타나는 양상인데도 문법적이라는 데 있다.[37] 하나의 명사구에 두 개의 격이 나타날 수 없다는 것은 (61)뿐 아니라, 다음 예들이 보여주므로 (61)과 (62)의 극명한 대비를 어떻게 설명할 것인가가 문제인 것이다.

(63) 가. 미애가 건강이 좋지를 않다.
나. 미애가 건강이 좋지가 않다.
다. *미애가 건강이 좋지가를 않다.
라. *미애가 건강이 좋지를이 않다.

그러나 그런 문제가 제기된 이유를 보면 '-께서'와 '-이/가'를 모두 주격 조사로 보기 때문인데, '-이/가'가 주격 조사라는 데에 의문의 여지가 없다고 본다면 이 문제에 대한 해결책은 일단 '-께서'를 주격 조사로 보지 않는 데 있다고 할 수 있다. 고로 일단 '-께서'를 기존 입장과 달리 주격 조사로 보지 않기로 하자. 그러면 (62)는 아무런 문제가 되지 않는다. 그 이유는 이런 가정에 의하면 (62)에는 오로지 하나의 격 조사만이 있는 것이 되기 때문이다. 그러나 이런 가정은 (61)의 비문법성과 (60가)에서의 '-께서'의 출현을 어떻게 설명할 것인가는 하는 문제를 남긴다. 이 문제에 대한 해결책을 제시하기 전에 우선 '-께서'를 주격 조사로 보지 않는 가정에 독립적 근거가 있는가를 보기로 하자. 가장 큰 근거는 '-께서'와 '-이/가'가 같은 주격 조사라면 동일한 분포를 보여

37) H.-S. Yoon(1996:131-132)은 아래와 같은 예문을 논하면서 한 명사구(혹은 사슬)에 두 개의 격이 인가되는 것이 허용되는 경우가 있음을 지적하였다. 특히 '-있'을 상승 구문으로 보고 그런 경우에 두 개의 격이 인가되는 것으로 보았다.

(i) 아버님께서만이 이런 일을 하실 수 있다.

그러나 본문의 (62)와 같은 예는 상승 구문이 아닌 경우에도 '-께서만이'가 가능함을 보이며 이는 윤혜석의 분석에 문제로 남는다.

야 하나 그렇지 않다는 데 있다.[38] 다음 예들이 이를 보여준다.

(64) 가. 나는 선생님이 제일 만나고 싶다.
나. *나는 선생님께서 제일 만나고 싶다.

(65) 가. 영미는 박 선생님이 좋은가 보다.
나. *영미는 박 선생님께서 좋은가 보다.

(66) 가. 선생님이 모두 네 분이 밖에서 기다리신다.
나. 선생님께서 모두 네 분이 밖에서 기다리신다.
다. ?*선생님이 모두 네 분께서 밖에서 기다리신다.
라 . *선생님께서 모두 네 분께서 밖에서 기다리신다.

(64가)는 '-고 싶-' 구문에서 하위 서술어의 목적어가 주격 조사를 가질 수 있음을 보이는데, 이 경우 목적어가 존대의 대상일 경우 '-께서'가 존대형 주격 조사라면 교체가 가능해야 할 것이나 (64나)는 그렇지 않음을 보인다. (65)도 마찬가지 상황이다. '좋-'의 의미상 목적어인 '박 선생님'이 주격 조사를 갖고 있으며 일반적으로 '선생님'이 존대의 대상이 될 수 있으므로 존대형 주격 조사인 '-께서'에 의해 교체가 가능할 것으로 보이나 그렇지 못하다. (66)도 복잡하기는 하지만 같은 양상을 보인다. 특히 (66라)의 어색함은 '-께서' 앞에 오는 명사들이 어휘적으로 존대를 나타내는 '-님', '-분'으로 구성되어 있다는 점에서 '-께서'를 존대형 주격 조사로 보는 견해에 문제가 있음을 보여준다.

그러면 '-께서'는 어떤 분포를 가지는가? 앞의 기존 견해들이 이미 지적한 바 있지만 위 예들이 보여주는 것은 문장의 주어에만 '-께서'가 허용된다는 점이다. 즉 (64, 65)의 '선생님', '박 선생님'은 해당 서술어의 보어이다. (66)의 경우는 의미적으로 '선생님 네 분'이 주어의 성격을 가지므로 일단 이런 파악에 문제가 되는 것으로 보이지만 해결책이 없는 것은 아닌데 이를 위해서는 먼저 그 주어의 구조적 위치가 어디인가를 명확히 할 필요가 있다.

---

38) 본문에 제시된 것과 유사한 근거 및 추가 근거가 H.-S. Yoon(2005)에서 제시된 바 있다. 그리고 Sells(1995:각주 21)도 같은 취지의 언급을 한 바 있으나 구체적 예의 제시는 없었다.

The distribution of *-kkeyse* cannot be directly linked to the presence of position of nominative case, since Korean allows nominative objects in certain circumstances, but *-kkeyse* is restricted to subjects.

이 문제에 대한 해답은 '-께서'와 관련된 또 다른 관찰에서 찾아 볼 수 있는데, 주어 명사구에 '-께서'가 오면 서술어에 '-시'가 있어야 한다는 것이다(J.-W. Choe(2004), H.-S. Yoon(2005), Kim&Sells(2007) 등). 다음 예들이 이를 보인다.

(67) 가. 아버님께서 일찍 오셨다.
나. *아버님께서 일찍 왔다.

이는 '-께서' 표현이 '-시'와 구조적 관계에 있음을 보이는 것으로, '-시'를 일치소로 보는 견해를 따라(H.-S. Han(1987), H.-S. Choe(1988), Ahn&Yoon(1989), D. W. Yang (1996) 김선웅(1996), 최기용(2002, 2003나) 등 참조) '-께서' 표현 즉 주어는 아래와 같이 일치소구(AgrP)의 지정어 위치에 오는 것으로 본다.

(68)

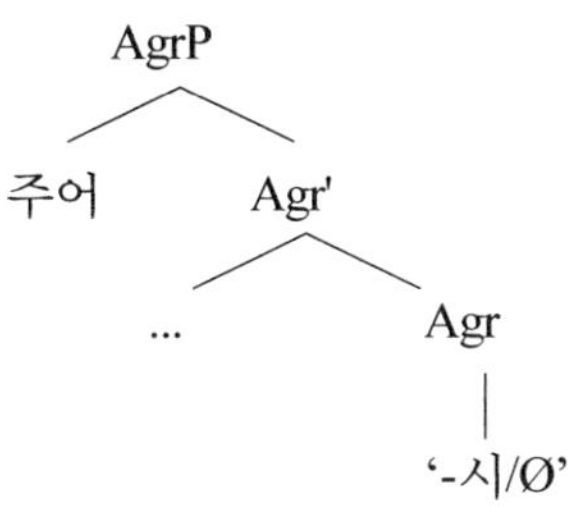

주어 혹은 '-께서' 표현의 위치를 일치소구의 지정어라고 볼 때, (66)의 예들은 더 이상 문제가 되지 않는다. 동사구 내부 주어 가설에 의하면 주어의 원래 위치는 동사구 (VP 혹은 vP) 지정어인데 (66)에서 '선생님'과 '네 분'이 '모두'에 의해 분리된다는 것은 '네 분'이 동사구 지정어에 남고 '선생님'은 (68)의 일치소구의 지정어로 이동했음을 보여주는 것으로 보인다. 즉 이 분석이 맞다면 (66)의 '네 분'은 '-시'의 지정어에 있지 않으며 결국 '-께서'의 분포에 대한 정확한 기술은 다음이 된다.

(69) '-께서'는 일치소구의 지정어에만 나타난다.

'-께서'의 분포가 (69)와 같고 주격 조사의 분포가 그보다 넓다고 할 때, '-께서'를 주격 조사의 일종으로 볼 수는 없을 것이다. 그럼 '-께서'의 정확한 성격은 무엇인가? 이에 대한 부분적 해답은 기존 견해들이 이미 제시했는데, "존대"와 일단 관련이 있다는 것이다. 그리고 앞에서 이미 언급한 바 있는 '-께서'와 '-시'와의 비대칭적 연관성은 그 존대가 '-시'의 기능과 관련이 있음을 보이는데 본 절에서는 일단 '-시'의 기능이 "화자가 주어가 나타내는 개체에 대해 존대를 표하는" 것이라는 전통적 입장을 따른다(허웅(1962), 이익섭 · 채완(1999) 등). 그리고 "화자의 주어에 대한 존대 의향"을 [+화자 존대 의향]라는 자질로 형식화한다면, 결국 '-께서'는 다음과 같이 규정된다.[39)]

(70) '-께서'는 주격의 실현이 아니라, '-시'와 핵-지정어 일치에 의해 일치소구의 지정어 위치에 오는 명사구가 취하는 [+화자 존대 의향] 자질의 실현이다.

이에 의하면 (64-66)의 '-께서'의 분포는 쉽게 설명이 된다. 즉 '-께서'가 허용되는 경우는 해당 명사구가 일치소구의 지정어에 오는 경우이며, 허용되지 않는 경우는 해당 명사구의 위치가 일치소구의 지정어가 아니어서((64, 65)의 경우는 보어, (66)의 '네 분'은 동사구 지정어) 핵-지정어 일치를 이루지 못하는 경우이다.

이제 남은 문제는 (61)과 (62)의 대비이다. 이 대비는 특수조사 '-만'의 구조와 형식 자질의 형태적 실현과 관련 있는 것으로 본다. 먼저 주목할 점은 '-께서'가 주격의 실현이 아니지만, '-께서'를 가진 명사 표현은 명사이므로 격여과에 의해 격 자질을 같이 가지며 해당 명사는 주어 명사구이므로 [주격] 자질을 가진다. 이는 (62)의 '박선생님께서만이'이 각각 [+화자 존대 의향], [주격]이라는 자질을 가짐을 의미하며, '-께서'는 [+화자 존대 의향], '-이'는 [주격]의 실현으로 분석된다. 그럼 (61)은 어떻게 되는가? 앞의 분석에 의하면 (61)의 '선생님께서'도 [+화자 존대 의향], [주격] 자질을 가지는데, 이 둘이 함께 실현된 (61)은 비문법적이기 때문이다.

이 문제에 대한 해결책으로는 여러 가지가 가능할 것으로 보인다. 여기서는 특수조사 구성에 대한 필자의 이론을(최기용(1996나) 참조) 바탕으로 한 해결책 하나를 제시하고 본격적인 논의는 앞으로의 과제로 남긴다.

먼저 최기용(1996나)에 의하면 특수조사구성의 구조는 다음과 같다.

---

39) '-시'는 [+화자 존대 의향]의 성격말고도 주격 인가자로서의 성격도 가지는 것으로 되어 있다. 그러나 '-시'의 이런 성격에 대해 반론도 만만치 않다. 또한 본문의 제안은 결국 '-께서'와 '-시'와의 호응을 일치 관계로 보겠다는 것인데, 이에 대해서도 최근 많은 반론이 있다(임동훈(2000), J.-W. Choe(2004), Kim&Sells(2007) 등). 3장에서 이 모든 문제를 본격적으로 다룬다.

(71)

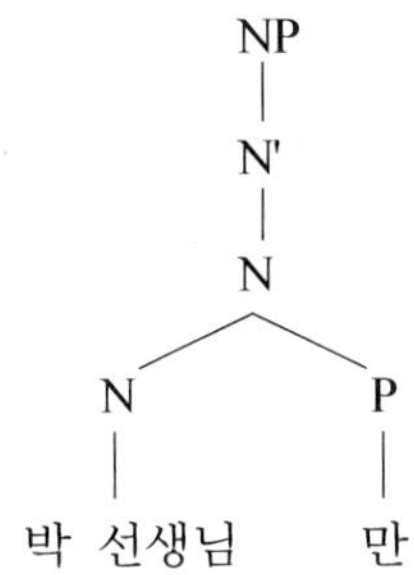

한편 "명사+구조격 조사"의 통사 구조로 필자는 앞에서 (43가)를 제시했는데, 주장 중의 하나는 통사부에서는 구조격 조사가 단지 자질일 뿐이며 어떤 구조적 위치를 차지하지 못한다는 점이다. 필자는 3장에서 명사 표현에 나타나는 [화자 존대 의향] 자질도 [−해석성] 자질로 보는데, 이는 다시 말해, '-께서'도 통사부 상에서는 명사의 자질일 뿐이며 별도의 독립적인 구조를 가지지 못함을 의미하고 결국 (61)의 '선생님께서'의 통사 구조는 다음과 같다.

(72)

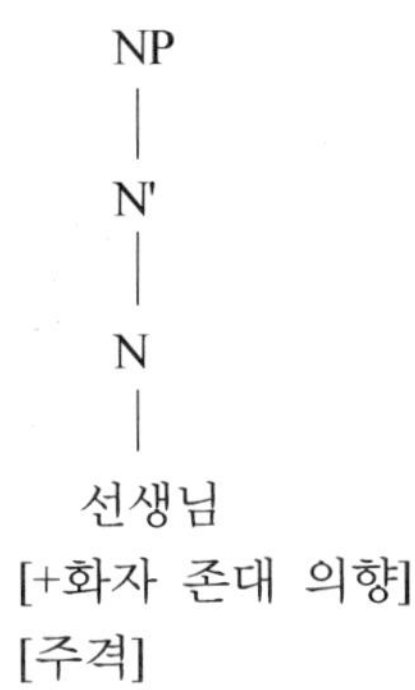

이에 반해, (71)은 특수조사들이 별도의 X^0로서 핵에 부가되어 있으며 결국 통사 구조 상 (71)에는 N이라는 조각(segment)이 두 개 있는데 반해, (72)에는 N이 하나만 있게 된다. 필자는 이 차이를 이용하여 (61)과 (62)의 대비를 다음과 같이 설명하고자 한다.[40] 먼저 형식 자질의 실현과 관련하여 다음과 같은 제약이 있다고 보자.

(73) 형식 자질이 여럿 있을 경우 각각은 서로 다른 X에서 실현되어야 한다.

---

40) 이 차이를 달리 이용하여 분석할 수도 있다. 그러나 어느 것이 맞는지는 앞으로의 과제로 넘긴다.

(71)의 경우는 통사 구조 상 두 개의 N 조각이 있어 '박 선생님만'이 갖는 [+화자 존대 의향]와 [주격]은 각각 하위 N 그리고 상위 N에 실현되는 것이며 고로 (73)을 준수한다. 그러나 (61)의 구조인 (72)에는 하나의 N만 있으므로 (73)을 어겨 비문법적이 된다.41)

2.1.4 요약 및 정리

본 절에서는 전통 문법에서 구조격 조사로 분류된 '-이/가'(존대형 '-께서'도 포함), '-을/를', '-의'를 생성 문법 상의 구조격의 실현으로 보는 것에 장애가 되는 현상 및 제안들을 검토해 보았다. 먼저 주격 및 대격 조사를 격의 실현으로 보는 것에 문제를 제기한 현상 및 견해에 대해 그들이 문제시하는 격의 개념이 생성 문법 상의 격 개념이 아님을 지적하였다. 이어 주격 조사가 "선택 지정"이라는 고유 의미를 가짐을 주장한 고석주(2002)의 근거들이 설득력이 없음을 보았다. 이에 반해 구조격 조사가 담화관련 해석을 가진다는 목정수(2003)의 관찰 및 구조격 조사가 영어의 D의 해석 양상과 유사함을 지적한 생성 문법 상의 여러 관찰들이 부분적으로 타당성이 있음을 보았다. 그러나 구조격 조사와 담화관련 해석 간의 상관성이 완전한 것은 아니므로 그런 관찰을 통해 곧바로 구조격 조사를 D로 보는 것은 무리임을 지적하였다. 특히 그런 주장은 격을 [−해석성] 자질로 보는 생성 문법 내의 기본 가정과 정면으로 위배됨을 지적하였다. 이 경우 기본 가정을 버리는 것도 가능한 방안이나, 필자는 구조격 조사를 D 혹은 어떤 단일의 고유 의미를 가지는 성분으로 보는 한, (6-10)이 보여준 구조격 조사의 분포 및 앞으로의 논의가 보여줄 구조격 조사의 다양한 분포는 설명되기 힘든 것으로 본다.42) 그에 반해, 문제의 관찰이 촘스키의 INT 제안과 구조격 조사의 실현과 관련된 (25)에 의해 잘 설명될 수 있음을 보였으며, 이로서 구조격 혹은 구조격 조사가 [−해석성]이라는 가정이 유지될 수 있음을 주장하고 그에 맞는 구조격 조사의 구조로 (43)을 제시하였다.

속격 조사 '-의'는 여러 가지 면에서 의미격 조사보다는 '-이/가' '-을/를'과 같은 양상을 보이며 고로 구조격 조사의 일환임을 보았는데, 이는 속격이 보편적으로 고유

41) (73)에 의하면 (72)에서처럼 X는 하나고 형식 자질이 둘일 경우 그 중 하나만 실현이 가능하게 되는데, (60가)는 [주격]보다는 [+화자 존대 의향] 자질이 우선임을 보인다.

42) 아니면 같은 이형태의 양상을 보이는 구조격 조사들을 서로 다른 의미를 가지는 전혀 별개의 어휘로 보아야 하나, 이는 현상을 설명하기보다는 기술하는 것에 지나지 않는다.

격보다는 구조격일 가능성이 높음을 의미하는 것이다.

마지막으로 '-께서'가 격 이론에 던지는 문제점을 제시하는 한편 그 문제점이 '-께서'를 주격 조사의 한 유형으로 보는 데서 기인하므로 '-께서'를 주격 조사로 보지 말 것을 제안하였다. 그리고 그에 대한 근거로 '-께서'와 '-이/가'의 분포가 다름을 보이고 '-께서'와 '-시' 간의 비대칭적 상관성을 토대로 (70)을 제안하였다.

2.2 의미격 조사[43)]

한국어의 의미격 조사들은 통사적으로 여러 가지 점에서 영어의 전치사들과 비슷한 양상을 보인다. 예를 들어 다음 문장을 비교해 보자.

(74) 가. 철수가 영미에게 선물을 주었다.
나. John gave a present to Mary.

'주-'와 give가 각각 '영미'와 Mary에 대해 갖는 의미역 관계는 도달점(goal)으로서 같은데, 그 도달점이라는 특성을 표시하는 표현으로 한국어에서는 '-에게'가 쓰인 반면, 영어에서는 to가 쓰인 것이다. 이 둘은 한국어와 영어 간의 어순 상의 차이를 그대로 반영한다는 점과 형태적으로 '-에게'는 구속 형태소이고 to는 자립 형태소라는 점을 빼면은 같은 양상을 보이고 있는 것이다. 고로 영어에서 to Mary가 통상 전치사구로 분석된다는 점에 기대어 '영미에게'를 후치사구(Postpositional Phrase)로 보자는 견해는 상당히 설득력이 있을 수 있다(H.-D. Ahn(1988), O'Grady(1991), Urushibara(1991), 서정수(1996: 491-493), 최동주(1997:205) 등 참조). 그러나 의미격 조사가 나타나는 모든 경우를 단순히 후치사구로 보기에는 여러 가지 어려운 점들이 있는 것이 사실이다. 아주 간단한 예로 한국어에는 의미격 조사 뒤에 앞에서 본 구조격 조사들이 나타나는 현상이 있는데 의미격 조사를 가진 표현을 후치사구로 본다면 왜 그 뒤에 격 조사가 올 수 있는가 하는 어려운 문제가 생기기 때문이다.[44)]

---

43) 2.2-2.4의 일부가 최기용(2006나:2-4장)으로 발표된 바 있다.
44) Schütze(1996, 2001)는 의미격 조사가 후치사라면 격이 아니므로 오히려 전체 표현에 구조격이 인가될 수 있다는 것은 자연스러운 결과라고 본다. 그러나 이는 결국 후치사구에 격이 인가된다는 얘기이며 일반적으로 격이 명사구에만 인가된다는 점에 비추어 볼 때, 문제라고 본다.

(75) 가. ?철수가 학교에를 갔다.
나. ?철수가 영미에게를 선물을 주었다.

이런 문제를 해결할 수 있는 하나의 방안으로 제시된 것이 의미격 조사를 고유격의 실현으로 보자는 것인데(Gerdts&Youn(1988, 1989, 1999), H.-S. Yoon(1996) 등), 이런 견해를 따르면 명사+의미격조사 구성이 통사적으로는 명사구가 되어 문제가 해결된다. 그러나 의미격 조사를 고유격의 실현으로 보게 되면 고유격도 추상격의 한 유형이므로 위의 예들은 결국 하나의 명사 표현(혹은 사슬)에 두 개의 서로 다른 격이 인가되는 상황인데, 이는 1장의 사슬 조건 (37)에서 보듯이(아래 다시 (76)로 다시 옮김.) 격 이론에서는 일반적으로 받아들여지지 않는다.[45)]

사슬 조건

(76) In a maximal Chain C = {α_1, . . . , α_n}, α_n occupies its unique theta position and α_1 its unique Case-marked position. Chomsky(1986b:137)

고로 이를 어떻게 분석할 것인가가 하나의 과제가 되는데, 이 문제에 대한 일반적 입장은 바로 앞에서 보았듯이 의미격 조사를 고유격의 실현으로 보는 한편, 하나의 사슬에 두 개의 격이 인가되는 경우를 허용하는 것이다.[46)] 그러나 본 절에서는 김영희(1999가, 나)를 토대로 의미격 조사 일반에 대한 분석 및 (75)에 대한 다른 대안을 제시하기로 한다. 보다 구체적으로 (75)에 나타나는 의미격 조사를 고유격의 실현으로 보지 않고 Chomsky(1986b)을 따라 의미역 표지로 보는 한편, 의미격 조사 자체는 후치사로 다른 후치사(즉 후치사구를 이루는 후치사)와 마찬가지로 격 인가자로 본다.

본 절의 순서는 다음과 같다. 먼저 2.2.1에서는 의미격 조사에 대한 김영희(1999나)의 연구를 토대로 각 의미격 조사들이 항상 같은 통사적 양상을 보이지 않으며 후치사구를 이루는 경우가 있는가 하면 명사구를 이루는 경우가 있음을 보인다. 이어 2.2.2에서는 각 경우에 대한 격 이론적 분석을 시도한다. 특히 명사구를 이루는 경우 앞에서

45) 하나의 명사 표현에 여러 격이 인가되는 것으로 보이는 양상은 한국어 뿐 아니라, 여러 언어에서 발견되는 것으로 보고 되고 있다. Bejar&Massam(1999), H.-S. Yoon(1996) 및 이들 논문의 참고문헌에 있는 논문들을 참고할 것.

46) 이와 달리 Schütze(1996, 2001)는 격조사 결합 현상에 나타나는 구조격 조사를 격의 실현으로 보지 않고 초점 표지로 보았다. Schütze를 포함한 기존 입장에 대한 종합적 검토는 격조사 결합을 다루는 12장에서 이루어진다.

지적하였듯이 의미격 조사와 구조격 조사의 결합을 어떻게 볼 것인가 하는 것이 문제가 되는데 이에 대한 분석을 제안한다.[47)]

2.2.1 김영희(1999나) 검토

김영희의 연구는 생성 문법적 기반 하에서 이루어진 것은 아니나, 한국어의 명사+의미격 조사 구성의 여러 가지 유형을 관찰하면서 각 유형에서 의미격 조사가 갖는 기능을 비교적 상세하게 파악하여 의미격 조사의 전체적인 모습을 정리하는 데 큰 도움을 주는 연구라고 생각된다. 여기서는 그의 연구를 생성 문법적 시각 하에 정리하여 의미격 조사를 어떻게 볼 것인가 하는 것과 관련하여 하나의 방안을 제시하고자 한다.

우선 그의 연구에서 주목할 점은 지금까지 우리가 의미격 조사라고 부른 조사들이 한국어에서 항상 같은 기능을 갖고 있는 것이 아님을 밝혔다는 점이다. 크게 보아 다음의 두 가지 경우가 있음을 지적하고 있다.[48), 49)]

(77) 가. 사격 표지: "동사로부터 직접 의미격을 부여받아 직접 논항이 되는 선행 명사구에 동사로부터 고유격이 부여된 다음 격 실현이 일어나면서 표시되는 격 표지" 김영희(1999나:57)

나. 후치사: 동사로부터 부여 받은 의미격이나 혹은 후치사 자신의 의미격을 부여하는 범주.[50)]

궁극적으로 이런 차이는 통사적으로도 나타나는데 김영희에 의하면 "사격 표지"로 쓰이는 경우는 명사구이지만, "후치사"로 쓰이는 경우는 후치사구라고 한다. 이를 생성 문법식으로 풀이하면 (77가)의 경우는 의미격 조사가 고유격의 실현이므로 전체는 명사구이고 (77나)의 경우는 의미격 조사가 후치사로 전체는 후치사구라는 얘기인 셈

47) 이 제안에 의하면 결국 Bejar&Massam(1999), H.-S. Yoon(1996)과 달리 하나의 사슬에 하나의 격만이 인가된다는 입장을 고수할 수 있게 된다. 본 제안과 이들 입장과의 본격적 비교, 검토는 관련 현상이 나타나는 예외적 격 표시 구문과 격조사 결합 현상을 다루는 7장과 12장에서 한다.

48) 한정한(2003:153-157)에서도 의미격 조사의 생략 여부 및 의미격 조사의 대격 조사로의 교체 여부 등을 들어 의미격 조사에 두 가지가 종류가 있음이 지적된 바 있다.

49) 김영희는 곧 이어 소개되는 표 1의 다섯 가지 유형 중 격선택중첩형과 격선택형에 나타나는 의미격 조사는 사격 표지로, 그 나머지는 후치사의 경우로 보고 있다.

50) "사격 표지"란 용어는 김영희가 사용한 대로이다. 그리고 김영희는 (77나)의 두 경우 모두 후치사구로 실현되지만 전자는 논항이고 후자는 부가어로 보고 있다. 이런 차이에 대한 논의와 그 근거는 여기서 생략한다. 자세한 논의는 김영희(1999나:50-53)를 참조할 것.

이다.

그럼 같은 의미격 조사이지만 이렇게 달리 본 근거로는 어떤 것이 있는가? 사실 김영희는 각 경우에도 서로 양상을 달리 하는 경우가 있다 하면서 모두 다섯 가지 유형으로 나누어 보고 있는데 유형을 나누는데 사용한 기준은 다음과 같다.

(78) 가. 의미격 조사 뒤에 대격 조사가 올 수 있는가 없는가?
나. 의미격 조사가 대격 조사로 교체될 수 있는가 없는가?
다. 의미격 조사가 생략될 수 있는가 없는가?
라. 명사+의미격 조사 구성이 보어인가 부가어인가?

이제 각 유형에 대한 그의 용어를 사용하여 각 유형이 어떤 특성을 가지는가를 도식으로 보이면 다음과 같다.

<표 1>

		(78가)	(78나)	(78다)	(78라)
격선택중첩형	N-의미격	-의미격-대격	-대격	N-Ø	보어
격선택형	N-의미격	*-의미격-대격	-대격	N-Ø	보어
격중첩형	N-의미격	-의미격-대격	*-대격	*N-Ø	보어
사격형	N-의미격	*-의미격-대격	*-대격	*N-Ø	보어
부가어형	N-의미격	*-의미격-대격	*-대격	*N-Ø	부가어

이제 각 유형의 대표적인 예문들을 열거해 보자.51)

격선택중첩형

(79) 가. 석이가 이 학교에 다닌다.
나. 석이가 이 학교에를 다닌다.
다. 석이가 이 학교를 다닌다.
라. 석이가 이 학교 다닌다.

격선택형

(80) 가. 정이는 고향에서 떠났다.
나. *정이는 고향에서를 떠났다.
다. 정이는 고향을 떠났다.

51) 아래 예문의 문법성 판단은 김영희의 것이다. 필자의 판단이 그와 다른 경우 이를 본문에서 언급하기로 한다.

라. 정이는 고향 떠났다.

격중첩형[52)]

(81) 가. 손님이 의자에 앉는다.
나. 손님이 의자에를 앉는다.
다. *손님이 의자를 앉는다.
라. *손님이 의자 앉는다.

사격형

(82) 가. 가시가 목에 걸렸다.
나. *가시가 목에를 걸렸다.
다. *가시가 목을 걸렸다.
라. *가시가 목 걸렸다.

부가어형

(83) 가. 아이가 마당에서 논다.
나. *아이가 마당에서를 논다.
다. *아이가 마당을 논다.
라. *아이가 마당 논다.

이제 이들 유형을 중심으로 의미격 조사에 대한 내용을 정리해 보자. 우선 김영희가 지적하였듯이 한국어의 의미격 조사 중에는 명사와 함께 하여 서술어의 논항으로 쓰이기보다는 부가어의 기능을 하는 것들이 있다. (83)의 예말고도 다음들을 추가할 수 있을 것이다.

(84) 가. 철이가 장작을 도끼로 팬다.
나. 그가 아침에 귀가했다.
다. 막내가 매를 깡패에게 맞았다.

이들은 의미적으로 부가어의 기능을 가지며 같은 부가어의 기능을 하는 영어의 전

52) 김영희는 '양쪽은 협상에 임했다'의 경우, 아래 예문을 비문법적으로 보고 격중첩형으로 보았다. 필자의 판단으로는 (i)이 (ii)보다 어색한 것은 사실이나, 기본적으로 대격의 비실현이 가능한 것으로 본다. 고로 필자의 방언에서는 위 문장은 격선택중첩형에 속한다.

(i) 가. ?양쪽은 협상을 임했다. 나. ??양쪽은 협상 임했다.
(ii) 가. 협상을 임하는 양쪽의 자세가 성실하다. 나. 협상 임하는 양쪽의 자세가 성실하다.

치사구에 대응하는 후치사구로 볼 수 있는데 (83나-다)의 특성들은 모두 다 그런 관점에서 설명될 수 있을 것이다. 즉 그 뒤에 대격 조사가 못 오는 것은 후치사구가 격을 필요로 하지 않기 때문으로 볼 수 있으며, (83다, 라)는 후치사구로 볼 경우 그 핵인 후치사가 의미의 중심이 되므로 그것이 생략되면 복원이 안 되기 때문으로 볼 수 있을 것이다.

부가어형과 가장 대립적 성격을 보이는 것은 격선택중첩형과 격선택형인데, 필자는 그 차이의 본질에 대한 김영희의 견해를 그대로 따르고자 한다. 즉 김영희는 이 두 유형이 위에서와 같은 특성을 가지는 이유는 이 두 유형의 의미격 조사가 부가어형의 의미격 조사와는 달리(즉 그 경우는 서술어와 아무런 의미역 관계가 없다), 서술어가 논항에 대해 부여하는 의미역의[53] 실현이기 때문으로 보고 있다. 즉 어떤 의미역인지를 서술어를 보면 알 수 있기에 생략이 가능하고((79, 80라) 참조), 생략 시에 서술어로부터 부여된 대격의 실현이 가능하고((79, 80다) 참조), 격선택중첩형의 경우에는 의미격 조사와 대격 조사가 같이 나타날 수도 있다고 본 것이다.

그러나 이런 기본 분석에 있어서는 같으나, 몇 가지 점에서는 의견을 달리 하는데 이를 간단히 정리하기로 한다. 먼저 김영희는 이 두 유형에 나타나는 의미격 조사를 그냥 "사격 표지"라고만 하고 전체는 명사구라고 했을 뿐,[54] 해당 의미격 조사의 범주를 무엇으로 볼 지 그리고 내부 구조가 어떻게 되는지에 대해서는 언급이 없었다. 먼저 "사격 표지"니 하는 것은 범주 개념이 아니므로 범주를 부여해야 할 터인데, 필자는 부가어형의 의미격 조사와 마찬가지로 후치사로 보고자 한다.[55] 문제는 그럼 같은 후

53) 김영희의 용어로는 "의미격"이다. 그러나 지금까지 "의미격"이라는 용어가 "격"의 한 유형을 나타내는데 쓰였으므로 혼동의 여지가 있어 지금부터는 "의미역"이라는 용어로 대체한다.

54) 김영희에서는 이들을 명사구로 보는 것에 대한 근거는 제시되지 않았다. 이들 경우들을 명사구로 봐야 한다는 논증에 대해서는 임홍빈(1987가:393)을 참조할 것. 한편 다음의 대비는 '-에게/에' 표현이 '자기'에 대해 선행사의 역할을 하지 못하는 경우와 하는 경우가 있음을 보여주는데, 이 대비는 전자를 후치사구, 후자를 명사구로 본다면 설명이 될 수 있으며 고로 명사구 여부에 대한 하나의 근거가 될 수 있을 것이다.

(i) 가. *영미가 철수에게$_i$ 자기가$_i$ 미애를 봤다고 말했다.
나. 내가 미애에게$_i$ 자기의$_i$ 사진을 주었다.

그리고 영어의 전치사의 경우에도 전치사+명사가 명사구로서의 양상을 보이는 경우가 있다는 점은 널리 알려져 있다. 다음이 그 한 예이다.

(ii) *It seems [to him$_i$] that John$_i$ is honest.

55) 사실 필자는 모든 의미격 조사를 범주 상 후치사로 본다. 이는 한국어 전통 문법의 품사 논의에서

치사를 가지면서 부가어형은 후치사이고 위의 두 유형은 명사구라면 그 구조가 어떻게 다르냐 하는 점인데, 필자는 후자의 경우 필자의 핵기저부가구조가 적용되는 것으로 본다(K. Choi(1991a), 최기용(1993, 1996) 등 참조). 이에 의거하여 보다 구체적으로 구조를 그리면 다음과 같다.

(85)
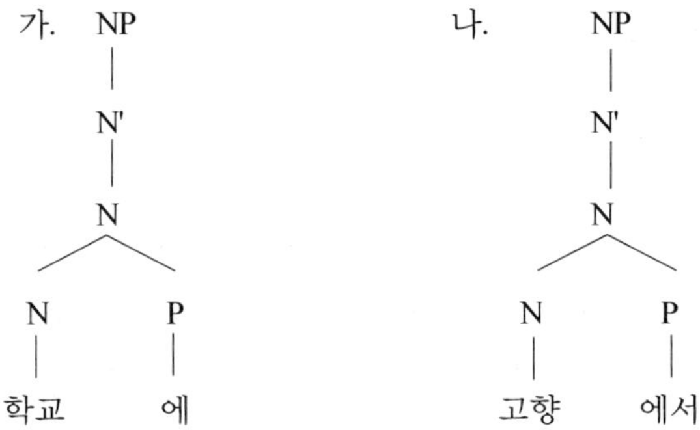

둘째, 김영희의 격선택중첩형과 격선택형의 예들을 보면 전자에는 '-에게/에'만이 나타나고 후자에는 '-에서', '-로' 그리고 '-에게/에'가 나타난다. 여기서 주목할 점은 격선택형의 예로 거론된 '-에게/에'의 경우이다. 논의를 위해 아래 옮겨 본다.[56)]

(86) 가. 오빠가 책을 언니에게 주었다.
나. *오빠가 책을 언니에게를 주었다.
다. 오빠가 책을 언니를 주었다.
라. 오빠가 책을 언니 주었다.

(87) 가. 김씨가 술에 취했다.
나. 김씨가 술을 취했다.
다. 김씨가 술 취했다.
라. *김씨가 술에를 취했다. =김영희(1999가)

여기서 먼저 주목할 것은 (86나)로서 필자의 판단에 의하면 이 문장은 '-에서'와 '-로'의 경우와는 다른 것으로 보인다. 즉 그 경우는 아주 나쁘나, 이 경우는 그리 나쁘지 않으며 그런 점에서 이 경우는 격선택중첩형에 속하는 것으로 보인다.

인정되어온 "조사"라는 범주가 보편 문법적 입장에서 볼 때, 후치사에 대응됨을 말하는 것이다.
56) (86, 87)의 판단 역시 김영희의 것이다.

이 점에 있어 (87)은 더욱 흥미롭다. 김영희는 (87)의 양상을 토대로 격선택형에도 '-에게/에'의 경우가 있는 것으로 보았으나, 필자의 판단은 이와 다르다. 즉 (87나)가 나쁠 뿐 아니라, 이 경우는 오히려 주격 조사와 관련성을 보이는데, 그 양상은 다음과 같다.

(88) 가. 김씨가 술에 취했다.
나. 김씨가 술이 취했다.
다. ??김씨가 술에가 취했다.[57]

즉 필자의 판단으로는 '술'이 대격은 취하지 못하며 주격 조사를 취할 수 있고 또 그 경우 의미격 조사 뒤에 주격 조사가 올 수 있다는 점이다. 이는 결국 의미격 조사와의 연관성을 대격 조사로만 국한하지 않고 구조격 조사 전체로 고려한다면 (88)의 경우는 격선택형이 아니라 오히려 격선택중첩형으로 보아야 함을 의미한다. 결국 이 판단을 수용한다면 두 유형 간의 차이는 다음과 같이 정리될 수 있다.

(89) 가. 격선택형: 이 양상을 보이는 후치사는 '-에서'와 '-로'이며 '-에서'와 '-로'는 그 뒤에 대격 조사가 오는 것을 허용하지 않는다.
나. 격선택중첩형: 이 양상을 보이는 후치사는 '-에게/에'이며, 이 유형의 '-에게/에'는 그 뒤에 대격 조사 또는 주격 조사가 오는 것을 허용한다.

---

57) 이 문장이 아주 어색하다는 판단이 있을 수 있다. 다만 대격 조사가 오는 (87라)에 비해서는 좋은 것으로 보인다. 또한 다음 예는 '취하-'의 '-에'가 항상 주격 조사로 교체되지 않음을 보인다.

(i) 가. 김씨가 소주에 취했다. 나 *김씨가 소주가 취했다.
(ii) 가. 김씨가 아름다운 경치에 취했다. 나. *김씨가 아름다운 경치가 취했다.

그리고 다음 예들은 이 경우 '-에'나 '-가' 없이 나타날 수 없음을 보여준다.

(iii) 가. *김씨가 소주 취했다. 나. *김씨가 아름다운 경치 취했다.

현재로서는 '술'과 그 외의 경우 간에 왜 이런 차이가 일어나는지 이해하지 못했다. 그러나 '취하-'의 경우 위의 예들이 중시된다면 이는 '앉-'의 양상과 같은 것이며 고로 필자의 최종 분석에 의하면((94) 참조) '취하-'는 격선택중첩형이 아니라 격중첩형에 속하는 것이 된다. 이 분석이 맞다면 격선택중첩형의 경우 '-에게/에' 뒤에 주격 조사가 오는 경우가 없음을 의미하므로 (89나)는 다음과 같이 수정되어야 할 것이다.

(iv) 격선택중첩형: 이 양상을 보이는 후치사는 '-에게/에'이며, 이 유형의 '-에게/에'는 그 뒤에 대격 조사가 오는 것을 허용한다.

즉 격선택중첩형과 격선택형 간의 차이는 개별 어휘의 어휘적 특성의 차이로 파악할 수 있게 되는데, 중요한 점은 이런 파악을 통해 두 유형이 결국은 통사적으로는 같은 양상을 가지는 것으로 볼 수 있다는 점이다. 즉 (78가)에 있어서의 차이는 의미격 조사의 어휘적 특성에 의한 차이일 뿐, 기본적으로 서술어의 의미역의 표현이라는 점에서는 같은 성격을 가지는 것으로 봐야 한다는 점이다.

이제 격중첩형과 사격형을 보기로 하자. 먼저 사격형의 양상을 보면 (78가-다)에 있어서는 부가어형과 같다. 그런데도 김영희가 이를 서로 다른 유형으로 본 것은 앞서 지적했듯이 '-에게/에' 표현을 논항으로 봤기 때문이다. 여기서 필자는 사격형이 궁극적으로는 격선택중첩형과 같은 경우임을 보이고자 한다. 김영희의 유형론은 앞서 지적하였듯이 대격 조사와의 결합 여부만을 검토한 것이었다. 그러나 우리는 다음 예에서 보듯이 의미격 조사가 주격 조사하고 결합하는 경우도 있음을 아는데, 그 경우 또한 주격 조사만 나타날 수도 있다.

(90) 가. 철수에게 좋은 책이 많다.
나. 철수에게가 좋은 책이 많다.
다. 철수가 좋은 책이 많다.
라. ?*철수 좋은 책이 많다.

물론 이 경우에 의미격 조사가 생략되는 것은 안 좋은데, 이 차이를 무시한다면 (90)의 양상은 결국은 격선택중첩형이며 이는 격선택중첩의 양상이 구조격 조사 전반에 나타나는 양상임을 말하는 것이다. 중요한 점은 김영희가 사격형이라 부른 예들이 주격 조사에 대해서 어떤 양상을 보이는가를 보면 '-에게/에' 표현이 주격 표현 앞에 놓일 경우 대체로 (90)과 같은 양상을 보인다는 점이다.[58]

(91) 가. ?천장에가 전등이 매달렸다.
나. ?목에가 가시가 걸렸다.
다. ?옷에가 검불이 붙었다.

(92) 가. ??천장이 전등이 매달렸다.

58) (91)과 (92)의 자연스러움에 대해서 이견이 있을 수 있다. (92)가 (91)보다 어색하다는 견해가 있는 반면, (92)는 좋고 (91)은 나쁘다는 견해가 있다. 필자는 기본적으로 두 경우 다 어색하지만 비문법적으로 보지는 않는다.

나. ?목이 가시가 걸렸다.
다. ?옷이 검불이 붙었다.

이상의 검토가 말하는 바는 결국 사격형의 특성이라는 것은 서술어의 특성 상 대격을 허용하지 않기 때문에 나타나는 것이며,[59] 의미격 조사와 대격 조사만 아니라, 의미격 조사와 구조격 조사와의 연관성으로 시각을 넓히면 사격형은 격선택중첩형과 같은 유형이라는 점이다.[60]

이제 남은 것은 격중첩형이다. 먼저 (81나)의 문법성에 대해 김영희(1999나:각주6)는 다른 판단이 있음을 지적하였는데, 필자는 김영희와 마찬가지로 (81나)를 문법적으로 보며 '-에' 성분 또한 논항으로 본다. 고로 이 경우 같은 '-에'를 가지는 격선택중첩형과의 차이를 어떻게 파악하느냐가 문제로 남는데, 여기서는 일단 두 유형 간의 차이가 '-에'의 생략 여부와 연관이 있다는 점만을 지적한다. 즉 격선택중첩협은 '-에'의 생략을 허용하지만, 격중첩형은 '-에'의 생략을 허용하지 않는다.

이상 지금까지 보아 온 것을 정리하면 다음과 같다.

(93) 가. 부가어형은 해당 성분이 부가어이며 고로 후치사구로 본다.
나. 의미격 조사와 구조격 조사와의 연관성 차원에서 볼 때, 사격형은 격선택중첩형과 같은 유형에 속한다.
다. 격선택중첩형과 격선택형도 의미격 조사가 의미역 혹은 고유격을 나타낸다는 점에서 같은 유형이다. 다만 그 뒤에 구조격 조사를 허용하느냐는 후치사 간의 어휘적 차이에 기인하는 것으로 본다.
라. 격중첩형과 격선택중첩형은 '-에' 성분이 보어라는 점에서는 같으나, '-에'의 생략 여부에 있어 서로 다르다.

그리고 조사의 결합을 둘러싼 후치사 간의 개별적 차이와 (93라)를 논외로 한다면, 의미격 조사를 가지는 명사 표현은 크게 다음과 같은 두 가지 유형으로 나뉘게 된다.

---

59) (90)의 경우도 대격 조사의 관점에서 보면 김영희가 사격형이라 부른 것과 같은 양상을 보인다.

(i) 가. 좋은 책이 철수에게 많다.
나. *좋은 책이 철수에게를 많다.
다. *좋은 책이 철수를 많다.
라. *좋은 책이 철수 많다.

60) 주목할 점은 사격형의 예에 나오는 의미격 조사로 '-에게/에'만이 있다는 점이다.

(94) 가. 생략이 가능한 의미격 조사는 구조격 조사와의 교체가 가능하고 조사의 결합이 허용된다.

나. 생략이 불가능한 의미격 조사는 구조격 조사와의 교체가 불가능하고 조사의 결합도 허용하지 않는다.

2.2.2. 의미격 조사의 분석

앞에서 본 유형 중에서 격 이론 및 구조 이론적으로 가장 쉽게 처리될 수 있는 경우는 부가어형이다. 부가어형에 대한 필자의 제안은 다음과 같다. 부가어형은 구조적으로 후치사인 의미격 조사를 핵으로 하는 후치사구이며, 후치사구의 핵인 후치사가 보어 명사구에 구조격의 한 유형인 사격을 부여한다. 그리고 한국어에서 사격은 형태적으로 영형으로 실현되는 것으로 본다.[61)]

한편 격선택중첩형과 사격형은 명사구이며 구조는 (85)과 같다고 했는데, 이 경우 이 유형이 보이는 양상인 (94가)를 어떻게 분석할 것인가가 문제가 된다. 특히 격조사 결합(Case stacking) 양상은 많은 연구자들의 관심사가 되어 온 현상으로, 하나의 명사구에 두 개의 격이 나타나는 것을 제한적으로 허용하자는 안이 있는가 하면(Bejar& Massam (1999), H.-S. Yoon(1996, 2004a) 등), 의미격 조사 뒤에 오는 것을 구조격 조사로 보지 말고 초점 표지라고 주장함으로써 하나의 명사구에 하나의 격이라는 명제를 유지하자는 제안도 있었다(J.-Y. Yoon(1989), Schütze(1996, 2001), Y.-J. Jung(2001) 등). 이 문제와 관련하여 필자는 Chomsky(1986b)를 따라 다음을 제안한다.

(95) 격선택중첩형/사격형 및 격선택형에 나타나는 의미격 조사는 서술어가 부여하는 의미역의 형태적 실현이다.

이 견해는 기본적으로 의미격 조사가 서술어가 부여하는 의미역과 깊은 연관이 있다는 것에 토대한 것이나 의미격 조사를 고유격의 실현으로 보지 않다는 점에서 기존 견해와 다른데 이 제안에 의하면 (94가)는 다음과 같이 설명된다.

첫째, 이 제안에 의하면 한국어에서 격조사 결합 현상이 일어나는 이유는 자명하다. 즉 의미격 조사가 격의 실현이 아니므로 명사구에 별도로 부여된 격이 있으면 그 격이 실현될 수 있고 그 결과가 바로 격조사 결합으로 나타나는 것이다.

---

61) 한국어 후치사가 사격을 부여하고 그 사격이 형태적으로 실현이 되지 않는다는 견해는 이미 Y.-S. Kang(1986)에서 제시된 바 있다고 S. Cho(2000:6)에서 지적하고 있다.

둘째, 격선택중첩형/사격형의 경우 왜 의미격 조사가 생략이 되는가에 대한 설명 또한 자연스럽다. 즉 김영희가 지적하였듯이 의미격 조사를 의미역 표지로 볼 경우 의미역의 내용이 서술어에 의해 복원이 가능하므로 생략이 가능하다.[62)]

> 의미격 조사가 결합되지 않았음에도 격 선택·중첩형 보족어의 의미격이 의미격 조사가 결합된 경우와 똑같이 해석될 수 있는 까닭은 이들 보족어를 지배하고 있는 동사가 이들에 직접 의미격을 부여하기 때문이다. 김영희(1999나:39)

셋째, 한편 이런 제안에서 해결해야 할 점은 김영희가 격선택중첩형 및 격선택형으로 부른 두 유형 간의 차이이다. 즉 격조사 결합을 둘러싼 차이인데, 앞서 우리는 이 차이가 해당 의미격 조사들 간의 어휘적 차이에 기인한다고 했는데, 구체적으로 다음을 제안한다.[63)]

(96) 가. '-에게/에'는 수의적 격 인가자이다.
나. '-에서', '-로'는 필수적 격 인가자이다.[64)]

우선 필자는 (85)의 구조에서 사격 인가자인 후치사와 N 간의 격 인가가 성분-통어를 바탕으로 한 "일치" 절차에 의하는 것으로 본다.[65)] 즉 다음의 성분-통어 규정에

62) 물론 엄밀히 말해 김영희가 구체적으로 지적한 경우와 달리 여기서 의미격 조사가 생략된 경우는 구조격 조사만 실현된 경우로 국한한다. (90라)에서 보듯이 구조격 조사도 실현되지 않는 경우는 의미격 조사의 생략 외에 구조격 조사의 실현 여부라는 또 다른 요인이 작용하여 양상이 약간 다르다.

63) 혹자는 구조격 조사를 자질의 실현으로 보듯이 의미역 표지로서의 의미격 조시도 해당 의미역 자질의 실현으로 본다면 (96)과 같은 가정의 설정이 불가능하다고 지적할 수 있다. 그러나 구조격 조사의 자질과 의미역 자질은 성격이 다르다. 전자는 [-해석성]인데 반해 후자는 고유의 의미가 있으므로 연산 과정에 참여할 것이 예상되며, 이에 비추어 볼 때, (96)의 가정이 전혀 불가능한 것은 아니다.

64) 혹자는 다음 예가 (96나)에 문제가 됨을 지적할 수 있다.

(i) 가. 브라질에서가 축구가 인기야.
나. 정부에서가 한글날을 국경일로 공포했다.

필자에게는 '-에서'가 구조격 조사를 갖는 모든 경우가 안 좋다. 고로 이는 방언적 차이로 보이며, 위 문장을 좋은 것으로 보는 방언에서는 '-에서'의 어휘적 성격이 달리 기술되어야 할 것이다.

65) 필자는 한국어의(혹은 더 나아가 보편적) 격 인가 기제는 1장에서 소개된 여러 방안 중 "일치"이어야 한다고 본다. 한국어를 토대로 한 논의로는 최기용(2006가)을 참조할 것.

의하면 (85)와 같은 부가 구조에서 후치사는 N를 성분-통어하며 그 결과 N의 격 자질이 인가된다.[66)]

(97) α is dominated by β only if it is dominated by every segment of β.

(98) α excludes β if no segment of α dominates β.

Chomsky(1986a:7, 9)

(99) X c-commands Y iff X and Y are categories and X excludes Y and every category that dominates X dominates Y. Kayne(1994:18)

이와 같이 (85)의 구조에서 격 인가자인 후치사에 의해 N의 격이 인가될 수 있지만, (96)에 의하면 실제 격 인가가 일어나느냐에 있어서는 '-에게/에'와 '-에서', '-로'간에 차이가 생기는데, 후자의 경우는 해당 후치사에 의해 격 인가가 반드시 일어나므로 외부로부터의 격 인가의 흔적인 구조격 조사는 허용되지 않는다. 그에 반해, 전자의 경우는 '-에게/에'에 의한 격 인가가 안 일어날 수도 있는데, 그 경우는 격여과에 의해 외부의 격 인가자에 의해 격 인가가 일어나며 그 결과 격조사 결합의 양상으로 나타나는 것이다.[67)]

한편 이상의 설명에서 격중첩형은 부분적으로 미해결로 남는다. 즉 (93라)에서 격중첩형의 '-에' 성분을 보어로 보았고 보어에 나타나는 의미격 조사가 의미역 표지라는

한편 "일치" 절차에 의하면 탐침인 후치사는 [-해석성] 파이-자질을 가져야 하고 목표인 N은 격 자질과 함께 [+해석성] 파이-자질도 가져야 한다. 한국어 명사도 파이-자질을 가지는 것으로 보는 것이 일반적인 견해이나, 필자는 한국어 통사론에서 파이-자질이 아무런 기능을 하지 못하며 고로 한국어에서는 파이-자질을 상정하지 않는데, 이 점이 영어와의 중요한 차이라고 본다. 이에 대한 논의는 격 중출을 다루는 11장에서 하며, 당분간 한국어 격 인가에 "일치" 절차를 적용할 시, 파이-자질 이용 여부는 논외로 한다.

66) 그에 반해 적어도 (85)의 구조에서는 지정어-핵 기제에 의한 격 인가는 불가능한 것으로 보인다.

67) 이 제안에 의하면 '-에서', '-로'의 뒤에 대격 조사 뿐 아니라, 주격 조사가 올 수 없어야 한다. 그러나 임동훈(2004:137-138)은 '-이/가 아니다' 구문에서 '-에서가', '-로가'가 가능하다고 지적한 바 있는데 다음과 같은 이유로 이는 (96)에 큰 문제가 되지 않는다. (96)은 의미격 조사가 후치사로의 범주 및 기능을 유지할 때 적용되는 특성이라 할 수 있다. 그에 반해, 다음 예들은 '-이/가 아니다' 구문에서 '-이/가' 앞에는 명사 이외의 여러 범주들이 나타날 수 있음을 보여주는데 이는 '-이/가' 앞에 오는 표현들이 자신의 원래의 범주와는 달리 취급됨을 보여주고 있다.

(i) 가. 내가 네가 좋아서가 아니라, ...
나. 나는 영미가 철수를 좋아한다고가 아니라, 영미가 철수를 싫어한다고 말했다.
다. 나는 자주가 아니라 가끔 독서를 한다.

(95)의 정신에 비추어 보면 '-에'와 대격 조사 간의 중첩이 설명이 되기는 하나, 왜 격중첩형의 '-에'가 생략이 되지 않는가는 설명이 되지 않기 때문이다.

이 문제와 관련하여 김영희(1999나:54-55)는 격중첩형과 격선택중첩형 간의 차이를 다음과 같이 의미역 부여 방식 상의 차이로 볼 것을 제안한 바 있다.[68)]

(100) 가. 격선택중첩형; 해당 명사 표현이 서술어로부터 의미역을 직접 부여받는다.
나. 격중첩형; 서술어의 의미역이 의미격 조사에 전달되고 그 의미격 조사에 의해 해당 명사 표현에 의미역이 부여된다.

즉 격중첩형의 의미격 조사 표현은 비록 논항이기는 하나, 의미격 조사 자체가 명사 표현에 의미역을 부여하는 기능을 하며 고로 의미격 조사가 없게 되면 명사 표현에 의미역이 부여되지 못해 비문법적이 된다는 설명이다. 그러나 이런 제안이 논항에 나타나는 의미격 조사를 논항에 부여되는 의미역의 실현으로 보는 (95)의 입장과 잘 안 들어맞는 것은 사실인데 이 문제의 해소는 앞으로의 연구 과제로 돌린다.[69)]

마지막으로 (95)의 제안은 개별 언어에서 의미역이 어떻게 실현되는가에 대한 새로운 연구가 필요함을 보이는데 한국어의 예(영어의 경우도 마찬가지로 본다)는 모든 의미역이 해당 의미역 표지를 갖고 있지 않음을 보인다. 예를 들어, 행위주나 theme을 나타내는 의미역 표지는 없는 것으로 보이는데[70)] 이는 영어의 경우도 마찬가지로 보인다. 그에 반해, 도달점, source, instrument, location 등을 나타내는 의미역 표지는 다음과 같다.[71)]

(101) 가. 도달점: '-에게/에'
나. source/location: '-에서'
다. instrument: '-로'

---

68) 김영희(1999나)는 두 유형이 통사 구조에서도 차이가 있어 격중첩형은 후치사구, 격선택중첩형은 명사구라고 제안했으나, 이 제안에 의하면 후치사구 뒤에도 격조사를 허용하게 되므로 이 제안은 따르지 않으며 본 장에서는 두 유형 모두 통사적으로 핵기저부가구조에 의한 명사구로 본다.

69) (93라)에 대한 (100)의 해답은 격중첩형의 '-에'가 의미역의 중간 매개체가 되어 생략이 안 된다는 것으로, 이와는 달리 격중첩형의 '-에'가 의미역 표지 외 별도의 고유 의미를 가지기 때문에 생략이 안 된다고도 볼 수 있을 것이다.

70) 비슷한 취지의 제안을 김영희(1999나)도 했다.

...그 의미격에 부합되게 동사로부터 고유격으로 부여받는다고 해도 그 고유격을 표시할 수 있는 사격표지가 없기 때문이다.

71) 의미역의 실현 간에 왜 이런 차이가 있는가는 흥미로운 과제이나 앞으로의 연구 과제로 돌리기로 한다.

여기서 마지막으로 명사구 논항에 나타나는 의미격 조사를 의미역 표지로 보는 제안에 대해 흥미로운 근거 하나를 제시하고자 한다. 전통 문법에 의하면(남기심 · 고영근(1993), 이익섭 · 채완(1999) 등) 주격 조사의 한 유형으로 '-에서'가 있는데 (102)의 경우들을 말한다. 이들 문장의 '-에서'가 주격 조사로 간주되는 이유는 (103)에서 보듯이 이들이 '-가'와 교체가 되기 때문이다.

(102) 가. 정부에서 한글날을 국경일로 공포했다.
　　　나. 광운대학교에서 능력 있는 신입생을 모집한다.

(103) 가. 정부가 한글날을 국경일로 공포했다.
　　　나. 광운대학교가 능력 있는 신입생을 모집한다.

그러나 잘 알려져 있듯이 모든 경우의 '-에서'가 '-가'와 교체될 수 있는 것은 아닌데, (102, 103)과 아래 예들의 비교는 서술어와 의미역 관계에 있는 표현의 경우에만 '-가'와 교체될 수 있음을 보여준다.

(104) 가. 철수가 집에서 놀고 있다.
　　　나. *철수가 집이 놀고 있다.

즉 '-에서'를 가지는 명사의 의미 특성 상 source/location의 의미역을 갖는 논항만이 주격 조사와의 교체를 보인다는 점이다. (95)의 제안은 이런 현상에 대한 자연스러운 해결책을 제시한다. 즉 '-에서'가 주격 조사와 교체되는 경우는 의미역 표지로 실현되는 경우만이며 그 경우 그 의미역 표지가 서술어의 의미 특성 상 예견되는 것이므로 생략될 수 있고 해당 표현이 의미역 위계상 상위에 와 주격이 부여될 수 있고 그리하여 주격 조사가 실현될 수 있게 되는 것이다. 결국 이런 설명에 의하면 전통 문법에서 제한적으로나마 주격 조사로 간주되어 오던 (102, 103)과 같은 예문에서의 '-에서'는 더 이상 주격 조사가 아니다. 의미역 표지일 뿐인 것이다.

2.2.3 정리

의미격 조사와 관련된 지금까지의 논의를 정리하면 다음과 같다. 첫째, 명사-의미격 조사 구성에 보어의 경우와 부가어의 경우가 있으며 전자는 명사구, 후자는 후치사구이다. 둘째, 명사-의미격 조사가 명사구를 이루는 경우의 구조는 (85)이다. 셋째, 의미격 조사는 범주 상으로 후치사이며 사격을 인가하고 한국어에서 사격은 영형으로 나타난다. 넷째, (85)의 구조를 가지는 구성의 의미격 조사는 고유격의 실현이 아니라, 해당 표현에 부여된 의미역의 형태적 실현이며 범주적으로는 후치사로 "일치" 기제에 의거 그 앞에 오는 명사에 사격을 인가할 수 있다. 다섯째, 격조사 결합과 관련된 격선택중첩형과 격선택형 간의 차이는 (96)에 의한다.[72)]

2.3 특수조사

명사+특수조사 구성의 구조에 대해서 필자는 최기용(1996나)에서 임홍빈(1987가, 나), 이광호(1988), 임동훈(1991) 등으로 대표되는 "부가 가설"과 H.-D. Ahn(1988), J.-Y. Yoon(1989, 1992) 등으로 대표되는 "특수조사구 가설" 등을 검토하고 각각의 문제점이 무엇인가를 지적한 후, "핵기저부가 가설"을 제안한 바 있다.[73)] 이 제안에 의하면 명사+특수조사 구성도 (85)과 같은 핵기저부가 구조를 가지게 되는데 구체적으로 '철수는', '철수만' 등의 구조는 다음과 같다.

72) 의미격 조사에 대한 이러한 입장은 조사 결합 및 고유격과 관련하여 여러 가지 점에서 기존 입장과 많이 다르다. 특히 이 입장은 고유격을 이용하지 않음으로 해서 추상격의 한 유형인 고유격을 폐지할 수 있는 가능성을 제시하고 있는데, 이론적으로 바람직한 방향이라 할 수 있으나, 확실한 정립을 위해서는 비교언어학적 연구가 필요하다.

73) 명사+특수조사 구성이 "보조사구"를 이룬다는 임홍빈·장소원(1995), 임홍빈(1999)의 견해도 특수조사대신 보조사라는 이름을 썼을 뿐, 특수조사(혹은 보조사)가 핵을 이룬다고 보는 점에서는 "특수조사구 가설"과 같은 주장이다. 필자는 최기용(1996나)에서 X+특수조사 구성의 분포 양상이 문제의 구성이 X의 범주적 성격에 의해 결정됨을 보여주므로 특수조사가 핵이 될 수 없다는 주장을 한 바 있는데, 비슷한 지적을 김진형(2000:64)에서도 찾아 볼 수 있다.

(105) 가. 나.

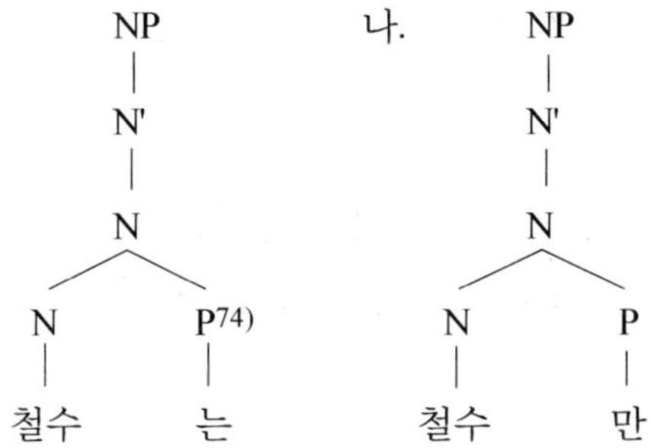

본 절에서는 위 구조 논의에 대한 자세한 소개는 피하기로 하고 단지 명사+특수조사 구성이 던지는 격 이론적 문제가 무엇이고 이에 대한 기존 견해가 무엇이었는가를 정리하는 한편 같은 문제가 (105)과 같은 구조에서 어떻게 처리될 수 있는가를 논의하기로 한다.

명사+특수조사 구성이 한국어의 격 이론적 처리와 관련하여 던지는 문제는 비교적 간단한 것으로 보인다. 다음 문장을 보자.

(106) 가. 철수가 책을 읽고 있다.
나. 철수는 책을 읽고 있다.
다. 철수가 책은 읽고 있다.

(106나, 다)에서 보듯이 '-는'은 주격 조사와 대격 조사가 나타나는 위치에 나타날 수 있는데 이는 표면적으로 명사+특수조사 구성이 일단은 격 여과를 통과한 것으로 해석될 수 있을 것이다.[75] 물론 이는 명사+특수조사 구성이 명사구적인 성격을 가짐을 전제로 하는데, 그러나 구체적으로 어떻게 해서 격 여과를 통과했는지 혹은 명사+특수조사 구성에 격이 어떻게 부여 혹은 인가되느냐에 대한 논의는 드물었던 것으로 보인다. 그러나 H.-S. Yoon(2004a:각주 9)의 언급에서 알 수 있듯이 다음과 같은 가정이 암묵적으로 받아들여진 것으로 보인다.[76]

---

74) 특수조사의 범주도 궁극적으로는 후치사로 본다. (105)과 같은 분석에 의하면, "특수조사" 혹은 delimiter라는 별도의 범주는 필요 없으며, 특수조사는 결국 의미역 표지는 아니면서 핵기저부가 구조를 이루는 후치사로 규정된다.

75) 이와 달리 홍용철(2005)은 '명사+는'에 격이 인가되지 않는 것으로 본다. 자세한 논의는 홍용철(2005)을 참조할 것.

76) 이에 반해 김의수(2002)는 특수조사 첨가를 격 인가 기제의 한 종류로 보면서 그런 점에서 이 방안이 한국어에서 격 여과를 회피하는 한 방안으로 간주된다고 하였다. 이는 격여과를 "격 할당"의 차원에서만 규정되는 제약으로 본 것인데 격여과를 "격 인가"의 차원으로 규정한다면 달리

(107) 구조격 인가 위치에 나타나는 명사+특수조사 구성은 해당 구조격이 인가 혹은 부여된 상태이다.

즉 표면적으로 격조사는 없지만 추상격이 부여된 상태로 보는 것이다. 문제는 다른 경우와 달리 격조사가 실현되어 나타나면 비문법적이 된다는 사실이다.

(108) 가. *철수는이 책을 읽고 있다.
나. *철수가 책은을 읽고 있다.

이에 대해 방법론적으로 여러 가지 분석이 가능하나, 이런 문제에 대해서도 암묵적으로 널리 받아들여지는 가설은 한국어 조사들의 형태적 판(morphological template)을 이용하는 방안이다(I.-S. Yang(1972), H.-D. Ahn(1988) 등). 즉 지금까지 보아온 조사들 사이에 일정한 순서가 있는데 이 순서가 형태적 판형에 기인한다는 가설이다.

(109) 의미격 조사	X-lim	Y-lim
'-에게/에', '-에서', '-로'	'-만', '-조차', '-마저'	'-은/는', '-도', '-이/가', '-을/를', '-의'

이 판형에 의하면 특수조사 '-은/는'과 구조격 조사는 같은 slot에 속하여 동시에 나타날 수 없으며 고로 (108)은 이를 어겨 비문법적이라는 것이다. 물론 이런 가설은 특수조사와 구조격 조사가 경쟁할 경우 어느 쪽이 이기는가에 대한 제안을 제공해야 하는데 이에 대해서는 다음을 제안하는 것이 일반적이다.

(110) 화용적 기능을 가지는 조사가 우선권을 가진다.

한편 같은 특수조사라 해도 구조격 조사와 다른 slot에 속하는 경우에는 동시 실현이 가능한데 다음 예가 이를 보여준다.

(111) 가. 철수만이 책을 읽고 있다.
나. 철수가 책만을 읽고 있다.

생각될 수 있을 것이다.

그러나 이와 같은 분석만 가능한 것은 아니다. (105)와 같은 구조를 토대로 2.3에서 소개한 것과 같은 분석도 가능한데 두 분석 간의 비교, 검토는 앞으로의 과제로 돌리고 여기서는 (105)에 의거한 분석을 소개하기로 한다.

먼저 명사+특수조사 구성이 격 여과를 통과하는 것에 대해서는 같은 핵기저부가구조를 가지는 명사+의미격 조사에 대한 앞서의 분석이 그대로 적용될 수 있다. 즉 특수조사도 후치사로 사격 인가 능력을 갖고 있으며 (105) 구조 하에서 "일치" 기제에 의거 앞 명사의 격을 인가할 수 있다. 또한 앞서 우리는 의미격 조사의 격 양상을 논하면서 격 인가 특성이 개별 어휘별로 다를 수 있음을 보았는데, (108)과 (111)이 보이는 '-는'과 '-만'의 차이에 대해서도 마찬가지의 분석이 적용될 수 있을 것이다. 즉 (105)과 같은 구조를 가정할 때, (108)과 (111)의 차이는 다음과 같이 기술된다.

(112) 가. '-만' 계열 특수조사의 격 인가 능력은 수의적이다.
　　　나. '-는' 계열 특수조사의 격 인가 능력은 필수적이다.

이에 의하면 (108)이 비문법적인 이유는 하나의 명사구에 서로 다른 두 개의 격이 인가되었기 때문이고, (111)이 문법적인 이유는 (112가)의 특성에 따라 '-만'의 격이 부여 안 된 상태에서 외부로부터 구조격이 부여되어 격이 하나이기 때문이다.[77]

2.4 요약 및 결론

한국어의 조사를 어떻게 처리하느냐는 격 이론뿐 아니라 한국어 문법에서 중요한 과제 중의 하나로서 보는 시각에 따라 어느 한 쪽의 이론적 기반을 무너뜨릴 수도 있는 중요한 논제라고 할 수 있다. 이와 관련하여 본 장에서는 조사 전반에 대한 격 이론적 고찰을 하였다.

먼저 구조격 조사와 관련해서는 구조격 조사에 고유의 의미가 있다는 주장이 갖고 있는 문제점을 지적함으로써 구조격 조사가 [-해석성] 격 자질의 실현임을 밝혔다. 또한 이런 주장이 명사-구조격 조사에 의미가 없다는 주장이 아님을 강조하면서 어떻게 해서 명사-구조격 조사 구성이 담화 상의 해석을 가지게 되는가에 대한 분석을 제시

77) 이는 4장 이후에 소개될 격 최소성에 반하는 예이다. 이 반례와 격 최소성을 어떻게 다룰지는 15장에서 논의한다.

하였다. 그리고 명사-구조격 조사의 구조와 관련해서는 후자를 D로 보는 견해의 문제점을 지적하고 구조격 조사는 격 자질의 형태적 실현일 뿐 구조 상으로는 기여하는 바가 없는 것으로 봐야 한다는 주장을 하였다. 그 외 한국어의 속격 조사의 양상을 토대로 속격이 고유격이기보다는 구조격임을 주장하였다. 마지막으로 '-께서'가 주격 조사의 한 종류가 될 수 없음을 지적하고 대신 (70)을 제안하였다.

의미격 조사와 관련해서는 김영희(1999가, 나)의 연구를 토대로 의미격 조사가 범주 상으로는 후치사이면서 후치사구로 실현되는 경우도 있는가 하면 명사구로 실현되는 경우도 있음을 보았다. 특히 후자는 구조 상 핵기저부가구조를 이루며 후자에 나타나는 의미격 조사를 고유격의 실현으로 보는 대신 의미역 표지로 보는 분석을 제시하였다. 그리고 의미격 조사가 범주 상 후치사로 사격 인가 능력을 가지고 "일치" 기제에 의거 앞 명사의 격 자질을 인가할 수 있으나, 의미격 조사의 유형에 따라 격 인가의 필수/수의성 여부가 다르다고 보았다. 이 제안에 의하면 한국어에는 Schütze가 언급한 것과 다른 차원에서 더 이상 Case stacking은 없게 되고 격 이론 상 더 중요한 점은 고유격의 개념을 배제할 가능성을 모색한 것이다.

마지막으로 특수 조사와 관련해서는 통사적으로는 의미격 조사와 같은 처리를 하였다. 범주도 후치사로 보았으며 구조도 핵기저부가구조를 이룬다고 보았다. 그리고 특수조사와 구조격 조사의 출현 양상에 대해서는 기존의 형태론적 판형 분석에 대한 대안으로 해당 특수조사의 어휘적 특성을 이용한 분석을 제시하였다.

이상의 논의에서 격이론적으로 중요한 내용들을 정리하면 다음과 같다.

(113) 가. 구조격에 주격, 대격, 속격, 사격 등 모두 네 가지가 있다.
나. 한국어에서 주격은 '-이/가', 대격은 '-을/를', 속격은 '-의', 사격은 영형으로 실현된다.
다. 명사구 논항에 나타나는 의미격 조사는 고유격의 실현이 아니라, 의미역 표지이다.
라. 의미격 조사 및 특수 조사는 후치사로 사격 인가자이며 개별 어휘별로 격 인가의 필수/수의성 여부가 다르다.
마. 격 인가는 성분-통어를 토대로 한 "일치" 기제에 의한다.

한편 이상의 분석에 의하면 생성 문법적인(?) 기대와 달리 한국어의 조사가 명사+조사 구성의 구조에 기여하는 바는 그리 크지 않은 것으로 보인다. 후치사로서 독립적인 의미를 가지는 의미격 조사의 경우 후치사구를 이루는 것을 빼고 나머지에 있어서는 모두 독립적 핵을 이루지 못하고 앞 표현인 명사에 의해 명사+조사의 범주가 명사로 결정된다. 즉 이 제안에 의하면 명사+조사는 X^0 차원에서는 N이다. 그러나 이것이 XP 차원에서 NP가 될지 아니면 DP가 될지, 아니면 그냥 N으로 남을지는 논하지 않았다. 필자는 세 가지 경우가 다 가능하다고 보는데, 특히 논항 명사구가 속격 인가 여부, 외부로부터의 격 인가 여부 그리고 의미적 특성에 있어 비논항 명사구와 차이를 보이므로 영형 D를 핵으로 하는 DP로 볼 가능성이 있다고 본다. 그러나 본격적인 논의는 앞으로의 연구로 돌리기로 한다.

제3장

격 인가자를 찾아서

앞 장에서 우리는 격에는 구조격만 있으며 그 종류로는 주격, 대격, 속격, 사격 등 모두 네 가지가 있음을 보았다. 이들은 모두 해당 인가자 혹은 부여자들을 달리 하는데, 지금까지의 연구에서 주로 문제가 되었던 것은 주격과 대격이다. 즉 사격은 전치사 혹은 후치사가 부여하는 것으로 보는 데 별 이견이 없으며 속격의 경우는 속격을 구조격으로 인정하든 고유격으로 인정하든 명사구 내부에서 어떤 성분에 의해 인가되는 것으로 보는 것이 일반적이다.[1] 그에 반해, 주격과 대격의 경우에는 여러 견해들이 많다. 본 장에서는 이 문제와 관련하여 기존 연구들이 제시한 견해와 논증을 정리하고 이 문제에 대한 필자의 견해를 제시한다.

3.1 주격 인가자를 찾아서

한국어에서 '-가'와 '-이'의 변이를 보이는 모든 경우를 주격의 실현으로 볼 때,[2] 그런 주격을 인가하는 성분이 무엇인가를 찾아내는 일은 주격 조사의 다양한 분포로 보아 그리 쉬운 일은 아니다. 그리하여 지금까지 여러 가지 견해들이 제시되어 왔는데, 이들 견해들은 크게 다음의 세 유형으로 나눌 수 있다.[3]

---

1) 명사구 내부의 어떤 성분이 속격을 인가하느냐에 대해서는 기존 연구가 그리 활발하지 못하며 필자도 현재 이와 관련하여 뚜렷한 견해를 갖고 있지 못하다. 다만 영형 D의 존재와 연관이 있다는 관찰 정도의 수준에 머물러 있다. 고로 속격 인가자에 대한 본격적인 논의는 앞으로의 과제로 미루기로 한다.

2) K. Choi(1993), 최기용(2001가, 2003가), 우순조(2000, 2001) 등은 이른바 계사도 주격 조사의 실현으로 보고 있다.

3) 보다 상세한 분류는 홍기선(1994:각주 3)을 참조할 것.

(1) 가. **일치소 인가론**: 일치소(Agr)가 주격 인가자이다(H.-S. Choe(1988), H.-S. Han(1989), D.-W. Yang(1996), 김선웅(1996) 등).
나. **시제소 인가론**: 시제소(T)가 주격 인가자이다(H.-S. Han(1987), K.-S. Kim(1996), D.-W. Yang(2000a) 등).
다. **자동 인가론:** 주격은 대격이 부여되고 나서 대격이 부여되지 못하는 명사구들에 자동으로(default) 부여되는 격이다: Y.-S. Kang(1986), Y.-J. Kim(1990, 1992), K.-S. Hong(1991, 1994).

이 외에도 위 견해를 혼합한 견해들도 있는데, 주요 견해들을 간단히 요약하면 다음과 같다.

(2) 가. M.-Y. Kang(1988): 주어의 주격은 일치소가 책임지고 동사구 내부의 주격은 자동으로 주어진다.
나. H.-S. Han(1991): 주어의 주격은 일치소가 책임지고 동사구 내부의 주격은 해당 서술어가 책임진다.
다. 김귀화(1994): 주어의 주격은 시제소가 책임지고 동사구 내부의 주격은 [+상태성] 서술어가 책임진다.
라. 유동석(1998가, 나): 주어의 주격은 일치소가 주제어의 주격은 시제소가 그리고 나머지는 서술어가 책임진다.

한편 일치소를 주격 인가자로 설정하는 대부분의 견해들은 '-시/Ø'를 일치소구(AgrP)의 지정어에 오는 표현과 [존대] 자질에 있어 일치를 하는 독립 핵으로 보고 있는데(H.-S. Choe(1988), M.-Y. Kang(1988), 한학성(1993), 유동석(1994, 1995) 등), 이 점이 비판의 대상이 되기도 한다. 즉 '-시/Ø'의 출현이 특정 문장 성분, 즉 주어에 의해서만 결정되는 것이 아니므로 일치 현상으로 볼 수 없다는 견해가 있는가 하면(임홍빈(1985/1998가), 이남순(1985/1998, 1996/1998), Y.-J. Kim(1990, 1992), J.-M. Yoon(1998) 등), 주어와의 관계도 영어 식의 주어-동사 일치와는 양상이 다르므로 '-시/Ø'를 영어 식의 일치소로 보는 것은 문제라는 지적이 있다(임동훈(2000), J.-W. Choe(2005), Kim&Sells(2007) 등). 또한 일치소를 독립 핵으로 인정하지 않는 최근의 최소주의적 입장도(Chomsky(1995, 2000, 2001a, b) 등) '-시/Ø'를 일치소로 보는 견해에 부담이 된다고 할 수 있다.[4]

4) 일치소를 독립 핵으로 인정하지 않는 이 입장에 따라 영어에서는 주격 인가가 시제소(T)에 의하는 것으로 보는 것이 일반적이다. 그러나 일치소의 독립 핵 설정 여부와는 무관하게 주격 인가가 파이-자질과 연관이 있다는 경험적 근거는 여러 문헌에서 지적된 바 있다. Raposo(1987), Gusati&

이와 같이 주격 인가자를 찾는 문제는 단순히 주격 인가가 어떤 성분에 의해 이루어지느냐에만 국한되는 것이 아니라, 문제 성분의 기능 및 통사적 설정과도 연관이 되어 있는데, 본 절의 논의를 통해 필자는 다음을 제안한다. 첫째, 주격 인가는 '-시/Ø'에 의한다. 둘째, 2장에서 언급한 바, '-시/Ø'는 주어에 대한 화자의 존대 의향을 나타내며 (이를 나타내는 형식자질로 [화자 존대 의향]을 도입한다),[5] '-시/Ø'를 둘러싼 존대 현상이 결국 '-시/Ø'와 주어 성분 간의 [화자 존대 의향] 일치, 즉 핵-지정어 일치로 파악되므로 '-시/Ø'를 일치소로 규정한다. 셋째, '-시/Ø'가 주어에 대한 화자 존대 의향을 나타낸다는 것은 '-시/Ø'가 논리형태 층위에서 의미에 기여하는 바가 있음을 뜻하므로 해당 자질은 [+해석성]이며 고로 한국어의 일치소는 [-해석성] 파이-자질을 갖는 영어의 경우와 달리 독립적 통사 핵으로 설정된다.[6), 7)]

본 절의 구성은 다음과 같다. 먼저 3.1.1에서는 (1가, 나)를 둘러싼 여러 논의를 정리한다. 보다 구체적으로 3.1.1.1에서는 일치소 인가론을 위한 긍정적 근거를 제시하며 3.1.1.2에서는 일치소 인가론에 대한 여러 반론을 검토한다. 먼저 인가 방식과 관련된 문제를 검토하고(3.1.1.2.1) 이어 '-시/Ø'의 성격에 대한 기존 견해들의 검토를 통해 '-시/Ø'가 [+해석성] 자질인 [화자 존대 의향]을 가지며 '-시/Ø'를 둘러싼 존대 현상이 이 자질에 의한 핵-지정어 일치로 분석됨을 보이며(3.1.1.2.2), 마지막으로 일치소 설정에 문제를 제기하는 Rizzi (1990)의 대용사 일치 효과(anaphor agreement effects)에 대한 분석을 제시한다(3.1.1.2.3). 이어 3.1.2에서는 자동 인가론의 입장 및 (2)의 혼합적 견해를 비판적으로 정리, 검토하고 3.1.3에서는 지금까지의 논의의 정리와 함께 본 절에서 제시된 분석을 토대로 한국어와 영어의 격 현상 차이에 대한 제안을 한다.

3.1.1 일치소 인가론을 위해

일치소를 주격 인가자로 보는 견해는 사실 그 경험적 근거가 어느 정도 확실한데도 여러 가지 면에서 공격의 대상이 되어 왔다. 그 이유는 기존 일치소 인가론의 내용이 일치소를 주격 인가자로 보는 것에만 국한되지 않고 일치소를 별도의 핵으로 볼 뿐

Rizzi(2002), Lasnik&Uriagereka(2005:143/각주 41) 등을 참조할 것.

5) '-시'는 [+화자 존대 의향]의 실현, 영형은 [-화자 존대 의향]의 실현으로 본다.

6) 한국어 일치소를 독립적 핵으로 보게 하는 다른 근거에 대해서는 최기용(2002)을 참조할 것.

7) 이런 견해에 의하면 한국어의 일치소는 주격 인가자이면서 [+해석성]의 성격을 동시에 갖는 것이 된다. 이는 격 인가자가 [-해석성]인 파이-자질을 갖는 영어의 양상과는 다르며 고로 격 인가자가 활성화를 위해 [-해석성] 자질을 갖는 것으로 보는 "일치" 기제의 수정이 필요함을 보이는 것이다.

아니라, 일치소의 내용도 영어로 대표되는 인구어의 경우와 달리 이른바 성, 수, 인칭의 파이-자질로 되어 있는 것이 아니고[8] [존대]라는 화용적 요인에 의해 많이 좌우되는 자질로 되어 있기 때문이다. 본 소절에서는 일치소 인가론에 대한 긍정적 근거를 제시하는 한편, 일치소 인가론에 대해 제기되는 여러 반론들을 검토하여 일치소 인가론이 유지될 수 있음을 보인다.[9]

3.1.1.1 일치소 인가론을 위한 긍정적 근거들

먼저 시제소보다는 '-시'로 대표되는 일치소가 주격 인가에 책임을 짐을 보이는 예로는 다음을 들 수 있다(H.-S. Han(1987, 1989:628-629), H.-S. Choe(1988), Ahn&Yoon (1989), D.-W. Yang(1996), 김선웅(1996) 등).

(3) 가. 박 선생님이 그 일을 하시기가 어렵다.
나. *박 선생님이 그 일을 했기가 어렵다.

(4) 가. 철수는 할아버지가 앉으시도록 자리를 양보했다.
나. *철수는 할아버지가 앉으시겠도록 자리를 양보했다.

(5) 가. 철수는 아버님이 그 일을 끝내시도록 도와드렸다.
나. *철수는 아버님이 그 일을 끝냈도록 도와드렸다. =H.-S. Han(1989:628-629)

(6) 가. 할머니가 부산으로 떠나시도록 둘리가 표를 샀다.
나. *할머니가 부산으로 떠났도록 둘리가 표를 샀다.

(7) 가. 둘리는 할머니가 책을 보시게 했다.
나. *둘리는 한온이가 책을 봤게 했다.

즉 (3-7나)에서 보듯이 이들 문장의 하위문에는 시제소가 오지 못한다. 고로 만약

8) 한국어 일치소를 설정하는 기존 연구들 중 이러한 파이-자질을 일치소의 자질로 설정하는 연구들은 없는 것으로 안다. 이는 파이-자질이 인구어에서와는 달리 형태적으로 혹은 통사적으로 한국어의 동사형에 나타나지 않기 때문이다. 한국어 명사에 파이-자질을 형식 자질(formal feature)로 설정할 것이냐는 이와는 별도의 논제인데, 현재로서는 설정한 근거가 없는 것으로 보인다. 이는 격 인가 및 일치 현상에 있어 한국어와 인구어 간의 중요한 차이로 보이며 필자는 본 연구에서 이를 토대로 한 분석을 추구한다.

9) 필자는 최기용(2002)에서 '-시/Ø'가 [존대] 자질을 가진다는 입장 하에 유사한 작업을 한 바 있다. 아래의 논의는 최기용(2002)을 부분적으로 수정, 확대한 것이다.

시제소가 주격 인가자라면 해당 문장에서 주격을 가진 명사구가 출현할 수 없어야 할 터인데 (3-7가)의 문장은 그렇지 않음을 보여준다. 이 점에 있어 흥미로운 점은 이들 문장에서 모두 '-시'가 나타난다는 점이며 이는 시제소가 주격 인가자가 될 수 없음을 보임과 동시에 '-시' 또는 일치소가 주격 인가자임을 보이는 근거가 된다.[10)]

위의 예들이 일치소가 있어야만 주격이 인가됨을 보인다면, 다음 예들은 일치소가 없는 경우 주격을 가지는 어휘적(lexical) 명사구가 허용되지 않음을 보인다(유동석 (1995), 김용하(1999) 등).

(8) 가. 어머니가 나를 위하여 기도하신다.
나. *어머니가 나를 위하셔 기도하신다.
다. *둘리가 자기가 나를 위하여 기도한다.

즉 (8나)는 '-여' 구문에서 '위하-'의 의미적 주어가 '어머니'로 존대의 대상인데도 '-시'가 올 수 없음을 보이는데 이는 이 구문의 특성 상 일치소가 없음을 의미한다. 고로 일치소가 주격 인가자라면 그런 문장 내에서 주격을 가진 명사구가 나타날 수 없으리라 예상되는데 (8다)는 그런 예상이 들어맞음을 보인다.

3.1.1.2 일치소 인가론에 대한 반론 및 재검토

한편 최기용(2002:124-125)에서 지적하였듯이 일치소 인가론 및 일치소 인가론의 근간이 되는 주장 즉 일치소를 독립적인 통사 핵으로 보자는 입장에 대해서 여러 가지 많은 반론이 있었다. 그리고 최기용(2002)에서 그에 대한 가능한 반론을 제시한 바 있는데, 반복되는 감이 없지 않으나 여기에서는 격 인가의 방식과 일치의 성격과 관련된 부분을 수정, 확대하고 이른바 Rizzi(1990)가 논의한 재귀사 일치 효과(anaphor agreement effect)와 일치소 설정 간의 상관성이 한국어에 어떤 영향을 미치는가를 따져 본다.

3.1.1.2.1 인가 방식과 관련된 문제들

먼저 격 인가 방식과 관련된 부분을 보기로 하자. 지금까지 (3-8)의 예문들이 보여주

---

10) Y.-J. Kim(1992:135-137)은 이와 비슷한 성격을 가지는 다음 예문이 자동격 가설에 대한 근거가 된다고 보았다. 이에 대한 논의는 자동격 가설을 논의할 때 다루기로 한다.

(i) 가. 인호가 자기가 가고 싶어 한다. 나. 인호가 자기가 그것을 하려고 노력했다/시도했다/애썼다.

는 바는 주격이 시제소에 의해 인가되기보다는 일치소에 의해 인가된다는 것이었다. 그런데 인가 방식의 관점에서 문제를 제기하면서 일치소 인가론을 공격한 예로 다음을 들 수 있다.

(9) 가. 동사구 내부 성분에 대해서도 주격이 부여되는 경우가 있는데, 그런 경우는 일치소에 의해 지배되지 않으므로 문제이다(M.-Y. Kang(1988), H.-S. Han(1991), 김귀화(1994) 등).
　　나. 일치소가 주격을 부여한다면 주격이 부여되는 모든 성분과 동사형이 일치를 보여야 하는데 그렇지 못하다(K.-S. Kim(1996), J.-M. Yoon(1998), Y.-J. Jung(2001) 등).

(10) 가. 철수가 영미가 싫은가 보다.
　　나. 철수가 아버님이 무서운가 보다.
　　다. *철수가 아버님이 무서우신가 보다.

(9가)의 입장은 격 부여 혹은 인가가 지배라는 개념에 의해 이루어진다고 보는 최소주의 이전 입장에서 주로 지적되어온 문제이다. 즉 (10가)의 관련 구조가 아래와 같다고 볼 때, '영미가 싫-'이 형용사구(AP)를 이루므로 일치소가 명사구 '영미'를 지배하는 것을 막게 되어 주격이 부여될 수 없는데도 주격이 부여된 상태이므로 문제라는 지적이다.

(11) … [$_{AgrP}$ [철수]$_{-i}$ [$_{Agr'}$ [$_{AP}$ t_i [$_{A'}$ [영미] [$_{A}$ 싫-]]] [$_{Agr}$ Ø]]] …

그러나 지배라는 개념을 폐기한 최소주의의 입장에서 보면 심각한 문제가 되지 않는다. 물론 최소주의에서도 격 인가와 관련하여 여러 가지 개념이 제시된 바 있으며 그 중 지정어-핵 관계에 의한 인가를 주장하는 입장에서 보면 (10가)와 같은 현상 및 다중 주격 현상은 여전히 일치소 인가론을 어렵게 만드는 요인이 된다고 할 수 있다. 이는 단순히 주격 성분 모두가 구조상 지정어 위치로 이동하여 다중 지정어를 설정해야 하는 어려움을 의미하지는 않는다. 문제는 김용하(1999:140-145)가 지적하였듯이 '-시/Ø'와 일치를 보이지 않는 성분까지 왜 일치소의 지정어 위치로 가서 격 인가가 되어야 하느냐 하는 것이다.[11] 그러나 최소주의 하에서 격 인가의 절차로 제시된 방안으로 지정어-핵 일치만이 유일한 것이 아님을 상기할 필요가 있다. 이른바 성분-통어

---

11) 김용하는 이런 점을 들어 궁극적으로는 일치소 인가론에 반대했다. 자세한 논의는 김용하(1999: 145-156) 참조.

에 입각한 일치 절차에 의한 격 인가도 있는데, 격 인가가 성분-통어에 의해 이루어진다면 (11)의 구조에서 두 주격 성분인 '철수'와 '영미'가 모두 일치소에 의해 성분-통어되므로 주격 인가가 가능하며 (9가)의 반론은 더 이상 일치소 인가론 자체에 아무런 문제가 되지 않는다. 그리고 지금까지의 논의는 오히려 격 인가의 여러 제안 중에서 일치 절차 혹은 성분-통어에 의한 방안이 가장 타당함을 보여준다고 할 수 있다.[12)]

한편 (9나)의 반론은 격 인가와 파이-자질 인가가 동시에 일어난다는 제안에 근거하여(앞의 1.2 참조) 한국어에서도 격 인가가 "존대" 일치와 함께 일어난다는 가정에 의한 것이다. 이 가정에 의하면 (10나, 다)는 다 안 좋아야 하는데,[13)] 그렇지 않으므로 문제라는 것이다. 그러나 앞서 언급하였듯이 한국어의 일치소에 형태, 통사적으로 파이-자질이 관여한다고 볼 근거가 없고 또한 파이-자질이 한국어 통사론에 관여한다고 볼 적극적 근거가 없으며 더 나아가 한국어에서는 일치에 참여하는 자질이 파이-자질이 아닌 "존대" 관련 자질이므로 격 인가와 "존대" 일치가 영어에서처럼 동시에 일어난다고 볼 개념적 이유는 없다고 본다. 오히려 (10나)와 (10다)의 대립은 경험적으로 '-시/Ø'에 의한 "존대" 일치와 '-시/Ø'에 의한 주격 인가가 서로 성격이 다름을 보여준다(D.-W. Yang(1996) 참조). 즉 전자의 경우가 일대일 관계만 허용하는 양상이라면 후자의 경우는 일대다의 관계를 허용하고 있는 양상인 것이다. 그리고 2.1.3에서 보았듯이 "존대" 일치가 핵-지정어 관계에 의하는 것이라면 그와 다른 양상을 보이는 주격 인가는 "존대" 일치와는 별개의 기제에 의해야 하고 (9가)에 대한 논의는 그 기제가 성분-통어에 의한 "일치" 기제임을 보여준다.

필자는 이상의 예들을 토대로 한국어의 격 인가에는 파이-자질은 물론이요 "존대"

---

12) 물론 "근접성"의 문제, 결여 성분 간섭 조건(defective intervention constraint) 그리고 다음과 같은 예가 보이는 형용사와 동사의 차이를 어떻게 다룰 것인가 하는 문제가 남는다.

(i) 가. 철수가 영미가 싫은가 보다. 나. 철수가 영미를 만났는가 보다.

"근접성" 및 결여 성분 간섭 조건의 문제는 한국어와 같이 다중격 현상을 보이는 언어에서는 항상 남는 문제로 이는 격 중출을 다루는 11장에서 논의한다. 그리고 (i)의 대비에 대한 해결책으로는 J.-S. Lee(1991, 1994, 1995), 최기용(2005)의 격 최소성(Case minimality)을 든다. 즉 (i나)에는 (i가)에는 없는 대격 인가자 v가 하나 더 있고 v는 구조 상 Agr에 의해 성분-통어되는데, 이로 인해 '영미'에 주격이 인가 안 되는 것으로 보는 것이다. 필자는 한국어의 격 인가에 격 최소성이 작동한다고 보는데, 이의 자세한 논의 및 격 최소성이 다른 어떤 원리에 의해 도출될 수 있는가에 대한 논의는 15장으로 미룬다.

13) 주격 인가와 "존대" 일치가 같이 일어난다면 (10나)에서는 '아버님'의 주격이 인가가 안 될 것이고, (10다)에서는 '철수'의 주격이 인가가 안 되는 상황이 된다.

관련 자질도 관여하지 않는 것으로 본다. 즉 한국어에서는 격 인가와 일치가 같이 나타나는 영어와 달리, 격 인가가 일치와 별도로 일어난다. 이와 같이 격 인가와 일치가 분리되는 것은 한국어의 일치의 성격이 영어의 파이-자질 일치와 성격이 다르기 때문으로 보는데, 그 자세한 내용은 바로 다음 절에서 제시된다. 여기서 일치소 인가론의 옹호를 위해 중요한 점은 격 인가와 일치가 분리된다면 (9나)의 반론은 더 이상 문제되지 않는다는 점이다.

3.1.1.2.2 [화자 존대 의향] 일치

3.1.1.2.2.1 [존대]를 이용한 일치소 인가론: (12)

'-시/Ø'와 관련된 일치 현상의 성격을 살펴 보기 전에 지금까지의 논의의 성격을 잠시 정리해 보기로 하자. 먼저 3.1.1.1에서 우리는 주격 인가를 책임지는 표현이 '-시/Ø' 임을 보았다. 그리고 3.1.1.2.1에서는 격 인가의 기제가 "일치" 기제에 준함을 보았다. 그러나 이 두 가지만을 토대로 일치소 인가론을 주장하기는 어려운데, 그 이유는 일치소 인가론이 이 두 가지와 함께 '-시/Ø'를 통사적 핵인 일치소(Agr)로 본다는 (12)의 내용으로 구성되어 있으며 (12)로 정리되는 두 내용 모두에 대해 많은 반론이 제기되고 있기 때문이다.

(12) 가. '-시/Ø'의 기능은 [존대] 자질에 있어서의 일치이다.
　　나. 일치 대상은 일치소구의 지정어 위치에 오는 표현이다.

구체적으로 임동훈(2000), J.-W. Choe(2004), Kim&Sells(2007) 등은 '-시/Ø'가 보이는 "존대" 관련 일치 현상이 영어의 주어-동사 일치와 성격이 다르므로 통사적 일치로 볼 수 없다고 주장하고 있으며, 임홍빈(1985/1998가), Y.-J. Kim(1992), J.-M. Yoon (1998), 이남순(1998), 임동훈(2000) 등은 '-시/Ø'와 일치를 보이는 표현이 구조적으로 일정하지 않음을 지적하고 있다. 고로 이들 반론이 유효하다면 일치소 인가론이 유지되기는 힘들 것으로 보인다. 본 절에서는 (12)에 대한 반론에도 불구하고 (12)의 내용 중 [존대] 자질을 [화자 존대 의향] 자질로 바꾸면 (12)의 핵심적 내용이 유지될 수 있으며, 결과적으로 일치소 인가론이 여전히 유효함을 보이고자 한다.

먼저 (12가)에 대한 반론을 살펴 보기에 앞서 (12가)의 내용을 좀 더 자세히 보자. (12가)는 한국어 명사구가 [존대] 자질을 가진다는 가정 하에 명사구의 [존대] 자질과

‘-시/Ø’의 [존대] 자질 간에 일치가 있다는 주장이다(H.-S Choe(1988), M.-Y. Kang(1988), 한학성(1993), 유동석(1994, 1995) 등). 다음 예를 보자.

(13) 가. 아버님께서 오셨다.
나. *아버님께서 왔다.[14)]

(14) 가. 철수가 왔다.
나. *철수가 오셨다.

이들 예에서 ‘-님’, ‘-께서’는 명사구의 [+존대] 자질의 실현이고 ‘-시’는 동사의 [+존대] 자질, 영형은 [−존대] 자질의 실현으로 보는데, 이에 의하면 (13, 14가)에서는 두 자질 간의 일치가 있어 좋은 반면, (13, 14나)에서는 서로 값이 달라 일치가 안 일어나 비문법적이라는 설명이다.[15)]

3.1.1.2.2.2 (12가)에 대한 반론

이런 분석에 대한 기존 연구들의 반론은 크게 다음 세 가지로 정리된다.

(15) 가. 주어 명사구와 동사 간에 [존대] 자질의 값이 안 맞거나 (12가)에 의해 동일한 개체를 가리키는 명사구에 서로 다른 [존대] 값이 주어져도 허용되는 경우들이 있다.
나. 명사구가 가리키는 개체에 대한 [존대] 여부는 명사의 고유 자질이기보다는 담화 또는 상황에 의해 결정된다.
다. 존대는 정도의 문제여서 존대 표현이 많을수록 존대의 강도가 커진다.

(15가)가 말하는 바는 (12가)와 같은 일치 분석에 의하면 (16)의 비문법적 영어 문장처럼 비문법적이어야 하나, 실제로는 그렇지 않은 예들이 많다는 것이다.

(16) 가. I am/*are/*is ...
나. You *am/are/*is ...
다. He *am/*are/is ...

---

14) 이 문장을 좋은 것으로 보는 견해도 있다. 그러나 ‘-께서’가 없는 (17)과는 분명한 차이가 있는 것으로 보이며, ‘-께서’가 오면 ‘-시’가 있어야 하는 것으로 보는 것이 일반적인 판단이다. 2.1.3을 참조할 것.
15) 이런 입장의 기저에는 명사구의 [존대] 자질은 [+해석성], 동사형에 나타나는 [존대] 자질은 [−해석성]이라는 입장이 깔려 있다.

다음이 대표적인 몇몇 예들이다.[16]

(17) 김 선생님이 왔다.[17]
[+존대] [−존대]

(18) 가. pro$_i$ [pro$_i$ 말씀하신] 것을 하세요.
[+존대] [+존대] [+존대] [+존대]
나. pro$_i$ [pro$_i$ 말씀한] 것을 하세요.
[+존대] [−존대] [−존대] [+존대]

(19) 가. 선생님과 어떤 아이가 함께 오셨어.[18]
[+존대] [−존대] [+존대]
나. 선생님과 어떤 아이가 함께 왔어.
[+존대] [−존대] [−존대]

(20) 가. 이 아이가 만일 임금이 되시면,
[−존대] [+존대]
나. 아버지가 갓난아이셨을 때,
[−존대] [+존대]

(21) pro 아침은 드시-었-어.
[+존대] [−존대]

이들 예들이 (12)에 왜 문제가 되는가는 명사구와 동사형의 아래에 적힌 [존대] 자질의 값을 보면 알 수 있다. 우선 (17)을 보면 (12)에 의해 '−님'이 있는 명사구는 [+존대]이고 동시에 ' 시'가 없는 경우 즉 영형인 경우는 [−존대]이어 서로 값이 일치하지 않으나, 나쁜 문장이 아니므로 문제가 된다. (18)에서는 (18나)의 경우가 문제이다. 즉 상위문 동사인 '하세요'가 ' -시'를 가지므로 [+존대]가 되며, 그것과 일치하는 모문 공범주

16) 아래 예들은 주로 J.-W. Choe(2004)에서 빌려 왔으며 비슷한 차원의 예들이 Kim&Sells(2007)에도 제시되어 있다.

17) J.-W. Choe(2004:각주 6)가 지적하였듯이 이 문장의 문법성에 대해 논란의 여지가 있다. 필자의 판단은 "존대"와 관련하여 명사구와 동사형 간의 불일치로 인한 껄끄러움은 있으나, 최재웅과 마찬가지로 (17)이 (16)의 비문법적인 문장과 같은 차원의 나쁜 문장은 아니라는 것이다. 이 양면성, 즉 문법적으로는 좋으나 어딘가 껄끄러움은 나중에 소개되는 필자의 분석에서 잘 설명된다.

18) 이 문장의 문법성에 대해서도 논란의 여지가 있다. 최재웅은 좋은 문장으로 보았으나, 임홍빈(사적인 지적)은 나쁘다고 보았다. 필자의 판단은 각주 17의 것과 같다.

주어인 pro도 [+존대] 값을 가지게 된다. 반면 내포문의 동사는 '말씀한'이므로 [−존대]가 되고 역시 해당 동사의 주어인 내포문 pro는 [−존대]가 된다. 그런데 이 문장의 해석상 '말씀한'의 주어와 '하세요'의 주어는 동일 인물인데 [존대]의 값이 서로 다르므로 안 좋은 문장이어야 하나, (18나)는 (18가)와 마찬가지로 좋은 문장이다.

(19)는 접속 명사구의 양 접속항의 [존대] 값이 서로 다른 경우이다. 이 경우 (12)에 의하면 '-시'가 오는 경우인 (19가)나 안 오는 경우인 (19나) 모두가 문제가 된다. 왜냐면 접속 명사구 전체의 [존대] 값이 어떻게 결정되는가와 상관없이 어느 한쪽이 좋으면 어느 한쪽이 나빠야 하는데, 실제로는 안 그렇기 때문이다.[19] (20)도 적힌 [존대]의 값이 서로 달라 일치가 안 되는 양상이므로 비문법적이어야 하나 흔히 쓰이는 문장이므로 문제가 되며, 마지막으로 (21)은 이른바 청자 존대법에 의한 [존대] 값과 '-시'에 의한 [존대] 값이 서로 안 맞아 비문법적으로 예상되나 실제로는 좋아 문제가 된다. 즉 청자 존대법을 나타내는 어말어미인 '-어'는 청자를 존대하지 않는 표현인데 (21)의 주어가 청자이므로 '-어'에 의해 부여되는 [존대]의 값과 '-시'에 의해 부여되는 [존대]의 값이 서로 다른 양상인 것이다.

(15나)의 문제는 다음 예를 통해 알 수 있다.

(22) 가. 오빠가 왔니? 나. 오빠가 오셨니?

명사구의 [존대] 자질이 어휘의 고유 자질이라면 그 값이 무엇이건 (22가, 나) 중 어느 하나는 동사와 일치를 하지 않으므로 어느 하나는 비문법적이어야 한다. 그러나 위 두 문장은 다 좋은 문장이며 이는 임동훈(2000:87), J.-W. Choe(2004:553)가 지적하였듯이 명사구에 대한 "존대" 여부가 담화 의존적임을 보여준다.[20]

마지막 (15다)는 임동훈(2000:88), J.-W. Choe(2004:553) 및 Kim&Sells(2007:316)가 공히 지적한 사항으로 다음 예들이 보여준다.

(23) 가. 김 선생님이 오셨다.
나. 김 선생님이 왔다.

---

19) 접속 명사구 전체가 관여하지 않는다고 봐도 문제가 된다. 왜냐면 접속항의 [존대] 값이 서로 다르기 때문이다.

20) 같은 성격의 예를 통해 Kim&Sells(2007:313-314)는 문제를 달리 지적했다. 즉 고유 자질이라는 입장을 지키면 [존대]의 값이 서로 다른 두 개의 어휘를 설정해야 하는데 이는 부자연스러운 설정이라는 것이다.

다. 철수가 왔다.

(24) 가. 김 선생이 가셨다.
나. 김 선생께서 가셨다.
다. 김 선생님께서 가셨다.

즉 문장에 존대 관련 표현이 늘어날수록 존대의 강도가 높아지는데, [존대] 자질의 일치로 보는 입장에서는 이런 정도의 차이를 포착하지 못한다는 것이다.

3.1.1.2.2.3 (12나)에 대한 반론

이어 (12나)에 대한 반론을 검토해 보자. (12나)에서 얘기하는 일치소구의 지정어에 오는 표현이란 주어를 말하는데,[21] (12나)에 대한 반론들이 제기하는 예들의 공통점은 '-시'가 존대의 대상으로 하는 표현이 주어가 아닌 경우들이 있다는 것이다. 다음이 대표적인 예들이다.[22]

---

21) 일치에 관여하는 위치를 주어로 본 기존 연구들로는 정인상(1980), 유동석(1995) 등을 참조할 것. 이 성분은 동사구 내부 주어가 아니라, 일치소구의 지정어로 이동한 모든 경우를 포함하며, 성기철(1984)의 "주체" 개념과 유사하다. 성기철(1984)은 아래 예들을 논하면서, (i)의 주어와, (ii-iv)의 상위 주어를 아우르는 개념으로 "주체"를 제안하고 '-시'가 이 주체를 존대하는 것으로 보았는데, 한국어에도 확대투사원리(Extended Projection Principle: EPP)가 적용되는 것으로 보면 이들의 표면적 위치는 모두 일치소구의 지정어가 된다.

하위 주어
(i) 가. 김 선생님이 오신다. 나. 어머니께서 일을 많이 하신다.

피동문의 상위 주어
(ii) 가. 할아버지는 저 애가 보이세요? 나. 너는 아버님이 보이니?

'있-'의 상위 주어
(iii) 가. 김 선생님은 연구실이 있으시다. 나. 김 선생님한테는 연구실이 있으시다.

"소유-부속" 관계에서의 상위 주어
(iv) 가. 김 선생님은 목소리가 크셔. 나. 김 선생님은 목소리가 떨리셔.

22) 이외에 임홍빈(1985/1998가:122-129)은 다음 예들도 주어가 아닌 성분이 존대되는 경우로 보았으나, 예문에 대한 판단을 달리하여 본문의 논의에서는 제외했다.

(i) 가. 아버님은 누구나 좋아하신다.('누구나'가 '아버님'을 좋아하는 경우)
나. 아버님께는 누구나 호감을 가지신다.
다. *영희가 선생님을 말리셨어요?

존대의 대상이 주제 또는 초점 성분인 경우:Y.-J. Kim(1992:128)

(25) 할머님의 생애에서는 삼십대가 가장 행복하시었다.

존대의 대상이 계사 구문의 서술 명사구인 경우

(26) 가. 어제 대문을 두드린 것은 아버님이셨다.

나. 이것이 아버님의 유언이셔. =임홍빈(1985/1998가;115)

다. 그것은 나보다 부모의 절실한 소망이시다.

라. 선생님, 무슨 말씀이십니까?

마. 이제 법소를 설득하기는 틀렸고 지난 번 삼례 집회 때처럼 끌고 갈 수밖에 없다는 생각이십니다.

바. 알고 보니 건물의 진짜 주인은 나와 함께 아이들을 가르치는 지도 교사의 아버님이셨다. =임동훈(2000:55)

사. 낳은 것은 어머님이셨지만, 기른 것은 할머님이셨다. =Kim&Sells(2007:319)

존대의 대상이 청자인 경우

(27) 가. 한복은 한복이신데, 색깔이 참 특이하네요.

나. 방송에 편지가 안 나오시면 어떻게 하시려고 했습니까?

다. 가격이 얼마세요. =임동훈(2000:58)

라. ?컴퓨터가 참 좋으시네요.

마. 근무 가능 지역은 부산이나 일산이십니다. =Kim&Sells(2007:319)

존대의 대상이 주어 명사구내의 속격 표현인 경우

(28) 가. 아버님의 손이 떨리신다. =임홍빈(1985/1998가:115)

나. 사모님의 고통이 크시겠네요. =임동훈(2000:55)

다. 아버지의 소매가 짧으세요. =Kim&Sells(2007:311)

지금까지 (12가, 나)에 대한 반론들을 살펴 보았는데, 반론을 제기한 기존 연구들은 이 반론을 토대로 (12)를 부정하고 제각각 나름대로의 대안들을 제시하고 있다. 임홍빈(1985/1998가)은 '-시'에 의한 여러 존대 대상을 "경험주"라는 개념으로 통합하려 했으며, 임동훈(2000:92)은 다음 인용문에서 보듯이 '-시'의 기능을 사회적 지시의 관점에서 포착하려 했으며,

---

즉 임홍빈은 이들 예문에서 존대되는 것은 각각 '아버님은', '아버님께는', '선생님'으로 이들은 주어가 아닌데도 존대될 수 있으므로 주어-존대설에 문제가 된다고 하였다. 그러나 (가, 나)가 좋은 문장이 되려면 '-시'에 의해 존대되는 것은 '아버님'이 아니라, '누구나'라야 한다고 본다. 그리고 임홍빈은 (다)가 청자인 '선생님'을 존대하는 용법으로 쓰일 수 있다고 했으나, 필자에게는 아주 안 좋은 문장이다.

'-시-'는 화자와 문장에 등장하는 어떤 지시체 사이의 사회적 관계(즉 상위자-비상위자 관계)를 가리키는 사회적 지시와 관련된다고 판단된다. ... 이때 대상 인물이 상위자로 판단되면 그 인물이나 그와 관련된 행위나 상태를 가리킬 때 유표적인 형식으로 가리키게 된다. ... '-님'은 화자가 볼 때 상위자로 판단된 개체를 가리키는 수단이고, '-시-'는 그러한 개체와 관련된다고 인식되는 사태(사건이나 상태)를 가리키는 수단인 것이다.

J.-W. Choe(2004)는 (13, 14)가 보이는 부분적 일치를 서술어의 주어에 대한 일종의 "선택 제약"으로 포착하고자 했다. 본 절에서는 이들 대안에 대한 본격적인 검토는 시도하지 않는다.[23] 대신 앞의 반론 및 예들이 보인 문제점을 피해갈 수 있는 일치소 인가론을 제안하는 것에 주력하는데, 이를 위해서 먼저 '-시/Ø'의 기능과 관련된 Kim&Sells(2007)의 제안 및 관찰을 검토한다.

3.1.1.2.2.4 반론에 대한 검토 1: '-시/Ø'의 [화자 존대 의향] 자질

'-시/Ø'의 기능에 대한 논의는 크게 두 부분으로 되어 있다. 하나는 '-시'와 영형의 차이에 대한 것이고 다른 하나는 '-시/Ø' 전체의 기능에 대한 것이다. 전자에 대해서 Kim&Sells(2007)는 '-시'와 영형의 차이가 "존대" 대 "하대"가 아니며 '-시'가 "존대"의 의미가 있다면, 영형은 아무런 표현적(expressive) 내용이 없는 것으로 보았다.[24] 이에 의하면 영형은 존대 표현도 아니고 비존대 표현도 아니다. 사실 이와 비슷한 견해는 임동훈(2000)에서 "주체 존대설"이라 불린 전통적 견해(허웅(1962), 이익섭·채완(1999) 등)에 대한 임동훈의 다음 평가에서도 엿볼 수 있다.

'-시-'가 화자의 존대 의향과 밀접히 관련되어 쓰인다면 '-시-'가 오지 않을 때에는

23) 간단한 촌평으로 대신한다. 필자가 이들 대안에 갖는 공통적인 반대 의견은 개념적인 것이다. 먼저 임동훈은 '-시'가 문장의 상위자와 관련된 사태를 가리키는 "사회적 지시"의 기능을 갖는다고 했는데, 상위자가 문장의 어떤 성분을 가리키는지 불분명하며, 과연 "사태를 가리킨다"는 것의 의미가 무엇인지 불분명하다. 임홍빈은 '-시'에 의해 존대 대상이 되는 주어 및 주어가 아닌 성분을 통털어 "경험주"로 불렀으나, 이로 인해 "경험주"의 의미가 불분명해진 것으로 보인다. 마지막으로 최재웅의 제안은 선택 제약 개념을 확장한 것인데, 불가능한 것은 아니나, 왜 '-시'의 존대와 관련된 선택 제약적 내용이 주어로만 국한되는지 미해결로 남으며, 더구나 (25-28)의 예들에서 보듯이 주어가 아닌 다른 성분과의 관계도 선택 제약으로 포착될 수 있을지는 의문이다.

24) Kim&Sells(2007)는 이를 존대의 결여적(privative) 성격이라고 부르며 이를 토대로 '-시/Ø' 관련 존대 현상을 "+/−"의 이분법적으로 파악하는 것에 반대하고 있다. 그러나 아래의 논의는 '-시/Ø'의 의미가 단순히 [존대]가 아니라, [화자 존대 의향]이라면 이분법적으로 파악될 수 있음을 보인다.

화자의 존대 의향에 대해 중립적인 것으로 해석되기도 하고 때로는 화자가 존대할 의향이 없거나 하대한다는 느낌을 준다고 해석되기도 한다.

임동훈(2000:50)

물론 '-시/Ø'의 기능에 대해 Kim&Sells(2007)과 "주체 존대설"의 입장은 서로 다른데, '-시'와 영형의 의미 차이가 단순히 "존대" 대 "하대"가 아닌 것으로 본다는 점에서는 유사한 것으로 보이며, 필자도 마찬가지의 입장을 취한다. 그럼 '-시'의 대부분의 경우 "존대"의 의미를 가지는데, 영형의 경우는 왜 항상 "하대"의 의미를 안 가지는가? 필자는 그 이유가 '-시/Ø'의 의미 기능이 단순히 대상을 존대하는 것이 아니라, "대상에 대한 화자의 존대 의향"에 있기 때문이라고 본다. 즉 '-시'가 "화자가 어떤 대상에 대한 존대 의향이 있음"을 나타낸다면, 영형은 "존대 의향이 없음"을 나타내며 임동훈의 평가대로 "존대의 의향이 없음"은 존대 의향에 대해 중립적이므로 상황에 따라 하대가 되기도 하지만 아닐 수도 있는 것이다.

한편 필자는 '-시/Ø'의 의미 기능을 주체 존대설을 따라 "화자의 특정 대상에 대한 존대 의향"이라고 보고 그 특정 대상은 주어 즉 일치소구의 지정어에 오는 표현이라고 보는데, 이를 [화자 존대 의향]이라는 형식 자질로 제안한다. 중요한 것은 이 형식 자질이 최소주의적 관점에 의하면 의미 해석에 기여하는 바가 있으므로 [+해석성] 자질이 된다는 점이다.[25] 이상의 견해를 일단 정리하면 다음과 같다.

(29) 가. '-시/Ø'는 [화자 존대 의향]이라는 자질을 가지며 이 자질은 "화자의 주어에 대한 존대 의향" 여부를 나타낸다.
나. '-시'는 [+화자 존대 의향]의 실현이고, 영형은 [−화자 존대 의향]의 실현이다.
다. [화자 존대 의향] 자질은 [+해석성]이며 고로 통사적 핵으로 설정될 수 있다.

이제 '-시/Ø'의 존대가 무엇과의 비교에 의해 결정되는지 생각해 보자. 앞에 보인 많은 반례에도 불구하고 기존 연구들은 주가 되는 존대 대상은 주어이고 비교 대상은 화자라고 보는데, Kim&Sells(2007; 328, 331)는 비교 대상을 화자가 아니라 청자로 보고 있다.

(30) 가. The use of a subject-honorific vereb recognizes the superior social status of the maxiaml human referent of the subject (target) in relation to the hearer, by elevating the target.

25) 그에 반해 (12)에 의하면 동사형에 나타나는 [존대]는 [−해석성]이었다. 이 차이가 중요하다.

나. if su > hr, *(u)si* is used; if hr > su, *(u)si* is not used.

그러나 이는 옳은 관찰이 아니다. 이 관찰에 의하면 다음과 같은 간단한 예에서 이 문장을 듣는 청자가 화자의 아버지보다 항상 사회적으로 우위(superior)에 있지 않아야 한다.

(31) 가. 아버님이 오셨습니다.
나. 아버님께서 오셨습니다.

여기서 "사회적 우위"가 어떻게 결정되느냐 하는 문제가 남지만, 청자가 화자의 장인/장모 혹은 시부모라고 할 때, (31)이 그 장인/장모 혹은 시부모가 사회적, 직업적으로 화자의 부모보다 아래임을 의미하지 않으며, 그리고 (30)에 의하면 청자가 사회적, 직업적으로 화자의 부모보다 높을 경우, (31)과 같이 말해서는 안 되는데, 실제 양상은 그와 같지 않다.

또 다른 문제는 (13나)에서도 관찰된다. (13나)를 말하는 화자가 '아버님'의 아들이고 청자가 화자의 할아버지인 경우, 청자가 주어보다 사회적으로 우위이므로 '-시'가 쓰이지 말아야 하며 (13나)가 이를 지키므로 좋아야 하나 실제로는 나쁘다.26)

마지막으로 다음 문장도 (30)의 견해에 문제가 된다.

(32) 선생님의 둘째 따님이 참 고우시네요.

이 문장은 사회적 신분에 있어 "선생님>화자>따님"인 경우에 쓰일 수 있는 문장이고 "선생님"이 청자인 경우에도 좋은 문장이다. 그러나 (30)에 의하면 주어인 "따님"이 청자인 "선생님"보다 사회적으로 아래이므로 비문법적으로 예측된다.

한편 (29)에 의하면 위 모두가 문제가 되지 않는다.27) (31)은 청자가 누구이건 간에 화자가 주어인 자신의 아버지를 존대할 의향이 있음을 나타내고 있으며 그리고 이는 한국 사회의 관례 상 지극히 정상적인 것이다. (32) 또한 (29)에 의하면 화자가 주어가 가리키는 개체를 존대할 의향이 있음을 나타내는데, 주어가 비록 화자보다 나이가 어

26) (13나)의 비문법성이 '-님', '-께서'가 잘못 쓰여서 그런 것으로 보려 할 수도 있다. 그러나 Kim& Sells(2007)에 의하면 '-님', '-께서'는 주어가 화자보다 우위일 경우에 쓰이는데, 본문의 상황은 이를 지키는 상황이므로 '-님', '-께서'가 잘못 쓰인 것으로 볼 수도 없다.

27) (13나)는 '-께서'에 대한 분석을 소개한 다음에 논의한다.

려 일반적으로는 존대의 대상이 아니지만, 아무개의 딸이 아니라, 스승의 딸이므로 달리 대접해야 한다는 의향 또는 의도가 바로 '-시'를 통해 나타나는 것으로 해석된다.

3.1.1.2.2.5 반론에 대한 검토 2: '-님'과 '-께서'는 다르다

이제 명사구에 대한 존대를 어떻게 볼 것인가 생각해 보자. (12)에 대한 반론들이 지적한 것 중의 하나는 [존대] 자질이 영어의 파이-자질처럼 명사의 고유 자질이 아니라는 점인데, 필자는 이를 받아들인다. 사실 어떤 명사가 가리키는 대상의 "존대" 여부는 상대적으로 결정되는 것이므로 명사가 처음부터 [+존대] 혹은 [−존대]를 갖고 나온다고 보기는 어렵다. 다시 말해, 필자는 더 이상 [존대]를 한국어 명사가 갖는 형식 자질로 보지 않는다. 이는 일반적으로 어휘적 성격에 의해 같이 나타나는 명사가 존대의 대상이 됨을 나타내는 '-님'의 경우에도 마찬가지인데, '-님'의 그런 성격은 [존대]라는 형식 자질에 의한 것이 아니라, '-님'의 어휘적 의미로 본다. 한편 '-께서'에 대해서는 '-님'과는 다른 견해를 제시하는데, Kim&Sells(2007)가 '-님'과 '-께서'가 같은 성격을 가지는 것으로 보았으므로 이에 대한 비판을 하면서 필자의 견해를 제시하기로 한다. 먼저 Kim&Sells (2007;328, 331)의 견해를 소개하면 다음과 같다.

(33) 가. The use of an NP-internal honorific marker recognized the superior social status of the referent of the noun host of the marker(the target) in relation to the speaker, by elevating the target.
나. if su > sp, *nim* or *kkeyse* may be used; if sp > su, *nim* or *kkeyse* are not used.

이 제안의 골자는 '-님'과 '-께서'가 같은 요인에 의해 결정되며, 그 요인은 주어와 화자와의 비교라는 것이다. 이는 두 가지 점에서 잘못된 관찰이다. 먼저 '-님'이 주어와 화자와의 비교에 의해서만 결정되는 것이 아님은 '-님' 표현이 주어가 아닌 다른 위치에도 올 수 있음을 통해 알 수 있다.

(34) 가. 김 선생님이 먼저 가셨다.
나. 영미가 김 선생님을 마중 나갔다.
다. 영미는 김 선생님이 좋은가 보다.
라. 김 선생님의 가방
마. 영미가 김 선생님께 책을 드렸다.

이는 다시 말해, '-님'의 의미가 그 앞에 오는 명사가 존대의 대상이 됨을 나타내는 것이지,[28] 주어와 화자와의 비교에 의해 결정되는 것이 아님을 보인다.

두 번째 문제는 '-님'과 '-께서'의 분포가 다르다는 점이다. '-님' 표현은 (34)에서 보듯이 명사가 나타나는 거의 모든 위치에서 가능하나, '-께서'는 2.1.3에서 보았듯이 주격 조사가 가능한 모든 위치에 나타나는 것이 아니라, 주어 즉 '-시/Ø'를 핵으로 하는 최대투사의 지정어 위치에서만 가능하다. 관련 예를 아래 다시 보인다.

(35) 가. 나는 선생님이 제일 만나고 싶다.
나. *나는 선생님께서 제일 만나고 싶다.

(36) 가. 영미는 박 선생님이 좋은가 보다.
나. *영미는 박 선생님께서 좋은가 보다. =2장 (64, 65)

이와 같은 '-께서'의 분포가 Kim&Sells(2007)에서는 설명이 되지 않는데, 필자는 이의 설명을 위해 다음을 제안한다([존대]에 대한 입장까지 함께 정리했다).

(37) 가. 한국어에는 [존대]라는 자질이 없다. 다만 명사가 가리키는 대상에 대한 "존대" 여부를 판단하는 사회 규범이 있을 뿐이다.
나. '-님'은 어휘적 의미에 의해 그 앞에 오는 표현이 가리키는 대상이 존대의 대상이 됨을 나타낸다.
다. 한국어 명사는 [화자 존대 의향]이라는 형식 자질을 수의적으로 가지며, 명사의 이 자질은 [−해석성]이므로 점검되어야 한다.
라. 점검의 구조적 형상은 지정어-핵 구조로 영어의 주어-동사 일치와 같으나, 영어와 달리 지정어-핵 일치가 아니라, 핵-지정어 일치이다.
마. 명사에 나타나는 '-께서'는 '-시'에 의해 "+"로 값이 정해진 [화자 존대 의향], 즉 명사의 [+화자 존대 의향] 자질의 형태적 실현이다.

(37다)는 명사의 [존대] 자질을 [+해석성]으로 본 것에 반하는 것인데, [화자 존대 의향]의 의미를 생각해 볼 때, 이 의미 자체가 명사의 의미에 기여하는 바가 없다는 점에서 문제되지 않는다고 본다. (37라, 마)는 '-께서'의 분포가 결국 지정어-핵이라는 구조 하에서 핵과 지정어 간의 관련 자질의 일치 혹은 점검에 의한 것임을 보인다.

이런 분석에 의하면 왜 '-께서'가 주어가 아닌 다른 위치에서는 나타나지 못하는가

28) 물론 '-님'이 실제로 어떤 명사와 붙는지는 별도로 논의되어야 한다.

가 설명이 되는데, 물론 그런 위치에서는 핵-지정어 일치가 일어나지 않으며 그러면 명사의 [−해석성] 자질인 [화자 존대 의향] 자질이 점검이 되지 않은 채 그대로 남게 되어 파탄(crash)에 이르기 때문이다.

3.1.1.2.2.6 [화자 존대 의향]을 이용한 일치소 인가론

지금까지 필자는 (12)에 대한 문제들을 정리하면서 그 문제를 해소할 일치소 인가론을 소개해 왔는데, 자세한 내용은 (29, 37)로 이를 좀 더 간단히 정리하면 다음과 같다.

(38) 가. '-시/Ø'는 [+해석성] 자질로 [화자 존대 의향]을 가지며 통사적 핵을 이룬다.
나. '-시/Ø'는 자신의 지정어에 오는 명사 표현이 갖는 [−해석성] [화자 존대 의향] 자질과 핵-지정어 일치를 한다.

이제 이 제안을 토대로 (12)에 대해 제기된 문제들이 어떻게 해결되는지 보기로 하자. (12가)에 대해서는 (15)의 세 가지가 문제로 제기되었고 (12나)에 대해서는 비주어 성분이 존대의 대상이 된다는 것이 문제로 제기되었다. 이 중 (15나)는 필자가 받아들였으므로 나머지 문제만을 검토한다.

먼저 (15가)를 보자. (29, 37, 38)의 제안에 의하면 더 이상 (15가)와 같은 문제가 생기지 않는다. 그 이유는 (17-21) 문장의 자질 구성이 달라지기 때문인데, (13, 14) 및 아래의 기본 예에 대한 분석을 먼저 제공하고[29] 이어 (18-21)의 경우를 살펴 본다((17)은 (39나)와 같은 경우이므로 재논의하지 않는다).

(39) 가. 아버님이 오셨다.
[+화존] 무일치
나. 아버님이 왔다.
[−화존] 무일치

(40) 가. 아버님께서 오셨다.
[+화존] [+화존] 일치
나. *아버님께서 왔다. =(13)
[+화존] [-화존] 불일치

(41) 가. 철수가 왔다.
[−화존] 무일치

29) [화존]은 [화자 존대 의향]의 줄임이다.

나. *철수가 오셨다. =(14)
[+화존] 무일치

(42) 가. *철수께서 왔다.
[+화존] [−화존] 불일치
나. *철수께서 오셨다.
[+화존] [+화존] 일치

위 분석에서 주의할 점은 (37가, 나)에 의해 명사에 [존대]라는 형식 자질이 없으며 동사형에 [화존]이라는 자질이 있어도 같은 문장의 명사에 [화존] 자질이 없을 수 있다는 점이다. 단지 '-께서'가 오는 경우에만 [화존] 자질이 있는데, 이는 물론 (37다)의 규정에 의한 것이다. 그 결과 (39, 41)에는 '-시/Ø'가 일치에 관여하지 않고 (40, 42)에서만 일치가 관여한다. 일치가 관여하지 않는다는 것은 최소주의적 용어에 의하면 해당 문장들이 모두 converge함을 이른다. 이 경우 문제는 (41나)가 왜 안 좋은가인데 이는 큰 문제가 안 된다. 그 이유는 기존 문헌들이 (41나)와 같은 성격을 가지는 문장이 항상 나쁜 것이 아니며 상황에 따라 은유적 효과를 가질 수 있음을 지적하고 있기 때문이다.30)

(43) 가. 도둑놈이 오셨네. =J.-W. Choe(2004:(20))
나. 너나 잘하세요.

최소주의적 분석에 의하면 (41나, 43) 등은 통사적으로 일단 converge한다. 이들 문장이 갖는 문제 및 은유적 효과는 '-시'의 의미와 주어에 대한 사회 규범 간의 충돌에 의하는 것으로 봐야 한다. 즉 (41나)는 이름으로만 된 고유 명사가 존대의 대상이 되지 못한다는 규범과 '-시'의 의미 간의 충돌로 인해 나쁜 것으로 보이며, 상황이 허락한다면 (41나)도 (43가)와 같은 은유적 효과를 가질 수 있다.

한편 일치가 관여하는 경우 값이 서로 같아야 되는데, (40나)와 (42가)는 서로 값이 달라 일치가 되지 않은 경우이며31) 그 결과 명사의 [화존] 자질이 점검이 안 되어 파탄에 이르게 된다. 그에 반해, (40가, 42나)에서는 일치가 일어나는데 그 결과는 위에서 보듯이 서로 다르다. 그러나 이도 문제가 안 된다. (41나)와 마찬가지 이유로 나쁜 것으

30) 그에 반해 J.-W. Choe(2004)가 지적하였듯이 비문법적 혹은 crash하는 문장은 은유적 효과를 가질 수 없는 것으로 보인다.
31) 이로써 Kim&Sells(2007)의 (30)에 대한 두 번째 문제도 필자의 분석에서는 잘 설명이 된다.

로 볼 수 있으며 실제로 (42나)도 비꼬는 은유적 효과를 가지는 상황에서 쓰일 수 있다.

이제 기초 문장에 대한 분석을 마치고 문제가 되었던 (18-21)의 경우를 보자. (29, 37, 38)에 의하면 자질 구성이 달라지는데 달라진 자질 구성을 아래 (44-47)로 제시한다.

(44) 가. pro_i [pro_i 말씀하신] 것을 하세요
[+화존] [+화존]
나. pro_i [pro_i 말씀한] 것을 하세요.
[-화존] [+화존]

(45) 가. 선생님과 어떤 아이가 함께 오셨어.
[+화존]
나. 선생님과 어떤 아이가 함께 왔어.
[-화존]

(46) 가. 이 아이가 만일 임금이 되시면,
[+화존]
나. 아버지가 갓난아이셨을 때,
[+화존]

(47) pro 아침은 드시-었-어[32)]
[+화존]

우선 주목할 점은 명사 표현에 [화존] 자질이 없으며 고로 필자의 제안에 의하면 이들은 모두 converge의 상태가 된다. 즉 (12)의 예측과 달리 필자의 분석에서는 통사적으로 아무런 문제가 없는 문장이 되며 고로 (15가)의 반론은 필자의 분석에서는 더 이상 성립하지 않는다.[33)]

"존대"의 정도를 나타내는 (15다)도 필자의 분석에서 잘 포착이 된다. 필자의 분석에서는 "존대"를 나타내는 근원이 (12)에서처럼 [존대] 자질 한 가지에 있는 것이 아니라, '-님'의 어휘적 의미 및 [화존] 등으로 되어 있기 때문이다. 즉 이들이 서로 다른 "존대"

32) '-어'가 화자와 청자 간의 관계에 의해 규범적으로 정해지는 표현이므로 이 경우에도 [화존] 자질로 인한 문제는 없다.

33) 이런 분석에 의하면 (45) 그 중에서도 (45가)에 대한 판단은 통사적인 것이 아니라, 비언어적 요인에 의하는 것이 된다. 즉 '-시'에 의해 (45가)는 화자가 주어 위치에 오는 표현에 대해 존대의 의향이 있음을 나타내는데, 주어 표현의 구성은 이 의향에 부분적으로만 부합하기 때문이다. 이럴 경우 이를 어떻게 받아들일까가 문법적으로 정해지는 것으로 보이지 않는다.

의 요인이므로 이들 간에 충돌이 없으면 이들이 함께 있는 경우가 그렇지 않은 경우에 비해 "존대"의 강도가 더 높을 것이다. 예를 들어 (23)의 각 문장에서 존대 관련 의미는 다음과 같이 분석된다.

(48) 가. 김 선생님이 오셨다. '-님'에 의한 존대 + [+화존]
나. 김 선생님이 왔다. '-님'에 의한 존대
다. 철수가 왔다.

마지막으로 (25-28)이 제시하는 문제를 생각해 보자.[34] 우선 필자의 분석에 의하면 주어 명사구에 [화존] 자질이 없으며 고로 이들 예문이 모두 converge 상태가 된다는 점이 지적되어야 한다. 즉 통사적으로는 아무런 문제가 없는 문장들이며 이는 (25-28)이 더 이상 필자의 분석에 문제가 되지 않음을 의미한다. 그러나 이들과 (41, 42나) 간의 차이가 설명되어야 하는데 이는 큰 문제가 아니다. 필자는 (27)을 제외한 다른 문장들에 대해 (32)에 적용했던 것과 같은 분석이 적용되는 것으로 본다. 즉 문제의 문장들의 주어는 일반적으로 "존대"의 대상이 되지 못하다는 점에서 (41, 42나)의 '철수'와 같다. 그러나 이들이 갖는 공통점은 각 문장의 해석 상 주어들이 어떤 형태로든 "존대"의 대상이 될 수 있는 표현들과 연관이 되어 있는데, 바로 이 점에 의해 '-시'와 의미적 충돌이 안 일어난다.

그러나 필자는 (27)은 다른 예문들과 다르다고 본다. 필자는 (27)류의 문장이 실생활에서 많이 관찰되기는 하나, 아주 어색한, 더 나아가 잘못된 문장이라고 판단한다. 일종의 존대 오용으로 보이는데, 그 이유는 이들 문장에서 궁극적으로 "존대"의 대상이 되는 것이 청자이기 때문이다. 즉 청자가 사회적 규범에 의해 볼 때 일반적으로 "존대"의 대상이 되지 않는데, (27) 문장의 주어가 청자와 관련이 된다 해도 이로 인해 '-시'의 의미와 충돌이 되기 때문으로 본다. 그러나 다른 한편 (27)이 실생활에서 잘못이기는 하나 많이 관찰되는 이유에 대해 나름대로의 설명이 불가능한 것이 아니다. 주목할 점은 (27)류의 잘못이 주로 관찰되는 환경은 청자가 고객일 경우라는 점이다. 경제활동의 변화에 의해 고객이 대접을 받는 사회가 되면서 청자가 고객인 경우 존대의 대상이 되는 쪽으로 사회적 규범이 형성되어간다고 보는데, 바로 그런 점에서 청자가 고객인 경우는 '-시'의 의미와 충돌이 되지 않는다. 필자는 (27)이 (25, 26, 28)과 달리 어색하다고 보는데, 그런 판단이 맞다면 이들 간의 그런 차이를 다른 분석이 설명하지

34) (12)를 토대로 한 이 문제의 해결책으로는 유동석(1994, 1995)을 참조할 것.

못하는 반면, 필자의 분석이 설명한다는 점에서 필자의 분석에 대한 강력한 근거가 된다고 생각한다.

3.1.1.2.2.7 정리 및 요약

지금까지 다소 길게 '-시/Ø'와 관련된 일치 현상을 살펴 보았다. 이 현상에 대한 기존 제안인 (12)에 많은 문제점이 있어 '-시/Ø'를 일치소로 보는 것이 어려울 것 같았으나, 필자는 일치에 관여하는 형식 자질이 [화자 존대 의향]이며 이 자질이 '-시/Ø'에 있을 경우는 [+해석성]이지만, 명사에 있을 경우는 [−해석성]이라는 제안을 토대로 (12)에 대해 제기되었던 모든 문제들이 해소될 뿐 아니라, 강력한 근거도 있음을 보였다. 이 제안은 결국 '-시/Ø'가 영어의 주어-동사 일치와는 다르지만, 같은 구조적 형상 즉 지정어-핵 형상에서 일치함을 말하는데, 이를 토대로 필자는 주격 인가자인 '-시/Ø'가 일치소의 성격도 가지는 것으로 보며 이로써 일치소 인가론을 위한 논증을 완성한다.

3.1.1.2.3 대용사 일치 효과(anaphor agreement effects)

지금까지 우리는 한국어의 '-시/Ø'가 [화자 존대 의향] 일치를 보이며 그 일치가 지정어-핵이라는 통사적 형상에 의존함을 보았다. 한편 Rizzi(1990)는 다음 예문에서 보듯이 영어에서 주격 위치에 대용사가 허용되지 않는다는 점을 토대로 이를 "대용사 일치 효과"라고 부른 바 있다.

(49) *They think that each other are nice.

대용사 일치 효과
(50) 대용사는 일치와 관련된 통사적 위치에 나타나지 못한다.

한편 Woolford(1999)는 Rizzi가 제시한 원래의 증거 외에도 크메르어, 베트남어, 중국어, 일본어, 스와힐리어, Inuit어, Nez Perce어 등 여러 언어의 자료를 통해 (50)이 보편적 현상임을 주장하고 있다. 특히 (50)은 일치 현상이 없는 언어에서는 (49)의 양상과 달리 주어 위치에 대용사가 올 수 있음을 예측하는데, Woolford는 이를 입증하는 언어의 한 예로 한국어를 들고 있다. 즉 다음의 예에서 보듯이 한국어는 영어와 달리 대용사가 주격을 가지는 것이 가능하며 또한 한국어에는 이태리어와 달리 동사의 일치형이 없으므로 (50)을 지지하는 예가 된다고 한 것이다.

(51) 그들은 서로가 영리하다고 생각한다. =D.-W. Yang(1983:173)

문제는 결국 이런 주장이 맞다면 한국어에 일치소가 설정될 수 없음을 보이는 것으로(D.-W. Yang(1983) 참조) 지금까지의 입장과 일단 어긋난다고 할 수 있다. 그러나 이런 문제에 대한 해결책이 불가능한 것으로 보이지는 않는다. 주목할 것은 대용사 일치 효과에 관여하는 일치 자질이 성, 수, 인칭으로 되어 있는 파이-자질인데 반해, 앞 절의 논의에서 설정한 일치 자질은 [화자 존대 의향] 자질이었다는 점이다. 보다 구체적으로는 Woolford가 대용사 일치 효과를 도출하는 데 있어 이용했던 두 가지 가능성에 비추어 이 문제를 해결할 수 있다. 두 가지 방안 중 하나는 대용사와 일치소가 하나의 사슬을 이룬다고 보고 그 사슬의 구성원이 서로 다른 성격을 가지면 비문법적이 된다는 방안이다. 예를 들어 대용사 일치 현상을 보이는 경우에 대해 가장 간단한 방식은 일치소를 대명사로 보는 것이다. 이에 의하면 일치소와 대용사가 서로 사슬을 이룰 경우 그 성격이 서로 달라 비문법적이 된다.[35] 그런데 이 경우 일치소를 대명사로 본 것은 그들이 갖는 파이-자질이 명사가 갖는 파이-자질과 갖기 때문이다. 이에 반해 한국어의 경우 일치소가 [화자 존대 의향] 자질만을 갖고 있다면 이런 문제가 생기지 않는다.

한편 다른 해석은 결속 이론을 이용하는 것이다. 다음과 같은 상황을 보자.

(52) 선행사 [대용사 Agr]

여기서 세 성분이 같은 지수를 갖는다고 보자. 그리고 Agr을 대명사라고 볼 때, 모순 상황이 나온다는 것이다. 즉 대용사와 선행사가 결속 조건을 지킨다고 보면 결국 대용사와 선행사가 같은 지배범주 내에 있게 되는 것인데, 이런 상황에서는 대명사인 Agr이 선행사에 의해 결속되는 상황이 되어 결속조건 B를 어기게 된다. 반면, 대명사인 Agr이 결속 조건 B를 지키는 상황이라면 선행사는 Agr의 지배범주 바깥에 오게 되는데, 그러면 Agr과 같은 지배범주 내에 있게 되는 대용사는 결속조건 A를 어기게 된다. 대용사 일치 효과에 대한 이런 분석 하에서도 한국어의 일치소에 파이-자질이 없고

35) 보다 자세한 내용은 Rizzi(1990) 및 Woolford(1999)를 참조할 것.

[화자 존대 의향] 자질만 있다고 보면 대용사의 결속조건만 지키면 되므로 아무런 문제가 없다.

결국 이상의 논의는 한국어가 표면적으로 대용사 일치 효과를 지지함에도 불구하고 일치소가 통사적으로 여전히 설정될 수 있으며 부수적으로 다음이 성립함을 보인다.

(53) 가. 대용사 일치 효과는 일치에 관여하는 자질이 파이-자질인 경우에만 적용되는 효과이다.
나. 한국어의 일치소에는 파이-자질은 없고 [화자 존대 의향] 자질만 있다.

3.1.1.3 요약

주격이 일치소에 의해 인가된다는 일치소 인가론은 단순히 '-시/Ø'가 주격 인가 성분이라는 것 외에 '-시/Ø'가 주어 성분과 [존대] 자질에 있어 일치를 한다는 내용으로 구성되어 있다. 이런 일치소 인가론에 대해 전자 뿐 아니라, 후자에 대해서도 문제가 제기되었다. 전자에 대한 주된 문제 제기는 주격 인가 자체에 대한 문제 제기라기보다는 격 인가 기제에 대한 문제 제기인데, 필자는 격 인가가 성분-통어에 의한다고 볼 때, '-시/Ø'를 주격 인가자로 보는 데에 더 이상의 문제가 없음을 보였다.

한편 후자의 내용은 격 인가와는 직접적 관련은 없으나, 일치소 인가론의 완성을 위해서는 필요한 부분이다. 다시 말해, 전자를 인정하더라도 후자에 문제가 있다면 일치소라는 특정 통사 핵의 설정에 대한 근거는 약화되며 그런 점에서 (12)에 대해 제기되었던 반론은 일치소 인가론에 치명적인 문제였다고 할 수 있다. 그러나 필자는 반론에 대한 검토를 통해 '-께서'와 '-시'의 용법에 대한 Kim&Sells(2007)의 관찰이 잘못된 것임을 지적하는 한편, '-시/Ø'가 관여하는 자질이 [존대]가 아니라 [화자 존대 의향]이며 '-시/Ø'에 나타나는 이 자질이 [+해석성]임을 주장하였다. 그리고 이를 토대로 '-시/Ø'와 관련된 존대 현상이 '-시Ø'와 주어 성분과의 [화자 존대 의향] 일치로 분석되어야 함을 보이고 그런 분석 하에서 (12)에 대해 제기되었던 문제점들이 해소될 뿐 아니라, 추가 근거도 있음을 보였다. 이로서 일치소 인가론은 새로이 그리고 보다 더 굳건히 다시 태어나게 되었다.

3.1.2 주격은 자동격(default Case)인가[36]

지금까지 우리는 한국어에서 주격 인가자를 일치소로 보아야 할 논증을 제시하고 그에 대한 반론을 검토하였다. 여기서는 주격 인가의 한 이론인 자동격 이론을 검토하고 문제점 두 가지를 지적하기로 한다.[37] 이 이론은 앞에서도 지적하였듯이 주격 전부를 자동격으로 보는 입장이 있는가 하면 서술어 내부의 논항에 나타나는 주격만을 자동격으로 보는 입장 등이 있는데, 후자의 경우 그 동기는 전적으로 지배라는 개념에 있다. 즉 후자의 입장은 서술어 외부의 주어가 갖는 주격은 일치소가 책임을 지지만, 서술어 내부의 성분이 갖는 주격은 일치소와 서술어 내부 성분 사이에 최대투사가(동사구나 형용사구) 있어 일치소가 지배를 할 수 없는 상황이 된다고 보기 때문이다. 그러나 격 인가가 성분-통어에 의해 가능하다고 본다면 굳이 주격 인가가 자동격이라는 별도의 절차에 의해 이루어진다고 볼 이유는 없다. 결국 개념적으로는 주격 출현의 전 경우를 자동격으로 보는 것이 더 간단한 입장이므로 여기서는 그 입장이 갖고 있는 문제점을 지적하기로 한다.

자동격 인가는 그 개념 상 다음 두 가지를 전제로 한다. 첫째, 자동격 인가에 앞서 다른 격이 먼저 인가된다. 둘째, 모든 명사구는 격 여과를 충족해야 한다. 전자와 관련하여 한국어에서 주격을 자동격으로 보는 입장들은 대격이 먼저 인가되는 것으로 보는데 대표적으로 Y.-S. Kang(1986)의 제안을 옮기면 다음과 같다.

일반화된 격 표지 - 다음 순서에 의함.

(54) 가. [−상태성] 동사의 자매인 명사구 논항에 대격이 부여된다.
　　나. 그 외 격 표시가 안 된 모든 명사구에는 주격이 부여된다.

---

36) 본 절의 비판은 자동격을 추상격의 일환으로 보고 있는 연구들에 대한 것이다. Y.-J. Kim(1990, 1992), Schütze(2003) 등은 자동격 전략이 추상격이 아닌 형태격에 적용되는 것으로 보고 있으며, 김영주는 더 나아가 한국어의 격 여과가 추상격이 아니라, 형태격을 대상으로 하는 것으로 보고 있다. 이런 견해들은 형태격을 추상격의 단순한 형태적 실현으로 보는 것이 아니라, 추상격과는 다른 기제에 의해 운영되는 것으로 본다.

37) 3.1.1의 분석에 의하면 각주 10의 예들이 일치소 인가론에 의해 설명될 수 있으므로 더 이상 자동격 인가설에 대한 근거가 되지 못한다. 일치소 인가론은 주격 인가가 단순히 '-시'에 의하는 것이 아니라, '-시/Ø'에 의한다는 것인데, 다음 예들은 해당 주어가 존대의 대상이 될 경우 내포문에 '-시'가 나타날 수 있음을 보이고 있으며, 고로 내포문의 주격은 '-시/Ø'에 의해 인가됨을 보인다.

(i) 가. 교수님은 자신이 직접 가시고 싶어 하신다.
　　나. 교수님은 자신이 그것을 하시려고 노력하셨다/시도하셨다/애쓰셨다.

그러나 주격을 이와 같은 자동격으로 보는 데에는 다음과 같은 문제점이 있다. 첫째, 자동격 가설에 의하면 자동격인 주격과 그에 앞서 인가되는 대격 사이에 교체 현상이 있을 수 없다. 왜냐면 대격이 부여되면 그것으로 끝나므로 더 이상 주격이 나올 수 없으며, 어떤 성분이 주격을 갖는다는 것은 그 성분에 대격이 인가되지 못함을 뜻하기 때문이다. 그러나 한국어에는 주격과 대격 간의 교체를 보이는 여러 가지 경우들이 많다.

(55) 가. 나는 영미를 만나고 싶었다.
나. 나는 영미가 만나고 싶었다.

(56) 가. 철수는 영미가 똑똑하다고 생각한다.
나. 철수는 영미를 똑똑하다고 생각한다.

(57) 가. 철수가 남자답지를 않다.
나. 철수가 남자답지가 않다.

필자는 지금까지 이런 교체 현상이 자동격 가설에서 어떻게 다루어지는지에 대한 언급을 본 적이 없다. 그러나 혹자는 자동격 가설 입장 하에서 위의 예들이 보이는 교체 현상이 문제 성분의 이동과 관련이 있다고 얘기할 수도 있을 것이다. 즉 이동하기 전과 이동한 후의 양상이 달라 각각 격 인가가 다르며 그것이 표면적으로는 교체의 양상으로 보인다고. 그러나 이런 해결책이 이들 경우에 제대로 적용될 수 있는지는 의문이다. 예를 들어, (55)의 경우를 보자. (55)의 교체를 이동으로 설명한다면 (55가)는 '영미'가 이동하지 않은 경우이고 (55나)는 '영미'가 이동한 경우일 것이다. 문제는 (55나)에 있다. (55나)의 '영미'가 갖는 주격이 자동격으로 인가된 것이라고 하기 위해서는 우선 이동 전에 제자리에서 '영미'가 대격을 인가받지 못한다고 해야 한다. 그러나 이는 결국 (54)와 같은 체계에서 (54가)가 수의적으로 적용됨을 의미하는데, 이는 결국 모든 경우에 주격과 대격 간의 교체를 가능하게 만들며 이는 물론 실제 현상과는 다른 것이다. 같은 지적이 (56)에도 적용된다.[38] 이 문장에 이동이 개입되어 있다고 본다면 (56나)의 경우가 이동한 경우일 터인데, 이동한 '영미'에 대격이 부여되도록 하기 위해서는 제자리에서 주격이 인가되지 못하도록 해야 하나, (56가)의 예는 그렇지 않음을

38) (57)의 경우 (가)와 (나) 간에 이동이 개입되어 있는지 의문이다. 그리고 이동이 개입되어 있지 않다면 이는 자동격 가설에 더욱 치명적이다.

보이기 때문이다.

자동격 가설이 갖는 또 다른 문제는 Schütze(2003)가 지적하였듯이 자동격이 추상격의 한 유형이라면 격 여과가 필요 없게 된다는 점이다. 즉 대격이 부여 안 된 명사구에 대해 자동적으로 주격이 인가되므로 격 여과를 어기는 명사구가 나올 수 없게 되는데, 그러나 그렇지 않음을, 즉 명사구가 아무데서나 인가되지 않음을 우리는 앞에서 이미 보았다.

(58) *둘리가 자기가 나를 위하여 기도한다. =(8다)

필자는 자동격이 매력적인 제안이기는 하지만 개념적으로 자동격과 그렇지 않은 격 간에 인가 상의 순서가 필요하다든지 격 여과를 무의미하게 만든다든지 하는 등, 문제가 많은 제안이라고 본다. 그러나 이 제안이 관심을 끌었던 것은 J.-M. Yoon (1989:375)가 지적하였듯이 격 인가의 초기 방식이 갖는 모자라는 점 때문이었던 것으로 보인다.[39] 이에 반해 최소주의의 최근 방식인 성분-통어의 입장에서 보면 자동격을 개념적으로도 고집할 필요는 없을 것으로 보인다. 물론 위에서 지적한 격 교체가 자동격 가설에 경험적으로도 문제가 된다는 것은 두 말할 나위도 없을 것이다.[40]

3.1.3 정리 및 제안: 격 인가의 여러 양상

자연 언어의 어떤 성분이 주격 인가자냐 하는 문제에 대해서는 최소주의 내에서도 일치소를 독립 핵으로 인정하느냐 아니냐에 따라 일치소 혹은 시제소로 보는 입장이 있다. 그리고 최근의 입장은 파이-자질이 의미적으로 아무 기여를 하지 않아 독립 핵으로 설정되지 못하므로 시제소를 주격 인가자로 보는 것이다(Chomsky(1995, 2000, 2001a, b)). 혹자는 이를 토대로 본 절의 일치소 인가론을 반대할 수도 있을 것이다. 그러나 시제소로 보는 입장에서도 시제소 자체가 주격을 인가한다기보다는 시제소에 오는 파이-자질이 주격 인가를 담당하는 것으로 보는 것이 일반적인 시각인데 이는

---

39) 윤정미가 지적한 자동격의 도입 취지는 다음 세 가지이다; (가) no adjacency condition on Case assignment, (나) no one-to-one relationship between the Case-assigner and the assignee, (다) the condition of government does not hold.

40) J.-M. Yoon(1998:92-93)은 격조사 결합(Case stacking) 현상이 주격을 자동격으로 보는 데 문제가 된다고 지적한 바 있다. 즉 주격 앞에 오는 의미격 조사를 고유격의 실현으로 볼 때, 격이 부여된 상태이므로 자동격인 주격이 나타날 이유가 없다는 것이다. 동일한 비판이 자동격을 형태격으로 보는 입장에 대해서도 적용되는 것으로 보인다.

경험적으로 같은 시제소라도 파이-자질이 완전하냐 아니냐에 의해 주격 인가 여부가 달라지기 때문이다(Raposo(1987), Gusati&Rizzi(2002), Lasnik&Uriagereka(2005:143/각주41) 등 참조).

필자는 본 절의 일치소 인가론이 주격 인가에 대한 최근의 입장에 근본적으로 배치되는 것으로 보지 않는다. 오히려 공통 부분과 차이가 함께 있어 공통 부분이 주격 인가의 보편적 성격을 담당한다면 차이 부분은 격 현상과 관련된 영어와 한국어의 차이를 설명하는 데에 중요한 역할을 한다고 본다. 즉 본 절의 일치소 인가론은 주격 인가의 보편적 면과 개별 언어 간의 차이를 동시에 포착한다는 점에서 다른 방안에서는 찾아 볼 수 없는 장점이 있다고 본다.

이제 그 공통 부분과 차이가 무엇인가를 정리하면 다음과 같다. 먼저 공통 부분은 문장의 일치에 관여하는 성분이 주격을 인가한다는 점이다. 영어의 경우는 파이-자질이며 한국어의 경우는 [화자 존대 의향] 자질이다. 물론 일치의 내용은 서로 다르나, 중요한 것은 두 성분 모두 일치에 관여하고 있다는 점이다. 다시 말해, 일치소로 볼 수 있는 성분이 주격 인가에 관여한다.

그러나 일치 관여 성분의 통사적 성격이 서로 다른데, 영어의 경우 파이-자질이 [−해석성]이어서 독립 핵이 못 되는데 반해(그리하여 시제소의 한 자질로 설정된다), 한국어의 [화자 존대 의향] 자질은 [+해석성]이므로 독립 핵으로 설정된다. 필자는 이 차이가 격 중출과 관련된 한국어와 영어의 차이에 다음과 같이 기여한다고 본다.

(59) 가. 한국어 격 인가자 스스로가 [+해석성] 독립 핵이고 별도의 [−해석성] 자질이 없어 다중으로 격 인가가 일어날 수 있음.[41)]

나. 영어 격 인가자가 다른 핵에 기생하고 그 핵에 대해 [−해석성]이어서 점검되면서 없어지는 양상이다. 즉 격 인가가 파이-자질을 통해 한 번만 이루어짐.

1장에서 소개한 “일치” 기제의 관점에서 차이를 보자면, 영어의 경우는 1장의 개념들이 그대로 적용된다. 즉 탐침(probe)과 목표(goal)에 대한 형식적 규정인 [−해석성]

41) 격 인가자가 [+해석성]이어서 한번 격 인가가 일어난 후에도 계속적으로 일어날 수 있음을 말하는 것이다. 그러나 1장에 소개된 “일치”에 의하면 probe와 goal 사이에 국지성이 준수되어야 하므로 격 인가를 필요로 하는 여러 명사 표현이 있을 경우라도 probe에 가장 가까운 명사 하나만 격이 인가될 수 있어 (59가)만으로는 격 중출을 포착할 수 없다. 여기서 얘기하고자 하는 것은 격 중출의 기원이 어디에 있는가 하는 것이다. 국지성 문제에 대한 논의는 격 중출을 집중적으로 다루는 11장에서 이루어진다.

자질이 각각에 있어야 하고 탐침의 파이-자질이 완전하고 각각이 활성화 상태여야만 점검이 된다는 조건이 적용된다. 그러나 goal에만 격 자질이 있는 한국어에서는 그런 조건이 적용되지 않으며 그 결과는 물론 격 중출로 나타난다. 물론 이런 차이에도 불구하고 격 인가의 공통점은 있는데, 성분-통어에 의해서 격 인가가 이루어진다는 점이다.[42)]

한편 (59나)는 영어의 격 인가와 파이-자질 인가가 항상 함께 일어남을 말하는데 (George&Kornfilt(1981), Sigurðsson(1996), Chomsky(2000, 2001b) 등), 본 절에서 본 한국어의 양상은 그것이 보편적 양상이 아님을 얘기해 준다. 즉 한국어에서는 격 인가와 일치가 서로 별개의 현상일 뿐 아니라, 그 기제도 서로 다르다. 즉 격 인가가 성분-통어에 의한다면, 일치는 지정어-핵 형상에서 일어난다. 이는 파이-자질이 관여하는 언어의 일치가 격 인가에 얽혀서 이루어지기도 하지만, 지정어-핵 형상에서도 일어날 가능성이 있음을 보이는데, 이에 대한 연구는 앞으로의 과제로 돌린다.

3.2 대격 인가자를 찾아서

대격 인가가 특정 서술어와 연관이 되어 있다는 것은 생성 문법 초기부터 널리 인정되어 왔으며 그 중에서도 대격 인가가 외부 논항을 가지는 서술어(즉 타동사와 비능격 자동사)에 의해서만 이루어진다는 다음과 같은 Burzio의 일반화는 널리 받아들여지는 것으로 보인다(Haegeman(1991:296) 등을 참조할 것).

(60) 가. 외부 논항이 없는 동사는 대격을 부여하지 못한다
나. 대격을 부여하지 못하는 동사는 외부 논항에 의미역을 부여하지 못한다.

한편 이런 관찰은 최소주의에서 외부 논항의 인가가 구조적으로 v에 의해 이루어진다고 보므로 자연스럽게 대격 인가는 V보다는 v에 의해 이루어지는 것으로 해석되었다(Chomsky(1995) 등).[43)]

---

42) 다중 격 상황에 대한 본격적 논의는 격 중출을 다루는 11장에서 한다.
43) 그러나 이와 달리 Johnson(1991), Koizumi(1995), Bowers(2002) 등은 대격이 v 아래 위치에서 인가되는 것으로 보고 있다. 특히 Bowers는 아래의 구조를 전제로 외부 논항이 PrP(Predicate Phrase)의 지정어에 오고 대격은 Tr(ansitity)에 의해 인가되는 것으로 보고 있다.

한국어의 경우 대격 인가자를 무엇으로 볼 것이냐에 대해서는 생성 문법 초기 이래로 대격을 인가하는 서술어의 의미적 성격을 무엇으로 볼 것이냐와 관련하여 Y.-S. Kang (1986), Y.-J. Kim(1990, 1992), K.-S. Hong(1991), 홍기선(1994), 유동석(1995, 1998가), 김영희(1999가) 등의 논의가 있은 이후, 최근 들어 v보다는 V가 대격을 책임진다는 S. Cho(2000)의 주장을 제외하고는 대체적으로 v를 대격 인가자로 보고 있는 듯하다(J. Lim(1996), D.-W. Yang(2000a), Maling, Jun&Kim(2002) 등). 본 절에서는 대격 인가에 대한 주요 기존 견해를 정리하면서 최소주의 입장 즉 v(혹은 Tr)를 대격 인가자로 보는 입장에 큰 무리가 없음을 보인다.

3.2.1 대격 인가에 대한 의미적 접근법

대격 인가를 책임지는 서술어의 의미적 특성에 대해서는 앞에서 언급한 연구들이 서로 견해를 달리하는데 그 중에서도 가장 정밀한 것은 홍기선의 견해로 홍기선은 자신보다 앞선 두 연구의 제안을 상세히 검토한 후 대격이 [결정자]와 [피결정자] 논항이 있을 때에만 인가되는 것으로 보았다. 홍기선(1994)의 논의와 다소 중복되는 감이 있더라도 세 견해의 내용을 소개하고 검토하기로 한다.

먼저 강영세의 견해는 홍기선의 지적처럼 상태를 나타내는 형용사의 보어가 대격을 가지지 못한다는 것을 토대로 한 것이다.

(61) 가. 나는 영미가 무섭다.
　　 나. *나는 영미를 무섭다.

그리하여 [−상태성] 서술어의 자매, 즉 보어 명사구에는 대격이 부여된다고 하였는데,[44] 이에 의하면 "움직임"을 나타내는 혹은 '-는'과의 결합이 가능한 서술어의 자매 명사구에 대격이 가능할 것으로 예측이 되나, 많은 연구들은 그렇지 않음을 이미 지적하였다(Maling(1989), Y.-J. Kim(1990) 등).[45]

(i) [Pr [Tr [v]]]

Bowers의 Pr이 v에 대응된다고 볼 때, 그의 제안은 v 인가설은 아니다. 그러나 한국어에서 v (혹은 Pr)과 Tr의 구분이 필요함을 보이는 경험적 논의가 없었으므로 한국어에 관한 한 v 인가설과 Tr 인가설은 같은 것으로 보기로 한다. 한편 Lopez(2001)는 대격이 v보다는 V에 의해 인가되어야 한다고 주장하고 있는데 나중에 Tr 인가설의 입장에서 이를 검토한다.

44) [상태성] 여부의 기준은 '-고 있-', '-는'과의 결합 여부에 의한다.

(62) 가. 이 헝겊에 물이 잘 스며든다.
나. 이 나무에 못이 잘 들어간다.

즉 위 서술어들은 '-는'과의 결합이 가능하므로 비상태성이며 고로 대격이 가능해야 하나, 그렇지 못하다. 이와 관련하여 강영세는 홍기선과의 토론에서 주격 성분이 자매 논항이 아니고 주어 성분이므로 자신의 제안에 반례가 되지 않는다고 하였다. 그러나 이들 예에서 주격 성분이 주어이기보다는 서술어의 보어임을 보이는 다음과 같은 근거가 있다.

(63) 가. 철수가 영미를 만났는데, 대석이도 그랬다.
나. 나는 영미가 좋은데, 대석이도 그런가 보다.

(64) 가. *철수가 영미를 만났는데, 대석이도 영미를 그랬다.
나. *나는 영미가 좋은데, 대석이도 영미가 그런가 보다.

위의 예들은 한국어에서 '그리하-'와 '그러하-' 교체가 서술어만을 교체하는 것이 아니고 서술어와 그 앞에 오는 보어 즉 동사구 그리고 형용사구를 교체해야 함을 보인다(H.-S. Choe(1987), 임홍빈(1987나) 등). 여기서 우리는 이 현상을 (62)의 '물이'와 '못이'가 보어인지 아닌지를 테스트하는데 이용할 수 있다. 즉 강영세의 주장대로 문제의 성분이 주어라면 그 성분은 그대로 둔 채, '그리하-' 교체가 가능해야 하나, 다음 예들은 그렇지 않음을 보인다.

(65) 가. *이 헝겊에는 물이 잘 스며드는데, 저 헝겊도 물이 그런다.
나. *이 나무에는 못이 잘 들어가는데, 저 나무도 못이 그런다.

반면에 다음 예들은 '그리하-'가 서술어는 물론이요 '물이'와 '못이'까지 포함해서 교체함을 보여주는데, 이는 이들 성분이 보어임을 보이는 근거가 된다.[46]

(66) 가. 이 헝겊에는 물이 잘 스며드는데, 저 헝겊도 그런다.
나. 이 나무에는 못이 잘 들어가는데, 저 나무도 그런다.

---

45) 홍기선이 지적한 다른 근거는 생략한다.
46) 사실 이런 논의는 범주적 차이로도 기술될 수 있다. 즉 상태성 서술어는 형용사, 비상태성 서술어는 동사이며 대격을 허용하지 않는 서술어는 동사 중에서도 능격 자동사로 기술될 수 있을 것이다.

이런 예들은 결국 비상태성 특징을 가지는 동사 중에도 대격을 허용하는 경우와 허용하지 않는 경우가 있음을 말하는 것으로 김영주는 이를 포착하기 위한 의미 자질로 [행위성]을 제안하였다. 이 [행위성]은 논항 중에 행동을 하는 행동주나 사동주가 있음을 말하는 것으로 통사적으로는 다음과 같은 근거에 의해 가려진다(Y.-J. Kim(1990:67) 및 홍기선(1994:291-292)을 참조할 것).

(67) 가. 명령형이나 청유형으로 쓰일 수 있나?
나. 주절의 동사가 '강요하다, 설득하다'류의 동사일 때, 종속절의 동사로 쓰일 수 있나?
다. 주절의 동사가 '노력하다, 애쓰다'류의 동사일 때, 종속절의 동사로 쓰일 수 있나?

그리고 물론 대격은 [+행위주] 성격을 가지는 동사에 의해 자매 논항에 부여하는 것으로 보는데, (67)에 의하면 (66)의 '스며들다', '들어가다' 등은 행동주가 없을 뿐 아니라, 위 기준에 안 맞으므로 대격이 인가되지 않는 것으로 설명된다.

김영주의 이런 제안에 대해 홍기선의 입장은 기본적으로 대격의 인가가 행동주 혹은 사동주의 존재만으로는 되지 않으며 "결정자"와 "피결정자"의 성격을 가지는 두 논항이 함께 있어야만 한다는 것이다. 결국 문제는 "행동주"와 "결정자"의 차이가 무엇이고 그리고 "피결정자"는 무엇이고 과연 그것이 대격 인가에 꼭 필요한가에 달려 있다고 하겠다.47)

홍기선에 의하면 대격 인가에 있어서 "행동주"와 "결정자"의 차이는 다음 두 경우가 보인다.48)

(68) 민수가 순희에게 손을 잡혔다. 　　어휘수동태 동사

(69) 가. 영미가 일부러 민수에게 야단을 맞았다. 　　의사수동 동사
나. 철수가 세관원에게 검사를 받았다.
다. 철수가 경찰에게 감시를 당했다.

---

47) 이 견해는 아이슬랜드어의 자료를 토대로 대격과 dative의 차이를 기술하는데 있어 대격이 v가 나타내는 사건과 V가 나타내는 사건이 동시간적일 경우 인가되고 그렇지 않을 경우 dative가 인가된다고 한 Svenonius(2001, 2002)의 견해와 유사하다. 그러나 한국어의 자료들은 그런 경우가 대격 인가의 진부분 집합임을 보인다.

48) 그러나 "행동주"이건 "결정자"이건 해당 성분을 가지는 서술어를 골라내는 테스트에 있어서는 김영주와 홍기선 간에 별 차이는 없다. 홍기선은 김영주가 제시한 테스트에 세 가지를 더 추가하고 있다. 자세한 것은 홍기선(1994:294) 참조. 결국 이는 홍기선 자신이 지적하였듯이 그런 논항의 의미적 성격을 어떤 이름으로 포착하는 것이 더 정확하냐의 문제라고 할 수 있다.

즉 “행동주”를 각 문장의 서술어들이 나타내는 동작을 취하는 사람이라고 본다면 각각, ‘순희’, ‘민수’, ‘세관원’, ‘경찰’이 행동주인데 이들은 각 문장에서 논항이기보다는 부가어이므로 이것에 의해 대격이 인가된다고 보기는 어렵다는 것이다. 그에 반해, 대격을 인가하는 성분은 ‘민수’, ‘영미’, ‘철수’ 등인데 홍기선이 보기에 이들이 갖고 있는 공통점은 동작을 취하는 사람은 아니지만 각 서술어가 나타내는 문장의 상황을 결정하는 결정자의 역할을 가진다는 것이다.

그리고 “피결정자”의 역할이 중요하다는 것은 다음 예문의 대비를 통해 지적한다.

(70) 가. 민수가 영미에게/영미를 공을 주었다.
　　 나. 민수가 영미에게/*영미를 공을 던졌다.

위 두 예문에서 ‘민수’는 각 서술어가 나타내는 상황에서 “결정자”의 역할을 한다. 그런데 ‘주-’의 경우는 여격 성분에 대격이 가능하고 ‘던지-’의 경우는 불가능한데, 이 차이가 바로 여격 성분이 “피결정자”의 역할을 가지느냐 아니냐에 달려 있다는 것이다. 여기서 “피결정자”라는 것의 개념이 중요한데, 이 개념은 Tenny(1987) 등이 얘기하는 상적 특성에 입각한 것이다. 즉 결정자 혹은 행동주가 하는 행위의 시간적 흐름에 따라 대상이 영향을 입을 때, 그런 대상은 “피결정자”이고 그렇지 않은 경우는 아니라는 것이다.[49] 위의 예에서 보면 ‘책’은 두 문장에서 모두 서술어가 나타내는 행위에 의해 이동을 겪으므로 영향을 입는다고 볼 수 있으며 고로 대격이 인가되지만, ‘영미’의 경우는 다르다는 것이다. 해당 구절을 인용해 보면 다음과 같다.

> ‘주다’라는 동사는 공이 민수의 손을 떠나 영미의 손에 닿으리라는 함축을 갖는데 반해 ‘던지다’라는 동사는 그런 함축을 갖지 않는다. 홍기선(1994:300)

이상이 대격 인가자에 대한 의미적 접근법의 주요 내용인데, 이런 논의를 토대로 홍기선은 대격 인가가 구조적인 설명만으로는 불충분하므로 의미적 접근법이 우월하다는 요지의 주장을 하고 있다.[50] 필자로서는 홍기선이 불충분하다고 한 구조적 설명

---

49) 동사가 그런 피결정자를 가지느냐를 가리는 테스트로 다음 세 가지를 든다.

(i) ‘(한시간)에’와 같은 부사구와 같이 쓰일 수 있는가?
(ii) ‘V-는데 (한 시간) 걸리다’처럼 쓰일 수 있나?
(iii) ‘완전히’ 류의 부사와 같이 쓰일 수 있는가?

이 무엇을 말하는지 확인할 수 없으나, 지금까지 논의한 예에 대한 통사적 접근법이 불가능하지 않을 뿐 아니라, 좀 더 많은 예를 보면 의미적 접근법에 문제가 있다고 본다. 이제 이 문제를 다음 절에서 다루어 보기로 한다.

3.2.2 대격 인가에 대한 통사적 접근법

3.2.2.1 홍기선(1994) 검토

우선 필자가 생각하는 대격 인가에 대한 통사적 접근법의 내용을 소개하기로 한다. 필자는 우선 앞에서 언급된 [상태성] 여부는 범주의 차이와 연관이 있다고 본다. 즉 [+상태성] 서술어는 모두 형용사이며, [−상태성] 서술어는 동사로 본다. 이는 물론 형용사에 대해 다음 가정이 필요함을 의미한다.

(71) 형용사는 대격 부여 능력이 없다.[51)]

한편 대격 인가에 대한 통사적 접근법이 필요로 하는 가정은 앞서 언급했듯이 다음과 같다.

(72) 대격 인가는 v에 의한다.

이에 의하면 (62)의 예들은 v가 없는 비대격 동사로 규정되며, (68, 69)의 서술어들은 모두 v를 가지는 동사로 규정될 것이다. 그리고 대격을 인가하는 이른바 경동사 '하-'도 v의 실현으로 볼 수 있는데[52)] 물론 이와 같은 입장을 취할 경우 v에 의해 인가되는 외부 논항의 의미적 성격에 대한 치밀한 연구가 필요하다. 왜냐면 "행동주"의 개념과 홍기선이 지적한 "결정자"의 개념 등이 v의 외부 논항에 의해 통합되어야 하기 때문이다. 이는 본 책자의 범위를 넘어서는 문제이기도 하지만, 필자 또한 현재 이 문제에 대한 어떤 뚜렷한 견해를 갖고 있지 못하다. 다만 J.-K. Lee(2001)의 지적처럼 경동사 구문의 '하-'의 경우에도 일종의 원형적 의미역이 설정되어야 한다는 점에 비추어 볼 때, 외부 논항을 요구하는 V의 의미적 성격과 vP의 구조에 의한 의미적 성격에 의해

50) 같은 맥락에서 비대격 동사의 특성도 의미적으로 포착이 가능하므로 구조적 처리에 반대하고 있다.
51) 나중에 대격 부여가 v에 의한다는 가정에 의하면 이 가정은 별도로 필요하지 않게 된다. 즉 형용사가 나타나는 경우에는 v가 없으므로 자동적으로 대격이 부여될 수 없다.
52) 이런 견해에 대해서는 J.-K. Lee(2001), S.-H. Ahn(2001) 등을 참조할 것.

통합적으로 결정되는 것으로 보아야 한다고 생각한다. 이는 물론 새로운 생각은 아니다. 주어의 의미역 내용이 VP에 의해 결정되는 것으로 보아야 한다는 Marantz(1984)의 제안과 맥을 같이 하는 것이다.

그러면 이런 통사적 접근법과 의미적 접근법 사이에는 어떤 차이가 있는가? 필자는 기본적으로 홍기선이 포착한 "결정자"와 "피결정자"가 있는 경우 대격이 인가된다는 것에는 동의한다. 그러나 다음 예들은 대격 인가가 그런 경우에만 국한되지 않음을 보이는데, 이들이 갖는 공통점은 홍기선이 규정한 "피결정자"가 없거나 아니면 문제의 성분을 "피결정자"로 보기 어렵다는 점이다. 이는 결국 대격 인가에 있어 "피결정자"가 아무런 역할을 하지 못함을 보이며 결국 "결정자"를 인가하는 v의 존재만이 대격을 인가함을 말하는 것으로 보인다.[53)]

첫째, 한국어에는 부사적 명사구이지만 격 조사가 나타나는 현상들이 있는데 목적어를 요구하지 않는 서술어의 경우 이들 부사적 명사구가 나타나면 그 뒤에 대격이 가능한 경우들이 있다.

(73) 가. 비가 내리고 있다.
나. 비가 한 시간 동안을 내리고 있다.

(74) 가. 건물이 활활 타고 있다.
나. 건물이 두 시간 동안을 타고 있다.

(75) 가. 철수가 언덕 아래로 굴렀다.
나. 철수가 언덕 아래로 두 번을 굴렀다.

여기서 대격 조사를 갖는 표현을 홍기선 식의 "피결정자"로 볼 수는 없을 것으로 보인다. 우선 논항이 아니기도 하거니와 '비가 내리는' 사건에 의해 어떤 영향을 입는 것으로 보기에는 어려움이 있기 때문이다.

둘째, 다음과 같은 경동사 구문에서 한자어는 대격 조사를 가질 수 있는데, 이들 한자어들이 한자어의 의미상 주어와 관련하여 "피결정자"의 성격을 가지는 것으로 보기는 어렵다.

(76) 가. 기차가 서울역에 도착을 했다.

---

53) Maling, Jun&Kim(2002)도 이와 비슷한 견해를 표명한 바 있다.

나. 영미가 언어학을 공부를 했다.
다. 정부가 부동산 정책을 발표를 했다.

셋째, 마찬가지 이유로 다음과 같은 구문의 대격 표현들이 주어와 "피결정자"의 관계에 있는 것으로 보기는 어려운 것으로 보인다.

(77) 가. 철수가 파면을 당했다.
나. 철수가 감시를 받았다.

마지막으로 다음 예를 보기로 하자.

(78) 가. 헝겊에 물이 스며들었다.
나. 집에 도둑이 들었다.
다. 공장에 불이 났다.

이들은 모두 홍기선에 의해 한국어에 비대격 동사가 없음을 보이는데 논의된 예들이다. 그녀의 설명에 의하면 두 번째 명사구가 "결정자"이자 "피결정자"인데 "피결정자" 규정에 의하면 "결정자" 자신은 제외되므로 결국 이 문장에는 "피결정자"가 없는 상황이 되며 그래서 대격이 인가 안 된다고 하였다. 그러나 필자의 판단에 의하면 두 번째 명사구와 서술어가 나타내는 사건에 의해 첫 번째 명사구가 영향을 입는 그런 경우로 보인다. 즉 '물이 스며듦'으로 인해 그 순간마다 '헝겊'이 적셔지는 영향이 함께 일어난다고 볼 수 있으며, 나머지 경우에도 비슷한 얘기를 할 수 있을 것으로 보인다. 그렇다면 오히려 홍기선의 제안에 의하면 이 경우 대격이 가능해야 하나, 그렇지 않은 것은 홍기선의 제안에 문제가 있음을 보여준다.

이상의 예들은 홍기선 식의 의미적 접근법이 대격이 인가되는 특정한 한 경우만을 포착할 뿐 전체 경우를 포착하지 못함을 보여 주며 고로 대격 인가를 위해서는 통사적 접근법이 유효함을 보여준다고 할 수 있다.[54)]

---

54) 이런 점에서 볼 때, "피결정자"의 여부가 중요함을 보인 (70)에 대한 재검토가 필요하다고 본다. 김영희가 적절히 지적하였듯이 '주-'의 경우는 '영미'를 논항으로 볼 수 있으나, '던지-'의 경우는 논항이 아니기 때문에 대격 조사가 못 온 것으로 볼 수 있기 때문이다. 논항 대 부가어를 가르는 기준이 불분명하기는 하나, 김영희(1999가, 나)에 의하면 "문 쪼개기" 현상이 하나의 근거가 될 수 있을 것으로 보인다. 즉 그에 의하면 여격 성분이 논항인 경우는 "문 쪼개기"에서 의미격조사를 동반하는 것이 어색한 반면, 부가어인 경우는 그 반대라고 했는데, 이 테스트에 의하면 '던지-'

3.2.2.2 V 인가설 검토

지금까지 우리는 대격 인가와 관련하여 대격 조사가 나타나는 많은 예를 토대로 할 때, 의미적 접근법보다는 통사적 접근법이 더 유효함을 보았으며 그리고 구체적으로 대격 인가자를 v로 보는 Chomsky(1995)의 제안이 유지될 수 있음을 보았다. 그러나 최근 S. Cho(1999, 2000, 2001), Lopez(2001) 등은 대격 인가자를 v가 아니라 V로 보아야 한다는 주장을 편 바 있다. 이 중 조성은의 주장은 이론 내적인 동기에 의할 뿐이므로 단순히 소개하기로 하고 Lopez의 주장은 몇 가지 경험적 근거에 의하는데, 이 근거를 소개한 다음 대부분의 근거가 v 인가설의 수정안인 Tr 인가설에 의해 설명될 수 있음을 보인다.

조성은이 v 대신 V를 대격 인가자로 보아야 한다는 논증은 다음과 같은 수동문에 근거하고 있다.

(79) 철수가 다리가 채이었다.

먼저 조성은은 수동문의 격 양상에 대해 수동접사가 타동사의 대격 부여 능력을 흡수한다는 Jaegli(1986)의 제안을 따라 다음을 제안한다.

(80) 가. 수동 접사는 v에 있고 [대격] 자질을 갖는다.
　　 나. [대격] 자질을 갖는 V가 v로 이동하여 서로 점검되어 없어지는 것이 바로 흡수의 효과로 나타난다.

그런데 이런 분석은 수동문의 v가 [대격] 사실을 갖는다는 것을 가정하고 있다. 그리고 능동문의 v는 [대격] 자질이 없어야 한다. 다시 말해, 능동문의 v가 [대격] 자질이 있다고 보면 수동문에서 [대격]이 인가되는 현상을 흡수로 설명할 수 없게 되며 바로 이런 이유로 [대격] 인가 자질이 v가 아닌 V에 있다고 본 것이다.

이에 반해 Lopez(2001)의 주장은 여러 가지 경험적 근거에 의하고 있는데 그 근거들을 간단히 소개하고 문제의 근거들이 각주 43에서 소개한 Bowers의 Tr 인가설에 의해

의 여격 성분은 부가어의 성격을 가진 것으로 보인다.

(i) 가. ??*민수가 공을 준 것이 영미에게이다.　　나. 민수가 공을 준 것이 영미이다.
(ii) 가. 민수가 공을 던진 것이 영미에게이다.　　나. ??*민수가 공을 던진 것이 영미이다

설명될 수 있음을 보이기로 한다. 그에 앞서 먼저 Lopez의 논의가 단순히 격에 대한 것이 아니라, 의미역 배정과 점검 이론 간의 관계에 대한 것임을 지적해야 할 것이다. 최소주의의 기본 가정에 의하면(Chomsky(1995) 등) 두 관계는 서로 상보적이다. 즉 의미역 배정이 일어나는 영역과 점검이 일어나는 영역이 서로 다르다고 보는데, Lopez는 이를 버리면서 의미역 배정이 이동을 통해서도 일어날 수도 있고 격 점검은 그 반대로 지정어 위치로의 이동 없이도 가능하다며 대격의 경우 보어 위치에서도 격 점검이 가능한 것으로 보고 있다. 여기서 본 논의와 관련이 있는 부분은 격 점검에 대한 것이므로 격 점검과 관련된 논의만을 정리하기로 한다.

먼저 대격 점검 혹은 인가와 관련하여 Lopez가 비교하는 안은 다음 두 가지이다.

Chomsky(1995)

(81) 대격 명사구는 vP의 지정어 위치로 이동하거나(가시적 이동의 경우), v로의 자질 이동을 통해 v의 대격과 점검 관계를 이룬다.

Lopez(2001)

(82) 가. 대격 명사구는 vP의 지정어나 v로 이동할 필요없이 V의 점검 영역 내에서 점검된다.
나. V의 점검 영역은 V의 보어 및 지정어를 다 포함한다.[55)]

먼저 (81)과 같은 안에 대해 Lopez는 다음과 같은 한 가지 개념적 문제점을 지적한다. 즉 (81)은 대격 점검이 v와 그 지정어 사이에 대격 점검이 일어남을 말하는데 이에 의하면 대격 주어가 허용될 수 있다. 물론 이 문제에 대해 촘스키는 다음과 같은 제안을 하고 있다.

(83) 자질 점검은 병합 시에는 일어나지 않는다.

즉 주어는 vP의 지정어 자리에 이동을 통해 있게 되는 것이 아니라, 병합을 통해 있게 되는 것이므로 자질 점검이 안 일어나 결국 대격 주어는 항상 문제가 된다는 것이다. 그러나 Lopez는 허사의 경우 병합을 통해 자질 점검이 일어나므로 (83)을 임의 규정으로 보고 있다. 즉 폐기될 수 있으면 폐기되는 것이 더 바람직하다는 것이다. 물론 (82)는 그런 규정을 포함하지 않은 제안이므로 더 나으며 그리고 vP의 지정어에

55) VP의 지정어에서 점검이 되는 경우는 직접 목적어와 예외적 격 표시 구문의 경우를 말한다.

오는 주어는 대격 인가자인 V의 점검 영역 바깥에 있으므로 대격 주어는 항상 문제가 된다.

이제 경험적 근거를 보기로 하자. 먼저 로망스어에서 관찰되는 절대 소절(absolute small clauses)의 양상을 지적한다. 이 소절은 모문에 대해 부가어적 성격을 가지는 소절인데 소절의 서술어가 가질 수 있는 논항 전부가 나타날 수 있는 것이 아니라, 다음과 같은 특성을 보인다.[56)]

(84) 가. 소절의 서술어가 능격 자동사인 경우 그 서술어의 논항은 나타날 수 있다: (85가)
나. 소절의 서술어가 타동사일 경우 목적어만 나타날 수 있다. 즉 주어, 목적어가 같이 나타날 수는 없다: (85나)와 (85다)
다. 소절의 서술어가 비능격 자동사인 경우 그 서술어의 논항은 나타날 수 없다: (85라)

다음은 이를 보이는 예문들이다.

(85) 가. Arrivata Maria, Gianni tirò un sospiro de sollievo.
arrived drew a sigh of relief
'Arrived Maria (Maria having arrived), Gianni was relived.'
나. Conosciuta Maria, Gianni ha subito cambiato il suo stile di vita.
met has suddenlty changed the his style of life
'After he met Maria, Gianni suddenly changed his lifestyle.'
다. *Telefonat Gianni, Maria andò al appuntamento.
telephoned went to.the appointment
라. *Mangiati Gianni calamari, ...
eaten calamari =Lopez(2001:(36))

이런 현상에 대한 Lopez의 제안은 이 절대 소절이 vP가 아니라 VP라는 것이다. 즉 VP이므로 외부 논항을 가지는 서술어(타동사와 비능격 자동사)의 주어가 나타날 수 없다는 것이다. 일단 절대 소절의 범주적 특성을 이렇게 볼 때, 관건은 타동사의 목적어가 대격을 가질 수 있느냐 하는 것인데 Lopez는 다음 예를 들어 대격이 가능함을 지적한다.[57)]

(86) Conosciuta me, hai cominciato ad apprezzaare il mare.

56) 이 외에 조동사, 시제 표현, 부정 표현 등도 못 나타난다고 한다. 자세한 것은 Lopez(2001)를 참조할 것.
57) 능격의 경우는 주격을 가진다고 한다.

known   me.ACC you.have begun   to like   the sea
'After you met me, you began to like the sea.'   =Lopez(2001:(38))

결국 이 예는 v가 없는데도 대격이 가능한 경우이므로 대격 인가자가 v가 아님을 보일 뿐 아니라, V가 대격 인가자임을 보이는 근거가 된다는 지적이다.

한편 이후의 근거들은 모두 일단 v 인가설에 문제를 던지는 근거들인데 먼저 그 내용을 보고 V 인가설 하에서의 해결책은 무엇인가 보기로 하자. 먼저 (87)과 같은 오스트리아 독어(Austiran German)의 허사 구문의 예를 보자. 이 예문에서 Es는 허사이므로 외부 논항은 없다고 보아야 하며 고로 v가 없다고 보아야 하는데 유일한 논항인 ihn은 대격 형태이므로 v 인가설에 문제가 된다.

(87) Es hat ihn uberschlagen.

둘째 근거로는 일본어의 피동 구문을 드는데 마찬가지의 현상이 한국어에도 있으므로 한국어 예로 대신하기로 한다.

(88) 영미가 (철수에게) 반지를 빼앗겼다.

즉 '빼앗기-'는 '빼앗-'의 피동형이므로 외부 논항이 없다고 보는 것이 일반적인데 대격이 가능하므로 v 인가설에 문제가 된다는 지적이다.

마지막으로 외부 논항은 있으나 대격 논항이 없는 경우가 있다면 v가 갖는 [대격] 자질이 점검이 안 되는 상황이므로 v 인가설에 문제가 되는데 다음과 같은 예가 그에 해당된다고 한다.

(89) 가. talk to someone about something
나. speak to someone
다. work

그러면 V 인가설에서의 해결책은 어떤 것인가? 해결책은 의외로 간단하여 다음과 같다.

(90) V는 [대격] 인가 자질을 수의적으로 갖는다.

이에 의하면 (87, 88)은 대격 인가 자질을 가진 경우이고 (89)는 그렇지 않은 경우이다.

이제 v 인가설의 한 수정안인 Tr 인가설의 입장에서 Lopez의 이런 논증들을 검토해 보기로 한다. 먼저 지적할 점은 Lopez가 격 인가와 관련하여 1장에서 소개한 내용 중 초기 최소주의 입장을 따르고 있다는 점이다. 즉 가시적 이동의 경우는 지정어로의 이동을 통해 격 점검이 일어난다고 보고 있고 비가시적 이동의 경우는 핵으로의 이동을 통해 격 점검이 일어난다고 보고 있는 것이다. 그러나 이동 없이도 격 점검이 일어날 수 있는 방법이 가능한데 바로 일치 절차에 의한 인가가 그 경우이다. 격 인가가 바로 이런 일치 절차에 의한다고 할 때, v 인가설에 대해 제기된 문제 중 일부가 해결될 수 있으며 Tr 인가설에는 전혀 문제가 되지 않는다.

먼저 대격 주어를 막기 위해 제안된 (83)을 보자. 격 인가가 일치 절차에 의한다고 보면 v 인가설에서도 (83)은 필요하지 않다. 왜냐면 일치 절차에 의하면 성분-통어되는 성분하고만 일치 절차가 적용되는데, 주어는 vP의 지정어에 오게 되는 성분이므로 v에 의해 성분-통어되지 못하기 때문이다. 게다가 Tr 인가설에서는 외부 논항이 Tr보다 상위 핵인 Pr의 지정어에 오므로 지정어-핵 인가 기제에 의해서도 대격 인가는 이루어지지 않는다.

이어 절대 소절의 경우, Lopez는 절대 소절의 범주를 VP로 봐야지만 해당 현상들이 설명된다고 하였으나, Tr 인가설은 또 다른 가능성을 제공한다. 즉 절대 소절을 TrP로 볼 경우 (85다, 라)의 비문법성이 잘 설명된다.[58] 먼저 (85가)의 경우를 보면, 이 경우는 능격 서술어이므로 절대 소절이 VP이며 자체에 격 인가자가 없다. 고로 외부 혹은 모문 주격 인가자가 내부 성분에 대해 주격을 인가하는 것으로 볼 수 있다.[59] 이어 (85나)와 (85라)의 대비 및 (85다)의 비문법성은 절대 소절의 서술어가 타동사 또는 비능격 자동사인 경우, 절대 소절이 TrP임을 보인다. 즉 TrP이기에 외부 논항이 나타나지 못하며 그에 반해, 내부 성분에 대해 대격 인가가 가능하다.

(87)과 같은 허사 구문의 양상도 (85나-라)의 절대 소절과 유사한 경우로 볼 수 있다. 즉 Tr 인가설에 의하면 외부 논항이 없는 가운데 대격 인가가 가능한데, (87)의 허사 구문이 바로 그런 경우에 해당하는 것으로 분석될 수 있다.[60]

58) 그러나 vP로 보면 설명이 안 된다. 이 점에 있어 아래 논의는 대격 인가가 v보다는 그 아래 오는 Tr에 의해 이루어짐을 보이는 추가 근거가 될 수 있으리라 본다.

59) 이는 물론 절대 소절이 부가어로 VP에 부가되는 것을 전제하며, 이 구조에 의하면 절대 소절 및 내부 성분은 모문 주격 인가자(T 또는 Infl)에 의해 성분-통어된다.

60) 이런 유형의 추가 예로는 Bowers(2002:186-187)를 참조할 것.

(88)과 같은 대격 피동 구문에 대해서는 이들이 영어의 피동 구문과는 다른 성격을 가진다고 본 연구들이 있다.(Y.-S. Choi(2000), Maling, Jun&Kim(2002) 등).[61] 이들은 이들 구문이 형태적으로는 피동이지만 의미적으로 주어가 자신의 의지를 가질 수 있다고 보는데, 이는 이 구문에 외부 논항을 나타내는 v가 있음을 말하며 Bowers(2002)에 의하면 결국 v가 Tr을 가질 수 있으므로 이들 구문에서의 대격도 v 혹은 Tr 인가설에 문제가 되지 않는다. 마지막으로 (89)로 인한 문제는 v 인가설 및 Tr 인가설에서 (90)과 유사한 가정에 의해 분석이 가능하다. v 인가설에서는 대격 인가가 v에 파이-자질이 있을 경우에만 가능하다고 볼 때, v가 파이-자질을 수의적으로 취한다는 가정이 문제를 해결해 준다. 즉 (89)의 서술어들은 v를 가지나, 파이-자질이 없어 대격 인가 능력이 없으나 자신에게 문제가 되는 [-해석성] 자질이 없으므로 결국 converge하게 된다.[62] Tr 인가설에 의하면 (89)는 해당 서술어들이 v는 있으나, Tr은 없는 경우로 볼 수 있다.

3.2.3 정리

한국어의 대격 인가에 대한 기존 연구는 크게 두 가지로 나뉜다. 대격 인가가 서술어의 의미적 특성에 의한다고 보는 입장과 대격 인가를 담당하는 통사적 핵에 의한다고 보는 입장이 그것이다. 앞의 정리에서 보듯이 두 입장이 서로 상충하는 부분도 있는데, 대격 인가를 담당하는 통사적 핵이 의미에 기여하는 부분이 있다면 두 입장이 만날 가능성도 있다고 본다.[63] 이 가능성의 추구는 앞으로의 과제로 돌리고 본 절에서는 대격 인가를 담당하는 통사적 핵에 대한 기존 입장들을 정리하면서 대격 인가가 V보다는 v 혹은 Tr에 의해 이루어진다고 보는 가설이 여전히 유효함을 보았다. 특히 여러 언어로부터의 자료를 볼 때, Bowers(2002)의 Tr 인가설이 v 인가설보다 유력한데, 한국어에 관한 한 v와 Tr의 구분을 필요로 하는 경험적 근거 그리고 그 중 Tr이 대격 인가를 담당한다는 경험적 논의들이 없으므로 일단 최소주의의 입장을 따라 대격 인가가 v에 의하는 것으로 본다.

---

61) 자세한 논의는 어휘 피동을 다루는 장을 참조할 것.

62) Lopez는 격 인가자가 갖는 [대격] 자질이 점검이 안 되어 문제라 했으나, 이는 초기 최소주의 규정에 의한 것이다. Chomsky(2000, 2001a, b)에서는 격 인가자가 별도의 격 자질을 갖지 않은 채 격 인가를 할 수 있다. 고로 이 규정에서는 Lopez가 지적한 문제가 일어나지 않는다.

63) 즉 대격 인가를 담당하는 핵의 의미적 성격의 파악에 기여한다는 점에서. 그러나 필자는 궁극적으로 대격 인가가 의미적 요인에 의한다는 입장에는 반대한다. 그런 입장에 의하면 격 중출 현상을 설명하기 어렵다.

3.3 정리 및 결론

지배 결속 이론 하에서 한국어의 격 인가자를 찾는 연구들은 그 당시의 격 인가 기제(즉 지배 개념) 및 한국어만의 격 중출 현상으로 인해 여러 가지 다양한 해법을 내놓았다. 특히 같은 주격이 서로 다른 격 인가자에 의해 인가되는 것으로 보는 견해들이 있었는데, 개념적으로 그런 제안이 좋지 않은 것은 분명하다. 이에 비추어 볼 때, 성분-통어에 의한 일치 기제는 격 인가자 설정에 있어 적어도 그런 개념적 문제를 유발하지 않는다는 점에서 우위에 있다고 할 수 있다. 물론 격 중출 설명을 위한 추가적 설정이 필요한데, 필자는 한국어의 '-시/Ø'와 관련된 격 인가 및 "존대" 현상의 검토를 통해 '-시/Ø'가 주격 인가자일 뿐 아니라, [+해석성] 자질인 [화자 존대 의향] 자질을 통해 자신의 지정어에 오는 주어 표현과 일치하는 일치소의 성격을 가지고 바로 일치소의 그런 성격(즉 [+해석성] 자질을 가지는)이 한국어가 격 중출 현상을 보이는 이유임을 제안하였다. 그리고 이를 토대로 한국어와 영어 간의 주격 인가의 공통점 그리고 차이점이 무엇인가를 밝히고 차이를 설명하기 위한 방안으로 (59)를 제안하였다.

대격 인가자와 관련해서는 의미적 접근법과 통사적 접근법을 각각 소개하고 이들이 만날 가능성을 지적하면서 통사적 접근법 중 V 인가설이 제시하는 문제점들이 Tr 인가설 하에서 설명되는 길이 있음을 보였다. 한편 한국어에서 주격 중출과 더불어 대격 중출도 가능하므로 주격 인가를 통해 주장한 영어와 한국어의 격 인가의 차이가 대격 인가에도 그대로 적용되는 것으로 본다. 즉 한국어와 영어에서 v 혹은 Tr이 독립 핵이라는 점은 같으나, 영어에서는 파이-자질이 격 인가에 관여하여 격 인가가 한번만 가능하나, 한국어에서는 파이-자질이 관여하지 않아 격 인가가 여러 번 가능한 것으로 본다.

마지막으로 격 인가자 논의를 통해 본 장에서 얻은 격 이론 관련 제안들을 정리하면 다음과 같다.

(91) 가. 주격 인가는 일치 관련 성분이 담당한다. 그러나 이 성분의 통사적 구현은 언어별로 다를 수 있다. 구체적으로 한국어에서는 일치 관련 성분이 [화자 존대 의향]이라는 [+해석성] 자질로 되어 있어 일치소라는 독립 핵으로 구현되나, 영어에서는 [−해석성]인파이-자질이어서 독립 핵으로 구현되지 못하고 T에서 구현된다.
나. 이런 차이로 인해 한국어와 영어 간에 (59)와 같은 격 인가의 차이가 일어난다.
다. 대격 인가는 v 혹은 Tr이 담당하며 (91나)의 차이가 대격 인가에도 적용된다.
라. 격 인가와 일치는 서로 별개의 현상으로 격 인가의 기본 기제가 성분-통어에 의한 다면일치의 기본 기제는 지정어-핵 형상에 의한다.

마. 다만 영어에서처럼 격 인가가 파이-자질에 의존적인 경우에는 격 인가와 일치가 함께 일어난다.

제4장

의미격 조사와 주격 및 대격 조사 간의 교체

의미격 조사를 다룬 2.2에서 필자는 의미격 조사와 관련된 교체, 생략, 중첩 등의 현상과 관련하여 명사 - 의미격 조사 구성이 통사적으로 후치사구 혹은 명사구를 이루며,[1)] 명사구를 이루는 경우의 의미격 조사는 해당 서술어에 의해 부여된 의미역의 실현임을 제안하였다. 그리고 그런 제안을 토대로 교체, 생략 및 중첩에 대한 분석을 시도하였다. 본 장에서는 교체 현상을 보이는 명사 - 의미격 조사 구문에 대한 기존 연구를 중심으로 해당 구문의 통사적 특징을 살펴 보고 그런 특징이 격 이론적 논의에 어떤 영향을 미치는가를 살펴 본다.

먼저 교체 현상을 보이는 명사-의미격 조사 구문과 관련하여 기존 연구에서 논의된 주요 논제들로는 다음과 같은 것이 있다.[2)]

---

1) 의미격 조사가 명사구 내부에 올 경우, 아래 예에서 보듯이 의미격 조사는 속격 조사와 교체하지 않을 뿐 아니라, 속격 조사와 같이 나타나야 한다.

(i) 가. 적지에서의 승리	나. *적지의 승리	다. *적지에서 승리
(ii) 가. 한국으로의 귀환	나. *한국의 귀환	다. *한국으로 귀환
(iii) 가. ?자선 단체에의 기증	나. *자선 단체의 기증	다. *자선 단체에 기증

이는 의미격 조사 성분(논항이건 부가어이건)이 문장 내부에 오는 경우와 명사구 내부에 오는 경우 서로 통사적으로 다름을 의미하는데 지금까지 이 다름을 어떻게 볼 지에 대한 논의는 없었던 것으로 보인다. 필자 또한 이 문제에 대한 해답이 없으며 앞으로의 연구 과제로 돌린다.

2) 교체를 보이는 경우, 교체 형태 간에 어떤 의미적 차이가 있는가가 논의될 수 있으며 실제로 홍기선(1995: 각주 6), 김영희(1999가:105), K.-S. Hong(1991/2000), H.-R. Chae(1999) 등에서 이와 관련된 논의를 찾아 볼 수 있다. 그러나 서로 동일한 통사적 성격을 가지는 교체 형태 간의 의미적 차이에 대한 논의와 서로 다른 통사적 성격을 가지는 교체 형태 간의 의미적 차이에 대한 논의는 성격이 다른데, 기존 연구들은 교체 형태의 통사적 성격에 대한 논의에서조차 의견 일치를 보지 못하고

(1) 가. 주격 조사와 교체를 보이는 '-에게/에' 성분이 문장의 주어인가 아닌가?
나. 주격 조사와 교체를 보이는 '-에게/에' 성분은 흔히 또 다른 주격 조사 성분과 같이 나타나는데 그 주격 조사 성분은 주어인가 아닌가?
다. 의미격 조사와 대격 조사 간의 교체를 허용하는 구문과 그렇지 않은 구문 간의 차이는 무엇인가?

본 장에서는 이 주요 논제에 대한 기존 연구들의 입장을 소개, 정리하는 한편 가능한 경우 필자의 입장을 제시할 것이다. 그리고 교체와 관련하여 기존 연구들이 다루지 않은 현상으로 주격 조사 및 대격 조사와의 교체를 보이는 '-에게/에'가 둘 간의 교체에 있어 배타성을 보임을 지적하고 이 점이 어떤 의의를 갖는가를 논의한다.

본 장의 구성은 다음과 같다. 먼저 4.1에서는 의미격 조사와 주격 조사 간의 교체 현상과 관련된 논의를 정리한다. 이어 4.2에서는 의미격 조사와 대격 조사 간의 교체 현상과 관련된 논의를 정리한다. 마지막으로 4.3에서는 4.1, 4.2에서의 논의를 토대로 의미격 조사와 주격 및 대격 조사 간의 교체 현상에 대한 종합적 분석을 모색한다.

4.1 의미격 조사와 주격 조사 간의 교체

4.1.1 '-에게/에'와 주격 조사 간의 교체

의미격 조사 중 '-에게/에'가 주격 조사와 교체를 보이는 현상은 많은 문헌들에서 언급되어 왔는데(Y.-S. Kang(1986), Gerdts & Youn(1988, 1989, 2001), Y.-J. Kim(1990), Whitman(1991), C. Youn(1995, 2001) 등 참조), 다음은 그런 교체를 보이는 전형적인 예들이다.[3)]

있다. 특히 아래 예문에 대해 H.-R. Chae(1999)는 교체 표현 간에 서술어의 논항 구조 상에 변화가 없다고 본 반면, 홍기선(1995:467-472)은 '하늘에서'와 같이 "배경"의 의미를 가지는 경우는 부가어, '하늘을'과 같이 "행로"의 의미를 가지는 경우는 논항으로 서로 통사적 성격이 다르다고 보고 있다.

(i) 가. 하늘에서 날았다. 나. 하늘을 날았다.

이에 대한 논의도 앞으로의 과제로 돌린다.

3) 아래 예에서 보듯이 주격 조사가 먼저 오는 어순도 가능하다. 이 어순과 본문의 어순 중 어느 것이 기본 어순인가에 대한 논의는 앞으로의 과제로 돌리고 일단 '-에게/에'가 주격 조사 성분보다 먼저 오는 것을 기본 어순으로 본다.

(2) 가. 그 집에 쥐가 많다.
나. 그 집이 쥐가 많다.

(3) 가. 나에게 걱정이 하나 있다.
나. 내가 걱정이 하나 있다.

(4) 가. 나에게 용기가 필요하다.
나. 내가 용기가 필요하다.

(5) 가. ??나에게 뱀이 제일 무섭다.4)
나. ?내가 뱀이 제일 무섭다.

(6) 가. 이 헝겊에 물이 잘 스며든다.
나. 이 헝겊이 물이 잘 스며든다.

(7) 가. 그 공장에 불이 났다.
나. 그 공장이 불이 났다.

이들 예는 각 문장이 갖는 서술어의 통사적, 의미적 특성에 따라 몇 가지로 나뉘는데 (연재훈(1996:253), H.-S. Yoon(1996) 등 참조), 먼저 (2-5)의 경우는 서술어가 형용사인데 반해, (6-7)의 경우는 동사의 경우이다. 그리고 형용사의 경우는 그 의미적 특성에 따라 다음의 세 가지로 구분된다.

(8) 가. 소유, 존재 구문: (2-3)
나. 필요 구문: (4)
다. 심리 형용사 구문: (5)

이들 구문은 여러 가지 면에서 학자들의 관심을 끌었으나 주된 관심사는 (1가)와 (1나)의 두 가지이며, 이들 문제를 다룬 기존 연구들의 입장은 아래와 같이 정리될 수 있다.5)

(i) 쥐가 그 집에 많다.

4) (5)와 같은 심리 형용사 구문이 부자연스러운 것은 사실이나 정인상(1980), 연재훈(1996), Gerdts &Youn(1988), C. Lee(1989) 등을 따라 비문법적인 것으로 보지는 않는다.

5) (8)의 구문에 대한 이 입장을 받아들여 앞으로는 (8)의 구문 전체를 "여격 주어" 구문으로 부른다.

(9) 가. '-에게/에' 성분이 주어이고[6)]
나. '-에게/에' 성분 뒤에 오는 주격 조사 성분은 주어가 아니고 보어이다.

여기서 말하는 주어란 의미적 주어이기보다는 문법적 주어를 말하는데, 기존 연구에서 이런 문법적 주어를 가려내는 진단법으로는 '-시'에 의한 주어 존대, equi control, '자기/자신' 결속, '-들' 복사, 접속, '-면서(도)' 구문에서의 통제, 예외적 격 표시 구문, 주제화 및 quantifier floating 등이 언급되었다.[7)] 그러나 (8)의 여격 주어 구문과 관련하여 논의된 것은 '-시'에 의한 주어 존대, '자기/자신' 결속, 접속, '-면서(도)' 구문에서의 통제, 예외적 격 표시 구문 정도로(연재훈(1996), Gerdts&Youn(1988, 1989), C. Lee(1989), C. Youn(2001) 등 참조)[8)] '-시'에 의한 주어 존대를 제외한 다른 진단법의 타당성에 대해서는 의견이 엇갈리나 일단 해당 논의를 간단히 소개하면 아래와 같다.

방금 지적하였듯이 주어를 가려내는 진단법으로 '-시'에 의한 주어 존대가 믿을 만한 진단법이라는 데에는 의견 일치를 보고 있는데[9)] 아래 예들은 여격 주어 구문에서 '-에게/에' 성분이 주어이고 '-에게/에' 뒤에 오는 주격 조사 성분은 주어가 아님을 보여준다. 즉 '-에게/에' 성분이 존대의 대상이 되는 경우 '-시'의 출현이 허용되나, 주격 성분이 존대의 대상이 되는 경우는 '-시'의 출현이 허용되지 않는다.

(10) 가. 아버님에게 돈이 필요하시다.
나. 할아버님에게 영화가 지루하시다. =C. Youn(2001:(34-35))
다. ??박 선생님에게 영미가 무서우시다.
라. 박 선생님에게 걱정이 있으시다.
마. 박 선생님에게 좋은 고서가 많으시다.

(11) 가. *나에게 훌륭한 선생님이 필요하시다.
나. *나에게 훌륭한 선생님이 많으시다.
다. *나에게 박 선생님이 제일 무서우시다.[10)]

6) '-에게/에'가 주격 조사로 교체되는 경우 해당 성분은 주어 성격을 가진다. 이는 별도로 논하지 않는다.
7) S.-C. Song(1975), H. Kuh(1987), H.-S. Yoon(1987), Gerdts&Youn(1988, 1989), C. Lee(1989), K.-S. Hong(1994),연재훈(1996), C. Youn(2001) 등 참조. 특히 이들 진단법의 성격 및 타당성에 대한 심도 있는 논의로는 K.-S. Hong(1994)을 참조할 것.
8) '-들' 복사 현상이 주어와 연관이 많은 것으로 되어 있으나, (8)의 서술어에 실제로 적용된 예는 찾아 보기 힘들다. 이에 반해, (6-7)의 동사들에 적용된 예들은 있는데, 주어성 진단으로서의 '-들' 복사에 대한 논의는 해당 부분에서 하기로 한다.
9) K.-S. Hong(1994:107-109)에서 '-시'에 의한 주어 존대와 같이 주어성을 가려내는 필요 충분 조건으로 파악된 equi control 진단법은 (8)의 서술어의 특성 상 적용되지 않는다.

라. *나에게 나이 많은 친척들이 많이 있으시다.[11)]

한편 (10다)와 같은 심리 술어 문장을 비문법적으로 보는 입장도 있다(C. Lee(1989) 등 참조). 필자는 심리 술어의 특성 상 삼인칭 주어로 인해 해당 문장이 안 좋아지는 면도 있다고 보는데, 심리 술어 뒤에 '-인가 보다' 혹은 '-였던가 보다' 등의 표현이 오는 경우 삼인칭이 자유롭게 올 수 있으며 그 경우 '-시'의 출현과 관련한 (10)과 (11) 간의 대비가 더 뚜렷해짐을 아래 예가 보여준다.

(12) 가. 아버님에게 돈이 필요하신가 보다.
나. 할아버님에게 영화가 지루하셨던가 보다.
다. 박 선생님에게 영미가 무서우셨던가 보다.
라. 박 선생님에게 걱정이 있으신가 보다.
마. 박 선생님에게 좋은 고서가 많으신가 보다.

(13) 가. *그에게 훌륭한 선생님이 필요하신가 보다.
나. *그에게 훌륭한 선생님이 많으신가 보다.
다. *그에게 박 선생님이 제일 무서우셨던가 보다.
라. *그에게 나이 많은 친척들이 많이 있으신가 보다.

재귀사 '자기' 또는 '자신'도 주어 성분을 가려내는 진단법으로 많이 언급되는데,

---

10) (11다)를 좋은 문장으로 보는 판단도 있다. 그러나 그 경우는 비문법적인 경우와 해석이 다른 것으로 보인다. 즉 본문에서 검토하는 해석은 '-에게/에' 성분이 경험주 의미역을 갖는 논항인 경우 즉 "누가 누구를 무서워 한다"라는 해석의 경우이다. 이에 반해, (11다)를 좋은 문장으로 보는 경우의 해석은 "경험주의 느낌"을 나타내는 것이 아니라, "박 선생님 어떤 분이다"라는 해석의 경우이다. 이런 해석에서 '-에게/에'는 경험주의 의미역을 안 가지며 단순히 부가어의 기능을 하는 것으로 보인다. 그리고 그 경우 '-에게/에'는 주어가 아니고 '박 선생님'이 주어이며 그로 인해 '-시'가 오는 것이 가능하게 된다. 이는 결국 'A-에게 B-가 ...'의 모습을 갖는 심리 술어 구문에 다음 두 가지가 있음을 의미한다: (가) A: 경험주이자 주어, B: 대상이자 보어, (나) A: 부가어, B: 주어. 본문에서 검토하는 것은 전자의 경우만이다. 이와 유사한 견해를 Whitman(1991:각주8)이 제시한 바 있다.

11) '있다'의 경우 존대형 '계시다'가 가능함을 들어 주격 성분이 주어임을 주장할 수도 있을 것이다.

(i) 가. 철수에게 나이 많은 친척들이 많이 계시다. 나. 그에게 연로한 아버님이 계시다.

그러나 '계시다'와 '있으시다'가 서로 간에 뚜렷한 상보적 분포를 보인다는 점에 비추어 볼 때, (i)의 예문만을 갖고 '계시다'에 의해 존대가 되는 주격 성분을 주어로 볼 수는 없을 것으로 보인다. 그보다는 객체 존대의 일종으로 볼 수 있을 것으로 보이는데 자세한 논의는 최기용(1998가)을 참조할 것.

이는 물론 이들의 선행사로 주어 성분만 가능하다는 판단에 의하며 다음 예들이 이를 보여준다.

(14) 가. 철수가$_i$ 순이를$_j$ 자신의$_{i/*j}$ 집 앞에서 만났다.
나. 철수가$_i$ 순이에게$_j$ 자신의$_{i/*j}$ 사진을 주었다. =C. Youn(2001:(12, 13))

이어 다음 예들은 '-에게/에' 성분이 '자기' 또는 '자신'의 선행사가 될 수 있음을 보이며 이는 물론 '-에게/에' 성분이 주어임을 보이는 근거가 된다. 특히 (16)은 주격 성분이 '자기'의 선행사가 될 수 없음을 보여 주어가 아님을 보여준다.

(15) 가. 철수에게$_i$ 돈이 자신의$_i$ 아들을 위해 필요하다.
나. 순이에게$_i$ 자신의$_i$ 딸이 그리웠다. =C. Youn(2001:(17-18))

(16) 가. 영수에게(는)$_i$ 순이가$_j$ 자기$_{i/*j}$ 딸보다 더 좋다.
나. 영수에게(는)$_i$ 순이가$_j$ 자기의$_{i/*j}$ 성공을 위해 필요하다. =연재훈(1996:(19))

(17) 죤에게는$_i$ 자기가$_i$ 원망스러웠다. =C. Lee(1991:(28a))

한편 H.-S. Yoon(1987:151-154), K.-S. Hong(1994:109-112) 등은 이런 재귀사 진단법의 타당성에 대해 의문을 표한 바 있다. 즉 주어가 재귀사의 선행사가 되는 것은 사실이지만, 주어 외의 성분들도 선행사가 될 수 있으므로 주어를 가려내는 진단법으로는 부적절하다는 것이다.12) 다음은 이를 보여주는 K.-S. Hong(1994:(20, 21))의 예이다.

(18) 가. 영희가$_i$ 민수를$_j$ 순이에게k 자기의i/j/k 방에서 소개했다.
나. 나는 민수에$_i$ 의해 자기의$_i$ 형에게 소개되었다.
다. 자기가$_i$ 이긴 것이 영희를$_i$ 기쁘게 했다.
라. 순이의$_i$ 책은 자기$_i$ 책상 위에 있다.
마. 민수가$_i$ 산 책은 자기의$_i$ 동생을 위한 선물이다.

---

12) C. Youn(2001:141)은 다음 예문의 문법성을 들어, '자기'가 주어성을 판별하는 좋은 근거가 되지 못함을 지적하며 대신 '자신'을 이용하고 있다.

(i) 철수가 순이를$_i$ 자기$_i$ 집 앞에서 만났다.

K.-S. Hong(1994:111)도 같은 성격의 문장을 문법적으로 보고 있으나 필자의 판단에 의하면 안 좋다.

필자는 어떤 성분이 재귀사의 선행사가 될 수 있는가 하는 문제에 대해 어떤 확고한 견해를 갖고 있지 못하다. 게다가 주어 외의 성분이 선행사가 될 수 있음을 보여준 위의 일부 예문에 대해서도 판단을 달리 하고 있다. 즉 (18가)에서 '자기'가 '민수' 또는 '순이'를 선행사로 갖는 해석, (18나)에서 '자기'가 '민수'를 선행사로 갖는 해석 그리고 (18라)에서 '자기'가 '순이'를 선행사로 갖는 해석은 필자에게는 아주 어색하다. 그러나 이런 판단의 차이에도 불구하고 (15-17)의 예문은 '-시' 존대 진단법과 함께 할 때, 즉 '-시' 존대 진단법에 의해 주어로 확인된 여격 성분이 주어로서 재귀사의 선행사가 될 수 있음을 보인다는 차원에서 여격 성분을 주어로 보게 하는 추가 근거가 될 수 있다고 본다.

이어 '-면서(도)' 구문을 이용한 진단법을 보자. 이 진단법은 C. Youn(1990, 2001)이 제안한 것으로 '-면서' 절의 공범주 주어를 통제하는 모문 성분으로 주어는 가능하지만 비주어는 가능하지 않다는 관찰을 토대로 한다.

(19) 가. e.c.$_i$ 밥을 먹으면서(도) 철수가$_i$ 책을 읽었다.
나. e.c.$_{i}$/*$_j$ 크리스챤이면서(도) 영수가$_i$ 철수를$_j$ 속이었다.
다. e.c.$_{i}$/*$_j$ 구두쇠이면서(도) 철수가$_i$ 영수에게$_j$ 돈을 주었다.
=C. Youn(2001:(19, 21-22))

고로 이런 양상이 맞다면 이 양상을 주어 판정에 이용할 수 있는데, 윤청은 아래 예문을 통해, '-에게/에' 성분이 '-면서(도)' 절의 공범주를 통제할 수 있는데 반해, 주격 성분은 그렇지 못함을 지적하고 있다.

(20) 가. e.c.$_{i}$/*$_j$ 미국시민이면서도 철수에게$_i$ 영어 선생이$_j$ 필요하다.
나. e.c.$_{i}$/*$_j$ 백만장자이면서도 철수에게$_i$ 영수가$_j$ 부러웠다.
다. e.c.$_{i}$/*$_j$ 장사이면서도 철수에게$_i$ 영수가$_j$ 두려웠다.
=C. Youn(2001:(25-27))

이 진단법에 대해 K.-S. Hong(1994:118-120)은 통제자나 통제 대상 성분 모두 주어가 아닌 아래와 같은 예문이 가능함을 들어 의문을 표하고 있으나 필자의 판단은 대체로 홍기선과 다르다.

(21) 가. 그 시$_i$ [내가 e.c.$_i$ 지었으면서도] 순이가 낭송했다.
나. 김 선생님에$_i$ 의해 [e.c.$_i$ 회의가 진행되면서도] 신입회원들은 소개되지 않았다.
다. 민수가$_i$ [e.c.$_i$ 부자이면서도] 어머니가 일을 하신다.

즉 (21가)는 아주 어색한 문장이며, (21다)도 홍기선이 의도한 의미로는 아주 어색하다. 한편 (21나)에서 홍기선은 '-면서' 절에 '김 선생님에 의해'에 의해 통제되는 공범주를 설정하였는데, 부가어 성분에 대한 공범주 설정이 과연 적절한 것이냐 하는 의문이 남는다. 이와 같은 판단을 토대로 필자는 '-면서' 구문을 이용한 진단법을 주어를 골라내는 유효한 진단법으로 보며 이 진단법에 의해 여격 주어 구문에서 '-에게/에' 성분은 주어이나 주격 성분은 주어가 아닌 것으로 본다.

네 번째로 예외적 격 표시 구문을 이용한 진단법을 보자. 1장에서 본 영어의 예외적 격 표시 구문의 특징은 내포문이 비시제문일 경우 주어 성분이 주격 대신 대격을 취한다는 것이었다. 이와 같은 양상은 아니지만, 한국어에서도 내포문의 주어가 주격 대신 대격을 취하는 구문이 있음은 일찍부터 관찰되어 왔으며 그리하여 해당 구문도 예외적 격 표시 구문으로 불리었다.[13)]

(22) 가. 사람들은 철수가 천재라고 믿었다.
나. 사람들은 철수를 천재라고 믿었다.

이 구문이 주어를 가려내는 진단법으로 이용되는 것은 대격을 취하는 내포문의 성분으로 주어만 가능하고 비주어는 불가능하다는 관찰에 의한 것인데, C. Youn (2001:148-149)은 아래 예문을 들어 여격 주어 구문에서 '-에게/에' 성분은 주어이지만, 주격 성분은 주어가 아님을 주장한다.

(23) 가. 순이는 학생들에게 돈이 필요하다고 믿었다.
나. 순이는 학생들을 돈이 필요하다고 믿었다.
다. *순이는 돈을 학생들에게 필요하다고 믿었다.

그러나 H.-S. Yoon(1987, 2004b), J.-M. Yoon(1989), K.-S. Hong(1994), 홍기선(1997) 등이 지적하였듯이 한국어의 예외적 격 표시 구문에서는 비주어 성분도 대격을 취할

13) 혹은 "주어-목적어 상승(Subject-to-Object Raising)" 구문으로 불리기도 한다. 한국어의 예외적 격 표시 구문에 대한 본격적인 논의는 7장을 참조할 것.

수 있는데 아래 예들이 이를 보여준다.

(24) 가. 나는 어제를 날씨가 좋았다고 생각한다.
나. 민수가 LA를 한국 사람이 제일 많이 산다고 생각한다.
다. 민수가 그 삼년 동안을 전쟁이 가장 심했다고 기억한다.
라. 나는 고층 건물을 뉴욕에 제일 많다고 생각한다.

필자 역시 7장의 논의를 토대로 예외적 격 표시 구문의 대격 성분을 주어로 보지 않으며 고로 예외적 격 표시 구문을 이용한 진단법을 유효한 주어 진단법으로 보지 않는다.

마지막으로 접속의 경우를 보자. 접속 양상을 이용한 진단법에 대해 연재훈(1996:258)은 "대격 언어에서는 접속문을 구성할 때 문장의 축(pivot) 역할을 하는 것이 주어 성분이기 때문에 생략될 수 있는 성분이 주어"임을 지적하면서 아래와 같은 예문이 '-에게/에' 성분이 주어임을 보인다고 주장한다.

(25) [e.c.$_i$ 돈이 많아서] 영수에게-$_i$ 친구가 많다.

그러나 '-어/아서'가 진정한 접속문을 이끄는 어미인지에 대해서는 논란이 있을 수 있어 위 예문이 (9)에 대한 확실한 증거가 되기는 어려운 것으로 보인다. 게다가 접속의 전형적인 어미로 인정되는 '-고'의 경우에도 K.-S. Hong(1994:117)은 다음 예를 들어 접속이 주어를 가려내는 유효한 진단법이 될 수 없음을 지적하고 있다. 즉 생략 성분을 통제하는 선행사가 주어임에도 불구하고 생략 성분 자체는 주어가 아닌 목적어 또는 간접 목적어와 같은 성분일 수 있으므로 선행사가 주어라는 것을 토대로 생략 성분이 주어라는 결론을 내릴 수 없다는 것이다.

(26) 가. 순이는i 착하고 친구들이 e.c.i 많이 찾아온다.
나. 순이는i 민수에게 책을 주고 민수는 e.c.i 꽃을 주었다.

그러나 다음 예들은 '-고' 접속문의 왼쪽 접속항의 주어 성분이 오른쪽 접속항의 생략된 '-에게/에' 성분을 통제할 수 있으나, 주격 성분을 통제할 수 없음을 보인다.

(27) 가. 그 집이$_i$ 아주 넓고 e.c.$_i$ 쥐가 많다.

나. 내가$_i$ 건강이 안 좋고 e.c.$_i$ 걱정이 하나 있다.
다. ?내가$_i$ 건강하고 e.c.$_i$ 용기가 필요하다.
라. 내가$_i$ 소심하고 e.c.$_i$ 뱀이 제일 무섭다.

(28) 가. ?*쥐가$_i$ 지저분한 동물이고 그 집에 e.c.$_i$ 많다.
나. ?*걱정이$_i$ 스트레스의 한 요인이고 나에게 e.c.$_i$ 있다.
다. ?*용기가$_i$ 중요한 덕목 중 하나이고 나에게 e.c.$_i$ 제일 필요하다.
라. *뱀이$_i$ 징그럽고 나에게 e.c.$_i$ 제일 무섭다.[14)]

그리고 다음 예는 여격 주어 구문이 왼쪽 접속항에 올 경우, '-에게/에' 성분이 오른쪽 접속항의 주어 성분의 생략을 통제할 수 있으나 오히려 주격 성분은 그럴 수 없음을 보인다.

(29) 가. 그 집에$_i$ 쥐가 많고 e.c.$_i$ 아주 넓다.
나. 나에게$_i$ 걱정이 하나 있고 e.c.$_i$ 건강도 안 좋다.
다. ?나에게$_i$ 용기가 필요하고 e.c.$_i$ 건강하다.
라. ?나에게$_i$ 뱀이 제일 무섭고 e.c.$_i$ 소심하다.

(30) 가. *그 집에 쥐가$_i$ 많고 e.c.$_i$ 지저분한 동물이다.
나. *나에게 걱정이$_i$ 하나 있고 e.c.$_i$ 스트레스의 한 요인이다.
다. *나에게 용기가$_i$ 필요하고 e.c.$_i$ 중요한 덕목 중 하나이다.
라. *나에게 뱀이$_i$ 제일 무섭고 e.c.$_i$ 징그럽다.[15)]

이런 양상은 결국 여격 주어 구문의 '-에게/에' 성분과 주격 성분이 구조 상 차이가 있음을 보일 뿐 아니라, 그 차이가 주어성과 연관이 있음을 보이는 것으로 홍기선의 문제 제기에도 불구하고 접속의 양상을 여격 주어 구문의 주어성 판단에 있어서는

---

14) 이 문장의 비문법성은 아래 문장의 비문법성과 같은 양상이다.
(i) *뱀이$_i$ 징그럽고 내가 e.c.$_i$ 제일 무서워한다.
그러나 '나에게'가 부가어이고 생략된 '뱀'이 주어인 경우는 좋으며 그 경우 생략 성분이 주어이고 생략 성분을 통제하는 성분도 주어이므로 접속의 일반적 양상에 맞는 경우가 된다.

15) 이 문장의 비문법성 역시 아래 문장의 비문법성과 같은 양상이다.

(i) *내가 뱀을-$_i$ 제일 무서워하고 e.c.i 징그럽다.

이 문장 역시 각주 14와 같은 경우로는 자연스러운 문장이며 그 경우 '-에게/에'가 경험주의 해석을 가지지 않고 결국 '뱀'이 양 접속항 모두에서 주어로 기능하고 그로 인해 생략이 가능하게 된다.

유효한 진단법으로 보고자 한다.

결국 여격 주어 구문의 '-에게/에' 성분 및 주격 성분의 주어성 진단과 관련하여 기준 연구들이 제시한 다섯 가지 진단법 중 예외적 격 표시 구문의 경우를 제외한 나머지들은 대체로 유효하며 이 진단법에 의하면 '-에게/에' 성분은 주어인 반면, 주격 성분은 주격 조사를 가짐에도 불구하고 주어가 아니다. 한편 3장에서 '-시'가 일치소를 이룬다고 보았고 일치소와 핵-지정어 일치 관계를 이루는 성분을 주어로 보았으므로 이에 의하면 여격 주어 구문의 표면 구조는 다음과 같다고 할 수 있다.[16)]

(31)

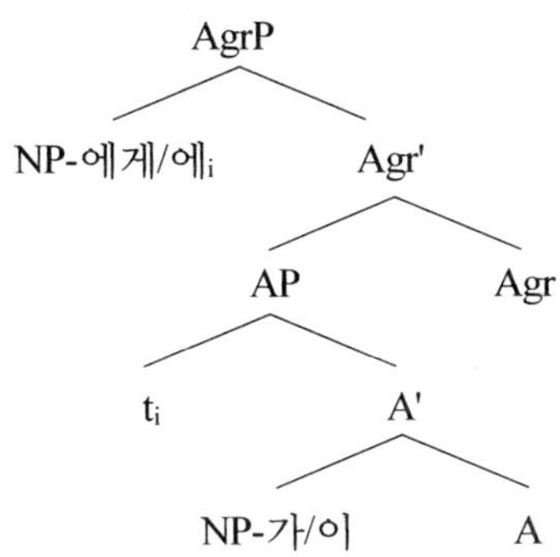

이제 동사를 서술어로 갖는 (6, 7)의 경우를 보자(편의상 각각을 아래 (32, 33)으로 다시 제시하고 같은 성격을 갖는 서술어를 추가하였다).[17)]

(32) 가. 이 헝겊에 물이 잘 스며든다.
나. 이 헝겊이 물이 잘 스며든다.

(33) 가. 그 공장에 불이 났다.
나. 그 공장이 불이 났다.

(34) 가. 부잣집에 도둑이 잘 든다.
나. 부잣집이 도둑이 잘 든다.

---

16) 이와 유사한 내용의 구조는 여러 학자들이 제시한 바 있다. H.-S. Yoon(1996:112) 등 참조. 한편 (31)의 제안대로 주어의 위치가 일치소구(AgrP)의 지정어라면 이는 한국어에서도 일치소구로의 가시적 이동이 필수적임을 얘기한다.

17) Gerdts&Youn(1989)에서는 '앉다'도 같은 성격을 갖는 서술어로 취급되고 있으나, 필자는 달리 보며 고로 배제한다.

(35) 가. 그 바지에 백묵이 묻었다.
나. 그 바지가 백묵이 묻었다.

이상의 예에 나타나는 '-에게/에' 성분이 주어라는 점에 대해서는 기존 연구들 간에 별 이견이 없는 것으로 보인다(Gerdts&Youn(1989), Whitman(1991) 등 참조). 그러나 이를 보이는 데 있어서는 이 구문의 성격 상, 앞서 소개한 주어 진단법의 활용도가 제한적인데,[18] Gerdts&Youn(1989)의 경우, 주어임을 보이는 근거로 '-시' 존대, 예외적 격 표시 구문 그리고 '-들' 복사 등 정도가 제시되고 있을 뿐이다. 앞서의 논의에 의하면 예외적 격 표시 구문은 주어를 가려내는 진단법으로 적절하지 않은 것으로 보았으므로 두 진단법에 의한 예만을 아래 소개하면 다음과 같다.

(36) ??선생님의 얼굴에 백묵이 묻으셨다. =Gerdts&Youn(1989:(14))
(37) 그 공장들에 불들이 났다. =Gerdts&Youn(1989:(22))

그러나 이 정도의 증거만으로 (32-35)의 '-에게/에' 성분을 주어라고 보기는 약한 것 같다. 먼저 '-시' 존대의 경우를 보자. 이를 통한 증거로는 (36)만이 제시되었는데, 이는 물론 해당 서술어들의 성격 상 '-에' 성분에 유정 명사가 오기 힘들기 때문이다. (36)의 경우에도 자연스러운 존대 대상인 유정 명사가 '-에'의 핵이 되기보다는 '얼굴'의 지정어 위치에 오는데, 이는 결국 '-시' 존대 현상이 여격 성분이 주어임을 보이는 간접적 증거는 되어도 강력한 직접적 증거는 되지 못하는 것으로 평가될 수 있다.

한편 '-들' 복사를 이용한 증거는 아래 예에서 보듯이 한국어에서 복수를 뜻하는 '-들'이 명사가 아닌 표현에 올 수 있고 그런 '-들'의 출현이 복수 주어 명사구와 상관성이 있다는 관찰에 의한 것이다(S.-C. Song(1975), H. Kuh(1987), H.-S. Choe(1988) 등 참조).[19]

(38) 가. 빨리 건너들 와라.
나. 빨리들 와라.

18) 이들 구문에서 '-에게/에' 는 유정성 명사를 잘 취하지 못하는 것으로 보이며, 이로 인해, 재귀사 결속 및 '-면서도' 구문을 이용한 예는 찾아보기 힘들다.

19) '-들' 복사는 주어가 아닌 위치에 나타나는 '-들'을 주어 명사구의 복수 표지 '-들'의 복사로 보는 입장을 말하는 것이다. 그러나 '-들'의 출현에 대한 이런 형식화가 문제가 있음은 (38)의 예로도 알 수 있다. 여기서는 '-들'이 명사가 아닌 표현에 나타나는 현상을 일컫는 용어로 쓴다.

그러나 (37)의 예가 '-들' 복사를 보여주는 적절한 예인지에 대한 논의는 제쳐 놓고라도[20] 최근의 연구들은 '-들' 복사가 주어 명사구에 의한다는 관찰에 반하는 예들을 많이 지적하고 있다.

(39) 가. 순이가 아이들을 그 방으로들 보냈다.
나. 아이들을 건강하게들 키우셨군요.
다. 아이들을 조용히들 시켜라.
라. 아이들한테 밥들을 많이들 먹여라.
마. 순이가 아이들에게 돈들을 일불씩들 주었다. =K.-S. Hong(1994:114-115)

(40) 가. 민이 수에게 날마다 장미 한 송이씩들 사주었다.
나. 한 가위에는 고속도로가 귀성차들로 많이들 붐빈다.
다. 임 선생님께서 학생들에게 집에들 방문하겠다고 약속했다.
라. 그 경찰이 아이들을 집에들 보냈다.
마. 죤이 학생들에게 연필을 한 자루씩들 주었다. =C. Yim(2001:671-675)

위 예들이 갖는 공통점은 주어가 단수인데도 복수 비주어 표현에 의해 '-들' 복사가 가능하다는 점으로 필자는 이들 예를 토대로 '-들' 복사를 문법적 주어를 찾아내는 적절한 진단법으로 보지 않는다. 이런 점은 다음 예를 통해서도 드러난다.

(41) 옷에 커피 얼룩이 흉하게들 묻어 있다.

(41)은 '흉하게'에 '-들'이 붙어 있는데, 아래의 두 가지 해석이 가능한 것으로 보인다.

(42) 가. 옷들에 커피 얼룩이 흉하게들 묻어 있다.
나. 옷에 커피 얼룩들이 흉하게들 묻어 있다.

즉 '커피 얼룩'이 복수인 해석도 가능하지만, '옷'이 복수인 해석도 가능하다. 이를 통해 논의의 대상이 되는 동사의 경우 '-에게/에' 성분도 주어이고 주격 성분도 주어라는 분석도 가능하나, 그런 분석을 허용하면, (39-40)의 복수 명사들을 모두 주어로 보아

---

20) 필자는 (37)의 예는 '-들' 복수 현상을 보여주는 적절한 예가 아니라고 본다. 보다 적절한 예는 다음이다.

(i) 단지 내 공장(들)에 불이 일 년에 한 번씩들 난다.

야 하는 어려움이 생기므로 필자는 그런 분석을 배제하며 이는 결국 '-들' 복사와 주어 명사구 간에는 상관성이 없음을 의미한다.[21)]

이상의 검토에 의하면 (32-35)의 '-에게/에' 성분이 주어임을 보이는 기존 문헌의 논증이 무척 약화되지만 필자는 접속 양상이 '-에게/에' 성분이 주어이고 더 나아가 주격 성분이 주어가 아님을 보여주는 근거를 제공한다고 보며 이는 다음 예문을 통해서이다.

(43) 가. 이 헝겊이$_i$ 질기고 e.c.$_i$ 물이 잘 스며든다.
나. 그 공장이$_i$ 무너지고 e.c.$_i$ 불이 났다.
다. 이 집이$_i$ 오래되고 e.c.$_i$ 도둑이 잘 든다.
라. 얼굴이$_i$ 엉망이 되고 e.c.$_i$ 백묵이 묻었다.

(44) 가. *물이$_i$ 필수 자원 중 하나이고 이 헝겊에 e.c.$_i$ 잘 스며든다.
나. *불이$_i$ 불행의 씨앗이고 그 공장에 e.c.$_i$ 났다.
다. *도둑이$_i$ 비싼 물건을 훔쳐갔고 집에 e.c.$_i$ 들었다.
라. *백묵이$_i$ 뭉개지고 얼굴에 e.c.$_i$ 묻었다.

(45) 가. 이 헝겊에$_i$ 물이 잘 스며들고 e.c.$_i$ 질기기까지 하다.
나. 그 공장에$_i$ 불이 나고 e.c.$_i$ 무너지기까지 했다.
다. 집에$_i$ 도둑이 들고 e.c.$_i$ 무너지기까지 했다.
라. 얼굴에$_i$ 백묵이 묻고 e.c.$_i$ 엉망이 되었다.

(46) 가. *이 헝겊에 물이$_i$ 잘 스며들고 e.c.$_i$ 필수 자원 중 하나이다.
나. *그 공장에 불이$_i$ 나고 e.c.$_i$ 불행의 씨앗이다.
다. *집에 도둑이$_i$ 들고 e.c.$_i$ 비싼 물건을 훔쳐갔다.
라. *얼굴에 백묵이$_i$ 묻고 e.c.$_i$ 뭉개졌다.

즉 (43-44)는 '-에게/에'의 생략이 주어 성분에 의해 통제되지만, 주격 성분의 생략은 그렇지 못함을 보이고 (45-46)은 '-에게/에'가 주어 성분의 생략을 통제할 수 있지만 주격 성분은 오히려 그렇지 못함을 보여 결국 '-에게/에'는 주어 성분이지만 주격 성분

21) 그럼 '-들' 복사를 관장하는 요인은 무엇인가? K.-S. Hong(1994)은 의미적 복수 주어, 최동주(2000)는 "상황의 참여자들에 대한 개별적 서술임을 부각시킴", C. Yim(2001)은 사건(event)의 복수성이 그 요인이라고 하였는데, 필자는 이들 제안이 세부적 내용은 다르나, 기본 파악은 같다고 본다. 즉 C. Yim(2001)의 지적대로 '-들' 복사는 사건의 복수 해석을 허용하는 문장에서만 허용되며 명사가 아닌 표현에 나타나는 '-들'은 그런 해석을 좀 더 명확히 드러내는 표지로 본다.

은 주어가 아님을 보인다.

이제 (32-35)의 주격 성분의 주어 여부 문제를 생각해 보자. 이와 관련해서 바로 앞에서 접속의 양상이 주어가 아님을 보인다고 했는데, 기존 연구들은 서로 다른 입장을 나타내고 있다. Gerdts&Youn(1989), Y. Kim(1990) 등은 주어가 아니라고 보는데 반해, Whitman (1991)은 앞에서 소개된 주어 진단 방법을 통해 주어성을 가지는 것으로 보고 있다. 위트만이 사용한 진단법 중 예외적 격 표시 구문 및 '-들' 복사의 양상을 이용한 진단법은 앞서 유효한 주어 진단법으로 보지 않는다고 했으므로 나머지 진단법들인 주어 존대, '-면서도' 구문, 재귀사를 이용한 논증들을 여기서 검토하기로 한다.

먼저 지적할 점은 '-면서도' 구문 및 재귀사 논증에 이용된 예들에 대한 판단 상의 차이이다.

(47) 가. ?*e.c.$_i$ 유충이면서도 벌레가$_i$ 토마토에 많이 낀다. =Whitman(1991:(7b))
나. ?*부잣집에 도둑이$_i$ 자신의$_i$ 탐욕 때문에 잘 든다. =Whitman(1991:(7c))

위트만은 (47가)에서 '-면서도'의 공범주 주어가 '벌레'에 의해 통제되는 것이 가능하며, (47나)에서는 '도둑'이 '자신'의 선행사가 될 수 있다고 하면서 이를 주격 성분이 주어임을 보이는 근거로 제시했다. 그러나 필자의 판단으로는 위 문장들은 썩 좋아 보이지 않는다. 한편 '-시'와 관련해서는 다음 예문을 들고 있다.

(48) 이 다방에 교수님이 잘 오신다. =Whitman(1991:(7a))

주격 성분이 '-시'와 호응하므로 주격 성분이 주어의 성격을 가진다는 논증이다. 앞에서 주어 존대를 믿을 만한 주어 진단법으로 보았으므로 (48)에서 주격 성분인 '교수님'이 주어인 것은 틀림없어 보인다. 그러나 문제는 (48)이 과연 (32-35)와 같은 성격의 구문이냐 하는 점이다. 위트만은 '-에' 성분이 주격조사로 교체될 수 있다는 점을 들어 같은 성격의 구문으로 보고 있다.

(49) 이 다방이 교수님이 잘/자주 오신다.

그러나 (32-35)와의 유사점은 여기서 그치며 다른 양상들은 '오-'가 (32-35)의 서술어와 성격이 다름을 보인다. 먼저 (48)의 '-에' 성분은 그 뒤에 대격 조사를 취할 수 있으나, (32-35)의 '-에' 성분은 그렇지 못하다.

(50) 가. 이 다방에를 교수님이 잘/자주 오신다.
나. *이 헝겊에를 물이 잘 스며든다.
다. *그 공장에를 불이 났다.
라. *부잣집에를 도둑이 잘 든다.
마. *그 바지에를 백묵이 묻었다.

둘째, '-에' 성분이 주격 조사 성분 뒤에도 올 수 있는데, 그 경우 '오-'는 '-에' 대신 대격 조사를 취할 수 있으나, 다른 서술어들은 그렇지 못하다.

(51) 가. 교수님이 이 다방을 잘/자주 오신다.[22)]
나. *물이 이 헝겊을 잘 스며든다.
다. *불이 그 공장을 났다.
라. *도둑이 부잣집을 잘 든다.
마. *백묵이 그 바지를 묻었다.

셋째, (50가)는 '오-'의 경우 '-에'에 중첩되는 조사가 대격 조사임을 보이는데, 다른 서술어들의 경우에는 주격 조사가 중첩이 된다.

(52) 가. *이 다방에가 교수님이 잘/자주 오신다.
나. 이 헝겊에가 물이 잘 스며든다.
다. 그 공장에가 불이 났다.
라. 부잣집에가 도둑이 잘 든다.
마. 그 바지에가 백묵이 묻었다.

이상의 차이는 '오-'와 (32-35)의 서술어가 서로 다른 성격의 서술어임을 말하는 것으로 이해된다. 특히 대격 인가에 있어 차이를 보이는데 v가 대격 인가를 책임진다는 3장의 견해에 의하면, '오-'는 v를 가지는 비능격 서술어인데 반해, (32-35)의 서술어는 v가 없는 능격 서술어이며 고로 '오-'의 주격 성분이 외부 논항으로 일치소구의 지정어에 위치한다면 (32-35)의 주격 성분은 내부 논항으로 VP의 내부에 위치한다고 볼

22) 대격 성분이 문장 앞에 올 수도 있다.

(i) 이 다방을 교수님이 잘/자주 오신다.

수 있다.[23)]

그럼 (49)는 어떻게 보아야 하는가? 필자는 (49)를 (32-35)에서와 같은 '-에'와 주격 조사 간의 교체의 경우로 보지 않는다. 특히 이와 관련하여 (49)는 (48)과 의미적으로 다르다고 본다. 즉 (49)에는 '교수님이 잘/자주 오신다'는 내용이 '이 다방'에 대한 어떤 성격을 얘기하는데 반해, (48)에는 그런 의미가 없다. 달리 말해, (49)에는 "이 다방이 교수님이 잘/자주 오시는 그런 다방이다"라는 의미가 있는데 반해, (48)에는 그런 의미가 없으며 "교수님이 이 다방에 잘/자주 오신다"라는 뜻만 있다고 본다. 반면에 (32나-35나)에는 (49)와 같은 차원의 의미가 없다. (49)의 이런 의미는 6장에서 논의될 "이중/다중 주어" 구성이 갖는 의미와 비슷하며 고로 필자는 (49)를 (48)과는 통사적으로 관련이 없는 전혀 다른 구문으로 본다.

이상의 검토에 의하면 (32-35)의 주격 성분이 주어임을 보이는 근거는 거의 없는데 반해 오히려 주어가 아님을 보이는 근거는 있으며 '-에' 성분이 주어임을 보이는 근거와 함께 할 때, (32-35)의 구조는 아래에 주어진 대로 서술어의 범주적 차이를 제외하고는 (31)과 같아진다.

(53)

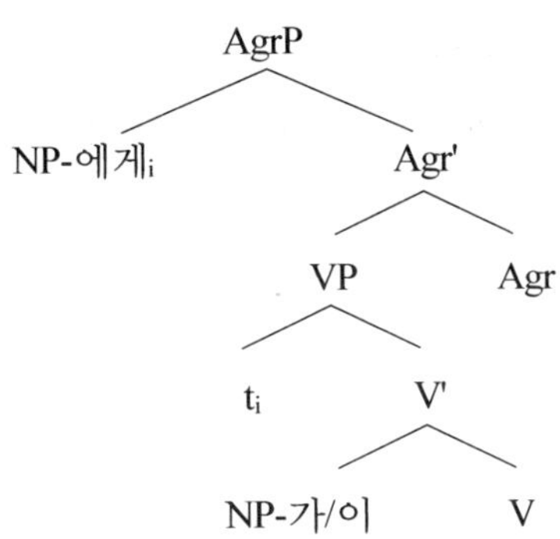

4.1.2 '-에서'와 주격 조사 간의 교체

'-에게/에'와 주격 조사 간의 교체에 비하여 '-에서'와 주격 조사 간의 교체는 그리 주목받지 못했다. 그 이유는 물론 전통 문법에서 주격 조사와 교체를 하는 '-에서'를 의미격 조사로 보지 않고 주격 조사의 한 종류로 보았기 때문이다.

---

23) 또 다른 차이로 '-에' 성분의 구조적 위치를 들 수 있다. '오-'의 경우는 주격 성분이 외부 논항이고 '-에' 성분이 내부 논항인데 반해, (32-35)와 같은 능격 서술어의 경우는 두 성분 모두 내부 논항이지만 '-에' 성분이 주격 성분보다 상위에 오는 성분으로 본다.

(54) 가. 나라에서 큰 잔치를 벌였다.
나. 나라가 큰 잔치를 벌였다.

(55) 가. 당국에서 적절한 조치를 취하였다.
나. 당국이 적절한 조치를 취하였다.

그러나 필자는 2.2.2에서 서술어와 의미역 관계를 가지는 '-에서'만이 주격 조사와 교체를 보임을 지적한 바 있는데, 이는 '-에서'와 주격 조사 간의 교체도 결국 '-에게/에'와 주격 조사 간의 교체와 기본적으로 성격이 같음을 의미한다. 이런 점에서 볼 때 중요한 것은 4.3에서 다시 자세히 보겠지만 주격 조사와의 교체가 모든 '-에게/에'나 '-에서'에 대해 가능한 것이 아니라는 점이다. '-에게/에'에 대한 지금까지의 논의에서 주격 조사와 교체되는 것은 모두 location 또는 경험주라는 일정한 의미역을 가지는 성분이었으며, 주격 조사의 한 종류로 간주되어 왔던(혹은 본 책자에 의하면 주격 조사와 교체를 하는) (54, 55)의 '-에서' 성분도 source/location 또는 행위주라는 의미역을 가지는 성분이다. 다시 말해, 문장의 논항인 경우에만 주격 조사와의 교체가 가능한 것이다.

이는 theme 성분이 주격 조사를 가지는 다음과 같은 능격 서술어에 의해서도 입증이 되는데 논란의 여지는 있지만, 김광섭(2000:65)은 (56가)의 '-에서' 성분이 "상태자"라는 의미역을 가지는 것으로 보고 있다.

(56) 가. 이 지역에서 지진이 심하게 발생했다.
나. 이 지역이 지진이 심하게 발생했다. =김광섭(2000:64-65)

(57) 가. 이 천장에서 물이 떨어진다.
나. 이 천장이 물이 떨어진다. =Gerdts&Youn(1989:235)

(58) 가. 이 우산에서 물이 샌다.
나. 이 우산이 물이 샌다.

한편 주격 조사와 교체를 보이는 위 예문들의 '-에서' 성분이 주어냐 아니냐에 대한 논의는 그리 활발하지 못한 편이며 본 책자에서는 '-에게/에'에 대한 논의를 토대로 '-에서' 성분도 문법적 주어로 가정한다.[24]

24) Gerdts&Youn(1989)에서 다음과 같은 '-들' 복사 예가 근거로 제시된 바 있으나 앞서의 논의를

4.2 의미격 조사와 대격 조사 간의 교체

의미격 조사가 주격 조사하고만 교체를 하는 것이 아니고 대격 조사하고도 교체를 한다는 것은 이미 여러 문헌들이 지적하고 논의한 바 있다. 특히 '-에게/에' 뿐 아니라 '-에서'의 경우에 대한 지적도 많이 있는데 먼저 관련 예문들을 제시한다.

'-에게/에' 와 대격 조사 간의 교체

(59) 가. 철수가 서울에 다녀왔다.
나. 철수가 서울을 다녀왔다.

(60) 가. 철수가 영미에게 편지를 주었다.
나. 철수가 영미를 편지를 주었다. =H.-S. Choe(1987)

(61) 가. 며느리가 친정에 간다.
나. ?며느리가 친정을 간다.

(62) 가. 엄마가 언니를 시장에 보낸다.
나. 엄마가 언니를 시장을 보낸다.

(63) 가. 석이가 이 학교에 다닌다.
나. 석이가 이 학교를 다닌다.

(64) 가. 형이 서울에 산다.
나. ?형이 서울을 산다.

(65) 가. 노인이 계단에 오른다.
나. 노인이 계단을 오른다. =김영희(1999가, 나)

(66) 가. 민수가 순이에게 한국말을 가르친다.
나. 민수가 순이를 한국말을 가르친다. =K.-S. Hong(1991/2000)

토대로 이 근거를 채택하지 않는다.

(i) 가. 이 우산들에서 물들이 샌다.
나. 이 근방의 지역들에서 지진이 심하게들 발생했다.

'-에서' 와 대격 조사 간의 교체[25)]

(67) 가. 죤은 학교에서 뛰쳐나왔다.
나. 죤은 학교를 뛰쳐나왔다. =C. Lee(1991:6)

(68) 가. 정이는 고향에서 떠났다.
나. 정이는 고향을 떠났다.

(69) 가. 막내가 집에서 나갔다.
나. 막내가 집을 나갔다. =김영희(1999가, 나)

이런 예문들이 갖는 공통점은 의미격 조사가 주격 조사와 교체를 하는 경우와 달리 주격 조사 성분이 모두 외부 논항 및 주어의 성격을 가진다는 점이다. 이는 주격 조사와 교체를 하는 앞서의 경우(4.1의 예들 참조) 자연스러운 어순이 "의미격 조사 > 주격 조사"였던 데 비해, 위 예에서의 자연스러운 어순이 "주격 조사 > 의미격 조사"인 점에서도 알 수 있으며, 또한 앞서 논의한 진단법 중 하나인 '-시'에 의해서도 알 수 있다. 즉 아래 예에서 보듯이 주격 조사 성분에 존대의 대상이 올 경우 그에 호응하여 '-시'가 나타날 수 있다.

(70) 가. 박 선생님께서 서울에 다녀오셨다.
나. 박 선생님께서 영미에게 편지를 주셨다.
다. 박 선생님께서 친정에 가셨다.
라. 박 선생님께서 이 학교에 다니신다.
마. 박 선생님께서 서울에 사신다.
바. 박 선생님께서 계단에 오르신다.
사. 박 선생님께서 순이에게 한국말을 가르치신다.

---

25) 다음 예들도 표면적으로는 '-에서'와 대격 조사 간의 교체를 보이나, 홍기선(1995)의 논의를 토대로 이들은 논의의 대상에서 제외한다. 홍기선에 의하면 (67-69)의 '-에서' 성분과 대격 성분은 공히 "출발지"의 의미적 특성을 가지는데 반해, 아래 예문의 '-에서' 성분은 "배경"의 의미적 특성을 가지지만 대격 성분은 "행로"의 의미적 특성을 가진다. 그리고 이런 차이는 논항 여부와도 연관이 있는데, (67-69)의 두 성분은 모두 논항으로 판정되나, 아래 예문의 '-에서' 성분은 부가어, 대격 성분은 논항으로 판정된다. 이는 아래의 교체가 진정한 의미의 교체가 아님을 의미하며 이런 이유로 논의에서 제외한다.

(i) 가. 새가 하늘에서/하늘을 난다. =H.-S. Choe(1987)
나. 철수가 동네에서/동네를 돌아다녔다. =홍기선(1995:467)
다. 철수가 공원에서/공원을 산책했다.
라. 철수가 사막에서/사막을 헤맸다.

아. 박 선생님께서 학교에서 뛰쳐나오셨다.
자. 박 선생님께서 고향에서 떠나셨다.
차. 박 선생님께서 집에서 나가셨다.

이는 이들 예에 왜 대격 조사가 나타날 수 있는가에 대해 하나의 실마리를 제공하는 것으로 보인다. 즉 외부 논항이 v의 존재를 의미하고 3장에서 보았듯이 v가 대격 인가자이므로 (59-69나)에서의 대격 출현은 바로 이들 문장이 갖고 있는 v에 의해 가능한 것으로 볼 수 있다.

한편 대격 조사와의 교체를 보이는 경우, 이미 주어 성분이 있으므로 주격 조사와 교체를 보이는 경우처럼 의미격 조사 성분의 주어성에 대한 논의는 찾아 볼 수 없다. 그보다는 앞서 소개한 (1다) 정도가 주요 논제인데, 이를 아래 (71)로 다시 소개한다.

(71) 의미격 조사와 대격 조사 간의 교체를 허용하는 구문과 그렇지 않은 구문 간의 차이는 무엇인가?

지금까지 교체를 허용하는 경우의 예만을 제시했는데, (71)에 대한 기존 연구의 입장을 정리하기에 앞서 아래 교체되지 않는 경우의 예들을 제시한다.

(72) 가. 철수가 다음 주에 영미를 만난다.
나. *철수가 다음 주를 영미를 만난다.

(73) 가. 철수가 매를 깡패에게 맞았다.
나. *철수가 매를 깡패를 맞았다.

(74) 가. 아이가 마당에서 논다.
나. *아이가 마당을 논다.

(75) 가. 철수가 교실에서 공부를 하고 있다.
나. *철수가 교실을 공부를 하고 있다.

(76) 가. 민수가 순이에게 책을 던졌다.
나. *민수가 순이를 책을 던졌다.

(77) 가. 민수가 순이에게 그 문제를 물었다.
나. *민수가 순이를 그 문제를 물었다. =K.-S. Hong(1991/2000;9-11)

(78) 가. 손님이 의자에 앉는다.
나. *손님이 의자를 앉는다.

(71)과 관련하여 H.-S. Choe(1987:1161(71)을 생각해 보기로 한다.[26)]

존재 함의성(Existential entailment): 서술어의 의미가 함께 쓰이는 표현의 지시물이 존재함을 함의하면 그 표현은 논항이고 반드시 그런 함의를 갖지 않으면 부가어이다. 예를 들어 Susan이 a sister라면 그녀는 반드시 어떤 특정인의 sister라야 한다. 따라서 Susan is the sister of Steven에서 of Steven은 논항이다. 그러나 Susan is the sister near the wall같은 표현에서 sister는 특정장소에 항상 가까이 있어야 할 필요가 없으므로 near the wall은 부가어이다.

필자의 판단으로는 이 기준에 의하면 (59-69)과 (76-78)의 의미격 조사 성분은 논항, (72-75)의 의미격 조사 성분은 부가어로 보이며 이는 기존 문헌의 입장과 거의 일치한다. 고로 이를 토대로 일단 (71)와 관련하여 다음과 같은 내용을 얻을 수 있다.

(79) 부가어의 성격을 갖는 의미격 조사 성분의 의미격 조사는 대격 조사로 교체될 수 없다.

(79)가 왜 성립되는가에 대해서는 2.2에서 살펴 본 바 있는데 그 내용을 다시 정리하면 다음과 같다: 의미격 조사를 갖는 부가어 성분은 통사적으로 의미격 조사를 핵으로 하는 후치사구이며 이 후치사구의 핵인 의미격 조사가 생략 혹은 교체 시 복원이 불가능하므로 대격 조사로 교체될 수 없는 양상을 보인다.[27)]

한편 같은 논항인데도 대격 교체에 있어 차이를 보이는 (59-66)와 (76-78)에 대해서 김영희(1999ㄱ, ㄴ)와 K.-S. Hong(1991/2000)이 서로 다른 제안을 한 바 있는데 다음은 이들의 제안이 서로 다른 구문에 대한 것임을 보여준다.

먼저 홍기선은 (76-77)을 (60, 66) 등과 비교하면서 '-에게/에' 성분이 대격 조사와

26) 이들 기준은 홍기선이 지적하였듯이 원래 Pinker(1989)에서 지적된 것이다. 다른 기준들을 간단히 언급하면 다음과 같다: 합성성, 유일성, 필수성. 홍기선은 이중 "유일성"과 "필수성"은 한국어의 특성으로 말미암아 한국어에는 적용되기 힘든 기준으로 보고 있다. 필자는 "합성성"도 한국어에의 적용이 그리 분명하지 않은 기준으로 보고 있다.

27) 홍기선(1995:(59))은 이동 동사의 장소 표현이 논항, 부가어 여부에 상관없이 "영향 입음"의 성격을 가지기만 하면 '-을/를'을 취할 수 있다고 보고 있다. 같은 원리가 이동 동사를 서술어로 갖고 있지 않은 (79)의 설명에 적용될 수 있는가의 여부는 논외로 한다.
한편 "영향 입음"을 판정하는 기준 및 이와 관련된 자세한 논의에 대해서는 홍기선(1995: 468-476)을 참조할 것.

교체하지 못함을 지적하였고 김영희는 (78) 및 아래 (80, 81)의 문장을 (59, 61, 63) 등과 비교하면서 마찬가지 점을 지적하였다.

(80) 가. 아이가 웅덩이에 빠졌다.
나. *아이가 웅덩이를 빠졌다.

(81) 가. 누이가 친척집에 머무른다.
나. *누이가 친척집을 머무른다. =김영희(1999가:87-88)

그러나 둘은 중첩에 있어서는 서로 다른 양상을 보인다.

(82) 가. *민수가 순이에게를 책을 던졌다.
나. *민수가 순이에게를 그 문제를 물었다.

(83) 가. 손님이 의자에를 앉았다.
나. 아이가 웅덩이에를 빠졌다.
다. 누이가 친척집에를 머무른다.

필자는 이를 토대로 (76-78)이 비록 대격 조사와의 교체를 허용하지 않는다는 점에서 같은 양상을 보이지만, 그에 대한 설명이 반드시 같아야 할 이유는 없다고 본다. 그리고 앞에서 지적하였듯이 홍기선과 김영희가 제시한 설명은 서로 다른데, 김영희의 분석은 2.2.2에서 이미 소개한 바 있으므로 생략하고 여기서는 홍기선의 입장만을 간단히 소개한다.

(76-77)에 대한 홍기선의 분석은 Tenny(1987) 등이 제안한 "영향 입음(affectedness)"라는 개념에 의존하고 있다. 이 개념과 관련하여 홍기선(1995:469)은 "어떤 동사가 그리는 사건이 점진적으로 진행되어 일정한 끝점에 도달할 때 그 변화가 그 동사의 논항의 지시물의 변화를 나타내면 그 동사를 영향입음 동사, 논항을 영향입음 논항이라 부른다"고 하였고[28] 이 개념에 입각하여 K.-S. Hong(1991/2000)은 (60, 66)과 (76-77) 간의 교체 양상의 차이를 바로 다음과 같이 "영향입음"의 차이로 파악했다.

(84) 가. 의미격 조사 성분이 술어에 의해 "한정(delimit)"되는 특성을 가지면 대격 교체가

---

28) "영향입음" 개념 및 해당 표현은 가려내는 주요 진단법에 대해서는 홍기선(1995:469-470)을 참조할 것.

가능하고

나. 그런 특성이 없으면 대격 교체가 불가능하다.

예를 들어 (60)의 '주-'와 (76)의 '던지-'를 비교해 보면, 전자의 경우 "주다"라는 행위는 '영미'가 책을 받음으로써 끝나는데 반해, 후자의 경우는 '순이'가 공을 받는 것의 여부는 상관이 없다. 달리 말해, 전자에서는 '영미'가 끝점이 되나, 후자에서는 '순이'가 끝점이 되지 않으며 바로 이런 차이가 대격 교체 여부와 상관성이 있다고 본 것이다.

4.3 격 교체의 양상

지금까지 우리는 의미격 조사가 주격/대격 조사와 교체를 보이는 현상에 대해 기존 연구의 논의를 비판적으로 정리해 왔다. 마지막으로 이 절에서는 교체 현상 자체에 초점을 맞추어 교체의 양상을 정리해 보고 그것이 갖는 의의를 정리하기로 한다. 먼저 지금까지 보아 온 교체 양상의 경우들을 일단 정리하면 다음과 같다.

(85) 가. 주격 조사와의 교체를 허용하는 경우
나. 대격 조사와의 교체를 허용하는 경우
다. 주격 및 대격 조사로의 교체를 전혀 허용하지 않는 경우

(85가)와 (85나)는 각각 1, 2절에서 충분히 보인데 반해, (85다)와 관련해서는 앞에서 대격 조사로 교체가 되지 않는 예만을 보였는데, 아래 예들은 대격 조사로 교체가 안 되는 경우 주격 조사로도 교체가 되지 않음을 보인다.

(86) 가. *철수가 다음 주가 영이를 만난다.
나. *철수가 매를 깡패가 맞았다.
다. *아이가 마당이 논다.
라. *철수가 교실이 공부를 하고 있다.
마. *철수가 영이가 공을 던졌다.
바. *철수가 순이가 그 문제를 물었다.
사. *손님이 의자가 앉는다.

주목할 점은 Gerdts&Youn(1989)에서 주격 조사와 교체가 되지 않는 예들의 경우 대격 조사하고도 교체가 되지 않는다는 점이다.[29)]

(87) 가. 이 공장에서 철수가 일했다.
나. *이 공장이/을 철수가 일했다.

(88) 가. 오늘 아침에 순이가 울었다.
나. *오늘 아침이/을 순이가 울었다.

(89) 가. 의자에서 순이가 일어섰다.
나. *의자가/를 순이가 일어섰다.

결국 이는 어떤 한 구조격 조사와 교체가 되지 않으면 다른 구조격 조사와도 교체가 되지 않음을 말하는 것으로 이에 대한 설명은 앞의 것을 이용할 수 있을 것이므로 여기 다시 적지 않는다.

한편 (85가, 나)는 한 가지 구조격 조사와의 교체 가능성을 지적할 뿐, 다른 구조격 조사와의 교체 가능성에 대해서는 아무런 언급이 없는데 이를 아래 검토하기로 한다. (85가)의 경우를 먼저 보자. 이 경우 검토할 점은 주격 조사와 교체가 되는 의미격 조사가 대격 조사와는 어떤 양상이냐 하는 것인데 다음 예들은 대격 조사로 교체가 되지 않음을 보여준다.

(90) 가. *그 집을 쥐가 많다.
나. *나를 걱정이 하나 있다.
다. *나를 용기가 필요하다.
라. *나를 뱀이 무섭다.
마. *이 헝겊을 물이 잘 스며든다.
바. *그 공장을 불이 났다.

(85나)의 경우도 유사한 양상을 보인다. 즉 대격 조사와 교체하는 의미격 조사는 주격 조사와의 교체를 허용하지 않는다.

(91) 가. *철수가 서울이 다녀왔다.
나. *철수가 영미가 편지를 주었다.
다. *며느리가 친정이 간다.
라. *엄마가 언니를 시장이 보낸다.
마. *석이가 이 학교가 다닌다.

---

29) 이들 예의 의미격 조사 성분은 앞의 논항 여부 진단법에 의하면 부가어로 보이며 후치사구이기 때문에 격을 허용하지 않는 것으로 보인다.

바. *형이 서울이 산다.
사. *노인이 계단이 오른다.
아. *민수가 순이가 한국말을 가르친다.
자. *새가 하늘이 난다.
차. *정이는 고향이 떠났다.
카. *막내가 집이 나갔다.

이상의 검토는 결국 (85가, 나)가 각각 다음과 같이 수정되어야 함을 의미한다.

(92) 가. 주격 조사와의 교체가 허용되면 대격 조사와의 교체는 허용되지 않는다.
나. 대격 조사와의 교체가 허용되면 주격 조사와의 교체는 허용되지 않는다.

여기서 우리는 같은 의미격 조사를 갖는 성분이 왜 구조격 조사와의 교체에 있어 (92)와 같은 양상을 보이는가 하는 질문을 던질 수 있을 것으로 보이는데, 필자는 (92가)와 (92나)의 차이가 4.1 및 4.2를 통해 본 각 문장의 주격 조사 성분의 다음과 같은 차이와 연관이 있는 것으로 본다.

(93) 가. 의미격 조사가 주격 조사와 교체를 하는 경우, 주격 조사 성분은 주어가 아니라 보어이다.
나. 의미격 조사가 대격 조사와 교체를 하는 경우, 주격 조사 성분은 주어이다.

여기서 이 연관성을 좀 더 구체화하면 다음과 같다.

(94) 가. 주격 조사 성분이 보어인 경우, 의미격 조사는 주격 조사하고만 교체할 수 있으며 그 역도 성립한다.
나. 주격 조사 성분이 주어인 경우, 의미격 조사는 대격 조사하고만 교체할 수 있으며 그 역도 성립한다.

한편 (94)에 대한 설명은 격 인가자 및 문장 구조에 대한 지금까지의 설정에 의하면 간단하다. 먼저 (94가)를 보면, 앞서 우리는 주격 조사 성분이 보어인 경우 문장의 구조에 v가 없다고 보았는데, v를 대격 인가자라고 볼 때 (94가)는 자연스럽게 나온다. 한편 주격 조사 성분이 주어인 경우에 대해서는 앞서 v가 있어 이것이 의미격 조사 성분이 취하는 대격 조사를 인가하는 것으로 보았는데, 이 v의 존재가 바로 주격 조사의 금지를 책임지는 것으로 보인다. 즉 아래와 같은 문장의 일반적 구조에서 주격 인가자인 Agr이 vP 내부 성분을 성분-통어하여 "일치" 기제에 의한 주격 인가가 가능해야 하나 실제로는 그렇지 못한데, 이는 vP 내부 성분을 Agr보다 더 가까이서 성분-통어하는 대격 인가자인 v가 있기 때문이다. 사실 격 인가와 관련된 이런 제안은 새로운 것은 아니며 J.-S. Lee(1991, 1994), 최기용(2005, 2006가) 등에서 "격 최소성(Case minimality)"라는 개념으로 제안된 바 있는데, 아래 격 최소성의 개념도 같이 제시한다.

(95)

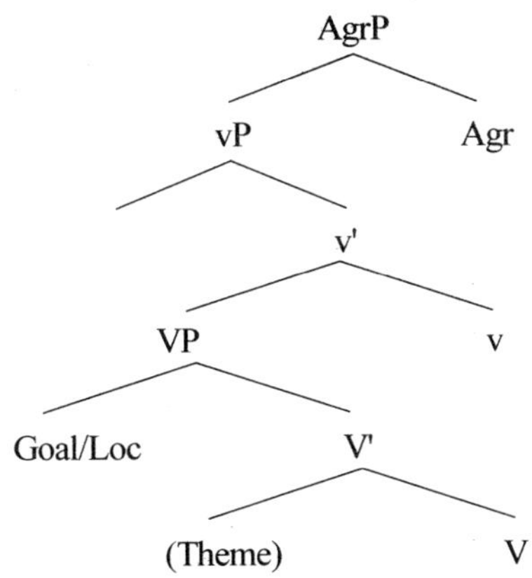

격 최소성[30)]

(96) 가. '을'과 '병'은 격 인가자이고 '갑'은 격의 인가를 필요로 하는 명사 표현이다.
나. '병'은 '을'과 '갑'을 성분-통어하고 '을'은 '갑'을 성분-통어하나 '갑'은 '을'을 성분-통어하지 못한다.
다. (가)와 (나)의 조건이 충족될 경우, '갑'은 '을'에 의해서만 격이 인가된다.

[[[갑] 을] 병]

4.4 정리

한국어의 주요 특징 중의 하나로 조사 간의 교체를 들 수 있는데, 본 장에서는 '-에게/에' 및 '-에서'로 대표되는 의미격 조사와 주격 및 대격 조사 간의 교체에 대한 기존 연구들의 성과를 정리 및 검토해 보았다. 그 주요 내용을 정리하면 다음과 같다.

---

30) 이런 격 최소성의 개념은 촘스키의 국면(phase)에 의한 효과와 겹치는 것으로 보인다. 격 최소성이 국면 개념으로 환원될 수 있는지는 마지막 장에서 다룬다.

첫째, 의미격 조사가 주격 조사와 교체하는 경우. 먼저 이런 교체는 의미격 조사 표현이 논항인 경우에만 가능하다. 그런 가운데 '-에게/에' 표현이 주격 조사 표현과 함께 나타나면서 어느 표현이 주어의 성격을 가지느냐가 주요 논제였는데, 주어성을 밝히는 여러 테스트에 대한 비판적 검토를 통해 '-에게/에' 표현은 주어인 반면 같이 나타나는 주격 조사 표현은 주어가 아님을 보았다. 그리고 이를 토대로 해당 구문의 구조를 (53)으로 보았다.

둘째, 의미격 조사가 대격 조사와 교체하는 경우. 이 경우의 중요 논제는 교체를 보이는 경우와 그렇지 않은 경우의 차이가 무엇이냐였는데, 우선 의미격 조사 성분이 부가어인 경우는 교체가 안 되는 것으로 보았다. 문제는 논항으로 보이는 경우도 교체가 안 되는 경우들이 있는데, 이와 관련해서는 K.-S. Hong(1991/2000)과 김영희(1999가, 나)의 제안을 정리, 소개하였다.

마지막으로 의미격 조사가 주격 조사 혹은 대격 조사와 교체하는 경우, 교체 양상이 서로 배타적임을 확인하였다. 즉 의미격 조사가 주격 조사와 교체되면 대격 조사와는 교체되지 않으며, 대격 조사와 교체되는 경우는 주격 조사와 교체되지 않는다. 그리고 이런 양상이 교체 구문의 구조적 특성 특히 주격 조사 성분의 주어성 여부와 상관성이 있는 것으로 보고 이를 (94)로 정리하였다. 이어 (94)를 설명하는 데 있어 (96)과 같은 격 최소성 개념이 필요함을 제안하였다.

제5장

속격 조사와 대격 조사 간의 교체

4장에서 우리는 구조격 조사와 의미격 조사간의 교체 현상을 보았는데, 교체 현상은 오히려 구조격 조사 간에 더 많이 나타난다. 본 장에서는 그 중 다음 예문이 보이는 것과 같은 속격 조사와 대격 조사 간의 교체를(이후 "속격/대격 교체"로 줄여 부르기로 한다) 다룬다.

(1) 가. 철수가 영미의 팔을 잡았다.
    나. 철수가 영미를 팔을 잡았다.

(2) 가. 철수가 영미의 뺨을 때렸다.
    나. 철수가 영미를 뺨을 때렸다.

이러한 교체 현상에 대해 여러 가지 질문들이 제기될 수 있는데, 생성 문법 내에서 제기된 문제들로는 대략 다음과 같은 것들이 있다.

(3) 가. 속격 조사의 모든 경우가 대격 조사로 교체되지 않는데 그렇다면 교체 여부를 결정짓는 요인은 무엇인가?
    나. (1, 2가)와 같은 속격-대격 구성과 (1, 2나)와 같은 대격 중출 구성 간의 관계를 어떻게 볼 것인가?
    다. 대격 중출 구성에서 서술어가 부여하는 내부 의미역의 수와 그에 표면적으로 대응되는 대격 표현의 수 간의 불일치를 어떻게 볼 것인가?
    라. 대격 중출 구성에서 두 대격 표현의 성격을 무엇으로 볼 것인가?
    마. 대격 중출의 기제를 어떻게 볼 것인가?

본 장에서는 이들 문제와 관련된 기존 연구들의 입장을 비교, 정리하고 각 문제에 대한 필자의 생각을 밝히기로 한다.

5.1 속격/대격 교체의 결정 요인

앞서 속격 조사의 모든 경우가 대격 조사로 교체되지 않는다고 했는데, 이는 다음과 같은 예들을 통해 쉽게 확인할 수 있다.

(4) 가. 철수가 영미의 과자를 먹었다.
    나. *철수가 영미를 과자를 먹었다.

(5) 가. 철수가 영미의 아버지를 봤다.
    나. *철수가 영미를 아버지를 봤다.

그렇다면 문제는 앞에서 밝혔듯이 교체를 허용하는 경우와 그렇지 않은 경우 간의 차이의 성격이 무엇이냐 하는 점인데, 이와 관련하여 일찍부터 언급되어 온 것으로는 다음 두 가지가 있다(Y.-S. Kang(1986), H.-S. Choe(1987), M.-Y. Kang(1987), 김영희(1988), Y. Kim(1989), H.-S. Yoon(1989), Maling&Kim(1992) 등 참조).

(6) 가. 속격 명사구는 그 뒤에 오는 명사에 대해 비양도성 소유(inalienable possession)의 관계를 가져야 한다.[1)]

---

1) 어떤 소유가 비양도성으로 규정되느냐에 대해서는 Chappell&McGregor(1996), Heine(1997) 등 참조. 한국어에서는 친족 관계와 전체-부분의 경우가 비양도성 소유의 전형적인 예로 취급되어 왔다. 그러나 기존 연구들이 속격/대격 교체에 있어 친족 관계와 전체-부분의 경우가 같은 양상을 나타내는 것으로 보는 것은 아니다. 예를 들어 H.-S. Choe(1987)는 전체-부분의 경우, (6나)의 성립 여부와는 무관하게 속격/대격 교체가 가능하다고 본 반면 친족 관계의 경우는 아래 예를 토대로 (6나)가 적용되는 것으로 보았다.

(i) 가. 철수가 영미의 아버지를 봤다. 나. *철수가 영미를 아버지를 봤다.
(ii) 가. 철수가 영미의 아이를 야단쳤다. 나. 철수가 영미를 아이를 야단쳤다.

반면에 Gerdts(1991/2000:20)에 의하면 Y.-S. Choi(1988), C. Youn(1989) 등은 친족 관계에서는 속격/대격 교체가 허용되지 않는 것으로 보고 있다. 이후의 논의를 통해 필자는 속격/대격 교체가 친족 관계의 경우에는 허용되지 않는 것으로 본다.

나. 목적어에 어떤 영향을 미치는 서술어라야 한다.

이들 각각은 (1, 2)와 (4) 그리고 (5)의 대비를 통해 쉽게 확인할 수 있다. 즉 (1, 2)에서는 서술어가 '잡-', '때리-'로 (6나)의 조건을 충족했을 뿐 아니라, '팔'이나 '뺨'은 인체의 일부분으로 비양도성의 관계이므로 (6가)도 충족하고 있다. 그에 반해, (4)에서는 서술어 '먹-'이 (6나)의 조건을 충족하지만, '영미'와 '과자'의 관계가 비양도성의 관계가 아니어서 (6가)의 조건이 충족되지 않았으며, (5)에서는 서술어 '보-'가 (6나)의 조건을 충족하지 못했다.

그러나 최근의 연구들은 위 조건 특히 (6나)에 대한 검토가 필요함을 보여주는데 (J.-M. Yoon(1997), 유동석(1998가), S. Cho(1998, 2003) 등 참조), 그 대강의 취지는 (6나)가 너무 강하기도 하지만("강하다" 함은 조건을 지켰는데도 실제로는 비문법적이 됨을 의미한다) 너무 약하기도 하므로("약하다" 함은 조건을 어겼는데도 실제로는 문법적이 됨을 의미한다) 다른 내용의 조건으로 대체되어야 한다는 것으로 필자는 이들 입장에 거의 동조하는 편으로 여기서는 이들의 입장을 간단히 정리하기로 한다.

먼저 (6나)가 약하다는 점을 보기 위해 다음 예문을 보자(이들 예문에 대한 필자의 판단은 예문 앞에 적고 원저자의 판단은 예문 오른쪽에 적기로 한다).

(7) 가. 철수가 영희를 눈을 보았다. =H.-S. Choe(1987:각주 4)
나. 나는 메리를 팔을 보았다. * =H.-S. Yoon(1989:(8))

위 예문은 전형적인 비양도성 소유의 경우인 인체의 일부분이 관여하는 예문에 (6나)의 조건이 적용되는가의 여부와 관련하여 H.-S. Choe(1987)의 판단과 H.-S. Yoon(1989)의 판단이 서로 다름을 보여준다. 그리고 윤혜석의 판단에 의하면, (6나)는 모든 유형의 비양도성 소유의 경우에 적용되는 조건이지만, 최현숙의 판단에 의하면 (6나)는 이른바 "전체-부분"의 경우에는 적용되지 않으므로 최현숙의 판단이 맞다면 (6나)는 그만큼 약하다고 하겠다. 흥미로운 점은 인체의 또 다른 일부인 '얼굴'을 가진 예문에 대해서도 연구자들 간에 판단이 다르다는 점이다.

(8) 가. 철수가 영희를 얼굴을 보았다. !! =J.-M. Yoon(1997:(34a))
나. 메리가 존을 얼굴을 보았다. =S. Cho(2003:(5a))

그러나 윤정미의 경우 (8가)와 같은 예문이 (9)에서와 같이 적절한 어휘의 도움으로 좋아질 수 있다고 보았는데 이는 결국 기본적인 판단에 있어서는 최현숙 및 조성은과 궤를 같이 하는 것으로 해석될 수 있을 것으로 보인다.

(9) 철수가 영희를 얼굴을 뚫어지게 보았다. =J.-M. Yoon(1997:(36))

한편 (6나)가 강하다는 것은 주로 S. Cho(2000:13, 2003:345)가 지적하였는데 관련 예문은 다음과 같다.

(10) 가. 뱀파이어가 죤을 피를 빨았다.
나. *뱀파이어가 죤을 피를 마셨다.

즉 '빨-'과 '마시-' 모두 목적어에 영향을 주는 서술어로서 같으나, 대격 교체에 있어 결과가 달리 나타난다는 것이다.

이상의 예문에 대한 필자의 판단은 대체로 조성은, 최현숙과 궤를 같이 하는데, 그렇다면 이는 (6나)가 다른 조건으로 대체되어야 함을 의미한다고 하겠다. 이와 관련하여 조성은은 다음과 같은 취지의 조건을 제시한다.2)

(11) [NP1-의 NP2-를 V]가 나타내는 상황이 [NP1-을 V]가 나타내는 상황을 함의하면 NP1의 속격이 대격으로 교체될 수 있다.

이제 (11)에 의하면 (8나)와 (10)은 다음과 같이 설명된다. 먼저 (8나)에서 "메리가 죤의 얼굴을 보는" 상황이 참이면 "메리가 죤을 보는" 상황도 참이므로 속격/대격 교체가 일어날 수 있으며, (10가)의 경우도 마찬가지이다. "뱀파이어가 죤의 피를 빠는" 상황은 "뱀파이어가 죤을 빠는" 상황을 함의하므로 교체가 가능한 것이다. 그에 반해, (10나)에서는 "뱀파이어가 죤의 피를 마시는" 상황이 "뱀파이어가 죤을 마시는" 상황을 함의하지 못하므로 교체가 일어나지 못하는 것이다.

(11)과 거의 비슷한 내용의 조건이 유동석(1998가)에서도 제시된 바 있는데 이를 위해 다음 예문들을 보자.

2) 조성은이 이미 지적한 바 있듯이 비슷한 취지의 관찰이 H.-S. Choe(1987:각주4)에서 이루어진 바 있다.

(12) 가. *이 도령이 춘향이를 동생을 붙잡았다.
　　나. 이 도령이 춘향이를 치마를 잡아 당겼다.

먼저 (12가)에는 비양도성 소유의 한 경우로 알려진 친족 표현 '동생'이 있고 서술어가 목적어에 영향을 미치는 '붙잡-'인데도 불구하고 (1나)와 달리 안 좋은 문장이다.[3] 그에 반해, (12나)의 '치마'는 양도성 소유 표현으로 알려져 있으므로 (6가)가 맞다면 속격/대격 교체가 허용이 안 되어야 하나, 그와 달리 (12나)는 좋은 문장이다. 한편 이런 양상에 대한 그의 설명은 다음과 같다.

> 이 경우 '치마'를 대상으로 하여 잡아당기는 행위는 '치마'뿐만 아니라 그것의 소유주인 '춘향이'에게도 직접 작용한다. 유동석(1998가:332)

> (29)에서((12가)를 말함) '춘향이'는 비록 '동생을'과 의미론적으로 관련되어 있지만 동사와 관련된 해석을 할 수 없기 때문에 속격으로는 실현될 수 있어도 목적격으로는 실현될 수 없는 것이다. 유동석(1998가:333)

이런 진술에 "함의"라는 개념이 사용되지는 않았으나, 그 기본 내용은 (11)과 동일한 것으로 보인다. 예를 들어, (12가)에서 '춘향이'에 대해 동사와 관련된 해석을 할 수 없다는 것은 "춘향이의 동생을 붙잡은" 상황이 "춘향이를 붙잡은" 상황을 함의하지 못함을 의미하는 것이다.

한편 유동석의 논의에서 중요한 점은 속격/대격 교체에 있어 (6가)의 조건이 그대로는 유지될 수 없음을 혹은 유효하지 않다는 것을 보인다는 점이다. 즉 (12)를 다시 보면, (12가)의 경우는 비양도성 소유의 경우인데도 친족 표현이 속격 명사구와는 별개의 개체를 가리키는 관계로 (11)을 지킬 수 없으며 그런 이유로 속격/대격 교체가 허용되지 않고 있고, (12나)의 경우는 양도성 소유의 경우인데도 (11)을 지켜 교체가 허용되고 있기 때문이다. 그러나 (6가)를 전면적으로 폐기할 수는 없을 것으로 보인다. 그 이유는 비양도성 소유의 전형적인 경우인 "부분"을 나타내는 명사의 경우는 그 의미적 특성 상 항상 (11)을 지키기 되기 때문이다. 또한 속격/대격 교체를 허용하는 (12나)에서 '춘향이'와 '치마'가 갖는 관계가 단순히 소유 관계이기보다는 '춘향이가 입은 치

---

3) 같은 유형의 문장이 허용될 수 없음을 J.-M. Yoon(1997)도 지적한 바 있다. 그리고 이에 대한 그의 설명도 "함의"라는 의미적 개념 대신 화용적 개념을 이용하기는 했으나, 기본적으로는 유동석의 것과 같은 것으로 보인다.

마'를 뜻하며 이는 비유적으로 일종의 "부분"의 의미를 갖고 있다고 볼 수 있기 때문이다. 이 점은 교체를 결정짓는데 있어 중요한 것은 단순히 비양도성의 여부가 아니라, 전체-부분임을 말하는 것으로 본 책자에서는 교체의 조건으로 (6)을 대신하여 다음을 제시한다.4)

(13) 가. 속격 명사구와 그 뒤 명사가 전체-부분의 관계이고
나. [NP1-의 NP2-를 V]가 나타내는 상황이 [NP1-을 V]가 나타내는 상황을 함의하면 NP1의 속격이 대격으로 교체될 수 있다.

5.2 대격 중출 구성의 통사적 성격 및 구조

앞에서 우리는 속격-대격 구성이 어떤 경우에 대격 중출 구성으로 교체되는가를 살펴 보았다. 이와 같이 속격-대격 구성 중 특정한 경우만이 대격 중출 구성이 될 수 있다는 것은 대격 중출 구성이 속격-대격 구성과 관련이 있으면서도 무언가 다른 점이 있음을 말하는 것이다. 본 절에서는 기존 문헌을 토대로 대격 중출 구성이 갖는 통사, 의미적 성격이 무엇인가를 정리하고 그런 성격과 (13)을 가장 잘 포착할 수 있는 방안이 무엇인가를 모색해 본다.

대격 중출 구성이 갖는 통사, 의미적 성격에 대해서는 여러 문헌들이 언급한 바 있는데, 다음은 그것을 모아 정리한 것이다(편의상 대격 중출 구성에서 앞 대격 명사를 NP1, 뒤 대격 명사를 NP2로 부르기로 한다).

(14) 가. NP2가 NP1 앞에 올 수 없다: 김영희(1988:43), H.-S. Yoon(1989)

---

4) (13)이 연접의 형식으로 규정되어 있음에 주목할 것. 이는 (13가)를 준수하더라도 (13나)를 지키지 않는 경우 대격 교체가 안 되는 경우가 있음을 반영한 것이다(Y.-S. Kang(1986), M.-Y. Kang(1987), Y. Kim(1989), K. Choi(1991b) 등 참조).

(i) 가. *유미가 인호를 머리카락을 잘랐다.
나. *유미가 인호를 잘랐다. =Y. Kim(1989:(27))
(ii) 가. *인호가 유미를 손톱을 깎았다.
나. *인호가 유미를 깎았다. =Y. Kim(1989:(28))

그러나 (i가, ii가)를 좋다고 보는 연구들도 있는데(Maling(1991/2000), Maling&Kim(1992) 등), 이에 대한 논의는 나중에 본다.

나. NP2는 비제한적(non-restrictive) 형용사의 수식을 받지 못한다: Y. Kim(1989), H.-S. Yoon(1989), J.-M. Yoon(1997)[5)]
다. NP2에 대해 관계화, 주제화, 균열문화 등이 안 된다: 김영희(1988:43), Y. Kim(1989), H.-S. Yoon(1989), J.-M. Yoon(1997)
라. NP2는 '이/그/저' 등과 같이 나타날 수 없다: J.-M. Yoon(1997)

다음은 위에서 정리된 성격들을 보여주는 예문들이다.

--(14가)--
(15) 가. *철수가 팔을 영미를 잡았다.
나. *철수가 빰을 영미를 때렸다.

--(14나)--
(16) 가. *철수가 영미를 통통한 팔을 잡았다.
나. *철수가 영미를 예쁜 얼굴을 쳤다.

--(14다)--
(17) 가. *철수가 영미를 잡은 손
나. *손은 철수가 영미를 잡았다.
다. *철수가 영미를 잡은 것은 손이다.

--(14라)--
(18) 가. *철수가 나무를 그 가지를 잘랐다.
나. *철수가 나무를 저 가지를 잘랐다.

이제 (13)과 (14)의 특성을 보이는 대격 중출 구성을 어떻게 분석할 것인가 하는 문제를 생각해 보기로 하자. 우선 생각해 볼 문제는 대격 중출 구성과 속격-대격 구성 간의 관계를 어떻게 볼 것이냐 하는 것으로 이 문제와 관련하여 두 가지 서로 다른 입장이 제시된 바 있다. 하나는 두 구성이 "소유주 상승(possessor raising)"이라는 변형을 통해 연관되어 있다는 입장이고(M.-Y. Kang(1987), H.-S. Choe(1987), Ura(1996) 등)[6)] 다른

5) 다음 예에서 보듯이 제한적 수식은 허용한다.

(i) 철수가 영미를 오른 팔을 잡았다.

6) 소유주 상승 분석의 구체적 내용에 대해서는 본문에 언급된 참고 문헌을 참조할 것. 이들 분석을 공통적으로 속격-대격 구성의 속격 명사구가 명사구의 외부로 이동하여 대격 조사를 갖는다고 본다.

하나는 두 구성 간에 통사적 관계가 없다는 입장이다(유동석(1998가), Y. Kim(1989), H.-S. Yoon (1989), J.-M. Yoon(1997) 등). 그러나 윤정미도 지적한 바 있듯이 소유주 상승 분석은 대격 중출 구성이 갖는 다음과 같은 성격을 설명하는 데에 어려움이 있을 것으로 보인다.

첫째, 소유주 상승 분석에 의하면 속격-대격 구성과 대격 중출 구성 간에는 구조적 차이가 없다. 고로 왜 대격 중출 구성이 (13가)의 경우에만 가능한지를 설명하기가 어려워진다. 둘째, 앞서 (16)에서 보듯이 대격 중출 구성의 NP2는 형용사의 수식을 받지 못하는데, 소유주 상승 분석에 의하면 대격 중출 구성의 심층 구조가 속격-대격 구성의 구조와 같고 차이는 단지 NP1 성분이 이동하는 것이므로 속격-대격 구성의 경우에도 형용사 수식이 불가능할 것으로 예측되나, 다음 예는 그렇지 않음을 보여준다.

(19) 가. 철수가 영미의 통통한 팔을 잡았다.
　　 나. 철수가 영미의 예쁜 얼굴을 쳤다.

반면에 두 구성 간에 아무런 통사적 관계가 없다고 보는 입장에서는 두 구성의 구조를 서로 달리 보므로 위와 같은 문제는 일어나지 않는다. 물론 구조를 어떻게 달리 보느냐 하는 문제가 남는데, 이 문제에 대한 해결의 요체는 대격 중출을 허용하는 전체-부분 명사구의 구조 및 의미역 부여와 관련된 성격을 어떻게 보느냐에 달려 있다고 할 수 있다. 여기서 먼저 의미역 부여와 관련된 문제를 명확히 할 필요가 있는데 이를 위해 예문 (1)을 아래 (20)으로 다시 제시한다.

(20) 가. 철수가 영미의 팔을 잡았다
　　 나. 철수가 영미를 팔을 잡았다.

(20가)와 같은 속격-대격 구성에서는 '잡-'이 갖는 두 의미역이 각각 '철수'와 '영미의 팔'에 배정되어 문제가 없다. 그에 반해, (20나)에서는 '영미'가 대격 조사를 가짐으로 인해 '팔'과 별개의 구성체를 이룬다고 볼 때,[7] '잡-'이 부여하는 의미역은 두 개인데 반해, 의미역으로 필요로 하는 명사구는 세 개가 되므로 이를 어떻게 해결할 것인가 하는 문제가 생기는 것이다.

필자는 이런 의미역 문제 및 격 중출 현상 그리고 앞에서 정리한 (13, 14)의 성격

7) 이는 앞 대격 표현이 뒤 대격 표현과 분리될 수 있음을 의미하는데 이에 대한 근거는 나중에 제시한다.

등 모두가 결국 전체-부분 명사구의 통사적 구조와 깊은 관련이 있다고 본다. 다시 말해, 전체-부분 명사구는 속격-대격 구성만을 허용하는 다른 명사구가 갖는 구조(이후 구조 '갑'이라 부른다) 외에 추가로 대격 중출을 허용하는 별도의 구조를(이후 구조 '을'이라 부른다) 가질 수 있는데, 그 구조로 말미암아 문제의 성격 및 현상들이 나타나는 것이다.

구조 '을'을 어떻게 보는가 하는데 있어 고려해야 할 사항은 앞에서 본 성격들을 포착할 수 있어야 한다는 것인데 이 문제와 관련해서 대부분의 기존 문헌들은 다음과 같은 의견 일치를 보고 있다(H.-S. Yoon(1989), Gerdts(1991/2000:28), Maling&Kim (1992), J.-M. Yoon(1997), G.-S. Moon(2000) 등).

(21) 가. 대격 중출 구성의 부분 명사는 내부적으로(?) 완결되지 못해(unsaturated) 의미역을 부여받지 못한다.
나. 대격 중출 구성의 부분 명사는 지시성(referentiality)을 갖지 못한다.

즉 대격 중출의 부분 명사가 다른 정상적인 명사와 달리 의미역도 부여받지 못하고 지시성을 갖지 못한다는 것으로 이를 윤혜석은 N'와 NP의 차이로, 윤정미는 NP와 DP의 차이로 보았는데, 윤혜석의 연구가 DP가설 이전의 것임을 고려할 때, 근본적으로 같은 제안으로 볼 수 있을 것이며, 본 책자에서는 DP가설 및 D가 지시성의 궤적(locus)이라는 일반적 견해을 받아들여 대격 중출의 부분 명사는 NP로 본다(Ura(1996), J.-M. Yoon(1997) 등 참조).[8)]

남은 문제는 이제 전체 명사구를 어떻게 처리할 것이냐이다. 이와 관련해서 고려해야 할 점은 다음 두 가지가 아닌가 한다. 첫째, 윤혜석이 지적하였듯이 전체 명사구가 대격 중출 구성에 출현하는 것은 서술어때문이 아니고 부분 명사와의 관계에 의한다는 점이다. 즉 부분 명사는 그 성격 상 전체와의 관계 하에서만 이해될 수 있으므로 전체와 부분 간의 이 관계가 구조 상에 반영되어야 한다. 둘째, 여러 연구가 지적한 바 있듯이 전체 명사구와 부분 명사는 서로 떨어질 수 있으며(H.-S. Yoon(1989), J.-M. Yoon(1997), S. Cho(2000) 등), 고로 이 점이 구조에 반영되어야 한다.

---

8) 앞서 비양도성으로 알려져 있는 친족 표현의 경우 속격/대격 교체를 허용하지 않는다고 했는데, 여기서 그 이유를 다음과 같이 생각해 볼 수 있을 것이다. 즉 '아버지', '아들' 등의 친족 표현은 문장에서 사용될 시, '팔', '얼굴' 등과 같은 부분 명사와는 달리 지시성이 요구되는 것으로 보인다. 이는 결국 이들은 항상 DP로 구현되어야 함을 의미하며 이런 점에서 속격/대격 교체에 있어 양도성 소유 명사들과 같은 양상을 보이는 것으로 이해된다.

(22) 가. 철수가 영미를 세게 팔을 잡았다.
　　나. 철수가 영미를 살며시 팔을 잡았다.

이중 윤혜석, 윤정미 등의 기존 연구는 후자만을 고려하여 다음과 같은 구조를 제안하고 있다.

(23)

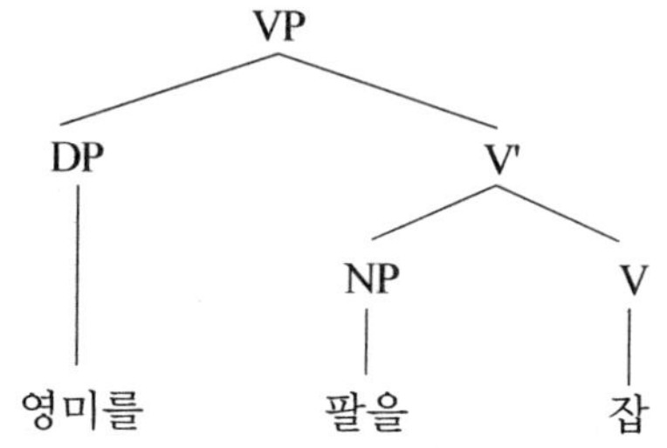

그러나 이 구조에는 '영미'가 '팔'에 의해 요구되는 성분이라는 것이 반영되지 않았는데, 이의 반영을 위해 필자는 다음과 같은 심층 구조를 제시한다(아래 구조는 v구조도 반영한 것이다).[9]

(24)

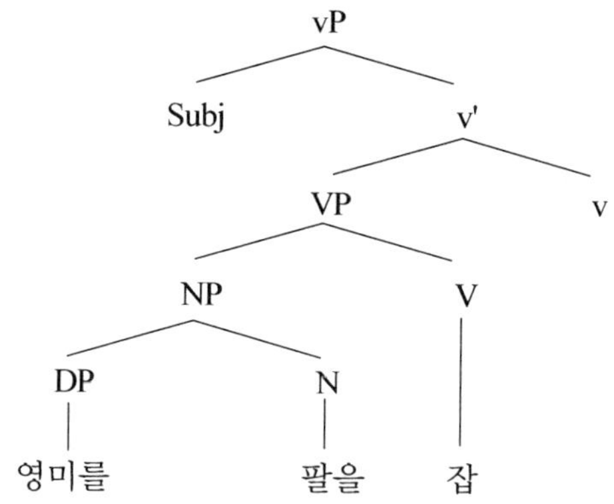

그리고 전체 명사구와 부분 명사 간의 분리는 전체 명사구가 vP의 지정어 위치로 가시적 이동을 한 결과로 본다. 한편 다음 예들은 전체 명사구의 이동이 수의적임을 보여준다.

9) 이 구조에서 전체 명사구는 부분 명사의 보어로 처리되고 있다. 이는 Gerdts(1991/2000:28) 및 J.-M. Yoon(1997:238)의 제안을 그대로 따른 것이다.

(25) 가. 철수가 세게 영미를 팔을 잡았다.
나. 철수가 살며시 영미를 팔을 잡았다.

혹자는 이런 이동 분석이 앞에서 반대한 소유주 상승 분석과 같은 문제에 봉착하는 것이 아닌가 하는 의문을 제기할 수 있는데, 여기서 대격 중출 구성의 구조에 대한 지금까지의 입장을 정리하면서 이 분석이 기존 분석들과 어떤 점에서 유사하고 어떤 점에서 다른가를 분명히 하기로 한다.

(26) 가. 부분 명사는 다른 명사와 달리 DP로도 실현될 수 있고 NP로도 실현될 수 있다.
나. 부분 명사는 그 부분과 관련된 전체 명사구를 보어로 택한다.
다. 대격 중출 구성은 NP로서의 부분 명사가 서술어의 보어로 선택됨으로 인해 나오는 결과이다.[10)]
라. 부분 명사의 보어인 전체 명사구는 제자리에 있을 수도 있고 vP의 지정어 위치로 이동할 수도 있다.

(26가)는 대격 중출 구성이 부분 명사의 경우에만 가능한 점의 포착을 위한 것으로 (26다)에 적혀 있듯이 바로 부분 명사가 NP로 실현될 경우 대격 중출 구성이 나온다고 본 것이다. 다시 말해, 부분 명사가 아닌 경우 대격 중출 구성이 안 되는 이유는 바로 그런 명사들이 항상 DP로만 실현되기 때문인 것이다.[11)] 이런 입장은 기본적으로 윤혜석 및 윤정미와 같은 입장이다. 반면에 (26나, 라)는 윤혜석 및 윤정미와 다른 입장이다. 특히 이동을 설정한다는 점에서 다른데, 그러나 소유주 상승 분석에 대해 제기되었던 문제점은 일어나지 않는다.

첫째, 소유주 상승 분석에서는 속격-대격 구성과 대격 중출 구성의 구조 간에 차이가 없어 왜 대격 중출 구성이 전체-부분의 경우에만 가능한가를 설명하지 못했으나, 이

---

10) 이는 다음 두 가지를 의미한다. 첫째, 이른바 범주 선택(c-selection)이 의미 선택(s-selection)으로 완전히 환원되지 못한다. 둘째, 범주 선택에 있어 NP와 DP는 수의적이다. 즉 선택의 대상으로 둘 다 가능하다. 그러나 다른 이유로(즉 의미역 이론) 대부분의 경우는 DP로 남는다.

11) 부분 명사가 아닌 경우 대격 중출 구성이 안 되는 이유에 대해 J. Cho(2002)는 부분 명사구가 아닌 경우는 그 명사구가 술어와 수식 관계를 가지지 못하기 때문이라고 했다. 그러나 왜 부분 명사구는 술어와 수식 관계를 가지고 그렇지 않은 명사구는 수식 관계를 못 가지는가에 대해서는 설명을 하지 못하고 있다. 본 장의 설명은 이에 대한 해답을 제공한다. 즉 부분 명사구가 아닌 경우는 DP로서 반드시 의미역을 받아 논항으로서만 기능할 뿐이므로 술어와 수식 관계를 가질 수 없다. 그에 반해, 부분 명사구는 NP가 될 수 있으며 그 경우는 논항이 못 되어 술어와 일종의 수식 관계를 가지게 된다.

이동 분석은 구조적 차이를 이용할 수 있다. 즉 부분 명사를 핵으로 하는 명사구에는 (24)에서와 같이 D가 없는데 반해, 그 외의 일반 명사에는 D가 있으며 바로 이 D의 유무가 명사 표현의 이동 여부와 상관성이 있다고 볼 수 있다.

둘째, (14나)에 대한 윤혜석, 윤정미의 설명은 비제한적 형용사가 완결되지 못한 명사를 수식할 수 없다는 것인데 소유주 상승 분석의 경우와는 다르게 이동 분석에서는 같은 취지의 설명을 이동 분석에 그대로 이용할 수 있다. 그 이유는 물론 부분 명사를 NP로 보기 때문이다.[12)]

이제 이동 분석 하에서 (14나)를 제외한 나머지 성격들이 어떻게 설명될 수 있는지를 살펴 보자. 먼저 (14가)에 대해서는 전체 명사구가 이동했느냐의 여부에 따라 서로 다른 설명이 제시될 수 있다. 전체 명사구가 이동하지 않은 상황에서 부분 명사가 이동한다는 것은 구조 상 X^0가 왼쪽으로 이동하는 양상이 된다. 그러나 한국어에서 핵이 오른쪽에 위치한다는 점에 비추어 볼 때, 그런 이동은 핵-이동이 될 수 없으며 대신 XP 이동이 되어야 하는데, 다음과 같은 내용의 구조 보존 제약(Structure Preservation Constraint)을 어기게 된다.

(27) 최대 투사는 지정어 위치로만 이동할 수 있고 핵은 핵 위치로만 이동할 수 있다.[13)]
Maximal projections can only move to Specifier positions; heads can only move to head positions.

한편 전체 명사구가 vP 지정어로 이동한 상황에서 확장 구조 보존 가설을 준수하는 이동은 NP 이동이어야 하는데 이 이동은 결국 그 안에 이동한 전체 명사구의 흔적을 가지게 되므로 이른바 다음과 같은 적정 결속 조건(Proper Binding Condition)을 어기는 꼴이 된다.

(28) *[NP e], where [NP e] is a trace that is free in its binding domain.
Freidin(1992:6장의 (58))

---

12) H.-S. Yoon(1987:141-144)은 속격과의 교체 관계에 있는 주격 중출 구문의 논의에서 이동 분석에 대한 반대 논증을 제시한 바 있다. 그 반대 논증의 핵심이 본 장에서 다루는 대격 중출 구문에 대해서도 그대로 적용될 수 있을 것으로 보이므로 이에 대한 논의가 있어야 하나, 그 논증의 검토는 속격/주격 교체를 다루는 다음 장에서 함께 하기로 한다.

13) 이 제약의 기본 정신은 Emonds(1976)에서 제안된 것으로 이후 여러 형태로 형식화된 바 있다. (27)의 내용은 Roberts(1997:1장의 (59))에서 옮긴 것이다.

이어 (14다, 라)에 대한 설명은 윤혜석 및 윤정미의 것과 같다. 즉 그들의 설명에 의하면 완결되지 못한 명사 표현에 대해서는 관계화, 주제화, 균열문화 등이 안 되며 또한 지시성이 없어 지시사와 같이 나타날 수 없는데 동일한 설명이 이동 분석 하에서도 가능한 것이다.

지금까지 우리는 대격 중출 구성이 갖는 여러 성격 중 (13)와 (14)가 (26)에 의해 다 잘 설명이 됨을 보았다. 남은 것은 의미역 부여 문제와 대격 중출 문제인데 이는 각각 5.3과 5.4에서 보기로 한다.

5.3 의미역 부여 문제: 두 대격 표현의 성격

대격 중출 구조가 갖는 의미역 문제는 서술어와 문장 성분 간의 의미역 관계가 "배정" 혹은 "부여"라는 개념에 의해서만 가능하다고 볼 때 생기는 문제라고 할 수 있다. 그리하여 이 문제의 해결을 위해 기존 연구들은 의미역 관계가 "배정"에만 국한되는 것이 아니며 그 외의 관계도 인정해야 함을 지적하는데, 구체적으로는 Higginbotham (1985)와 Speas(1986)의 "의미역 확인(thematic identification)" 개념을 도입하고 있다 (H.-S. Yoon (1989), Maling&Kim(1992), J.-M. Yoon(1997), G. Moon(2000) 등). 먼저 "의미역 배정"과 "의미역 확인"의 차이는 대략 다음과 같이 정리될 수 있다.

	의미역 배정	**의미역 확인**
(29) 가.	의미역 배정의 결과 서술어가 부여할 수 있는 의미역의 수가 줄어든다.	의미역 확인의 결과 서술어가 부여할 수 있는 의미역의 수에는 변화가 없다.
나.	내부적으로 완결된 명사 표현이 현이 그 대상이다.	내부적으로 완결되지 않은 명사 표 그 대상이다.

이런 차이를 토대로 대부분의 기존 연구들은 대격 중출 구성의 부분 명사구가 내부적으로 완결되지 못해 서술어에 의해 의미역을 배정받지 못하며[14] 대신 의미역 확인 관계를 가진다는 데에 동의한다. 그리고 전체 명사구가 서술어와 어떤 관계를 맺는가에 대해서는 세부적으로 약간의 입장 차이를 보이는 경우가 있으나 다음 두 가지 면에

14) 그러나 여기에도 기존 연구들 간에 약간의 차이는 있다. Maling&Kim(1992)은 부분 명사구가 전체 명사구와 함께 의미역을 배정받는 것으로 본다.

서도 입장을 같이 하는 것으로 보인다.

(30) 가. 전체 명사구는 의미역 틀을 가진 동사로부터 의미역을 직접 배정받지는 못한다.
나. 그러나 다른 방식을 통해 궁극적으로는 의미역을 배정 받는다.

기존 연구들의 입장이 갈리는 것은 바로 (30나)의 다른 방식이 무엇이냐에 대한 것인데, 다음은 대표적인 두 연구의 입장을 정리한 것이다.

윤혜석의 방식

(31) 가. V와 그에 의해 의미역 확인이 되는 부분 명사구는 V'를 이룬다.
나. V의 의미역 틀은 V'로 그대로 투사된다.
다. 전체 명사구는 V'에 의해 의미역을 배정받는다.

Maling&Kim의 방식

(32) 가. 부분 명사구가 V에 의해 의미역을 배정받지 못하고 의미역 확인이 됨으로 인해 동사의 해당 의미역을 배정되지 않은 채로 남는다.
나. 배정되지 않은 채로 남은 V의 의미역을 전체 명사구와 부분 명사구가 함께 배정받는다.

위 두 방식은 부분 명사구가 의미역을 배정받는가에 있어서 서로 다를 뿐 아니라, 전체 명사구가 의미역을 배정 받는 방식에 있어서도 서로 다른데 이런 차이들이 경험적으로 어떤 결과를 낳는지는 아직 확실하지 않은 것으로 보이며 이에 대해서는 앞으로의 연구가 있어야 할 것으로 보인다.

한편 의미역 배정 문제와 연관된 것으로 전체 명사구 및 부분 명사구의 성격을 무엇으로 보아야 할 것인가 하는 문제가 있다. 이 문제와 관련하여 일반적으로 의미역이 배정되는 성분을 논항이라고 볼 때 부분 명사구보다는 전체 명사구가 논항인 것으로 보인다(H.-S. Yoon(1989), K. Choi(1991b) 등 참조). 그리고 이는 경험적으로 교체의 조건으로 제시된 (13)에 의해서도 뒷받침이 되는 것으로 보인다.

그러나 부분 명사구에 의미역이 배정이 되지 않는다고 해서 부분 명사구를 다른 일반적인 수식어 또는 부가어와 같은 것으로 보기는 어려울 것으로 보인다. 이는 앞서 제시한 (24)의 구조에서 보듯이 서술어와 부분 명사구가 통사적 선택의 관계에 있기 때문인데, Maling(1991/2000), Maling&Kim(1992:58)의 논의에 의하면 그런 관계는 선택제약(selectional restriction) 현상에 의해서 더욱 확실해진다. 이를 위해 다음 예문을 보자.[15]

(33) 가. 철수가 닭을 털을 뽑았다.
나. *철수가 닭을 뽑았다.
다. 철수가 털을 뽑았다.

(34) 가. 철수가 머리가 긴 학생들을 머리를 잘랐다.
나. *철수가 머리가 긴 학생들을 잘랐다.
다. 철수가 머리를 잘랐다.

(35) 가. 철수가 어머니를 손톱을 깎아 드렸다.
나. *철수가 어머니를 깎아 드렸다.
다. 철수가 손톱을 깎아 드렸다.

먼저 (33-35나)와 (33-35다)의 대비는 해당 서술어들이 유정물을 목적어로 취하지 못함을 보여준다. 주목할 점은 유정물과 무정물을 다 가진 (가)의 경우로서 그들에 의하면 이들 문장은 모두 좋으며 결국 이는 대격 중출 구문에서 서술어의 선택 제약의 대상이 되는 표현은 전체 명사구가 아니라, 부분 명사구임을 보이는 것으로 목적어만이 선택 제약의 대상이 된다는 점에서 부분 명사구가 서술어와 긴밀한 관계에 있음을 보이는 근거가 된다고 하겠다.[16)]

한편 각주 4에서 보았듯이 Y.-S. Kang(1986), M.-Y. Kang(1987), Y. Kim(1989), K. Choi (1991b) 등은 Maling&Kim이 논의한 (33-35가)를 비문법적으로 보았는데, 필자로서는 이런 차이에 대해 아직 뚜렷한 입장을 갖고 있지 못하다. 다만 이 차이가 개인 방언(idiolect)의 차이라면 다음과 같이 기술될 수 있다는 점만을 지적하기로 한다.[17)]

---

15) 이 외에도 '-에게/에'를 취하는 부분 명사구의 '-에게/에'가 개별 서술어에 의해 선택되는 경우가 있다는 점도 부분 명사구가 부가어가 아니라 서술어에 의해 통사적으로 선택된다는 점을 보이는 근거로 지적되고 있으나 여기서는 생략한다. 한편 부분 명사구의 통사적 성격에 대한 자세한 논의는 Maling(1991/2000:41-47)을 참조할 것.

16) 이런 점을 통해 그들은 부분 명사구를 논항으로 보아야 한다고 주장한다. 그러나 의미역을 정상적으로 배정받지 못한다는 점에서 일반적인 의미의 "논항"으로 보기는 어려운 것으로 보인다. 이 점에 있어 그들의 논의는 "논항"과 "통사적 보어"가 개념적으로 구분되어야 하며 선택 제약의 대상은 통사적 보어로 국한되어야 함을 얘기하고 있는 것으로 이해된다.
한편 VP 내부에 통사적 보어로 선택된 명사구가 의미역을 배정 받지 못하는 경우 완전해석원리(Full Interpretation)의 입장에서 볼 때, 그런 표현이 어떻게 해석될 것인가 혹은 인가될 것인가 하는 문제가 생긴다. 이와 관련해서는 J. Cho(2002:81)는 그런 경우를 위한 논리 형태 해독 규칙이 필요함을 지적하면서 이 경우 부분 명사는 술어의 수식어로서 인가될 것이라고 했다. 필자도 이 입장을 따른다.

17) (33-35가)에 대한 Maling&Kim의 판단은 교체 조건 (13)에 대해서 문제를 제기한다. 예를 들어 '철수가 닭의 털을 뽑은 상황'이 '철수가 닭을 뽑은 상황'을 함의하지 못하는데도 대격 중출 구성

(36) 가. (33-35가)를 좋다고 보는 개인 방언: 선택 제약이 통사적 보어에 적용된다.
나. (33-35가)를 안 좋다고 보는 개인 방언: 선택 제약이 논항에 적용된다.

5.4 대격 중출

이제 마지막으로 대격 중출 구성에서의 격 중출 문제를 다루어 보기로 하자. 지금까지 우리는 중출되는 격으로 대격의 경우만을 보았는데, 격 중출의 메카니즘으로 어떤 것이 올바르냐를 논했던 기존 연구에서는(Y. Kim(1989), Maling(1991, 1991/2000), Maling& Kim(1992) 등) 대격 중출이 주 대상이 아니고 아래와 같은 '-에게/에'의 중출이 주 논의 대상이었다.

(37) 가. 내가 유미에게 팔에 주사를 놓았다.
나. 내가 유미에게 이마에 키스했다.
다. 공장에 창고에 불이 났다.

그러나 필자는 기본적으로 (37)의 문법성에 대해 유보적이므로 (37)을 둘러싼 논쟁을 소개하는 대신[18] 대격 중출과 관련된 문제만을 다루기로 한다.[19]

먼저 대격 중출과 관련하여 어떤 것이 문제가 되는가를 생각해 보자. 크게 두 가지가 논의되어야 할 것으로 보인다. 첫째, 지금까지의 분석에 의하면 대격 중출과 관련하여 D가 중요한 역할을 하는 것으로 보인다. 즉 앞서 우리는 속격-대격 구성의 경우에는 D가 있는 것으로 보았고 대격 중출 구성의 경우에는 D가 없는 것으로 보았는데, 결국 속격/대격 교체에 있어 격 중출과 D의 상관성은 다음과 같이 정리될 수 있을 것이다.

이 가능하기 때문이다. 이 문제에 대한 논의는 앞으로의 연구 과제로 돌린다.

18) 이들 논쟁의 핵심은 부분 명사구의 격의 인가 방식에 대한 것으로, Y. Kim(1989)은 부분 명사구의 격이 전체 명사구와의 일치에 의해 인가된다고 본 반면, Maling(1991, 1991/2000), Maling& Kim(1992)은 부분 명사구의 격이 독립적으로 V에 의해 인가된다고 보았다.

19) 대격 중출만을 대상으로 할 때, 김영주의 격 일치 가설과 Maling&Kim의 직접 격 분석은 차이가 없다. 그러나 Maling&Kim이 지적하였듯이 한국어에서는 주어-술어 간에 항상 격 일치가 있는 것이 아니므로 격 일치 가설은 고려하지 않기로 한다.

(i) 가. 내가 아이를 의사로 만들었다.
나. 내가 아이를 의사로 키웠다.

(38) 가. D가 있는 경우에는 전체 명사구에 대해 속격만이 가능하고 대격은 불가능하며 고로 대격 중출의 양상을 보이지 않는다.
나. D가 없는 경우에는 전체 명사구에 대해 속격은 불가능하고 대격만이 가능하며 고로 대격 중출의 양상을 보인다.

이런 상관성이 맞다고 할 때, 이 상관성을 어떻게 설명하느냐 하느냐가 첫 번째 과제가 된다. 그리고 두 번째 문제는 격 중출 자체를 어떻게 설명하느냐이다.

먼저 두 번째 문제를 보는데, 필자는 격 중출에 대한 해법을 3장의 (59)로 제시한 바 있다. 즉 한국어의 구조격 인가자들은 [+해석성]일 뿐 아니라, 영어와 달리 파이-자질이 없어 격 인가가 파이-자질과의 연계에 의해 일어나지 않아 다중 격 인가가 가능하다고 본 것이다. 이를 토대로 대격 중출 구성의 구조로 설정된 (24)를 보면, 전체 명사구는 물론이요 부분 명사구도 대격 인가자인 v에 의해 성분-통어되며 대격 인가자에 의해 다중 격 인가가 가능하므로 대격 중출의 양상이 되는 것이다.[20)]

이어 (38)의 상관성은 D에 대한 아래의 가정과 4장의 격 최소성으로 간단히 설명된다.

(39) D는 속격 인가자이다.

즉 (38가)는 격 최소성으로 인해 DP의 내부에 있는 전체 명사구가 D보다 구조 상 상위에 있는 대격 인가자로부터 대격을 인가받지 못하는 상황이며, (38나)는 D가 없으므로 전체 명사구에 대해 속격은 인가가 안 되고 오히려 (24)와 같은 구조에서 대격 인가자인 v에 의해 성분-통어되는 전체 명사구가 대격을 인가받는 상황으로 설명될 수 있는 것이다.

5.5 정리

본 장에서는 구조격 조사 간의 교체 현상 중 첫 번째로 속격 조사와 대격 조사 간의 교체 현상을 살펴 보았다. 앞서 이 현상에 대해 생성 문법 내의 기존 연구들이 제기한 주요 질문들을 (3)으로 정리하였는데, 논의의 결과 (3)의 각 질문에 대한 답은 대략 다음과 같이 정리될 수 있다.

---

20) 격 중출에 대한 다른 견해와의 비교 논의는 격 중출을 다루는 11장에서 한다.

(40) 가. (3가): (13)[21]
나. (3나): 속격-대격 구성은 DP의 구조를 가지며, 대격 중출 구성은 NP의 구조를 가진다.고로 두 구성 간에는 아무런 통사적 관계가 없다.
다. (3다): DP로 실현되지 못하는 대격 중출 구성의 특성 때문에 일어나는 현상이며 그로 인해 부분 명사구는 의미역을 배정받는 대신 의미역 확인을 받는다. 그리고 서술어의 내부 의미역은 간접적으로 전체 명사구에 배정되거나 (H.-S. Yoon (1989)) 혹은 전체 명사구와 부분 명사구에 함께 배정된다 (Maling&Kim(1992)).
라. (3라): 부분 명사구는 통사적 보어이고 전체 명사구는 논항이다.
마. (3마): 속격 인가자인 D가 없어 전체 명사구에 대해서도 대격 인가가 가능하다.

이는 결국 속격/대격 교체와 관련된 모든 현상들이 한국어의 부분 명사구가 DP 외에 NP로도 실현될 수 있다는 점 그리고 D가 갖는 다음과 같은 성격 때문에 기인함을 말한다.[22]

(41) 가. 의미적으로 명사를 완결되게 하여 의미역을 배정받도록 한다.
나. 명사로 하여금 지시성을 지니게 한다.
다. 속격 인가자이다.

결국 한국어에서 NP로 실현될 수 있는 명사는 통사적으로 대격 중출이 허용된다고 할 수 있다.[23] 다만 (33-35가)의 경우에서처럼 판단이 서로 다른 것은 통사적 이유 때문

---

21) (13)이 대격 중출의 조건으로 성립된다고 할 때, 왜 이런 조건이 성립되는가 하는 질문이 제기될 수 있다. 본 장의 논의는 이 질문에 대해 부분적으로만 즉 (13가)에 대해서만 답을 하고 (13나)에 대해서는 답을 제공하고 있지 있다. 앞으로의 과제로 돌린다.

22) 이 외에도 두 가지 성격이 더 있는 것으로 보인나. 첫째, 앞서 대격 중출 구성에 대한 이농 분석을 옹호하면서 이 이동이 D가 없기 때문에 가능하며, D가 있으면 이동이 불가능하다고 보았는데, 이는 D의 존재 여부가 명사구 외부로의 이동 여부와 상관성이 있음을 말하는 것이다. 둘째, D는 결속 영역의 결정에도 일정한 역할을 하는 것으로 보인다. 이를 위해 다음 예를 보자(M.-Y. Kang(1987)).

(i) 가. 철수가$_i$ 그의$_i$ 뺨을 때렸다. 나. *철수가$_i$ 그를$_i$ 뺨을 때렸다.

즉 '그'가 속격 조사를 취하는 경우는 '그'가 '철수'와의 결속이 가능한데 반해, 대격 조사를 취하는 경우는 결속이 불가능하다. 이는 DP는 결속 영역이 되나, NP는 되지 않음을 말하는 것으로 이해된다.

23) 이는 "부분" 명사가 아니더라도 명사의 의미적 성격 상 DP가 아닌 NP로 실현될 수 있고 (13나)를 준수한다면 일단 대격 중출의 가능성이 있음을 의미한다. 다음은 이런 예측이 들어맞음을 보여준다.

이 아니고 서술어의 의미적 선택 제약의 적용 대상을 어느 것으로 할 것이냐와 같은 의미적 이유 때문으로 보인다.

한편 지금까지의 분석이 맞다면 우리가 지금까지 속격/대격 교체라 불렀던 현상 혹은 예문 (1가)와 (1나)의 관계는 결국 진정한 의미의 교체가 아닌 것이 된다. 그러면 다른 조사 교체의 경우는 어떤가? 잘 알려져 있듯이 한국어의 속격 조사는 대격 조사하고만 교체의 양상을 보이는 것이 아니라, 주격 조사하고도 교체의 양상을 보인다. 고로 속격/주격 교체에 대해서도 앞에서와 같은 분석이 적용될 수 있을 것으로 기대된다. 그러나 속격/주격 교체의 경우는 그 교체의 범위가 속격/대격 교체의 경우보다는 넓다는 취지의 관찰이 있었다(김귀화(1994:36-43), 김동석 · 김용하(2002) 등 참조). 이는 속격/주격 교체의 경우 본 장에서 본 교체의 양상 외에 다른 경우가 있음을 의미한다고 할 수 있는데 다음 장에서 이를 다룬다.

(i) 철수가 논문을 내용을 공격한 것이 아니다.

제6장

속격 조사와 주격 조사 간의 교체

6.1 서론

앞서 5장에서 우리는 속격 조사가 대격 조사와 교체되는 듯한 양상이 있음을 보았는데, 다음 예들은 속격 조사가 대격 조사뿐 아니라, 주격 조사하고도 교체가(이후 이를 "속격/주격" 교체로 부른다) 됨을 보여준다.

(1) 가. 철수가 발이 크다.
    나. 철수의 발이 크다.

(2) 가. 철수가 동생이 시험에 합격했다.
    나. 철수의 동생이 시험에 합격했다.

이런 속격/주격 교체는 그로 인해 주격 중출이 됨으로 인해 5장에서 본 대격 중출의 경우와 마찬가지로 많은 학자들의 연구 대상이 되어 왔었다. 그러나 속격/대격 교체보다는 그 양상이 더 다양하다고 할 수 있다. 그 단적인 예로 (2가)의 문법성을 들 수 있다. 즉 앞서 5장에서 우리는 NP1과 NP2의 관계가 친족 관계인 경우 속격/대격 교체가 허용되지 않음을 보았는데,[1] (2)는 동일한 친족 관계의 경우 속격/주격 교체가 허용됨을 보이고 있다. 더 나아가 아래 (3-4)의 예들은 속격/대격 교체를 허용하지 않았던 이른바 양도성(alienable)의 경우에서도 속격/주격 교체가 가능함을 보여주고 있으며, (5-6)의 예들은 속격으로의 교체가 불가능한 주격 중출의 경우도 있음을 보여주고 있다.[2]

1) 앞으로 편의상 문장에서 첫 번째로 나타나는 명사구는 그것이 속격 조사를 취하건 주격 조사를 취하건 상관 없이 NP1, 두 번째로 나타나는 명사구는 NP2로 부른다.

2) 물론 속격/주격 교체 관계를 설정할 수 없는 다른 주격 중출의 경우도 있다. 여기서 (5)를 특히

(3) 가. 그 농장이 사과나무가 잘 자란다. =J. Cho(2002:77)
나. 인수가 차가 외제다. =K.-S. Kim(1996:238)
다. 인수가 모자가 땅에 떨어졌다.

(4) 가. 그 농장의 사과나무가 잘 자란다.
나. 인수의 차가 외제다.
다. 인수의 모자가 땅에 떨어졌다.

(5) 가. 과일이 파인애플이 비싸다. =J. Cho(2002:77)
나. 개가 허스키가 눈썰매를 잘 끈다.

(6) 가. *과일의 파인애플이 싸다.
나. *개의 허스키가 눈썰매를 잘 끈다.

다시 말해, 이들 예들은 속격/대격 교체의 경우 NP1과 NP2 간의 관계가 전체-부분의 경우로만 국한되는데 반해, 속격/주격 교체의 경우에는 NP1과 NP2 간의 관계에 일단 별 제한이 없음을 보여주고 있다. 그러나 바로 그런 점으로 인해 다음과 같은 질문들이 제기될 수 있다. 속격/대격 교체에서는 대격 중출이 허용되지 않았던 친족 관계나 양도성의 경우, 속격/주격 교체에서는 왜 주격 중출이 허용되는가? 달리 말해 격 중출의 허용 범위와 관련된 주격과 대격 간의 비대칭은 어떻게 설명이 되어야 하는가? 이어 똑 같이 주격 중출이 허용되는 전체-부분의 경우와 친족 관계 및 양도성 간에 통사적 차이가 있는가 없는가? 있다면 그 차이의 기원은 무엇이며 그 차이는 어떻게 파악이 되어야 하는가?

그러나 속격/주격 교체 혹은 교체로 인한 주격 중출을 다룬 기존 연구들에서 이들 논제들이 모두 충분히 부각되었던 것으로 보이지 않는다. 예를 들어 대부분의 기존 연구들이 NP1과 NP2 간의 관계의 유형을 논하는데 있어 전체-부분, 소유자-소유물, 친족, 사물-속성 혹은 양도성/비양도성 등의 개념을 언급하기는 했으나(H.-S. Choe (1987:각주 17), Y.-S. Choi(1988), C. Youn(1989), Gerdts(1991/2000:각주 1), Whitman (1991/2000:1), K.-S. Kim(1996:238), H.-J. Yoon(1996:386), 고재설(1999), G.-S. Moon

제시한 이유는 이 경우가 궁극적으로는 (2, 3)과 같은 성격을 가진다고 보기 때문이다. 한편 (5-6)과 같은 경우가 있으므로 6장에서 논하는 경우를 속격/주격 교체로 부르는 것은 다소 잘못된 선택일 수 있다. 그러나 속격과 주격 간의 연관성 하에서 논의되어 온 바 있어(Y.-S. Kang (1986), H.-S. Choe(1987), M-Y. Kang(1987) 등) 그렇게 부르기로 한다. 그러나 본 장에서의 분석이 맞다면 5장에서와 마찬가지로 주격의 경우와 속격의 경우 간에는(예를 들어 (1, 2가)와 (1, 2나)) 아무런 통사적 관계가 없으므로 이들을 진정한 의미의 교체 현상으로 볼 수는 없을 것이다.

(2000:241), 홍용철(2001), H. Lee(2008) 등 참조), 그런 차이가 각 유형 간의 통사적 차이 혹은 통사 구조 간의 차이와 연관이 있는가는 H.-S. Yoon(1987, 2007), K.-S. Kim (1996), H.-J. Yoon(1996), 고재설(1999), 홍용철(2001) 등을 제외하고는 깊이 논의되지도 않았을 뿐 아니라, 논의된 경우라 해도 각 연구들마다 입장 및 다루는 유형들이 달라 속격/주격 교체와 관련된 주격 중출문의 전모를 파악하는 데에는 미흡했다고 할 수 있다.

본 장에서는 예문 (1-5)가 보이는 격 현상의 정확한 분석을 위해서는 예문 (1-5)에 통사적으로 단일 구문만이 있는지 아니면 서로 다른 구문이 섞여 있는지를 밝히는 작업이 중요하다고 보고 이를 집중적으로 논의하고자 한다. 이런 논의에서 5장의 결과가 하나의 지침이 된다. 즉 5장에서 우리는 NP2의 DP로의 실현 여부와 격 중출 간에 상관성이 있다고 보았으므로 주격 중출의 경우에도 마찬가지의 결과가 관찰될 것으로 예상할 수 있다. 그러나 (1-4)의 예는 그런 예상이 일단은 맞지 않음을 보여준다. 특히 성격 상 DP로만 실현되는 것으로 보는 "친족" 및 "양도성" 명사의 경우 예상과 달리 주격 중출을 허용하는데, 필자는 이 결과를 "부분" 명사의 경우와 "친족/양도성" 명사의 경우가 서로 성격이 다른 구문을 이루기 때문으로 보며 고로 주격 중출의 경우에도 NP2의 DP 실현 여부와 격 중출 간의 상관성이 여전히 유효한 것으로 본다. 즉 NP2가 DP로 실현되는 "친족/양도성" 명사인 경우 이들 명사를 핵으로 하는 명사구 내부에 NP1이 오면 주격이 인가가 안 되어 그런 구조로부터는 주격 중출이 일어나지 않으나, 이와는 다른 구조를 가지는 구문으로부터 주격 중출이 허용되어 결국 표면적으로 상관성이 없는 것으로 나타난다는 것이다.

본 장의 구성은 다음과 같다. 먼저 6.2에서는 주격/속격 교체와 관련된 주격 중출 구문이[3] 단일하지 않다고 본 K.-S. Kim(1996), H.-J. Yoon(1996), 고재설(1999), S.-Y. Cho(1999), 홍용철(2001) 등의 논의를 소개, 검토하면서 NP2가 NP로 실현되는 "부분/성질" 명사인 경우와 DP로만 실현되는 "친족/양도성" 명사인 경우 간에 통사적으로 많은 차이가 있음을 보이고 그 차이가 NP2의 주어성 여부와 관련이 있음을 제안한다. 즉 "부분/성질" 명사가 NP로 실현되는 경우 NP1이 주어이고 NP2가 보어인데 반해(이후 이 구성을 "주어-보어" 구성으로 부른다),[4] "부분/성질" 명사가 DP로 실현되는 경우

3) 주격 중출 구문에는 주격/속격 교체와 무관한 구문들도 있으나, 이는 본 장의 관심사가 아니다. 본 장에서의 "주격 중출 구문"은 주격/속격 교체와 관련된 구문을 의미한다.

4) S.-Y. Cho(1999)에서는 NP2를 부가어로 보고 있다. 서술어와의 의미역 관계에 있어 의미역을 할당받는 관계가 아니라는 점을 반영한 것으로 보인다. NP2의 의미역 이론적 성격은 나중에 논의되는데, 기본적으로 필자와 조세윤 간에 차이는 없는 것으로 보인다. 필자가 "보어"라고 한 것은 구조적

와 "친족/양도성" 명사의 경우에는 NP2가 주어임을 제안한다.[5], [6] 이어 6.3에서는 기존 연구를 중심으로 각각 "주어-보어" 구성 및 "이중/다중 주어" 구성의 통사적 성격을 정리하는 한편 각 구성의 구조를 제안하고 격 인가 및 중출 문제를 다룬다. 마지막으로 6.4는 앞서의 논의를 정리한다.

6.2 속격/주격 교체의 두 경우: "주어-보어" 구성 대 "이중/다중 주어" 구성[7]

6.2.1 NP2의 서로 다른 통사적 양상

앞서 5장에서 우리는 "부분" 명사가 DP외에 NP로도 실현될 수 있으며 NP로 실현되는 경우 서술어와 "부분" 명사 간에 의미역 배정이 아닌 의미역 확인의 절차가 적용되고 격 중출의 양상이 출현하는 것으로 분석하였다. 그리고 "부분" 명사만이 NP로 실현되는 가능성을 가지며 그 외 비양도성의 전형적인 경우로 취급되는 "친족" 명사 및 양도성 명사에는 그런 가능성이 없는 것으로 보았다. 필자는 "부분" 명사의 그런 특성이 의미적으로 지시적 특성 외에(이 경우는 DP로 실현된다) 개체의 속성을 나타낼 수 있는(이 경우는 NP로 실현된다) 특성 때문으로 보았는데, 속성적 특성이 보다 뚜렷한 명사로는 고재설(1999)에서 논의된 '키, 길이, 힘, 크기, 색깔, 무게' 등과 같은 "속성" 명사를 들 수 있다. 특히 이들은 다음과 같은 주격 중출 구문에 나타날 때에 어떤 대상을 가리키는 의미를 가진다고 볼 수 없는데, 필자는 이를 토대로 이들도 "부분" 명사와 마찬가지로 NP로 실현되는 것으로 본다.[8]

으로 부가어의 위치에 오기보다는 보어 위치에 온다는 점을 반영한 것이다.

5) 후자에 나타나는 NP1의 성격도 B.-S. Park(1973), I.-H. Lee(1987), H.-S. Yoon(2004a, b, 2007) 등의 입장을 따라 "주어"로 보며 고로 이 구성을 이후 "이중/다중 주어" 구성으로 부른다. 물론 윤혜석이 지적하였듯이 NP1과 NP2의 주어로서의 성격이 좀 다른데, 구분이 필요한 경우 그의 제안을 따라, NP1은 대주어(major subject), NP2는 문법적 주어(grammatical subject)로 부르기로 한다.

6) 이는 양도성 소유와 비양도성 소유간에 통사적 차이가 없다고 본 G.-S. Moon(2000)의 입장이나 (i)과 같이 속격/주격 교체 양상을 보이는 possessor type과 (ii)와 같은 adjunct type 간에 통사적 차이가 없다고 본 H.-S. Yoon(2007)의 입장이 옳지 않음을 의미한다.

(i) 가. 철이가 키가 크다.
　　나. 철이의 키가 크다.

(ii) 가. 여름이 맥주가 최고다.
　　나. *여름의 맥주가 최고다.

7) 본 절의 내용이 최기용(2008나)의 일부를 발표된 바 있다.

8) DP로 실현되는 경우는 없는 것으로 보며 이 점에 있어 DP로도 실현되는 "부분" 명사와는 다른 특성을 보인다.

(7) 가. 철수가 키가 크다.
　　나. 이 연필이 길이가 길다.
　　다. 이 책상이 색깔이 너무 검다

한편 NP2가 DP가 아닌 NP로 실현되는 "부분/성질" 명사에 대한 5장의 분석이 (1가) 및 (7)과 같은 주격 중출 구문에 적용된다면 이들 문장의 NP2는 대격 인가 능력이 없는 형용사의 보어로 볼 수 있으며, 그에 반해, NP1은 "부분/성질" 명사를 핵으로 하는 NP를 벗어나 문장의 문법적 주어 위치에 나타나는 것으로 볼 수 있다.9) 중요한 점은 5장의 분석에 의하면 이런 구조가 NP2가 DP로 실현된다고 보는 "친족/양도성" 명사를 가지는 (2가) 및 (3)의 예문에는 적용될 수 없다는 점이다. 왜냐면 앞의 경우와 달리 NP1이 DP 밖으로 이동할 수 없으며 그리하여 주격 조사를 취할 수 없게 되기 때문이다. 그럼에도 불구하고 NP1이 주격 조사를 갖는 (2가), (3)의 문장들이 좋다는 것은 앞서 지적하였듯이 이들이 (1가, 7) 등과는 다른 구조를 가지며10) 그 중에서도 (2가, 3)의 NP2가 해당 술어의 보어로 남을 수가 없음을 의미한다. 이는 결국 NP2의 통사적 양상이 "부분/성질" 명사와 "친족/양도성" 명사 사이에서 많이 다를 것을 예측하는데, 실제로 많은 차이점을 보이며 그 내용을 정리하면 다음과 같다.

첫째, K.-S. Kim(1996), 고재설(1999)에서 지적된 바 있듯이 "성질" 명사의 경우는 NP2가 생략되어도 원래의 의미가 유지되나, "친족/양도성"의 경우는 그렇지 못하다.11)

(8) 가. 인수가 키가 크다. =K.-S. Kim(1996:(6a))
　　나. 인수가 크다. =K.-S. Kim(1996:(10a))

(9) 가. 이 연필이 길이가 길다. =고재설(1999:(6b))
　　나. 이 연필이 길다. =고재설(1999:(8))

---

9) 이와 같은 설정에 대한 경험적 증거들이 곧 제시된다.

10) H.-S. Yoon(2007)을 위시한 여러 연구들이 지적하였듯이 주격/속격 교체를 설정할 수 없는 (5)도 이 구조를 갖는 것으로 본다.

11) "부분" 명사의 경우는 함의 관계 유지에 따라 양상이 달리 나타난다. 즉 "NP1-의 NP2-가 술어"가 "NP1-이 술어"를 함의할 경우에는 NP2가 생략되어도 원래 의미가 유지되나, 함의하지 못하는 경우는 그렇지 못하다.

(i) 가. 철수가 배가 아픈가 보다. 나. 철수가 아픈가 보다.
(ii) 가. 철수가 손이 크다. 나. *철수가 크다.

(10) 가. 인수가 동생이 의사다. =K.-S. Kim(1996:(7a))
나. *인수가 의사다. =K.-S. Kim(1996:(10b))

(11) 가. 철수가 동생이 시험에 합격했다.
나. *철수가 시험에 합격했다.

둘째, "부분/성질" 명사의 경우에는 NP2의 뒤섞기(scrambling)가 가능하나(K.-S. Kim(1996), S.-Y. Cho(1999), G.-S. Moon(2000:249-250)), "친족/양도성" 명사의 경우에는 불가능하다(K.-S. Kim(1996))[12)]

(12) 가. 철수가 머리가 제일 좋다.
나. ?머리가 철수가 제일 좋다.

(13) 가. 철수가 키가 제일 크다.
나. ?키가 철수가 제일 크다.[13)]

(14) 가. 인수가 동생이 의사다.
나. *동생이 인수가 의사다.

(15) 가. 인수가 모자가 땅에 떨어졌다.
나. *모자가 인수가 땅에 떨어졌다.

셋째, "부분/성질" 명사에 대해서는 균열문(cleft sentence) 형성이 가능하나, "친족/양도성" 명사에 대해서는 그렇지 못하다(K.-S. Kim(1996), S.-Y. Cho(1999), J.-Y. Cha (2008)).

(16) 가. 인수가 좋은 것은 머리만이 아니다. =K.-S. Kim(1996:(11a))
나. 철수가 큰 것이 발만이 아니다.
다. ?철수가 큰 것이 키만이 아니다.
라. 코끼리가 긴 것은 코이다. =J.-Y. Cha(2008:(15))

---

12) K.-S. Kim(1996)에서 논의된 실제 예는 scrambling된 표현이 주격 조사 대신 '-는'을 갖고 있다. '-는'이 주격 조사보다 자연스러운 것은 사실이나, '-는'과 주격 조사의 경우가 같은 구성인지는 확실치 않은 상태에서 주격 조사 표현의 scrambling도 허용된다고 보아 주격 조사 표현이 있는 예를 든다.

13) H.-S. Yoon(2007)은 (12, 13나)와 같은 유형의 문장이 허용될 수 없는 것으로 보았다. 그러나 (14, 15나)와의 대비는 분명해 보인다.

마. 그가 큰 것이 얼굴이다. =S.-Y. Cho(1999:(10))

(17) 가. *인수가 의사인 것은 동생이 아니다. =K.-S. Kim(1996:(11b))
나. *인수가 땅에 떨어진 것은 모자가 아니다.
다. *그가 예쁜 것이 어머니이다. =S.-Y. Cho(1999:(9))

넷째, NP2와 서술어와의 의미역 관계에 있어서도 두 경우가 차이를 보인다. 즉 “친족/양도성” 명사의 경우는 NP2가 서술어로부터 의미역을 배정받는 관계인데 반해, “부분/성질” 명사의 경우는 배정 관계로 볼 수 없다는 것이 일반적인 관찰인데(G.-S. Moon (2000:각주 15), 안명철(2001)) 그 이유는 물론 5장의 “부분” 명사와 서술어 간의 의미적 관계와 유사한 관계가 이 경우에도 엿보이기 때문이다. 즉 “부분/성질” 구성의 경우 서술어가 배정할 수 있는 의미역은 하나인데 반해, 대상 명사구는 둘이며 이 둘 중 어느 하나만 서술어와 의미역 관계가 맺는 것이 아니라 둘 다 관계를 맺는 것으로 보인다. 이런 점을 포착하기 위해 5장에서 언급된 “의미역-확인”이 이 경우에도 적용될 수 있을 것으로 보이며 이는 그만큼 NP2의 통사적 성격이 문제의 두 경우에 있어 차이가 있음을 보이는 것이다.

한편 NP2의 그런 차이와 관련된 차이 두 가지를 더 지적할 수 있다. 우선 NP1도 “부분/성질” 명사와 “친족/양도성” 명사 사이에 큰 차이를 보인다. 널리 지적되었듯이, 전자의 경우는 서술어와 의미역 관계를 맺는 것으로 보이나, 후자의 경우는 서술어와 아무런 의미역 관계를 맺지 못한다. 예를 들어, (1가, 7) 등의 예에서 NP1이 서술어인 ‘크-’, ‘길-’, ‘검-’으로부터 각각 직접적인 의미역 관계를 맺는 해석을 가지나, (2가) 및 (3)의 예에서는 NP1이 해당 서술어와 아무런 의미역 관계를 갖지 못한다. 또한 “NP2+서술어”의 성격에도 차이가 있다. 즉 전자의 경우는 NP1에 배정할 의미역이 아직 있어 의미역적으로 완결되지 못한(thematically unsaturated) 상태인데 반해, 후자는 더 이상 배정할 의미역이 없이 의미역적으로 완결된(thematically saturated) 상태이다. 이런 차이들은 앞에서 본 NP2의 의미역 상의 차이에 기인하는 것으로 보인다. 즉 “친족/양도성” 명사는 서술어로부터 의미역을 배정받아 NP2와 서술어가 의미역적으로 완결된 상태가 되어 NP1에 배정할 더 이상의 의미역이 없게 되는데 반해, “부분/성질” 명사는 서술어로부터 의미역이 배정되는 대신 확인이 되어 NP1에 배정할 의미역이 남아 있는 상태이며 그 의미역이 NP1이 배정된다고 볼 수 있다.

다섯째, “친족/양도성”의 경우는 다중 주어의 출현이 가능하지만, “성질”의 경우는

그렇지 못하다(고재설(1999:536)).[14)]

(18) 가. 남반구가 문화국가가 남자가 평균수명이 짧다. =H.-S. Yoon(2007:1b))
나.??영이가 어머니가 오라버니가 부지런하시다. =고재설(1999:536))

(19) 가. *철수가 키가 신장이 크다.
나. *이 옷의 소매가 길이가 기장이 길다.

여섯째, '-시'와 일치를 하는 성분이 무엇이냐에 있어서도 두 경우가 서로 다르다. 즉 다음 예에서 보듯이 "부분/성질"의 경우는 NP1이 일치에 관여하지만, "친족/양도성"의 경우는 NP1은 관여하지 못하며, NP2가 일치에 관여한다(홍용철(2001:171-172), Chae &Kim(2008)).

(20) 가. 박 선생님이 키가 크시다.
나. 박 선생님이 기분이 좋으신가 보다.
다. 어머님이 다리가 많이 아프신가 보다.

(21) 가. 철수가 아버님이 참 좋으시다.
나. 영이가 어제 아버님이 돌아가셨다.
다. 철수가 아버님이 부자이시다.
라. 철수가 어머님이 교회에 다니신다.

(22) 가. *우리 선생님이 열 살짜리 아들이 오셨다. =H.-J. Yoon(1996:(32b))
나. *아버님이 제자들이 인물이 좋으시다.
다. *김 선생님이 둘째 아들이 아프시다. =홍용철(2001:(30b))

일곱째, 다음 예에서 보듯이 '-들'과의 호응하는 성분이 무엇이냐에 있어서도 두 경우가 서로 다르다. 즉 "부분/성질"의 경우는 NP1과 호응을 하지만, "친족/양도성"의 경우는 NP2와 호응을 한다(홍용철(2001:171-172)).

---

14) "부분" 명사는 아래의 에서 보듯이 다중 주어의 출현을 허용하는 듯이 보인다.

(i) 코끼리가 꼬리가 털이 길다. =고재설(1999:(9b))

"부분" 명사와 "성질" 명사 간의 이런 차이는 나중에 논의된다.

(23) 가. 아버지와 어머니가 자주들 머리가 아프셨다.
나. *아버지가 가슴과 배가 자주들 아프셨다. =홍용철(2001:(29))

(24) 가. 철수가 아버지와 어머니가 자주들 아프셨다.
나. *철수와 영희 부부가 둘째 딸이 엄청나게들 예뻤다. =홍용철(2001:(31))

여덟째, '매우'와 같은 형용사 수식 부사에 의한 수식 양상에 있어서도 두 경우가 서로 다르다. 즉 "부분/성질"의 경우에는 부사가 NP1 앞에 올 수 있으나, "친족/양도성"의 경우에는 그렇지 못하다(S.-Y. Cho(1999:340)).[15)]

(25) 가. (?)제리가 매우 얼굴이 크다. =S.-Y. Cho(1999:12b)
나. ??(*)제리가 매우 어머니가 예쁘(시)다. =S.-Y. Cho(1999:12a)

6.2.2 NP2의 서로 다른 통사적 양상의 구조적 기원

이 외에도 몇 가지 차이가 더 있으나,[16)] 앞에서 지적된 차이만으로도 주격 중출 구문을 단일 유형으로 보는 G.-S. Moon(2000), H.-S. Yoon(2007), H. Lee(2008)의 입장이 유지되기는 어려울 것으로 보인다. 대신 위의 자료들은 NP2의 성격에 따라 주격 중출 구문에 두 가지 유형이 있음을 보이는데, 문제는 그 유형 간의 차이를 어떻게 볼 것이냐이다. 이와 관련하여 필자는 앞서 두 유형 간의 구조적 차이로 NP2가 "성질/부분"인 경우는 두 명사구가 "주어-보어"의 성격을, "친족/양도성"인 경우는 "이중(다중) 주어"의 성격을 가진다고 보았다. 결국 이 견해에서의 핵심은 NP2의 구조적 성격이 서로 다르다는 것으로 이를 위해서는 다음과 같은 근거들이 제시될 수 있다.[17)], [18)]

---

15) (25)에 적힌 문법성 표시는 조세윤의 것이다. 필자의 판단에 의하면 (25가)와 (25나)의 차이는 아주 뚜렷하다. 한편 아래 예문이 보이듯이 조세윤은 "부분/성질"의 경우에 부사가 NP1 다음에도 올 수 있다고 하였다.

(i) 제리가 얼굴이 매우 크다. =S.-Y. Cho(1999:12a)

결국 "부분/성질"의 경우는 형용사 수식 부사의 위치로 두 군데가 가능한데, 이에 대한 분석은 6.2.3을 참고할 것.

16) 기존 문헌에 언급된 차이로 본 책자에 소개되지 않은 것으로는 NP2의 한정성 여부(K.-S. Kim(1996)), 등위접속제한, 수식어 허용, 의문문 허용 등이 있다. 이는 현상이 분명하지 않고 적절치 않아 포함시키지 않는다.

17) 물론 두 유형 간에는 구조적 차이만 있는 것이 아니고 NP2의 통사적 범주 상의 차이 그리고 그로 인한 의미역 관계 상의 차이 등도 있다. 여기서는 구조적 차이만을 다룬다.

첫째, 4장에서 언급했듯이 '-시'는 문장의 주어(문법적 주어)를 판별해내는 기준으로 이용되는데, 앞서 본 (20-22)의 양상은 결국 "부분/성질" 구성에서는 NP1이 주어이지만, "친족/양도성" 구성에서는 NP2가 주어임을 보여준다. 특히 (22)는 NP2가 주어이면서도 NP2가 가리키는 대상이 결국 '-시'에 의한 존대의 대상이 되지 못해 안 좋은 것으로 분석이 된다. 이 점에 있어 주목할 점은 (20)의 NP2의 양상이다. 즉 (20)의 NP2가 가리키는 대상이 (22)에서와 마찬가지로 존대의 대상이 되지 못하는데도 불구하고 (22)에서와는 달리 그런 점이 (20)의 문법성에 아무런 영향을 미치지 않고 있다. 이는 결국 "부분/성질" 구성의 NP2가 주격 조사를 갖고 있음에도 불구하고 주어의 성격을 가지지 못함을 보여주며 술어와의 의미 관계로 보아 보어 위치에 있음을 보여준다.

둘째, "부분/성질" 구성의 NP2가 서술어와 보어 관계에 있음을 보여주는 두 번째 근거는 관용 해석의 가능성이다. Marantz(1984)에 의하면 관용 해석이 서술어와 보어 사이에는 가능하지만, 서술어와 주어 사이에는 가능하지 않다. 고로 이에 의하면 관용 해석은 "부분/성질" 구성에서는 가능하지만, "친족/양도성" 구성에서는 가능하지 않을 것으로 예측되는데, 실제로 관용 해석이 관찰되는 경우들은 아래 예들에서 보듯이 모두 "부분" 구성의 경우에서만이다(M.-Y. Kang(1987:81), H.-S. Yoon(1987:145), H.-J. Yoon(1996:396), 고재설(1999:550) 등 참조).

(26) 가. 김 교수가 발이 넓다.
나. 영미가 손이 크다.
다. 철수가 간이 크다.
라. 영미가 눈이 높다.

셋째, 앞서 지적된 다섯 번째 차이도 "성질" 구성의 NP2가 보어인데 반해, "친족/양도성" 구성의 NP2는 보어가 아님을 보여준다. 즉 보어는 서술어와의 의미, 통사적 관계에 의해 반복될 수 없는데 (19)의 비문법성은 "성질" 구성의 NP2가 보어임을 보여준다.

마지막으로 '그리하/그러하-' 교체 현상을 보자. H.-S. Choe(1985), 임홍빈(1987나) 등에 의하면 '그리하/그러하-'는 서술어 뿐 아니라 보어까지 함께 교체하는데 다음 예가 이를 보여준다.

18) H.-S. Choe(1987), H.-S. Yoon(1987), G,-S. Moon(2000) 등의 문헌에서 주격 중출 구문의 주어 여부를 판별하는 기준으로 재귀사 결속이 논의되기도 했다. 그러나 4장에서 보았듯이 재귀사 결속이 주어성을 판별하는 신뢰할 만한 기준으로 보이지 않으며 실제로 동일한 예문에 대한 판단도 연구자별로 다른 경우도 있어 여기서는 채택하지 않는다.

(27) 가. 철수가 영미를 만나자, 대석이도 그랬다.
나. *철수가 영미를 만나자, 대석이도 영미를 그랬다.

(28) 가. 너가 영미가 싫은가 본데, 나도 그렇다.
나. *너가 영미가 싫은가 본데, 나도 영미가 그렇다.

앞의 근거에 의하면 "성질/부분" 구성의 NP2는 보어이므로 '그리하/그러하-' 교체에 포함될 수 있지만, "친족/양도성" 구성의 NP2는 주어이므로 '그리하/그러하-' 교체에 포함될 수 없을 것으로 예측되는데, 다음 예들은 그런 예측이 들어맞음을 보여준다.

(29) 가. 철수가 키가 큰데, 영미도 그렇다.
나. 이 연필이 길이가 긴데, 저 연필도 그렇다.
다. 철수가 발이 넓은데, 영미도 그렇다.

(30) 가. *철수가 동생이 시험에 붙었는데, 영미도 그랬다.
("영미가 동생이 시험에 붙었다"라는 해석의 경우)
나. *철수가 아버님이 학교 근처에 사시는데, 영미도 그러신다.
다. *인수가 모자가 땅에 떨어졌는데, 영미도 그랬다.

한편 "친족/양도성" 구성의 경우 NP2를 뺀 그 뒤에 오는 성분에 대해서는 '그리하/그러하-' 교체가 가능할 것으로 예상되는데, 실제로도 그러하다.

(31) 가. 철수는 동생이 시험에 붙었는데, 영미는 형이 그랬다.
나. 인수는 모자가 땅에 떨어졌는데, 영미는 장갑이 그랬다.

6.2.3 "부분" 명사의 경우

지금까지 우리는 "성질/부분" 구성의 NP2는 보어, NP1은 문법적 주어 그리고 "친족/양도성" 구성의 NP2는 문법적 주어임을 보이는 근거들을 제시했다. 그러나 최종 결론을 내리기 전에 논의해야 할 점들이 몇 가지 있는데, 이 점들을 살펴보기로 한다.[19)]

---

19) H.-S. Yoon(2007)은 일본어의 주격 중출 구문에 두 가지 유형이 있음을 주장한 Vermeulen(2005)을 비판하면서 근거로 제시된 접속 현상이 적어도 한국어에는 들어맞지 않음을 지적하였다. 즉 Vermeulen에 의하면 (i)의 각 접속항은 아래 적힌 대로 유형이 다르고 그에 따라 범주가 달라 접속이 안 되어 안 좋아야 하나 그렇지 않으며 또한 (ii)의 예들은 서로 다른 유형의 주격 중출 구문이 VP와의 접속이 가능함을 보여주어 결국 이는 오히려 두 유형 간에 차이가 없음을 보인다

첫째, 지금까지의 분석에 의하면 "성질/부분" 구성이 "주어-보어"의 구조를 갖는 경우는 "성질/부분" 명사가 NP로 실현되는 경우였다. 그런데 앞서 필자는 "부분" 명사가 DP로도 실현될 수 있다고 하였고 "친족/양도성" 명사가 "이중/다중 주어"의 구조를 갖는 이유는 해당 명사가 DP로만 실현되기 때문이라 하였다. 고로 이에 의하면 "부분" 명사가 DP로 실현되는 경우 "이중/다중 주어"의 구조로 실현될 수 있으며 이는 결국 NP2가 "부분" 명사인 경우에는 두 가지 구조가 가능함을 의미한다. 그럼 이 가능성이 실제로 나타나는가? 다음 예들은 그런 가능성이 실제로 나타남을 보여주며 이는 그만큼 필자 분석을 위한 근거가 된다.

(32) 가. 철수가 손이 제일 크다.
나. 철수가 제일 손이 크다.

위 문장들 간의 표면적 차이는 '제일'의 위치이나, 해석 상에도 차이가 있다. 즉 (32가)는 다음의 두 가지 해석을 가지나, (32나)는 그 중 한 가지 (33가)만을 뜻한다.

(33) 가. 우리들 중에서 철수가 손이 제일 크다.
나. 철수가 비교 대상 신체 부위 중에서 손이 제일 크다.[20]

필자는 (32가)의 중의적 양상이 (32가)가 갖는 두 가지 구조 즉 "주어-보어" 구조와 "이중/다중 주어" 구조에 기인한다고 보는데 우선 구체적 설명을 위해 각각의 개략적 구조를 다음과 같이 설정한다.

는 것이다.

(i) 교보 문고가 [[여러 종류의 책이 팔리고] [위치도 아주 좋다]]	부가형(S)-소유자형(VP)
(ii) 가. 철이가 [[머리가 좋고][아주 성실하다]]	소유자형(S)-VP
나. 보스톤이 [[관광객이 많이 찾고][아주 아름답다]]	부가형(S)-VP

필자의 분석에서 (ii가)의 첫 접속항은 VP(혹은 AP)이며 고로 같은 범주의 접속으로 분석되므로 문제가 안 된다. 나머지들에 대해서는 오른쪽 접속항의 범주를 공범주 pro를 주어로 갖는 S로 보는 대안이 가능하다.

20) 비교되는 부위가 무엇이냐에 따라 (33나)의 현실적 해석이 불가능한 경우도 있다. 그러나 중요한 것은 '손'보다 작은 부위만을 대상으로 할 경우 (33나)의 해석이 가능하다는 점이다.

(34) 가. "이중/다중 주어" 구조[21]　　　나. "주어-보어" 구조

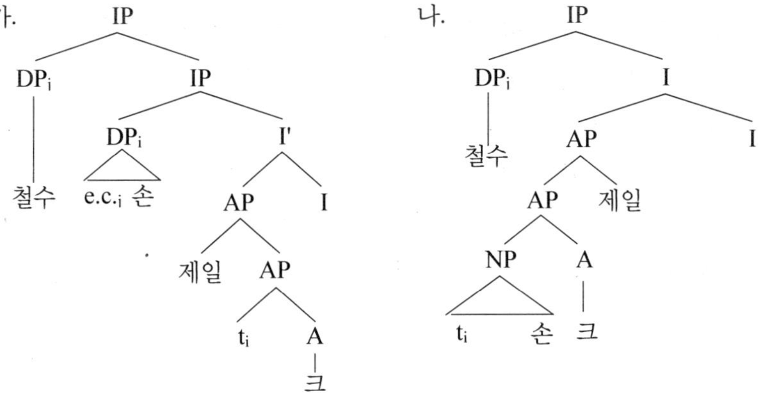

"부분" 명사가 DP로 실현되는 "이중/다중 주어" 구조의 경우는 각 DP가 IP의 지정어의 성격을 가지는데 반해, NP로 실현되는 "주어-보어" 구조에서는 NP2는 형용사의 보어에 위치하고 NP1은 DP로서 IP의 지정어에 위치한다.

한편 설명을 위해 필자는 추가적으로 '제일'은 AP에 부가되며 그 위치에는 제약이 없는 것으로 본다. 즉 왼쪽에도 부가되고 오른쪽에도 부가된다고 본다. 그리고 오른쪽에 부가되는 경우 (32가)와 같은 어순이 어떻게 나오느냐 하는 질문이 제기될 수 있는데, 문제의 어순은 핵 이동의 결과로 본다.[22] 이어 '제일'의 영향권과 관련하여 다음을 가정한다.[23]

(35) 가. '제일'에 의해 성분-통어되는 대상이 '제일'의 수식 대상이 된다.
　　나. 수식 대상은 DP로만 국한된다. 즉 NP는 수식 대상이 되지 못한다.

(35)에 의하면 위 각 구조에서 '제일'에 의해 수식되는 대상이 서로 다르다. 즉 (34가)

---

21) "이중/다중 주어" 구성에서 NP1이 이동에 의하느냐 아니면 제자리에서 병합되느냐도 논란거리이다. H.-S. Choe(1987), Y.-S. Kang(1986), J.-Y. Yoon(1989), D.-W. Yang(1995, 1996, 2000a) 등은 이동에 의한 것으로 보고 있다. 즉 (45)의 공범주를 흔적으로 보고 있다. 이에 반해 필자는 후자의 입장을 택한다. 이동 설정 시의 문제에 대해서는 H.-S. Yoon(1987)을 참조할 것.

22) 한국어에서 용언의 활용형이 핵 이동을 통해 형성된다는 주장에 대해서는 최기용(2003), K. Choi(2003)를 참조할 것.

23) (35가)는 '제일'의 영향권과 관련된 사항으로 영향권이 일반적으로 성분-통어로 규정된다는 점에서 별 무리가 없다. (35나)는 비교의 의미적 측면과 관련이 있는 것으로 보이나 독자적 근거 제시는 앞으로의 과제로 돌린다.

에서는 '손'이 대상이 되나, (34나)에서는 '철수'만이 수식의 대상이 되며 바로 (32가)의 중의성이 이에 기인한다고 본다. 그럼 (32나)는 왜 (33가)의 해석만을 가지는가? 이 또한 (34)의 구조 하에서 설명이 된다. 앞서 필자는 '제일'이 AP에만 부가된다고 하였는데, 이에 의하면 (34가)에서 (32나)와 같은 어순을 얻을 수 있는 방법은 없어 보인다. 그에 반해, (34나)에서는 (32나)와 같은 어순을 얻을 수 있는데, 바로 '제일'이 (34가)에서처럼 AP의 왼쪽에 부가되는 경우이다. 그리고 그 경우는 바로 '손'이 NP이므로 '제일'의 수식 대상이 되지 못하며, 오로지 DP인 '철수'만이 수식 대상이 되어 (33가)의 해석만 가능하게 되는 것이다.

"부분" 명사가 두 가지 구조를 가진다는 또 다른 근거로 (32)에서 '손'이 앞으로 나온 아래 예를 들 수 있다.

(36) 손이 철수가 제일 크다.

이 문장에서 주목할 점은 (36)이 (32가)와 달리 비중의적이며 (33가)의 해석만을 갖는다는 점이다. 왜 뒤섞기(scrambling)가 이런 효과를 낳는가? 이는 앞서 본 "부분/성질" 명사와 "친족/양도성" 명사 간의 뒤섞기의 가능성과 관련이 있다. 앞에서 우리는 전자의 경우는 뒤섞기가 가능하나, 후자의 경우는 불가능하다고 했는데, "부분"명사가 NP로 실현되는 경우는 전자에 대응되고 DP로 실현되는 경우는 후자에 대응된다. 고로 DP에 대응되는 (34가)로부터는 뒤섞기가 불가능하여 (33나)의 해석이 안 나오는데 반해, NP에 대응되는 (34나)로부터는 뒤섞기가 가능하며 고로 (36)은 (33가)의 해석만을 갖게 된다.

두 번째로 검토되어야 할 점은 각주 14에서 지적한 NP2의 빈복 가능성과 관련된 "부분" 명사의 양상이다. 즉 "성질" 명사의 경우는 NP2가 반복이 안 되나, "부분" 명사의 경우는 아래 예에서 보듯이 "친족/양도성" 명사와 유사하게 반복이 가능했다.

(37) 코끼리가 꼬리가 털이 길다.

여기서 두 가지 질문이 제기될 수 있다. 첫째, 왜 "성질" 명사와 "부분" 명사는 서로 다른 양상을 보이는가? 둘째, "부분" 명사가 여럿 나오는 경우 문장 전체는 어떤 구조를 가지는가?

첫 번째는 두 명사의 고유 성격 상의 차이에 기인하는 것으로 보인다. 즉 (37)에서 보듯이 어떤 물체에 대해 연속적으로 부분이 언급될 수 있는 데 반해, "성질"의 경우는 어떤 물체의 성질이 언급된 다음, 개념적으로 그 성질의 성질이 다시 얘기될 수 없기 때문으로 보인다.

두 번째 질문에 대해서는 여러 가지 답이 가능한 것으로 보인다. 우선 가능한 구조로 아래와 같은 구조를 생각해 볼 수 있다. 즉 "부분" 명사가 NP로 실현될 수 있다고 보았으므로 NP1을 제외한 다른 명사들이 모두 NP로 실현되고 이들 구조에서 해당 명사구들이 IP 지정어로 이동 혹은 제자리에서 주격이 인가된다고 보는 것이다.

(38)

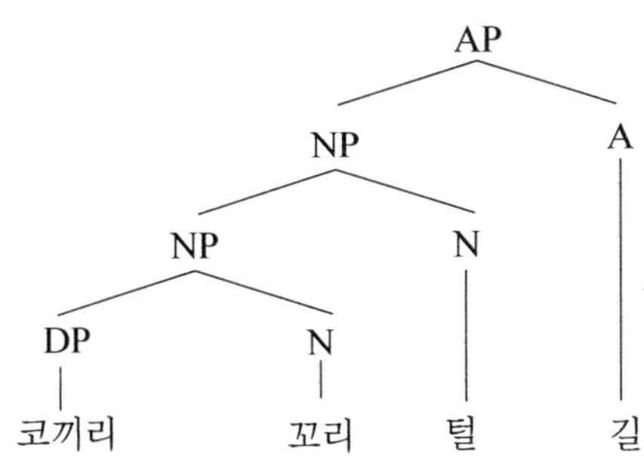

그러나 필자는 위 구조를 다음과 같은 이유로 채택하지 않는다. 위 구조가 포착하고자 하는 것은 '꼬리', '코끼리'가 각각 해당 핵인 '털', '꼬리'의 논항으로 시작한다는 것인데, DP만이 논항의 자격을 가진다고 보고 위 구조는 그런 가정에 의해 배제되는 것으로 본다.

이와 같이 볼 때, 필자의 분석에서 남는 가능성은 다음 두 가지 구조이다.

(39) 가.

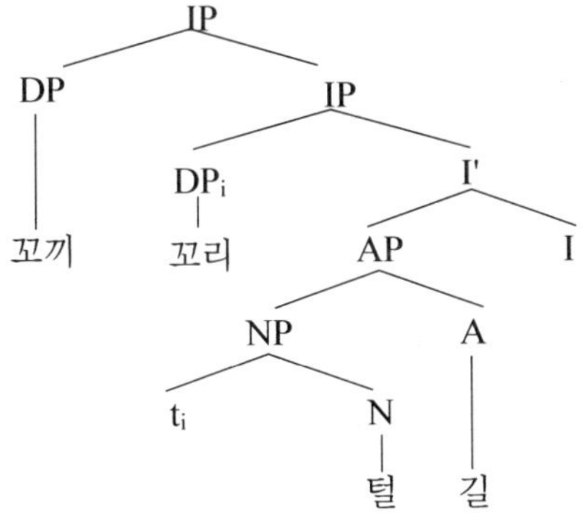

나.

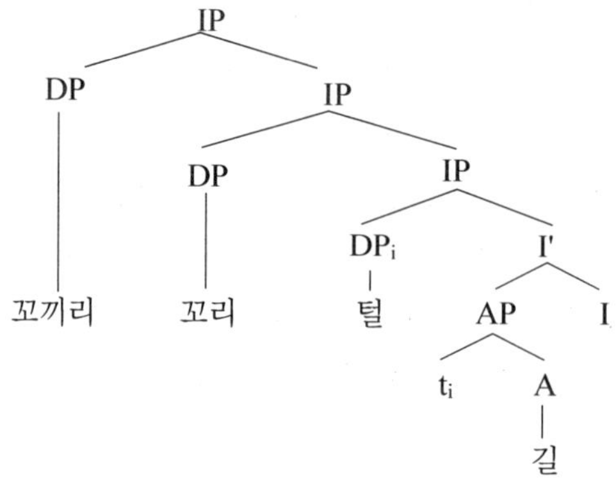

(39가)의 구조는 맨 오른쪽 "부분" 명사인 '털'이 NP로 실현되는 경우로서 '털'과 논항적 관계를 가지는 '꼬리'가 NP안에 있다가 IP 지정어 위치로 이동하고 이어 맨 오른쪽 DP인 '코끼리'가 IP에 부가되는 구조이다. (39가)는 "주어-보어"의 구조와 "이중/다중 주어"의 구조가 함께 실현되는 경우라 할 수 있다.

반면에 (39나)는 "부분" 명사인 '털'이 DP로 실현된 경우이다. 앞에서도 지적하였듯이 DP로 실현될 경우는 그 안의 논항 명사들이 이동을 통해서건 제자리에서건 주격을 가질 수 없다고 보았으므로 이 경우는 '털' 앞에 오는 명사들이 모두 IP 부가의 성격을 가지게 된다. 결국 (37)은 첫 번째, 두 번째 명사의 범주적 성격 그리고 구조적 성격은 같으나, 세 번째 명사의 범주적 성격 그리고 구조적 위치에 있어 서로 다른 구조를 가지게 된다.

(37)의 이런 구조적 중의성에 대한 근거로 앞에서 논의한 '제일'의 수식 범위를 들 수 있다. 이를 위해 다음 예문을 보자.

(40) 가. 코끼리가 꼬리가 털이 제일 길다.
나. 코끼리가 꼬리가 제일 털이 길다.

먼저 (40가)의 경우를 보자. 앞서 (32가)에 대한 논의에서 '제일'이 서술어 앞에 올 경우 '제일' 앞에 오는 두 명사들이 각각 수식의 대상이 될 수 있다고 보았다. 그러나 (40가)의 경우는 '제일' 앞에 오는 명사가 셋임에도 불구하고 세 명사 모두가 각각 '제일'의 수식의 대상이 되는 것으로 보이지는 않는다. 먼저 '코끼리'가 수식의 대상이 되는 경우의 해석은 "꼬리털이 제일 긴 동물이 코끼리"인데, 다른 두 해석에 비해 가장 얻기 어려운 해석으로 보인다. 이는 특히 그런 해석이 자연스러운 다음 문장과 비교해 볼 때 분명하다.

(41) 코끼리가 꼬리 털이 제일 길다.

이런 점은 '제일'이 AP에만 부가된다고 보는 앞서의 가정에 의해 잘 설명이 된다.[24] 한편 '코끼리'을 제외한 나머지 두 명사가 각각 '제일'의 수식 대상이 되는 해석은 가능한 것으로 보인다. 즉 (40가)는 중의적으로 "코끼리의 다른 부위보다는 꼬리 털이 제일 길다"는 해석과 "꼬리의 다른 부위보다 털이 제일 길다"는 해석은 가능하며[25] 이런 (40가)의 중의성은 바로 (39)의 두 구조로 잘 설명이 된다. 즉 전자의 해석은 (39가)에서 '제일'이 AP의 오른쪽에 부가되는 경우의 해석이며, 후자의 해석은 '제일'의 부가 위치와 상관없이 (39나)에서 나오는 해석인 것이다.

(40가)가 중의적인데 비해, (40나)와 아래 문장은 비중의적이며, "코끼리의 다른 부위보다는 꼬리 털이 제일 길다"라는 해석만 가능하다. 즉 '털'이 수식의 대상이 되는 해석은 불가능한 것으로 보인다.

(42) 털이 코끼리가 꼬리가 제일 길다.

이런 점에 대한 설명은 앞서 본 (32나) 및 (36)의 비중의성에 대한 설명과 맥을 같이 한다. '제일'이 IP에 부가되지 않는다는 가정에 의하면 (40나)와 같은 어순은 (39나)의 구조에서는 얻을 수 없으며 (39가)의 구조에서만 가능하고 그리고 그 구조가 갖는 해석이 '꼬리'를 수식의 대상으로 하는 해석이므로 "코끼리의 다른 부위보다는 꼬리 털이 제일 길다"라는 해석만 남게 된다. 한편 (42)는 '털'이 scrambling된 경우인데, 앞서 "이중/다중 주어" 구조 하에서 IP 지정어의 scrambling은 허용되지 않는다고 보았으므로 (39나)로부터의 scrambling은 허용되지 않으며, 남는 가능성은 (39가)이므로 결국 이 경우에도 "코끼리의 다른 부위보다는 꼬리 털이 제일 길다"라는 해석만 남게 된다.

---

24) '제일'이 IP에 부가되지 않는다는 것은 다음 예문이 보여준다.

(i) 가. ?*제일 코끼리가 꼬리가 털이 길다. 나. ?*코끼리가 제일 꼬리가 털이 길다.

25) 그러나 '꼬리'에 '털' 이외에 길이를 비교할 적절한 대상을 현실적으로 찾아 보기 힘들다는 점에서 이런 해석을 현실적으로는 얻기 힘들 것으로 보인다.

6.2.4 주격/속격 비교체: (5, 6)의 경우

지금까지 우리는 주격/속격 교체가 가능한 경우를 중심으로 살펴 보았는데, (5, 6)의 예가 보이듯이 그런 교체가 가능하지 않으면서도 주격 중출이 되는 경우가 있었다. 고로 이 경우의 NP2가 어떤 성격을 보이는지도 살펴 보아야 하는데, 다음 예들은 이들이 모든 면에서 "친족/양도성"의 경우와 같은 양상을 보임을 나타낸다. 이를 통해 필자는 "친족/양도성"의 경우와 이들이 통사적으로 같은 성격을 가지는 것으로 본다(같은 입장에 대해서는 H.-S. Yoon(2007) 참조).

첫째, NP2의 생략이 원래 문장의 의미를 유지하지 못한다.

(43) 가. 과일이 비싸다. ≠ 과일이 파인애플이 비싸다.
나. 개가 눈썰매를 잘 끈다. ≠ 개가 허스키가 눈썰매를 잘 끈다.

둘째, NP2의 scrambling이 허용되지 않는다.

(44) 가. *파인애플이 과일이 비싸다.
나. *허스키가 개가 눈썰매를 잘 끈다.

한편 한국어의 주격 중출 구문의 유형을 논의한 J.-Y. Cha(2008)는 (5나)의 유형과 아래의 (45가)를 서로 다른 유형으로 보면서 그 근거로 (45나)와 같이 scrambling이 가능함을 들었다.

(45) 가. 여름이 맥주가 최고다.
나. 맥주는/가 여름이 최고다.

그러나 (45나)와 (45가)가 scrambling의 관계에 있기 위해서는 두 문장의 진리 조건이 같아야 한다. 그러나 필자의 판단에 의하면 두 문장의 진리 조건은 서로 다르다. 즉 (45가)가 "여름에는 다른 음료보다 맥주가 제일 좋다"라는 해석을 가지는 반면[26] (45나)는 "맥주 맛이 여름에 가장 좋다"라는 해석만을 가지며, 바로 앞에서 언급한 해석은

26) 이런 필자의 판단과 달리 H.-S. Yoon(2007:(10a))은 (45가)를 "Summer is the best time to have (a cold) beer."로 번역하여 "맥주 맛이 여름에 가장 좋다"라는 해석을 갖는 것으로 보았다. 필자에게는 이런 해석이 허용되지 않는다.

없는 것으로 보인다. 이를 토대로 필자는 scrambling에 있어서 두 유형 간에 차이가 없다고 보며 결국 (5나)와 (45가)를 하나의 같은 유형으로 본다.

셋째, NP2의 균열문 형성도 허용되지 않는다.

(46) 가. *과일이 비싼 것이 파인애플만이 아니다.
나. *개가 눈썰매를 잘 끄는 것이 허스키만이 아니다.
다. *여름이 최고인 것이 맥주만이 아니다.[27)]

넷째, (5)에서 보듯이 각 서술어와 의미역 관계를 이루는 것은 NP2이며, NP1은 의미역 관계를 갖지 못한다.

다섯째, 아래 예에서 보듯이 NP2의 다중 출현이 가능하다.

(47) 가. 여름이 LA가 불법이민자들이 일을 많이 찾는다.
나. 보스톤이 여름이 관광객이 많이 붐빈다. =H.-S. Yoon(2007:(20))

6.2.5 정리

지금까지의 논의는 주격 중출문이 단일 유형이 아니라, 두 개의 서로 다른 유형으로 되어 있음을 보여준다. 특히 NP2의 성격에 있어 여러 가지 차이가 있음을 제시하였는데, 이를 토대로 두 유형이 NP2의 범주적 성격 및 그로 인한 서술어와의 의미역 관계에 있어 다를 뿐 아니라, NP2의 구조적 위치도 서로 다름을 주장하였다. 보다 구체적으로 NP2가 DP가 아닌 NP로 실현되는 "성질/부분" 명사의 경우는 두 주격 명사구가 "주어-보어"의 구조를 가지며, NP2가 DP로 실현되는 "친족/양도성" 명사의 경우는 두 주격 명사구가 "이중/다중 주어"의 구조를 가지는 것으로 보고 이를 뒷받침하는 근거 네 가지를 제시하였다. 한편 "부분" 명사는 DP로도 실현되는 가능성을 가지며 그로 인해 NP2가 "부분" 명사인 경우는 "주어-보어"의 구조는 물론이요 "이중/다중 주어"의 구조도 가짐을 제안하고 이에 대한 근거를 제시하였다. 마지막으로 주격/속격 교체를 보이지 않는 주격 중출문의 NP2가 "친족/양도성" 구성의 NP2와 같은 양상을 보임을 토대로 이 구문을 별도의 유형으로 상정하지 않고 같은 유형, 즉 "이중/다중 주어" 구조를 가지는 같은 유형으로 보았다.

---

27) 이와 다른 판단에 대해서는 J.-Y. Cha(2008:(18))을 참고할 것.

6.3 각 구성의 여러 성격들

지금까지는 주격 중출문의 서로 다른 유형 간의 차이가 무엇인가를 살펴 보는 데에 주력하였다. 본 절에서는 기존 연구들을 중심으로 각 유형의 통사, 의미적 성격을 좀 더 자세히 살펴 보고 특히 각 유형의 주격 인가 및 주격 중출을 어떻게 볼 것인가 하는 문제를 논의하기로 한다.

6.3.1 "주어-보어" 구성

"주어-보어" 구성은 지금까지의 분석에 의하면 "부분" 혹은 "성질"의 특성을 가지는 명사가 DP가 아닌 NP로 실현되는 특성을 가지는 구성이다. D를 지시성(referentiality)를 책임지는 성분으로 보는 입장에 의하면 이 구성의 NP2가 일반 DP와는 다른 특성을 보일 것으로 예측되는데, 관련 관찰로 '이, 그, 저' 등의 수식을 받지 못한다든가 그리고 비제한적(nonrestrictive) 형용사의 수식을 받지 못한다는 관찰 등이 있었다. 다음은 그런 점을 보여주는 예문들이다.

(48) 가. *순이가 그 머리가 길다. =G.-S. Moon(2000:(22b))
나. *순이가 그 두툼한 입술이 매력적이다. =G.-S. Moon(2000:(23b))
다. *철수가 그 키가 크다.

(49) 가. *철수가 큰 배가 아프다. =M.-Y. Kang(1987:84)
나. *철수가 긴 다리가 아프다.[28] =J. Cho(2002:81)

한편 "주어-보어" 구성의 특성과 관련하여 지적되어 온 것으로 서술어에 대한 것이 있다. 즉 모든 종류의 서술어가 "주어-보어" 구성을 허용하는 것이 아니라는 것인데, 이와 관련된 논의는 서술어의 유형에 대한 여러 가지 입장 그리고 "주어-보어" 구성과 다중 주어 구성을 구분하지 않은 몇몇 연구들의 입장으로 인해 다소 혼란스럽다.

먼저 Whitman(1991/2000:4)은 "주어-보어" 구성의 서술어가 능격 혹은 비대격 서술어에만 국한된다는 M.-Y. Kang(1987)의 관찰을 언급하면서 그러나 다음과 같은 문장이 이 관찰에 문제가 된다고 지적하였다. 그 이유는 물론 이들 문장의 서술어가 타동사

28) 두 문장 모두 강명윤, 조준모가 지적하였듯이 '큰', '긴'이 제한적 형용사로서의 용법일 경우는 수식은 가능하다. 즉 여러 개의 배 중 큰 배를 의미하거나 두 다리가 길이가 같지 않고 그 중 긴 쪽을 의미하는 경우는 가능하다. 그러나 그런 용법은 비제한적 용법이 아니다.

이기 때문이다.

(50) 가. 옆집이 아들이 큰 상을 받았다. =Whiman(1991/2000:8, 9)
나. 영식이 집사람이 밥을 맛있게 짓는다.

그러나 이런 비판은 (50)을 "주어-보어" 구성의 경우로 볼 때에만 유효하다고 할 수 있는데,[29] (50) 각 문장의 앞 주격 명사구와 뒤 주격 명사구 간의 관계는 친족 관계에 해당하며 고로 앞의 논의에 의하면 "주어-보어" 구성의 경우가 아니므로 유효한 비판이 되지 못한다. 한편 "주어-보어" 구성의 서술어로 타동사나 비능격 자동사가 허용되지 않는다는 관찰은 Gerdts(1991/2000:21)에서도 찾아 볼 수 있는데 관련 예는 다음과 같다.

(51) 가. *철수가 주먹이 책상을 내리쳤다.
나. *그 집이 벽이 불길을 막았다.

즉 위 예문에서 두 주격 명사구 간의 관계는 전체-부분으로 볼 수 있는데 서술어가 타동사이므로 안 좋다는 것이다. 결국 지금까지 논의되어 온 "주어-보어" 구성의 예들에서 주격 중출을 허용하는 서술어들이 형용사이고 일반적으로 형용사는 v 범주를 갖지 않는 것으로 본다는 점에서 일단 "주어-보어" 구성에 대한 서술어 제약은 강명윤, Gerdts 등이 지적하였듯이 다음과 같이 정리될 수 있을 것으로 보인다.

(52) "주어-보어" 구성의 서술어로는 능격만 허용된다.[30]

(52)는 결국 "주어-보어" 구성의 서술어 제약이 능격 혹은 비능격이니 하는 통사적

---

29) 실제로 위트만은 주격 중출의 경우 possessor rasing subtype과 adjunct major subject type의 두 가지가 있다고 보고 있으며, (50)은 그 중 전자에 해당되는 것으로 보고 있다. 이는 비양도성으로 분류되는 친족 관계 표현을 역시 비양도성의 한 유형인 전체-부분과 같이 다루려는 경향에 의한 것으로 보인다. 그러나 앞서 5장에서 우리는 대격 중출에 있어 친족 관계 표현이 전체-부분과는 다른 양상을 보임을 보았으며, 6장에서도 두 경우가 어느 명사구를 주어로 하느냐에 따라 서로 다른 양상을 보임을 보았다.

30) J. Cho(2002:80)도 같은 견해를 표명하고 있다. 그의 예로는 다음을 들 수 있다.

(i) 나무가 가지가 얼었다.

유형에 의해 기술되어야 함을 말하는 것인데, 이와는 다르게, 개체-층위(individual-level) 대 장면-층위(stage-level)의 구분과 같은 의미적 유형에 기술되어야 한다는 견해가 K.-S. Kim(1991/2000:65-66)에 의해 제시된 바 있다. 그 내용은 다음과 같다.

(53) "주어-보어" 구성의 서술어로는 다음만이 허용된다.
(가) 개체-층위 술어
(나) 장면-층위 술어 중 비대격 자동사, 수동 동사, 심리 동사

이들을 보이는 예들은 다음과 같다.

(54) 가. 영희가 코가 크다.
나. 영희가 얼굴이 예쁘다. 　　개체-층위 술어

(55) 가. 영희가 눈물이 흘렀다. 　　비대격 자동사
나. 영희가 머리가 잘렸다. 　　수동 동사
다. 영희가 마음이 괴롭다. 　　심리 동사

그러나 (53)과 같은 내용은 (나)의 술어들이 모두 능격이라는 공통점을 가진다는 점 그리고 역시 개체-층위 술어의 예로 나타나는 것들이 모두 형용사로서 역시 능격으로 볼 수 있다는 점에서 (52)와 같은 내용으로 볼 수 있으며 그렇다면 (53)과 같이 통사적 유형에 입각하여 서술어 제약을 파악하는 것이 더 타당하다고 볼 수 있을 것이다. 그러나 김광섭은 각주 1에서 그런 견해에 문제를 던지는 예로 다음을 들고 있다.

(56) 철수가 동생이 트럭을 운전한다.

즉 이 문장의 의미 상(즉 "철수의 동생이 트럭 운전사"라는 의미) '운전하-'라는 술어는 개체-층위 술어로 보아야 하는데 그럼에도 불구하고 주격 중출을 허용한다는 것이다. 그러나 (52)에 대한 반례로 (56)은 적절하지 않은 것으로 보인다. 그 이유는 물론 두 주격 명사구 간의 관계가 전체-부분이 아니라 친족 관계이기 때문이다.[31] 결국 이런 모든 논의를 고려할 때, 필자는 "주어-보어" 구성의 서술어에 대한 올바른 제약은 (53)이기보다는 (52)라고 본다.

---

31) 이 예는 나중에 "이중/다중 주어" 구성의 서술어 제약을 보여주는 예로 다시 논의된다.

이제 "주어-보어" 구성의 성격에 대해 지금까지 논의해 온 바를 정리하고 구조를 어떻게 볼 것인가를 생각해 보자.

(57) 가. 첫 번째 주격 명사구는 주어의 성격을 가진다.
나. 두 번째 주격 명사구는 보어의 성격을 가진다.
다. 서술어로는 v가 없는 능격 서술어만을 허용한다.
라. 두 번째 주격 명사구는 NP로 실현된다.

한편 5장에서 전체 명사구와 부분 명사 간의 구조적 관계를 보어로 본 점을 그대로 받아들여 "주어-보어" 구성의 한 예인 (1가)의 심층 구조를 그리면 다음과 같다.32)

(58)

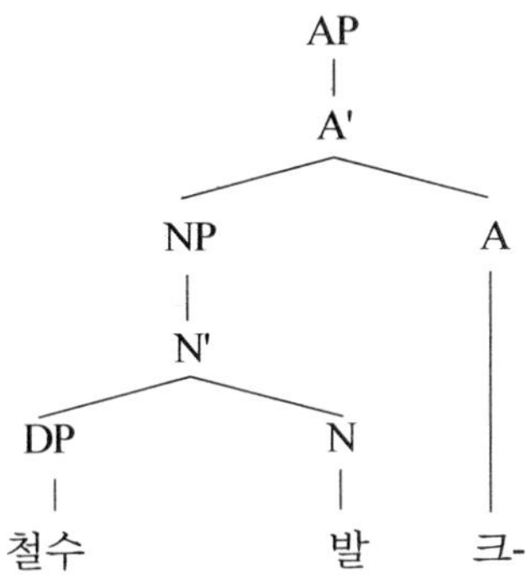

그리고 첫 번째 주격 명사구가 주어의 성격을 가진다는 점은 이 명사구가 AgrP의 지정어 위치로 가시적 이동을 함을 의미하며 표면 구조는 다음과 같다고 본다.33)

---

32) 이 구조는 '발'을 핵으로 하는 명사구를 형용사의 보어로 본다는 점에서 H.-S. Yoon(1996:387)의 구조와 유사하다. 그러나 전체 명사구의 구조적 처리는 크게 다르다. 한편 (58)의 구조는 전체 명사구와 부분 명사구가 하나의 구성체를 이룬다는 점에서 이들을 소절로 본 강명윤(1995, 1996)의 견해와 유사하다고 할 수 있다. 다만 차이는 강명윤이 부분 명사구 부분을 핵이 아닌 최대 투사구로 보아야 함을 강조하기 위해 소절로 본 데 있다. 그러나 (58)의 구조에서 전체 명사구가 가시적 이동을 하는 것으로 보므로, 부분 명사구가 최대 투사로서의 기능을 할 수 있다는 점에서 강명윤이 제기한 문제점은 (58)의 구조에 적용되지 않을 것이다.

33) 가시적 이동이 있다는 점은 다음 예문이 보여준다.

(i) 철수가 우리 반에서 발이 가장 크다.

(59)

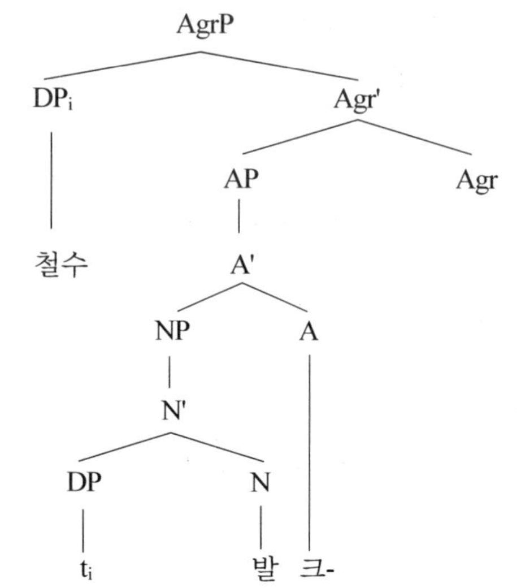

이제 마지막으로 “주어-보어” 구성에 대한 이런 분석의 결과 및 분석이 챙겨야 할 문제점을 간단히 논의하기로 하자. 먼저 (57가, 나)가 맞다면 G.-S. Moon(2000)도 지적하였듯이 “주어-보어” 구성에 대한 다중 지정어(multiple spec) 분석이 올바르지 못함을 말해 준다. 그 이유는 두 주격 명사구가 똑 같이 지정어라면 (57가 ,나)에서와 같은 차이를 포착하기 어렵기 때문이다. 그리고 (57라)가 맞다면 이는 속격/대격 교체의 경우와 마찬가지로 (1가)와 같은 주격 중출 구성과 (1나)와 같은 속격-주격 구성 간에 아무런 통사적 관계가 없음을 말한다.

한편 “주어-보어” 구성과 “이중/다중 주어” 구성을 구분하지 않은 H.-S. Yoon(1987)은 이들 구성에 대한 이동 분석에 반대한 바 있다. 즉 이들 구성의 첫 번째 명사구가 이동한다고 보는 분석은 그 이동이 하위인접조건(Subjacency)를 어기지 않는 것으로 보아야 하는데, 그렇게 보는 데는 많은 문제점이 있다는 것이다. 이와 관련된 논의는 “이중/다중 주어” 구성에서 더 자세히 보겠지만, 여기서 지적하고자 하는 점은 그의 논의의 바탕이 되는 예들은 “주어-보어” 구성이 아니라, “이중/다중 주어” 구성의 예들이었다는 점이다. 고로 하위인접조건에 의거한 논점이 그대로 적용될 수는 없을 것이다. 오히려 우리의 분석이 맞다면 명사구 내부로부터의 이동과 관련하여 유효한 일반화는 다음이 아닌가 한다.[34)]

(60) 이동에 있어 NP는 장벽이 아니지만, DP는 장벽이다.

34) 속격/대격 교체를 다룬 5장에서도 같은 일반화가 언급된 바 있다. 5장 각주 22를 참조할 것.

이어 두 주격 명사구에 대한 의미역 문제 및 격 문제는 기본적으로 주격 중출을 보이는 “주어-보어” 구성의 성격이 대격 중출을 보이는 전체-부분 구성의 성격과 같으므로 각각 5장 3절 및 4절에서 제시한 해결책이 적용될 수 있을 것으로 보인다. 다만 격 문제에 있어서는 (57라)와 함께 (57다)가 중요하다는 점을 다시 한번 지적하고자 한다. 3장에서 본 바와 같이 주격 인가자가 일치소(Agr)라고 할 때 대격 인가자인 v가 없으므로 격 최소성을 위반하지 않으면서 형용사구 내부 요소를 성분-통어하므로 “성질/부분” 명사구에 주격이 인가될 수 있다. 그리고 (58)의 구조에서 보듯이 “성질/부분” 명사구가 속격 인가자인 D가 없는 NP이므로 이 명사구 내부에 있는 NP1에 대해서도 주격이 인가될 수 있다.

6.3.2 “이중/다중 주어” 구성

“이중/다중 주어” 구성에 대한 6.2의 파악에 의하면 “이중/다중 주어” 구성의 예들인 (2가, 3, 5)에서 서술어로부터 의미역을 배정받는 것은 앞 주격 명사구가 아니라, 뒤 주격 명사구이므로 완전해석원리의 관점에서 볼 때, 앞 주격 명사구들이 어떻게 인가될 것인가 혹은 그 뒤에 오는 성분들과 어떤 의미 관계를 가지게 되는가 하는 문제가 제기된다. 이와 관련해서 대부분의 기존의 연구들이 비슷한 제안들을 하고 있다. Kuno(1973)는 “이중/다중 주어” 구성에서 앞 주격 명사구와 그 뒤에 오는 부분들과의 관계를 “언급 대상성(aboutness)”라고 파악하였으며, 유동석(1998가, 나)도 이와 비슷하게 앞 명사구를 주제어로 보았다. 이는 기본적으로 앞 명사구가 화용적으로 인가되어야 하는 것으로 보았다는 점에서 적절한 파악이라고 볼 수 있으나, B.-M. Kang(1988), O'Grady(1991), K.-S. Hong(1991), 홍기선(1997), J. Cho(2002), H.-S. Yoon(2007) 등은 그 정도로는 부족하다고 보고 앞 주격 명사구 뒤에 오는 부분이 앞 명사구를 특징지을 “충분한 혹은 중요한 영속적 정보”를 주는 내용이어야 한다고 보고 있다. 즉 그렇지 않으면 문장은 어색해진다는 것이다. 이를 위해 B.-M. Kang(1988:264)에서 논의된 다음 예를 보자.

(61) 가. 죤슨씨가 아들이 눈이 크다.
나. *죤슨씨가 개가 눈이 크다.

(61나)는 (61가)에 비해 아주 어색한데, 그 이유는 바로 ‘개가 눈이 크다’라는 내용이

일반적으로 사람의 특징을 말하는 데 있어서 중요한 정보가 될 수 없는데 반해, 자신의 아들에 대한 신상 정보는 그런 정보가 될 수 있기 때문이라는 것이다. 이런 관계는 앞에서 "이중/다중 주어" 구성으로 파악된 (2가, 3, 5)의 예들에서도 확인이 되는 것으로 보이며 이를 토대로 "이중/다중 주어" 구성에서 앞 명사구와 그 뒤에 오는 부분 간에는 다음과 같은 의미 관계가 성립되는 것으로 본다.

(62) "이중/다중 주어" 구성에서 앞 주격 명사구는 뒤에서 무언가 얘기될 만큼 중요해야하며(H.-S. Yoon(2007) 참조), 앞 주격 명사구 뒤에 오는 부분은 앞 명사구를 특징지을 수 있는 충분하고도 중요한 영속적 정보를 주어야 한다.[35)]

한편 앞 주격 명사구와 그 뒤에 오는 성분 간의 이러한 의미적 관계는 "이중/다중 주어" 구성에 대한 서술어 제약과 깊은 연관이 있다고 볼 수 있다. 고로 "이중/다중 주어" 구성의 서술어 제약의 성격에 대해 일정한 방향을 제시한다고 할 수 있는데, 이어 이 문제를 정리해 본다.

"이중/다중 주어" 구성의 서술어에 일정한 제약이 있다는 것은 비교적 초기부터 관찰되어 온 것으로 기존 문헌의 관련 부분을 간단히 정리해 보면 다음과 같다.

(63) 가. 비상태(non-stative) 술어와는 아주 어색하다: J.-M. Yoon(1989:581)
나. 비대격 술어만 허용한다: Whitman(1991/2000:4)
다. 자동사하고만 같이 나타날 수 있다: J.-S. Lee(1991)
라. 개체 층위 술어, 수동 동사, 비대격 동사 그리고 장면 층위 술어 중 총칭 해석을 가지는 경우하고만 나타날 수 있다: K.-S. Kim(1996:240-241)
마. 장면 층위 술어보다는 개체 층위 술어와 같이 나타날 경우가 더 자연스럽다: 홍기선(1994:304), J. Cho(2002:79)

위의 간단한 정리에서도 알 수 있듯이 "이중/다중 주어" 구성의 서술어에 대한 제약은 여러 가지 관점에서 파악되어 왔다고 할 수 있는데, 기본적으로 비대격 대 대격 혹은 자동사 대 타동사의 대립과 같은 통사적 차원에서 파악되어야 할 것이냐 아니면 개체 층위 대 장면 층위 혹은 상태 대 비상태와 같은 의미적 차원에서 파악되어야

35) 첫 번째 주격 명사구 뒤 성분의 이런 해석적 특성을 홍기선(1997)은 절의 "상태성"이라고 불렀다. 그리고 같은 내용의 조건이 다음 장에서 볼 ECM 구문의 대격 표현과 내포문 사이에도 적용되는 것으로 보았다. 한편 J. Cho(2000, 2002)는 논리형태 층위에서 명사를 인가하는 가독성(legibility) 조건의 하나로 보고 있다.

할 것이냐의 문제가 아닌가 한다. 먼저 (63가)는 기본적으로 타동사의 경우 "이중/다중 주어" 구성이 허용되지 않음을 염두에 둔 내용으로 관련 예는 다음과 같다.

(64) ??철수가 아버지가 밥을 먹었다.

이 외에도 다음과 같은 예들은 일반적으로 타동사의 경우 "이중/다중 주어" 구성이 어색한 것이 사실임을 보여준다.

(65) 가. *인수가 동생이 영이를 사랑한다.
나. *인수가 동생이 영이를 때렸다. =K.-S. Kim(1996:(15))
다. *철수가 아버지가 영이를 만나셨다.

그러나 타동사라도 어떤 임시적 동작을 나타내는 것이 아니라 총칭 해석을 가지거나, 습관적 해석을 가질 경우 더 자연스러워진다는 관찰은 여러 군데서 발견할 수 있다.

(66) 가. 종치기가 딸이 늘 종을 친다.
나. *종치기가 딸이 어쩌다가 종을 쳤다. =김영희(1980)

(67) 인수가 아버지가 트럭을 운전하신다. =K.-S. Kim(1996:(16a))

(68) 가. 개가 허스키가 썰매를 잘 끈다.
나. 인호가 아버지가 환갑을 지냈다. =J. Cho(2002:(5))

먼저 (66가)와 (66나)의 대비에서 보듯이 '늘'이라는 부사의 도움으로 '딸이 늘 종을 치는' 것이 '종치기'에 대한 영속적 정보를 주는 경우는 어색하지 않으며, 이런 점은 (67, 68)에서도 확인이 된다. 즉 (67)은 앞에서 지적하였듯이 '인수 아버지가 트럭 운전사임'을 나타내며, (68)의 각 문장은 '개'에 관한 순간적 정보가 아니라 영속적 정보를 제공하고 있고 (68나)도 마찬가지이다. 이는 결국 "이중/다중 주어" 구성의 서술어에 대한 제약이 통사적 차원에서 파악되어야 할 것이 아니라, 홍기선(1994), K.-S. Kim(1996), J. Cho(2002) 등이 주장했듯이 개체 층위 대 장면 층위의 구분과 같은 의미적 차원에서 파악되어야 함을 말하는 것이라 하겠다.

또한 다음 예들은 J. Cho(2002:77-79)가 지적하였듯이 서술어 제약이 상태 대 비상태의 차원에서 파악될 수 없음을 보여준다.

(69) 인호가 동생이 하바드에 들어갔다.
(70) *과일이 파인애플이 어제 썩었다.

즉 (69)의 서술어는 비상태 동사인데도 "이중/다중 주어" 구성을 허용하고 있으며, (70)은 그 서술어가 상태를 나타남에도 불구하고 어색한 것이다. 이런 현상은 조준모가 지적하였듯이 (62)를 준수하느냐에 의해 설명되는 것으로 보인다. (69)는 '동생이 하바드에 들어간' 것이 '인호'를 특징지어주는 정보가 될 수 있는데 반해, '파인애플이 어제 썩은' 것은 '과일'을 특징지어주는 정보가 될 수 없기 때문인 것이다.

마지막으로 조준모의 다음과 같은 예는 상태를 나타내는 개체 층위 술어의 경우에도 (62)가 적용됨을 보여준다고 할 수 있다.

(71) 인호가 어머니가 아프시다.

즉 이 문장이 뜻하는 바는 "어머니가 일시적으로 아프시다"라는 것보다는 "늘 아프시다"라는 것이며, 바로 이런 의미가 (62)의 제약에 의한다는 것이다.

이상의 논의를 검토해 보면, 결국 "이중/다중 주어" 구성의 서술어에 대한 제약은 다음과 같이 정리될 수 있을 것으로 보인다.

(72) 가. 통사적으로는 아무런 제약이 없다. 즉 어떤 유형의 서술어라도 올 수 있다.
나. (62)의 제약을 더 잘 지킬 수 있는 서술어가 그렇지 않은 서술어보다 더 자연스럽다.
다. 기본적으로 영속적 속성을 나타내는 개체 층위 술어는 그렇지 않은 장면 층위 술어보다 (62)을 더 잘 지킬 수 있다.[36)]
라. 그러나 장면 층위 술어라 해도 앞 주격 명사구에 대해 영속적 정보를 제공해 주는 해석이 가능하다면 그 해석은 (62)을 지키므로 장면 층위 술어도 허용이 된다.

이제 "이중/다중 주어" 구성과 그에 대응되는 속격-주격 구성 간의 관계에 대한 논의를 정리해 보자(논의의 편의를 위해 아래 관련 예 몇 가지를 다시 제시한다).

(73) 가. 철수가 동생이 시험에 합격했다.
나. 철수의 동생이 시험에 합격했다.

36) 한국어 ECM 구문의 서술어에 대한 제약도 이와 비슷한 성격을 가진다는 점이 여러 문헌에서 지적된 바 있다. 이에 대해서는 7장을 참고할 것.

(74) 가. 그 농장이 사과나무가 잘 자란다.
나. 그 농장의 사과나무가 잘 자란다.

이 문제에 관해서는 기본적으로 두 가지 입장이 있다고 할 수 있다. 그 하나는 두 구성 간에 통사적 도출 관계를 인정하는 것이고 다른 하나는 아무런 통사적 관계도 인정하지 않는 입장이다(H.-S. Yoon(1987), 남기심(1988/1996), 유동석(1998가, 나) 등). 특히 전자의 경우 그 통사적 관계가 이동에 의해 맺어진다고 보는 것이 일반적이다(H.-S. Choe(1987), Y.-S. Kang(1986), J.-Y. Yoon(1989), D.-W. Yang(1995, 1996, 2000a) 등).

이 문제와 관련하여 필자는 기본적으로 후자의 입장을 지지하는데, 그 몇 가지 이유를 적으면 다음과 같다. 첫째, 두 구성 간에 통사적 관계를 인정하는 측이 흔히 언급하는 근거로 두 구성 간의 의미역적 동의성이 있는데 남기심(1988/1996)이 지적하였듯이 다음 예들은 동의성이 항상 보장되는 것이 아님을 보여준다.

(75) 가. 이광수의 소설이 더 유명하다.
나. 이광수가 소설이 더 유명하다.

즉 (75가)에서 비교되는 대상이 '이광수의 소설'과 '다른 작가의 소설'이라면 (75나)에서 비교되는 대상은 '이광수의 소설'과 '이광수의 다른 장르 작품'이다. 만약 (75나)가 (75가)로부터 도출되어 나온 문장이라면 (75나)의 '소설'이라는 명사구 내에 '이광수'의 흔적이 있어 비교 대상에 있어 (75가)와 (75나) 간에 차이가 있을 수 없다. 이는 결국 두 문장 간에 아무런 도출 관계가 없음을 말하는 것이다.

둘째, 앞서 5장에서 우리는 명사구 내부로의 격 부여 및 명사구 내부로부터의 이동이 D의 유무와 상관성이 있음을 보았다. 즉 속격 인가자인 D가 있을 경우는 명사구 내부로 대격의 부여가 불가능하고 또한 속격 명사구가 명사구 외부로 이동할 수 없는데 반해, D가 없을 경우에는 대격의 부여가 가능할 뿐 아니라, 명사구 외부로의 이동이 가능함을 보았다. 이 관찰이 맞다면 이는 속격-주격의 경우에도 D가 존재함을 의미하며 결국 그 DP를 벗어나는 속격 명사구의 가시적 이동이 불가능함을 말하여 "이중/다중 주어" 구성과 속격-주격 구성 간에 이동에 의한 통사적 관계를 설정할 수 없게 된다.

셋째, (5-6)의 예에서 보듯이 (62)의 의미적 제약을 준수하는 주격 중출 구성의 경우 앞 주격 명사구와 뒤 주격 명사구 간에 속격 관계를 설정할 수 없는 경우들도 있다.

고로 만약 "이중/다중 주어" 구성이 이동에 의한다고 본다면 결국 같은 성격을 가지는 두 경우를 하나의 경우로 파악하지 못하는 결과가 되며 이는 두 경우를 하나의 경우로 파악하는 것보다 좋지 못한 분석이라 할 수 있을 것이다.

넷째, H.-S. Yoon(1987:140-144)은 하위인접조건의 적용 여부와 관련하여 이동이 설정될 수 없다는 논증을 제시한 바 있는데 아래 그 논증을 소개하기로 한다. 이를 위해 아래 예문을 보자.

(76) 가. 남반부가 문명국가가 남자가 수명이 짧다.
　　 나. 남반부의 문명국가의 남자의 수명이 짧다.

(76가)는 "이중/다중 주어" 구성이 단순히 이중 주격뿐 아니라, 다중 주격을 허용함을 보여주는데, 이 구성이 속격-주격 구성으로부터 이동에 의해 도출된다고 보는 입장에서는 그 기저 문장이 (76나)가 될 것이다. 여기서 일단 (76나)의 구조가 다음과 같다고 보자.[37]

(77)

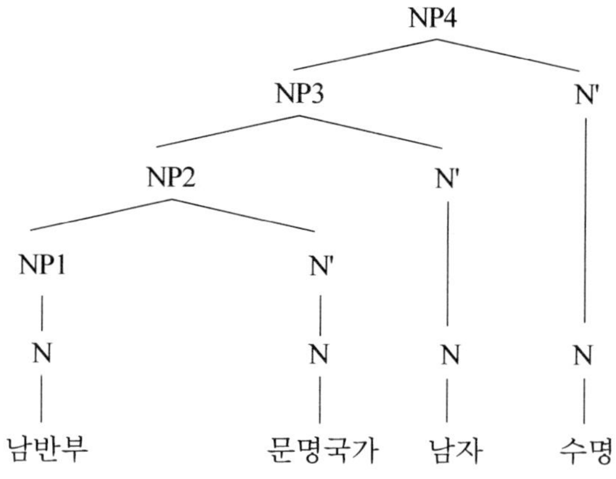

그리고 이런 구조에서 하위인접조건을 지키면서 (76가)를 도출해 내는 방법은 NP3가 먼저 나오고 이어 NP2, NP1의 순서대로 이동하는 것이 될 것이다. 이런 제안과 관련하여 윤혜석이 지적하는 첫 번째 문제는 NP나 S'를 한계 절점(bounding node)으로 하는 하위인접조건에 의하면[38] (77)과 같은 구조에서 가장 깊숙이 들어가 있는 명사

37) 편의상 D를 생략한 채로 제시하기로 한다.

38) 하위인접조건에 대한 논의로는 Chomsky(1973, 1977, 1986a), Rizzi(1978/1982) 등을 참조할 것. 본 장이 가정하는 하위인접조건의 기본 내용은 다음과 같다.

구, 예를 들어 NP1만의 이동은 세 개의 NP를 건너는 것이 되므로 나쁠 것으로 예측이 되나, 실제로는 그렇지 않으며 고로 "이중/다중 주어" 구성에서의 앞 주격 명사구가 이동에 의해 나오는 것으로 보는 것에는 문제가 있다는 것이다.

(78) 남반부가 문명국가의 남자의 수명이 짧다.[39)]

그러나 윤혜석 자신이 지적하였듯이 한계 절점(bounding node)이 상대적으로 결정된다고 보는 Chomsky(1986a)의 하위인접조건 개념에 의하면 이동 분석에서도 (78)을 해결할 수 있는 방안이 없는 것이 아니다. 구체적으로 윤혜석은 다음의 두 가지 방안을 지적하고 있다.

(79) 가. 한국어 주어 명사구는 어휘-표지(L-mark)되며 고로 한계 절점(bounding node)이 아니다.
나. 지정어-핵 일치: 어휘-표지된 최대투사의 핵과 일치하는 지정어도 어휘-표지된다.

이제 이 방안에 의해 (78)의 문제가 어떻게 해결될 수 있는가를 보자. 먼저 (77)에서 NP4는 주어 명사구이므로 (79가)에 의해 한계 절점이 아니다. 이어 NP4의 핵과 일치하는 NP3는 (79나)에 의해 한계 절점이 아니다. 이어 NP2도 마찬가지로 한계 절점이 아닌 것이 되어 결국 (77)에서 '남반부'의 이동이 아무런 한계 절점을 건너지 않을 수 있게 되는 것이다.

그러나 윤혜석은 (79)의 방안이 각각 다음과 같은 경험적 문제를 갖고 있으므로 채택될 수 없는 것으로 보고 있다. 첫째, (79가)가 옳다면 주어 명사구 내부의 보어 명사구의 이동이 가능할 것으로 예측되나 그렇지 않다는 것이다.

(i) 이동은 하나 이상의 한계 절점(bounding node)을 건널 수 없다.

39) 이 부분에 있어서는 연구자들 간의 직관에 차이가 있다. 같은 차원의 예문을 최현숙은 나쁘다고 본 바 있다.

(i) 가. 철수의 아버지의 마음이 좋다. =H.-S. Choe(1987:(35a))
나. *철수가 아버지의 마음이 좋다. =H.-S. Choe(1987:(35b))

이는 기본적으로 (62)의 제약이 의미적인 데에 기인하는 것으로 보이는데, 필자는 윤혜석과 입장을 같이 한다. 즉 (i나)도 좋은 것으로 본다.

(80) 가. 철수의 왕위의 계승이 우연이었다.
나. *왕위가 철수의 계승이 우연이었다.

(81)

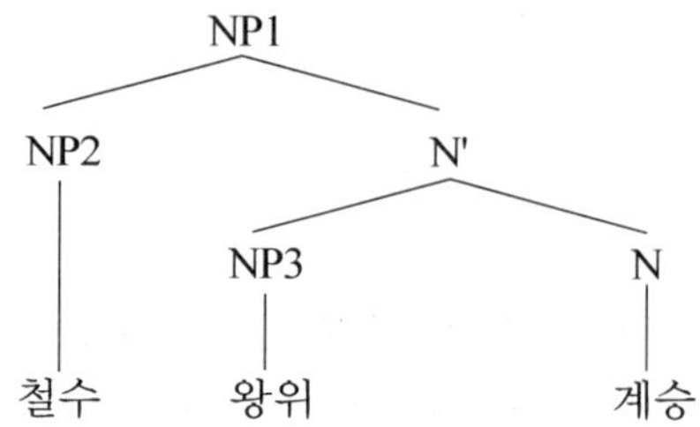

즉 (81)에서 주어 명사구인 NP1이 (79가)에 의해 한계 절점이 아니어서 (80나)에서와 같은 '왕위'의 이동이 하위인접조건을 어기지 않을 것이고 또한 '왕위'가 보어 명사구이므로 이른바 공범주원리(Empty Cateory Principle)를 어기지도 않아 좋아야 하나, 그렇지 않다는 것이다.

이어 (79나)의 문제점을 지적하는 예문으로는 다음을 든다.

(82) 가. 철수의 왕위의 계승의 소식이 도착했다.
나. *왕위가 철수의 계승의 소식이 도착했다.

(83)

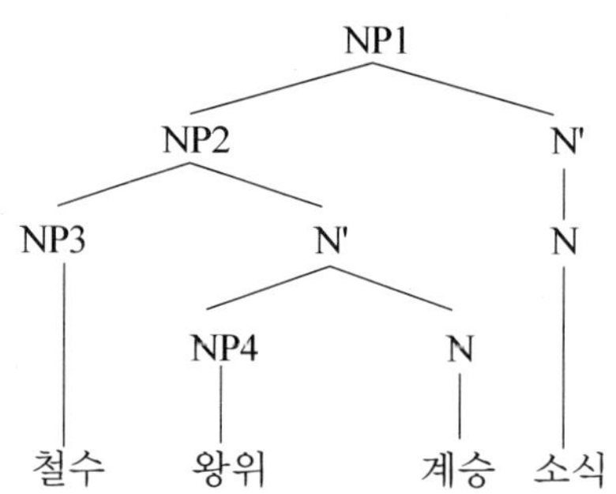

즉 (83)의 구조에서 NP1이 (79가)에 의해 어휘-표지되고, 이어 (79나)에 의해 NP2도 어휘-표지되면 NP4의 이동에 있어 아무런 한계 절점도 없고 이어 공범주원리도 어기지 않아 좋아야 하나, (82나)는 그렇지 않음을 보인다는 것이다.[40)]

마지막으로 "이중/다중 주어" 구성에서의 회상 대명사(resumptive pronoun)의 분포도

40) 윤혜석은 관용적 해석의 양상을 이용하여 이동 분석에 반대하는 근거도 논의하고 있다. 그러나 그 경우는 "이중/다중 주어" 구성의 예문이 아니므로 여기서는 생략한다.

이동 분석이 옳지 않음을 간접적으로 보여 준다. 회상 대명사의 분포와 관련하여 일반적으로 받아들여지는 견해는 섬 안에서만 즉 이동이 금지되어 있는 환경에서 회상 대명사가 나타난다는 것인데(Aoun, Choueiri & Hornstein(2001) 등), "이중/다중 주어" 구성에서 공범주를 설정할 수 있는 경우 그 공범주 위치에 회상 대명사를 잘 허용하는 경우는 모두 섬과 관련된 경우들이다. 다음 예들이 이를 보인다.

(84) 가. 철수가 멀지 않아 [그가 다니는 회사가] 망할 것이다.
　　나. 녹차가 [그것을 자주 마시는 일본인들이] 많이 생산해 낸다.

그에 반해 섬이 아닌 위치에 있는 공범주를 대체하는 회상 대명사의 경우는 아주 어색한데 다음이 이를 보인다.[41)]

(85) 가. ?좋은 녹차가 일본 사람들이 즐겨 마신다. =H.-S. Yoon(2004a:(60))
　　나. *좋은 녹차가 일본 사람들이 그것을 즐겨 마신다.

필자는 이런 여러 가지 점을 들어 "이중/다중 주어" 구성이 속격-주격 구성으로부터 이동에 의해 도출되었다는 분석은 받아들이지 않기로 한다. 이는 다시 말해, 맨 오른쪽 주격 명사구를 제외한 다른 주격 명사구들이 기저 생성되는 것으로 봄을 의미하는데, 이 경우 그 구조적 위치가 어디인가 하는 문제가 남아 있다. 이와 관련하여서도 기존 문헌은 여러 가지 견해를 제시하고 있다. IP-부가로 보는 입장(H.-S. Choe(1987), H.-S. Yoon(1987), H.-J. Yoon(1996:387) 등)이 있는가 하면,[42)] TP의 지정어에 오는 것으로 보자는 입장도 있고(유동석(1998가, 나) 등), CP-부가로 보는 입장도 있다(J. Cho (2002:79) 등). 필자는 현재로서 이 문제와 관련하여 어떤 확고한 견해를 갖고 있지 못하다. 다만 주격 성분이 여럿 나타날 수 있다는 가능성이 다중 지정어 개념에 의해

41) 한편 명사구 내 속격 위치에 회상 대명사가 나타나는 경우는 그렇게 어색하지 않은 것으로 보인다.

(i) 가. ?철수가 그의 동생이 시험에 합격했다.
　　나. ?인수가 그의 차가 외제다.
　　다. ?인수가 그의 모자가 땅에 떨어졌다.
　　라. ?인수가 그의 어머니가 아프시다.

이는 한국어에서 DP가 섬을 이룬다는 앞서의 관찰과 맥을 같이 하는 것으로 보인다.

42) IP-부가는 지정어와 부가어의 구분을 인정하지 않는 이른바 다중 지정어(multiple specifier) 개념에서는 IP의 외곽 지정어에 해당된다고 할 수 있다.

잘 포착될 수 있다는 점을 들어 다중 지정어 구조로 파악하며 주어적 성격을 가진다는 점에 근거하여 IP 혹은 더 구체적으로는 AgrP의 지정어로 파악하고자 한다.[43] 이제 지금까지의 논의를 토대로 "이중/다중 주어" 구성의 한 예인 (71)의 구조를 그리면 다음과 같다.

(86)

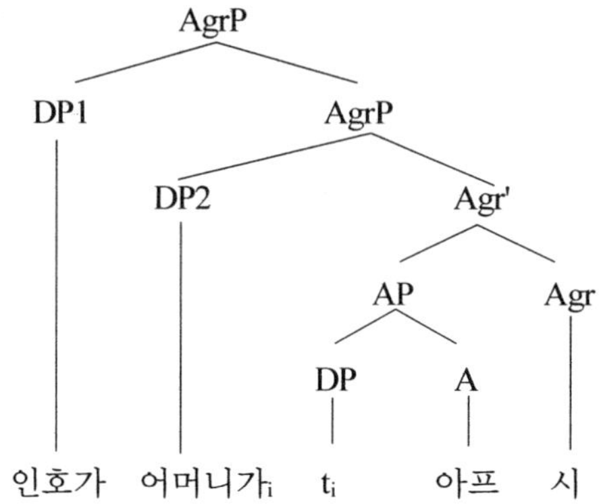

이제 "이중/다중 주어" 구성과 관련된 마지막 논제로 격 중출의 문제를 보기로 하자.[44] 이 문제는 둘 혹은 그 이상의 주격 명사구의 격 중 맨 오른쪽 명사구를 제외한 나머지 명사구들의 격을 어떻게 분석할 것이냐와 관련되어 있다. 즉 맨 오른쪽 명사구의 주격에 대해서는 대부분의 연구들이 주격 인가자에 의해 정상적인 방식으로 인가되는 것으로 보고 있는데 반해, 나머지 명사구들의 주격에 대해서는 입장이 갈리고 있는 것이다. 이 문제와 관련하여 기존 문헌의 입장은 다음과 같이 크게 두 가지로 나뉜다고 할 수 있다.

(87) 가. 주격 인가자에 의한 부여: H.-S. Han(1987, 1991), H.-S. Choe(1988), J.-S. Lee(1991), Whitman(1991/2000) 등.
나. 그 외의 방법에 의한 부여: Saito(1985), Y.-S. Kang(1986), Heycock& Lee(1989) 등.

---

43) (86)의 구조에서 H.-S. Yoon(2007)은 맨 오른쪽 지정어는 문법적 주어의 성격을 가지고 그 외 지정어는 major subject의 성격을 가진다고 보았다. 그리고 이들 간에 주어적 성격으로 보이는 것들이 분포되는 것으로 보고 있다. 주어성의 분포에 대한 자세한 논의는 H.-S. Yoon(2007)을 참조할 것.

44) 구조격의 실현이 아닌 담화 표지로 보는 입장에서는(H.-S. Yoon(1987:158), J.-Y. Yoon(1989), Schütze(1996, 2001), Y.-J. Jung(2001), 고석주(2002, 2004), 목정수(2003) 등) 이런 문제는 생기지 않는다. 그러나 구조격의 실현으로 보아야 한다는 논증에 대해서는 J.-M. Jo(2001), H.-S. Yoon (2004a, 2007) 참조.

전자의 입장이 되도록 이미 있는 주격 인가자를 이용하려는 방안이라면 후자는 그런 입장에 문제점이 있으므로 그 외의 다른 방안을 찾아 보려는 시도라 할 수 있다. 예를 들어, 사이또는 다음과 같은 여과를 통해 "이중/다중 주어" 구성의 격 문제를 해결하려 하였고 강영세는 자동격의 개념으로 해결하려 했으며, Heycock&Lee(1989)는 IP부가 성분 뒤의 표현을 일종의 술어로 보고 IP 부가 성분을 그 술어의 주어로 보는데 그런 주어를 나타내는 표지로 보고 있다.

(88) *NP-*ga* unless NP is [NP, S] Saito(1985:207)

그럼 이미 있는 주격 인가자를 이용하는 방안으로는 어떤 것들이 있는가? 주격 인가자에 의한 격 인가 관점에서 "이중/다중 주어" 구성 상의 이 문제를 다룬 기존 연구들은 그리 많아 보이지 않는다. 필자는 1장에서 그동안 논의된 여러 격 인가 기제들인 "지배", "지정어-핵", "일치" 들을 소개하고 한국어와 관련된 2장 이후의 논의에서는 그런 기제들 중 성분-통어 개념에 입각한 "일치" 기제가 가장 올바른 기제임을 얘기해 왔다. 고로 "일치" 기제에 입각하여 문제를 생각해 보기로 한다.[45)]

우선 지적할 점은 (86)의 구조에서 지정어 성분들은 주격 인가자인 Agr에 의해 성분-통어되지 않는다는 점이다. 비슷한 차원의 문제점이 김동석/김용하(2002:25)에서도 지적된 바 있는데, 그렇다고 이 경우만을 위한 별도의 주격 인가 기제를 설정할 필요는 없어 보이며 "일치" 기제로 주격 인가가 충분히 설명된다.

먼저 한국어의 격 인가에 대한 3장의 제안에 의하면 한국어의 주격 인가자인 Agr는 파이-자질에 의존적이지 않으며 스스로 [+해석성]이므로 영어의 경우와 달리 한 차례 격 인가를 한 후에도 계속적으로 격 인가를 할 수 있다. (86)과 같은 구조에서 맨 오른쪽 DP는 AP 내부에서 Agr에 의해 성분-통어되어 주격이 인가된다. 한편 그 외 DP의 주격 인가는 한국어의 가시적 핵 이동의 결과로 본다. 한국어에서 핵 이동이 있느냐 그리고 핵 이동이 가시적이냐 아니냐에 대해서는 여러 입장이 있는데, 필자는 최기용(2002, 2003나)에서 한국어에 가시적 핵 이동이 있다는 근거를 제시한 적이 있다. 이에 따르면 Agr가 T로 이동한 다음의 구조는 다음과 같다.

45) 그에 반해, "지정어-핵" 방안에서는 핵 이동 여부에 의존하지 않은 채로 격 인가가 지정어 전체에 확장 적용된다고 제안할 수 있을 것이다.

(89)

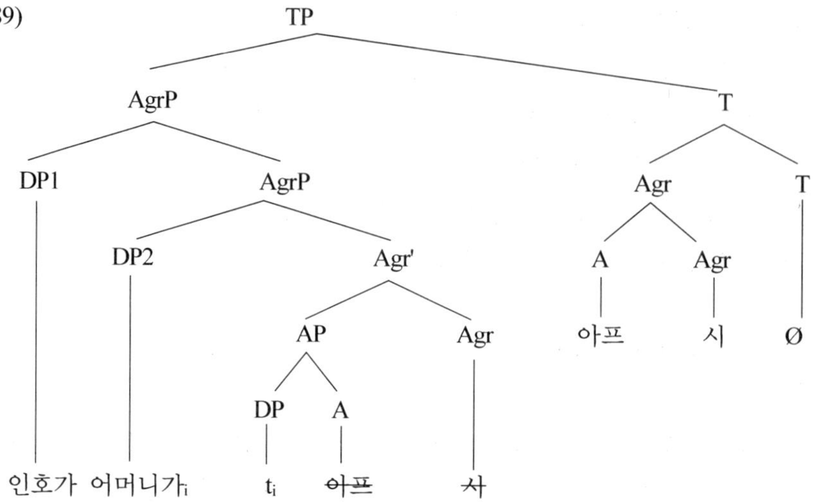

필자는 이 구조에서 2장에서 소개된 성분-통어 개념에 의하면(2장 (97-99) 참조), Agr이 T에 의해 관할(dominate)되지 않아 Agr를 관할하는 최초의 성분은 TP이며 TP가 DP1를 관할하므로 결국 Agr이 DP를 성분-통어하는 것으로 본다. 즉 핵 이동에 의해 도출 과정에서 Agr이 (86)의 외곽 지정어들을 성분-통어하게 되어 해당 성분들이 갖는 주격이 인가되는 것이다.

6.4 정리 및 요약

본 장의 서두에서 필자는 속격/주격 교체와 관련된 주격 중출과 속격/대격 교체와 대격 중출을 비교하면서 전자의 경우가 훨씬 범위가 넓음을 확인하고 왜 그런가 하는 질문을 제기한 바 있다. 지금까지의 논의에 의하면 해답은 한국어가 주격 중출을 허용하는 "주어-보어" 구성 외에 또 다른 각도에서 주격 중출을 허용하는 (86)에서와 같은 "이중/다중 주어" 구성을 허용하기 때문이라고 할 수 있다.

이와 같이 서로 다른 구조를 가지는 구성이 주격 중출의 같은 양상을 보이는 것을 어떻게 봐야 할까? 필자가 제시한 답은 한국어의 주격 인가자가 영어와는 달리 [+해석성]이고 격 인가가 파이-자질에 연계되어 있지 않아 연속해서 격을 인가할 수 있으며 그런 상태에서 격 인가자와 명사구 간에 구조적 조건인 "성분-통어"만 갖추어지면 가능하다는 것이다. 즉 "일치" 기제에 의해 주격 중출이 설명될 수 있음을 보였다.

한편 두 구성이 주격 중출을 허용한다는 점에서는 같아 보이나, 필자는 두 구성이 구조적으로 그리고 NP2의 범주적 성격에 있어 다르다고 보고 그와 관련된 많은 차이점 및 근거들을 제시하려고 노력하였다. 특히 "부분" 명사의 경우 NP 또는 DP로도 실현될 수 있어 "주어-보어" 구성 및 "이중/다중 주어" 구성의 두 구조로 다 실현될 수 있음을 보였다. 다음은 두 구성의 주요 특성을 정리한 것이다.

"주어-보어" 구성

(90) 가. 두 번째 명사는 NP로 실현된다.[46)]
나. 첫 번째 주격 명사구가 문법적 주어이다.
다. 두 번째 주격 명사구는 해당 서술어의 보어이다.
라. 서술어로 능격 서술어만을 허용한다.

"이중/다중 주어" 구성

(91) 가. 맨 오른쪽 명사는 DP로 실현된다.[47)]
나. 두 번째 혹은 맨 오른쪽 주격 명사구가 문법적 주어이다.
다. 첫 번째 주격 명사구 혹은 맨 오른쪽 주격 명사구 앞에 오는 주격 명사구는 AgrP의 외곽 지정어이다.
라. 통사적으로 서술어 제약은 없다.
마. AgrP 지정어와 그 뒤에 문장 간에는 (62)와 같은 내용의 의미, 화용적 조건이 적용되며, 이는 의미적으로 개체 층위 혹은 개체 층위적 성격을 갖는 술어를 선호하게 하는 결과를 낳는다.

한편 이상의 논의들은 "주어-보어" 구성이건 "이중/다중 주어" 구성이건 그에 대응되는 속격-주격의 경우와 아무런 통사적 관계가 없음을 보여준다. 그리고 "이중/다중 주어" 구성은 J. Cho(2000, 2002)가 지적한 바 있듯이 문장에서 명사구가 인가 혹은 해독되는 방식에 의미역 배정이 아닌 다른 방식이 있음을 보여준다는 점에서 주목할 만하다고 하겠다. 즉 "이중/다중 주어" 구성의 첫 번째 주격 명사구는 서술어와 의미역 관계를 갖지 않는데도 나타나고 있으며 그 뒤 문장(?) 성분과의 일정한 의미/화용 관계 하에 인가되고 있는 것이다.[48)] 그러면 대격 명사구 중에 이런 식으로 인가되는 경우는

46) "부분" 및 "성질" 명사만이 이런 가능성을 가지는 것으로 보았다.

47) "부분", "친족", "양도성" 명사가 이에 해당된다.

48) 이 경우 말고 "주어-보어" 구성의 "성질/부분" 명사도 J. Cho(2000, 2002:81)에 의하면 의미역 배정 방식이 아닌 다른 방식에 의해 인가되는 경우로 볼 수 있다. 5장의 대격 중출 구성의 "부분" 명사에 대해 조준모는 술어와의 수식 관계에 의해 인가 또는 해독된다고 보았는데, 그런 의미적 조건

없는가? 만약 그런 경우가 있다면 그 경우는 "이중/다중 주어" 구성과 여러 가지 점에서 유사한 양상을 보일 것으로 예측되는데, 기존 문헌은 이미 그런 구성이 있다는 점을 지적하고 있다. 바로 ECM의 경우가 그것인데, 이 구성을 포함하여 주격/대격 교체를 보이는 경우를 다음 장에서 함께 정리한다.

은 본 장에서 논한 "주어-보어" 구성의 "성질/부분" 명사에도 적용될 수 있을 뿐 아니라, (57다)를 설명할 수 있을 것으로 보인다. 즉 조준모가 말한 술어가 v가 아닌 V를 말한다고 볼 때, 능격 서술어들은 v가 없는 V 또는 A로 되어 있어 비록 5장의 경우와는 다른 격 조사를 갖지만 구조적으로 보어로서 같은 경우이기 때문이다. 또한 (57다)는 다음과 같이 설명될 수 있다. 즉 NP가 논리형태 층위에서 인가되기 위해서는 술어와 수식 관계를 가져야 한다고 보자. 이에 쌍방 성분-통어 같은 구조적 조건이 있다고 볼 때, vP의 지정어 위치에 오는 부분 명사는 V와 수식 관계를 이룰 구조적 위치에 못하며 그 결과 (57다)가 나온다.

제7장

주격 조사와 대격 조사 간의 교체1: 예외적 격 표시(ECM) 구문

지금까지 한국어에서 격 조사 간의 교체로 보이는 여러 현상을 논의하였는데, 7장-10장에서는 마지막으로 주격 조사와 대격 조사간의 교체 현상을(이후 "주격/대격 교체"로 부른다) 다룬다. 앞에서 논의한 격 교체 현상들도 마찬가지이지만, 이 교체 현상은 특히 대상이 되는 주격과 대격이 서로 나타나는 구조적 위치가 전혀 다르다는 점에서 많은 학자들의 주목을 받아 왔다. 또 다른 특이한 점은 이런 주격/대격 교체를 보이는 구문에 여러 가지 종류가 있는데 본 책자에서는 다음 네 구문만을 논의의 대상으로 하며 본 장에서는 그 중 ECM 구문을 다루고 이어지는 장에서 각 구문들을 별도로 논의한다.[1)]

ECM 구문

(1) 가. 나는 영미가 똑똑하다고 생각한다.
　　나. 나는 영미를 똑똑하다고 생각한다.

소망 구문

(2) 가. 나는 사과가 먹고 싶었다.
　　나. 나는 사과를 먹고 싶었다.

---

1) 주격/대격 교체를 보이는 또 다른 구문으로 아래와 같은 사동 구문의 경우도 있으나, 본 책자에서는 다루지 않는다.

(i) 철수는 영미가/영미를 민석이를 만나게 했다.

어휘 피동 구문

(3) 가. 철수가 손이 잡혔다.
　　나. 철수가 손을 잡혔다.

장형 부정 구문

(4) 가. 영미가 몸이 좋지가 않다.
　　나. 영미가 몸이 좋지를 않다.

7.1 ECM 구문에서의 주격/대격 교체

애초에 (1)과 같은 한국어의 ECM 구문이 학자들의 관심을 끈 것은 비슷한 양상의 주격/대격 교체로 인해 학자들의 많은 관심을 끌었던 영어의 ECM 구문과의 유사성 때문이었다.

(5) 가. John believes him/*he to be smart.
　　나. John believes *him/he is smart.

영어에서 문장의 주어가 주격 형태로 나타나는 것이 일반적이라 할 때, (5가)에서와 같이 의미상 주어임이 분명한 him이 주격형이 아닌 대격형을 취한다는 것이 예외적인 현상으로 간주되었고 이에 대해 여러 종류의 분석이 시도된 바 있다.[2] 이런 점에서 (1)의 주격/대격 교체 양상은 영어의 현상과 비슷한 것으로 간주되어 학자들의 관심을 끌었던 것이다. 본 절에서는 한국어 ECM 구문이 보이는 격 교체를 어떻게 볼 것인가 하는 문제를 다루는데, 필자는 이 문제에 대한 올바른 분석을 위해서는 우선 ECM 구문의 성격에 대한 올바른 파악이 필요하다고 본다. 고로 이를 위해 ECM 구문의 성격에 대한 기존 연구 성과를 비판적으로 정리하는 데 주력을 기울일 것이다.

본 장의 대략적 구성은 다음과 같다. 먼저 7.2에서는 한국어 ECM 구문이 영어와는 다른 성격을 가짐을 지적한다. 이어 7.3에서는 한국어 ECM 구문이 보이는 서술어 상의 제약의 내용을 확인하면서 궁극적으로 한국어 ECM 구문이 6장에서 논의한 "이중/다중 주어" 구성과 여러 가지 점에서 같은 성격을 가진 구문임을 보인다. 7.4에서는 7.3에서의 구문 파악을 토대로 ECM 구문이 보이는 격 교체에 대한 기존 견해를 평가한다.

---

2) 대표적 연구로 Postal(1974), Chomsky(1981), Lasnik&Saito(1991) 등을 참조할 것.

7.2 한국어 ECM 구문은 영어 ECM 구문과 다르다

앞에서 한국어 ECM 구문이 영어의 ECM 구문과 격 교체 양상에 있어 유사하다고 했는데, 그러나 J.-M. Yoon(1989, 1991, 1993), J.-S. Lee(1991, 1995), 홍기선(1997) 등 여러 학자들이 지적했듯이 두 언어의 ECM 구문 간의 유사점은 여기에서 끝나고 두 구문 간에는 두 구문을 같은 것으로 볼 수 없게 하는 더 많은 차이점들이 있다. 이는 한국어 ECM 구문의 격 교체의 설명에 영어식의 분석법이 그대로 적용될 수 없음을 말하는데 이 절에서는 그런 차이점들을 간단히 정리하기로 한다.

첫째, (5)의 예문에서 보듯이 영어에서의 격 교체는 동일한 문장에서 이루어지는 것은 아니다. 즉 (5가)에서 보듯이 비시제절에서는 대격형만 가능하고 시제문에서는 주격형만 가능하다. 그러나 이에 비해, (1)의 예문 및 다음 예문이 보이듯이 한국어에서는 시제소가 있는 경우에도 주격, 대격이 다 가능하다.[3)]

(6) 가. 철수는 영미가 똑똑했었다고 믿었다.
    나. 철수는 영미를 똑똑했었다고 믿었다.

이는 (5가)에서 내포문에 주격 인가자인 시제소가 없으므로 인해 모문 동사에 의해 대격이 인가된다고 보는 전통적인 분석법이 한국어 ECM 구문에는 적용될 수 없음을 말하는 것이다. 그 이유는 물론 시제소가 있는데도 대격이 허용되었기 때문이다.

한편 H.-J. Yoon(1993), D.-W. Yang(1996:146) 등은 다음 예문을 통해 일치소의 존재 유무가 대격 허용 여부와 연관이 있는 것으로 보고 있다. 즉 주격 부여자로 볼 수 있는 일치소가 있는 경우는 대격이 허용되지 않고 없는 경우에는 대격이 허용된다고 본 것이다.

(7) 가. 나는 선생님을 천재라고 믿었다.
    나. *나는 선생님을 천재시라고 믿었다.

---

3) 이와는 다른 판단을 가진 연구도 있다. 예를 들어 H.-J. Yoon(1993:137)은 (6나)와 유사한 다음 문장을 비문으로 보았다. 그러나 대부분은 학자들은 시제소가 있어도 대격 표현을 허용하는 것으로 보고 있다.

(i) *나는 선생님을 천재이었다고 믿었다.

이런 관찰이 맞다면 이는 궁극적으로 한국어 ECM 구문의 성격이 영어 ECM 구문의 성격과 거의 유사함을 말하게 되는데, 그러나 필자는 (7나)의 문법성 판단에 대해 다른 입장을 갖고 있다. 즉 기본적으로 (7나)와 (7가) 간에는 차이가 거의 없다고 본다. 또한 윤항진의 분석에는 다음과 같은 문제가 있다. 윤항진의 분석에 의하면 주격 부여자가 없는 경우에 대격이 가능하다고 했으므로 대격 표현이 올 경우에는 그 내포절 내의 다른 성분이 주격 조사를 취할 수가 없어야 한다. 그러나 다음 예문은 그렇지 않음을 보여준다.

(8) 가. 나는 영미를 눈이 오른쪽이 예쁘다고 생각한다.
나. 나는 철수를 머리가 좋다고 생각했다.
다. 나는 철수를 돈이 많다고 생각했다.

이상의 검토가 맞다면 이는 한국어 ECM 구문이 영어와는 달리 일치소 및 시제소를 완전히 갖춘 문장임을 말하는 것이 된다.

둘째, 영어의 ECM 구문의 구조에 대해서는 일반적으로 모문 동사에 의한 격 인가를 허용하기 위해서는 CP보다는 IP로 보는 것이 일반적이다. 즉 보문소가 없는 구조로 보는 것이다. 그러나 이 점에 있어서도 한국어 ECM은 성격이 다르다. 즉 지금까지의 예문에서 보듯이 모든 ECM 구문은 일치소, 시제소 외에 '-다고'로 되어 있는 보문소를 갖고 있으며 다음 예들은 보문소가 없으면 비문법적이 됨을 보여준다.

(9) 가. *철수는 영이를 똑똑하 생각한다.
나. *나는 선생님을 천재 믿었다.

이는 결국 한국어의 ECM 구문이 일치소, 시제소 및 보문소를 갖춘 완전한 형태의 문장임을 의미한다.

셋째, 영어의 경우 대격은 내포문 주어에 대해서만 가능하다. 그러나 한국어에서는 주어 아닌 성분에 대해서도 대격이 가능하다는 점이 여러 학자들에 의해 지적되어 왔다. 다음은 관련 예들로 (10가, 나)에서는 부사적 성격을 가지는 성분이 대격을 취했고 (10다)에서는 '많-'의 보어로 볼 수 있는 성분이 대격을 취한 경우이다.

(10) 가. 나는 어제를 날씨가 좋았다고 생각한다. =J.-M. Yoon(1989:370)
나. 나는 LA를 (미국에서) 한국 사람이 제일 많이 산다고 생각한다. =홍기선(1997:413)

다. 나는 고층 건물을 뉴욕에 제일 많다고 생각한다. =H.-S. Yoon(2004b:251)

지금까지 우리는 한국어의 ECM 구문이 영어와는 다른 성격을 가지고 있음을 보았다. 이는 한국어 ECM 구문이 영어 ECM 구문과는 다른 구문임을 말하는 것으로 이해되는데, 구체적으로 어떻게 다른 구문인가를 이해하기 위해서는 방금 지적한 마지막 성격과 한국어 ECM 구문에 대한 서술어 제약을 살펴 볼 필요가 있다. 이는 다음 절에서 다루기로 한다.

7.3 한국어 ECM 구문과 "이중/다중 주어" 구성 간의 연관성

지금까지 우리는 내포문에서 주어가 주격과 대격 간의 교체를 이루는 예들을 보아왔다. 그러나 이런 주격/대격 교체가 항상 가능하지 않으며 내포문 서술어의 종류 또는 내포문의 해석에 따라 그 양상이 다르다는 지적이 일찍부터 있어 왔다(이광호(1988), J.-M. Yoon(1989, 1991, 1993, 1998), J.-S. Lee(1991, 1995), 김귀화(1994), M.-K. Park (1994), H.-S. Yoon(1996, 2004a, b), 홍기선(1997), 고광주(1999, 2000, 2001), H. Park (2001), Kim&Kim(2003) 등 참조). 예를 들어 다음 예는 내포문의 서술어가 타동사인 경우 대격이 허용되지 않음을 보여준다.

(11) 가. *철수는 영미를 밥을 먹었다고 생각했다.
　　나. *철수는 영미를 대식이를 보았다고 믿는다.
　　다. *철수가 영미를 책을 읽었다고 생각한다.

그러나 이런 제약의 성격에 대해서는 학자들마다 의견이 약간씩 다른데, 대략 다음의 세 가지로 정리될 수 있을 것으로 보인다.

(12) 가. 서술어의 상태성(stativity) 여부에 의해 결정된다. 즉 서술어가 상태성을 지닐 경우에 대격 표현이 가능하고 그렇지 않을 경우에는 대격이 허용되지 않는다: 이광호(1988:80), J.-M. Yoon(1989:371), J.-M. Yoon(1991:각주25), 김귀화(1994) 등
　　나. 서술어의 격 인가 능력 여부에 의해 결정된다. 즉 서술어가 격을 인가하지 못하면 대격 표현이 가능하고 격을 인가하는 경우에는 대격이 허용되지 않는다: J.-S. Lee(1991, 1995), 고광주(1999:880, 2000) 등.
　　다. 내포문의 해석 내용에 따라 결정된다. 즉 내포문이 대격 표현에 대한 영속적인

속성을 나타내는 해석을 가지면 대격 표현이 가능하고 그렇지 않은 경우에는 대격이 허용되지 않는다: M.-K. Park(1994), H.-S. Yoon(1996, 2004a, b), 홍기선(1997), J.-M. Yoon(1998), H.-S. Park(2001), Kim&Kim(2003)[4] 등.

이 세 견해들이 포착하고자 하는 바에는 서로 비슷한 면도 있지만 차이점도 있다. 예를 들어 상태성 서술어가 일반적으로 격을 부여하지 못하며 또한 영속적인 속성을 나타낸다는 점에서 위 세 견해는 서로 비슷하다고 할 수 있다. 그러나 차이점도 분명히 있는데, (12가, 나)의 견해가 내포문의 서술어의 관점에서 제약을 포착하려 했다면, (12다)는 단순히 서술어의 관점에서 포착하려 한 것이 아니라, 내포문 전체가 갖는 해석적 양상의 관점에서 포착하려 했다는 점에서 다르며, 또한 (12가)와 (12나)는 전자가 서술어의 의미적 특성에 의해 포착하려 했다면 후자가 격 부여라는 통사적 특성에 의해 포착하려 했다는 점에서 서로 다르다고 할 수 있다. 필자는 이들 견해 중 (12다)의 견해가 문제의 제약을 가장 올바르게 포착하고 있다고 생각하는데, 이를 위해 먼저 (12가)를 검토하자.

이 견해는 서술어의 상태성 여부에 의해 대격 표현의 허용 여부가 결정된다는 견해이다. 고로 서술어가 [−상태성]을 띠는 경우에는 대격 표현이 안 좋을 것으로 보이나, 다음 예들은 그렇지 않음을 보인다.

(13) 가. 영미는 철수를 늘 공원에서 논다고 생각한다.
나. 영미는 철수를 잘 달린다고 생각한다. =M.-K. Park(1994:359)
다. 철이는 영희를 늘 열시에 온다고 생각한다.
라. 철이는 영희를 밥을 늘 한다고 생각한다. =H.-S. Yoon(2004b:255-256)
마. 사람들은 그 새를 하늘을 날지 못한다고 생각한다.=J.-S. Lee(1995:각주2)
바. 철수는 아버지를 진지를 잘 드신다고 생각한다. =J.-M. Yoon(1998)
사. 탐은 종치기를 딸이 늘 종을 친다고 생각했다. =Kim&Kim(2003:56)

한편 다음 예들은 이정식이 지적하였듯이 [+상태성]을 지니는 서술어들 가운데서도 대격 표현이 어색한 경우가 있음을 보이며 이는 결국 서술어의 상태성 여부에 의해서

4) 엄밀한 의미에서 Kim&Kim의 견해는 (12다)와는 약간 다르다. 즉 그들은 문제의 의미적 특성을 개체-층위로 파악하고 그런 입장에서 술어에 대한 제약을 파악하였다. 그리하여 그들은 원래는 국면-층위인 타동사도 부사나 시제소의 도움으로 개체-층위 술어로 기능할 수 있다고 하였다. 그러나 타동사를 가진 문장을 개체-층위적 성격을 갖게 하는 것은 부사나 시제소이므로 문제가 되는 개체-층위적 특성은 서술어의 특성으로 보기보다는 내포문 전체의 특성으로 보는 것이 정확할 것으로 보인다.

만 대격 표현 허용 여부가 결정되는 것이 아님을 보여준다고 하겠다.

(14) 가. *나는 영미를 철수를 사랑한다고 생각한다.
나. *나는 영미를 철수를 안다고 생각한다.[5)]

흥미로운 점은 (12가)의 견해에 문제를 제기하는 예들 중에는 (12나)의 견해에도 문제가 있음을 얘기하는 예들이 있다는 점이다. 즉 (13라-사)가 그것들인데, 중요한 점은 M.-K. Park(1994), 홍기선(1997), J.-M. Yoon(1998), H.-S. Park(2001), Kim&Kim(2003), H.-S. Yoon(2004a, b) 등이 지적하였듯이 같은 타동사를 가진 문장이더라도 부사나 시제소의 도움으로 습관적 혹은 총칭 해석을 가지는 경우에만 대격 표현이 가능하고 그렇지 않은 경우에는 대격 표현이 어색하거나 안 좋다는 점이다. 다음 예문들이 이를 보여 준다.

(15) 가. ?*영미는 철수를 공원에서 놀고 있다고 생각한다. =M.-K. Park(1994:359)
나. ?*철이는 영희를 지금 들어온다고 생각한다.
다. ?*철이는 영희를 밥을 지금 한다고 생각한다. =H.-S. Yoon(2004b:255)
라. *철수는 아버지를 진지를 드셨다고 생각한다. =J.-M. Yoon(1998)
마. *탐은 종치기를 딸이 어쩌다가 종을 쳤다고 생각했다.=Kim&Kim(2003:57)

이는 결국 대격 표현의 허용 여부를 결정하는 것이 내포문의 해석적 양상과 깊은 연관을 갖고 있음을 말하는 것인데, 홍기선(1997:427)은 (14)와 같은 경우도 다른 표현의 도움으로 내포문이 대격 표현의 특성을 나타낼 수 있다면 개선되는 것으로 보았으며 필자도 이 판단에 전적으로 동의한다.[6)]

(16) 가. 나는 영미를 이 세상에서 누구보다도 철수를 가장 사랑한다고 생각한다.
나. 나는 영미를 이 세상에서 누구보다도 철수를 잘 알리라고 생각한다.

---

5) 서술어가 [-상태성]이지만 대격을 허용하지 않는 예로 이정식이 든 다음 문장에 대해 필자는 홍기선(1997:427)과 같은 판단을 갖는다.

(i) 나는 영미를 철수를 닮았다고 생각한다.

6) 이 점에서 앞 각주에서 좋은 것으로 판단한 문장의 경우도 마찬가지이다. 즉 '철수를 닮은 것'이 '영미'의 특징을 나타내는 해석을 가지는 것이다.

이상 ECM 구문이 갖는 서술어 제약의 성격을 살펴 보았는데 주목할 점은 이 성격이 6장에서 본 “이중/다중 주어” 구성의 서술어 제약과 성격이 거의 같다는 점이다.7) 이를 위해 해당 부분을 아래 옮기면 다음과 같다.

(17) “이중/다중 주어” 구성에서 앞 주격 명사구는 뒤에서 무언가 얘기될 만큼 중요해야 하며(H.-S. Yoon(2007) 참조), 앞 주격 명사구 뒤에 오는 부분은 앞 명사구를 특징지을 수 있는 충분하고도 중요한 영속적 정보를 주어야 한다. 6장의 (62)

이런 공통점이 우연이 아니라면 이는 ECM 구문과 “이중/다중 주어” 구성 간에 깊은 연관이 있음을 암시하는데 이는 7.2에서 본 마지막 성질로도 확인이 된다. 즉 7.2에서 영어 ECM 구문과의 차이점을 지적하면서 주어 이외의 성분이 대격 조사를 가질 수 있음을 지적하였는데, 다음 예들은 그런 성분을 첫 번째 주격 명사구로 가진 “이중/다중 주어” 구성이 가능함을 보여준다.

(18) 가. 어제가 날씨가 좋았다.
나. LA가 (미국에서) 한국 사람이 제일 많이 산다.
다. 고층 건물이 뉴욕이 제일 많다

이는 결국 ECM 구문의 대격 표현이 “이중/다중 주어” 구성의 첫 번째 주격 명사구에 대응됨을 말하며 이런 견해가 옳다면 ECM 구문은 내포문에 나타나는 “이중/다중 주어” 구성의 첫 번째 주격 명사구가 대격 조사를 취한 결과라고 볼 수 있을 것이다.8) 실제로 이는 바로 J.-M. Yoon(1989), 홍기선(1997), H.-S. Yoon(2004a, b) 등의 주장이기도 한데, 이 연관성을 보이는 예로 다음을 추가할 수 있을 것이다.

(19) 가. 그 해가 보기 드물게 쌀이 풍작이었다.
나. 그 삼년 동안이 전쟁이 가장 심했다. =홍기선(1997:413)
다. 언어학이 대체로 취직이 쉽다
라. 커피가 잠이 안 온다.
마. 민수가 갈비탕이다. =홍기선(1997:426)

7) 이 관찰이 맞다면 결국 “이중/다중 주어” 구성의 경우와 마찬가지로 통사적으로는 어떤 종류의 서술어든지 허용이 된다고 봐야 할 것이다.

8) 이를 토대로 홍기선(1997), H.-S. Yoon(2004a, 2007)은 ECM 구문이 문장의 문법적 주어를 판단하는 기준으로 사용될 수 없으며, 대신 major subject를 가려내는 기준으로 사용될 수 있음을 지적하고 있다.

바. 종치기가 딸이 늘 종을 친다.

=Kim&Kim(2003:56)

(20) 가. 나는 그 해를 보기 드물게 쌀이 풍작이었다고 기억한다.
나. 나는 그 삼년 동안을 전쟁이 가장 심했다고 기억한다. =홍기선(1997:413)
다. 나는 언어학을 대체로 취직이 쉽다고 생각해 왔다.
라. 나는 커피를 잠이 안 온다고 생각해 왔다.
마. 나는 민수를 갈비탕이라고 기억한다. =홍기선(1997:426)
바. 탐은 종치기를 딸이 늘 종을 친다고 생각했다.

=Kim&Kim(2003:56)

한편 필자는 나중에 이런 대격 표현이 "이중/다중 주어" 구성의 AgrP-부가 성분으로 시작해서 모문으로 이동한 것으로 보는데 이런 견해가 맞다면 이는 비주어 대격 표현의 경우 문장 내부로부터 이동해 온 것이 아님을 말하는 것이 된다. 이와 관련하여 H.-S. Yoon(2004b:253-256)은 ECM 구문의 대격 표현이 그 뒤 문장 내부로부터의 이동에 의한 것이 아님을 보이는 추가 근거를 제시하고 있는데 아래 그 내용을 간단히 소개한다. 첫째, 대격 표현과 관련된 공범주 표현이 뒤 문장 내부의 섬에 위치하는 경우들이 있다.

(21) 가. 나는 영미를 [e.c. 하는 일이] 모범적이라고 생각한다.
나. 나는 영미를 [선생님들이 [e.c. 하는 일을] 좋아한다고] 생각한다.

만약 위 문장에서 '영미'가 공범주의 위치에서 모문 위치로 이동한다고 보면 모두 섬을 벗어나는 이동이므로 비문법적이 되어야 하나, 그렇지 않은데 이런 문제는 만약 대격 표현의 원래 위치가 AgrP-부가 위치라고 보면 생기지 않는다.

둘째, Takano(2003)에 의하면 일본어의 ECM 구문에서 대격 표현은 주격 표현과 달리 작용역이나 결속과 관련하여 재구(reconstruction) 효과가 없다고 하는데, 한국어의 경우도 마찬 가지임을 다음 예가 보여준다.

(22) 가. 영이는 세 학생이 모든 선생에게 소개되어야 한다고 생각한다.
세 > 모든, 모든 > 세

나. 영이는 세 학생을 모든 선생에게 소개되어야 한다고 생각한다.
세 > 모든, *모든 > 세

즉 수동 구문에서 이동한 목적어가 주격 조사를 가지는 경우에는 '모든'이 '세'보다 넓은 작용역을 가지는 해석이 가능한데, 이는 '세 학생'이 원래의 위치로 재구된다고 보면 설명될 수 있다. 그에 반해, 이동한 목적어가 대격 조사를 가지는 (22나)에서는 같은 해석이 불가능하다. 이는 대격 표현의 원래 위치가 (22가)와는 다름을 보이는 것으로 이 역시 AgrP-부가 위치라고 본다면 잘 설명이 된다.

7.4 ECM 구문의 통사적 분석

지금까지 우리는 ECM 구문의 대격 표현이 "이중/다중 주어" 구성의 외곽 지정어에 해당하는 것임을 보았다.[9] 한편 이런 견해가 맞다면 주격 명사구가 하나인 문장에 대응하는 ECM 구문의 경우에도 그 대격 성분을 외곽 지정어로 보아야 하며 이는 구체적으로 (1나)의 심층 구조가 다음과 같아야 함을 의미한다.[10]

---

9) 이는 이 대격 표현의 의미적 성격을 J.-Y. Yoon(1989), J.-S. Lee(1991, 1995), 김귀화(1994), Y.-J. Jung(2001), Schütze(2001) 등에서처럼 초점으로 파악하는 것이 옳지 않음을 얘기한다. 이와 관련된 자세한 논의는 홍기선(1997:각주 15)을 참조할 것.

10) 홍기선은 본 책자의 지금까지의 논의에 의하면 "이중/다중 주어" 구성이 아닌 것으로 판명된 다음 예에 대해서까지 ECM 구문과의 연관성을 지적하였다.

(i) 가. 철수가 머리가 좋다. 나. 철수가 돈이 많다.

(i가)는 "주어-보어" 구성의 예이고 (i나)는 4장에서 논한 구문의 예로 이 예의 첫 번째 주격 명사구는 (18)의 첫 번째 주격 명사구가 주어가 아닌 것과 달리 문법적 주어로 판명되었다. 그러나 이런 구문에 대해서도 (23)과 같은 구조를 부여할 수 있을 것이다. 이는 결국 모든 단문 및 (i)과 같은 문장이 구조적 중의성을 갖고 있음을 의미한다.

(23)

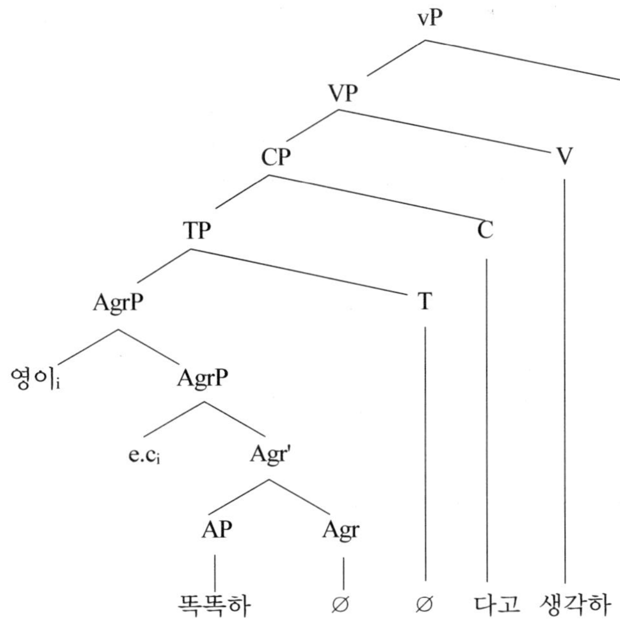

이제 ECM 구문에 대한 이런 파악을 토대로 이 구문과 관련하여 그동안 논의되어 온 다음 문제들을 생각해 보기로 하자.

(24) 가. 대격 표현은 어디에 위치하는가?
　　나. 대격 표현의 대격 조사는 격의 실현인가 아닌가?
　　다. 대격 표현의 대격 조사가 격의 실현이라면 격 인가는 어떻게 이루어지는가? 그리고 격 교체는 어떻게 보아야 하는가?

먼저 (24가)를 보자. 이와 관련하여 대부분의 연구들은 대격 표현이 대응되는 주격 표현과 달리 모문 위치에 있을 수 있음을 지적하며[11] 구체적으로 대격 인가와 관련하여 vP의 지정어 위치에 있는 것으로 보는데, 이를 보이는 증거들은 제법 많다. 아래 이들을 간략히 소개하기로 한다(J.-M. Jo(2001), H. Park(2001), Tanaka(2002), Kim&Kim (2003), H.-S. Yoon(2004a, b) 등 참조).

첫 번째 증거는 부사와의 상대적 위치와 관련된 것으로 먼저 다음 예들은 내포문

11) 모문에 있다고 볼 때, 문제의 위치에 이동에 의해 있게 되는가 아니면 기저 생성에 의해 있게 되는가 하는 문제가 있을 수 있다. 이 문제에 대해서는 거의 모든 연구가 전자의 입장을 취한다. 그 이유는 물론 대격 표현이 의미역 관계에 있어 모문 서술어와 아무런 연관성이 없기 때문이다.

부사와 관련해서 주격 표현과 대격 표현의 위치가 서로 같지 않음을 보여준다

(25) 가. 나는 영이가 동대문에서 장사를 한다고 생각한다. =H.-S. Yoon(2004b)
나. 나는 동대문에서 영이가 장사를 한다고 생각한다.
다. 나는 영이를 동대문에서 장사를 한다고 생각한다.
라. *나는 동대문에서 영이를 장사를 한다고 생각한다.

즉 내포문 부사인 '동대문에서' 뒤에 주격 표현은 올 수 있으나, 대격 표현은 올 수 없음을 보여주는데, 이는 대격 표현이 내포문 내에 머무르지 못함을 보여준다. 그러나 위의 예는 단지 내포문 관련 부사 아래에 대격 표현이 오지 못함을 보여줄 뿐, 그 위에 올 수 없는가 하는 것은 못 보여주는데, 다음 예는 모문 부사의 앞에 옴으로 해서 대격 표현이 주격 표현과는 달리 모문에 위치함을 보여준다.

(26) 가. *철수가 순이가 바보처럼 천재라고 생각한다.
나. 철수가 순이를 바보처럼 천재라고 생각한다.

한편 다음 예에서 보듯이 대격 표현은 모문 부사 뒤에 올 수도 있는데, 혹자는 이를 통해 대격 표현의 이동이 수의적임을 주장할 수 있을 것이다[12].

(27) 철수가 바보처럼 순이를 천재라고 생각한다.

그러나 이후에 볼 근거들은 모두 대격 표현의 모문 위치로의 이동이 필수적임을 보여준다. 대격 표현이 모문에 위치함을 보여주는 두 번째 증거는 결속 조건 B와 관련된 것으로 관련 예는 다음과 같다.

(28) 가. 철수가$_i$ 그가$_i$ 바보라고 생각한다.
나. *철수가$_i$ 그를$_i$ 바보라고 생각한다.

즉 내포문 주어가 주격일 경우는 모문 주어에 의한 결속이 가능하나, 대격일 경우는 그렇지 못하다. 이는 주격과 대격 간에 위치 상의 차이가 있음을 말하는 것으로 통상 문장이 대명사를 위한 지배 범주가 된다고 볼 때, 주격 표현은 내포문 안에 있어 '철수'

12) 일본어에 대해서는 Hiraiwa(2001), 한국어에 대해서는 D.-W. Yang(2003) 등을 참조할 것.

에 의해 결속이 되어도 결속 조건 B를 준수하는 반면, 대격 표현은 내포문 밖, 즉 모문에 있어 결속 조건 B를 어겨 비문법적이 됨을 보여 주고 있는 것이다. 특히 (28나)의 비문법성은 대격 표현의 이동을 수의적으로 볼 경우 (28나)에서 결속을 허용하게 된다는 문제의 이동이 필수적임을 보여준다고 하겠다.

앞의 각주에서 ECM 구문의 대격 표현이 모문에 위치할 경우 그것은 이동의 결과로 보아야 한다고 했는데, 다음 대비는 그에 대한 경험적 증거를 제공한다.

(29) *[t_i 바보라고] 철수가 순이를$_i$ 생각한다.
(30) [e.c.$_i$ 집에 가라고] 철수가 순이에게$_i$ 말했다.

(29, 30)은 표면적으로 보아 내포문이 앞으로 이동했다는 점에서 같은데 문법성에 있어서는 서로 결과가 다르다. 이는 위의 예에서 보듯이 ECM의 경우 대격 표현이 모문 서술어와 아무런 의미역 관계가 없어 이동한 것으로 보아야 하는데 반해, (30)에서는 '순이에게'가 모문 서술어의 논항으로 내포문에는 공범주가 있다고 볼 수 있다. 그리고 (29)의 비문법성이 바로 이동의 흔적이 적정 지배되어야 한다는 적정 결속 조건(Proper Binding Condition)에[13] 의해 설명될 수 있다는 점에서 대격 표현이 이동하여 모문에 이르렀음을 보여준다고 하겠다.[14] 그리고 (29)의 비문법성은 ECM 구문의 기저 구조가 (23)과 같다고 볼 때, 대격 표현의 이동이 필수적임을 보여준다. 즉 대격 표현의 이동이 수의적이라고 하면 (23)과 같은 구조에서 부가된 대격 표현은 그대로 두고 그 뒤에 오는 부분이 앞으로 이동하는 도출이 가능하며, 그 도출에서 앞으로 이동한 부분에 대격 표현의 흔적이 없으므로 적정 결속 조건을 어기지 않아 좋을 것으로 예측이 되나 실제로는 비문법적이기 때문이다.

대격 표현이 모문에 있음을 보여주는 네 번째 증거는 다소 복잡한데, 관련 예문은 우선 다음과 같다.[15]

---

13) 5장의 (28) 참조.

14) 다음 예에서 보듯이 주격인 경우도 비문법적이라는 점에서 사실 이 예는 대격 표현이 이동했다는 것만을 보여줄 뿐, 그 위치가 모문인가는 얘기해 주지 않는다. 단지 앞에서 본 증거와 함께 고려했을 때, 모문으로 이동했다고 얘기할 수 있을 뿐이다.

(i) *바보라고 철수가 순이가 생각한다.

한편 위 예는 지정사 구문의 주어의 원래 위치가 AgrP 지정어가 아니라, 서술 명사구 내부임을 보여주는 한 근거가 된다고 생각한다.

(31) 가. *그들을$_i$ 서로의$_i$ 선생님이 [철수가 t_i 비판했다고] 말했다.
나. 그들을$_i$ 서로의$_i$ 선생님이 [t_i 바보라고] 말했다.

이 논증은 우선 한국어와 일본어의 장거리 뒤섞기 및 단거리(혹은 절 내부) 뒤섞기의 다음과 같은 성격 차이를 전제로 한다(Saito(1992) 등 참조).

(32) 가. 장거리 뒤섞기는 비논항 이동의 성격을 가지고
나. 단거리 뒤섞기는 논항 이동의 성격을 가진다.

이제 이에 의하면 (31가)의 비문법성은 쉽게 설명이 된다. 즉 (31가)에서 장거리 뒤섞기를 한 '그들'은 비논항 위치에 있어 '서로'에 대한 선행사가 될 수 없으며 고로 결속조건 A를 어겨 비문법적이다. 문제는 그러면 (31가)와 마찬가지로 내포문에서 온 (31나)의 '그들'도 같은 결과를 보여야 하는데 그렇지 않다는 점이다. 그러나 (31나)가 ECM 구문이라는 점에서 '그들'이 문장의 맨 앞으로 가기 전에 모문의 vP 지정어로 일단 이동을 했다고 보고 그 이동도 논항 이동이라고 보면 그 위치로부터 문장 앞으로의 뒤섞기는 단거리 뒤섞기의 양상이므로 (32나)에 의해 (31나)의 '그들'은 논항 위치에 있게 되며 고로 문법적인 것으로 설명할 수 있게 된다. 고로 (31가)와 (31나)의 대비는 ECM 구문에서 대격 표현이 모문으로 일단 이동했음을 보여주는 근거가 된다고 하겠다.[16]

마지막으로 ECM 구문에서의 부정극어의 인가 양상도 대격 표현이 모문으로 이동했음을 보여준다. 일반적으로 한국어의 부정극어의 인가에 대해서는 부정극어와 그것을 인가하는 부정어가 같은 절 내에 있어야 한다는 조건이 적용되는 것으로 보는데 다음 예가 이를 보여준다.

(33) 가. *철수는 [영이가 아무도 만났다고] 말하지 않았다.
나. 철수는 [영이가 아무도 만나지 않았다고] 말했다.

(34) 가. 아무도 [영이가 철수를 만났다고] 말하지 않았다.

---

15) 이른바 반우월성(anit-superiority) 효과와 관련된 논증은 다소 길므로 생략한다. 자세한 내용은 Tanaka(2002)를 참조할 것.

16) 한편 7.3에서의 논의에 의하면 (31가)에서도 '그들'이 내포문의 AgrP 부가 위치에서 출발하여 모문의 vP 지정어로 이동하고 이어 문장 앞으로 이동하는 도출이 가능하다. 그러나 이 도출은 서술어가 타동사라는 점에서 앞에서 본 대격 표현과 그 뒤 문장 간의 의미적 제약을 어기고 있다.

나. *아무도 [영이가 철수를 안 만났다고] 말했다.

한편 이 점에 있어 다음의 ECM 구문에서의 부정 극어의 인가 양상은 흥미롭다고 할 수 있다. 즉 부정극어의 특성 상 대격조사를 취하지 못하지만, 다음의 (35가)와 (35나)는 부정극어가 각각 내포문과 모문에서 인가됨을 보여주기 때문이다. 특히 (35나)의 문법성은 '아무도'의 이동이 필수적임을 보여준다.

(35) 가. 철수가 아무도 천재가 아니라고 생각한다.
나. 철수가 아무도 천재라고 생각하지 않는다.

(35나)의 '아무도'가 모문에 위치함은 다음 예문에 의해서 더 확실해진다. 즉 모문 부사 앞에 위치하는 부정극어는 모문에 있음을 의미하는데, 그것을 인가할 수 있는 부정어는 내포문의 것이 아니고 모문의 것이다.

(36) 가. *철수가 아무도 바보처럼 천재가 아니라고 생각한다.
나. 철수가 아무도 바보처럼 천재라고 생각하지 않는다.

한편 부정극어의 경우에도 주격 조사나 대격 조사를 취할 수 있는 경우가 있는데, Kim&Kim(2003)은다음 예를 통해 그 경우에도 역시 대격 표현이 모문에 있음을 지적하고 있다. 즉 부정어가 내포문에 있는 상황에서 주격 조사를 취하는 경우는 좋으나, 대격 조사를 취하는 경우는 비문법적인데, 이는 대격 표현이 내포문 부정어와 같은 절 내에 있지 않음을 뜻한다는 것이다.

(37) 가. 철수가 아무 말이 없었다고 생각한다.
나. *철수가 아무 말을 없었다고 생각한다.

이제 (24나)의 문제를 생각해 보자. 이 문제는 2장 1절에서 본 구조격 조사의 성격 규정과 관련된 문제로 이른바 구조격 조사의 전형적 위치로 볼 수 있는 주어 및 목적어 위치 이외의 위치에서 나타나는 구조격 조사를 어떻게 볼 것이냐와 관련되어 있는 문제이다. 그리고 구체적으로 ECM 구문의 경우 내포문 주어로 볼 수 있는 성분이 대격 조사를 취하기도 하고 또한 주어나 논항이 아닌 것으로 보이는 성분도 대격 조사를 취할 수 있다는 점에서 문제의 대격 조사를 과연 격의 실현으로 볼 수 있는가 하는 의문이 제기되었던 것이다. 이 문제와 관련해서 기존 문헌은 크게 두 가지 입장으로 갈리는데, 격의 실현으로 보아야 한다는 입장이 그 하나이고(Gerdts&Youn(1999), C. Youn(1998), D.-W. Yang(1999, 2000a), J.-M. Jo(2001), H.-S. Yoon(2004a, b) 등) 다른 하나는 격의 실현이 아니고 격과는 다른 초점 표지로 보아야 하는 입장이다(J.-Y. Yoon(1989), Y.-J. Jung(2001), Schütze (2001)). 후자는 주로 비전형적 위치에 나타나는 격조사가 전형적 위치에 나타나는 격조사와 여러 가지 점에서 다른 특징 및 해석을 가진다는 관찰에 근거하고 있는데,[17] ECM 구문에 대해서 Y.-J. Jung(2001)은 대격 표현이 주격 표현과 달리 초점 해석 및 특이한 운율을 갖는 것으로 보았다. 물론 이 외에도 여러 가지 논증을 제시하고 있는데, 이를 간단히 정리하면 다음과 같다.

첫째, 대격 표현의 대격 조사를 대격의 실현으로 보게 되면 앞에서 보았듯이 격의 인가를 위해 내포문으로부터 모문으로 이동하는 것으로 봐야 한다. 그런데 이 경우 최소주의적 입장에 의하면 CP는 강한 국면(phase)이며 고로 국면 불침투 조건(Phase-Impenetability Condition)에 의해[18] 이동을 유발하는 모문 요소가 내포문 내의 요소를 볼 수 없어 해당 요소가 곧바로 모문으로 이동할 수는 없다. 모문으로 이동하기 위해서는 모문 요소가 볼 수 있는 위치인 CP의 지정어로 이동해야 하는데 그렇게 되면 대격 표현의 이동은 다음과 같은 성격을 띠게 되어 부적절한 이동이 된다.[19]

(38) 논항 → 비논항 → 논항

둘째, 다음 예는 ECM 구문에서 명사구에 대해서만 대격 표현이 가능한 것이 아니라,

---

17) 이와 관련된 자세한 내용은 Schütze(1996, 2001)를 참조할 것.

18) 이는 국면(phase)을 이루는 핵의 외부로부터의 통사적 절차가 이 국면의 핵과 경계(edge)를 제외한 위치에 접근할 수 없음을 말한다. 다음은 Chomsky(2000:(21))에서 내려진 정의이다.

Phase-Impenetrability Condition

In phase α with head H, the domain of H is not accessible to operations outside α, only H and its edge are accessible to such oeprations.

국면 및 국면 불침투 조건에 대한 자세한 소개로는 김수연 · 윤정미(2005)를 참조할 것.

19) 이는 모문 위치가 논항 위치임을 전제로 하는데 사실 이에 대한 경험적 근거는 제시된 적이 없다. 그러나 다음 예는 대격 표현이 R-표현을 결속할 수 있다는 점에서 논항 위치임을 보이는 근거가 될 수 있을 것이다.

(i) *영미는 그를$_i$ 철수의$_i$ 일기장에 천재라고 기록했다.

부사구에 대해서도 대격 표현이 가능함을 보여주는데, 부사구가 일반적으로 격을 필요로 하지 않는다는 점에서 ECM구문의 대격 표현이 갖는 격은 격의 실현이 아니라고 봐야 한다.

(39) 영이가 이번 주말을 날씨가 좋았다고 믿었다.

셋째, 내포문의 주어가 수량사 구성일 시, (40가)에서 보듯이 수량사와 관련이 있는 명사구는 대격 그리고 수량사는 주격을 가질 수 있다.

(40) 가. 선생님은 학생들을 세 명이 똑똑하다고 믿으신다.
나. 선생님은 학생들이 세 명이 똑똑하다고 믿으신다.
다. *선생님은 학생들이 세 명을 똑똑하다고 믿으신다.

그런데 일반적으로 수량사 구성에서 수량사와 명사구 간의 격이 일치를 해야 한다고 볼 때, 일치하지 않으면서도 문법적인 (40가)의 대격은 격이 아닌 것으로 봐야 한다.

넷째, 담화 상의 답변 양상이 또한 다르다.

(41) 가. 영이는 철수가 천재라고 믿는데.
나. 아니야, 영이는 대석이를 천재라고 믿어

이런 논증의 요점은 결국 대격 표현의 대격을 격을 보지 않으면 위에서 제기된 문제들이 더 이상 문제가 되지 않는다는 것인데, 그런 지적에 대한 대안이 불가능한 것이 아니다. 먼저 ECM 구문의 대격 표현이 초점 해석이나 특이한 운율을 갖는다는 것은 사실로 보인다. 그러나 다음 예에서 보듯이, "이중/다중 주어" 구성이 내포문에 포함될 시, 외곽 지정어 표현이 대격 조사말고도 주격 조사를 가질 수 있는데, 이 주격 표현도 대격 표현과 같은 해석과 특이한 운율을 가질 수 있다. 이는 결국 문제의 해석적 특성과 운율이 ECM 구문의 대격 조사의 고유 특성이 아니라, "이중/다중 주어" 구성의 첫 번째 주격 명사구 그리고 ECM 구문의 대격 표현이 차지하는 구조적 위치에 기인함을 보여주는 것이라 하겠다.

(42) 가. 나는 언어학이 대체로 취직이 어렵다고 생각해 왔다.
나. 나는 어제 주말이 날씨가 좋았다고 생각했다.

한편 대격 표현이 겪는 이동의 성격에 대한 문제 제기는 CP 지정어가 비논항 위치라는 가정에 근거하고 있는데, 어떤 구조적 위치의 성격이 개별 언어로부터의 근거에 의해 결정되어야 한다는 J.-M. Yoon(1991, 1993)의 입장에 의하면 한국어 CP의 지정어 위치는 논항 위치로 보아야 할 근거가 더 많으므로 약화된다고 할 수 있다.[20]

이어 (39)을 토대로 한 논증에 대해서도 다음과 같은 반론이 가능하다. 즉 이 논증은 (39)의 '이번 주말'의 품사를 부사로 보고 있는데 이는 전적으로 (39)에서의 기능에 의한 것으로 근거가 약하다고 할 수 있다. 오히려 다음 예들은 '이번 주말'이라는 표현을 품사의 관점에서 보아 명사로 보아야 함을 얘기하고 있으며 고로 (39)에서 '이번 주말'에 나타나는 '-을'은 격의 실현으로 보는 것이 더 자연스러운 분석이라 할 수 있는 것이다.

(43) 가. 이번 주말이 고비이다.
　　 나. 이번 주말에 공원에 가자.

세 번째 논증 역시 입증되지 않은 가정에 의존하고 있다. 그 가정의 내용은 수량사 구성에서 수량사와 명사구의 격이 같아야 한다는 것인데, 필자는 이를 보장하는 독립적 원리를 알지 못한다. 이는 결국 수량사 구성에서 수량사와 명사구의 구조적 위치에 따라 각자에게 인가되는 격이 다를 수 있음을 말하는 것으로 이 논증도 근거가 없다고 할 수 있다.

마지막으로 답변 양상과 관련해서 필자는 답변으로 주격 표현도 다음과 같이 가능하다고 보며 고로 마지막 논증도 그리 강하다고 볼 수 없다.

(44) 가. 영이는 철수가 천재라고 믿는데.
　　 나. 아니야 (영이는) 대석이가 천재라고 믿고 있어.

이상 우리는 ECM 구문의 대격 표현을 격 조사의 실현으로 볼 수 없다는 주장과 관련하여 가장 명시적인 논증을 제시한 Y.-J. Jung(2001)을 살펴보았는데, 그리 강력하지 못함을 보았다. 그에 반해 대격 표현을 격의 실현이 아닌 별도의 초점 표지로 보는 분석은 J.-M. Jo(2001), H.-S. Yoon(2004a) 등에 의하면 여러 가지 심각한 문제를 갖는

20) 한국어 CP의 지정어 위치가 논항-위치가 되게 하는 메카니즘에 대해서는 Kim&Kim(2003)을 참조할 것.

데[21] 그중 가장 심각한 문제는 "이중/다중 주어" 구성과 ECM 구문에 대한 지금까지의 분석이 맞다고 할 때, "이중/다중 주어" 구성의 첫 번째 주격 명사구가 갖는 주격 조사도 초점 표지로 보아야 하고 ECM 구문의 대격 표현의 대격 조사도 초점 표지로 보아야 하므로 동일한 기능을 하는 초점 표지에 두 가지가 있다고 봐야 한다는 점이다. 초점 표지가 격과 아무런 연관성이 없다고 볼 때, 왜 한국어에서 초점이라는 기능이 서로 다른 형태소에 의해 표현되어야 하는가는 의문으로 남기 쉬운 것이다. 더군다나 지금까지의 예들이 '-이/가'라는 초점 표지와 '-을/를'이라는 초점 표지의 분포가 주격 인가자 및 대격 인가자와 연관이 깊음을 보여준다는 점에서 이들을 단순히 초점 표지로만 보는 분석에서는 이들 표지의 분포와 해당 격 인가자 간의 상관성은 해결될 수 없는 문제로 남게 된다. 그러나 이런 문제들은 이들을 초점 표지로 보지 않고 격의 실현으로 볼 경우에는 자연스럽게 해결된다. 즉 격의 실현이기 때문에 각각의 격 인가자와 깊은 연관이 있는 것이며 그 분포도 격 인가자에 의해 결정되기 때문이다. 물론 이 경우 이들이 갖는 해석적 양상에 대한 설명이 필요한데, 이에 대해서는 조정민, 윤혜석이 지적하였듯이 이들 표현이 갖는 구조적 위치에 의한 것으로 볼 수 있을 것이다.

이상 지금까지 (24나)와 관련하여 우리는 ECM 구문의 대격 표현이 갖는 대격 조사를 초점 표지가 아니라 격의 실현으로 보는 것이 더 올바른 분석임을 보았다. 그렇다면 대격이 어떻게 무엇에 의해 인가되는가 하는 것을 보아야 하는데, 후자와 관련해서 대부분의 연구들은 모문의 v에 의해 인가되는 것으로 보고 있으며 필자도 이에 동의한다. 특히 대격 표현이 수동화의 대상이 됨을 보여주는 다음 예문들은 대격 인가가 모문 서술어에 의해 이루어짐을 보여주는 근거가 된다.

(45) 가. 나는 철수를 똑똑하다고 믿는다.
나. 철수가 똑똑하다고 믿어진다.

(46) 가. 나는 돈을 오나시스가 제일 많다고 생각한다.
나. 돈이 오나시스가 제일 많다고 생각된다.

한편 "어떻게" 인가되는가와 관련해서도 대부분의 연구들은 대격 표현의 이동이 필수적이라는 점에 근거하여 모문 v의 지정어 위치에서 인가되는 것으로 보고 있다.

21) 보다 자세한 문제 제기에 대해서는 H.-S. Yoon(2004a)를 참조할 것.

이는 격 인가가 지정어-핵 관계에 의함을 전제로 하는데, 격 인가가 성분-통어에 기반을 둔 "일치" 라는 절차에 의한다고 본다면 받아들일 수 없는 견해이다. 필자는 현재 이 문제와 관련하여 어떤 확고한 견해를 갖고 있지 못하다. 다만 2장 이후 지금까지의 검토는 한국어의 격 인가가 지정어-핵 관계보다는 성분-통어에 의한 "일치"로 보아야 함을 제시하고 있는데, 여기서는 그런 견해가 유지될 수 있음을 보이며 또한 그런 견해 하에서 격 교체를 어떻게 볼 것이며 그리고 기타 ECM 구문이 보이는 다른 격 현상들이 어떻게 분석될 수 있는가를 제시하기로 한다.

먼저 격 인가가 성분-통어에 의한 "일치" 절차에 의한다면 ECM 구문의 대격 표현의 대격은 어떻게 인가되는가? 이와 관련해서 먼저 지적할 점은 대격 표현의 기저 위치인 AgrP 외곽 지정어 위치(앞의 (23) 참조)가 모문 v에 의해 성분-통어되기는 하나, 문제의 위치가 내포문 T 혹은 C로 핵-이동하는 내포문 Agr의 성분-통어 영역 내에 있으므로 격 최소성에 의해 대격이 인가될 수 없다는 점이다. 그럼 어디에서 인가가 되는가? 앞에서 대격 표현의 최종 위치가 모문 vP의 지정어이고 그리로 이동함에 있어 대부분의 연구들이 내포문 CP의 지정어를 거친다고 했는데, 필자는 대격 표현이 CP의 지정어에 올 때 모문 v에 의해 성분-통어되고 CP 지정어가 내포문 Agr의 성분-통어 영역 바깥에 위치하므로 바로 그 위치에서 대격이 인가되는 것으로 보고자 한다.

물론 이런 견해는 여러 가지 면에서 기존 견해와 다르다. 우선 CP 지정어에서 대격이 인가됨에도 불구하고 계속해서 모문 vP의 지정어로 이동하고 또한 지정어-핵 관계를 격 인가 기제로 보지 않으므로 이동의 동기가 격 이론적인 것이 될 수가 없다. 이는 사실 격 인가가 "일치"에 의한다고 보는 견해에서는 자연스러운 결과라고 할 수 있는데, 지금 현재로서는 단순히 한국어의 v가 EPP 자질을 수의적으로 갖기 때문으로 보고자 한다.[22] 다시 말해, 모문 v가 갖는 EPP 자질의 점검을 위해 내포문 내의 AgrP의 외곽 지정어가 이동해 오는데 각주 18에서 언급한 이유로 인해 CP 지정어를 반드시 거치게 되며 그 때 모문 v에 의해 대격이 인가되어 대격 조사를 갖게 된다고 보는 것이다.

한편 ECM 구문의 대격 표현의 대격을 단순히 단일 대격의 실현으로 보지 않고 격조

22) 이 점에 있어 가시적 이동이 EPP가 아닌 격 이론 및 이동의 성격에 의한다는 Bošković(2002)와 크게 다르다. 이에 대한 검토는 앞으로의 연구 과제로 돌린다.
한편 앞서 제시된 (25)는 ECM 구문의 외곽 주격 조사 성분이 모문 v의 EPP 자질 여부와는 무관하게 이동하지 않음을 보여주는데, 이는 Chomsky(2000, 2001a, b)의 국면(phase) 개념을 토대로 한 다중 문자화(muitiple Spell-Out)에 의해 설명될 수 있다. 다중 문자화에 대한 소개 논문으로는 김용석(2005)을 참고할 것.

사 결합(Case stacking)의 한 유형으로 보는 견해가 있다(H.-S. Yoon(1996) 등). 이 견해에 의하면 대격 표현은 이동 전 위치에서는 주격이, 그리고 이동해서는 대격이 부여된다. 그러나 한국어의 형태적 제약에 의해 이 중 이동한 위치에서 부여된 대격만이 실현된다는 것이다. 이와 대립되는 견해는 물론 대격만이 인가되었다고 보는 것인데, 이는 대격 표현이 제자리에서 주격이 인가되지 않음을 전제로 하며 이는 결국 명사구가 격을 필요로 하지만 그 격의 인가 자체는 수의적임을 의미하는 것이다.[23]

개념적으로 보아 후자의 견해가 더 간단하다는 것은 분명해 보인다. 우선 Lasnik (1992:393)이 지적하였듯이 격 인가를 필수적이라고 규정하는 것은 격 여과와 중복을 이룬다.

> a stipulation of obligatoriness of Case assignement is almost entirely redundant with the Case filter (...)

둘째, 격 인가를 수의적으로 봄으로 해서 격조사 결합으로 보는 견해가 필요로 하는 형태적 실현에 대한 작위적 규정이 필요 없게 된다. 이럼에도 불구하고 한국어의 격 인가에 대한 그 동안의 논의에서는 격 인가의 수의성이 배제되어 왔는데, J.-M. Yoon (1991:201-206), H.-S. Yoon(1996) 등에 의하면 그 주된 이유는 다음과 같다.

첫째, 수의적 격 인가의 개념적 문제로 윤정미는 "지배"가 구조 개념이므로 구조 개념에 수의성이 부여될 수 없음을 지적하였다. 둘째, 경험적 문제로는 한국어의 격조사 결합이 수의적 격 인가에 문제가 됨이 지적되었다. 즉 한국어에는 '철수에게가', '철수에게를' 과 같은 격조사 결합 현상이 있는데, 표면적으로 이들은 서로 다른 격의 결합으로 보이므로 만약 격 인가를 수의적으로 보면 이들 현상이 설명되지 않는다는 것이다. 그 외 격 인가를 수의적으로 봐야 할 경험적 근거 등이 없다는 점도 지적되었는데, 이제 이들을 검토해 보자.

우선 개념적 비판은 무리가 있어 보인다. 격 인가 기제가 "지배"가 되었건 "성분-통어"가 되었건 그런 구조적 요건을 격 인가를 위한 기반으로 본다면 격 인가가 실제로 있었는가의 여부는 별도로 언급될 수 있기 때문이다. 그리고 바로 격 인가를 수의적으로 본다는 것은 그런 구조적 요건이 충족되어도 격 인가가 실행되지 않을 수 있음을 의미한다. 이에 반해 격조사 결합 현상이 일단 수의적 격 인가에 문제가 되는 것은

23) 혹은 최소주의 식으로 하면 명사가 갖는 격 자질의 값이 원래의 위치에서 정해지지 않은 채로 있다가 다른 위치에서 값이 정해질 수 있음을 의미하는 것이다.

사실이다. 그러나 대안적 분석이 불가능한 것이 아니다. 격조사 결합이 수의적 격 인가에 문제가 되기 위해서는 의미격 조사와 구조격 조사를 각각 격의 실현으로 봐야 하는데, 필자는 2장에서 다른 견해를 제시한 바 있다. 즉 의미격 조사는 의미역 표지로 봐야 한다는 견해를 제시한 바 있는데, 이에 의하면 이른바 격조사 결합은 두 개의 서로 다른 격이 실현된 경우가 아니며, 단지 하나의 격만이 실현된 경우로 분석이 된다. 고로 이런 견해에 의하면 격조사 결합은 더 이상 수의적 격 인가에 문제가 되지 않는다. 마지막으로 격 인가를 수의적으로 봐야 할 경험적 근거가 없지 않으며 장형부정구문의 주격/대격 교체가 바로 그 예라 할 수 있다. 그러나 이에 대한 자세한 논의는 10장으로 돌리기로 한다.

결국 격 인가의 수의성에 반대해야 할 적극적인 이유는 없어 보인다. 그에 반해 개념적으로는 앞서 보았듯이 격 인가의 수의성이 필수성보다 더 나으며 또한 격 조사 결합에 대한 2장의 논의 및 장형부정구문의 주격/대격 교체에 대한 10장의 논의에 의하면 격 인가 수의성에 경험적 문제가 없을 뿐 아니라, 오히려 적극적인 근거가 있다고 해야 할 것이다. 이상의 논의를 토대로 필자는 ECM 구문의 대격 표현은 격조사 결합으로 보는 견해에 반대하며 대격 표현에는 오로지 하나의 격인 대격만이 인가된 것으로 본다.

한편 이와 같은 견해에 의하면 (6가)와 (6나) 사이에는 아무런 통사적 관계가 없게 된다. 즉 (6가)의 경우는 AgrP 외곽 지정어의 격의 값이 제자리에서 결정되어 더 이상 이동하지 않은 경우이고 (6나)의 경우는 정해지지 않은 상태에서 이동 도중 값이 대격으로 결정된 경우이기 때문이다.

이제 마지막으로 지금까지의 논의에서 문제가 될 수 있는 ECM 구문의 격 관련 현상을 지적하고 그에 대한 해결책을 모색하기로 한다. 지금까지 우리는 ECM 구문이 궁극적으로 내포문이 "이중/다중 주어" 구성으로 된 경우로 보았으나 대격 출현과 관련해서는 표면적으로 주어 성분이 하나인 경우만을 보았다. 그러나 "이중/다중 주어" 구성의 전형적인 경우는 주격 명사구가 두 개 혹은 그 이상인 경우이므로 그런 경우에 대응되는 ECM 구문의 경우 두 번째 이후의 명사구가 대격을 가질 수 있는가 하는 것이 검토되어야 할 것으로 보인다. 이와 관련하여 홍기선(1997:426)은 다음 예문들이 다 좋다고 하였으나, 필자의 판단은 약간 달라 (47다, 라)는 안 좋은 것으로 보인다.

(47) 가. 나는 그 과수원이 과일이 품질이 우수하다고 생각한다.
나. 나는 그 과수원을 과일이 품질이 우수하다고 생각한다.

다. ?*나는 그 과수원을 과일을 품질이 우수하다고 생각한다.
라. ?*나는 그 과수원을 과일을 품질을 우수하다고 생각한다.

또한 (20가-라, 바)에 대응하여 두 번째 명사구도 대격을 취하는 다음 예문들도 (20가-라, 바)와 달리 비문법적인 것으로 보인다.

(48) 가. *나는 그 해를 보기 드믈게 쌀을 풍작이었다고 기억한다.
나. *나는 그 삼년 동안을 전쟁을 가장 심했다고 기억한다.
다. *나는 언어학을 대체로 취직을 쉽다고 생각해 왔다.
라. *나는 커피를 잠을 안 온다고 생각해 왔다.
마. *탐은 종치기를 딸을 늘 종을 친다고 생각했다.[24)]

이런 판단이 맞다면 이는 "이중/다중 주어" 구성이 ECM 구문의 내포문으로 나타날 경우, 다중 대격이 허용되지 않음을 의미하는데, 다음 예는 같은 일반화가 "이중/다중 주어" 구성과는 성격이 다른 "주어-보어" 구성(6장 1절) 및 소유, 존재 구문(4장 1절 참조)에도 적용됨을 보여준다.

(49) 가. 나는 철수를 머리가 좋다고 믿는다.
나. *나는 철수를 머리를 좋다고 믿는다.

(50) 가. 나는 철수를 돈이 많다고 생각한다.
나. *나는 철수를 돈을 많다고 생각한다.

그리고 다음 예들도 마찬 가지 점을 보여준다.

(51) 가. 사람들은 남반구가 문명국가가 남자가 평균 수명이 짧다고 믿었다.
나. ??사람들은 남반구를 문명국가가 남자가 평균 수명이 짧다고 믿었다.
다. *사람들은 남반구를 문명국가를 남자가 평균 수명이 짧다고 믿었다.
라. *사람들은 남반구를 문명국가를 남자를 평균 수명이 짧다고 믿었다.
마. *사람들은 남반구를 문명국가를 남자를 평균 수명을 짧다고 믿었다.

결국 이상의 예들은 "이중/다중 주어"를 위시한 주격 중출 구문이 ECM 구문의 내포문으로 나타날 경우, 주격 중출의 양상과 달리 대격 중출이 허용되지 않고 하나의 대격

24) Kim&Kim(2003:각주5)도 독자적으로 (48마)를 비문법적으로 보았다.

만이 허용되며 그 대격도 맨 왼쪽 성분에 대해서만 가능함을 보여준다. 맨 오른쪽 성분에 대격이 허용되지 않음은 다음 예들이 보여준다.

(52) 가. *나는 그 해가 보기 드물게 쌀을 풍작이었다고 기억한다.
나. *나는 그 삼년 동안이 전쟁을 가장 심했다고 기억한다.
다. *나는 언어학이 대체로 취직을 쉽다고 생각해 왔다.
라. *나는 커피가 잠을 안 온다고 생각해 왔다.
마. *탐은 종치기가 딸을 늘 종을 친다고 생각했다.
바. *선생님은 학생들이 세 명을 똑똑하다고 믿으신다. =Y.-J. Jung(2001)

(53) 가. *나는 철수가 머리를 좋다고 믿는다.
나. *나는 철수가 돈을 많다고 생각한다.

결국 지금까지의 판단을 종합해 보면 ECM 구문에서의 대격 인가와 관련하여 다음과 같은 일반화가 성립되는 것으로 보인다.

(54) 가. ECM 구문에서 대격 중출은 허용되지 않는다.
나. 대격은 맨 왼쪽 성분에 대해서만 가능하다.

이런 일반화에 대한 설명을 시도하는 것이 아직 이른지 모르나 잠정적으로 다음과 같은 분석을 제안하고자 한다. 먼저 (54가)는 대격 성분의 가시적 이동과 관련이 있는 것으로 보인다. 앞서의 분석에 의하면 대격 성분이 대격을 갖게 되는 것은 모문 v의 EPP 자질의 점검을 위해 내포문 CP를 통해 vP의 지정어로 가기 때문이라고 보았는데, 그런 이동으로 인해 일단 v의 EPP 자질이 점검되면 [비해석성]인 EPP 자질이 점검되어 없어지므로 더 이상의 가시적 이동이 일어날 수 없게 된다.

(54나)는 대격 성분 앞에 주격 성분이 있으면 비문법적임을 말하는데, 이는 지금까지 소개된 "격 최소성"에 의해 설명이 된다. 먼저 대격 성분 앞에 주격 성분이 있다는 것은 그 성분이 주격 인가자에 의해 성분-통어됨을 의미한다. 한편 문제의 구문들에서 대격 성분은 주격 성분보다 구조적으로 하위 성분임을 의미하므로 결국 대격 성분도 주격 인가자에 의해 성분-통어된다. 고로 격 최소성에 의해 주격 인가자보다 상위에 오는 대격 인가자에 의한 대격 인가가 허용되지 않는다.

7.5 정리

한국어 ECM 구문이 보이는 주격/대격 교체 양상의 파악을 위해 우리는 우선 ECM 구문의 구문적 성격의 파악에 주력하였다. 그 결과 J.-M. Yoon(1989), 홍기선(1997), H.-S. Yoon(2004a, b) 등의 연구에 힘입어 ECM 구문이 문장의 해석적 특성, 서술어 제약, 비주어 성분의 관여 등 여러 가지 면에서 6장에서 본 "이중/다중 주어" 구성의 성격과 같다고 보았으며,[25] 이를 토대로 ECM 구문의 심층 구조를 (23)으로 보았다.

한편 여러 가지 경험적 자료들은 ECM의 대격 표현이 내포문에 있지 않고 모문으로 필수적으로 이동함을 보여주는데, 대부분의 기존 연구들은 이 이동이 격 이론적 이유에서 일어난 것으로 보고 있다. 이는 격 인가가 지정어-핵 관계에 의함을 전제로 하는데, 본 장에서는 격 인가가 성분-통어에 의한다는 가정 하에 대격 인가가 어떻게 가능한가를 모색해 보았다. 이를 위해 격 인가가 수의적임을 주장하였고[26] 그리고 대격

---

25) 회상 대명사의 분포도 추가할 수 있다. 6장에서 우리는 외곽 지정어와 연관을 맺는 공범주가 섬에 있을 경우가 그렇지 않은 경우보다 회상 대명사의 출현이 자연스러움을 보았는데, 다음 예들은 마찬 가지 양상이 ECM 구문에서도 나타남을 보여준다(H.-S. Yoon(1996)은 (i)의 문법성이 화자들마다 입장이 엇갈림을 지적하고 있다. 일본어의 경우도 비슷한 양상임을 Tanaka (2002: 645-646)가 보이고 있다. 그러나 분명한 것은 회상대명사가 섬 안에 있을 경우에는 훨씬 좋아진다는 점이다.)

(i) ?* 철수는 대석이를$_i$ 그가$_i$ 매우 영리하다고 생각한다.

(ii) 가. 나는 영미를$_i$ [그녀가$_i$ 하는 일이] 모범적이라고 생각한다.

나. 나는 영미를$_i$ [선생님들이 [그녀가$_i$ 하는 일을] 좋아한다고] 생각한다.

26) D.-W. Yang(1995, 1996, 2000a)는 한국어의 ECM 뿐 아니라, 어휘 피동, 소망 구문 등 격 교체 현상을 보이는 구문을 토대로 한국어에서 격 인가가 수의적임을 주장하고 이를 아래와 같이 매개변인적 원리로 처리하였다.

(i) The deletion by the probe through Agr is optional in languages like Korean D.-W. Yang(2000a:(7))

필자도 한국어 ECM 구문의 격 현상이 격 인가의 수의성을 보여주는 한 예라는 점에서는 양동휘의 입장과 같다. 그러나 다음 몇 가지 점에서 필자의 입장과 양동휘의 입장은 아주 다르다. 첫째, 필자는 격 인가의 수의성을 매개변인적 요소로 보지 않는다. 필자는 격 인가의 수의성 즉 격 인가의 요건이 갖추어졌어도 실제 격 인가가 일어나지 않을 수 있는 가능성은 보편적으로 허용되는 상황으로 보고 있다. 둘째, 필자는 어휘 피동 및 소망 구문에서의 격 교체를 격 인가의 수의성에 의한 결과로 보지 않는다. 이에 대한 논의는 각각 9장 및 8장을 참고할 것.

한편 D.-W. Yang(2000a)에서와 같이 probe에 [−해석성]의 격 자질을 상정하는 입장에서 (i)과 같은 처리가 가능한지 의문이다. 그 이유는 (i)에 의해 격 인가가 안 일어나면 goal의 격 자질 점검이 안 일어날 뿐 아니라, probe의 격 자질도 점검이 안 되고 그러면 결국 [−해석성] 격 자질이 그대로 남게 되므로 도출이 crash하는 결과가 나오기 때문이다. 이에 반해, 필자의 분석에서는(3장 참조) probe에 격 자질을 상정하지 않으므로 이런 문제가 생기지 않는다. 다

표현이 모문 v의 EPP 자질에 의해 가시적 이동을 하며 이동 시 국면 불침투 조건 혹은 이동의 성격에 의해 내포문 CP의 지정어를 거쳐 가야 하는데 바로 그 위치가 모문 v에 의해 성분-통어되므로 모문 v에 의해 대격이 인가되는 것으로 보았다.

이런 분석은 ECM구문의 격 현상도 격조사 결합(Case stacking)의 한 유형이라고 보는 H.-S. Yoon(1996, 2004a)과는 크게 다르다. 어느 분석이 올바른 방향에 있는가 하는 것은 ECM 구문에만 국한되는 것이 아니라, 한국어에서 격 인가 특히 다중 격 인가는 어떻게 이루어지는가, 가시적 이동을 유발하는 것은 무엇인가 등과 깊은 연관이 있는 것으로 보이는데 이에 대한 본격적인 논의는 앞으로의 연구 과제로 돌린다. 다만 본 장에서 보인 것은 성분-통어에 의한 격 인가 하에서도 대격 인가의 문제가 해결될 수 있으며 격 인가가 수의적으로 이루어진다고 볼 때, ECM 구문을 더 이상 격조사 결합으로 볼 이유가 없어진다는 점이다.

만 영어에서는 한국어와 달리 probe에 [−해석성] 파이-자질이 있고 격 인가가 파이-자질에 의존적이므로 수의적 격 인가의 양상이 나타나지 않는다고 할 수 있다.

제8장

주격 조사와 대격 조사 간의 교체 2: 소망 구문*

8.1 머리말

앞 장에서 우리는 일반적으로 문장의 주어(보다 정확히는 major subject)라고 생각되는 표현이 대격 조사를 가지는 현상을 보았는데, 본 장에서는 그와는 정반대의 현상을 본다. 즉 서술어의 목적어라고 생각되는 표현이 대격 조사는 물론이요 주격 조사도 가질 수 있는 현상이 그것인데, 다음 예가 이를 보여준다.[1)]

(1) 가. 나는 사과를 먹고 싶었다.
    나. 나는 사과가 먹고 싶었다.

---

* 본 장의 내용이 최기용(2005)으로 발표된 바 있다.

1) (1)의 현상을 격 교체 현상으로 본다는 것은 목적어에 나타나는 대격 조사와 주격 조사 모두를 격의 실현으로 봄을 의미한다. 이런 견해에 대해 (1나)의 '사과'가 갖는 '-가'를 '사과가'가 갖는 의미적 특성에 비추어 격의 실현이 아니고 초점 표지로 보려는 시도가 있을 수 있다. 그럴 경우 물론 (1가)와 (1나)의 현상은 격 교체로 포착되지 않는다. 그러나 그런 견해가 갖는 문제는 그럼 왜 '싶-'이 없는 문장에서는 아래 예문이 보이듯이 목적어에 대해 초점 표지로서의 '-가'가 허용되지 않는가를 설명하기 어렵다는 점이다.

   (i) *나는 사과가 먹었다.

   곧 이어 보겠지만, 타동사의 목적어에 대해 주격 조사 '-가'가 가능하다는 것이 일반적으로 자신의 보어에 대해 주격 조사만을 허용하는 형용사 혹은 심리 술어의 출현과 연관이 있다는 것은 (1나)의 '-가'를 격의 실현으로 보게 하는 강력한 근거가 된다고 본다. 물론 이런 주장이 (1나)의 '사과가'가 초점 해석을 가질 수 없다는 주장이 아님은 다시 지적할 필요가 없을 것이다.

이 구문의 격 교체가 특이한 것은 (2)에서 보듯이 통상 목적어에 대격 조사만을 허용하는 타동사의 의미상 목적어에 주어가 갖는 것으로 얘기되는 주격 조사가 나타날 수 있다는 점 때문인데, (1)와 (2) 간의 비교는 문제의 주격/대격 교체가 '싶-'의 존재와 어떤 형태로든 연관이 있음을 보여준다고 하겠다.[2)]

(2) 가. 나는 사과를 먹었다.
  나. *나는 사과가 먹었다.

문제는 그 연관성을 구체화하여 (1)이 보이는 주격/대격 교체 현상을 어떻게 설명하느냐 하는 것인데, 몇 가지 견해가 기존 연구에서 제시된 바 있다(Chang&Jo(1991), D.-W. Yang(1995), 김선웅(1996), J. Lim(1996, 1997), Kim&Maling(1998), H.-D. Ahn (2002), E.-J. Yoo(2002), 엄정호(2003) 등). 본 장의 주요 목적은 이들 연구에서 제시된 견해를 정리하는 한편, 그에 대한 비판적 검토를 통해 소망 구문의 구문적 성격을 정립하고 그것에 기초하여 소망 구문 및 관련 구문이 보이는 격 현상을 최근의 최소주의적 시각에 입각하여 분석하는 것이다.[3)] 특히 소망 구문이 보이는 격 교체 현상이 다음과 같은 가정에 의해 간단히 설명될 수 있음을 보일 것이다.

(3) 가. 대격 인가자는 v이다.[4)]
  나. 격 인가는 성분-통어에 의한다.[5)]
  다. 격 인가에 있어 다음과 같은 격 최소성(Case minimality)이 적용된다.[6)]

---

2) 이 외에도 김선웅(1996:242)은 다음 문장도 같은 차원에서 고려되어야 할 예문으로 들었다.

  (i) 가. 이 나무가 열매를/가 먹을 수 있다.
    나. 이 은행이 돈을/이 빌리기 쉽다.

  본격적인 논의는 본 책자의 범위를 넘어서는 것이나, 필자는 위 예문들이 본문의 (1)와 같은 예문과는 성격이 다른 것으로 본다. 보다 구체적으로 (i)의 각 예에서 두 주격 명사구 모두 이른바 H.-S. Yoon(2004a, b)의 , (major subject)에 속하는 것으로 본다.

3) 격 점검 개념을 이용한 Chomsky(1995)보다는 "일치(Agree)" 절차를 제안한 Chomsky (2000, 2001a, b)의 제안에 바탕을 둠을 의미한다. 격 현상에 대한 두 접근법의 차이에 대해서는 양동휘(2003), 이홍배(2003) 등을 참조할 것.
4) 3.2의 논의를 참조할 것.
5) 2장, 3장의 논의를 참조할 것.
6) 4장의 논의를 참조할 것.

격 최소성

(4) 가. '을'과 '병'은 격 인가자이고 '갑'은 격의 인가를 필요로 하는 명사 표현이다.
나. '병'은 '을'과 '갑'을 성분-통어하고 '을'은 '갑'을 성분-통어하나 '갑'은 '을'을 성분-통어하지 못한다.
다. (가)와 (나)의 조건이 충족될 경우, '갑'은 '을'에 의해서만 격이 인가된다.

[[[갑] 을] 병]

이들 가정은 본 책자는 물론 기존 문헌에서 언급된 것들인데,[7] 특히 (3가, 나)의 경우는 각각에 대해 대립되는 가정들로 다음과 같은 것들이 있다.

(5) 가. 대격 인가자는 V이다.
나. 격 인가는 지정어-핵 관계에 의한다.

고로 소망 구문에 대한 본 장의 분석이 맞다면 소망 구문의 격 현상은 위의 각 가정에 대한 추가 근거가 될 것이다.

본 장의 구성은 다음과 같다. 먼저 2절에서는 김선웅(1996)의 논의를 빌어 주격 구성의 주격 목적어 성분이 대격 구성의 대격 목적어 성분이 차지하는 위치보다 위에 있음을 보일 것이다. 한편 혹자는 이를 통해 주격 구성과 대격 구성이 목적어의 이동을 통해 통사적으로 관련이 있다고 주장할 수 있는데, 본 책자에서는 시간 부사어의 수식 양상을 통해 (1가)와 같은 대격 구성과 (1나)와 같은 주격 구성 간에 통사적 관계가 없음을 보일 것이다. 이어 3절에서는 주격/대격 교체에 대한 기존의 견해를 정리, 소개하는 한편 기존 견해들이 갖고 있는 문제점을 지적하고 필자의 분석을 제시한다.

8.2 주격 목적어의 구조적 위치 그리고 주격 구성과 대격 구성 간의 관계

8.2.1 주격 목적어의 구조적 위치

(1)에서 주격 목적어와 대격 목적어의 구조적 위치가 같다면 둘 간에는 아무런 통사적 차이가 없을 것으로 예상된다. 그러나 둘의 구조적 위치가 다르며 구체적으로 주격

7) (3가, 나), (5)는 Chomsky(1995, 2000, 2001a, b) 등에서 논의된 바 있으며 (3다)는 Sigurðsson (1989), J.-S. Lee(1991, 1992, 1994) 등에서 논의된 바 있다.

목적어가 대격 목적어보다 상위에 있음을 보이는 몇 가지 근거들이 김선웅(1996:247-257)에서 정리된 바 있는데.[8] 여기서는 그 중 세 가지만을 소개한다. 먼저 다음 예들은 주격 목적어와 대격 목적어가 부정어와의 영향권에 있어 서로 다름을 보여준다.[9]

(6) 가. 나는 사과만을 먹고 싶지 않다.
    나. 나는 사과만이 먹고 싶지 않다.

즉 (6가)와 (6나)는 해석이 다른데, 전자는 "사과만 먹지 않고 다른 것도 같이 먹고 싶다"라는 해석을 가지는 반면, 후자는 "먹고 싶지 않은 것은 사과뿐"이라는 해석을 가진다. 전자의 해석은 부정어가 '사과만'보다 넓은 영향권을 가지는 경우이며, 후자의 해석은 '사과만'이 부정어보다 넓은 영향권을 가지는 해석인데, 이는 결국 구조적으로 '사과만이'가 부정어보다 상위에 있고 부정어는 '사과만을'보다 상위에 있음을 의미하므로 결국 주격 목적어가 대격 목적어보다 위에 있음을 보인다고 하겠다.

같은 차원의 차이가 '-만' 대신 양화사를 가진 다음 문장에서도 확인된다.

(7) 가. 나는 많은 사람들을 만나고 싶지 않다.
    나. 나는 많은 사람들이 만나고 싶지 않다.

즉 (7가)는 "내가 적은 사람들을 만나고 싶다"를 의미하는데, 이는 부정어가 '많은 사람들'보다 넓은 영향권을 가지는 해석이다. 이에 반해, (7나)는 "많은 사람들이 있는데, 그들을 내가 만나고 싶지 않다"를 의미하며 이는 '많은 사람들'이 부정어보다 넓은 영향권을 가지는 해석인 것이다.

마지막으로 다음 예문은 주격 목적어와 대격 목적어가 주어에 오는 양화사와의 영향권에 있어 차이가 있음을 보이는데 이 차이 또한 주격 목적어가 대격 목적어보다 상위에 있음을 보여준다.[10]

---

8) 김선웅(1996)에는 본 책자에 소개되는 세 가지 근거 외에 세 가지가 더 제시되어 있다. 이에 대한 자세한 것은 김선웅(1996:255-257)을 참조할 것.

9) 이 차이는 애초에 D.-W. Yang(1995)에서 지적된 것이다.

10) '싶-'은 심리 형용사로서 주어 위치에는 일인칭이 오는 것이 자연스럽다. 그러나 '싶-' 뒤에 '-은가 보-'가 오면 삼인칭도 허용한다. 논의를 위해 '-은가 보-'를 넣는다.

(8) 가. 누군가가 너희들 모두를 보고 싶은가 보다.
　　나. 누군가가 너희들 모두가 보고 싶은가 보다.

즉 필자의 판단으로는 (8가)는 한 가지 해석, 즉 '누군가'가 '너희들 모두'보다 넓은 영향권을 가지는 해석만이 가능한 반면, (8나)에서는 그런 해석 외에 그 반대의 해석도 가능한 것으로 보인다. 이는 (8가)의 경우와 달리 (8나)에서는 주격 목적어가 주어와 서로 성분-통어하는 위치에 있음을 말하며 고로 대격 목적어보다는 상위에 있음을 의미한다.[11)]

8.2.2 주격 구성과 대격 구성 간의 관계

지금까지 우리는 주격 목적어가 대격 목적어보다는 구조적으로 위에 있음을 보았다. 그러나 (1)의 예에서 보듯이 의미적으로는 모두 동일한 서술어의 목적어임이 분명하다. 고로 이런 양면성을 포착하는 한 가지 방법으로 (1나)와 같은 주격 구성을 (1가)의 대격 목적어가 위로 이동한 결과로 보는 방안이 가능한데, 이런 분석이 맞다면 (1가)와 (1나)는 서로 통사적으로 관계가 있는 구성이 된다. 그러나 두 구성 간의 통사적 관계를 부정하는 한 근거가 있는데 이를 위해 다음 문장을 보자.[12)]

(9) 가. 나는 어제 영미를 만나고 싶었다.
　　나. 나는 어제 영미가 만나고 싶었다.

(9가)와 (9나)간에는 해석상의 차이가 있는 것으로 보인다. 즉 (9가)에서는 '어제'가 '만나-'를 꾸미는 해석도 가능하고 '싶-'을 꾸미는 해석도 가능하지만, (9나)에서는 전자의 해석은 불가능하고 후자의 해석만이 가능한 것으로 보인다. 이와 같은 차원의

---

11) 이런 근거를 토대로 김선웅은 한국어의 경우 주격 목적어가 주어 일치소구의 지정어에 오는 것으로 보고 있다. 그러나 이는 주어가 격점검을 위해 주어 일치소구의 지정어에 온다는 것을 전제로 하는 결론일 뿐, 그 외 독립적 근거는 없다. 다시 말해, 주격 목적어가 주어의 원래 위치(형용사구의 지정어)에 부가된다고 하더라도 같은 결과를 얻을 수 있는 것이다. 주격 목적어의 정확한 위치는 앞으로의 연구로 미루기로 하고 여기서는 논증 없이 형용사구에 부가되는 것으로 본다.

12) Kim&Maling(1998)도 두 구성이 통사적으로 관련이 없다는 점에서 필자의 입장과 같다. 그리고 그들은 이를 위해 시간 부사어의 수식 외에 접속 및 gapping을 이용한 두 가지 근거를 더 제시하고 있다. 그러나 필자는 이 두 가지 근거가 Kim&Maling의 주장처럼 두 구성 간의 구조적 차이를 반영하는 것이기보다는 주격 목적어의 구조적 위치를 반영하는 것을 보아 여기에 포함시키지 않았다. 이 근거 및 이 근거를 토대로 한 Kim&Maling의 주장에 대해서는 다음 절에서 다룬다.

대비는 Kim&Maling(1998:152-153)에서도 지적된 바 있다.

(10) 가. 나는 며칠 전에 편지를 쓰고 싶었다.
　　나. 나는 며칠 전에 편지가 쓰고 싶었다.

즉 (10가)에서 '며칠 전에'는 '쓰-'를 수식하기도 하지만, '싶-'도 수식한다. 그러나 (10나)에서는 후자를 수식하는 해석만이 가능하다는 것이다. 중요한 점은 (9나, 10나)의 비중의성이 문제의 시간 부사어들이 '-고' 앞의 서술어를 원래부터 수식하지 못하기 때문에 생겨나는 현상이 아니라는 점이다. 즉 아래의 예에서 보듯이 문제의 부사어들은 해당 서술어를 수식할 수 있다.

(11) 가. 나는 어제 영미를 만났다.
　　나. 나는 며칠 전에 편지를 썼다.

이는 결국 주격 구성에서 주격 구성의 구문적 특징으로 인해 시간 부사어가 '-고' 앞의 서술어를 수식하지 못하는 반면, 대격 구성에서는 수식의 가능성이 여전히 보존되고 있음을 의미하는데, 이런 점은 다음 예문을 통해서도 확인이 된다.

(12) 가. *나는 영미가 어제 만나고 싶었다.
　　나. *나는 편지가 며칠 전에 쓰고 싶었다. =Kim&Maling(1998:16d)

(13) 가. 나는 영미를 어제 만나고 싶었다.
　　나. 나는 편지를 며칠 전에 쓰고 싶었다. =Kim&Maling(1998:16c)

이런 차이는 결국 주격 구성에서 '-고' 앞의 서술어가 원래는 가능했던 시간 부사어의 수식 대상이 되지 못함을 의미한다. 이런 차이가 주격 목적어의 이동과 어떤 연관성이 있는 것으로 보기는 힘들 것으로 보인다. 왜냐면 단순히 두 구성 간의 차이가 보어 성분의 이동 여부에 있다면 (12)와 (13)의 대비를 설명하기가 힘들 것이기 때문이다.

8.2.3 요약

지금까지의 논의는 주격 구성과 대격 구성 간에 여러 가지 차이가 있음을 보여 주었다. 그러나 각각의 차이가 두 구성에 대해 얘기하는 바는 다른 것으로 보인다. 먼저 시간 부사어의 수식 양상은 주격 구성과 대격 구성이 구문적으로 다른 구성임을 얘기해 주는데 이는 주격 목적어와 대격 목적어 간에 통사적 관계를 상정하는 분석이 배제되어야 함을 의미한다.

한편 주격 목적어와 대격 목적어가 모두 의미적으로 '-고' 앞에 오는 서술어의 보어라는 점에서 두 목적어의 기저 위치는 같다고 볼 수 있으나, 표면 위치에 있어서는 서로 차이가 있음을 주격/대격 목적어와 부정어 및 주어 양화사 간의 영향권 관계가 보여주었다. 특히 주격 목적어는 원래의 위치에서 위로(아마도 '싶-'을 핵으로 하는 AP 부가 위치로) 이동해 있음을 보여주었다.[13]

8.3 대격 구성과 주격 구성의 차이 그리고 주격/대격 교체의 분석

앞에서 대격 구성과 주격 구성이 서로 다른 구문임을 보았는데, 여기서는 어떻게 다른 구문인가를 살펴 보기로 한다. 이 문제와 관련하여 널리 퍼져 있는 견해는 아마도 주격 구성의 'V-고 싶-'이 대격 구성에서와는 달리 통사부에서의 핵 이동을 통해 복합술어를 이룬다는 것이다(Chang&Jo(1991), D.-W. Yang(1995), 김선웅(1996), Kim&Maling (1998),[14] 엄정호(2003) 등 참조).[15] 그러나 다른 견해도 있는데 대표적인 것으로 J. Lim(1996, 1997)을 들 수 있다. 즉 임지야에 의하면 두 구성의 차이는 핵 이동의 적용 여부에 있는 것이 아니고 '싶-'이 선택하는 보어의 범주적 성격이 서로 다르기 때문이다. 구체적으로 대격 구성의 경우는 'V-고' 부분이 vP라면 주격 구성의 경우는 vP의

---

13) 이 이동의 동기가 무엇인가에 대해서는 논하지 않기로 한다. 두 가지 후보가 있을 수 있다. 즉 EPP 및 격의 점검이 그것이다. 물론 격이 성분-통어에 의해 이루어진다고 보는 본 장의 입장에서는 EPP가 유력한 후보가 된다.

14) Kim&Maling(1998)은 핵 이동이 관여하고 있다고 보고 있지만, 핵 이동의 여부가 '-고'의 [완료] 값하고도 관련이 있다고 보고 있다. 그리고 이런 입장은 결국 주격 구성과 대격 구성이 '싶-'이 택하는 '-고'의 [완료] 값에 있어 서로 다르다고 보는 입장이므로 어떤 면에서는 곧 이어 볼 임지야식의 접근법과도 유사한 면이 있다고 하겠다.

15) 문제의 복합 술어가 핵-이동이 아니라, 어휘부에서 형성된다고 주장할 수도 있을 것이다. 어휘부 형성안에 대한 반론으로는 Kim&Maling(1998:155)을 참조할 것.

지정어에 오는 외부 논항이 v가 없어지면서 내재화되어 VP안으로 들어가 'V-고' 부분이 VP가 된다고 보고 있다. 이런 견해 차이는 두 구성 간의 주격/대격 교체를 어떻게 설명하느냐에 있어서의 입장 차이와도 연관이 있다.[16] 본 절에서는 두 견해를 좀 더 자세히 소개하는 한편 각자의 견해를 위해 제시된 논증을 살펴 보면서 어느 견해가 더 바람직한가를 살펴 보기로 한다.

8.3.1 복합 술어 분석

먼저 "복합 술어" 분석을 살펴 보자. 이 분석의 기본 정신은 Chang&Jo(1991)에서 시작하는데[17] 그 골격을 정리하면 다음과 같다.

(14) 가. 대격 구성의 경우는 핵 이동이 안 일어나며 고로 하위 서술어의 보어는 서술어에 의해 대격이 부여된다.
나. 주격 구성의 경우는 핵 이동이 일어나며 이 경우 다음의 두 가지 변화가 일어난다.
다. 첫째, 이동한 하위 서술어의 흔적은 격을 부여하지 못한다.
라. 둘째, 이동한 하위 서술어는 '싶-'과 복합 술어를 이루고 이 복합 술어의 핵은 '싶-'이므로 복합 술어에 의한 격 부여 양상은 형용사의 양상과 같게 된다.
마. 고로 하위 서술어의 보어에 대해서는 주격이 부여된다.[18]

이 분석에 의하면 앞서 지적했듯이 대격 구성과 주격 구성 간에 'V-고 싶-'의 성격이 달라지는데, 그로 인해 주격/대격 교체가 일어난다는 것이다. 그리고 이 분석에 대한 추가 근거가 Kim&Maling(1998)과 엄정호(2003)에서 제시된 바 있다. 그러나 필자는 복합 술어 분석이 대부분의 학자들이 따르는 견해이기는 하지만, 개념적으로 심각한 문제가 있으며 그리고 J. Lim(1996, 1997), E.-J. Yoo(2002) 등이 지적한 대로 경험적으

---

16) 엄정호는 주격/대격 교체를 설명하는 한 방식으로 목적어의 이동 여부를 이용하는 방식이 있음을 지적하고 있다. 즉 대격의 경우는 제자리에서 격이 인가된 것이고, 주격의 경우는 이동하여 격이 인가된다고 보는 방식이 그것이라는 것이다. 이는 격의 인가가 이동에 의해 이루어진다는 점을 전제로 한 것이다. 그러나 격의 인가가 꼭 이동에 의해서 이루어지는 것만은 아니다. 게다가 대격 구성과 주격 구성 간에 통사적 연관성이 없다고 본다면 이는 적절한 대안이 될 수 없을 것이다. 고로 여기서는 논외로 한다.

17) Chang&Jo(1991)의 논의는 '싶-'의 경우에만 국한되는 것이 아니나, 다른 경우에 대한 논의는 범위를 넘어서는 것이므로 생략한다.

18) 이는 주격 목적어의 가시적 이동 여부와 상관없이 가능하다고 볼 수 있다. 즉 이동하지 않은 경우라 해도 하위 서술어의 최대투사가 자신의 핵의 이동으로 인해 장벽의 성질이 없어진다고 볼 수 있기 때문이다. 자세한 논의는 Kim&Maling(1998:147) 참조.

로도 문제가 있다고 본다. 더 나아가 Kim&Maling(1998) 및 엄정호(2003)에서 제시된 논증 또한 재검토의 여지가 있는 것으로 보인다. 이제 이런 사항들을 순서대로 보기로 한다.

8.3.1.1 복합 술어 분석의 개념적 문제점

먼저 개념적 문제로는 다음을 지적할 수 있다. 핵 이동을 통한 복합 술어 분석은 목적어가 대격을 못 가진다는 점을 설명하기 위해 (11다)와 같은 가정을 해야 한다. 즉 원래는 대격을 인가할 수 있는 서술어이지만, 그것의 흔적은 대격을 인가할 수 없어 결국 대격이 허용이 안 된다는 것이다. 그러나 이 가정만으로 대격 인가가 배제될 수 있는지는 의문이다. 왜냐면 서술어의 이동전에 대격이 인가될 수 있기 때문이다. 결국 이런 가능성을 배제하기 위해 (11)과 같은 복합 술어 분석이 할 수 있는 일은 핵 이동이 있은 후에 격 인가가 일어남을 보장해야 하는데, 이는 일종의 extrinsic 순서 매김이므로 바람직하지 못한 가정이라 하겠다.

복합 술어 분석이 이런 가정의 문제점으로부터 벗어날 수 있는 방법으로는 크게 세 가지가 있는 것으로 보인다. 첫 번째 방안은 해당 목적어에 부여된 혹은 인가된 격은 실제로는 주격과 대격 둘로 보고 이중 맨 나중에 인가된 격만이 실현된다고 보는 것이다(H.-S. Yoon(1996) 참조). 이 첫 번째 방안은 격 인가가 필수적이라는 점을 전제로 하고 있는데, 그에 반해 이 점을 버리면서 위의 문제점을 벗어나는 방안도 가능하다. 즉 두 번째 방안으로는 격 인가를 수의적으로 보는 방안이 있다. 이 방안에 의하면 하위 서술어에 의한 격 인가가 수의적이므로 목적어에 대격이 인가 안 될 수 있다. 그리고 핵 이동 이후 목적어의 이동이 일어나면 그 때 가서 주격이 인가된다고 보는 방안이다. 그러나 이 두 방안 모두 다음과 같은 경우, 문제에 봉착할 것으로 보인다.

(15) 가. 나는 철수를 아주 좋아한다.
　　 나. *나는 철수가 아주 좋아한다.

(16) 가. 나는 철수를 아주 좋아하고 싶었다.
　　 나. *나는 철수가 아주 좋아하고 싶었다.

먼저 (15)는 '하-'와 같이 나타나는 심리 술어가 자신의 목적어에 나타나는 조사의 종류에 대해 일반 타동사와 같은 양상을 가짐을 보여준다. 그러므로 우리는 이 "심리 술어+하-”가 ‘싶-’과 같이 나타날 때 일반 타동사와 같은 양상을 보일 것으로 기대하는데, (16)은 그렇지 못함을 보인다. (16)과 같은 양상은 앞의 두 방안에 대해 모두 문제를 제기하는 것으로 보인다. 먼저 격 인가를 필수로 보는 방안에 대해서는 (16)의 경우 왜 나중에 인가된 격의 실현이 비문법적인가 하는 문제가 제기된다. 그리고 격 인가를 수의적으로 보는 방안에 대해서는 왜 (16나)에서 주격 인가가 허용되지 않는가 하는 문제가 제기된다. 필자의 판단에 의하면 이는 결국 격 인가의 필수, 수의 여부를 떠나서 주격의 가능성을 핵 이동을 통해 해결하려는 복합 술어 분석에 근본적인 문제가 있음을 얘기하는 것으로 생각된다.

이제 마지막으로 Kim&Maling(1998:147)이 제시한 해결책을 보기로 하자. 먼저 그 내용은 다음과 같다.

(17) 가. 정상적인 상황에서 대격은 동사가 적절한 Aspect 값을 갖는 ‘-고’와 결합할 때에만 인가된다.[19)]
나. 핵 이동이 일어나는 경우 ‘-고’가 취하는 Aspect의 값은 명시되지 않은 상태이다.
다. 고로 이 경우에는 동사가 대격을 인가할 수 없다.

이 해결책의 골자는 결국 핵 이동이 일어나는 경우는 서술어가 대격을 인가할 수 없게 된다는 것으로 이에 의하면 앞에서와 같은 문제는 생기지 않는다. 고로 복합 술어 분석에 대해서 제기되었던 문제점을 해결하는 듯이 보인다. 그러나 (17)의 요약에서 알 수 있듯이 그 문제점이 핵 이동 자체에 의해 해결되는 것은 아니다. 그보다는 ‘-고’의 Aspcet의 값이 명시되지 않는다는 가정에 의해 해결되고 있는데, 문제는 왜 핵 이동이 일어나는 경우와 일어나지 않는 경우, ‘-고’가 취하는 Aspect의 값이 서로 다른가에 대한 납득할 만한 설명이 없다는 점이다.[20)] 이 말은 다시 말해, (17다)의 결과가 핵 이동 여부와는 별개로 단순히 ‘-고’의 Aspect 값에 의해서만 결정될 수 있음을 말하는 것이다. 그리고 더 나아가 이런 결론이 맞다면 주격/대격 교체는 핵 이동과는 아무런 상관이 없음을 혹은 핵이동과의 연관성이 미약함을 말하는 것이라 할 수 있다.

19) 소망 구문에서의 Aspect 설정 및 그 역할에 대한 자세한 논의는 Kim&Maling(1998)을 참조할 것.
20) 핵 이동과 Aspect의 값이 명시되지 않는 것 간의 상관성에 대한 Kim&Maling의 제안은 Aspect가 [0완료]인 경우 불완전하므로 V의 핵 이동이 일어난다는 것이다. 그러나 이는 결국 순수한 통사적 이동에 의미적 동기가 있다는 가정으로 일반적으로 받아들여지는 가정이 아니다.

8.3.1.2 복합 술어 분석의 경험적 문제점: J. Lim(1997)과 E.-J. Yoo(2002)를 중심으로

한편 J. Lim(1997:415-416)도 주격/대격 교체가 핵 이동과 상관이 없음을 보이는 세 가지 근거를 제시한 바 있는데 내용은 다음과 같다. 첫째, 의미상 '싶-'을 수식하는 것으로 보이는 '가장', '제일' 같은 부사어는 다음 예문에서 보듯이 하위 서술어와 '싶-' 사이에는 허용이 되지 않는다.

(18) 가. 민호는 배우가 가장 되고 싶었다.
     나. *민호는 배우가 되고 가장 싶었다.

임지야에 의하면 이는 하위 서술어와 '싶-'이 일종의 복합 술어를 이루는 것으로 해석된다. 즉 복합 술어를 이루므로 그 사이에 부사어를 허용하지 않는 것으로 보는 것이다.[21] 고로 (11)과 같은 복합 술어 분석에 의하면 (18가)에서와 같이 부사어가 하위 서술어 앞에 올 경우에는 주격 조사만이 허용되어야 한다. 그러나 다음 예문은 주격 조사는 물론이요 대격 조사도 허용이 됨을 보인다.

(19) 가. 민호는 그 영화를 가장 보고 싶었다.
     나. 민호는 그 영화가 가장 보고 싶었다.

둘째, 한국어에는 용언이 반복되는 현상이 있는데, 통상 하나의 술어로 간주되는 표현들이 반복되는 것으로 보인다.[22] 고로 '-고 싶-'구문에서 용언 반복이 일어나는 경우 복합 술어 분석에 의하면 대격 조사가 허용되어서는 안 된다. 그러나 다음 예는 그렇지 않음을 보여준다.

(20) 가. 민호는 그 영화를 보고 싶기는 보고 싶었다.
     나. 민호는 그 영화가 보고 싶기는 보고 싶었다.

---

21) (18나)의 설명에 대해 필자는 약간 다른 생각을 갖고 있다. 즉 '가장' 같은 부사어가 '싶-'을 핵으로 하는 AP를 수식한다고 보는데, 그런 가정 하에서도 (18나)의 비문법성은 설명이 된다. 다시 말해 AP를 수식하는 부사가 AP에 부가된다고 보면, AP 내부에 오는 두 서술어 사이에 위치할 수는 없기 때문이다. 고로 이 가정이 맞다면 (18)을 통한 논증은 핵 이동 여부와는 상관이 없다.

22) 용언 반복 구문에 대한 논의에 대해서는 Y. No(1988), M.-Y. Kang(1988), 최기용(2002), Cho& Kim(2002), K. Choi(2003) 등을 참조할 것.

셋째, 한국어의 부정 극어는 통상 부정 극어가 있는 절 내에 부정어를 요구하는 것으로 되어 있다. 이에 비추어 볼 때, '-고 싶-'의 다음 예는 부정어인 '않-' 앞에 두 개의 서술어가 있어도 이들이 모두 하나의 절 안에 있음을 보여주며, 임지야는 이를 '-고' 앞의 서술어와 '싶-' 간에 핵 이동이 있어 그들이 복합 술어를 이룬 것으로 해석한다.

(21) 민호는 아무도 만나고 싶지 않았다.

고로 이에 의하면 복합 술어 분석에서는 대격이 전혀 허용되면 안 된다. 그러나 다음 예는 그렇지 않음을 보인다.

(22) 가. 민호는 그 책을 한 줄도 읽고 싶지 않았다.
　　 나. 민호는 그 책이 한 줄도 읽고 싶지 않았다.

이어 E.-J. Yoo(2002:1016-1017)이 지적하는 문제점은 모두 세 가지로 다음과 같다. 첫째, '-고' 앞의 서술어 자체가 보조 동사인 경우 다음 예들은 주격/대격 교체가 가능함을 보여준다.

(23) 가. 나는 사과를 먹어 보고 싶다.
　　 나. 나는 사과가 먹어 보고 싶다.

유은정에 의하면 복합 술어 분석에서는 (23나)와 같은 주격의 가능성이 문제가 된다고 한다. 즉 복합 술어는 핵 이동에 의해 형성되는데, 위 문장에서 이동하는 핵은 '보-'이다. 고로 '먹-'은 그대로 남을 수 있으며 그러면 (23가)에서처럼 대격만이 허용되어야 하기 때문이다.

두 번째 문제는 Kim&Maling(1998) 자신이 미해결로 남긴 문제로서 '-고' 앞의 술어가 "심리 술어-하-"인 경우이다.

(24) 가. 나는 뱀을 무서워 하고 싶다.
　　 나. *나는 뱀이 무서워 하고 싶다.

즉 "심리 술어-하"가 대격을 취하는 술어이므로 그 뒤에 '싶-'이 올 경우 둘이 복합 술어를 형성한다면 다른 타동사의 경우와 마찬가지로 주격 조사가 가능해야 하나, (24

나)는 그렇지 않음을 보이기 때문이다.

마지막으로 복합 술어 분석은 다음 대비도 설명하지 못한다.

(25) 가. 내가 사과를 먹고 싶어 한다.
나. *내가 사과가 먹고 싶어 한다.

즉 (25나)에서 복합 술어의 형성이 가능하므로 주격이 가능해야 하나, 그렇지 못하기 때문이다.

지금까지 우리는 복합 술어 분석에 개념적인 문제가 있을 뿐 아니라, 경험적으로도 문제가 있음을 보았다. 이제 복합 술어 분석에 대해 제시되었던 논증들을 검토해 보기로 하는데 먼저 엄정호(2003)의 논증을 검토하고 이어 Kim&Maling(1998)을 검토하기로 한다.

8.3.1.3 복합 술어 분석을 위한 근거의 재검토

복합 술어 분석을 위해 엄정호(2003)가 제시하는 근거는 모두 세 가지이나 여기서는 그 중 소망 구문 자체와 관련이 있는 두 가지만을 소개하기로 한다. 첫째, 엄정호는 '-고' 앞의 술어가 보조동사일 경우 격 교체가 일어나지 않는데, 이 현상이 복합 술어 분석을 위한 근거가 된다고 보고 있다. 관련 예문은 다음과 같다(문법성 판단은 엄정호의 것임).

(26) 가. 뭘 물어 보고 싶소.
나. *뭐가 물어 보고 싶소.

(27) 가. 두 경호원의 진술 내용을 알아보고 싶던 참이었다.
나. *두 경호원이 진술 내용이 알아보고 싶던 참이었다.

엄정호의 판단에 의하면 (26, 27나)와 같은 예문은 비문인데, 그 이유는 주격 구성의 경우 핵 이동이 일어나야 하나, 이 경우 '-어' 앞에 오는 술어가 '싶-'으로 올라가는데 있어 그 중간에 있는 '보-'가 장벽이 되어 복합 술어를 형성하지 못하며 고로 주격이 인가되지 못하기 때문으로 보고 있다.

두 번째 근거는 '-시'의 분포에 대한 것인데, 관련 예문은 다음과 같다(역시 문법성 판단은 엄정호의 것임).

(28) 가. 할아버지도 담배를 피우고 싶으시다.
　　나. 할아버지도 담배를 피우시고 싶으시다.

(29) 가. 할아버지도 담배가 피우고 싶으시다.
　　나. ??할아버지도 담배가 피우시고 싶으시다.

위 예문에서 엄정호가 주목하는 것은 (28나)와 (29나)의 대비이다. 즉 대격 구성의 경우는 하위 서술어에 '-시'가 나타나도 좋으나, 주격 구성에서는 그렇지 않다는 것이다. 엄정호에 의하면 이런 차이는 주격 구성에서 일어나는 핵 이동이 '-시'의 존재로 인해 방해를 받기 때문인데, 고로 이 대비가 핵 이동을 위한 근거가 된다는 것이다.

이상의 엄정호의 논증이 갖는 문제점은 두 가지이다. 먼저 필자의 판단에 의하면 (26나, 27나), (29나)의 문장들이 그리 나쁘지 않다. 특히 앞에서 보았듯이 (26나, 27나)와 같이 하위 서술어가 보조 동사인 경우에 대해서는 E.-J. Yoo(2002:1017)도 필자와 같은 판단을 지적하고 있다. 두 번째는 엄정호의 논리에 문제가 있다는 점이다. 그에 의하면 (26나) 등에서 주격이 허용되지 않는 이유는 '묻-'이 중간에 있는 '보-' 때문에 '싶-'으로 올라가지 못하기 때문이라고 했는데, 핵 이동의 기제 상 '묻-'이 '보-'로 올라가 하나의 복합 술어를 형성하고 또 그것이 '싶-'으로 올라가는 것이 배제될 이유가 없다고 할 수 있다. 그리고 그 결과 '물어 보고 싶-'이 하나의 복합 술어를 이룬다면 주격이 허용되지 않을 이유가 없기 때문이다.

Kim&Maling(1998)이 복합 술어 분석을 위해 제시한 근거는 모두 세 가지로 앞에서 언급한 시간 부사어의 양상 외에 접속, gapping, 기간 부사어의 양상을 이용하고 있다. 본 장에서는 이중 gapping을 제외한 나머지를 검토한다. 먼저 접속의 경우를 위해 다음 문장을 보자.

(30) 가. 철이는 밥을 짓고 빨래를 하고 싶었다.
　　나. *철이는 밥이 짓고 빨래가 하고 싶었다.

(30)의 예는 접속의 경우로 대격 목적어의 경우는 접속이 가능한데 반해, 주격 목적어의 경우는 접속이 안 됨을 보인다. Kim&Maling에 의하면 이런 차이는 'V-고 싶-'이

하나의 복합 술어를 이루느냐 아니냐의 차이로 파악된다. 즉 대격 목적어의 경우에는 복합 술어를 이루지 않아 'V-고' 부분이 그 앞의 목적어와 함께 구성체를 이루어 그들끼리의 접속이 가능한 반면, 주격 목적어의 경우에는 'V-고' 가 그 뒤에 오는 '싶-'과 하나의 복합 술어를 이루므로 접속에 있어 함께 포함되어야 하나, (30나)를 그렇지를 못해 비문법적이라는 것이다.

그러나 (30)의 대비에 대해 대안적 분석이 가능하며 또한 근거 자체에도 문제가 있는 것으로 보인다. 먼저 문제점을 지적하기로 한다. Kim&Maling에 의하면 (30나)가 안 좋은 이유는 'V-고 싶-'이 하나의 복합 술어로 구성체를 이루므로 '밥이 짓고 빨래가 하고'가 구성체가 될 수 없기 때문이다. 이 논증은 '-고'를 연결되는 부분이 접속임을 전제로 한다. 그러나 E.-J. Yoo(2002:1015)가 지적하였듯이 (30)는 접속의 경우이기보다는 '밥을 짓고'가 '빨래를 하-'에 대한 부가어의 해석이 더 강한 것으로 보인다. 이런 해석은 '짓고' 뒤에 '나서'가 오면 더욱 확실해진다.

(31) 철이는 밥을 짓고 나서 빨래를 하고 싶었다.

이런 점은 유은정이 지적하였듯이 '빨래를'이 앞으로 이동한 다음 문장이 가능하다는 점이 보여준다.

(32) 가. 철이는 빨래를, 밥을 짓고, 하고 싶었다.
　　 나. 철이는 빨래를, 밥을 짓고 나서, 하고 싶었다.

이런 분석이 맞다면 (30나)의 비문법성은 복합 술어의 형성과는 무관하다. 즉 (30나)의 비문법성은 유은정이 지적하였듯이 부가 성분 내에 주격을 인가하는 성분이 없기 때문으로 볼 수 있기 때문이다. 한편 다음 문장도 (30)와 같은 경우를 접속으로 보는 것을 어렵게 만드는 예문으로 보인다.

(33) 철이는 밥을 짓고 빨래가 하고 싶었다. =H.-D. Ahn(2002: (3a))

이 문장이 지금까지의 문장과 다른 점은 앞 접속항의 보어는 대격을 취하고 뒤 접속항의 보어는 주격을 취하는 점인데, 주격이 핵 이동에 따른 복합 술어의 형성을 의미한다면 이는 (30)을 접속 구조로 보는 견해와 충돌이 된다. 즉 (33)이 접속 구조라면 그런 구조의 한 부분으로부터의 핵 이동은 접속 구조 제약을 어기게 되며, 또한 그에 따라 복합 술어를 이룬다면 (30나)가 비문법적인 것과 마찬가지로 비문법적이 되어야 하기 때문이다.

한편 (30)이 설사 접속 구조라 해도 (30나)에 대한 대안적 분석이 불가능한 것이 아니다. 즉 앞 절에서 우리는 주격 구성의 경우 주격 성분의 가시적 이동이 필수적이라고 보았는데, 이에 의하면 (30나)는 접속 구조 제약을 어겨 비문법적이라고 설명할 수 있기 때문이다.

이어 기간 부사어를 이용한 논증을 보자. 기간 부사어의 경우 앞서 본 시간 부사어의 경우처럼 주격 구성과 대격 구성 간에 수식의 범위에 있어 차이가 있는데, 이를 이용한 논증이다.

(34) 가. 나는 밤새 술을 마시고 싶었다.
나. 나는 밤새 술이 마시고 싶었다.

먼저 (34가)의 경우는 중의적으로 '밤새'가 수식하는 대상이 '마시-'가 되기도 하고 '싶-'이 되기도 한다. 그에 반해, (34나)는 비중의적으로 (34가)가 갖는 두 가지 해석 중 '마시-'를 수식하는 해석은 없다. 필자도 이런 판단에 동의하는데, Kim&Maling은 이런 차이 역시 'V-고 싶-'의 구성체 여부와 연관이 있는 것으로 본다. 즉 (34가)의 경우는 'V-고'와 '싶-'이 별도의 핵을 이루므로 각각에 대해 수식이 가능한 반면, (34나)에서는 하나의 복합 술어를 이루므로 그 부분인 '마시-'에 대해서는 수식이 불가능하다는 것이다. 그러나 이런 논증에 의하면 주격 구성의 경우 기간 부사어는 하위 서술어를 전혀 수식할 수 없어야 하는데, 다음 예는 그렇지 않음을 보여준다(물론 '싶-'을 수식하는 해석도 가능하다).

(35) 나는 술이 밤새 마시고 싶었다.

즉 주격 구성의 경우 'V-고 싶'이 하나의 복합 술어를 이루기 때문에 (34나)에서 '밤새'가 '마시-'를 수식할 수 없다면 (35)에서도 그래야 하나, 필자의 판단에 의하면 (34나)에서는 Kim&Maling의 판단 대로 수식할 수 없는 것 같으나, (35)의 경우는 그렇지 않다. 이 판단이 맞다면(E.-J. Yoo(2002:(13))에서도 같은 판단을 찾아 볼 수 있다), 기간 부사어를 이용한 논증 또한 효력을 잃는 것이 된다.[23)]

8.3.1.4 요약

지금까지의 검토를 정리하면 다음과 같다. 먼저 핵 이동을 통한 복합 술어 형성이 주격/대격 교체와는 결국 아무런 상관이 없다는 점을 지적하였다. 이는 핵 이동 분석을 옹호한 Kim&Maling(1998)의 경우에 오히려 극명하게 드러나는데 그 이유는 그들의 분석에서도 궁극적으로는 주격/대격 교체가 '-고'가 취하는 Aspect 값의 차이와 더 직접적인 상관성이 있음이 주장되었기 때문이다. 한편 이 외에 복합 술어 분석이 갖는 경험적인 문제점들을 지적하였다. 그리고 마지막으로 복합 술어 분석이 제시했던 논증들이 경험적으로 문제점이 있거나, 대안적 분석이 가능함을 보였다. 이상의 검토를 토대로 필자는 대격 구성과 주격 구성 간의 차이에 대한 분석으로 복합 술어 분석은 올바른 분석이 아니라고 본다. 필자는 그보다는 두 구성 간의 차이가 '싶-'이 선택하는 보어 부분의 성격 상의 차이에 있다는 임지야의 제안이 더 올바른 방향이라고 보는데, 사실은 이 점에 있어서는 Kim&Maling(1998)의 제안도 같은 방향이라고 할 수 있다. 이제 다음 절에서 이들의 내용을 정리하고 이를 토대로 필자의 제안을 제시하기로 한다.

8.3.2 '싶-'의 선택 특성에 의한 분석

8.3.2.1 J. Lim(1996, 1997) 및 Kim&Maling(1998) 검토

대격 구성과 주격 구성 간의 차이에 대해 J. Lim(1996, 1997)은 그 차이가 기본적으로 '싶-'의 선택 특성에 기인하는 것으로 본다. 즉 '싶-'은 원래 그 보어로 vP를 선택하는 특성을 가진다. 그리고 v가 대격 인가자라는 가정 하에 이 특성이 실현되는 경우, 하위 서술어의 목적어가 대격 조사를 갖는 것으로 본다(사실 그녀의 격 인가 메카니즘은 이보다는 더 복잡하다. 자세한 내용은 주격 인가를 설명할 때 나온다). 그러나 한편으로 '싶-'은 자신이 선택하는 서술어의 외부 주어를 내재화하는 특성도 가지는데 그 결과 외부 주어는 VP 내부에서 실현되므로 결국 v가 투사되지 않는 결과를 가진다. 그리고 이 경우, 하위 서술어의 목적어가 주격 조사를 갖는 것으로 본다. 이 두 경우의 구조적 차이를 나타내면 다음과 같다(임지야는 '싶-'을 동사로 보았으나, 본 책자가 취하는 입장을 따라 A로 변경하여 그림을 제시한다).

---

23) 이런 기간 부사어의 양상은 (9)에서 본 시간 부사어의 양상과 다른 것이다. 이에 대한 분석이 아래 제시된다.

(36)

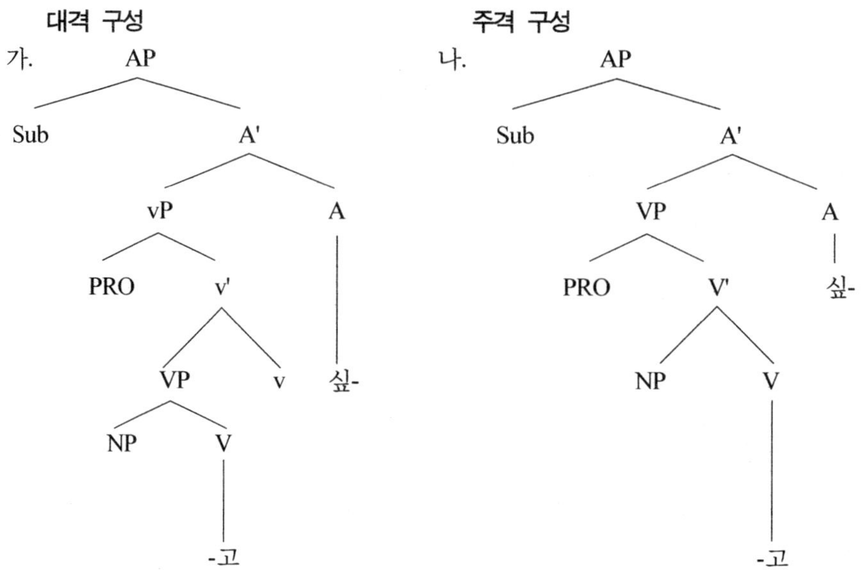

임지야에 의하면 (36가)와 같은 구조에서는 하위 서술어에 대격만이 인가되고, (36나)와 같은 구조에서는 주격만이 인가되는데, 이런 차이를 위해 다음가 같은 격 인가 메카니즘을 제시한다.

(37) 가. 대격 인가자는 v이고 주격 인가자는 I이다.
나. 각 격 인가자는 자신이 지배(govern)하는 명사구에 대해서만 격을 인가할 수 있다.
다. 어떤 핵이 격 인가 자질을 가지는 경우, 그 자질은 그 핵이 지배하는 다른 핵이 격 인가 자질이 없을 경우에는 전이될 수 있지만, 그렇지 않을 경우에는 전이되지 않는다.

이어 지배의 개념은 다음과 같다.

(38) '갑'은 다음 조건이 충족될 경우 그리고 그런 경우에만 '을'을 지배한다.
(가) '갑'은 '을'을 성분-통어한다. 그리고
(나) '갑'과 '을' 사이에 '을'을 지배하는 더 가까운 지배자가 없다.

이제 이를 토대로 (36)의 각 경우 대격, 주격이 어떻게 인가되는가를 보자. 먼저 (36가)의 경우를 보면, v는 V를 지배하고 v는 대격 인가자이므로 비록 V 자신은 격 인가자가 아니지만, (37다) 조항에 의해 v로부터 대격 인가 자질을 전이받을 수 있으며 고로 자신의 목적어에 대해 대격을 인가해 주게 된다. 한편 주격은 인가가 안 되는데, 그 이유는 v가 격 인가자이므로 I로부터 주격 인가 자질을 전이 받지 못하기 때문이다.

(36나)의 경우는 V와 주격 인가자인 I 사이에 A가 있으나, 규정상 A는 격 인가자가 아니므로 V는 I로부터 주격 인가 자질을 전이받게 되며 그 결과 자신의 목적어에 주격을 인가할 수 있게 된다. 그리고 중요한 것은 (36나)에는 대격 인가자인 v가 없어 대격이 인가되지 않는다는 점이다.

결국 이런 분석은 '싶-'이 갖게 되는 보어의 통사 구조가 서로 다르기 때문에 주격/대격 교체의 양상을 띤다는 것인데, 앞서 지적하였듯이 비록 핵 이동 분석을 표방했지만, Kim&Maling(1998)의 분석도 '싶-'이 취하는 보어의 구조는 아니지만 의미적 특성이 서로 다르기 때문으로 본다는 점에서는 맥을 같이 한다고 할 수 있다. 좀 더 구체적으로 얘기하면 다음과 같이 정리될 수 있다.

(39) 가. '-고'도 하나의 핵을 이루며 그 의미적 특성이 [완료]이므로 Aspect로 본다.
나. '싶-'이 보어로 취하는 '-고'의 [완료] 값은 [−완료]가 될 수도 있고 [0완료]가 될 수도 있다.
다. '-고'의 값이 [−완료]인 경우는 대격 구성을 이루고
라. '-고' 값이 [0완료]인 경우는 주격 구성을 이룬다.

그리고 이런 가정 하에 주격/대격 교체의 양상은 다음과 같이 설명된다. 먼저 대격의 경우는 '-고'의 값이 [−완료]이므로 핵 이동이 안 일어나는 것으로 본다. 그리고 하위 서술어가 대격 인가자인 타동사의 경우 그 타동사에 의해 대격이 인가되는 것으로 본다. 한편 '-고'의 값이 [0완료]인 경우는 각주 20에서 언급한 의미적 이유로 핵 이동이 일어나며 핵 이동의 결과 형성되는 복합체의 핵은 형용사인 '싶-'이므로 형용사의 일반적 특성 상 주격이 인가된다고 본다.[24)]

앞 절에서 핵 이동의 여부가 대격 구성과 주격 구성 간의 차이와 아무런 상관이 없음을 보았으므로 결국 임지야의 분석과 Kim&Maling의 분석은 문제의 차이가 '싶-'의 선택 특성의 차이에서 기인한다고 보는 것이라는 점에서 같은 방향의 분석이라고 할 수 있다. 단지 선택의 내용에 있어 차이가 있을 뿐인데, 필자는 그 선택의 내용이 결국 격의 양상과도 상관이 있으므로 이를 간단하고도 원리적으로 포착하는 방안이

24) 앞서 (17)에서 보았듯이 이 분석은 핵 이동의 경우 타동사로 하여금 자신의 대격 인가 능력을 잃어 버리게 하는 임의 규정을 필요로 한다.

더 낫다고 보며 이 점에 있어 Kim&Maling(1998)보다는 J. Lim(1997)이 올바른 방향에 서 있다고 본다. 즉 임지야의 분석은 '싶-'이 v가 없는 VP를 선택하는 경우에는 대격이 허용되지 않고 주격만이 인가된다는 것인데, 이는 v를 대격 인가자로 보는 가정에 의해 원리적으로 설명이 된다고 할 수 있다. 그에 반해, Kim&Maling에서는 '싶-'이 [0완료]의 특성을 가지는 '-고'를 선택할 경우 주격 인가만을 보장하기 위해 다음과 같은 가정들을 필요로 한다.

(40) 가. 하위 서술어의 핵 이동이 일어나야 한다. 그리고 그 이동은 의미적 동기에 의한 것이어야 한다.
나. 대격 인가는 적절한 값을 가진 Aspect가 있을 경우에만 가능하다.

필자는 이런 가정들을 필요로 하는 분석은 v를 대격 인가자로 보는 가정만을 이용하는 분석보다는 복잡하다고 보며 또한 이들 가정 자체에 대해서도 독립적으로 근거가 주어지기는 어렵다고 본다.

8.3.2.2 분석

그러나 본 장에서는 임지야의 분석을 그대로 따르지는 않고 몇 가지 수정을 하기로 한다. 첫째, 임지야의 제안에 의하면 '싶-'이 그 보어로 VP를 갖게 되는 것은 "주어를 내재화하는" '싶-'의 수의적 특성에 의한 것으로 되어 있다. 그리고 이 특성에 의해 vP의 지정어에 있던 주어가 VP의 지정어에 위치하게 되고 v는 없어지는 것으로 되어 있다. 내용 상 이런 절차는 통사적 절차가 되어야 할 것으로 보이는데 현재의 생성문법 이론 상 이런 내용의(즉 논항이 아래로 내려가고 그로 인해 구조가 잘리는 따위의) 통사적 절차가 정당화되기는 어려운 것으로 보인다. 대신 필자는 '싶-'의 어휘적 선택 특성으로 보고자 한다. 구체적으로 다음과 같다.

(41) '싶-'은 자신의 보어로 vP 혹은 VP를 선택한다.[25]

25) 형용사와 동사를 범주로 구분하는 본 책자의 입장에 의하면 다음과 같은 예들의 비문법성은 '싶-'이 AP를 보어로 취하지 못하기 때문으로 분석된다.

(i) 가. *나는 예쁘고 싶다. 나. *나는 건강하고 싶다.

둘째, vP와 VP의 차이가 외부 논항에 있다고 할 때, (41)은 VP가 선택될 경우에는 외부 논항이 선택되지 않음을 의미한다. 즉 외부 논항이 내재화하면 VP 지정어에 위치한다고 보는 임지야의 입장과 다른 것이다.

이런 입장에 의하면 대격 구성과 주격 구성의 구조는 각각 다음과 같다.[26)]

(42)

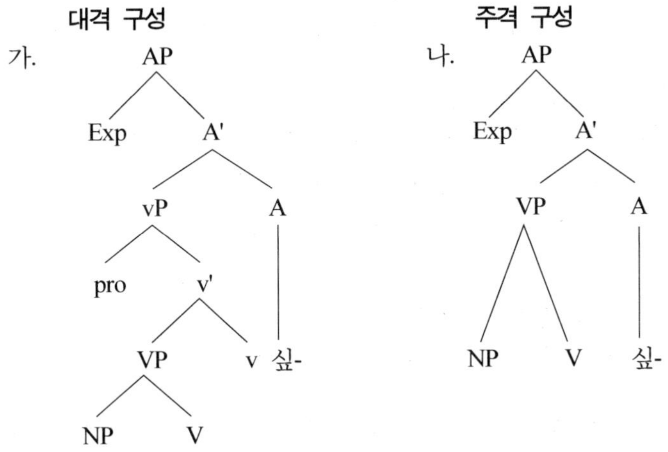

이런 구조적 차이에 대해 두 가지 근거를 제시할 수 있을 것으로 보인다. 첫째 이런 구조적 차이는 앞서 본(각주 23 참조) 기간 부사어와 시간 부사어 간의 미묘한 차이와 연관성이 있는 것으로 보인다. 이를 위해 관련 예를 아래 다시 (43가, 나)로 각각 옮긴다.

(43) 가. *나는 편지가 며칠 전에 쓰고 싶었다. =(9나)
나. 나는 술이 밤새 마시고 싶었다. =(35)

(43)은 주격 구성의 경우로 각 문장에서 부사어는 주격 목적어 뒤에 오는데 기간 부사어는 하위 서술어를 수식하는 해석이 가능하지만, 시간 부사어는 그렇지 못한 것이다. 이런 차이는 기간 부사어와 시간 부사어 간의 의미적 차이와도 관련이 있는 것으로 보인다. 즉 기간 부사어가 서술어가 나타내는 행위가 걸리는 시간 범위를 나타낸다면 시간 부사어는 외부 논항의 개입 하에 결정될 수 있기 때문이다. 다시 말해, 기간

26) Kim&Maling(1998)과 달리 '-고'는 별도의 핵을 이루지 않는 것으로 본다. 그들의 제안에 의하면 대격 구성과 주격 구성의 해석 상의 차이는 이 '-고'의 의미 자질의 차이에 기인하는데, (42)의 구조는 '-고'를 별도의 핵으로 설정하지 않으면서도 해석 상의 차이를 포착할 근거를 마련해 주기 때문이다.

부사어는 외부 논항의 개입과는 무관하게 측정이 될 수 있는 반면, 시간 부사어는 외부 논항이 반드시 개입되어야 하는 것으로 보인다. 이런 분석이 맞다면 기간 부사어의 수식 대상은 VP, 시간 부사어의 수식 대상은 vP라고 얘기할 수 있는데, 바로 이런 점에 의해 (43)의 차이가 설명될 수 있다. 즉 (43)은 모두 주격 구성이므로 (42나)의 구조를 갖게 된다. 이는 결국 시간 부사어가 수식해야 할 vP가 없음을 의미하므로 (43가)는 비문법적이 된다.[27] 그에 반해, 기간 부사어가 수식할 대상인 VP는 있으므로 (43나)는 문법적이 된다.

두 번째 근거는 엄정호(2003)의 관찰에 의한 것이다. 엄정호는 '직접', '손수'와 같은 행위자 지향 부사어가 대격 구성에서는 허용이 되나, 주격 구성에서는 허용이 되지 않는다고 했다. 이를 보이는 예문은 다음과 같다.

(44) 가. 이명국이 체포되는 것을 직접 보고 싶었던 것이다.
나. *이명국이 체포되는 것이 직접 보고 싶었던 것이다.

(45) 가. 할아버지께서 손주 며느리감을 손수 보고 싶으시다고 하셨다.
나. *할아버지께서 손주 며느리감이 손수 보고 싶으시다고 하셨다.

이런 대비는 (42)에서와 같은 구조적 차이에 의해 자연스럽게 설명이 된다. 즉 대격 구성의 경우는 행위주를 나타내는 v가 있어 이 경우에는 행위주 지향 부사어의 수식이 가능하다. 반면에, 주격 구성의 경우는 행위주를 나타내는 v가 없으며 고로 행위주 지향 부사어의 수식이 어색한 것이다.

한편 격 현상의 설명과 관련해서도 몇 가지 수정이 필요하다. 첫째, 임지야는 격 인가와 관련하여 최소주의 이전 방식을 택하고 있다. 그 중에서도 "지배" 개념을 이용하고 있는데, "지배" 개념이 폐기되었으므로 이를 이용할 수는 없을 것으로 보인다. 게다가 그녀 자신의 설명에 있어서도 "지배" 개념의 사용은 문제가 있는 것으로 보인다. 한 예를 들어 외부 논항을 갖지 않는 심리 술어의 격 현상 설명에서 VP의 지정어에 오는 주어에 대해 T가 주격을 인가할 수 있다고 했는데(J. Lim(1997:419쪽)), "지배"개념에 의하면 VP 지정어를 지배하는 가장 가까운 지배자는 T이기보다는 V이므로 T가

27) 마찬 가지 분석이 (6나, 7나)의 비중의성도 설명한다. 즉 앞서 시간 부사어가 주격 목적어 앞에 오는 (6, 7나)도 비중의적이어서 하위 서술어를 수식하는 의미는 없다고 하였는데, 그 이유는 물론 하위 서술어에 시간 부사어가 수식해야 할 v가 없기 때문이다.

VP의 지정어를 지배할 수는 없기 때문이다. 이런 점을 들어 본 장에서는 Chomsky (2000, 2001a, b)를 따라 격 인가가 "성분-통어"에 의해 이루어지는 것으로 본다.

둘째, 임지야의 격 전이 메카니즘은 그녀 자신이 지적하였듯이 Sigurðsson(1989), J.-S. Lee(1992) 등에서 제안된 "격 최소성" 개념과 유사한 것이라 할 수 있다. 이 개념에 의하면 상위에 있는 격 인가자가 그 중간에 다른 격 인가자가 없을 경우에는 구조상 아무리 아래에 있는 명사구에도 격을 인가할 수 있는데, 마찬 가지의 결과를 그녀의 격 전이 메카니즘이 달성하고 있기 때문이다. 다만 차이는 서술어에 의한 격 인가가 서술어와 의미역 관계에 있는 성분에 대해서만 이루어진다는 점인데, 서술어 자신은 격 인가자가 아니라고 보았으므로 (37다)와 같은 격 전이 메카니즘을 채택한 것이다. 결국 그녀의 제안에 의하면 대격 인가자는 v와 V이고 내부 논항의 대격만이 V에 의해 인가되고 나머지는 v에 의해 인가된다는 것인데, 같은 대격이라고 볼 때, 굳이 격 전이 메카니즘 같은 별도의 도구를 이용하여 영역을 달리 할 이유, 혹은 그로 인해 얻는 바가 무엇인지 의문이다. 본 장에서는 격 전이 메카니즘을 이용하지 않고 단지 "성분-통어"와 "격 최소성"의 개념만을 이용하기로 한다.

이제 이를 토대로 기존 문헌에서 논의되어 왔던 격 현상들을 분석해 보기로 하자. 먼저 가장 기본이 되는 (1)에서의 양상은 쉽게 해결이 된다. 즉 (1가)는 (42가)의 구조를 가지는데, 이 구조에서 '먹-'의 목적어인 '사과'는 대격 인가자인 v에 의해 성분-통어되며 고로 '먹-'으로부터 대격을 인가 받는다. 한편 주격 인가자가 '사과'를 성분-통어를 하나, 주격 인가자와 '사과' 사이에 대격 인가자가 있어 주격은 인가가 되지 않는다. 이어 (1나)는 (42나)의 구조를 갖는다. 이 구조에는 (42가)와 달리 대격 인가자가 없는데, 이는 결국 주격 인가자가 자신이 성분-통어하는 '사과'에 대해 주격을 인가할 수 있음을 의미한다.[28] 이를 도식으로 나타내면 다음과 같다.

(46) 가. ... [NP-ACC/*NOM ... v] ... Infl

나. ... [NP-*ACC/NOM ... V] ... Infl

이어 Kim&Maling(1998)에서 미해결로 남았던 (24)를 보자(아래 (47)로 다시 옮긴다).

(47) 가. 나는 뱀을 무서워 하고 싶다.

---

28) 이는 주격 목적어 성분이 어디로 이동하든 상관이 없다.

나. *나는 뱀이 무서워 하고 싶다.

필자는 (47)의 양상은 "심리 술어-하"의 구문 분석과 관련이 있다고 보는데, 필자는 기본적으로 '하-'를 v의 실현으로 본 J. Lim(1997)의 분석에 동의한다.[29] 그리고 이에 의하면 (47)의 양상은 간단히 설명이 된다. 즉 '싶-'이 vP를 선택하기도 하고 VP를 선택하기도 하지만, '하-'가 v의 실현이라면 (47가, 나)는 모두 vP를 선택한 경우가 된다. 이는 결국 '하-'가 격 최소성에 의해 그보다 위에 오는 주격 인가자에 의한 주격 인가를 방해함을 의미하며 고로 (47나)에서처럼 '뱀'에 대해 주격이 인가될 수 없기 때문이다. 이상의 설명을 도식으로 나타내면 다음과 같다.[30]

---

29) 임지야는 이 경우 심리 술어 내부에 있던 내부 논항이 외재화하여 vP의 지정어에 실현되는 것으로 본다. 그러나 이 분석 역시 논항의 의미역 위치로의 이동을 허용하는 것이므로 허용될 수 있는지는 의문이다. 본 장에서는 대안으로 심리 술어의 내부 논항은 그대로 있고 vP의 추가와 함께 vP의 지정어 위치에 행위주가 추가된다고 본다. 이는 결국 심리 술어 구문과 "심리 술어-하" 구문의 의미적 특성이 서로 다름을 말한다.

30) 엄정호(2003:171-178)의 논의에 의하면 같은 '하-'를 갖는 구문이라도 격 교체의 양상이 다음과 같이 다른 경우가 있다고 한다.

(i) 가. 나는 공부를 하고 싶다.
　　나. 나는 공부가 하고 싶다.
(ii) 가. 나는 아버지의 추리를 방해하고 싶었다.
　　나. *나는 아버지의 추리가 방해하고 싶었다.

엄정호는 이 차이를 '하-'가 선행 요소와 분리되었는가의 여부로 파악하였다. 그러나 다음 예는 그런 파악이 잘못된 것임을 보여준다.

(iii) 가. 나는 아버지의 추리를 방해를 하고 싶었다.
　　나. *나는 아버지의 추리가 방해가 하고 싶었다.

즉 (ii)에서 '하-'가 선행 요소와 분리가 되어도 여전히 대격만이 허용되는 것이다. 필자는 최기용(1994, 1996가)의 입장을 따라 (i)과 (ii)의 차이를 중동사 '하-'와 경동사 '하-'의 차이로 본다. 필자의 분석에 의하면 한자어의 논항 구조가 실현되지 않는 경우는 중동사이고 실현되는 경우는 경동사인데, 바로 (i)이 전자에 해당되고, (ii)가 후자에 해당된다.
한편 중동사로서의 '하-'는 자신의 논항 구조를 갖고 있는 동사인데 고로 다른 타동사의 경우와 마찬가지로 VP의 핵을 이룬다. 그리고 그런 점에서 (i)의 양상은 다른 타동사와 같은 양상이므로 설명도 (1)의 경우와 같게 된다. 이에 반해, 경동사로서의 '하-'에 대해서는 S.-H. Ahn(2001)의 입장을 따라 v의 실현으로 보고자 한다. 이에 의하면 (ii)는 오로지 vP 선택의 경우로만 가능하다. 고로 vP 밑에 오는 명사구에 대해 주격 인가가 허용되지 않는다. 이는 결국 (47)의 양상과 마찬가지인 것이다.

(48) ... [NP-ACC/*NOM ... [v ha-]] ... Infl

이어 유은정에서 Kim&Maling(1998)의 문제점으로 지적된 경우들을 보자. 유은정은 바로 앞에서 본 경우 말고 모두 두 가지를 더 지적하고 있는데, 각각의 예는 다음과 같다(앞의 (23), (25)을 아래 각각 (49, 50)로 다시 옮긴다).

(49) 가. 나는 사과를 먹어 보고 싶다.
나. 나는 사과가 먹어 보고 싶다.

(50) 가. 내가 사과를 먹고 싶어 한다.
나. *내가 사과가 먹고 싶어 한다.

먼저 (50)의 경우를 보자. 이 문장은 (1)과 비교해 볼 때, '싶-' 뒤에 '하-'가 온다는 점만이 다른데 그로 인해 주격이 인가가 안 된다는 점에서 주목을 받았던 문장이다. 즉 '하-'가 없는 경우에는 '사과'에 대해 주격 인가가 가능했는데, 왜 '하-'가 오면 주격 인가가 되지 않는가가 문제가 되었었는데, 이는 '하-'를 v의 실현으로 본 앞의 설정 및 격 최소성에 의해 간단히 설명이 된다(이 분석은 기본적으로 J. Lim(1997:426-427)의 것과 같다). 즉 (50)에서 '싶-'이 VP를 보어로 선택하는 경우라 해도[31] '사과'에 대해 가장 가까운 격 인가자는 주격 인가자가 아니라, 그보다 아래에 있는 '하-' 즉 대격 인가자인 것이다. 고로 주격이 인가될 수 없게 된다. 이를 도식화하면 다음과 같다.

(51) ... [NP-*NOM ... V] [A 싶어] [v 하-] Infl

이제 (49)의 경우를 보자. (49)의 경우는 '-고' 앞에 오는 서술어가 이른바 보조 동사의 경우인데, 유은정은 '보-'의 경우와 비슷한, 그러나 격의 양상에 있어서는 서로 다른 보조 동사를 논하는데, (49)와 다른 양상을 보이는 경우로 다음을 든다.[32]

---

31) vP를 보어로 선택하는 경우는 물론 (50가)로 나타난다.
32) 유은정은 아래와 같은 장형 부정 구문의 경우 주격이 허용되지 않는 것으로 보았다. 그러나 필자

(52) 가. 나는 그 서점을 운영하게 되고 싶다.
나. *나는 그 서점이 운영하게 되고 싶다.

(53) 가. 나는 찌개를 끓이고 있고 싶다.
나. *나는 찌개가 끓이고 있고 싶다.

이제 (49, 52, 53)를 함께 논의하기로 하자. 필자는 기본적으로 (49)와 (52, 53)가 서로 다른 양상을 보이는 것은 '-고' 앞에 오는 이른바 보조동사의 내부 구조가 서로 다르기 때문으로 본다. 먼저 '보-'와 같은 보조 동사 구문의 내부 구조에 대해 여러 가지 논의가 많으나, 필자는 일찍이 보조 동사 '보-'가 보조 동사 구문 전체의 논항 구조에 아무런 영향을 미치지 못하다는 점에 착안하여 다음과 같은 핵기저 부가구조를 제안한 바 있다.[33]

(54)

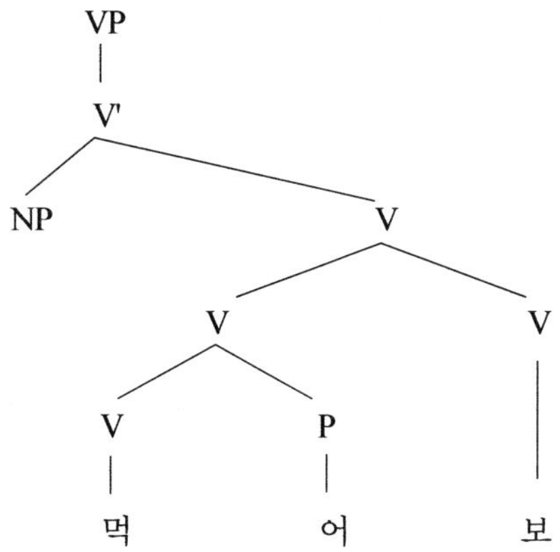

중요한 점은 이 구조에 의하면 '보-' 앞에 오는 서술어의 논항 구조가 그대로 유지되며 통사적으로 그 뒤에 오는 보조 동사 '보-'는 아무런 역할을 하지 않는다는 점이다. 이는 결국 격과 관련해서는 '-어 보-'가 없는 것과 마찬가지인 셈이 되는데, 고로 (49)에 대해서는 (1)에 대해 제시되었던 분석이 그대로 적용된다.[34]

의 판단에 의하면 대격과 주격 간에 별로 차이가 있는 것으로 보이지 않는다.

(i) 가. 나는 그 집을 팔지 않고 싶다. 나. 나는 그 집이 팔지 않고 싶다.

33) K. Choi(1991a:4장) 참조. 중요한 점은 이 구조에서 왼쪽에 오는 V인 '먹-'이 핵을 이룬다는 점이다.

34) 이는 보조 동사가 논항 구조에 아무런 영향을 끼치지 않는 다른 보조 동사인 '주-', '않-' 등의 경우도 마찬가지이다. 특히 필자는 K. Choi(1991a), 최기용(1993) 등에서 장형 부정 구문의 구조와

그럼 (52, 53)의 경우는 어떤가? 필자는 이들 구문은 K. Choi(1991a)에서 "보조 동사 구문"으로 규정된 것과는 다른 성격을 갖는 것으로 본다. 즉 보조 동사 구문에서 보조 동사는 자신의 논항 구조가 없으나, (52, 53)의 '되-', '있-'의 경우는 그 앞에 오는 성분과 일정한 의미적 관계를 갖는 것으로 보인다. 보다 구체적으로 이런 관계는 구조적으로 '싶-'의 경우처럼 핵-보어의 관계로 포착될 수 있는데 이런 분석이 맞다면 각각의 경우는 다음과 같은 구조를 갖게 된다.

(55) 가.

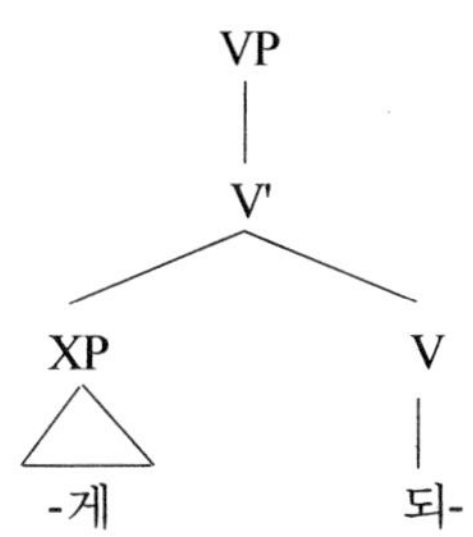

나.

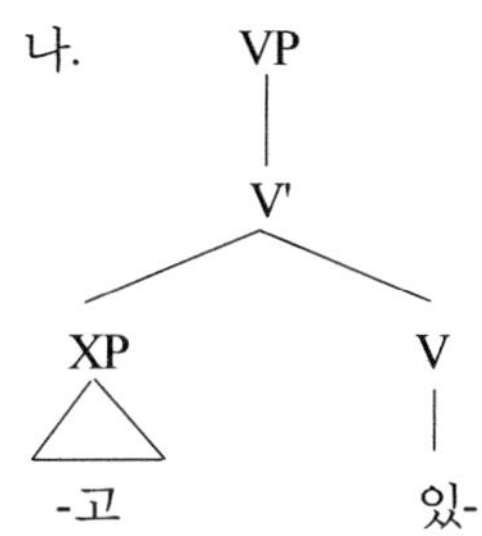

그리고 이런 구조를 '싶-'이 보어로 택하게 되는 것인데,[35] 중요한 점은 논의의 대상이 되는 목적어가 '-게'나 '-고'가 이끄는 절에 나타나는 서술어의 목적어라는 점이다. 이는 다시 말해, '싶-'의 선택 특성과는 무관한 절 안에 있는 성분이므로 (55)의 XP 내부에는 항상 vP가 있음을 의미한다. 결국 (52, 53나)의 비문법성은 비록 '싶-'이 (55)에서처럼 VP를 선택하더라도 그보다 아래 나오는 절에 이미 대격 인가자인 v가 항상 있으므로 그 내부 목적어에 대해 주격이 인가될 수 없기 때문인 것이다. 이를 도식화하면 다음과 같다.

(56)

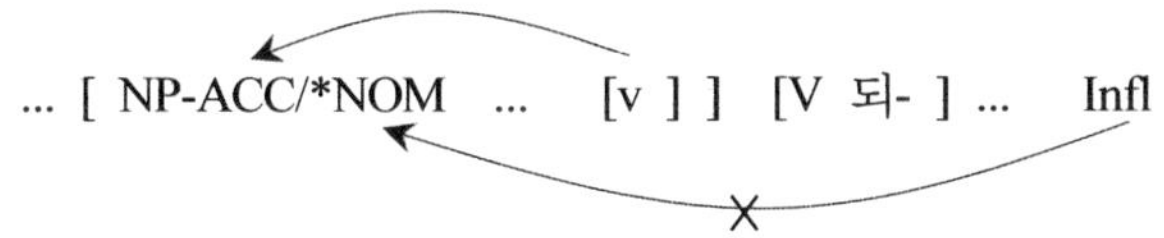

지금까지 우리는 소망 구문과 관련된 여러 가지 다양한 격의 양상을 살펴 보았는데, 일견 복잡해 보이는 양상이 (41)를 가정할 때, 격 최소성에 의해 간단히 설명이 됨을

관련하여 (54)와 같은 구조를 제안한 바 있다. 고로 (49)에서와 마찬가지로 '-지 않-'은 격에 대해 아무런 영향을 미치지 않게 된다.

35) 본 장은 '되-'와 '있-'을 v가 없는 능격 자동사로 본다. 고로 이 경우는 타동사와 달리 VP로만 선택된 경우이다.

보았다. 즉 격 인가자와 명사구 간의 거리가 아무리 멀어도 그 사이에 다른 격 인가자가 없으면 격이 인가되는데 반해, 그 사이에 다른 격 인가자 있으면 격이 인가되지 않는 것이다. 그러나 이런 경향에 예외가 되는 딱 한 가지 경우가 있는데, 다음이 그것이다.

(57) 가. 나는 사장이 되었다.
나. *나는 사장을 되었다.

(58) 가. 나는 사장이 되고 싶었다.
나. *나는 사장을 되고 싶었다.

(59) 가. 철수는 사장이 되고 싶어 했다.
나. *철수는 사장을 되고 싶어 했다.

먼저 (57)은 '되-' 구문에 원래 대격 인가자가 없음을 보여주는데, 이는 물론 '되-' 구문에 vP가 없음을 의미한다. 고로 '싶-'에 의해 선택될 때에도 VP로서 선택되며 '-고 싶-'의 경우에도 대격 인가자가 없으므로 대격이 인가 안 될 것으로 예측되는데, (58)는 그런 예측이 맞음을 보여준다. 그러나 문제는 (59)의 경우이다. 즉 지금까지의 '하-'에 대한 가정에 의하면 '싶-' 뒤에 '하-'가 온다는 것은 vP가 추가되는 것이므로 대격 인가자가 구조에 도입되는 것이고 고로 '되-'의 보어에 대해 대격만이 인가되고 주격은 인가되지 않아야 하는데, (59)는 그 정반대의 양상을 보여주고 있기 때문이다. 필자는 (59)과 같은 양상은 '되-'의 어휘적 성격 때문으로 풀이하고자 한다. 즉 일반적으로 격 인가 능력은 T, v, 혹은 D와 같은 기능 범주가 갖는 것이 정상이나, 예외적으로 개별 어휘가 격 인가 능력을 가지는 경우가 있으며 주격의 경우 바로 '되-'가 그런 경우라고 보는 것이다.[36] 그리고 이런 설정에 의하면 (57, 58)은 물론이요, (59)도 자연스럽게 설명이 된다. 즉 '되-'가 주격 인가자이므로 격 최소성에 의해 대격은 인가되지 못하는 것이다.

---

36) 장형 부정 구문에 대한 필자의 분석이 맞다면 장형 부정 구문의 '않-'은 대격을 인가하는 개별 어휘의 예가 된다. 이에 대해서는 최기용(1993)을 참조할 것.

8.4 결론 그리고 남은 문제들

소망 구문이 보이는 격 교체 양상에 대해 엄정호(2003)는 크게 두 가지 분석법이 있는 것으로 보았다. 즉 주격 구성과 대격 구성 간의 차이가 주격 목적어의 이동 여부에 의한 것으로 보는 것이고 다른 하나는 하위 서술어의 이동 여부로 보는 것이 그것이다. 그러나 본 장에 의하면 두 분석 모두 서로 다른 이유로 격 교체와는 무관하다. 먼저 필자는 주격 구성의 주격 목적어가 원래의 자리보다는 상위에 위치하나, 부사 수식의 차이를 근거로 주격 구성과 대격 구성은 통사적으로 서로 연관이 없음을 지적하였다. 이는 결국 두 구문간에 주격/대격 교체를 논의할 수 없음을 의미한다.[37)]

한편 하위 서술어의 핵 이동 분석에 대해서는 개념적 문제뿐 아니라, 여러 가지 경험적 문제가 있음을 지적하고 두 구성 간의 차이가 핵 이동 여부와는 무관함을 보았다. 결국 남은 것은 '싶-'의 선택 특성의 이중성인데, J. Lim(1996, 1997)의 제안을 약간 수정하여 본 책자는 두 구성 간의 차이를 (41)과 같이 보았다. 그리고 그런 차이를 토대로 여러 소망 구문에서의 격 양상이 궁극적으로는 다음의 세 가지에 의해 설명될 수 있음을 보았다.

(60) 가. 대격 인가자는 v이다.
나. 격 인가는 성분-통어에 의해 이루어진다.
다. 격 인가에는 격 최소성이 적용된다.

그러나 지금까지의 설정으로 소망 구문에 대해 기존 문헌이 지적한 현상들이 다 설명되는 것은 아니다. 아직 문제로 남거나, 다른 원리로 설명될 여지가 있거나 혹은 아직 좀 더 깊은 검토를 필요로 하는 현상들이 있는데, 마지막으로 이를 열거하는 것으로 본 장을 끝맺기로 한다.

먼저 J. Lim(1997:423), 엄정호(2003:177) 등이 지적한 소절의 경우는 문제로 남는다.

(61) 가. 민호는 그 사람을 대통령으로 뽑고 싶었다.
나. *민호는 그 사람이 대통령으로 뽑고 싶었다.

(61나)는 '싶-'이 VP를 선택하는 경우에 해당하는데, 소절 내에 대격 인가자가 없다

37) 이는 결국 (1가)와 (1나)의 격 교체가 진정한 의미의 교체 현상이 아님을 말하는 것이다.

고 본다면 '그 사람'에 대해 주격 인가가 가능해야 하나, 그렇지 못하다.[38)]

이어 J. Lim(1997:422)이 지적한 다음 현상도 격 이론적으로는 해결되지 않는 것으로 보인다.

(62) 가. 너한테 지금 누가 제일 보고 싶니?
나. *너한테 지금 누구를 제일 보고 싶니?

즉 '싶-'의 경험주 주어가 '-는'이나 주격 조사가 아닌 '-한테'로 나타날 경우, 하위 서술어의 목적어에 대해 대격은 허용되지 않고 주격만이 허용되는 양상인 것이다. 이 대비에 대해 임지야는 '-한테'와 같은 의미격 조사가 나타나는 경우는 주격 조사만이 허용된다는 일반화를 지적하면서 그럴 경우 상위문과 하위문 사이에 일종의 논항 구조의 병합이 일어나 대격을 허용하지 않는 것으로 보았다. 그러나 "논항 구조의 병합"이 무엇인지는 분명히 하지 않았다. 한편 (42)에서와 같은 구조적 차이를 이용하면 비슷한 취지의 그러면서도 좀 더 분명한 분석이 가능하다. 먼저 (42나)에 의하면 VP 내부에 경험주 논항과 관련되는 성분이 없다. 고로 정상적인 심리 술어의 경우처럼 경험주가 '-한테'라는 의미격 조사를 취할 수 있다. 그러나 (42가)의 구조에는 경험주 논항도 있으나, 그 경험주와 같은 사람을 가리키는 행위주 논항이 하위 서술어의 지정어 위치에 함께 있다. 행위주 논항이 '-한테'로 실현되는 경우는 없는데, 바로 이런 점으로 인해 (63나)에서 경험주 논항이 '-한테'를 취할 수 없는 것으로 분석될 수 있을 것이다.

마지막으로 역시 J. Lim(1997:424)이 논의한 다음 예문을 보자(문법성 판단은 임지야의 것임).

(63) 가. 민호는 미애한테 반지가 주고 싶었다.
나. *민호는 미애가 반지가 주고 싶었다.

필자의 분석에 의하면 (63가)에서 '주-'의 목적어에 주격이 가능하므로 이는 '싶-'이 VP를 보어로 선택한 경우가 된다. 그리고 이 경우 (63가)는 문제가 안 된다. 즉 VP

38) 한 가지 방안은 주격 구성에서 주격 성분의 이동이 필수적임을 이용하는 것이다. 비슷한 취지의 해결책을 J. Lim(1997:424)이 제시한 바 있는데 그런 이동이 결국 공범주 원리(ECP)를 어긴다는 것이다.

지정어에 위치한 간접 목적어가 갖는 '-한테'는 서술어에 의한 인가되는 의미격 조사 혹은 의미역 표지로 볼 수 있기 때문이다. 문제는 (63나)이다. 임지야의 판단에 의하면 간접 목적어에 대해 의미역 표지 대신 격 조사가 가능한 것이 일반적이라고 할 때, 이 경우 유일한 격 인가자는 주격 인가자이므로 주격이 가능해야 하나, 그렇지 않기 때문이다.[39] 이는 앞으로의 과제로 돌리기로 한다.

39) 그러나 필자의 판단은 임지야와는 다르다. 두 주격 명사구에 적절한 강세가 주어지면 좋아질 수 있는 것으로 보인다.

제9장

주격 조사와 대격 조사 간의 교체 3: 어휘 피동 구문

피동 구문의 주요 특성 중의 하나는 다음 예에서 보듯이 대응되는 능동 구문의 목적어가 주어로 실현된다는 것이다.

(1) 가. Mary kissed John.
   나. John was kissed by Mary.

이와 같은 피동 구문의 기본적 특징은 한국어에서도 관찰되는데 다음 예들이 이를 보여준다.

(2) 가. 영민이가 집을 팔았다.
   나. 집이 팔렸다.

(3) 가. 영민이가 보물을 땅에 묻었다.
   나. 보물이 땅에 묻혔다.

즉 타동사 '팔-'과 '묻-' 뒤에 피동 접사로 볼 수 있는 '-리', '-히'가 붙을 경우 타동사의 목적어였던 성분들이 주격 조사를 가지는 양상인 것이다.

한편 생성 문법 하에서 이런 현상에 대한 일반적 설명은 격 이론에 의거한 것으로 대개 다음과 같은 내용으로 되어 있다. 우선 피동 접사의 역할이 중요한데, 피동 접사에 의해 타동사의 격 부여 능력이 상실 혹은 흡수되는 것으로 본다(Jaeggli(1986) 등). 이렇게 되면 목적어는 제자리에서 격을 인가받을 수 없게 되며 그 상태로 아무런 일이 일어나지 않으면 이른바 "격 여과"를 어기게 된다. 이를 피할 수 있는 방법은 주격이 부여되는 위치인 굴절소구(IP)의 지정어 위치로 이동하는 것이므로 그리로 이동하여 주격을 인가 받게 된다. 이런 설명에서 중요한 점은 피동 접사에 의해 타동사의 대격 부여 능력이 상실되어 피동 구문에서는 대격 인가가 불가능하게 된다는 점으로 이는 다음 예들에 의해 확인이 된다.

(4) 가. *It was kissed him by Mary.
  나. *집을 팔렸다.
  다. *보물을 땅에 묻혔다.

그러나 영어와 달리 한국어에는 아래와 같이 피동 접사가 있음에도 불구하고 대격이 허용되는 문장들이 있어 위 분석에 심각한 문제를 제기한다.

(5) 가. 철수가 손을 잡혔다.
  나. 영미가 개에게 발을 물렸다.
  다. 철수가 다리를 차이었다.

한편 (5)의 대격 성분은 대격 조사뿐 아니라, 주격 조사도 가질 수 있는데, 고로 한국어의 어휘 피동은 특정 환경에서 표면 상 주격/대격 교체의 양상을 보이므로 이런 격 교체 양상을 어떻게 설명할 것인가도 문제로 제기된다.[1)]

(6) 가. 철수가 손이 잡혔다.
  나. 영미가 개에게 발이 물렸다.
  다. 철수가 다리가 차이었다.

본 장에서는 한국어의 어휘 피동이 보이는 대격 출현에 대한 기존 연구를 정리하고

---

1) 한국어에는 접사에 의한 어휘 피동 외에 '-어지-' 형태의 피동과 '되-'에 의한 피동 등 두 가지가 더 있는 것으로 알려져 있다.

(i) 가. 철수가 소원을 이루었다. 나. 소원이 이루어졌다.
(ii) 가. 영미가 철수의 제안을 채택했다. 나. 철수의 제안이 채택되었다.

그러나 이들 피동에서는 대격이 인가되는 경우가 없는 것으로 알려져 있다(Maling(1989), Y.-J. Kim(1990), Maling&Kim(1992), Kim&Maling(1993) 등 참조). 대격 인가에 대한 지금까지의 입장에 의하면 이는 이들 피동 구문에 v가 없음을 의미한다. '-어지-' 피동에 대해서는 S.-D. Park(2001)이 비슷한 입장을 제시한 바 있다.

어느 견해가 더 설득력이 있는가를 보고자 한다. 본 장의 구성은 다음과 같다. 먼저 9.1에서는 어휘 피동에서의 대격의 가능성에서 대해 한국어의 매개변인적 특징 중 하나인 다중 격 인가성을 이용한 입장을 소개한다(E. Cho(1996), D.-W. Yang(1996), S. Cho(2001) 등). 이어 9.2에서는 대격 구성에 대한 제약 및 의미적 특징을 지적하여 이 입장이 갖는 개념적, 경험적 문제점을 지적하는 한편, 문제의 현상들이 한국어 어휘 피동의 구조적 이중성에 기인한다는 입장을 소개한다(Maling(1989), Maling&Kim (1992), Kim&Maling (1993), Y.-S. Choi(2000), S.-D. Park(2001) 등 참조). 9.3에서는 앞 절에서 이루어진 논의들을 간략히 정리한다.

9.1 다중 격 인가성을 이용한 접근법

(5)에서와 같은 현상에 대해 다중 격 인가성을 이용한 접근법의 내용은 의외로 간단하다. 물론 앞서 소개한 연구자들의 제안 사이에 기술적 차이는 있는데, 그 기본 제안은 같다고 볼 수 있다. 여기서는 주로 조은의 제안을 소개하기로 한다.[2] 잘 알려져 있듯이 한국어는 한 문장 안에 동일한 격이 여럿 실현될 수 있는 언어이다. 이를 포착하는 방법에 여러 가지가 있을 수 있는데, 조은의 제안은 기본적으로 격 인가자의 자질을 이용하는 것이다. 구체적으로 다중 격을 허용하는 언어에서는 격 인가자가 [+다중]이라는 자질을 갖고 그렇지 않은 언어에서는 [−다중]이라는 자질을 갖는 것으로 보는데, 두 자질의 차이는 다음과 같이 규정된다.

(7) 가. [+다중] 자질은 격 점검후 생략되지 않을 수 있다. 생략되지 않은 경우 계속 격 점검이 이루어진다.
나. [−다중] 자질은 격 점검후 자동적으로 생략된다.

(7가)에 의하면 어떤 명사구가 격 인가가 되어도 격 인가자가의 격 인가 능력이 그대로 살아 남아 또 다른 명사구의 격을 인가할 수 있으며 그리하여 다중 격 현상이 나온다는 것이다. 그럼 피동 구문의 경우는 어떤가? 앞서 피동 구문에 대한 기술에서 피동 접사의 역할에 대한 언급이 있었는데, 그 역할에 대한 가정은 변함이 없다. 즉 피동 접사도 격을 인가 받아야 하는 성분으로 본다. 이제 이런 가정 하에 피동문에서 왜

2) 다중격이 어떻게 허용되는가에 대한 조성은의 제안은 다음 장에서 검토한다.

대격이 가능하며 그리고 주격/대격 교체는 어떻게 설명이 되는가를 보자. 먼저 전자에 대한 설명은 간단하다. 즉 피동 접사가 동사와 결합되면서 피동 접사의 격이 점검되지만, (7가)에 의해 동사의 [+다중] 자질은 그대로 살아 남을 수 있다. 고로 (5)에서처럼 대격을 인가할 가능성이 살아 남게 된다.[3)]

그러면 (6)에서와 같이 주격으로 나타나는 경우는 어떤가? 이에 대한 설명도 간단하다. 즉 (7가)의 규정에 의하면 [+다중] 자질이 격 점검 후 살아 남을 수도 있지만, 그냥 생략될 수도 있는데, 바로 피동 접사의 격을 점검한 후 [+다중] 자질이 생략되면 결국 대격이 인가되지 못해 주격만 점검된다는 것이다.

9.2 다중격 접근법의 문제점 및 구조적 중의성에 의한 접근법

방금 소개한 다중격 접근법은 조은이 지적하였듯이 피동 구문에 대한 전통적 분석을 유지하는 한편 한국어의 매개변인적 특성을 이용했다는 점에서 개념적으로 아주 좋은 방안이라 할 수 있다. 그러나 여러 가지 문제점이 많은 것으로 보인다.

먼저 개념적으로 [+다중]이라는 자질의 설정은 이 자질의 성격 상 문제의 소지가 있는 임의 규정을 필요로 하게 된다. (7가)에 의하면 [+다중] 자질은 격 점검 후에도 살아 남을 수 있게 되는데, 이에 의하면 여러 차례의 격 점검 후, 문장 내에 격을 필요로 하는 명사구가 없어도 [+다중] 자질은 생략이 되지 않은 채로 남을 수 있게 된다. 그러나 자질의 해석성 여부에 의해 점검 후 생략 여부가 중요시되는 점검 이론에서 비해석적 자질로 볼 수 있는 [+다중] 자질이 그대로 남는다는 것은 문제라고 할 수 있으며 이를 피하기 위해서 결국 다음과 같은 임의 규정이 필요하게 된다.

(8) [+다중] 자질은 문장 내에 점검할 대상이 없으면 자동적으로 생략된다.

이 규정은 결국 비해석적 성격을 가지는 자질이 점검을 통하지 않고도 자동적으로 생략될 수 있다는 규정이라는 점에서 개념적으로 문제가 있는 규정인데, 경험적으로

3) 구체적으로 어떻게 인가가 되는가는 그리 중요하지 않은 것으로 보인다. 성분-통어에 의할 수도 있고 지정어-핵 관계에 의할 수도 있을 것이다. 다만 E. Cho(1996:117)의 경우 대격 성분 및 그와 관련이 있는 주격 명사구가 기저에서 하나의 DP로 구성체를 이룬다고 보고 대격 성분이 그 DP의 핵의 보어를 이루는 것으로 보고 있어 엄밀히 말해 지정어-핵 관계에 의해서는 격 점검이 안 될 수 있다. 그러나 이는 달리 해결할 수 있는 방안이 있으므로 큰 문제는 아니라고 본다.

도 안 좋은 결과를 낳는다. 이를 위해서는 다중격 분석에 대해 조은 자신이 지적한 문제를 살펴 볼 필요가 있다. 조은은 (7가)에 의하면 (5)의 주격 표현에 대해서도 대격이 인가될 가능성이 있음을 지적하였다. 즉 대격 표현들의 대격을 점검한 후 [+다중] 자질이 생략되지 않으면 계속해서 대격을 점검할 수 있으며 고로 다음과 같은 문장을 문법적인 것으로 예측하게 된다.

(9) 가. *철수를 손을 잡혔다.
나. *영미를 개에게 발을 물렸다.
다. *철수를 다리를 차이었다.

이는 사실 (4나, 다)에 대해서도 마찬가지이다. 이에 대한 조은의 해결책은 한국어에도 EPP가 있다고 보고 I의 EPP 자질을 이용하는 것이다. 즉 앞서 각주 3에서 보았듯이 대격 성분과 하나의 DP를 형성하는 전체 표현이 대격 인가를 위해 vP의 지정어로 이동하여 그 자리에서 대격이 점검되어[4] 이동을 안 하면 I의 EPP 자질이 점검이 안 되므로 비문법적이 된다는 것이다. 그러나 EPP 자질이 가시적 이동을 유발하는 자질이라면 대격이 인가된 '철수', '영미' 등의 표현이 IP의 지정어로 가서 EPP 자질을 점검하지 못할 이유가 없으므로 여전히 문제는 남는다고 할 수 있다. 조은에게 남은 해결책은 I의 격 자질, 즉 [주격] 자질을 이용하는 것이다. 즉 통상 비해석적 자질로 간주되는 [주격]이 점검되지 않은 채로 그대로 남게 되어 전체 도출이 파탄 상태가 된다고 보는 것이다. 그러나 이런 해결책이 대격과 마찬가지로 다중격인 [주격]에 대해서 가능할지는 의문이다. 왜냐면 조은의 다중격 접근법 하에서는 (8)의 규정이 반드시 필요한데, 이 규정에 의하면 문제의 도출에서 I가 더 이상 격을 점검할 대상이 없으므로 자동적으로 생략될 수 있기 때문이다.

다중격 접근법의 또 다른 문제로 피동에서의 대격이 어휘 피동이 아닌 다른 피동 구문 즉 '-어지' 피동과 '되-' 피동에서는 나타나지 않는다는 점을 들 수 있다. 각주 1에서 보았듯이 이들 피동 구문에서도 원래 목적어였던 성분이 주격 조사를 가지므로 피동 절차가 관여하고 있다고 볼 수 있다. 그리고 대격 인가자가 이들 구문에서만 [+다

4) 조은의 구조 하에서 (5)의 주격 표현에 대해 격 점검이 될 수 있는가는 의문이다. 왜냐면 그녀의 구조에 의하면 주격 표현은 DP의 지정어에 온다. 즉 주격 및 대격 표현을 포함하는 전체 DP는 v와 지정어-핵 관계를 이루나, 그 안에 오는 주격 표현 자신은 v와는 지정어-핵 관계를 이루지는 못한다.

중] 자질을 안 가진다고 볼 이유가 없으므로 다중격 접근법에 의하면 이들 구문에서도 대격이 나타날 것으로 기대되나, 그렇지 못한 것이다.

다중격 접근법이 갖는 이런 문제점은 결국 한국어 피동 구문에서 대격이 가능하기는 하지만, 항상 가능한 것이 아니라는 데 있다고 할 수 있다. 이는 결국 대격이 나타나는 피동 구성과 주격이 나타나는 피동 구성 간에 어딘가 서로 통사적으로 다른 점이 있다는 것을 암시하는 것이라 할 수 있는데, 실제로 두 구성 간에 여러 가지 차이가 있음을 여러 연구들이 지적해 왔다.

첫째, 대격 구성의 주어에는 유정성 제약이 있으나, 주격 구성의 주어에는 그런 제약이 없다(C. Lee(1973:150), 김영희(1988), Y.-J. Kim(1990:287), Maling&Kim(1992:50), Kim& Maling(1993:370) 등). 즉 대격 구성의 경우 주어가 무정성을 띨 경우에는 비문법적인데 반해, 주격 구성의 경우에는 무정성 주어도 허용이 된다는 것이다. 다음 예들이 이를 보인다.5)

(10) 가. *책이 표지를 찢겼다.
　　나. *문이 가운데를 뚫렸다.
　　다. *꽃이 가지를 밟히었다.
　　라. 철수가 바지를 찢겼다.
　　마. 아이가 발을 밟혔다.

(11) 가. 책이 표지가 찢겼다.
　　나. 문이 가운데가 뚫렸다.
　　다. 꽃이 가지가 밟히었다.
　　라. 철수가 바지가 찢겼다.
　　마. 아이가 발이 밟혔다.

둘째, 통제의 가능성에 있어서도 차이를 보인다(Kim&Maling(1993:375)). 먼저 통제의 가능성과 관련하여 능동문과 피동문의 양상을 보면, 다음 예문은 능동문의 경우 능동문 주어에 의한 통제가 가능한데 반해, 피동문에서는 그렇지 않음을 보인다.

(12) 가. 음악을 들으며 책을 읽었다.
　　나. *음악을 들으며 책이 읽혔다/읽어졌다.

---

5) 이들 예들은 김영희(1988), Y.-J. Kim(1990:287), Maling&Kim(1992:50)에서 뽑은 것으로 순서는 내용에 맞게 재조정하였다.

고로 모든 피동문에서 통제 양상이 불가능할 것으로 보이나, 다음 예들은 대격 구성과 주격 구성이 이 점에 있어 같지 않음을 보인다. 즉 주격 구성의 경우에는 통제 현상이 불가능하나, 대격 구성의 경우에는 통제 현상이 가능한 것이다.

(13) 가. 철수가 면도를 하다가 코를 베이었다.
나. ?*철수가 면도를 하다가 코가 베이었다.

셋째, 한국어의 부사적 명사구 중에는 구조격 조사를 취할 수 있는 것들이 있는데 아래 예에서 보듯이 '번'이 그 중 하나이다.

(14) 가. 철수가 여러 번을 굴렀다.
나. 철수가 영미를 여러 번을 만났다.
다. 철수의 제안이 여러 번이 기각되었었다.

한편 위의 예는 '번'에 대격도 가능하고 주격도 가능함을 보인다. 흥미로운 점은 '번'에 대한 주격/대격 분포의 양상이 대격 피동 구성과 주격 피동 구성 사이에 서로 달리 나타나며 그 양상은 바로 아래 예가 보이듯이 대격을 허용하는 피동 구성에서는 '번'에 대해 대격만 가능하고 주격이 불가능하며, 주격을 허용하는 피동 구성에서는 그 반대라는 점이다(Kim&Maling(1993:(9)).

(15) 가. 순이가 개에게 발을 세 번을 물렸다.
나. *순이가 개에게 발을 세 번이 물렸다.
다. 순이가 개에게 발이 세 번이 물렸다.
라. ?*순이가 개에게 발이 세 번을 물렸다.

이 외에도 여러 차이가 있으나 나중에 소개하기로 하고 먼저 이런 차이가 무엇을 의미하는가 혹은 어떻게 분석되어야 하는가를 생각해 보기로 하자. 이 문제와 관련해서 주목할 것은 위 두 차이가 모두 대격 구성의 주어의 성격이 주격 구성의 주어의 성격과 다름을 보이고 있다는 점이다. 그리고 그 차이의 내용은 대격 구성의 주어가 행위주의 역할을 하고 있음을 보인다. 이런 점은 대격 구성에서 '일부러' 혹은 '의도적으로'와 같은 부사의 수식이 가능하다는 점에 의해서도 입증이 된다.

(14) 가. 영미가 일부러 손을 잡혔다.
나. 영미가 의도적으로 발을 밟혔다.

이에 반해 주격 구성에서는 이런 부사어에 의한 수식이 아주 어색하다.

(15) 가. *영미가 일부러 손이 잡혔다.
나. *영미가 의도적으로 발이 밟혔다.

이런 점은 결국 Maling&Kim(1992), Kim&Maling(1993), S.-D. Park(2001) 등이 제안했듯이 두 구성의 차이가 외부 논항 혹은 행위주를 도입하는 범주인 v의 유무와 상관성이 있음을 지적하는 것으로 보이는데 중요한 점은 바로 그런 차이가 두 구성 간의 격 양상의 차이와도 연관이 있다는 점이다. 즉 v를 대격 인가자로 보는 지금까지의 가정이 맞다면 v를 가지는 대격 구성에서는 대격 인가가 가능하고 v가 없는 주격 구성에서는 대격 인가가 불가능해야 하는데 이는 바로 지금까지 본 대격 구성과 주격 구성 간의 차이인 것이다. 이제 이 차이를 좀 더 구체화하면 다음과 같다. 우선 대격 구성은 서술어가 형태적으로는 피동형이나 v를 가지며 주어는 바로 vP의 지정어에 위치한다. 그리고 대격 성분은 VP 내부에 위치하는 것으로 본다.[6] 이에 의하면 (10마)의 구조는 다음과 같다.

(16)

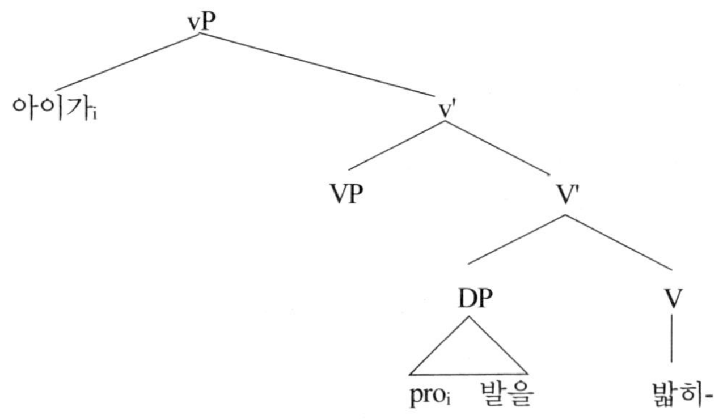

이에 반해, 주격 구성은 전형적인 피동 구문으로 v가 없으며 고로 (11마)의 구조는 다음과 같다.[7]

6) 본 책자에서는 일단 대격 성분을 서술어의 논항으로 본다.
7) 피동 동사 형성이 통사적 절차로 간주되는 영어와 달리 한국어의 어휘 피동 동사의 형성은 통사적

(17)

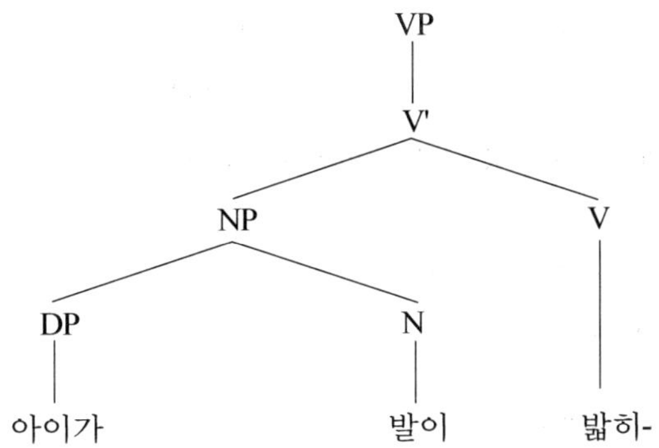

이런 구조적 차이가 지금까지 지적되어 온 두 구성 간의 차이를 잘 설명해준다는 것은 쉽게 확인할 수 있다. 우선 행위주의 의미적 성격 상 무정물이 행위주를 할 수 없으므로 주어가 무정물인 경우 왜 대격이 허용이 안 되는가는 금방 설명이 된다. 즉 주어가 무정물이라는 것은 행위주를 도입하는 v가 없음을 의미하고 v가 대격 인가자라는 지금까지의 가정에 의하면 대격이 인가될 수 없기 때문이다.

한편 두 구조는 전체 명사와 부분 명사 간의 연관성에 있어서도 두 구성간에 차이가 있음을 보인다. 먼저 (17)에서는 두 명사가 일단 하나의 구성체를 형성한 채로 도입이 된다. 그리고 이어 전체 명사구가 AgrP 혹은 IP의 지정어 위치로 이동한다. 이는 주격 구성에서 부분 명사구 내에 전체 명사구의 흔적이 있음을 의미한다. 이에 반해, 대격 구성에서 전체 명사는 애초에 vP의 지정어 위치에 도입되므로 부분 명사와 이동에 의한 관계를 맺을 수 없다. 대신 부분 명사구 내의 pro를 통해 관계가 맺어지는 것으로 볼 수 있을 것이다.[8)] 두 구성간의 이런 차이를 입증하는 통사적 차이가 Y.-S.

인 것으로 볼 수 없을 것으로 보인다. 흔히 관찰되듯이 모든 타동사에 대해 대응하여 어휘 피동형이 가능한 것이 아닐 뿐 더러, 어휘 피동형에 대응하는 능동 구문이 항상 가능한 것이 아니기 때문이다 (이익섭·채완(1999:302-304) 참조). 이는 결국 (17)과 같은 구조를 가지는 어휘 피동 동사는 능격 동사로 취급됨을 의미한다. 한편 '아이가 발이' 구조에 대해서는 3장의 논의를 참조할 것.

8) Maling&Kim(1992:52)은 다음 예에서 보듯이 주격 구성이 두 주격 명사가 전체-부분인 경우에만 국한되는데 반해, 대격 구성은 전체-부분이 아닌 경우에도 성립함을 지적한 바 있다(문법성 판단은 그들의 것임).

(i) 가. *메리가 철이에게 과자가 따먹히었다. 나. *유미가 가방이 물렸다.
(ii) 가 메리가 철이에게 과자를 따먹히었다. 나. 유미가 가방을 물렸다.

이런 차이도 (16)과 (17)의 구조적 차이로 설명될 수 있다. 먼저 (17)의 구조에서 앞 명사구의 주격이 인가되기 위해서는 3장의 논의에 따라 뒤 명사가 D가 아닌 N으로 실현될 수 있는 경우라야 하는데, 앞서 보았듯이 두 명사구 간의 관계가 전체-부분이 아닌 경우는 뒤 명사구

Choi(2000)에서 지적된 바 있는데 이를 요약하면 다음과 같다.

첫째, 대격 구성에서 대격 표현은 문장 앞으로 이동할 수 있으나, 주격 구성에서 대격 구성의 대격 표현에 대응되는 두 번째 주격 명사구는 그렇지 못하다.

(18) 가. 영미가 개에게 발을 물렸다.
나. 발을 영미가 개에게 물렸다.

(19) 가. 시계가 줄이 끊어졌다.
나. *줄이 시계가 끊어졌다.

이런 차이는 (19)의 '줄'에 '시계'의 흔적이 있다고 보고 흔적이 이른바 적정 결속 조건의 적용을 받는다고 보면 설명이 된다. 즉 (19나)는 '줄' 내에 있는 '시계'의 흔적이 '시계'에 의해 적정 지배되지 않아 비문법적이나, (18나)에는 흔적 대신 pro가 있으므로 적정 결속 조건의 적용을 받지 않아 문법적인 것이다.

둘째, 대격 표현에 대해서는 관계화가 가능하나, 대격 표현에 대응되는 두 번째 주격 명사구에 대해서는 관계화가 불가능한데, 이 차이도 부분 명사구 내에 있는 공범주의 차이와 연관이 있는 것으로 보인다.

(20) 가. 영이가 개에게 발을 물렸다.
나. 영이가 개에게 물린 발

(21) 가. 이 책이 표지 색깔이 변했다.
나. *이 책이 변한 표지 색깔

셋째, (17)의 구조에 의하면 전체 명사구는 상승을 하게 되는데, 다음 예들은 상승이 관여하는 경우 원래 자리에는 회상 대명사가 출현하지 못함을 보여준다.

가 N으로 실현되지 않아 전체는 DP이며 전체 명사 표현은 그런 DP 내부에 있게 되어 3장의 가정에 의해 주격이 인가될 수 없게 된다. 그에 반해, (ii)의 구조인 (16)에서는 앞 명사구의 주격 인가가 뒤 명사구와 무관하게 이루어진다. 고로 전체-부분이 아닌 경우도 가능하게 된다. 그러나 실제로 전체-부분이 아닌 경우는 그리 흔하지 않은 것으로 보인다. 필자의 판단으로는 (ii)은 여전히 어색한데 더 좋은 예는 다음이 될 것이다.

(iii) 영미가 철수에게 가방을 빼앗겼다.

(22) 가. *철수가 자기 키가 크다.
나. *철수가 영미를 그녀 손을 잡았다.
다. *철수가 개에게 자기 손가락이 물렸다. =S.-D. Park(2001)

이에 반해 (16)의 구조에 의하면 전체 명사구가 이동하지 않았으므로 공범주 대신 회상 대명사의 출현이 가능할 것으로 예측되며 다음은 이 예측이 맞음을 보여준다.

(23) 가. 철수가 개에게 자기 손가락을 물렸다. =S.-D. Park(2001)
나. 영미가 철수에게 자기 손을 맡겼다.

마지막으로 앞서 3장에서 전체-부분 표현이 격 중출의 양상으로 실현되는 경우 부분 명사에 대해 형용사의 수식이 불가능함을 보았다. 한편 (16)과 (17)의 구조적 차이에 의하면 대격 구성의 부분 명사의 성격이 주격 구성과 다르므로 형용사의 수식에 있어 차이가 있을 것으로 예측이 되는데, 다음 예는 이런 예측이 맞음을 보여준다.

(24) 가. ?*영미가 예쁜 손이 잡혔다.
나. 영미가 예쁜 손을 일부러 잡혔다.

9.3 정리 및 남은 문제

한국어의 어휘 피동에 나타나는 대격 혹은 주격/대격 교체는 표면상 피동 구문에 대한 전통적 분석에 일정한 문제점을 던져 주었다. 이에 대해 해결책을 제시한 기존 연구들은 피동 접사가 격을 점검받는다고 보는 전통적 분석을 고수한다는 점에서는 같으나, 그것을 달성하는데 있어서는 서로 입장을 달리 하는데 크게 다중격 인가를 이용한 접근법과 어휘 피동의 구조적 중의성을 이용한 접근법이 있음을 봤다. 개념적인 면에서 볼 때, 전자가 한국어의 매개변인적 성격을 이용하므로 매력적인데 반해, 후자는 결국 어휘 피동 동사에 통사적 성격이 전혀 다른 두 가지가 있다고 하는 것이므로 덜 매력적이라고 할 수 있다. 그러나 앞의 검토를 통해 우리는 전자에도 개념적 문제가 있을 뿐 아니라, 경험적 문제가 많음을 지적하였다. 그리고 그런 경험적 문제가 결국 모든 어휘 피동에서 대격이 가능하지 않다는 점으로 귀착됨을 지적하고 대격 구성이 주격 구성과 여러 가지 점에서 다른 성격을 가짐을 확인하였다. 그리고

Maling&Kim(1992), Kim&Maling(1993), S.-D. Park(2001) 등의 제안을 따라 그 차이의 핵심이 v의 유무에 있음을 제안하였다.

이 제안이 맞다면 결국 한국어의 어휘 피동은 그 형태적 구성에도 불구하고 통사적으로는 비능격 자동사일 수 있음을 의미하는데,[9] 이로서 어휘 피동에 나타나는 대격은 더 이상 문제가 되지 않는다. 또한 어휘 피동이 보이는 주격/대격 교체 현상도 진정한 의미의 격 교체 현상으로 파악되지 않으므로 어휘 피동이 격 이론에 대해 던지는 문제는 그리 심각하지 않은 것이 된다.[10]

---

9) 대격이 나타나는 어휘 피동을 진정한 피동 구문으로 보지 않는 견해는 이홍식(1991:116-117)에서도 제시된 바 있다.

10) 한편 (5)를 통해 우리는 v를 가진 어휘 피동의 경우 VP 내부에 명사적 표현이 나타날 경우 그에 대해 대격이 인가됨을 보았는데, Maling(1989), Maling&Kim(1992), Kim&Maling(1993), Maling, Jun&Kim(2002) 등은 명사적 성격을 가지는 빈도 및 기간 부사에도 대격이 인가됨을 지적하고 있다. 그러나 다음 예가 보이듯이 수량사가 대격을 가지는 경우는 비문법적이다.

(i) 가. *학생이 모두 세 명을 붙잡혔다. 나. *어린애가 미친 개에게 모두 네 명을 물렸다.

이는 다음과 같이 설명될 수 있다. 수량사 구성에 대한 최기용(2001나)에 의하면 명사 부분이 격 조사를 갖는 경우 명사와 수량사+분류사는 애초에 하나의 구성체를 이룬다. 이는 예를 들어 (i가)에서 '학생'과 '세 명'이 (16)에서처럼 별도의 논항을 이루지 않음을 의미하며 결국 (17)의 구조를 가지게 됨을 의미하고 (17)의 구조에는 대격 인가자가 없으므로 (i)은 비문법적이 된다.

제10장

주격 조사와 대격 조사 간의 교체 4: 장형 부정 구문*

10.1 머리말

한국어의 장형 부정 구문이 다른 언어에서는 볼 수 없는 여러 가지 특이한 점을 갖고 있다는 것은 널리 알려진 사실이다. 본 장은 그 중 격과 관련된 현상만을 다루는데 그 중에서도 주요 논의 대상은 다음 예문들이 보이는 주격/대격 교체 현상이다.[1)]

(1) 가. 영미가 몸이 좋지가 않다.[2)]
　　나. 영미가 몸이 좋지를 않다.

(2) 가. 날씨가 춥지가 않다.
　　나. 날씨가 춥지를 않다.

(3) 가. 나는 떼를 쓰는 영미가 밉지가 않았다.
　　나. 나는 떼를 쓰는 영미가 밉지를 않았다.

---

* 본 장의 일부가 최기용(2006가)으로 발표된 바 있다.

1) 이 현상을 주격/대격 교체로 본다는 것은 이들 조사를 구조격 조사로 봄을 의미한다. 이와 달리 임홍빈(1987가) 등에서는 이들을 주제를 나타내는 표지로 보고 있다. 이 견해가 갖는 문제점에 대해서는 최기용(1993:각주25) 및 고광주(2001:162) 등을 참조할 것. 중요한 점은 이들 조사를 구조격의 실현으로 보는 견해가 이들 조사를 갖는 표현이 일정한 담화 혹은 화용적 해석을 갖는다는 견해와 모순되는 것이 아니라는 점이다.

2) 혹자는 (1)의 시제를 다음과 같이 과거로 하면 문법성이 (3)에 비해 현저히 떨어지는 것으로 판단하기도 하나 필자는 거의 차이를 느끼지 못한다.

(i) 가. ??영미가 몸이 좋지가 않았다.　　나. ??영미가 몸이 좋지를 않았다.

그러나 장형 부정 구문에서 위와 같은 주격/대격 교체가 항상 가능한 것이 아니라는 점은 다음 예를 통해 금방 알 수 있다.

(4) 가. *영미가 밥을 먹지가 않는다.
    나. 영미가 밥을 먹지를 않는다.
(5) 가. *애가 잠을 자지가 않는다.
    나. 애가 잠을 자지를 않는다.

한편 위와 같은 주격/대격 교체의 가능성(혹은 불가능성)이 '-지' 뒤에 오는 서술어에 의하지 않는다는 것은 쉽게 알 수 있다. 왜냐면 (1-5)의 모든 경우 '-지' 뒤에 오는 서술어가 '않-'으로 동일한 서술어이기 때문이다. 그보다는 (1-5)에서 '-지' 앞에 오는 서술어들이 다 다르므로 문제의 교체 가능성이 '-지' 앞에 오는 서술어에 의해 결정된다고 보아야 하는데, 그 결정 요인과 관련해서는 대부분의 견해들이 '-지' 앞 서술어의 대격 인가 능력 여부와 관련이 있다는 점에 동의하고 있다(M.-Y. Kang(1988), J.-S. Lee(1992), 최기용(1993), K. Lee(1995, 2002), 고광주(1999, 2001) 등을 참조할 것). 즉 (1-3)에서 '-지' 앞에 오는 서술어들은 모두 형용사로 대격 부여 능력이 없는 것들인데 반해, (4-5)에서는 모두 타동사로 대격을 부여하는 서술어들인 것이다.

한편 자동사의 모든 경우도 주격/대격 교체를 보이는 것이 아닌데,[3] 이 양상 또한 자동사의 대격 인가 능력 여부와 상관성이 있는 것으로 보인다. 즉 대격 인가 능력이 있는 자동사는 장형 부정 구문에서 주격/대격 교체를 허용하지 않는 반면, 대격 인가 능력이 없는 자동사는 주격/대격 교체를 허용하는 것으로 보인다. 이를 위해 먼저 다음 예를 보자.

(6) 가. 영미가 손이 잡혔다.
    나. 영미가 손을 잡혔다.

일반적으로 타동사의 피동형은 대격을 인가하지 못하는 것으로 되어 있으나, 위의 예에서 보듯이 한국어의 어휘 피동은 전체-부분 관계에 있는 부분 명사구에 대해 주격뿐 아니라 대격을 인가하는 양상을 보인다. 이를 통해 우리는 (6가)에서는 어떤 형태로든 주격이 인가되고 (6나)에서는 주격 대신 대격이 인가된다고 얘기할 수 있는데,[4]

3) 본 장에서의 타동사, 자동사의 구분은 일단 대격 조사를 기본으로 취하는 목적어를 갖는가에 의한다.

중요한 점은 이런 점이 각 문장의 장형 부정 구문에서의 주격/대격 교체와 상관성이 있다는 점이다. 이를 다음 예문이 보여준다.

(7) 가. 영미가 손이 잡히지가 않는다.[5)]
　　나. 영미가 손이 잡히지를 않는다.

(8) 가. *영미가 손을 잡히지가 않는다.
　　나. 영미가 손을 잡히지를 않는다.

즉 대격을 인가하는 것으로 보이는 (6나)에서는 '-지' 뒤에 대격 조사만이 허용되는데 반해, 주격을 인가하는 것으로 보이는 (6가)에서는 '-지' 뒤에 대격은 물론이요, 주격도 허용되는 것이다.

다음과 같은 대비도 자동사의 대격 인가 여부가 장형 부정 구문에서의 주격/대격 교체 여부와 상관성이 있음을 또한 보여준다(M.-Y, Kang(1988), 최기용(1993), 고광주(1999, 2001) 등 참조).[6)]

(9) 가. ?*영미가 아직 학교에 오지가 않았다.
　　나. 영미가 아직 학교에 오지를 않았다.

(10) 가. 꽃이 아직 피지가 않았다.
　　나. 꽃이 아직 피지를 않았다.

---

4) 이 차이가 (6가)의 '잡히-'와 (6나)의 '잡히-' 간의 서로 다른 통사적 성격에 기인한다는 견해에 대해서는 Maling&Kim(1992), Kim&Maling(1993), Y.-S. Choi(2000), S.-D. Park(2001) 및 9장의 논의를 참조할 것.

5) 혹자는 필자와 달리 (8나)도 (8가)와 마찬가지로 비문법적인 것으로 보기도 한다. 필자가 지적하고자 하는 것은 (8나)가 (8가)보다는 좋다는 점으로 다음 예문들이 이를 좀 더 분명히 보여준다.

(i) 가. *영미가 일부러 손을 잡히지가 않으려고 했다.
　　나. 영미가 일부러 손을 잡히지를 않으려고 했다.

6) 결국 이들 자료는 한국어 자동사에 대격 인가 여부와 관련하여 두 가지 부류가 있음을 보여주는데, 대격 인가가 v의 존재와 관련이 있다는 견해를 따라(Chomsky(1995, 2000, 2001a, b), Adger (2003) 등 참조) 대격을 인가하는 자동사에는 v가 있는 반면 인가하지 않는 자동사에는 v가 없는 것으로 본다. 한편 (9, 10)은 이런 구분이 자동사의 주어 논항의 성격과 상관성이 있음을 보여준다. 즉 대격 인가 자동사의 주어는 행위주의 성격을 가지고, 대격 비인가 자동사의 주어 논항은 대상자(theme)의 성격을 가진다. 생성 문법에서는 이런 차이를 토대로 전자는 비능격 자동사, 후자는 능격 자동사로 부르는데(Adger(2003), Radford(2004:194-198) 등을 참조할 것), 본 장에서도 이를 따른다.

즉 (9)의 '오-'와 (10)의 '피-'는 관련 논항의 성격으로 보아 각각 비능격 및 능격 자동사로 볼 수 있는데, v가 있는 것으로 간주되는 (9)의 경우는 주격이 인가되지 않는데 반해, v가 없는 것으로 간주되는 (10)의 경우는 주격이 허용되는 양상인 것이다. 결국 일차적으로 주격/대격 교체 가능성의 관점에서 볼 때, 장형 부정 구문이 보이는 격의 양상은 다음과 같이 정리될 수 있을 것이다.7)

(11) 가. '-지' 앞의 서술어가 대격 인가자인 경우(타동사 및 비능격 자동사)는 '-지' 뒤에 대격 조사만이 허용되고,
나. '-지' 앞의 서술어가 대격 인가자가 아닌 경우(능격 자동사 및 형용사)는 '-지' 뒤에 주격 조사뿐 아니라, 대격 조사도 허용된다.

이를 도식으로 나타내면 다음과 같다.8)

(12) 가. 대격 V-지-*Nom/ACC 않-Agr-
나. 비대격 V/A-지-Nom/ACC 않-Agr-

이런 양상은 한국어의 일반적 특성 및 격 이론의 일반적 성격에 비추어 볼 때 여러 가지 점에서 특이하다고 할 수 있는데, 다음 10.2에서 먼저 특이한 점이 무엇인가를 확인하고 이어 10.3에서는 (11) 혹은 (12)에 대해 분석을 시도한 기존 연구들의 입장을 비교, 정리한 다음, 어느 분석이 타당한가를 살펴 본다. 이런 비교는 장형 부정 구문의

7) 잘 알려져 있듯이 장형 부정 구문의 '-지' 뒤에는 격조사가 오는 것보다는 나타나지 않는 것이 더 자연스럽다고 할 수 있으며 또한 흔히 지적되듯이 구조격 조사가 오는 경우는 강조 혹은 초점의 해석이 추가되는 것으로 보인다. 이와 같이 격조사가 실현되는 경우와 안 나타나는 경우에 대한 성격 규명 또한 중요한 주제이나 이에 대한 본격적인 논의는 격조사 출현/비출현을 다루는 14장으로 넘긴다. 다만 그 내용을 간략히 정리하면 다음과 같다.
우선 필자는 '-지' 뒤의 구조격 조사의 출현/비출현을 포함한 구조격 조사의 출현/비출현의 모든 경우, 해당 구조격이 통사적으로 인가된 것으로 본다. 즉 출현 대 비출현의 차이는 인가된 구조격이 형태적으로 실현되느냐 아니냐의 차이로 보는 것이다. 그리고 출현은 무표적이고 비출현은 유표적인데, 그로 인해 두 경우가 진리 조건은 같지만 담화 상의 성격에 있어서는 서로 다르게 되는 것으로 본다.
한편 혹자는 출현과 비출현에 대해 다음과 같은 취지의 의문을 제기할 수 있다: 필자의 분석에 의하면 '영미가 아직 학교에 오지 않았다'가 '영미가 아직 학교에 오지를 않았다'에서 도출되어야 하는데 후자가 전자보다 더 유표적이므로 문제이다. 그러나 방금 언급한 견해에 의하면 두 문장은 동일한 통사적 도출 과정을 가지며, 차이는 단지 인가된 구조격이 음형 층위에서 실현되느냐의 여부이므로 문제가 되지 않는다.
8) '않-' 이외에 '아니하-', '말-', '못하-'도 장형 부정 구문을 이루며 이들도 같은 양상을 보인다. 본 장에서는 이들을 대표하는 표현으로 '않-'을 선택한다.

구조는 물론이요 한국어의 격 인가 방안에 대해 일정한 암시를 주는데 10.4에서 이를 요약하기로 한다.

10.2 장형 부정 구문이 보이는 격 인가 양상의 특이성

앞서 장형 부정 구문이 보이는 격의 양상을 (11) 혹은 (12)로 정리하였는데, 이 양상의 특이성은 다음 네 가지로 정리될 수 있다. 첫째, 한국어는 핵이 뒤에 오는 언어이므로 격을 인가하는 핵과 격을 필요로 하는 명사 표현 간의 어순은 다음 예에서 보듯이 일반적으로 "명사 표현 > 격 인가 핵"이 된다.

(13) 박 선생님이 영미를 만나셨다.

주격[9]	대격
박 선생님 > Agr(-시-),	영미 > 대격 V

그러나 (12가)에서의 양상은 정반대이다. 즉 격 인가 핵인 대격 V가 대격 조사를 지닌 '-지'보다 앞에 오는 양상인 것이다.

둘째, 한국어의 격 인가에 있어 하나의 명사 표현이 있고 두 개의 서로 다른 격 인가자가 있을 경우 다음과 같은 내용의 격 최소성이 적용된다는 지적이 있어 왔다(본 책자의 4장, 5장, 6장, 8장 및 J.-S. Lee(1992, 1994), 최기용(2004) 등을 참조할 것).

격 최소성

(14) 가. 아래 도식에서 '을'과 '병'은 격 인가자이고 '갑'은 격의 인가가 필요한 명사 표현이다.
나. '병'은 '을'과 '갑'을 성분-통어하고, '을'은 '갑'을 성분-통어하나 '갑'은 '을'을 성분-통어하지 못한다.
다. (가)와 (나)의 조건이 충족될 경우 '갑'은 '을'에 의해서만 격을 인가 받는다.

[[[갑] 을] 병]

---

9) 주격 인가자를 무엇으로 볼 것이냐에 대해서는 여러 가지 견해가 있으나, 본 장에서는 3장의 논의를 따라 Agr(일치소)로 본다. 그러나 T(시제소)로 보아도 논지에는 상관이 없다.

다음은 이를 보이는 전형적인 예들이다.

(15) 가. *나는 영미가 좋아한다.
나. 나는 영미를 좋아한다.

(16) 가. 나는 영미가 좋다.
나. *나는 영미를 좋다.

(16)에서 '좋-'의 목적어에 대해 주격 인가는 가능하고 대격 인가는 안 되는데, 이는 이 문장에 대격 인가자가 없음을 얘기할 뿐 아니라, 그 경우 주격 인가자가 목적어에 대해서까지 주격을 인가할 수 있음을 보여준다. 그러나 (15가)는 동일한 주격 인가가 (15)에서는 불가능함을 보여주는데, 이는 바로 '하-'의 추가로 인한 대격 인가자의 존재와 상관성이 있음을 말하는 것이다. 즉 대격 인가자인 '하-'(혹은 v)가 있게 될 경우, 그보다 상위에 오는 주격 인가자(Agr이건 혹은 T이건)는 대격 인가자를 성분-통어하게 되므로 결국 격 최소성에 의해 목적어에 대해 주격을 인가하지 못하게 되는 것이다.

이러한 격 최소성에 입각할 때, (12가)의 도식에서 대격 인가자가 '-지' 앞에 있어 '-지'와 주격 인가자인 Agr 사이에 있지 않으므로 '-지'에 대해 주격이 인가될 것으로 예측된다. 그러나 (12가)는 이런 예측이 들어맞지 않음을 보여준다. 즉 '-지' 앞의 서술어가 대격 인가자일 경우 '-지' 뒤에 주격이 인가될 수 없는 것이다.

셋째, (12나)의 도식을 보면 해당 문장 내에 대격 인가자를 찾아 볼 수 없다. 실제로 '-지' 앞에 오는 서술어가 보어를 요구하는 경우 그 보어는 다음 예에서 보듯이 대격을 가질 수 없다.

(17) 가. 나는 영미가 싫지 않았다.
나. *나는 영미를 싫지 않았다.

(18) 가. 영미가 반대표가 되지 못했다.
나. *영미가 반대표를 되지 못했다.

이런 점에 비추어 볼 때, 표면적으로 대격 인가자가 없음에도 불구하고 '-지' 뒤에 대격이 인가될 수 있다는 점은 또 다른 특이한 점이라 할 수 있다.

넷째, 격 이론 하에서 격 인가에 대해 지금까지 여러 종류의 서로 다른 방안이 제안

되어 왔지만, 그런 가운데에서도 묵시적으로 받아들여지고 있는 일반화는 명사구가 일정한 위치에서 인가 받는 격은 한 가지라는 것이다.[10] 즉 한 위치에 서로 다른 종류의 격이 인가될 수 없는 것으로 되어 있으며,[11] 이는 이른바 격 교체 현상이 일어날 수 없음을 의미한다. 그러나 한국어에는 일단 격 교체 현상으로 보이는 경우들이 많은데, 구체적 예로 장형 부정 구문의 (12나)를 위시하여, (6)의 어휘 피동 구문 그리고 아래의 ECM 구문 및 소망 구문 등을 들 수 있다.

ECM 구문

(19) 가. 나는 영미가 똑똑하다고 생각했다.
　　 나. 나는 영미를 똑똑하다고 생각했다.

소망 구문

(20) 가. 나는 사과가 먹고 싶었다.
　　 나. 나는 사과를 먹고 싶었다.

그러나 어휘 피동 구문, ECM 구문 및 소망 구문에 대한 앞 장의 논의에 의하면(각각 9장, 7장, 8장을 참고할 것) 이들이 보이는 현상은 진정한 의미의 격 교체 현상이 아니다. 먼저 각주 4에 소개한 연구 및 9장의 논의에 의하면 대격 인가를 하는 '잡히-'와 주격 인가를 하는 '잡히-'는 서로 다른 통사적 성격을 가지는데, 이는 (6가)와 (6나)가 서로 다른 구문임을 의미한다. 이는 소망 구문의 경우도 마찬가지로 Kim&Maling (1998), 최기용(2005) 등은 (20가)와 (20나)의 구문이 서로 다른 구문임을 주장한 바 있으며,[12] 이들의 견해가 맞는다면 소망 구문이 보이는 현상은 진정한 의미의 격 교체 현상이 될 수 없다. 왜냐면 (20)의 주격 조사와 대격 조사는 서로 다른 구문에 나타나는

---

10) 촘스키의 사슬 조건은 이동을 해도 오로지 하나의 격만을 인가 받을 수 있다는 제약이다. 이에 대해 H.-S. Yoon(1996)은 이 제약이 너무 강함을 주장하고 서로 다른 위치에서 별도로 격을 인가 받을 수 있는 것으로 보았다. 그러나 그런 경우에도 하나의 위치에서 인가 받는 격은 하나에 국한된다.

11) 각 격 인가 방안 하에서 이 일반화가 포착되는 방안은 다음과 같다. 먼저 지배 개념의 경우는 지배 개념에 의해 격 인가의 유일성이 항상 보장된다. 지정어-핵 개념에 의한 경우도 이동에 의하지 않고서는 다른 격 인가 핵과 지정어-핵 관계를 가질 수 없으므로 격 인가의 유일성이 보장된다. 성분-통어의 경우는 앞의 두 방안에서와는 달리 어떤 명사구를 성분-통어하는 격 인가자가 여럿 있을 때, 다중 격 인가가 가능하다. 고로 이를 막기 위한 장치가 필요한데, 그 장치가 바로 격 최소성이다.

12) 보다 자세한 논의는 최기용(2005:374-375) 혹은 8장의 논의를 참조할 것.

것들이기 때문이다.

한편 ECM 구문이 보이는 격 교체가 언뜻 진정한 격 교체로 보일 수도 있으나 7장에서 보았듯이 이 경우도 진정한 의미의 격 교체라 할 수 없다. 진정한 의미의 격 교체가 되기 위해서는 교체를 보이는 명사 표현의 위치가 격 조사에 따라 다르지 않아야 하는데, ECM 구문에 대한 대부분의 연구들은 대격 표현이 주격 표현의 경우와는 달리 모문에 위치함을 주장하고 있다(J.-M. Jo(2001), H. Park(2001), Tanaka(2002), Kim&Kim(2003), H.-S. Yoon(2004a, b) 등을 참조할 것).

이에 반해, 장형 부정 구문이 보이는 격 교체는 진정한 의미의 격 교체인 것으로 보인다. 즉 지금까지 (1-3가)와 (1-3나)의 관계가 '-지' 표현의 이동에 의한다거나 혹은 두 구문이 서로 다른 구문이라고 본 연구가 없을 뿐 아니라, 그렇게 볼 근거도 거의 없는 것으로 보이는데, 이는 장형 부정 구문의 이 양상이 앞서 언급한 일반화를 어김을 의미하며 고로 장형 부정 구문의 또 다른 특이성이라 할 수 있다.

10.3 기존 연구들

방금 앞에서 본 특이성들은 그 자체로 기존의 격 이론적 가정 및 한국어의 일반적 특성에 문제가 되는데, (11) 혹은 (12)의 양상이 마냥 한국어의 다른 일반적 특성과 어긋나는 것은 아니다. 그 중 한국어의 일반적 특성과 맥을 같이 하는 것도 있는데, 다음이 그것이다.

(21) '-지' 앞의 서술어가 대격 인가자인 경우는 '-지' 뒤에 주격이 불가능하고
'-지' 앞의 서술어가 대격 인가자가 아닌 경우는 '-지' 뒤에 주격이 가능하다.

위 내용은 결국 서술어의 대격 인가자 여부와 주격 인가의 여부 간에 상관성이 있다는 내용인데, 다음 예문은 이와 유사한 내용의 상관성이 한국어에 유효함을 보인다. 즉 타동사 '만나-'의 경우는 그 앞에 오는 목적어에 주격이 불가능하나 형용사 '좋-'의 경우에는 그 앞에 오는 목적어에 주격이 가능한 것이다.

(22) 가. *철수가 영미가 만났다.
나. 나는 영미가 좋다.

고로 (21)과 예문 (22)가 보이는 상관성이 비록 주격이 실현되는 표현과 서술어 간의 의미적 관계 및 어순에 있어 서로 다르지만, 주격 인가 여부와 관련해서 결국 같은 내용의 상관성이라 한다면 두 현상이 어떤 형태로든 통합적으로 설명이 되어야 할 것이다.

결국 장형 부정 구문이 던지는 문제는 크게 두 가지라 할 수 있다. 하나는 앞 절에서 소개한 특이성들을 어떻게 설명하느냐 하는 것이고 다른 하나는 방금 소개한 상관성들을 어떻게 통합적으로 포착하느냐 하는 것이다. 이런 문제에 대한 기존 연구들의 접근 방식은 크게 두 가지로 나뉜다. 하나는 부정 서술어에 나타나는 '하-'가 경동사라는 점에 착안하여 '-지' 앞의 서술어 혹은 서술어가 갖는 특성이 '하-'로 이동한다고 보는 방식이고(M.-Y. Kang(1988), J.-S. Lee(1992), D.-W. Yang(1995, 1996), K. Lee(1995, 2000, 2002), 홍용철(1998) 등),[13] 다른 하나는 '-지' 앞 서술어의 이동 없이 장형 부정 구문의 구조인 핵기저부가구조를 이용하는 방식이다(K. Choi(1991a), 최기용(1993) 등). 먼저 이들 각 방식의 내용을 간단히 소개하고 각 방안의 성격을 비교, 검토하기로 한다.

10.3.1 이동 분석

한국어에서 서술어의 대격 인가 여부로 인한 주격 인가의 가능성은 (22)에서 보듯이 서술어 앞에 오는 목적어에 걸리는 것이 정상적이라 할 수 있다. 그러나 장형 부정 구문의 경우 같은 양상이 서술어 앞에 오는 목적어에 걸리는 것이 아니라, 서술어 뒤에 오는 '-지'에 대해 걸린다는 것이 바로 10.2에서 본 첫 번째 특이성의 핵심이라고 할 수 있는데, 이 외 10.2에서 본 다른 특이성 및 바로 앞에서 본 상관성의 유사성을 포착하기 위해 이동 분석은 '-지' 앞의 서술어 혹은 서술어의 격 특성이 '-지' 뒤에 오는 '하-'로 이동하는 것으로 설정한다.[14] 이는 물론 장형 부정 구문의 구조를 일단 다음과

---

13) 이정식의 분석에서도 이동과 비슷한 설정을 찾아 볼 수 있으나, 이동의 내용이 다르며 또한 실제 설명에 있어 이동이 그리 중요한 부분을 차지하지 않고 있다. 그보다는 '하-'의 격 성격을 이중적이라고 보는 설정이 더 중요하다. 즉 '하-'가 대격 자질을 갖는가 하면 아무런 자질이 없다고 보는데, 이에 의해 (12나)의 양상을 설명한다. 그러나 K. Lee(1995:334)가 지적하였듯이 이 경우 (12가)의 양상이 문제가 된다. 즉 '하-'가 아무런 자질이 없는 경우 '-지' 앞의 서술어가 대격인가자라 해도 주격 인가자에 의한 주격 인가의 가능성이 생기기 때문이다.

14) M.-Y. Kang(1988), D.-W. Yang(1995, 1996)은 이 이동이 논형 층위에서 일어난다고 본데 반해, K. Lee(1995, 2000, 2002)는 가시부에서 일어난다고 보았다. 전자가 갖는 큰 문제점은 최기용(1993), J.-S. Lee(1992), K. Lee(1995) 등에서 지적되었듯이 논형 층위 이동으로 인해 격 인가의

같이 본다는 가정에 의하고 있다.[15] 즉 부정어와 '하-'를 통사적으로 분리하고 '하-'가 구조적으로 '-지' 앞 서술어보다 상위에 온다고 보는 것이다.

(23)

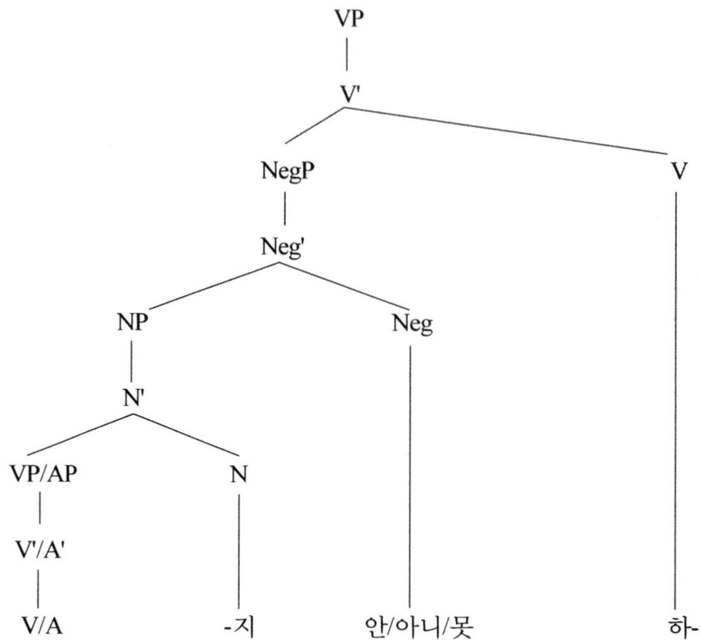

먼저 이 구조를 토대로 문제의 이동은 (21)의 상관성을 다음과 같이 설명한다. '-지' 앞 서술어가 대격 인가 능력이 있는 경우에는 그 능력을 '하-'가 이어 받아 '하-'가 대격 인가자가 되며 '-지'에 대해 가까운 격 인가자는 주격 인가자이기보다는 '하-'이므로 '-지'에 대해 주격이 불가능하게 된다. 반면에 '-지' 앞 서술어가 대격 능력이 없을 경우에는 '하-'도 대격 능력이 없게 되어 결국 '-지'에 대해 주격이 가능하게 된다.

이어 10.2에서 언급한 첫 번째 및 두 번째 특이성도 쉽게 해결이 된다. 즉 '하-'가 대격 인가 능력을 물려 받는다고 보면 '-지'의 대격 인가 양상도 결국 "명사 > 격 인가핵"의 양상을 띠므로 더 이상 특이할 것이 없게 되며, '-지'와 주격 인가자 사이에 대격 인가자인 '하-'가 있게 되므로 격 최소성도 지키는 양상으로 볼 수 있게 되는 것이다.

내용이 달라지며 고로 그로 인해 인가되는 격의 음성적 실현이 달라져야 한다는데 있다. 한편 양동휘의 경우도 이동을 설정하고 있으나, '하-'가 하위 서술어의 격 인가 능력을 갖게 되는 방안은 다소 다르다. 자세한 것은 D.-W. Yang(1996:(64))를 참조할 것.

15) 각 연구자별로 장형 부정 구문의 구체적인 구조는 다 다르다. 그러나 '-지' 앞 서술어, '-지', 그리고 '하-' 간의 구조적 위계는 (23)과 동일하다.

그러나 세 번째 특이성은 여전히 문제로 남는데, 이를 위해 이동 분석이 제시하는 해결책은 일반적으로 다음과 같다.16)

(24) '하-'는 수의적으로 대격 인가 능력을 갖는다.17)

즉 (24)에 의해 '하-'는 스스로 대격 인가 능력을 갖기도 하고 아닐 수도 있는데, 바로 지금까지 본 경우들은((21)의 상관성, 10.2의 첫 번째 및 두 번째 특이성이 나타내는 바들) 모두 후자의 경우에 해당한다고 할 수 있다. 즉 '하-'가 아무런 능력이 없는 경우 '-지' 앞 서술어의 격 인가 능력이 '하-'의 능력을 결정하는 것이다. 그에 반해, '하-'가 대격 인가 능력을 갖게 되면, '-지' 앞 서술어의 격 인가 능력은 아무런 영향력을 발휘하지 못하게 되며 결국 '-지' 앞 서술어가 대격 인가 능력이 없어도 '-지' 뒤에 대격이 인가될 수 있게 되는 것이다. 그리고 마지막으로 10.2에서 지적한 네 번째 특이성도 결국 (24)의 자연스러운 결과로 분석이 될 수 있다. 즉 '하-'가 대격 인가 능력이 있는 경우는 대격이 인가되고, 없으면 주격이 인가되어 격 교체의 양상으로 나타나는 것이다.

10.3.2 비이동 분석18)

장형 부정 구문의 구조를 (23)과 같이 볼 때, 장형 부정 구문의 특성을 설명하기

16) D.-W. Yang(1996:180)에서 (24)에 대응되는 것은 '하-'가 어휘부로부터 배번집합으로의 전이시 nonintrinsic 대격 자질이 부여된다는 다음과 같은 가정이다: ...the light verb with the [+stative] feature is assigned the nonintrinsic or optional accusative Case feature in the transition from lexicon to numeration. 양동휘의 이 nonintrinstic 대격 자질은 서술어가 어휘부로부터 [−stative] 자질을 가질 경우 갖게 되는 intrinsic 대격 자질과는 다른 것이다. 그러나 대격 자질을 이렇게 달리 볼 근거는 전혀 없는 것으로 보인다.

17) 이 가정은 이동 분석에서 '-지' 앞 서술어가 갖는 대격 인가 능력의 이동을 필수적으로 만들게 한다. 그 이유는 만약 이동하지 않으면 (24)에 의해 '하-'가 대격 인가 능력을 안 갖게 되며 고로 (23)과 같은 구조 하에서 '-지'에 대해 주격이 인가될 수 있게 하기 때문이다. 이를 막는 방법은 물론 '하-'가 대격 인가 능력이 없어도 '-지' 앞 서술어의 대격 인가 능력이 이동하여 '하-'가 대격 인가 능력을 갖게 하는 것이다.

18) 혹자는 10.3.2의 분석에서도 v로의 이동을 상정하므로 10.3.2.의 분석을 "비이동 분석"으로 부르는 것이 적절하지 않음을 지적할 수 있다. 10.3.2의 분석에서도 v로의 이동이 상정되는 것은 맞는 지적이다. 그러나 두 분석의 차이를 확연하게 드러내는 적절한 용어가 없는 상태에서 10.3.1 바로 앞에서 이동과 비이동의 차이가 어떤 것인가를 언급하였으므로 본 장에서는 이 용어를 그대로 사용하기로 한다.

위해 이동을 설정하는 것은 필연적인 선택으로 보인다. 그러나 필자는 최기용(1993)에서 장형 부정 구문의 구조가 (23)과 같을 수가 없으며 대신 다음과 같은 구조이어야 함을 주장한 바 있는데,[19] 이런 구조에서는 이동에 의한 분석이 필연적이 아니다.

(25) 가. 나.

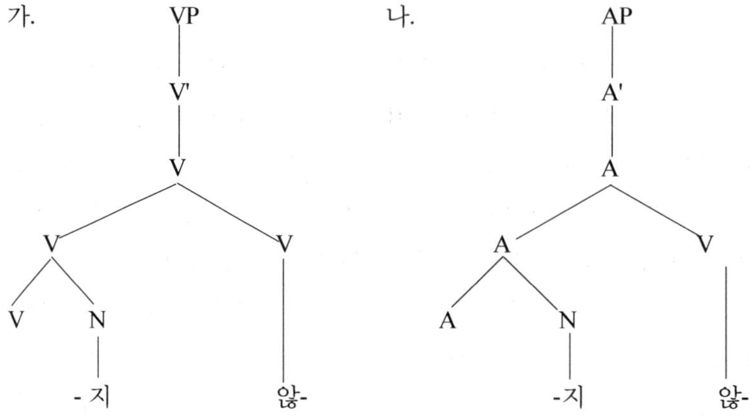

이 구조는 여러 가지 면에서 (23)과 다른데 중요한 점을 정리하면 다음과 같다.

(26) 가. '하-'가 별도의 핵이 아니며 부정어와 함께 하나의 어휘로 취급된다.
나. '-지' 앞 서술어와 '-지' 그리고 '않-'은 통사부에서 하나의 X^0를 형성한다.
다. 앞 세 성분 중 맨 왼쪽의 것이 핵이 되며, 고로 '-지'앞 서술어가 동사인 경우 전체는 동사구가 되고, '-지' 앞 서술어가 형용사인 경우 형용사구가 된다.

이런 설정에 대한 자세한 논증은 최기용(1993)에 나와 있으므로 여기 그것을 반복하지는 않기로 한다.[20] 여기서는 이런 구조 하에 앞에서 살펴 본 장형 부정 구문의 격 양상이 어떻게 설명이 되는가만을 제시하기로 한다.

먼저, 중요한 점은 (26)의 상관성이 '-지' 앞 서술어의 이동에 의하지 않고서도 (27)에서와 마찬가지로 설명이 된다는 점이다. 즉 '-지' 앞 서술어가 대격 인가 능력을 가지는 경우는 v가 있음을 의미하므로 (25가)에서 VP 위에 v(P)가 오게 되며 이를 구조로 나타내면 다음과 같다.

---

19) 타동사나 비능격 자동사의 경우 (25가) 위에 v가 오게 된다.

20) 본 장은 장형 부정 구문의 구조를 (25)라고 볼 때, 구문의 격 교체 현상이 어떻게 설명되며, 또 다른 대안에 비해 어떤 점이 좋은가를 논의하는 것을 목적으로 하므로 (25)로 대변되는 핵기저부가구조의 이론적, 경험적 근거는 다루지 않는다. 이에 대해서는 K. Choi(1991a, 2000, 2004), 최기용(1993, 1996나, 1998나, 2001나) 등을 참조할 것.

(27)

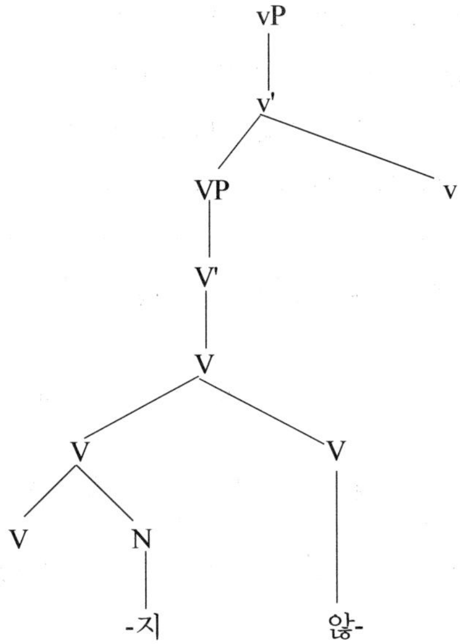

그리고 ' -지'는 그러한 vP의 성분-통어 영역 내에 있게 되므로 (22가)의 '영미'와 마찬 가지 이유로 주격을 인가 받을 수 없게 되는 것이다. 여기서 중요한 점은 이런 결과가 이동 분석에서처럼 ' -지' 앞 서술어의 이동에 의하지 않고서도 얻어질 수 있다는 점이다.

이어 (12가)의 구조가 (27)와 같다고 보면 두 번째 특이성도 간단하게 설명이 된다. 즉 구조적으로 대격 인가지인 v는 ' -지'를 성분-통어하여 대격을 인가하게 되며 주격 인가는 v보다는 상위에 오므로 격 최소성에 의해 주격이 인가되지 못하는 것이다.

한편 이와 같은 설정에 의하면 (12나)의 구조에 대격 인가자가 없게 되는데, 고로 세 번째 특이성을 위해서는 다음과 같은 가정이 필요하다.

(28) '않/아니하/못하/말-'은 고유한 대격 인가자이다.[21]

이 가정에 의하면 (12나)에서 ' -지' 뒤의 대격은 바로 그 뒤에 오는 부정 서술어에 의해 인가된다. 그리고 이런 설정에 의하면 대격 표현이 대격 인가자보다 앞에 오는 양상이 되므로 첫 번째 특이성의 문제도 자연스럽게 해결이 된다.

이제 남은 문제는 네 번째 특이성을 어떻게 분석하느냐인데 (25나)의 구조 하에서

---

21) 여기서의 '고유'의 의미는 개별 어휘의 특성으로 대격 인가 능력을 갖게 되었다는 의미이다. 최기용(2005)에 의하면 고유한 주격 인가자의 경우도 있는데 '되-'의 경우가 바로 그것이다.

이 문제는 격 인가에 대한 "일치(Agree)" 접근법 및 격 최소성의 결과로 분석이 된다. 격 최소성의 내용은 앞에서 봤으므로 "일치"가 어떤 성격을 갖느냐를 소개해야 하는데, probe, goal의 개념 및 기타 부차적 개념을 제외할 때,[22] "일치" 접근법의 기본 내용은 결국 격 인가가 성분-통어에 의한다는 것이라 할 수 있다. 이제 네 번째 특성이 방금 소개한 격 인가 방식에 의해 어떻게 설명이 되는가를 보자. 이를 위해 편의상 앞에서 소개한 격 최소성 개념을 아래 다시 옮긴다.

(29) 가. 아래 도식에서 '을'과 '병'은 격 인가자이고 '갑'은 격의 인가가 필요한 명사 표현이다.
나. '병'은 '을'과 '갑'을 성분-통어하고, '을'은 '갑'을 성분-통어하나 '갑'은 '을'을 성분-통어하지 못한다.
다. (가)와 (나)의 조건이 충족될 경우 '갑'은 '을'에 의해서만 격을 인가 받는다.

[[[갑] 을] 병]

위 도식에서 보듯이 정상적인 상황은 '갑'이 두 격 인가자인 '을'과 '병'에 의해 성분-통어는 되나, 그 반대는 성립하지 않는 경우이다. 중요한 점은 '갑'이 '을'을 성분-통어하지 않는 경우 '갑'에 대해 가장 가까운 격 인가자는 '을'로만 귀착된다는 점이다. 이와 비교해 볼 때, (25나)의 형상은 (29)에서 본 전형적인 경우와는 약간 다른 것으로 판명된다. 먼저 위 도식에 입각해 볼 때, '갑'은 '-지'에 해당하고, '을'은 (28)에 의해 고유 대격 인가자로 규정되는 '않-'이 된다. 그리고 '병'은 '을'을 성분-통어하는 주격 인가자(Agr 혹은 Infl)가 된다. 먼저 (25나)에서 주격 인가자는 '않-'과 '-지'를 성분-통어한다. 이어 아래와 같은 성분-통어 규정에 의하면 '않-'도 '-지'를 성분-통어한다.

(30) X is dominated by Y only if it is dominated by every segment of Y.
(31) X excludes Y if no segment of X dominates Y.

Chomsky(1986a:7, 9)

(32) X c-commands Y iff X and Y are categories and X excludes Y and every category that dominates X dominates Y.

Kayne(1994:18)

---

22) 생성 문법 내에서 그동안 격 인가와 관련하여 여러 가지의 방안이 제시되어 왔다. 그 중 "일치"는 최근의 제안인데, 자세한 내용에 대해서는 Chomsky(2000, 2001a, b) 그리고 이를 소개한 이만기·최기용·최동신(2005), 이숙희(2005) 등을 참고할 것. 격 인가 방안의 변천에 대해서는 본 책자의 1장 및 Ura(2001)를 참고할 것.

즉 (25나)에서 '않-'의 어떤 조각(segment)도 '-지'를 관할하지 않으므로 '않-'은 '-지'를 배제하며(exclude), 형용사의 모든 조각이 '-지'를 관할하는 것이 아니므로 '않-'을 관할하는 최초의 절점은 A가 아니라, A'이고 이 A'가 '-지'를 관할하므로 결국 '않-'은 '-지'를 성분-통어하게 된다.

그러나 (25나)가 전형적인 경우와 다른 점은 (29)의 도식에서 '갑'에 해당하는 '-지'가 '않-'을 성분-통어한다는 점이다. 즉 (25나)에서 '-지'를 관할하는 최초의 절점은 A가 아니라 A'이고 그 A'이 '않-'을 관할하므로 결국 '-지'도 '않-'을 성분-통어하게 된다. 필자는 이런 상황이 네 번째의 특이성을 낳는 것으로 본다. 즉 지금까지의 분석에 의하면 격 인가에 필요한 최소한의 조건은 성분-통어이고 (29나)와 같은 조건 하에서는 결국 '갑'이 구조적으로 '을'보다 아래에 오게 되어 '을'에 의해서만 격이 인가된다. 그러나 (25나)의 경우는 '않-'이 '-지'를 성분-통어하고 그로 인해 대격이 인가되기도 하지만, '-지'가 위계상 '않-'보다 낮은 위치에 있지 않고 '않-'과 같은 위치에 있게 됨으로 인해 주격 인가자에 의해서도 격을 인가받게 되는 가능성이 생기는 것이다.[23), 24)]

10.3.3 비교

지금까지 우리는 장형 부정 구문의 격 인가가 갖는 양상을 모두 다섯 가지로 정리하고 이것이 이동 분석 및 비이동 분석에서 어떻게 설명이 되는가를 정리해 보았다. 이를 통해 알 수 있는 것은 이동 분석과 비이동 분석이 장형 부정 구문의 구조에 대한 설정에 있어 서로 다르므로 그 설명도 다를 수밖에 없다는 점이다. 고로 두 분석 간에 어느 것이 우월한가를 직접적으로 평가하기는 상당히 어렵다고 할 수 있다. 그러나 두 분석이 이용하는 가정 및 설명의 성격에 비추어 볼 때, 비이동 분석이 좀 더 올바른 방향에 있는 것으로 보인다.

먼저 (21)로 정리된 서술어의 대격 인가 여부와 주격 인가 여부 간의 상관성이 예문 (22)가 보이는 상관성과 같은 내용이라면 두 상관성이 같은 방식으로 설명되는 것이 그렇지 않은 것보다 더 낫다고 할 수 있을 터인데, 우리는 앞에서 비이동 분석에서는 (25)과 같은 구조적 설정을 토대로 예문 (22)가 보이는 상관성에 대한 설명 방식이 그대로 (21)에도 적용됨을 보았다. 그러나 이동 분석에서는 '-지' 앞 서술어 혹은 서술어의

23) 물론 이런 분석은 격 인가 자체는 기본적으로 필수적이 아니고 수의적임을 전제로 한다. 고로 격 교체에 대한 이런 분석이 맞는다면 이는 격 인가의 수의성에 대한 증거가 될 것이다.

24) 그러나 격 최소성의 직관적 내용에 비추어 볼 때, Agr이 '않-'을 비대칭 성분-통어한다는 점이 여전히 문제라 할 수 있다. 본 장의 해결책과는 다른 해결책이 15장에서 제시된다.

격 인가 능력이 '하-'로 이동해야 한다는 별도의 가정을 필요로 했다.

한편 10.2의 세 번째 특이성을 위해 각 분석이 이용하는 가정은 성격이 비슷한 면이 있다. 즉 이동 분석에서는 '하-'가 대격 자질을 갖는다고 가정하고 있고 비이동 분석에서는 '않-' 같은 부정 서술어 자체가 개별적으로 대격 인가 능력을 갖는다고 가정하고 있는 것이다. 이는 (12나)에서의 대격 가능성을 위해서는 어떤 분석에서든 본래의 대격 인가자말고 별도의 대격 인가자가 필요함을 의미한다고 할 수 있다. 그러나 둘 간에는 큰 차이가 있기도 하다. 먼저 이동 분석에서는 (24)에서처럼 '하-'의 대격 인가 능력을 수의적으로 보아야 한다.[25] 왜냐면 '하-'가 대격 인가 능력을 항상 갖는다고 보면 '-지'에 대해 주격 인가의 가능성이 없어지기 때문이다. 그러나 비이동 분석에서는 "수의성"이라는 조항을 이용할 필요가 없다. 아니 이론적으로 이용할 수 없다. 필자는 이 차이점이 두 분석의 정당성을 따지는 데 있어 중요한 역할을 한다고 본다. 이를 위해서는 앞에서 분명히 하지는 않았으나, 대격 인가의 형식적 내용과 관련하여 이동 분석과 비이동 분석이 어떻게 다른가를 분명히 할 필요가 있다.

먼저 이동 분석의 경우를 보면, 이동 분석에서는 Chomsky(1995)의 점검 이론을 토대로 대격 인가를 [대격] 자질의 점검으로 보고 있다. 고로 대격 인가를 위해서 이동을 통해서건 (24)와 같은 임의 규정을 통해서건 일정한 성분이 [대격] 자질을 갖게 한다. 이에 반해, 비이동 분석은 Chomsky(1981) 혹은 Chomsky(2000, 2001a, b) 식의 격 인가 방식을 택한다. 이 방식에 의하면 격을 필요로 하는 명사 표현은 [격] 자질을 가지나, 격 인가자는 대응하는 [격] 자질을 가지지 않는다. 그리고 격 인가자는 기본적으로 범주적으로 제한되어 있다. 즉 대격의 경우는 v, 주격의 경우는 Infl로 제한되어 있는 것이다. 여기서 중요한 차이는 후자의 방식에서는 격 인가와 관련하여 격 인가자 대 비인가자의 두 부류만이 허용되나, 전자에서는 격 인가 여부가 [격] 자질의 유무에 의하므로 격 자질을 가지는 경우, 안 가지는 경우 그리고 (24)에서와 같이 수의적으로 가지는 경우의 모두 세 부류를 허용한다는 점이다. 필자는 세 번째 경우는 결국 개념적으로 모든 범주에 대해 격 인가를 허용하는 결과를 가지게 되므로, 후자가 전자보다 좀 더 제한적(restrictive) 이론이라고 보고 있다. 어떤 현상을 설명함에 있어 이론적 제한이 없는 것이 진정한 이론이 아니라면 바로 이 점에 있어 비이동 분석이 이동

25) 혹자는 일반적 분석에 의하면 장형 부정 구문의 '하-'는 좌초하는 어미를 지탱하는 요소이며 바로 그런 특성 때문에 (24)와 같은 특성을 가지는 것으로 볼 수도 있음을 지적할 수 있다. 그러나 문제는 아래 지적하였듯이 경동사라는 점에서 같은 특성을 보이는 '하-'들의 격 인가 능력을 작위적으로 서로 다르게 보아야 한다는 점이다.

분석보다 더 올바른 분석임은 말할 나위도 없을 것이다. 달리 말해, 격 인가자를 문장 구조에 나타나는 범주적 차원에서 제한하는 이론에서는 (24)에서와 같은 수의성 개념을 이용하는 가정은 허용될 수 없으며 고로 (24)는 2장의 세 번째 특이성 그리고 더 나아가 네 번째 특이성에 대한 진정한 설명이 되지 못한다.

세 번째 특이성을 위해 각 분석이 가정한 (24)와 (28) 간에는 또 다른 차이가 있다. 즉 (28)은 대격 인가 능력을 부정 서술어의 개별적 특성으로 보았는데 반해, (24)는 한국어의 경동사로 알려져 있는 '하-'의 특성으로 본 것이다. 고로 (24)와 같은 설정에 의하면 다른 구문에 나타나는 경동사 '하-'가 같은 성격을 가져야 하나, 다음 예들은 그렇지 않음을 보인다.

(33) 가. 정미가 언어학을 공부를 했다.
　　 나. *정미가 언어학을 공부가 했다.

(34) 가. 철수가 영미를 싫어한다.
　　 나. *철수가 영미가 싫어한다.

(33)과 (34)에 나타나는 '하-'는 일반적으로 문장 전체의 의미에 기여하는 바가 없다 하여 경동사로 보는데, 고로 (24)에서처럼 수의적으로 대격 인가 능력을 갖는다면 (33나, 34나)가 좋아야 하나 그렇지 못하며 이는 (24)의 가정에 대한 근거가 미약함을 말하는 것이 된다.

마지막으로 이동 분석이 설정하는 이동의 동기가 미약하다는 점을 지적할 수 있다. 애초에 이동 분석을 제안한 M.-Y. Kang(1988)의 논의에 의하면 '-지' 앞 서술어의 이동의 동기는 '하-'가 허사라는 데 있었다. 즉 허사는 논형 층위에서는 있어서는 안 되는 표현이므로 '-지' 앞 서술어가 이동하여 '하-'를 대체한다는 것이었다. 그러나 이 분석은 앞서 지적하였듯이 논형 층위의 이동이 음성적 결과를 가지게 된다는 이유로 배제되며 그 후로는 문제의 이동이 가시부에서 일어나는 것으로 보고 있다. 그러나 가시부에서 '-지' 앞 서술어가 이동하게 되면 그 결과는 잘못된 음성적 결과인 '*지 안 만나하-' 등을 낳게 되므로 K. Lee(1995)는 관련 자질 즉 '-지' 앞 서술어의 [대격] 자질 만이 '하-'로 이동하는 것으로 보고 있다. 즉 가시부에서 일종의 자질 이동을 설정하는 셈인데, 다음과 같은 점에서 최소주의 하에서의 이동과는 기본적으로 성격이 다르다.

최소주의 하의 이동은 항상 동기가 있어야 하며 그 동기는 이동에 의해 얻는 바가 있어야 한다는 것이다. 즉 이동하는 표현이 갖는 [-해석성] 자질이건 아니면 이동의 목표물이 갖는 [-해석성] 자질이건 이동에 의해 그 [-해석성] 자질의 점검이 일어나야 한다(Chomsky(1995, 2000, 2001a, b) 등 참조). 그러나 이 점에 비추어 볼 때, 이동 분석 특히 K. Lee(1995)에서 설정되는 이동에는 그런 동기를 찾아 볼 수 없다. 단지 '-지' 앞 서술어가 갖는 [대격] 자질이 '하-'로 이동한다고만 되어 있기 때문이다. 게다가 (24) 가정에 의하면 '하-'도 [대격]을 수의적으로 가질 수 있는데, '하-'가 갖는 [대격] 자질 혹은 '-지' 앞 서술어가 갖는 [대격]이 동기가 된다고 볼 수는 없다. 왜냐면 그렇게 되면 그 이동의 결과 [-해석성] 자질인 [대격] 자질이 다 점검되어 생략되어야 하며 그러면 '-지' 뒤에 나타나는 대격을 인가할 수 없게 되기 때문이다.

10.4 마무리

필자는 한국어의 장형 부정 구문이 보이는 격의 인가 양상은 여러 가지 점에서 아주 특이하며 고로 격 이론 및 구조 이론 논의에서 중요하게 다루어져야 한다고 생각한다. 필자는 먼저 장형 부정 구문이 보이는 격 인가 양상을 한국어의 전형적인 격 인가 양상과 다른 점 네 가지 그리고 공통점 한 가지로 정리하였다.

한편 이런 양상을 설명함에 있어 기존 연구가 크게 이동 분석과 비이동 분석으로 나뉨을 지적하고 각 분석의 성격을 비교적 자세히 소개하고 비교, 평가하였다. 이 평가를 통해 필자는 이동 분석이 비이동 분석에 비해 널리 받아들여지는 견해이기는 하나, 여러 가지 점에서 문제가 많음을 지적하였다. 우선 (21)의 상관성과 예문 (22)가 보이는 상관성이 같은 성격임에도 불구하고 같은 방식으로 설명되지 못함을 지적하였다. 이어 (12나)의 설명을 위해 필수적인 (24)와 같은 가정이 경험적으로 그리고 개념적으로 근거가 없음을 지적하였다. 마지막으로 이동 분석에서 (21)의 설명을 위해 필수적인 이동의 성격이 논형 층위에서의 이동인 경우는 격의 음성적 실현을 올바르게 포착하지 못한다는 점에서, 그리고 가시부에서의 이동인 경우는 이동의 동기를 찾을 수 없다는 점에서 문제점이 있음을 지적하였다. 달리 말해, 최소주의 하에서 인정되는 이동의 개념에 의하면 이동 분석에서 설정하는 식의 이동은 설정될 수 없으며 이는 결국 (21)의 양상을 전혀 설명하지 못한다고 할 수 있는 것이다.

이동 분석의 이런 많은 문제점에도 불구하고 비이동 분석이 그동안 주목을 받지 못한 이유는 아마도 그 분석의 토대가 되는 장형 부정 구문의 구조에 대한 거부감 때문으로 보인다. 그러나 필자는 최기용(1993)에서 이 구조에 대해 격 양상과는 무관한 독립적 근거를 제시한 바 있다. 그리고 본 장에서는 같은 구조 하에서 장형 부정 구문이 보이는 격 양상이 이동 분석보다 더 원리적으로 그리고 자연스럽게 설명이 됨을 보였다. 즉 격 인가가 성분-통어 및 격 최소성에 의해 이루어진다는 지금까지의 가정 하에, (25)의 구조를 토대로 (21)과 예문 (22)가 보이는 상관성이 같은 방식으로 설명됨을 보였고, (12나)의 현상을 위해 어떤 분석에서든 필요한 별도의 대격 인가자를 위한 가정인 (23)이 (24)와는 달리 경험적으로 그리고 개념적으로 아무런 문제가 없음을 보았다. 그리고 (12나)에서의 주격/대격 교체가 격 인가에 대한 지금까지의 일반화에 의하면 일견 예외적인 현상이나, 격 최소성 개념과 (25)와 같은 구조 하에서는 오히려 원리적으로 설명이 될 수 있음을 보았다.[26)]

이런 평가가 맞는다면 이는 여러 가지를 말해 주는 것으로 보인다. 먼저 장형 부정 구문의 구조로 (23)보다 (25)가 더 맞음을 보여준다. 둘째, 격 인가자에 대해서까지 [격] 자질을 부가하는 방식보다는 격 인가자를 범주적으로 규정하는 Chomsky(1981, 2000, 2001a, b)의 방식이 더 올바른 방식임을 보여준다. 마지막으로 생성 문법에서 지금까지 제안된 여러 가지 격 인가 방안 중 성분-통어 및 격 최소성에 의한 방식이 적어도 한국어에서는 경험적으로 올바른 방식임을 보여준다. 특히 지배 및 지정어-핵 등의 방식에 의하면 개념적으로 이동하지 않는 하나의 명사 표현에 대해 하나의 격만이 인가될 수 있을 뿐인데 반해, 성분-통어 및 격 최소성에 의하면 명사 표현 '갑'과 격 인가자 '을'이 서로 성분-통어하는 경우 '갑'이 '을'에 의해서 격을 인가받을 수도 있지만, '을'보다 상위에 오는 다른 격 인가자인 '병'에 의해서도 격을 인가받을 수 있게 되며,

---

26) 정대호 교수는 개인적으로 필자의 비이동 분석에 의하면 다음과 같은 예문이 가능하며 고로 문제임을 지적하였다.

(i) 가. *영미가 몸을 좋지를 않다. 나. *나는 떼를 쓰는 영미를 싫지를 않다.

즉 (25나)와 같은 구조에서 형용사가 보어 성분을 가지는 경우 그 보어 성분이 '않-'에 의해 성분-통어되므로 그로 인한 대격 인가가 가능하다는 것이다. 그러나 (i)의 비문법성은 이동 분석에도 마찬가지로 문제가 된다. 왜냐면 이동 분석에 의하면 '지-' 뒤의 대격이 (24)에 의해 대격 인가 능력을 갖게 되는 '하-'에 의한 것이 되는데 그럴 경우 한국어의 다중격 인가 특성에 의해 형용사의 보어에 대해서도 대격 인가가 가능하게 되기 때문이다. 한편 비이동 분석에서 이 문제에 대한 해결책이 전혀 불가능한 것은 아니다. 앞서 '-지'의 대격은 v에 의해 인가되는 것이 아니고 '않-'에 의한 것이라 했는데, 이를 이용하는 것이다. 즉 v는 다중격 인가 능력을 가지지만, '않-'의 경우는 개별 어휘의 고유 특성에 의한 것으로 다중격 인가 능력을 갖지 못하는 것으로 보는 것이다.

고로 이동하지 않는 하나의 명사 표현에 대해 서로 다른 격이 인가될 수 있는 진정한 의미의 격 교체 현상이 예견됨을 보았다. 그리고 바로 한국어 장형 부정 구문은 그런 예측이 실현됨을 보여주는데, 이런 의미에서 그런 현상을 예측하지 못하는 다른 방안은 격 인가의 올바른 방안이 될 수 없을 것이다.

제11장

격 중출

격 중출은 한 문장 내에서 동일한 격 조사가 두 번 혹은 그 이상 출현하는 경우를 말하는 것으로 한국어의 특징 중 가장 잘 알려지고 또한 가장 많이 연구된 현상 중의 하나라고 할 수 있다. 이 현상이 주목을 끌었던 기본적인 이유는 격 중출이 주로 나타나는 격조사가 주격 조사, 대격 조사 및 속격 조사이기 때문이라고 할 수 있다.[1] 특히 이 중에서도 주격 조사 및 대격 조사의 중출이 많은 관심을 끌었는데,[2] 그 이유는 이런 중출이 이들 조사에 대한 전통 문법의 기본적 인식과 잘 들어맞지 않았기 때문이다. 즉 전통 문법에서는 주격 조사 및 대격 조사를 각각 주어 및 직접 목적어를 나타내는 표지로 보는 것이 일반적인데, 격 조사의 중출은 한 문장이 하나의 주어 및 하나의 직접 목적어를 갖는다는 일반적 이해와 어긋나기 때문이다. 이 문제에 대한 생성 문법식 해결은 2장에서 지적하였듯이 격조사를 주어 또는 목적어와 같은 문법 기능의 실현으로 보지 않는 것으로 이 견해에 의하면 격 중출은 [−해석성]의 성격을 가지는 "격"이라는 통사적 자질이 문장 내에서 왜 혹은 어떻게 다중으로 실현되는가 하는 형식적 문제가 된다. 이 문제와 관련하여 그동안 생성 문법 내에서 여러 견해들이 제시되었는데, 본 장의 주요 목적 중의 하나는 바로 이런 견해들을 종합적으로 비교, 정리하여

---

1) Y. Kim(1989), Maling&Kim(1992) 등에서는 다음 예문을 들어 '-에게'로 대표되는 dative격도 중출되는 것으로 보고 있다.

(i) 가. 내가 유미에게 이마에 키스했다. 나. 내가 인호에게 귀에 비밀을 속삭였다.

그러나 이들 예문이 그리 자연스럽지 못하다는 점 외에, 의미역 이론 상 두 dative 성분이 한 서술어로부터 의미역을 나누어 부여받는 것이 허용될 수 있는지도 의문이다.

2) 본 책자에서도 속격 조사의 중출은 다루지 않으며 앞으로의 과제로 돌린다.

앞으로의 연구에 디딤돌이 되도록 하는 한편, 필자 자신이 격 중출과 관련하여 가장 유력하다고 생각하는 방안을 제시하는 것이다.

한편 격 중출과 관련된 형식적 문제의 논의를 위해서는 격 중출이 나타나는 여러 문장 혹은 구문의 구문적 성격 혹은 구조에 대한 정확한 파악이 필요하다고 할 수 있다. 이는 기존의 많은 연구들이 논의한 격 중출 구문의 유형론과 관련이 있다고 할 수 있는데, 그러나 격 중출 구문의 유형론 자체가 본 책자의 목표가 아니므로 본 책자에서는 본격적인 유형론 논의는 피하기로 한다. 다만 격 중출을 허용하는 서술어의 의미적 성격 및 서술어의 논항 구조 그리고 격 교체 현상 등을 종합적으로 고려하여 서로 다르다고 볼 수 있는 구문들을 제시하는 한편 각 구문의 구조에 대한 개략적인 논의 및 제시만을 하기로 한다.

본 장의 구성은 다음과 같다. 먼저 11.1에서는 격 중출에 대한 기존 연구를 토대로 격 중출로 볼 수 있는 모든 경우를 모아 앞에서 제시한 기술적 근거에 의거하여 분류하는 한편 서로 다른 구문으로 분류된 각 구문의 구조를 제시한다. 이어 11.2에서는 기존 연구에서 격 중출의 형식적 기제로 제안되어온 여러 방안들을 정리하고 이를 비판적으로 검토하여 격 중출의 기제로 가장 적절한 것이 무엇인가를 논의한다.

11.1 격 중출 구문들

앞에서 보았듯이 격 중출은 전통 문법에서 구조격 조사라 불린 격 조사인 주격, 대격, 속격의 경우에 나타나는데, 본 절에서는 주격과 대격의 경우를 달리 하여 살펴 본다.

11.1.1 주격 중출 구문들

주격 중출이 한국어의 특징인 만큼 주격 중출의 양상을 가지는 구문은 상당히 많다고 할 수 있다. 우선 본 책자에서 지금까지 논의된 것만 해도 서술어의 의미적 성격, 논항의 의미역 성격, 격 교체 양상 그리고 주격 표현의 주어성 여부에 따라 대략 다음 다섯 가지 정도로 나누어 볼 수 있다.

주격 장소 구문[3)]

(1) 가. 그 집이 쥐가 많다.
나. 내가 걱정이 있다.
다. 이 헝겊이 물이 잘 스며든다.
라. 그 공장이 불이 났다.

주격 경험자 구문(심리 형용사 구문)

(2) 가. 내가 뱀이 무섭다.
나. 철수가 영미가 그립다.

주어-보어 구성[4)]

(3) 가. 철수가 발이 크다
나. 어머님이 다리가 많이 아프시다.
다. 영미가 손이 잡혔다.
라. 이 연필이 길이가 길다.

이중/다중 주어 구성[5)]

(4) 가. 철수가 동생이 시험에 합격했다.
나. 철수가 어머니가 아프시다.
다. 그 농장이 사과나무가 잘 자란다.
라. 인수가 차가 외제다.
마. 과일이 파인애플이 비싸다.
바. 비행기가 747이 크다.

---

3) 이는 4장에서 논의한 예문 중 (2)의 주격 경험자 구문(혹은 심리 형용사 구문)을 제외한 나머지를 포함한 것이다.

4) 이 구성의 기본적 성격에 대해서는 6장을 참조할 것. 9장에서 논의된 어휘 피동도 전체-부분의 경우이므로 이 구성에 포함되었다.

5) 이는 홍용철(2001)의 친족 구문과 부가어 구문을 한데 묶은 것으로 이는 기본적으로 두 구문의 첫 번째 주격 명사구가 서술어의 논항이 아니라는 점을 반영한 것이다. 물론 두 구문 간에 차이가 없는 것은 아닌데, 친족 구문의 경우는 두 번째 주격 명사구 내에 첫 번째 주격 명사구와의 관련성을 위해 공범주를 설정할 수 있으나, 부가어 구문에서는 그런 공범주를 설정할 수 없다. 이 차이를 반영하여 서로 다른 구문으로 볼 수도 있을 것이다.

장형 부정 구문[6)]

(5) 가. 영미가 건강하지가 않다.
　　나. 날씨가 전혀 춥지가 않다.

이들 구문 중 주격 장소 구문과 주격 경험자 구문은 '-에게'와 주격 조사간의 교체를 논의한 4.1.1에서 논의한 바 있고 (3다)를 제외한 주어-보어 구성과 이중/다중 주어 구성은 속격/주격 교체를 논의한 6장에서 논의한 바 있으며, (3다)의 어휘 피동은 주격/대격 교체를 다룬 9장에서 다룬 바 있다. 그리고 마지막으로 격 중출의 기존 논의에서 거의 언급된 적이 없는 (5)의 장형 부정 구문은 10장에서 다룬 바 있다.[7)]

위와 같은 분류는 이들 구문들을 다룬 앞 장의 논의에 기초하는데 그 내용을 간단히 적으면 다음과 같다. 우선 주격 장소 구문과 주격 경험자 구문은 이들 구문의 첫 번째 주격 조사가 '-에게'로 교체될 수 있다는 특징으로 인해 다른 두 구문과 다른 구문으로 간주되었다. 한편 이 두 구문은 '-에게' 교체에 있어 공통 특성을 보이므로 하나로 묶어도 큰 무리는 없을 것으로 본다. 그러나 두 구문은 첫 번째 주격 명사구의 의미역의 성격에 있어 큰 차이를 보인다. 즉 주격 장소 구문의 경우는 "소재" 혹은 "장소"라는 의미역을, 주격 경험주 구문은 "경험주"라는 의미역을 갖는다고 할 수 있는데, 이는 뚜렷한 차이이므로 본 장에서는 서로 다른 구문으로 분리하였다.

한편 세 번째, 네 번째 구문들은 앞의 두 구문과 달리 첫 번째 주격 조사가 '-에게'로 교체되지 않고 속격 조사로 교체된다는 공통 특성을 갖는다.[8)] 그러나 우리는 6장에서 그런 공통점에도 불구하고 두 구문의 구문적 성격이 완전히 다르다는 것을 보았다. 예를 들어 주어-보어 구성의 첫 번째 주격 명사구는 문법적 주어의 성격을 가지나, 이중/다중 주어 구성에서는 두 번째 혹은 맨 오른쪽 주격 명사구가 문법적 주어의 성격

---

6) 이중/다중 주어 구성 및 장형 부정 구문의 경우는 주격 조사가 세 번 혹은 그 이상 나타날 수 있다. 다음이 그 예들이다.

(i) 가. 남반부가 문명국가가 남자가 수명이 짧다.
　　나. 영미가 몸이 좋지가 않다.
　　다. ?내가 영미가 밉지가 않았다.

7) (5)와 같은 장형 부정 구문을 주격 중출의 예로 보는 것은 앞서 소개한 격 중출의 정의에 의한 것이다. 즉 앞서의 정의에서 필자는 한 문장 내에서 동일한 구조격 조사가 두 번 이상 나타나는 것을 격 중출로 보았는데, 장형 부정 구문이 단문이냐 복문이냐의 논의와는 무관하게 대부분의 연구에서 '-지' 성분과 주어 성분이 동일 문장 내의 성분으로 간주되므로 주격 중출의 예가 된다.
8) (4마, 바)의 경우는 물론 예외이다.

을 가지며, 또한 이중/다중 주어 구성의 첫 번째 주격 명사구 혹은 맨 오른쪽 주격 명사구를 제외한 나머지 주격 명사구를 서술어의 논항으로 볼 수 없다는 점 등이 그것이다. 마지막으로 장형 부정 구문은 그 구문 상의 특성으로 별도의 주격 중출 구문으로 보았다.

이 외에도 기존 문헌들은 여러 가지의 주격 중출 구문을 지적하고 있는데(박정섭(1992), 김귀화(1994), 유동석(1998가, 나), 김용하(1999), 유형선(1999), 홍용철(2001), K.-S. Kim(1996) 등) 다음은 이를 총 정리한 것이다.

수량사 구성

(6) 가. 학생이 두 명이 왔다.
나. 책상 위에 사과가 세 개가 놓여 있다.
다. 책이 두 권이 팔렸다.

피동 경동사 구문[9)]

(7) 가. 그 가설이 증명이 되었다.
나. 그 도시가 파괴가 되었다.

부정 계사 구문[10)]

(8) 가. 철수가 범인이 아니다.
나. 영미가 반 대표가 아니다.

'되-' 구문

(9) 가. 철수가 마침내 사장이 되었다.
나. 아이가 자라서 어른이 된다.

부사적 명사구 구성

(10) 가. 저 문이 저절로 두 번이 열렸다.
나. 그 보고서가 세 번이 검토되었다.

이들 구문이 주격 중출이라는 점에서는 같으나, 서로 어떻게 다른가를 확인하는 것

9) 이 구문을 "피동 경동사 구문"으로 부르는 이유는 곧 소개된다. 홍용철(2001)에서는 "술어 명사 구문"으로 불린 바 있다.

10) K. Choi(1993), 우순조(2000, 2001), 최기용(2001가, 2003가) 등은 긍정 계사 구문의 '-이'를 주격 조사의 실현으로 본 바 있다. 이 입장이 맞다면 긍정 계사 구문도 주격 중출 구문에 포함된다.

은 그리 어렵지 않은 것으로 보인다. 먼저 수량사 구성은 주격 조사를 갖는 두 명사 표현이 수량을 나타내는 표현이라는 특성을 갖고 있으며 피동 경동사 구문은 '되-' 앞에 오는 한자어 명사가 논항 구조를 갖고 있고 첫 번째 주격 명사구는 그 한자어 명사의 논항으로 간주된다. 이어 부정 계사 구문에서는 두 주격 명사구가 주어-술어의 관계를 가지며, '되다' 구문의 '되-'는 피동 경동사 구문의 '되-'와 달리 영어의 become에 해당하는 의미를 갖고 있고 '되-' 앞에 오는 명사는 논항 구조를 갖는 한자어 명사가 아니다. 마지막으로 부사적 명사구 구성의 경우는 말 그대로 부사의 기능을 갖는 표현이 주격 조사를 가지는 경우이다.

이제 이들 각 구문의 구조에 대한 필자의 생각을 밝힐 순서이다. 앞에서도 지적하였듯이 격 중출의 형식적 문제의 논의가 격 중출 구문의 구조를 어떻게 보느냐에 따라 달라질 수 있으므로 구조에 대한 논의가 중요하나, 본 책자에서는 각 구문에 대한 필자의 기존 연구를 소개하는 정도로 그치기로 한다. 먼저 본 책자에 의하면 앞서 소개한 다섯 구문 중 이중/다중 주어 구성 및 장형 부정 구문을 뺀 세 구문의 표면 구조는 거의 비슷하다고 볼 수 있는데 격과 관련된 사항을 정리하면 다음과 같다.

(11) 가. 첫 번째 주격 명사구는 AgrP의 지정어 위치에 오는 주어이다.
나. 두 번째 주격 명사구는 VP 혹은 AP 내부에 위치한 보어 성분이다.
다. 서술어는 형용사 또는 능격 자동사로 v가 없는 구조이다.

한편 심층 구조와 관련해서는 첫 번째 주격 명사구의 원래 위치와 관련하여 주어-보어 구성이 다른 두 구문과 약간 다른데, 다른 두 구문의 경우 첫 번째 주격 명사구는 VP 혹은 AP 내부의 내부 논항으로 V 혹은 A의 지정어 위치에 오는 것으로 보나, 주어-보어 구성의 경우는 두 번째 주격 명사를 핵으로 하는 NP의 내부 성분으로 보고 있다. 이런 점을 감안하여 각 구문의 표면 구조를 그리면 다음과 같다(주격 장소 구문 및 주격 경험자 구문의 경우는 (1라), 주어-보어 구성의 경우는 (3가)를 예로 들었다).

주격 장소 구문/주격 경험자 구문

(12) 가.

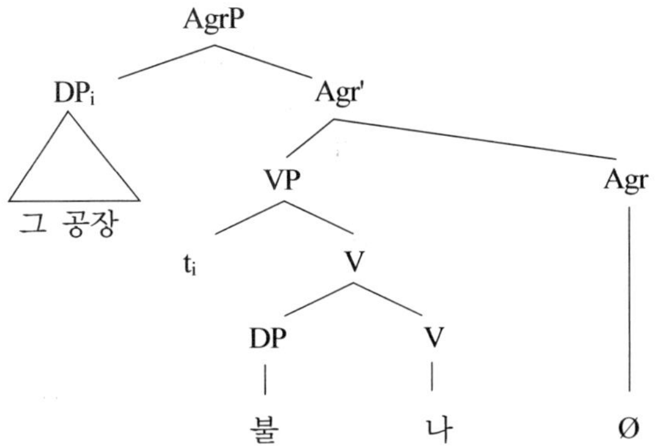

주어-보어 구성

나.

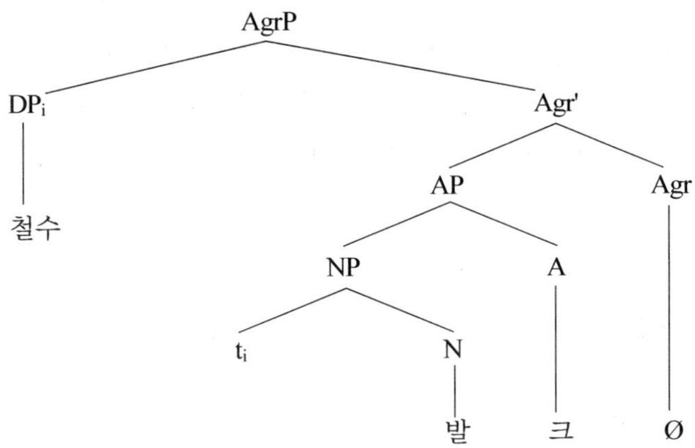

한편 이중/다중 주어 구성에 대해서는 두 주격 명사구의 구조적 위치가 (11)과 다르다고 보았는데, 그 주요 내용을 아래 다시 적으면 다음과 같다.

(13) 가. 첫 번째 혹은 맨 오른쪽을 제외한 나머지 주격 명사구는 문법적 주어가 아니며 AgrP의 외곽 지정어 위치에 온다.

나. 두 번째 혹은 맨 오른쪽 주격 명사구가 문법적 주어이다.

이 제안에 의거하여 이중/다중 주어 구성의 한 예인 (4마)의 구조를 보이면 다음과 같다.

(14)

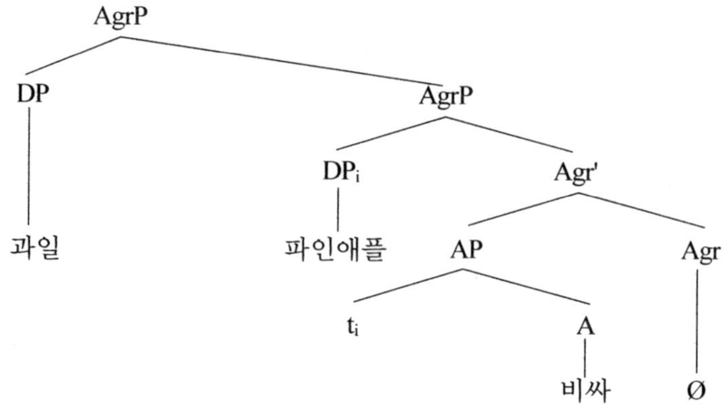

이어 장형 부정 구문의 구조는 바로 10장에서 논의한 바 있는데, 서로 대립되는 두 가지 견해가 있음을 보았다. 그러나 중요한 것은 '-지' 뒤에 주격 조사가 실현됨으로 해서 주격 중출이 되는 경우는 '-지' 앞에 오는 서술어가 대격 인가 능력이 없는 술어들이라는 점이다. 이는 주격 중출의 경우 v가 없음을 의미하는데 그 점에 있어서는 두 견해가 서로 다르지 않다. 편의상 일단 필자의 구조를 아래 제시해 두기로 한다.

(15)

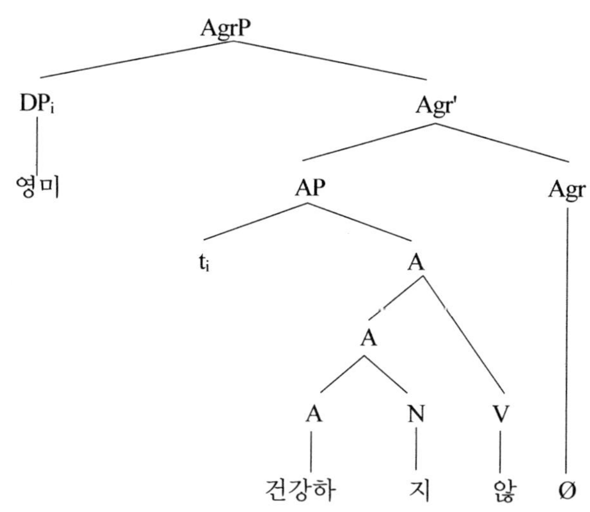

이제 나머지 주격 중출문을 보기로 하자. 먼저 수량사 구성에 대해 필자는 최기용(2001나)에서 (6)에서와 같이 같은 격조사가 두 번 나타나는 수량사 구성을 이중격형이라 부른 바 있고 그 구조로 다음을 제시한 바 있다.[11)]

11) 이 구조는 수사와 분류사가 수사를 핵으로 하는 하나의 핵기저부가구조를 이룬다는 필자의 생각

(16)

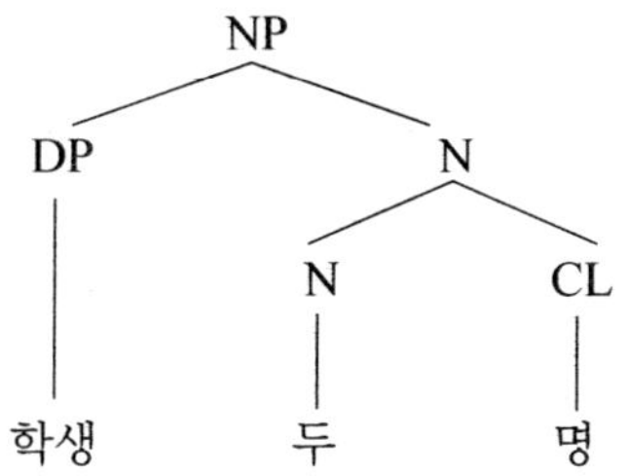

이 구조가 나타내는 바를 간략히 기술하면 우선 주격 조사를 갖는 두 명사 표현이 하나의 구성체를 이룬다는 점을 들 수 있다. 이는 의미역 관계 상 주격 조사를 갖는 각 명사 표현을 서술어의 논항으로 볼 수 없다는 점을 반영하고 있는데, 그런 점에서 소절 구성이라 부른 유동석(1998나)의 입장과 궤를 같이 한다고 할 수 있다. 그러나 (16)과 같은 구조를 제시함에 있어 필자에게 더 중요한 것은 이중격형의 범주가 DP가 아니라 NP라는 점이다. 이런 설정은 이중격형의 해석 및 통사적 양상이 격조사가 뒤 명사 표현인 분류사에만 나온다 하여 분류사 격형이라 불린 '학생 두 명이'의 해석과 다르다는 점에 기초한 것으로 이 점이 격 인가의 형식적 논의에 어떤 영향을 미치는가는 곧 보게 된다.

이어 피동 경동사 구문의 경우를 보자. 이 구문은 대격 중출의 예로 많이 논의된 다음과 같은 경동사 구문의 피동에 해당하는 구문으로 볼 수 있다.

(17) 가. 김 박사가 그 가설을 증명을 했다.
나. 적군이 그 도시를 파괴를 했다.

이런 점은 피동 경동사 구문의 구조를 파악하는데 있어 (17)과 같은 대격 중출 구문을 같이 고려해야 함을 의미하는데, 그럴 경우 우선 주목할 점은 경동사 구문에 대한 많은 연구들이 지적하였듯이(Grimshaw&Mester(1988), Miyagawa(1989), H.-D. Ahn(1991), K. Park(1992) 등 참조) 문장의 의미역이 '하-'나 '되-'에 의해 결정되는 것이 아니라, 그 앞에 오는 한자어 명사에 의해 결정된다는 점이다. 필자는 이 점이 한자어 명사구의 범주를 결정하는 데 있어 중요하다고 생각하는데, 명사로 하여금 지시성을 갖게 하는 것이 D라는 5, 6장의 논의에 의하면, 이들 구문의 한자어 명사에는 그런 면이 없으므로 한자어 명사 표현을 DP가 아닌 NP로 보고자 한다.

을 반영하고 있다. 또한 수사 앞에 오는 DP는 수사를 핵으로 하는 NP의 보어로 보고 있다. 이에 대한 자세한 논의는 최기용(2001나)을 참조할 것.

한편 한자어 명사가 논항 구조를 가진다는 것은 그 뒤에 오는 '하-'나 '되-'가 일종의 경동사임을 의미한다. 그런 점에서 자신의 논항 구조를 가지는 것으로 보이는 다음 예문의 '하-'나 '되다' 구문의 '되-'와는 다른 것으로 보인다.

(18) 가. 김 박사가 부업을 하고 있다.
　　 나. 영미가 운동을 매일 한다.

그리고 같은 경동사이지만 그런 가운데 '하-'의 경우가 대격을 인가하고 '되-'의 경우 주격만이 인가되는 양상은 중동사로서의 '하-', '되-'와 같은 양상이므로 이들에 대해서는 구조적으로 같은 설명이 주어져야 할 것이다. 필자는 앞서 대격 인가가 v의 존재와 관련이 있다고 보았으므로 피동 경동사 구문 및 앞으로 볼 '되다' 구문의 경우 구조적으로 v가 없는 것으로 보고자 한다. 이상의 논의에 의하면 피동 경동사 구문의 한 예인 (7가)의 심층 구조는 다음과 같다.

(19)

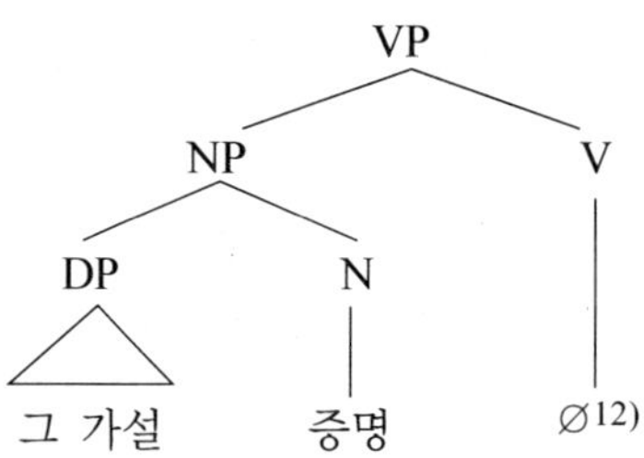

이어 부정 계사 구문의 구조와 '되-' 구문의 구조 문제는 함께 다루기로 한다. 이들 구문이 갖는 공통점은 첫 번째 주격 명사구와 두 번째 주격 명사구가 의미적으로 하나의 난위를 이룬다는 점이다. 계사 구문의 경우 그런 점은 흔히 두 명사구가 소절을 이룬다는 식으로 파악되었는데, 필자는 '되다' 구문의 경우에도 같은 분석이 적용될 수 있을 것으로 본다. 그러나 필자는 소절의 내부 구조에 대해서는 아직 확고한 견해를 갖고 있지 못한데, 하나 분명한 것은 소절이 그 내부에 별도의 격 인가자를 가지는 것으로 볼 수 없다는 점이다. 이는 소절의 또 다른 예로 보이는 아래 문장에서 주어 명사구가 본 동사의 능동, 피동 여부에 따라 격이 달라진다는 점으로 알 수 있다.

12) '되-'를 어떻게 다룰 것인가도 논의되어야 하나, 어떤 방안에서건 대격 인가자인 v가 없다고 보면 주격 인가에 있어서는 큰 차이가 없다. 본 책자에서는 일단 영형 V가 나중에 '되-'로 채워지는 것으로 본다.

(20) 가. 사람들이 영미를 천재로 알았다.
　　나. 영미가 천재로 알려졌다.

한편 남은 문제는 소절과 그 뒤에 오는 '아니-' 및 '되-'와의 관계를 어떻게 볼 것이냐인데, '되다' 구문의 '되-'의 경우 피동 경동사 구문의 '되-'와 달리 별도의 의미가 있다고 보았으므로 소절이 '되-'를 핵으로 하는 동사구의 보어가 되는 것으로 본다. 이에 의하면 '되다' 구문의 심층 구조는 다음과 같다.

(21)

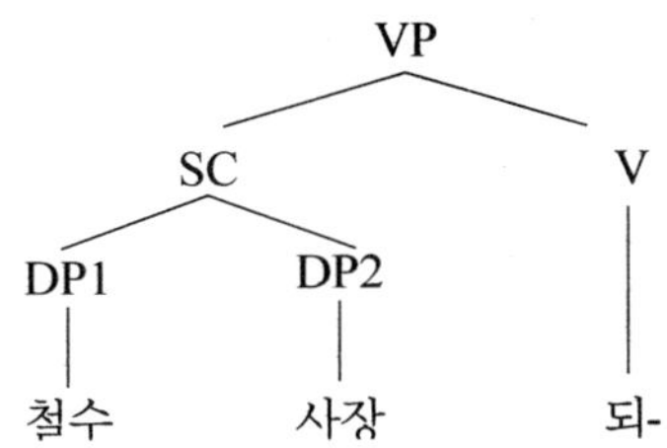

부정 계사 구문의 경우는 '아니-'를 어떻게 분석하느냐에 따라 서로 다른 구조가 나올 수 있다. 즉 '아니-'를 부정어 '안'과 계사 '이-'의 결합으로 보는 경우 구조는 (22가)와 같이 되며, 계사 '이-'를 인정하지 않는 필자의 입장에 의하면 (22나)와 같이 될 것이다.

(22) 가.

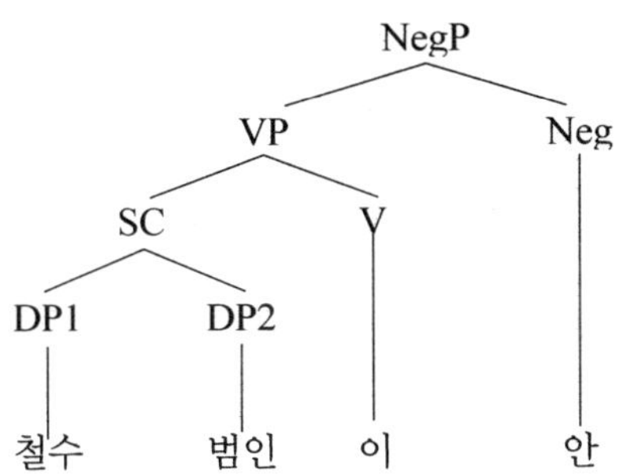

나.

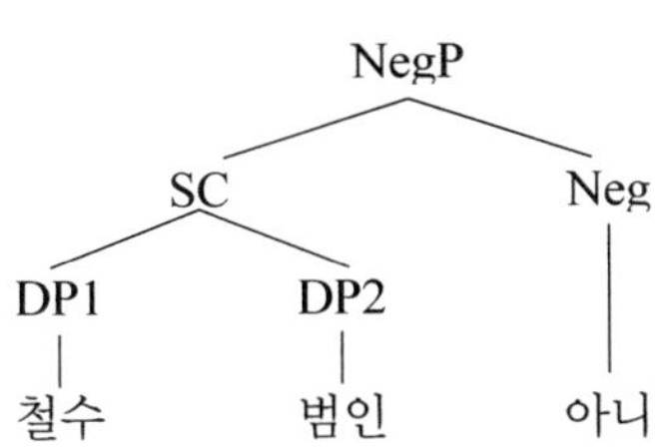

(22가)와 (22나)의 차이는 '이-'를 서로 다르게 규정한다는 점에서 계사 구문의 구조 논의에 있어서 중요하다고 할 수 있다. 그러나 계사 구문에서의 격 인가와 관련해서 중요한 점은 소절 내부에 별도의 격 인가자가 없다는 것과 소절 외부에 대격 인가자인 v가 없다는 점으로 격 인가와 관련하여 두 구조는 차이를 보이지 않는다. 필자는 편의상 앞으로의 논의에 있어 (22나)를 기준으로 진행시키기로 한다.

마지막으로 부사적 명사구 구성의 경우를 보자. 부사적 명사구가 보이는 격 현상에 대해서는 별도의 장을 통하여 자세히 논의할 것이므로 여기서는 주격 인가와 관련된 내용만을 지적하는데, 중요한 점은 주격이 인가되는 경우의 서술어의 특성으로 Maling, Jun&Kim(2002)는 다음과 같은 서술어의 경우에 주격이 인가된다고 보았다.[13)]

(23) 심리 술어, 형용사, 능격 동사, 수동 동사, '되-'

지금까지의 논의에 의하면 이들 술어는 대격 인가자인 v를 안 가진다는 공통점을 갖는데 부사적 명사구를 논항으로 보건 수식어로 보건 VP의 영역 내에 있다고 본다면 v가 없다는 사실이 주격 인가와 어떤 연관을 맺을 것으로 보인다. 이상 주격 중출로 볼 수 있는 거의 모든 경우를 제시하고 각 구문의 구조를 살펴 보았다. 이어 다음 절에서는 대격 중출의 경우를 정리한다.

11.1.2 대격 중출 구문들

대격 중출의 예로는 본 책자의 4장, 5장 및 10장에서 각각 논의된 dative 대격 구문, 전체-부분 구성 및 장형 부정 구문 외에 수량사 구성, 능동 경동사 구문, 부사적 명사구 구성의 경우 등 모두 여섯 가지를 들 수 있을 것이다. 다음은 각각의 예들이다.[14)]

---

13) 그러나 이들 중 몇몇은 부사적 명사구에 대해 대격도 허용하는 것으로 봤다. 이에 대한 자세한 논의는 13장에서 이루어진다.

14) 유동석(1998가)은 이 외에 다음 두 가지도 대격 중출의 예로 보았다.

(i) 가. 영수가 생선을 도미를 샀다. 나. 최진사가 꽃분이를 며느리를 삼았다.

이들 구성의 성격에 대한 자세한 논의는 앞으로의 과제로 돌린다. 다만 대격 중출과 관련하여 본문에서 논의한 구문들과 크게 다를 것으로 보이지는 않는다. 즉 이들 구문의 서술어의 성격 상 대격 인가자인 v가 설정될 수 있으며, 별도의 격 인가자가 설정될 가능성은 없는 것으로 보인다.

dative 대격 구문

(24) 가. 철수가 영미를 편지를 주었다.
나. 민수가 순이를 한국말을 가르친다.

전체-부분 구성

(25) 가. 철수가 영미를 팔을 잡았다.
나. 철수가 영희를 얼굴을 보았다.

장형 부정 구문

(26) 가. 영미가 밥을 먹지를 않는다.
나. 애가 잠을 자지를 않는다.

수량사 구성

(27) 가. 철수가 사과를 세 개를 먹었다.
나. 영수가 학생을 세 명을 만났다.

능동 경동사 구문

(28) 가. 김 박사가 그 가설을 증명을 했다.
나. 김 교수가 미국에서 수학을 공부를 했다.

부사적 명사구 구성

(29) 가. 영미가 책을 한 시간을 읽었다.
나. 내가 그 보고서를 세 번을 검토를 했다.

주목할 점은 dative 대격 구문을 제외한 나머지 모든 경우들이 주격 중출의 양상도 보이는 구문 또는 구성이라는 점이다. 고로 이들 구문들 간의 차이 혹은 성격에 대해 다시 얘기할 필요는 없을 것이다. 사실 dative 대격 구문의 경우도 일정 부분 주격 장소 구문과 성격이 비슷한 부분이 있다. 즉 주격 장소 구문의 특징이 첫 번째 주격 명사구가 '-에게'로 교체된다는 것인데, dative 대격 구문의 경우도 다음 예에서 보듯이 같은 특성을 보이고 있기 때문이다.

(30) 가. 철수가 영미에게 편지를 주었다.
나. 민수가 순이에게 한국말을 가르친다.

단지 차이는 각 구문의 두 번째 명사구가 취하는 격이 서로 다르다는 점이다. 즉 주격 장소 구문의 경우는 주격을, dative 대격 구문의 경우는 대격을 취한다는 것이 차이인데, 각 구문의 두 번째 명사구 간의 이런 차이가 결국 dative 표현이 취하는 격 조사의 차이를 유발했다고 할 수 있을 것이다. 이는 다시 말해, 주격 장소 구문과 dative 대격 구문 간의 기본적 차이가 대격 인가자인 v의 유무에 있음을 말하는 것으로 해석된다. 그리고 이는 같은 구성 혹은 구문으로서 주격 중출 혹은 대격 중출을 보이는 나머지 다섯 경우에도 해당되는 것으로 보인다. 이를 토대로 위 각 대격 중출 구문의 구조를 간단히 그리면 다음과 같다.

dative 대격 구문

(31)

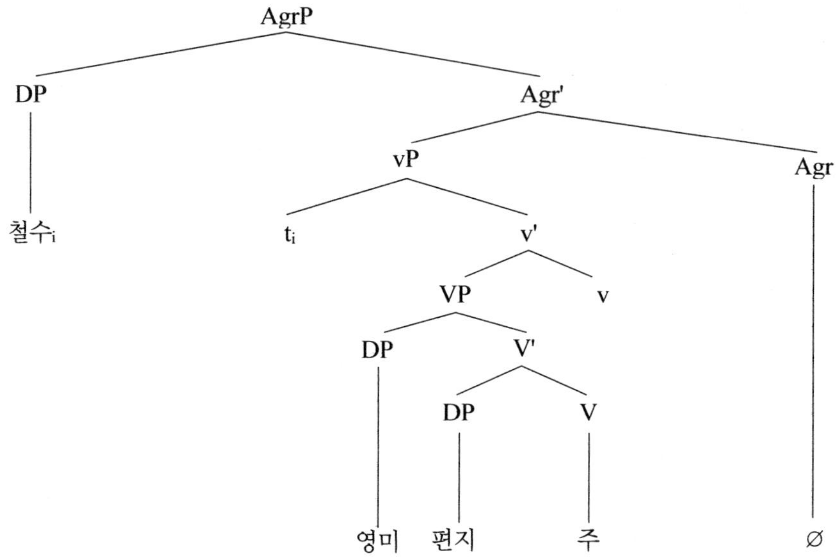

전체-부분 구성

(32)

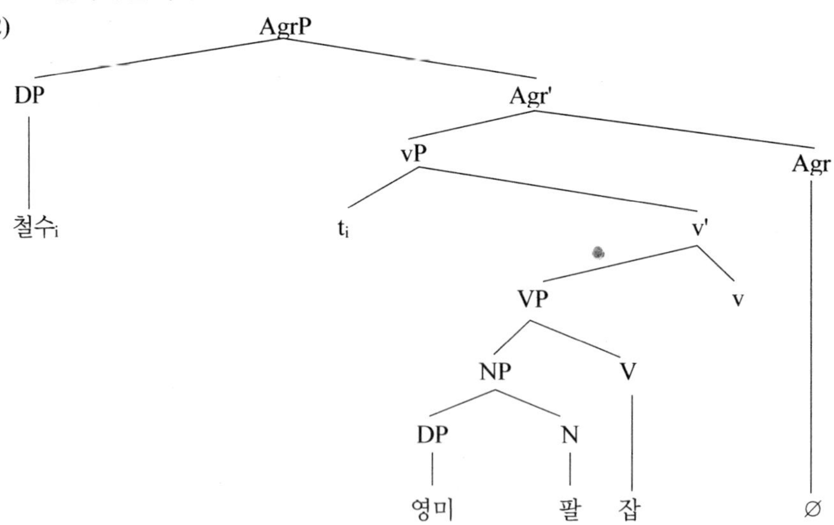

장형 부정 구문

(33)

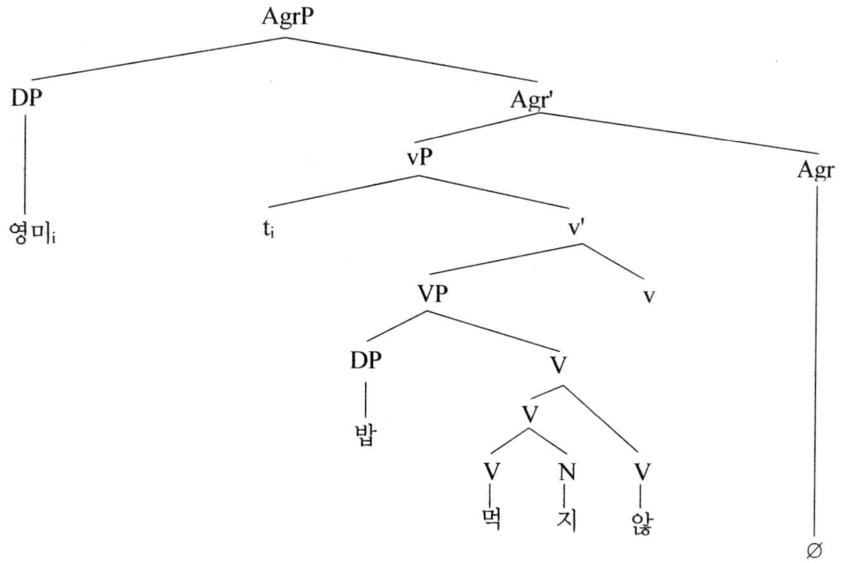

수량사 구성

(34)

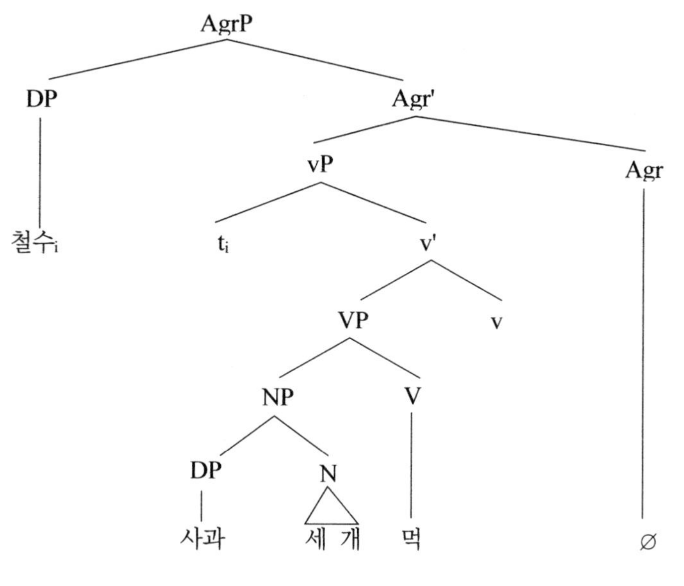

능동 경동사 구문15)

(35)

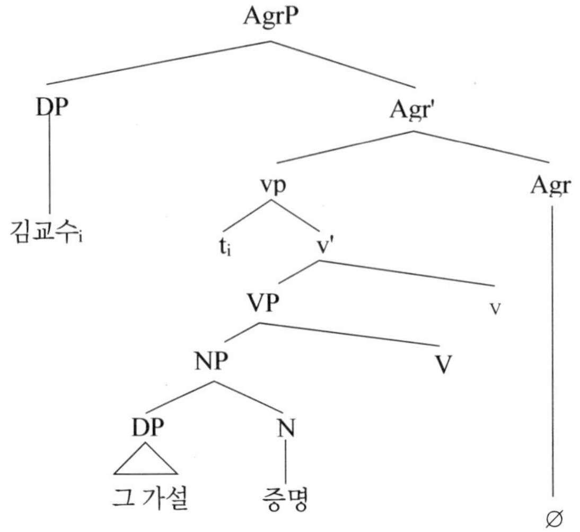

부사적 명사구 구성16)

(36)

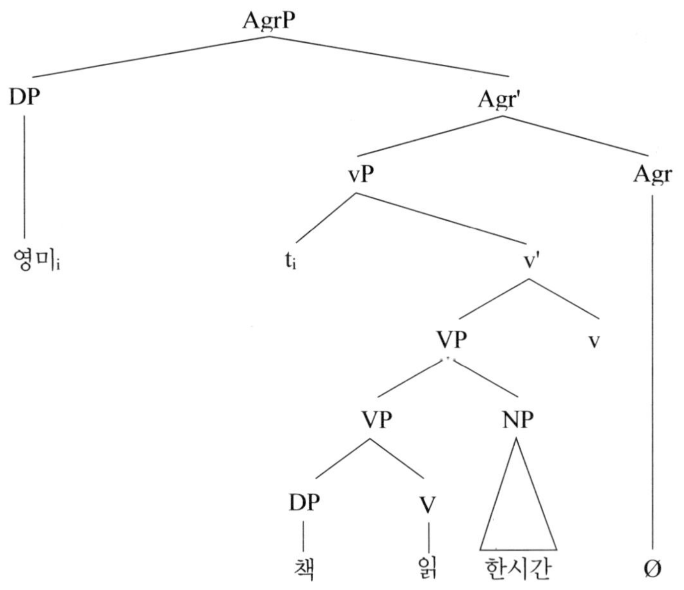

15) '하-'의 출현 혹은 삽입에 대해서는 여러 가지 견해가 있을 수 있으나 대격 중출과 관련해서는 어떤 견해가 채택되든지 상관이 없다. 앞서 V만 있는 경우는 그 V가 '되-'로 실현된다고 보았는데, V 위에 v가 있는 경우는 V가 핵 이동을 통해 v와 결합하며 V-v가 '하-'로 실현되는 것으로 본다.

16) 이 구조에서는 부사적 명사구가 VP에 부가되는 성분으로 본다. 자세한 논의는 13장에서 한다.

11.2 격 중출의 형식적 내용

생성 문법에서의 격 인가의 표준적 양상은 1장에서 보았듯이 격 인가자와 격을 필요로 하는 명사구가 서로 일대일 관계를 이루는 것이라 할 수 있다. 이는 일반적으로 한 문장 내에 하나의 격 인가자가 있으면 그것에 대응하여 그 인가자가 인가하는 격을 갖는 하나의 명사구가 나타나는 양상으로 된다. 이런 점에서 지금까지 본 한국어의 격 중출 양상은 적어도 표면적으로는 이에서 한창 벗어나 있어 학자들의 많은 관심을 끌어 왔다. 본 장에서는 기존 연구들이 이 문제의 해결을 위해 제안한 여러 해결책을 정리, 소개하고 격 중출 현상에 대한 필자의 이해 범위 내에서 가장 그럴싸한 해결책이 무엇인가를 논의하고자 한다.

11.2.1 격 인가자와 명사구 간의 일대일 관계의 유지

격 중출의 표면적 양상은 한 문장 안에 같은 격을 갖는 명사구가 여럿 있는 것인데, 이 현상 자체가 반드시 앞에서 언급한 일대일 관계를 어기는 것으로 해석될 필요는 없다. 분석에 따라서는 결과적으로 격 인가자와 명사구 간의 일대일 관계를 유지할 수 있는 방안들이 있을 수 있는데 기존 연구들은 이미 이와 관련하여 여러 방안들을 제시해 왔는 바 이들을 간략히 소개하고 검토하기로 한다.

11.2.1.1 다중 격 인가자 방안

먼저 가장 간단한 방안은 격 인가자의 수를 격 중출 명사구의 수만큼이나 늘리는 것이라 할 수 있다. 이 방식은 생성 문법 초기 이후 지금까지 자주 사용되어 온 방안이라 할 수 있는데 특히 서술어가 대격을 부여하지 않는 성격을 가지는 주격 중출 구문들인 주격 장소 구문, 주격 경험자 구문, 주어-보어 구성, '되다' 구문 등에서 동사구 혹은 형용사구 내부 성분의 주격을 설명하는 데에 주로 이용되었다. 즉 내부 성분의 주격은 주어의 주격 성분과 달리 상태성 또는 비통제성 서술어들이 인가한다는 식이다(H.-S. Han(1991), 김귀화(1994), 유동석(1998가, 나) 등).[17] 이런 방안을 가장 적극적으로 활용

17) 생성 문법 초기의 연구들이 이런 방식을 취하는 데는 일대일 대응 원리의 유지보다는 다분히 지배 개념의 제약성이 작용한 것으로 보인다. 통상적인 주격 인가자를 시제소 혹은 굴절소라고 볼 때, 이 주격 인가자의 자매 위치에 오는 동사구나 형용사구는 최대투사이므로 장벽을 이룬다. 즉 그 안에 오는 요소을 주격 인가자가 지배할 수 없게 되는 것이다.

한 연구로는 유동석(1998가, 나)을 들 수 있는데, 유동석은 이중/다중 주어 구성의 외곽 지정어가 갖는 주격 성분이 문법적 주어의 주격을 인가하는 일치소가 아니라, 시제소에 의해 인가된다고까지 하였다. 그리고 능동 경동사 구문의 대격 중출에 대해서는 한자어의 논항이 갖는 대격은 "한자어+하-" 표현이 인가를 하고 한자어 뒤에 오는 대격은 '하-'가 인가한다고 보았으며 dative 대격 구문에 대해서도 유사한 취지의 제안을 하였다.[18)]

필자는 다음 몇 가지 이유로 이 방안에 반대한다. 첫째, 이 방안은 격 인가자와 명사구 간의 일대일 관계는 유지했을지 몰라도 서로 다른 격 인가자가 인가하는 격이 혹은 그 격의 형태적 실현이 왜 같게 되는지 대해서는 아무런 해답을 제공하지 못한다. 예를 들어, 시제소가 외곽 지정어 성분에 대해 인가하는 격, 일치소가 문법적 주어에 대해 인가하는 격 그리고 상태성 또는 비통제성 서술어가 동사구 혹은 형용사구 내부 성분에 대해 인가하는 격이 모두 주격으로 같게 된다는 점이 우연으로 남게 되는 것이다.

둘째, 상태성 동사가 주격을 인가한다는 방안은 경험적으로도 다음과 같은 경우 문제에 봉착하게 된다.

(37) 가. 철수가 영미가 싫다.
나. 철수가 영미를 싫어한다.
다. *철수가 영미가 싫어한다.

다중 격 인가자 방안에 의하면 (37가)에서 '영미'의 주격은 '싫-'이 인가한다. 고로 '싫-'이 그대로 있는 (37나)에서도 '영미'에 대해 주격이 인가될 수 있어야 하나, (37나, 다)는 그렇지 못함을 보여준다.

셋째, 생성 문법 내에서 언어간 차이가 주로 어휘적 차이에 의해 기술된다고 볼 때 (Chomsky(1991, 1993) 등), 다중격 인가자 방안이 취하는 해결책은 그와는 거리가 먼 것으로 보인다. 왜냐하면 다중 격 인가자 방안에 의하면 격 중출 유무와 관련된 영어와 한국어의 차이는 주격 인가자 및 대격 인가자의 목록 차이로 귀착되기 때문이다.

방금 검토한 방식이 격 인가자의 목록을 단순히 확장하는 방식이라면 이와는 다른 방법으로 격 인가자를 늘려 일대일 대응 원리를 유지하려는 방식이 최근 S. Cho(1998,

18) 그러나 그가 모든 격 중출의 경우 각 격에 대한 인가자가 다 다르다고 본 것은 아니다. 자세한 내용은 유동석(1998가)을 참조할 것.

1999, 2000, 2001)에서 제안된 바 있다. 여기서는 이 방식을 간단히 소개하고 생각해 볼 수 있는 문제점이 무엇인가를 지적하기로 한다.

먼저 조성은은 방금 앞에서 소개한 방식과 달리 주격 및 대격의 기본 인가자로(?) 각각 T 그리고 [대격] 자질을 갖는 V만을 인정한다.[19] 그리고 이들을 기본 격 인가자로 하여 격 인가자의 수를 늘이기 위해 다음과 같은 제안을 한다.

(38) 가. 한국어 명사구는 DP 위에 K라는 별도의 기능범주를 가진다.[20]
나. K는 잠재적 격 인가자이다. 그러나 어떤 격을 인가할 수 있는지는 결정되지 않은 상태이며 이는 [ ]으로 표기된다.[21]
다. 어떤 격을 인가할 수 있는지는 K가 기본 격 인가자인 T 혹은 V로 핵-이동한 후 그들로부터 격 자질을 복사받은 후에 결정된다.

즉 잠재적 격 인가자인 K가 기본 격 인가자로부터 인가할 수 있는 격의 값을 복사받음으로 해서 격 인가자의 수가 늘어난다는 것인데, 조성은이 논한 구문 중 하나인 (25가)를 갖고 격 인가자가 어떻게 늘어나는가를 구체적으로 보기로 하자. 먼저 조성은

---

19) 대격 인가자를 본 책자 및 Chomsky(1995)의 입장과 달리 v로 보지 않는다는 점에 주목해야 한다. 조성은은 v의 설정에 반대하는 것은 아니나, 이론 내적 이유로 [대격] 자질이 v보다는 V에 있는 것으로 본다. 이는 v에 [대격] 자질이 있다고 하면 조성은의 이론에서는 격 중출을 설명할 수 없게 되기 때문이다.
한편 격 인가와 관련하여 조성은 Chomsky(1991, 1993, 1995) 식의 격 점검 이론을 따르고 있다. 즉 격 인가자와 명사구에 [격] 자질이 있고 명사구가 격 인가자를 핵으로 하는 최대투사구의 지정어 위치로 이동한 후 지정어-핵 관계에 의해 격이 점검되어 없어지는 것으로 본다.

20) 이 기능 범주는 항상 영형으로 실현된다.

21) K가 항상 그 값이 결정되어 있지 않은 잠재적 격 인가자로서의 성격만을 갖는 것은 아니다. 다음과 같은 예문의 대격을 위해 [ACC]의 값을 원래부터 가질 수도 있다고 보고 있다(S. Cho (2000:158-159) 참조).

(i) 철수가 뉴욕을 갔다.

그리고 이 경우에도 K의 V로의 핵 이동은 여전히 필요한데, 왜냐면 각주 20에서 보았듯이 격 점검이 지정어-핵 관계에 의해 이루어지기 때문이다. 그러나 이런 가정이 필요하다는 점은 전체적으로 조성은의 이론에 약점이 될 것으로 보인다. K가 원래부터 [ACC]를 가질 수 있다는 가정은 결국 K가 [] 혹은 [ACC]로도 실현될 수 있다는 것인데 대격 인가자의 수를 늘이는데 있어서는 같은 효과를 가지므로 과연 []의 설정이 필요한가 하는 의문이 들 수 있으며 실제로 D.-W. Yang (2002:131-132)은 []의 설정 및 (38다)와 같은 격 복사 규칙이 없는 것이 더 낫다는 주장을 하고 있다. 그러나 한편으로 K가 원래부터 [NOM]를 가지는 경우에 대한 언급은 없다. 그렇다면 왜 대격과 주격 간에 그런 비대칭이 있는가에 대한 논의가 있어야 하나 그런 논의를 우리는 찾아 볼 수 없었다.

은 (25가)의 기본 구조로 다음을 설정한다.

(39)

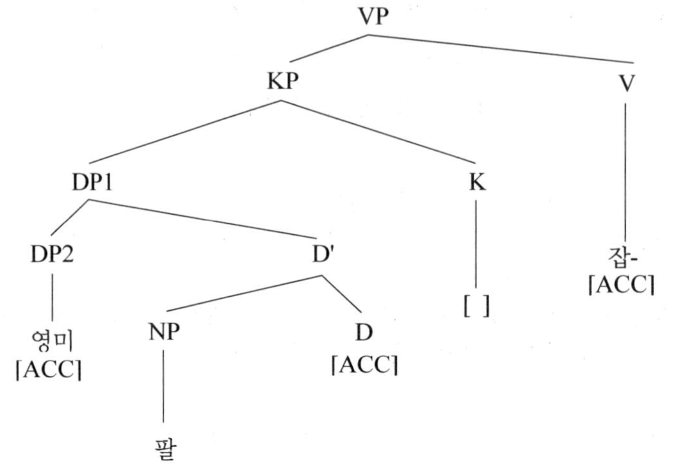

이 구조에서 잠재적 격 인가자인 K가 V로 핵-이동한 후 V가 갖는 [ACC]를 복사받으면 결과는 다음과 같으며 이는 결국 대격 인가자의 수를 둘로 늘이는 꼴이 된다. 이렇게 되면 격 인가자의 수와 격을 갖는 명사구의 수가 같게 되어 결국 일대일 대응 원리를 지킬 수 있게 되는 것이다.[22]

(40)

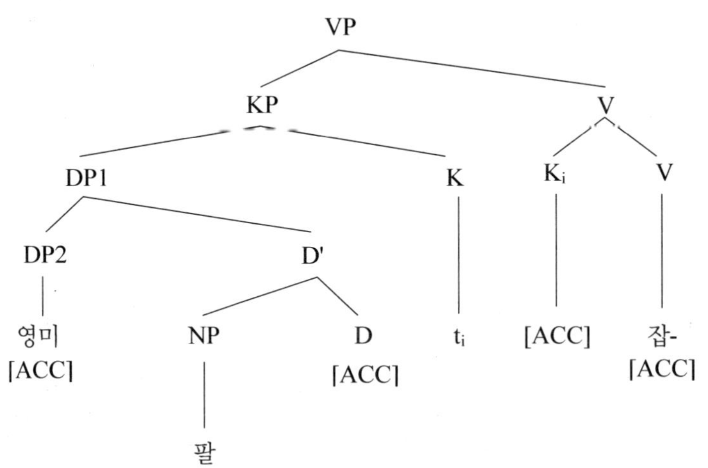

22) 어떤 격 인가자가 어떤 명사구의 격을 점검하는가 하는 문제가 있을 수 있는데, 이에 대해 조성은은 중립적 입장을 표명한다.

한편 조성은은 그의 학위 논문에서 이런 방식이 앞에서 본 격 중출 구문 중 수량사 구성, 부사적 명사구 구성 그리고 전체-부분 구성에 적용될 수 있음을 집중적으로 보여 주고 있다. 그리고 이중/다중 주어 구성, 주격 장소 구문 및 주격 경험자 구문 등에 대해서는 가능성을 지적하고 있고 기타 다른 구문에 대해서는 논의하지 않고 있다. 필자의 판단에 의하면 조성은이 집중적으로 혹은 전혀 다루지 않은 구문들의 격 중출을 기술하는 데 있어 조성은의 제안이 문제가 될 것으로 보이지는 않는다. 예를 들어 부정 계사 구문의 경우를 보면 이른바 술어 명사구가 KP로 실현된다고 보고 그 K가 갖는 잠재적 격 인가 능력이 K의 '아니'로의 핵-이동 그리고 [$_V$ K-아니]의 T로의 핵-이동을 통해 [NOM]으로 결정된다면 결국 두 개의 주격 인가자가 생기게 되어 부정 계사 구문이 갖는 두 주격 명사구의 주격을 점검할 수 있게 되기 때문이다. 적어도 격 점검에 관한 한 (38)의 제안은 문장 내에 격을 가진 명사구의 수만큼 격 인가자를 만들 수 있는 강력한 힘을 가지고 있는 것으로 보인다.

그러나 잘 알려져 있듯이 한국어의 모든 문장이 격 중출의 양상을 보이는 것은 아니므로 조성은으로서는 격 중출이 일어나지 않는 경우들을 걸러낼 장치가 필요하다고 하겠는데, K의 도입에 통사적으로 아무런 제약이 없는 조성은의 분석에서 이런 장치들은 모두 의미적 성격을 가지게 된다. 조성은의 이런 점은 D.-W. Yang(2002)에 의해 정확하게 포착되었다. 그는 전체-부분 구성, 부사적 명사구 구성 및 수량사 구성에 적용되는 의미 조건을 각각 (41), (42), (43)으로 요약한 바 있을 뿐 아니라,[23] 조성은이 본격적으로 논의하지 않은 이중/다중 주어 구성, 주격 장소 구문 및 주격 경험자 구문에 적용될 의미 조건으로 (44)를 제안한 바 있다.

전체-부분 구성

(41) In order to from posessor Case agreement the posessor NP must bear the saem semantic or selectional relation to the verb as the possess NP does.

S. Cho(2000:14)

부사적 명사구 구성

(42) The adverbial must provide a measuring scale of the event described by the predicate in order to form a measure adverbial Case agreement.

S. Cho(2000:136)

23) 이들은 모두 S. Cho(2000)에서 인용된 것이다.

수량사 구성

(43) The post-nominal quantifier must be a primary predicate froming a small clause with the asscoiated nominal as the subject in order to form a quantifier Case agreement.
S. Cho(2000:213)

이중/다중 주어 구성, 주격 장소 구문 및 주격 경험자 구문

(44) The nominative-marked phrase in the Spec-T maintains a predication relation with the c-domain of the Spec-T. D.-W. Yang(2002:(14))

조성은의 설명 방식의 이런 특성을 격중출을 허용하지 않는 다음 예를 가지고 좀 더 구체적으로 보기로 하자.

(45) *철수가 영이를 선생님을 만났다.

먼저 (38)에 의하면 (45)의 '영이를 선생님을'도 K를 가질 수 있으며 고로 통사적으로는 (40)과 같은 구조를 갖게 되어 '영이'의 대격은 물론이요 '선생님'의 대격도 점검될 수 있다. 그러나 위 문장이 비문법적인 것은 (41)을 어기기 때문이다. 즉 철수가 선생님을 만난 것이 철수가 영이를 만난 것을 함의할 수 없으며 고로 (41)을 어겨 비문법적인 것으로 판명되는 것이다.

앞서 ECM 구문 및 이중/다중 주어 구성에 대한 논의에서 보았듯이 격 인가에 아무런 문제가 없는 문장도 의미적 조건을 어김으로 해서 비문법적인 문장이 되는 경우가 있으므로 조성은의 이런 설명 방식 자체를 문제시할 수는 없을 것으로 보인다. 그러나 하나의 현상이 통사적으로 설명될 것인가 아니면 의미적으로 설명될 것인가 하는 것은 경험적 문제이므로 격 중출을 보이는 개별 경우별로 검토되어야 할 문제인데 이는 본 책자의 범위를 넘어서는 것이므로 여기서는 다루지 않기로 한다. 다만 격중출을 허용하는 통사적 기제인 (38)에 대한 몇 가지 생각만을 적기로 한다.[24)]

우선 양동휘가 적절히 지적하였듯이 K의 격 인가 능력이 원래는 명시되지 않았다가 기본 격 인가자인 V, T로의 핵 이동 후 복사를 통해 [ACC], [NOM]으로 결정된다는

24) 그러나 조성은의 각 의미 조건에 대해 간단한 견해를 적으면, 먼저 (45)와 같은 경우는 함의 조건 말고도 의미역 기준으로 배제될 수 있다. 그리고 각 구문별 의미 제약은 어쩌면 각 구문의 구문적 특징을 나타내는 것일지도 모른다. 그 외 조성은의 분석이 갖는 문제점에 대한 지적으로는 D.-W. Yang(2002)을 참조할 것.

것은 결국 V, T의 다중 격 인가 능력을 달리 표현한 것에 지나지 않는 것으로 보인다. 즉 K를 통해 격 인가자의 수를 늘리는 것이 V, T를 매개로 하므로 V, T의 격 인가 능력을 늘리는 것과 별 차이가 없다는 것이다.

둘째, 어쩌면 K를 통한 격 인가자의 추가 배양은 과잉 도출의 문제를 안고 있는 것으로 보인다. 즉 (38)에 의하면 명사구가 임의로 K를 가질 수 있고 그로 인해 격 인가자의 수가 늘어나게 되는데 그에 반해 그 격 인가자들이 인가할 수 있는 격이 하나만 있을 경우 격 인가자 하나의 격은 점검되어 문제가 없으나, 다른 격 인가자의 격 자질은 그대로 남게 되어 결국 최종 도출이 파탄되기 때문이다. 예를 들어 다음 문장의 목적어가 KP인 경우 해당 도출은 파탄이 되는 것이다. 물론 (46)이 문법적인 경우는 목적어가 KP가 아닌 DP로서의 경우이다. 그러나 격 인가자 자체가 다중 격 인가 능력을 갖고 있다고 보고 격 인가자가 갖는 격 인가 능력을 자질로 파악하지 않는 Chomsky(2000, 2001a, b)의 방식에서는 이런 과잉 도출의 문제는 생기지 않는다.

(46) 철수가 영미를 만났다.

마지막으로 주어 성분이 격 중출의 구조를 가지는 경우는 격 인가 능력의 추가 배양이 핵-이동을 통해 이루어진다고 보는 조성은의 견해에 일정한 문제점을 던지는 것으로 보인다.[25] 다음과 같은 수량사 구성이 이에 해당된다.

(47) 학생들이 둘이 철수를 때렸다.

수량사 구성에 대한 조성은의 분석에 의하면 수량사가 명사 뒤에 오는 위와 같은 경우는 다음과 같은 구조를 이룬다.

---

25) (i)과 같은 다중 대격에 대해 조성은이 설정한 구조에 대해서도 같은 성격의 문제점이 발생할 수 있음을 D.-W. Yang(2002:134)이 지적한 바 있다.

(i) 영미가 철수를 발을 끝을 찼다.

양동휘는 그런 문제점이 구조를 달리 보면(그의 (24)) 해결될 수 있음을 지적한 바 있다. 그러나 본문에서 논하는 주어의 주격 중출에 대해서는 같은 해결책이 적용될 수 없다.

(48)

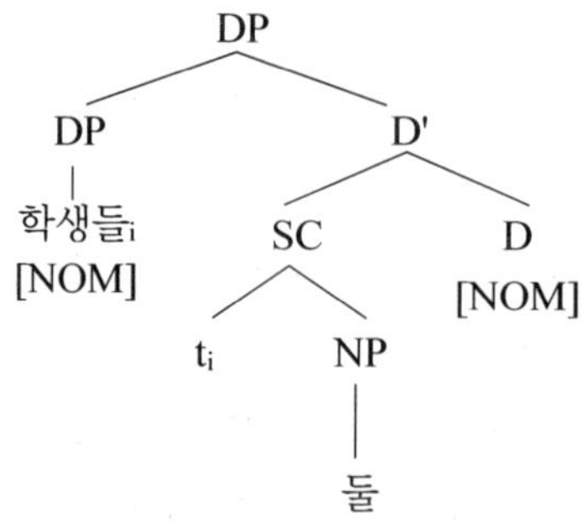

그리고 (38)에 의해 (48)이 KP가 되고 이 KP는 동사구 내부 주어 가설에 의하면 주어의 위치인 vP의 지정어에 위치하게 되며 K의 핵-이동이 일어나기 전의 구조는 다음과 같다.

(49)

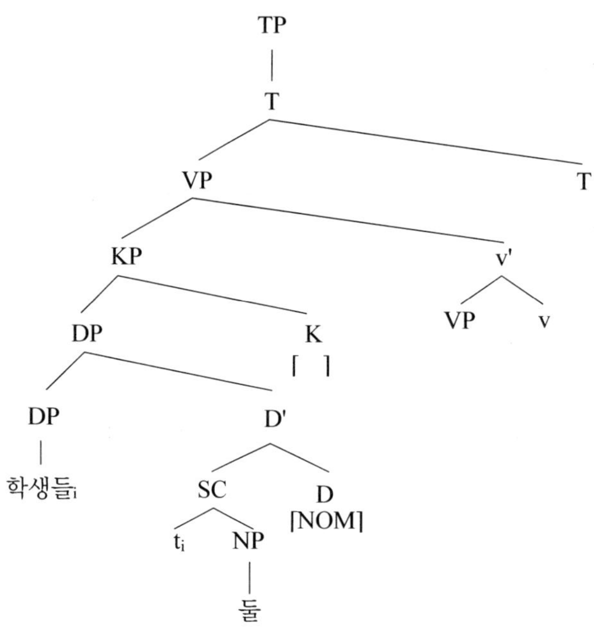

이 구조에서 T로부터 [NOM]을 복사받기 위해서는 K가 T로 핵-이동해야 하는데 핵-이동의 일반적인 성격에 비추어 볼 때 문제의 핵-이동이 허용되는지는 불분명하다. 왜냐면 KP가 vP의 지정어 위치에 있기 때문이다.

11.2.1.2 일치 방안

다중 격 인가자 방안이 여러 번 나타나는 격의 숫자만큼 격 인가자를 늘임으로써 일대일 대응을 지키고자 하는 방식이라면 일치 방안은 명사구의 격 인가가 격 인가자에 의한 인가 방식 외에 "일치"라는 방식에 의해서도 가능하다고 봄으로써 결국 격 인가자에 의한 격 인가가 일대일 대응을 유지할 수 있다고 보는 방식이다. 다시 말해, 격 중출에 있어 어느 한 명사구의 격이 격 인가자에 의해 인가가 되면 나머지 명사구의 격은 그 명사구와의 일치 관계를 통해 격이 인가 혹은 결정된다는 제안이다. 이런 방안을 택한 기존 연구로는 Y. Kim(1989, 1990)과 박정섭(1992) 등이 있는데 먼저 이들의 견해를 간단히 소개하고 생각해 볼 수 있는 문제점으로 어떤 것이 있는가를 보기로 한다.

먼저 김영주의 제안을 보는데, 주의할 점은 그녀의 제안은 앞에서 본 모든 격 중출 구문에 적용되지 않고 이른바 전체-부분 구성에만 적용된다는 점이다. 즉 전체 부분 구성에서 부분 명사구가 전체 명사구에 대해 주어-술어의 관계를 가진다고 보고 주어-술어가 범언어적으로 일치의 양상을 보임에 비추어 볼 때, 전체-부분 구성에서의 격 중출도 술어 명사구가 인가 받은 격이 주어-술어 일치에 의해 주어 명사구인 전체 명사구에도 나타난 결과로 볼 수 있다는 것이다.

한편 박정섭의 일치 방안은 김영주의 것과 많이 다르다. 우선 그의 일치 분석은 전체-부분 구성에만 적용되는 것이 아니고 앞에서 본 구문 중 "주격 장소 구문", "장형 부정 구문", "부사적 명사구 구성"를 제외한 모든 경우에 적용된다.[26] 이는 다시 말해,

---

26) 박정섭은 격 중출의 유형으로 모두 8가지를 들고 이들 모두가 지정어-핵 일치로 분석될 수 있다고 본다. 참고로 아래 그가 분류한 유형이 앞에서 본 격 중출 구문 중 어디에 해당하는가를 적어둔다.

1유형:	피동/능동 경동사 구문
2유형:	수량사 구성
3유형:	전체-부분 구성/주어-보어 구성
4유형:	이중/다중 주어 구성
5유형:	이중/다중 주어 구성
6유형:	부정 계사 구문, '되다' 구문
7유형:	주격 경험자 구문
8유형:	dative 대격 구문

5유형은 아래와 같은 예문을 말하는데, 위가 나타내듯이 박정섭은 별도의 유형으로 보고 있으나, 필자는 (ii)의 구조를 가진 이중/다중 주어 구성의 예로 본다.

주어-술어 관계로 볼 수 없는 경우에 대해서도 일치 개념을 적용함을 의미하는데 고로 일치의 외연을 주어-술어에만 국한하지 않고 넓힐 수 있는 개념이 필요한데, 그가 제안하고 있는 개념은 "지정어-핵 일치"이다. 이는 서구권 언어의 주어와 동사 간의 일치가 구조적으로 지정어-핵 관계로 분석된다는 것에 근거한 것으로 김영주의 제안보다는 범위가 넓다는 점에서 더 나은 일면이 있다고 하겠다. 그러나 문제는 격 중출의 모든 경우를 지정어-핵 관계로 볼 수 있느냐 하는 것인데, 이에 대한 검토는 나중에 하고 우선 주어-보어 구성의 예인 다음 경우를 통해 박정섭이 의미하는 지정어-핵 일치의 내용이 무엇인지를 알아보기로 한다.

(50) 영미가 머리가 잘렸다.

지정어가 통상 핵보다 앞에 온다는 점에 비추어 볼 때, 위 문장에 나타나는 주격 명사구 중 왼쪽 명사구가 지정어에 해당된다는 것은 쉽게 알 수 있다. 그리고 통상 전체-부분의 경우 전체 명사와 부분 명사가 하나의 구성체를 이룬다고 볼 때, 부분 명사를 전체 표현의 핵에 해당하는 부분으로 추정할 수 있을 것이다. 그러나 박정섭의 제안은 이와 다른데, 그는 위 문장에서 '영미'와 지정어-핵 관계를 이루는 것은 '머리'가 아니고 주격 조사인 '-가'로 보고 있다. 이렇게 보는 간접적 이유는 통상 명사와 지정어-핵 관계를 이루는 성분은 속격 조사를 갖는 것으로 보기 때문인데 실제로 박정섭은 '영미'의 원래의 위치는 '머리'를 핵으로 하는 NP의 지정어로 보고 있다. 그리고 그 위치로부터 한국어의 D로 간주되는 '-가'의 지정어 위치로 이동하면[27] 바로 지정어-핵 일치에 의해 '영미'가 주격을 갖게 된다는 것이다.[28] 결국 박정섭에 의하면 '영미가 머리가'의 구조는 다음과 같다.

(i) 그 책이 읽기가 어렵다. (ii) [그 책이]$_i$ [e.c. e.c.$_i$ 읽기가] 어렵다.

27) 원래의 위치에서 속격을 인가받고 다시 주격이 인가되는 DP2의 지정어 위치로의 이동은 이른바 사슬 조건을 어기는 것이 된다. 이를 피하기 위해 박정섭은 이동이 있는 경우에는 원래의 위치에서 속격을 인가받지 않는 것으로 본다.

28) DP2가 갖는 주격은 외부로부터 인가되는 것이다.

(51)

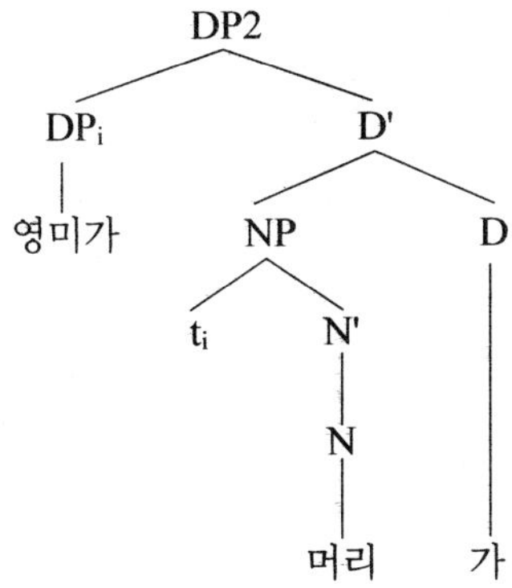

이제 이런 일치 방안을 검토해 보기로 하자. 우선 지적할 점은 이 방안이 결국 명사구의 격 인가 방식에 두 가지가 있다고 보는 것이므로 개념적으로 그리 매력적인 방안은 아니라는 점이다. 그런 만큼 일치 관계에 의한 격 인가에 대해 경험적 근거가 아주 확고해야 한다는 부담을 안고 있다고 할 수 있다. 다시 말해, 격 일치가 있다고 여겨지는 두 성분의 관계에 대한 일치의 설정이 널리 받아들여진다거나 아니면 격 일치 외에 다른 일치 관계가 있다는 근거가 제시되어야 할 것이다. 그러나 이런 점에 비추어 볼 때, 앞에서 소개된 두 일치 방안이 그리 만족스럽지는 않은 것으로 보인다. 우선 김영주의 제안은 전체-부분 구성에서 전체 명사구와 부분 명사구 간의 관계를 주어-술어로 파악하고 있는데,[29] 김영주는 주어-술어 간의 일치가 범언어적으로 그리고 한국어 내부에서도 일어나는 현상이라는 점을 지적함으로써 주어-술어 간 격 일치 분석의 정당화를 지적하고 있다.

그러나 이 분석이 갖고 있는 문제점에 대해서 이미 Maling(1991) 및 Maling&Kim (1992)이 지적한 바가 있는데 그들 문제점은 크게 다음의 두 가지로 요약될 수 있다. 첫째, 김영주의 일치 분석에 의하면 전체 명사구와 부분 명사구의 격은 항상 같아야 한다. 그러나 다음과 같은 여러 경우를 들어 그들은 전체 명사구와 부분 명사구의 격이 항상 일치하는 것이 아님을 지적하고 있다(Maling&Kim(1992:41-47)).

(52) 가. 공장이 창고에 불이 났다.
나. (?)공장에 창고가 불이 났다.

29) 필자는 전체 명사구와 부분 명사구 간의 관계를 주어-술어로 보는 것에 대해서도 반대한다. 이 점에 있어 김영주의 논증은 부분 명사구가 단지 전형적인 논항이 될 수 없다는 것일 뿐, 술어임을 보이는 논증은 아니라고 생각한다.

(53) 가. 내가 유미를 팔에 주사를 놓았다.
나. ?내가 유미에게 팔을 주사를 놓았다.

(54) 가. 인호가 귀에 비밀이 속삭여졌다.
나. *인호가 귀가 비밀이 속삭여졌다.

둘째, 김영주의 논증이 정당하게 성립하기 위해서는 두 명사구가 주어-술어 관계에 있는 다른 경우에도 항상 격 일치가 일어나야 한다. 그리고 일견 다음 예들은 그런 일치가 가능함을 보여준다.

(55) 가. 내가 아이를 의사를 만들었다.
나. 인호가 그 아이를 친구를 삼았다. =Y. Kim(1990:(20a, b))

그러나 Maling&Kim(1992:55)이 지적하였듯이 이 문장의 수동문에서는 일치가 일어나지 않으며 대신 술어 명사구는 '-로'만을 취할 수 있을 뿐이다.

(56) 가. *아이가 의사가 만들어졌다.
나. *그 아이가 친구가 삼아졌다.

(57) 가. 아이가 의사로 만들어졌다.
나. 그 아이가 친구로 삼아졌다. =Maling&Kim(1992:(38))

또한 주어-술어 관계에 있는 소절이 항상 (55)에서처럼 격 일치를 보이는 것이 아니어서 다음 예들은 오히려 격 일치의 경우는 비문법적이고 술어 명사구가 '-로'만을 취할 수 있음을 보인다.

(58) 가. *내가 아이를 의사를 키웠다.
나. 내가 아이를 의사로 키웠다.
(59) 가. *유권자가 그를 대통령을 뽑았다.
나. 유권자가 그를 대통령으로 뽑았다. =Maling&Kim(1992:(39a, 40a))

마지막으로 다음과 같은 ECM의 경우도 주어-술어 관계에 있는 두 명사구 간에 격 일치가 항상 가능한 것이 아님을 보여준다.

(60) 가. 내가 유미를 바보가 아니라고 믿었다.
나. *내가 유미를 바보를 아니라고 믿었다. =Maling&Kim(1992:(42b))

즉 (60)에서 '유미'와 '바보'는 각각 주어-술어 관계에 있는데, (60가)는 이들 간의 격이 일치하지 않음을 보여주고 (60나)는 더 나아가 격이 일치할 수 없음을 보여준다.

이상의 예들은 결국 한국어에서 주어-술어의 전형적인 경우로 보이는 예들에서조차 두 성분 간에 격 일치가 항상 보장되는 것이 아닐 뿐 아니라, 어떤 경우에는 일치가 되면 비문법적이기까지 함을 보여준다. 이는 그만큼 전체-부분 구성을 주어-술어의 관계로 보고 그렇기 때문에 그들간에 격 일치가 일어난다는 김영주의 설명이 약화됨을 보여준다고 하겠다.

이런 문제점 외에도 마지막으로 다음과 같은 문제점이 지적될 수 있을 것으로 보인다. 즉 앞에서 본 격 중출의 모든 경우를 주어-술어 관계로 파악할 수는 없을 것으로 보이는데, 이는 결국 전체-부분 구성에 대한 일치 분석이 옳더라도 다른 경우에 대해서는 그와는 또 다른 기제이 필요함을 의미하므로 그만큼 모든 격 중출을 하나의 기제으로 풀이하는 분석에 비해서는 떨어진다고 할 수 있을 것이다.

이제 박정섭의 제안을 검토하기로 하자. 우선 지적할 사항은 방금 앞에서 지적한 마지막 문제점이 대부분의 격 중출이 지정어-핵 관계에 의한다고 보는 박정섭에게는 부분적으로 완화될 수도 있겠다는 점이다. 그러나 앞서 보았듯이 박정섭이 모든 격 중출을 다 논의한 것은 아니어서 주격 장소 구문, 장형 부정 구문, 부사적 명사구의 경우들은 격 중출의 대상이 아닌데, 이들 구문의 성격 상 이들에까지 지정어-핵 관계가 확장될 수는 없을 것으로 보이므로 본질적인 문제점은 여전히 남을 수밖에 없다는 점이다. 게다가 박정섭이 검토한 모든 유형을 지정어-핵 관계로 포착하는 것이 정당하겠는가 하는 문제가 남아 있다. 필자는 특히 4유형, 7유형의 경우가 문제라고 생각하는데 고로 그 문제점이 무엇인가를 간단히 살펴 보기로 한다(편의상 아래 각 유형의 예를 제시한다).[30]

(61) 가. 미도파가 옷이 싸다. 4유형

30) 다음과 같은 6유형의 경우 박정섭은 두 명사구가 하나의 소절을 이루는 것으로 보는데, 이는 그 구조가 (51)과 다름을 의미한다. 그러나 소절 구조에서 '포도'가 무엇의 지정어인지는 분명하지는 않다.

(i) 포도가 술이 되었다.

나. 철수가 공부가 싫었다. 7유형

이 두 유형에 대해 박정섭이 제시한 구조는 일단 다음과 같다.

(62)

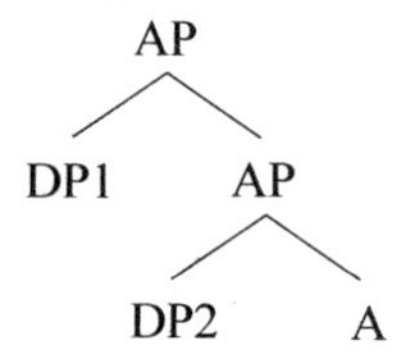

먼저 주목할 점은 이 구조가 두 명사구가 뒤 명사구의 격조사를 핵으로 하는 최대투사로 묶이지 않는다는 점에서 (51)과는 다르다는 점이다. 박정섭이 이와 같이 구조를 달리 본 이유는 물론 4유형과 7유형의 두 명사구 간의 관계가 (51)의 경우와는 다르다고 보았기 때문이다. 그 중요한 이유는 4유형의 경우 왼쪽 명사구가 그 뒤에 오는 문장 전체에 대해 일정한 의미적 관계를 가질 뿐,[31] 오른쪽 명사구와는 어떤 관계를 설정해 볼 수 없으며, 7유형의 경우 각 명사구가 서술어와 별도의 의미 관계를 가짐으로 인해 두 명사구 간에 어떤 의미 있는 관계를 설정해 볼 수 없기 때문이다. 중요한 점은 그로 인해 이들에 대해서는 (51)에서와 같은 설명이 적용될 수 없다는 점이다. 그렇다고 이 경우에도 지정어-핵 관계에 의한 격 일치 분석이 포기되는 것은 아닌데, 박정섭의 설명은 다음과 같다. 즉 우선 형용사에도 격이 부여 혹은 인가되는 것으로 가정한다(위의 경우 주격이 인가되는 것으로 본다). 그리고 (62)의 구조에서 각 DP가 A에 대해 지정어 관계를 가진다고 보고 그로 인해 두 명사구에도 같은 주격이 인가된다는 것이다.

그러나 한국어의 형용사에 격이 부여된다는 가정은 한국어 자료 자체를 토대로 한, 독립적 근거가 제시되지 않았다는 점에서 너무 비싼 가정으로 보인다. 그리고 위의 분석은 4, 7유형의 DP2를 A의 지정어라고 보고 있는데 과연 그러한지에 대해서도 독립적인 근거가 제시되지 않고 있다. 필자는 오히려 서술어와 DP2의 의미역적 관계로 볼 때, DP2가 형용사의 지정어가 아니라 보어로 취급되어야 한다고 생각한다. 우선 4유형의 경우 박정섭 자신이 지적하였듯이 DP1은 서술어의 논항이 아니므로 서술어의 유일한 논항은 DP2일 뿐인데 고로 해당 서술어와 보어 관계에 있다고 봐야 할 것이다. 그리고 7유형의 경우 두 DP 모두 해당 서술어의 내부 논항이므로 자연스러운 구조

31) 의미적 관계의 내용에 대해서는 6장의 (62)를 참조할 것.

는 다음과 같아야 할 것이며 이런 구조에서 DP2는 지정어가 아니라 보어인 것이다.

(63)

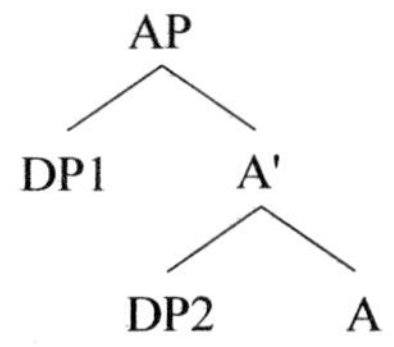

고로 이런 설정이 맞다면 형용사에 격이 부여된다는 가정이 맞더라도 형용사와 DP2 간에는 지정어-핵 일치에 의한 격 일치가 일어날 수 없는 것이다.

(62)의 구조가 갖는 또 다른 문제는 두 명사구의 성격이 4, 7 유형에서 같은 것으로 파악되고 있다는 점이다. 그러나 다음 예들은 '-시'와의 일치에 있어 두 유형이 서로 다름을 보여준다.

(64) 가. 영미가 어머니가 아프시다.
     나. *박 선생님이 따님이 아프시다.

(65) 가. *영미가 박 선생님이 싫으셨다.
     나. 박 선생님이 영미가 싫으셨다.

즉 4 유형의 경우는 오른쪽 명사구가 '-시'와 일치를 보이는 반면, 7유형에서는 왼쪽 명사구가 '-시'와 일치를 보이는 것이다. 우리는 3장에서 '-시'와의 일치가 전형적인 지정어-핵 관계에 의한 것임을 봤는데, 위와 같은 차이가 (62)의 구조에서는 전혀 설명이 되지 못하는 것이다. 그에 반해 앞서 파악한 4, 7유형의 의미역 구조에 의하면 이런 양상은 다음과 같이 쉽게 포착이 된다. 즉 4유형에서 오른쪽 명사구가 형용사의 유일한 내부 논항이므로 그것이 '-시'를 핵으로 하는 일치소구의 지정어 위치로 이동하게 되면 그것이 '-시'와 지정어-핵 관계에 의한 일치를 한다. 그에 반해 7유형에서는 왼쪽 명사구가 오른쪽 명사구보다 구조 상 위에 오므로 일치소구의 지정어 위치로 이동하게 되며 고로 그 성분이 '-시'와 일치를 하게 되는 것이다.

이상의 검토가 보여주는 바를 정리하면 다음과 같다. 기존의 일치 분석은 독립적으로 일치가 일어난다고 간주되는 주어-술어 관계 또는 지정어-핵 관계를 이용하여 격 중출이 그런 성격을 가짐을 보이려 노력하였다. 그러나 우리는 그런 노력이 다음과 같은 이유로 성공적이지 못함을 보았다. 첫째, 주어-술어 관계의 적용이 제한된 격 중출의 경우에만 적용됨으로 해서 다른 격 중출에 대해 별도의 기제가 필요하게 되었다. 둘째, 한국어에서 주어-술어의 경우가 항상 격 일치를 보장하지 않을 뿐 아니라, 격 일치가 비문법적인 경우가 있어 격 일치의 설명에 과연 주어-술어 관계가 유효한지가 의문시 되었다. 셋째, 지정어-핵 관계 또한 모든 격 중출에 적용되는 것이 아니므로 이 경우에도 지정어-핵 관계로 볼 수 없는 다른 경우에 대한 별도의 격 중출 기제가 필요하게 되었다.

11.2.1.3 정리

지금까지 우리는 격 중출 현상에도 불구하고 격 인가자와 명사구 간의 관계를 일대일로 유지할 수 있는 방안으로 크게 두 가지가 있음을 보았다. 즉 격 중출의 명사구만큼 격 인가자의 수를 늘이는 방안과 격 인가자에 의한 격 인가 외로 일치에 의한 격 인가를 인정하는 방안이 그것인데 이 두 방안 모두 나름대로의 문제점이 있음을 지적하였다. 먼저 인가할 수 있는 격의 값을 통상적인 주격, 대격 인가자로부터의 복사를 통해 받는 K의 설정을 통해 격 인가자의 수를 늘이는 조성은의 방식은 그 독창성에도 불구하고 이론적으로 너무 강한 것으로 보인다. 그로 인해 과잉 생성 혹은 도출의 문제가 생겨 결국 K의 설정을 통해 과잉생성되는 격 중출의 경우를 걸러내는 장치가 필요하게 되는데, 조성은의 경우 그것은 대부분 의미적 성격을 띠고 있다. 그러나 격 중출의 결과가 왜 의미적 성격의 제약에 의해 걸러지는가가 의문으로 남는다는 점 혹은 달리 말해, 과잉 생성되는 격 중출을 전담하는 의미적 성격의 제약이 과연 정당화될 수 있는가 하는 점은 앞으로 조성은이 해결해야 할 문제로 보인다.

한편 일치 방안에 대해서는 한국어에서 주어-술부가 반드시 일치를 보이지 않는다는 문제점 외에도 한국어의 격 중출의 다양성으로 말미암아 결국 격 인가자에 의한 격 인가 외에 일치라는 별도의 격 인가 방식이 도입될 뿐 아니라, 그 외 또 다른 격 인가 기제가 필수적으로 도입되어야 한다는 점이 문제점으로 지적되었다. 이런 문제점은 결국 같은 격을 갖는 두 명사구 간의 관계가 격 중출의 모든 경우에 동일하지 않은데도 불구하고, 일치 방안이 주어-술부 혹은 지정어-핵과 같은 두 명사구 간의 관계를 통해 격 중출을 해결하려는 데서 기인하는 것으로 보인다. 이는 결국 일치의 내용이 어떠하든 일치 방안이 모든 격 중출을 해결할 수 있는 방안이 되지 못함을 의미하며 더 나아가 격이 같은 두 명사구 간의 관계가 격 인가와 아무런 관련이 없음을 말하는 것이 된다.

11.2.2 다중 격 인가 방안

지금까지 우리는 앞에서 격 인가자와 격을 필요로 하는 명사구 간의 일대일 관계를 유지하려는 방안이 어떤 결과를 낳는가를 봤다. 그리고 그 결과들은 일대일 관계를 유지하는 것이 과연 바람직한 것인가 하는 의문을 낳게 한다. 이에 대한 대안은 물론 격 인가자와 명사구 간의 일대일 관계를 버리는 것으로 격 인가자가 여러 명사구의 격을 인가하는 것을 허용하는 것이다. 이를 포착하는 방안으로 여러 가지가 있을 수 있다. 한 예로 다중 인가에 대한 Collins(2002:9)의 제안을 따라, 그런 특성을 갖는 격 인가자에 [+다중]이라는 특성 혹은 자질을 부여할 수 있을 것이며 이 자질의 유무가 하나의 매개변인이 될 수 있을 것이다.[32)]

한편 이런 입장은 격 인가의 논의가 시작된 80년대부터 이미 있었는데 한국어에 대한 구체적인 제안은 격 인가가 지배 개념에 의해서만 가능했던 초기의 연구들 즉, H.-S. Choe(1987), Y.-S. Kang(1986), J.-S. Lee(1991), Maling&Kim(1992), Weschler&Lee (1996), H.-S. Yoon(1989) 등에서 볼 수 있으며 그 기본 제안은 격 인가자의 지배 영역 내에 있기만 하면 명사구의 수의 상관없이 격 인가가 일어난다는 것이다. 한편 격 인가가 지정어-핵 또는 성분-통어에 바탕을 둔 “일치”라는 기제에 의해 이루어진다는 최소주의의 도입 이후로는 한국어에 대한 구체적인 분석으로는 지정어-핵 개념을 이용한 D.-W. Yang (1995, 1996, 2000a)[33)] 및 김용하(1999) 등을 들 수 있으며 그 외 Ura(1996),

32) [다중] 자질을 이용한 연구로는 E. Cho(1996)를 들 수 있다.

33) 다중 격 인가에 대한 양동휘의 입장은 연도별로 형식화된 내용이 다소 다르다. 다음은 96년도와 2000a의 제안을 옮긴 것이다.

(i) In languages that allow multiple Case structures, the formal features may undergo only Delete, but not Erase, after checking D.-W. Yang(1996:(24))

(ii) The deletion of the probe through Agree is optional in lanaguages like Korean D.-W. Yang(2000a:(1))

먼저 (ii). 이 제안은 Agree라는 기제를 이용하고 있으나, 격 인가에 대한 실제 설명에서는 해당 명사구의 이동이 설정되어 있어 격 인가가 성분-통어에 의한다는 것인지 아니면 지정어-핵에 의한다는 것인지가 불분명하다. 또한 (ii)에서 probe의 생략이 수의적이라 했는데, probe의 무엇이 생략된다는 것인지 불분명하다. 이에 반해 (i)의 제안은 Chomsky(1993)의 deletion 대 erasure의 차이를 이용한 것으로 이와 유사한 처리를 앞서 9장에서 본 바 있으며, 앞서의

Hiraiwa(2001) 등의 일본어 연구에서 다중 격 인가에 의한 격 중출 현상의 설명이 제시되고 있다. 그러나 이들 연구들도 격 인가의 기제에서만 다를 뿐 격 인가자에 다중 격 인가 능력을 부여한다는 점에서는 앞서의 연구와 맥을 같이 한다고 할 수 있다.

그러나 [+다중]이라는 자질의 설정 혹은 다중 격 인가라는 설정 그 자체는 작위적이므로 개념적으로 그리 좋은 것이라 할 수 없다. 이 문제와 관련하여 우리는 이미 3장에서 한국어의 격 인가자가 어떻게 해서 [+다중]이라는 자질 혹은 성격을 가지게 되었는가를 보았는데, 이를 다시 소개하면 다음과 같다.

(66) 가. 한국어　격 인가자 스스로가 [+해석성] 독립 핵이고 별도의 [−해석성] 자질이 없어 다중으로 격 인가가 일어날 수 있음.

나. 영어　격 인가자가 다른 핵에 기생하고 그 핵에 대해 [−해석성]이어서 점검되면서 없어지는 양상이다. 즉 격 인가가 파이-자질을 통해 한 번만 이루어짐.　=3장 (59)

이 제안에 의하면 두 언어에서 혹은 보편적으로 주격 인가자와 대격 인가자는 각각 Agr과 v로 동일하다. 그러나 최소주의적 관점에 의해 이들 범주의 통사적 실현 양상은 각 범주의 의미 기여 여부에 따라 언어마다 달라진다. 즉 의미적 기여 내용이 있으면 독립적인 핵으로 실현될 수 있지만, 그렇지 않은 경우에는 다른 독립 핵에 기생하게 된다. v의 경우 일반적으로 외부 의미역을 도입하는 등 의미적 기여 내용이 있어 영어와 한국어 혹은 보편적으로 독립적 핵으로 인정이 된다. 그에 반해 필자는 Agr에 있어서는 영어와 한국어 간에 다음과 같은 차이가 있다고 보았다. 먼저 Agr 혹은 일치의 내용에 있어 두 언어간에 차이가 있다고 보았다. 즉 영어의 경우는 널리 알려져 있듯이 성, 수, 인칭 등의 파이-자질이 관여하지만, 한국어에서는 이들 자질이 통사적으로 관여함을 보이는 근거가 없으므로 파이-자질이 관여하지 않는 것으로 보며 대신 [존대] 더 정확히는 [화자 존대 의향]이 일치에 관여하는 것으로 보았다. 한편 이런 차이로 인해 두 언어에서 Agr의 통사적 실현 양상이 달라진다. 먼저 영어에서는 파이-자질이 독립적으로 갖는 의미 기능이 없어 결국 독립 핵으로 실현되지 못하고 T에 자리를

비판이 (i)에도 그대로 적용될 수 있다. 마지막으로 필자의 제안과 양동휘의 제안이 다중격 현상을 설명할 수 있다는 점에서는 같다. 차이는 그런 가능성의 기원에 있는데, 양동휘에서는 그 가능성이 격 인가를 하는 형식 자질이 격 점검 후에도 살아 있다는 다소 작위적 설정에 의한다. 이에 반해 필자의 제안에서는 격 인가자의 [+해석성]에 기원하는데, [+해석성] 자질은 점검 후에도 삭제되지 않는다고 보므로, 필자의 제안이 보다 더 자연스러운 해결책이라 할 수 있다.

잡는다. 그에 반해, 한국어에서는 [화자 존대 의향]이 자체적으로 의미 기능을 가지므로 Agr이라는 독립 핵으로 실현된다.

결국 파이-자질의 통사적 기여에 있어 두 언어가 차이를 보이는데, 영어의 경우에는 이 파이-자질이 T 뿐 아니라, v에도 설정되며(더 나아가서는 D에도 설정된다고 볼 수 있을 것이다) 중요한 것은 T나 v에 나타나는 파이-자질이 [−해석성]이라는 점이다. 그에 반해, 한국어의 T나 v에는 [−해석성] 자질이 없다. (66)의 제안은 바로 이 점이 격 인가의 [다중] 여부와 관련이 있다고 본 것이다. 두 언어에서 Agr과 v가 모두 격인가자이기는 하나 통사적 실현에 따라 격 인가의 양상을 달리 하는 것이다. 한국어에서는 두 격 인가자가 독립적 핵으로서 [+해석성]이므로 구조적 요건만 맞으면 명사 표현의 [−해석성] 격 자질을 반복해서 인가할 수 있어 결국 다중 격의 양상을 가지게 된다. 그에 반해, 영어에서는 격 인가가 파이-자질과 연관되어 있고 한번 점검되는 [−해석성] 자질은 없어지게 되어 더 이상의 격 인가가 불가능하게 되며 결국 다중 격 인가의 능력 갖지 못하게 되는 것이다.

필자는 개념적으로 격 인가자에 이런 다중 격 인가 능력을 허용하는 것 자체에는 문제가 없다고 생각한다. 물론 이런 생각에 반대하는 견해도 있으나(S. Cho(2000:50-57) 참조), 그에 대한 논의는 나중으로 미루고 더 중요한 것은 그런 설정 하에서 앞에서 본 모든 격 중출의 경우가 하나의 격 인가 기제(즉 격 인가자에 의한 다중 격 인가)로 잘 설명이 될 수 있느냐 하는 것인데,[34] 본 절에서는 이 작업을 성분-통어에 바탕을 둔 격 인가 기제 하에 시도하기로 한다.[35]

지금까지 필자는 한국어의 격 인가가 성분-통어에 의해 이루어지는 한편 격 최소성이 적용된다고 보았는데 이를 다중 격 인가의 개념을 도입하여 다시 한번 정리하면

34) 이는 앞서 우리가 일대일 관계를 유지하는 안들에 대한 문제 중 하나로 한국어의 모든 격 중출 구문을 감안하면 결국 격 중출을 위한 격 인가 기제가 여럿 있게 된다는 점을 들었기 때문에 더 그러하다.

35) 지배 개념 또는 지정어-핵에 의한 격 인가 기제를 토대로 한 검토는 하지 않기로 한다. 지배 개념의 경우, 지배 개념이 이미 폐기되기도 했지만, 오른쪽 명사구가 서술어의 내부에 오는 주격 장소 구문, 주격 경험자 구문, 주어-보어 구성의 경우 서술어가 장벽이 되므로 다중 격 인가 방안에서도 이미 문제가 된다. 지정어-핵 개념에 의거한 격 중출의 분석으로는 D.-W. Yang(1995, 1996, 2000a), 김용하(1999) 등을 참조할 것. 이 방식에서는 격 중출 명사구가 격 인가자의 지정어 위치에 내부적으로 끼어드는(tuck-in) 방식으로 인가가 된다.
한국어를 토대로 한 지금까지의 논의는 격 인가가 지정어-핵 관계보다는 성분-통어에 의함을 보여주고 있다. 그러나 격 인가가 지정어-핵에 의하느냐 아니면 성분-통어에 의하느냐에 대해서는 아직 경험적 논의가 있는 진행 중이므로(Ochi(1999), Kishimoto(2001), Lasnik(2002), Boeckx(2002) 등 참조) 이에 대한 종합적 판단은 앞으로의 연구 과제로 돌린다.

다음과 같다.

(67) 가. 격 인가자의 성분-통어 영역 내에 오는 모든 명사구의 격은 그 격 인가자에 의해 인가된다.

나. 격 인가자 '갑'과 NP1 사이에 NP1을 비대칭적으로 성분-통어하고 동시에 '갑'에 의해 성분-통어되는 격 인가자 '을'이 오는 경우 NP1의 격은 '을'에 의해서만 인가된다.[36)]

(67)에 담긴 내용은 격 인가가 성분-통어에 의한다는 점에서는 1장에서 소개된 "일치"와 같으나 "일치"와 완전히 같은 것은 아니다. 여러 가지 점이 다른데, 예를 들어 "일치"에는 성분-통어 외에도 여러 가지 부수 개념 및 조건들이 붙는다. 그 중 중요한 두 가지로 첫째, 파이-자질을 갖는 probe와 goal을 전제로 한다는 점, 둘째, "일치"가 일종의 국지성 조건인 결여 성분 간섭조건(defective intervention condition: DIC)을 지킨다는 점을 들 수 있다.

> We therefore have the possibility of defective intervention constraints in a structure (42), where > is c-command, β and γ match the probe α, but β is inactive so that the effects of matching are blocked.
>
> (42) α > β > γ Chomsky(2000:123)

이들 내용이 "일치"라는 절차의 적절한 작동 시 검토되어야 할 사항들이기는 하나, 필자는 우선 성분-통어 조건 및 격 최소성 하에서, 앞에서 본 모든 격 중출 구문의 격 중출이 다중 격 인가라는 가정 하에 설명될 수 있는지를 보려 한다. 그런 다음 "일치"에 추가로 들어가는 조건들에 대한 검토를 하기로 한다.

먼저 주격 중출의 경우를 보자. 앞서 주격 중출의 경우로 모두 10가지 구문이 제시되었는데 각 구문의 구조가 앞에서 제시되었으므로 아래 다시 제시하지 않고 순서대로 살펴 보기로 한다.[37)] 먼저 주격 장소 구문과 주격 경험자 구문의 구조인 (12가)를 보면, 주격 인가자인 Agr은 VP 및 AP 내부에 오는 논항들을 성분-통어한다. 그리고 이 구조

36) 보다 형식적 내용은 4장의 (96)을 참조할 것.

37) 지금까지의 논의에 따라 필자는 한국어에 다음과 같은 네 가지의 격 인가자가 있는 것으로 본다: Agr(주격 인가자), v(대격 인가자), D(속격 인가자), P(사격 인가자).

에서는 대격 인가자가 없으므로 각 구문의 두 논항은 모두 주격을 인가받을 수 있다.

이어 주어-보어 구성의 구조인 (12나)에서 주목할 점은 전체 명사구의 원래 위치가 부분 명사를 핵으로 하는 명사구의 내부이나 부분 명사구가 DP가 아니라 NP라는 점이다. 이는 다시 말해, 주격 인가자가 DP1을 성분-통어하고 격 최소성을 지키므로 결국 두 명사 표현에 공히 주격이 인가될 수 있음을 의미한다.

이어 이중/다중 주어 구성의 경우는 나중에 보고 장형 부정 구문의 경우인 (15)를 먼저 보자. 앞서 10장의 논의에 의하면 장형 부정 구문에서 '-지' 뒤에 주격이 올 수 있는 경우는 서술어가 대격 인가 능력이 없는 경우이다. (15)는 이를 보여 주고 있는데, 이 구조에서 주격 인가자는 주어 논항과 명사로 간주되는 '-지'를 성분-통어하며 고로 주격 중출의 양상이 되는 것이다. 한편 여기서 주목할 점은 (67나)에 의해 10장에서 대격 인가자로 규정된 '않-'의 존재에도 불구하고 '-지'에 대해 주격이 인가될 수 있다는 점이다. 이는 물론 '않-'과 '-지'가 서로를 성분-통어하기 때문이다.

계속해서 수량사 구성를 보면 이 경우는 주어-보어의 경우와 같은 상황이다. 즉 (16)에 의하면 왼쪽 명사구가 수량사를 핵으로 하는 명사구 내부에 오며 그 명사구가 DP가 아닌 NP이므로 그 내부에 오는 명사 표현에도 주격이 인가될 수 있다. 그리고 이는 피동 경동사 구문의 경우인 (19)에서도 마찬가지이다. 한편 두 주격 명사구가 소절을 이루는 것으로 파악되는 '되다' 구문과 부정 계사 구문의 경우 중요한 것은 구조 내에 대격 인가자가 없으며 그런 상태에서 소절 내의 두 명사구가 모두 주격 인가자에 의해 성분-통어 된다는 점이다. 그리고 마지막으로 부사적 명사구의 경우도 부사적 명사구가 VP 내부에 오고 그 상위에 오는 격 인가자가 오로지 주격 인가자이므로 부사적 명사구에도 격이 인가되어 결국 주격 중출의 양상이 되는 것으로 분석될 수 있다.

이상 이중/다중 주어 구성의 경우를 제외한 모든 주격 중출의 경우가 성분-통어와 격 최소성에 의해 잘 설명이 됨을 보았다. 남은 것은 이중/다중 주어 구성인데, 이중/다중 주어 구성의 구조로 제시된 (14)에 의하면 AgrP의 외곽 지정어가 성분-통어에 의한 격 인가에 문제가 된다. 이는 물론 문제의 성분이 주격 인가자인 Agr에 의해 성분-통어가 안 되기 때문이다. 비슷한 차원의 문제점이 김동석/김용하(2002:25)에서도 지적된 바 있는데, 필자는 핵 이동에 근거하여 이 문제에 대한 해결책을 6장에서 이미 제시한 바 있다. 즉 AgrP 외곽 지정어에 대한 주격 인가는 한국어의 가시적 핵 이동의 결과로 풀이될 수 있다고 본다. 한국어에서 핵 이동이 있느냐 그리고 핵 이동이 가시적이냐 아니냐에 대해서는 여러 입장이 있는데, 이와 관련하여 필자는 최기용(2002, 2003나)에서 한국어에 가시적 핵 이동이 있다고 볼 근거가 제법 있음을 지적한 바 있다. 이에 따르면 (14)에서 핵 이동이 T까지 이루어진 후의 구조는 다음과 같다.

(68)

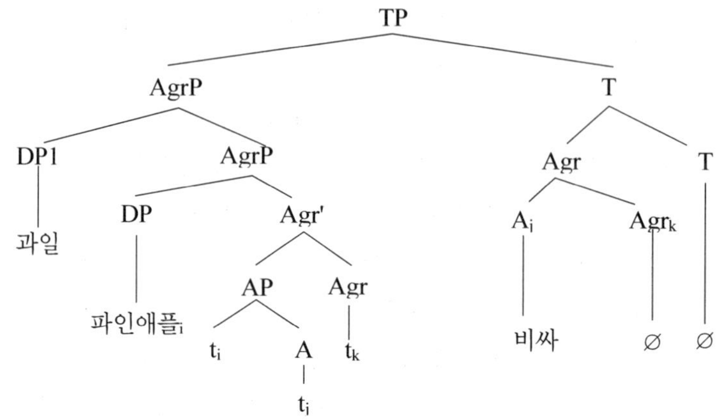

이 구조에서 2장에서 소개된 성분-통어 개념에 의하면(2장 (97-99) 참조), Agr이 T에 의해 관할(dominate)되지 않아 Agr를 관할하는 최초의 성분은 TP이며 TP가 DP1을 관할하므로 결국 Agr이 DP1을 성분-통어하게 된다. 즉 핵 이동에 의해 도출 과정에서 Agr이 이중/다중 주어 구성의 외곽 지정어들을 성분-통어하게 되어 해당 성분들이 갖는 주격이 인가되는 것이다.[38)]

이어 대격 중출의 경우를 보는데 앞서 지적한 6가지 경우 모두 성분-통어에 의한 다중 격 인가로 파악될 수 있다. 먼저 daitve 대격 구문의 구조인 (31)을 보면, 동사의 두 논항이 VP 내부에 있고 이를 대격 인가자인 v가 성분-통어하므로 dative 표현의 의미역 표지인 '-에게'가 실현되지 않을 경우 대격이 인가될 수 있어 대격 중출의 양상으로 나타난다. 같은 차원의 설명이 장형 부정 구문과 부사적 명사구의 구조인 (33), (36)에도 적용이 된다. 즉 대격 인가자 v의 성분-통어 영역 내에 격을 필요로 하는 두 명사 표현이 있는 상황이므로 다중 격 인가에 의해 동시에 대격이 인가되는 것이다.

38) 6장에서의 이중/다중 주어 구성의 논의에 의하면 이중/다중 주어 구성의 술어로 타동사도 가능하며 그 경우 T-복합체 내부에는 v도 있게 되고 그러면 부가 구조의 특성 상 v가 Agr을 성분-통어하므로 외곽 지정어 성분에 대해 대격이 가능해지는 양상이 나올 수 있다. 김동석/김용하(2002:각주 19)에 의하면, 이와 유사한 문제점이 Hiraiwa(2000)에서도 언급된 것으로 되어 있으며 해결책으로는 v가 국면의 핵이라는 점이 지적되었다. 즉 v가 국면의 핵으로 문자화(Spell-Out) 이후 T-복합체 내부에 없게 되는 가능성을 지적한 것이다. 필자도 이 입장을 받아들인다.

전체-부분 구성, 수량사 구성, 능동 경동사 구문의 경우, 구조는 각각 (32, 34, 35)인데 이들은 모두 두 번째 대격 표현의 범주가 DP가 아니라, NP라는 공통점을 갖고 있으며 고로 첫 번째 명사 표현이 격 최소성에 의해 v로부터 대격을 인가받을 수 있다. 그리고 동시에 NP에 대해서도 대격이 인가되어 결국 대격 중출의 결과로 나타난다.

이제 "일치" 기제의 형식적 내용과 DIC 문제를 생각해 보자. 1장에 소개된 "일치" 기제의 형식적 내용(1장 (45) 참조)에 의하면 "일치"는 probe와 goal에 [−해석성] 자질이 있어야 하고 probe의 [−해석성] 자질인 파이-자질과 goal의 [+해석성] 자질인 파이-자질 간에 종류가 맞아야만 일어나게 되어 있다. 그러면 파이-자질이 없다고 보는 한국어에는 이러한 "일치" 기제가 적용될 수 없는가? 아니면 영어에서 적용되는 "일치" 기제와 한국어의 격 인가에 적용되는 기제는 성격이 아주 다른 것인가? 필자는 격 인가와 관련된 기제의 실질적 내용이 두 언어에 있어 100% 일치하는 것은 아니지만, 공유하는 부분으로 다음이 있으므로 그런 점에서 두 언어에 공통적으로 적용되는 격 인가 기제가 있다고 본다.

(69) 가. 명사 표현은 [−해석성] 격 자질을 갖는다.
　　 나. 격 인가자는 자신이 성분-통어하는 명사 표현의 격 자질을 인가한다.[39)]

이에 의하면 1장에 제시된 형식적 내용, 즉 파이-자질의 참여 및 matching 조건 등은 "일치" 기제의 매개변인적 요소라 할 수 있을 것이다.

이제 DIC의 문제를 생각해 보자. 사실 한국어에서와 같은 격 중출 현상이 DIC에 문제가 된다는 것은 "일치" 기제가 제안된 2000년도 초에 이미 Hiraiwa(2001) 등에 의해 지적된 바 있다. 주격 중출의 한 예인 (12가)를 통해(아래 (70)으로 다시 제시함) 이 문제를 다시 소개하기로 하자.

39) 영어에서 타동사 내부의 목적어에 대해 주격이 인가되지 않는다는 점은 영어에서도 격 최소성이 적용됨을 보인다.

(70)

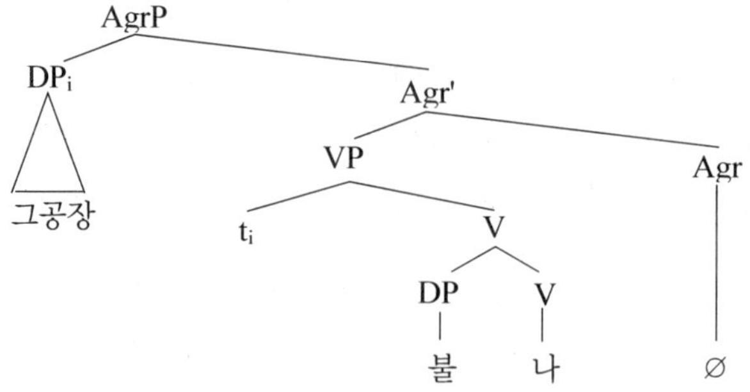

이 구조에서 주격 인가자인 Agr이 '그 공장'을 성분-통어하므로 주격 인가가 일어난다. 그리고 1장의 "활성화"의 개념에 의하면 격이 인가된 성분이 "비활성화(inactive)" 상태가 되므로 '그 공장'은 비활성화 상태가 된다. 문제는 '불'에 있다. 즉 이 성분도 주격 인가자에 의해 성분-통어는 되나, 앞에서 소개한 DIC에 의하면 주격 인가자와 '불' 사이에 비활성화 상태인 '그 공장'이 있으므로 주격이 인가될 수 없어야 하나, 그렇지 않으므로 문제가 된다.[40]

이런 상황은 앞에서 본 모든 격 중출에서 나타나는 상황이므로 DIC가 격 중출의 설명에 있어 큰 문제가 된다고 할 수 있는데 본 장에서는 이 문제에 대한 Hiraiwa(2001)의 해결책을 소개하는 한편 필자의 대안을 제시해 보기로 한다. 사실 히라이와의 해결책은 간단하다고 할 수 있는데, 격 중출을 포착하기 위해 하나의 probe에 대해 여러 goal의 일치가 동시에 일어날 수 있는 "다중 일치(multiple Agee)"라는 기제를 제안하고 그에 맞게 DIC를 표상적 제약으로 본 촘스키의 제안과 달리 도출적(derivational) 제약으로 보자는 것이다. 즉 일정한 도출 시점에서 probe와 probe의 성분-통어 영역 내에 오는 모든 goal과 동시에 일치가 일어날 수 있도록 하고 그런 상황이 DIC에 문제가 되지 않도록 DIC의 내용을 수정하는 것이다. 다음이 이를 보여준다.[41]

40) 이 문제가 '그 공장'의 이동에 의해 해결될 수는 없다. 그 이유는 '그 공장'이 이동하기 전에 이미 '불'이 Agr에 의해 성분-통어되는 상황이기 때문이다.

41) Chomsky(2001a:13)도 이 입장을 받아들이고 있음을 다음이 보여준다.

> In *DbP*, it is assumed that G must be the closest matching H, but there is good reason to belived that, like others, this property must be relativized to phases, so that P can any matching G in the phase PH that it heads, simultaneously deleting uninterpretable features. It follows that intervention effects will hold only if the intervening elements is not required inactive by P itself.

물론 차이는 있다. 즉 히라이와의 입장은 도출의 매 단계에서 DIC가 적용된다는 것임에 반

(71) Multiple Agree
MULTIPLE AGREE (...) with a single probe is a single simultaneous syntactic operations; AGREE applies to all the matched goals at the same derivaitonal point *derivationally simultaneously.* Hiraiwa(2001:(7))

(72) The Defective Intervention Consraint (derivationally revised)
A syntactic operation AGREE must obey a strict locality condition. AGEE(α, ϒ) is prohibited if there is a closer matching goal that is already inactive *at the point of derivation* where the probe is merged; thus the DIC is restricted to a case where a probe for ϒ and a probe for intervening β are *derivationally distinct.* Hiraiwa(2001:(9))

여기서 히라이와의 수정 입장이 DIC가 원래 포착했던 아래 경우까지 포기하는 것이 아님을 이해할 필요가 있다.

(73) 가. There seems/*seem to Mary to be men in the room.
나. There seems/*?seem to him and her to be men in the room.
다. There seems/*?seem HER to be men in the room.

위의 예에서 내포문 성분과 모문 동사는 그 중간에 오는 여격(dative) 성분으로 말미암아 일치가 되지 못하는데, 이는 전형적인 DIC의 예로 포착이 된다. 즉 중간의 여격 성분에는 일종의 고유격이 인가되어 비활성화 상태가 되며 결국 DIC에 의해 모문 동사의 파이-자질과 내포문 성분의 파이-자질 간에 일치가 적용이 안 되어 비문법적이 되는 것으로 본다. 그러면 수정 DIC는 격 중출의 경우와 이 경우를 어떻게 구분하는가? 그 요점은 격 중출의 경우에는 중간 성분이 "활성화"의 상태인데 반해, (73)의 예에서는 중간 성분이 모문 동사와는 다른 이유로 인해 이미 격이 인가된 "비활성화" 상태라는 점이다.[42)]

이런 히라이와의 제안이 격 중출의 문제를 해결하는 것으로 보이기는 하나 의문이 완전히 해소되는 것은 아니다. 예를 들어, 다중 일치 하에서 영어와 한국어 간의 차이가 어떻게 포착이 되는지가 논의되지 않고 있으며 (72)에 의하면 "일치"가 여전히 국지

해, 촘스키의 입장은 국면 별로 적용된다는 것이다.

42) DIC가 적용되는 것으로 논의된 다른 예 및 아이슬랜드어의 예에 대해서는 Chomsky(2000:(47d), (51b))를 참조할 것.

성 조건을 준수한다고 되어 있으나, 다중 일치 혹은 격 중출이 일어나는 상황을 국지성을 준수하는 상황이라고[43] 보기에는 어려움이 여전하다고 할 수 있기 때문이다. 보다 더 근본적인 문제는 DIC의 직관적 이해에 의하면 DIC의 전형적인 예라고 할 수 있는 격 중출이 한국어에서는 허용되어 결국 DIC가 없는 상황인데 반해, 영어에서는 DIC가 나타나는 상황에 있다. 한국어에 과연 DIC가 적용되는 예가 있는가는 좀 더 검토되어야 할 점이지만,[44] 이는 결국 DIC가 보편적 제약이 아니라, 영어에서만 적용되는 제약이 아닌가 하는 의문을 낳는다.

(66)에 근거한 필자의 대안은 다음과 같다. 필자는 우선 격 중출이 가능하다는 것을 격 인가에 있어 DIC가 포착하려는 국지성은 적용되지 않고 그에 따라 “활성화”의 개념도 적용되지 않으며[45] 단지 성분-통어만이 중요하다는 것을 보여주는 것으로 이해한다. 즉 이에 의하면 한국어의 격 중출 현상은 특이한 현상이 아니라, 격 인가자가 다중 격 인가 능력을 가지는 경우에 나타나는 지극히 자연스러운 결과가 된다. 이는 결국 영어나 아이슬랜드어에 나타나는 DIC 효과가 격 인가와는 직접적인 연관성이 없음을 의미한다.

필자는 DIC 효과를 영어나 아이슬랜드어의 격 인가에 참여하는 파이-자질로 인해 일어나는 결과로 본다. 1장에 소개된 “일치” 기제에 의하면 일치는 다음과 같은 두 가지 절차가 동시에 이루어지는 것으로 볼 수 있다: (가) [−해석성] 파이-자질을 가진 격 인가자에 의한 명사구의 격 인가, (나) [+해석성] 파이-자질을 가진 명사구에 의한

---

43) $\alpha > \beta > \Upsilon$ 의 상황에서(“>”는 비대칭 성분-통어를 의미함) β 와 Υ가 α 에 대해 같은 정도로 국지적이라고 보기는 어려움을 말한다.

44) Hiraiwa(2001:73)는 소유자-상승 구문이 ECM의 내포문으로 되어 있는 아래의 예 중에서 (i나)에 DIC가 적용되는 것으로 보았다.

(i) 가. John-ga [[Mary-wo me-ga waru-i] to] omoikondei-ta
NOM ACC eyes-NOM bad-PRES C believe-PST
‘John think that Mary has a bad eyesight.’
나. *John-ga [[Mary-ga me-wo waru-i]] to] omoikondeita

즉 ECM 구문에서 대격 성분은 모문 동사에 의해 격이 인가되는데, (i나)에서 모문 동사와 대격 성분 사이에 오는 주격 성분이 이미 다른 격 인가자인 주격 인가자에 의해 비활성화된 상태이므로 DIC에 의해 대격 성분의 격이 인가되지 못해 비문법적이라는 것이다. 그러나 격 최소성에 의한 다른 설명도 가능하다. 즉 (i나)에서 왼쪽 성분에 주격이 인가되었다는 것은 대격 성분이 이미 주격 인가자의 성분-통어 영역 내에 옴을 의미하며, 고로 격 최소성에 의해 대격 성분에 대격이 인가될 수 없다.

45) 이에 반해 격 최소성에 의한 국지성은 유효한 것으로 본다.

격 인가자의 [−해석성] 파이-자질 점검. 이에 의하면 DIC 효과는 바로 이 중 (나)의 절차가 국지성을 어겨 생기는 결과로 볼 수 있는 것이다. 이를 위해 (73)의 예를 다시 보자. (73)에서 중간 여격 성분은 앞에서 지적하였듯이 고유격이 인가된 것으로 본다. 그러나 명사 표현이므로 자체로 [+해석성] 자질을 갖는 파이-자질을 갖고 있다. 결국 모문 동사의 입장에서 보면 자신이 갖고 있는 [−해석성] 파이-자질을 점검해 줄 수 있는 후보가 중간 여격 성분과 내포문 주어의 두 가지가 있는 상황이고 그 중에서 가까운 것은 중간 여격 성분이므로 결국 모문 동사와 내포문 주어 간에는 (가, 나)가 동시에 일어나도록 되어 있는 "일치" 기제가 적용될 수 없게 되어 DIC 효과가 나오는 것이다.

이제 마지막으로 다중 격 인가 방안에 대해 S. Cho(2000:50-57)가 제시한 반대 논증을 검토하기로 하자. 조성은의 반대 논증은 크게 두 가지인데, 하나는 인가 관계가 일반적으로 일대일 관계를 이루므로 격 인가의 경우에도 이를 유지하는 것이 좋다는 개념적 논증이고 다른 하나는 다음과 같이 대격을 허용하는 수동문의 양상을 통한 경험적 논증이다.

(74) 가. 영미가 철수를 다리를 찼다.
　　 나. 철수가 다리를 차이었다.

먼저 경험적 논증의 논리는 다음과 같다. (74가)와 같은 대격 중출을 다중 격 인가 방식으로 분석할 경우 수동문에서 대격 인가자인 v의 대격 인가 능력이 없어진다고 보면 그에 따라 수동문에서는 대격의 인가가 불가능해야 되나, (74나)는 그렇지 않음을 보인다는 것이다. 그러나 이런 논증은 9장의 어휘 피동에 대한 검토에 의하면 설득력이 없다. 조은 식으로 다중 격 인가 방안에서도 (74나)의 대격을 설명할 방안이 있지만, 궁극적으로 대격을 갖는 수동문은 주격을 갖는 수동문과 통사적으로 양상이 다르며 형태적으로는 수동형이지만, 통사적으로는 v를 가지는 구문으로 보아야 하기 때문이다.

한편 인가 관계가 일대일 관계를 유지한다는 논증은 주로 의미역 관계에 의존하고 있는데, 격이 의미와는 아무런 연관이 없는 개념이라는 점에서 의미역을 토대로 한 일대일 관계가 격으로까지 확장되어야 할 당위성은 없는 것으로 보인다.[46] 오히려 다중 격 인가 방안은 경제성의 측면에서 개념적으로 더 나은 방안으로 볼 수도 있을

46) 게다가 Bošković(1999), Collins(1997, 2002) 등의 연구는 다중 인가가 연속 동사 구문(serial verb construction) 및 다중 의문사 구문 등과 같은 현상에서도 나타남을 보여주고 있다.

것이다. 즉 제한된 격 인가자의 목록 하에 격을 필요로 하는 명사 표현이 여럿 있는 상황에서 하나의 격 인가자에 의해 조건이 맞는 명사 표현의 격이 동시에 인가되는 것이므로 경제성의 관점에서 보면 그렇지 않은 경우보다 더 경제적인 방안으로 볼 측면도 있기 때문이다.

11.3 마무리

본 장에서는 한국어의 격 중출 현상의 기술을 위해 지금까지 도입된 여러 방안을 소개, 검토해 보았다. 이들 방안은 크게 세 가지 유형으로 나누어 볼 수 있다. 첫 번째 유형은 한 문장 내에 있는 명사 표현의 수에 맞게 격 인가자의 수를 늘이는 방안으로 이에는 필요한 만큼 격 인가자의 목록을 작위적으로 확장하는 방안 외에 K라는 별도의 기능 범주를 통해 격 인가자의 수를 늘이는 방안 등이 있었다. 두 번째 유형은 격 인가자의 수 및 종류는 제한하되 일치라는 별도의 현상에 의해 격 중출이 나타난다고 보는 방안이었다. 마지막으로 세 번째 유형은 격 인가자 자체가 다중 격 인가 능력을 갖고 있다고 보는 방안이었다.

이들 유형 중 어느 것이 적절한가를 살피기 위해 필자는 앞선 장들의 논의를 토대로 어떤 유형의 격 중출 구문 및 구성이 있는가를 살펴보고 각 구문 및 구성의 구조적 특성을 살펴보았다. 이를 통해 필자는 세 번째 유형이 가장 유력함을 주장하였다. 첫 번째 유형에 대해서는 격 인가자 확장 자체의 개념적 문제 외에 서로 다른 격 인가자에 의한 격이 왜 동일한가 그리고 과잉 생성의 문제 등이 지적되었으며 두 번째 유형에 대해서는 격 중출의 모든 경우를 일치 현상으로 볼 수 없다는 점 그리고 일치에 관여하는 두 성분의 격이 반드시 같지 않은 경우도 있다는 점이 문제로 지적되었다.

그러나 세 번째 유형에도 문제가 없었던 것은 아니었다. 격 인가자에 [다중] 인가 능력을 설정하는 것 자체가 작위적이라는 것 외에도 격 인가 기제를 "일치"로 볼 때, DIC를 어떻게 볼 것인가 하는 문제 등이 있었다. 첫 번째 문제에 대해서 필자는 다중 격 인가 능력이 격 인가자의 [+해석성] 여부와 관련이 있다고 보았다. 즉 Collins 식의 [다중]이라는 자질이 작위적으로 설정될 필요가 없으며, 최소주의적 시각에 입각하여 격 인가자가 [+해석성] 핵으로 실현되는 경우 한 번의 격 인가 후에도 삭제되지 않아 계속적으로 인가됨으로 나타나는 자연스러운 현상으로 보았다. 그리고 3장의 논의를 토대로 한국어에서는 파이-자질이 통사적으로 관여하지 않고 주격 인가자인 Agr이

[화자 존대 의향]이라는 [+해석성] 자질을 가짐으로 인해 독립 핵이 될 수 있지만, 영어에서는 Chomsky(1995)의 견해를 따라 Agr를 이루는 것으로 보이는 파이-자질이 [−해석성]이어서 독립 핵이 되지 못하고 T에 기생하며 이런 상황이 모든 격 인가자에 공통으로 적용되어 결국 격 인가가 (66나)에서와 같은 상황이 되어 다중 격 인가 능력을 갖지 못하게 되는 것으로 보았다.

한편 앞서 지적하였듯이 격 인가자가 다중 격 인가 능력을 가진다 해서 격 중출이 다 해결되는 것은 아니다. 특히 성분-통어에 의한 "일치" 기제의 경우 일종의 국지성 조건인 DIC에 의하면 격 중출은 나타날 수 없는 현상인데, Hiraiwa(2001)의 제안이 갖는 문제점을 지적하면서 (66)에 근거한 해결책을 제시하였다. 이 해결책에 의하면 DIC는 보편적 제약이 아니라, 격 인가가 파이-자질에 의존하는 영어에서와 같은 언어에서만 나타나는 제약이다. 그리고 격 중출은 오히려 파이-자질이 없는 언어에서는 특이한 현상이 아니라 자연스러운 현상으로 이해된다.

마지막으로 격 중출의 논의는 격 인가 기제의 기본 성격이 무엇인가를 보여주었다. 즉 모든 언어에 공통되는 성격은 1장의 (45)가 아니라 격 최소성과 (69) 즉 비대칭 성분-통어임을 보았다. 1장의 (45)가 비대칭 성분-통어를 핵심 내용으로 하여 파이-자질이 격 인가에 기생적으로 작용하는 언어가 보여주는 기제라면 파이-자질이 작용하지 않는 한국어와 같은 언어에서는 비대칭 성분-통어만이 작용함을 보았다. 이는 결국 격 인가에 있어 모든 언어에 공통되는 부분도 있지만, 언어별 차이를 반영한 부분이 있음을 의미하는데, 앞으로 "일치"라는 용어는 1장의 (45)뿐 아니라, 공통되는 부분 즉 비대칭 성분-통어에 의한 격 인가 기제를 가리키는 데도 사용하고자 한다. 이상 본 장에서 논의된 내용 중 격 인가와 관련된 내용을 정리하면 다음과 같다.

(75) 가. 한국어에서 격 인가자인 Agr, v는 파이-자질 없이 [+해석성] 자질로만 구성되어 있어 독립적 핵으로 실현되며 이로 인해 다중 격 인가 능력을 갖는다.

나. 영어에서 파이-자질로 구성된 Agr은 [−해석성]으로 독립 핵을 구성하지 못하고 T에 기생하며 v에도 파이-자질이 기생하여 결국 격 인가에서 격 자체의 점검과 파이-자질의 점검의 두 절차가 동시에 이루어지고 이로 인해 다중 격 인가 능력을 갖지 못한다.

다. 격 자체의 점검은 격 최소성과 비대칭 성분-통어에 의한다.

라. 파이-자질이 통사적으로 관여하지 않는 한국어에서는 (75다)에 의한 격 점검만 일어나므로 DIC 효과가 없지만, 파이-자질이 관여하는 언어에서는 중간 성분의 파이-자질로 인해 DIC 효과가 나타난다.

마. 격 중출은 (75다)만 작용하는 언어에서 격 인가자의 성분-통어 영역 내에 다른 격 인가자가 없는 경우 즉 격 최소성이 준수되는 상황에서 격을 필요로 하는 명사 표현이 여럿 있을 때 나타나는 현상이다.

제12장

격조사 결합(Case stacking)

1장에서 소개한 사슬 조건에 의하면(1장 (36) 참조) 하나의 명사 혹은 명사 표현에 하나의 격만이 인가되므로 한국어의 격조사를 격의 실현으로 볼 때, 하나의 명사 표현에 하나의 격조사만이 나타나는 것이 정상이라 할 수 있다. 그리고 그런 점은 지금까지 대부분의 명사 표현들이 하나의 격조사만을 가진다는 점에 의해 입증된다고 할 수 있다. 그러나 이에 대한 예외가 존재함을 우리는 이미 2.2에서 본 바가 있다. 즉 의미격 조사로 간주되는 '-에게' 뒤에 구조격 조사의 일종인 대격 조사가 나타나는 예들이 있는 것이다.

(1) 가. 석이가 이 학교에를 다닌다. =2장 (79나)
나. 순이가 영미에게를 책을 주었다.

한편 기존 연구들은 이런 예외적 양상이 대격 조사에만 그치는 것이 아니고 주격 조사의 경우에도 나타남을 일찍부터 지적해 왔는데 다음 예들이 이를 보여준다 (Gerdst& Youn(1988, 1999), C. Youn(1990, 1995, 1998), H.-S. Yoon(1996, 2004a), Schütze(1996, 2001), D.-W. Yang(1999, 2000a), Y.-J. Jung(2001)등).[1)]

(2) 가. ?이 천장에가 물이 샌다.

---

1) 속격 조사의 경우에도 이런 예외적 양상이 나타남을 다음 예가 보여준다.

고향으로*(의) 귀환, 미국에서*(의) 활약, ...
그러나 위의 예에서 보듯이 속격 조사의 경우는 대격, 주격의 경우와 달리 '-의'의 존재가 필수적이다. 이에 대한 논의는 앞으로의 과제로 돌린다.

나. ?철이에게가 돈이 많다.
다. ?철이에게가 영미가 무섭다.
라. ?철이에게가 돈이 필요하다.

기존 문헌에서 한국어의 이런 현상은 Case stacking이라 불리었다.[2] 이 용어는 의미격 조사도 격의 실현으로 보고 구조격 조사도 격의 실현으로 보는 입장을 대변한 용어로 이에 의하면 결국 하나의 명사 표현에 두 개의 서로 다른 격이 인가되는 상황이 가능하다는 얘기가 되어, 1장에서 소개한 사슬 조건에 대해 중요한 이론적 암시를 제공하는 꼴이 된다.[3] 그러나 이런 입장만 있었던 것은 아닌데, 그와는 반대로 구조격 조사를 격의 실현으로 보지 않음으로 해서 격조사 결합이 앞에서 언급한 일반적 상황, 즉 하나의 명사 표현에 하나의 격만이 인가되는 상황에 어긋나지 않는다고 보는 입장도 있었다(Schütze(1996, 2001), Y.-J. Jung(2001) 등).

본 장에서는 이와 같이 이론적으로 흥미로운 문제를 제기하는 격조사 결합 현상에 대한 기존 연구들의 연구 성과를 정리, 소개하고 기존 연구들에서 문제가 되었던 주요 논제들에 대해 필자의 입장을 정리하는 것을 주 목표로 한다. 한편 격조사 결합 현상이 이론적으로 흥미로운 과제임에도 불구하고 대부분의 연구들이 지적하고 있듯이 연구자들 간에 격조사 결합이 나타나는 문장에 대한 문법성 판단이 서로 다른 실정이다. 본 장에서는 이들 판단이 어떻게 다른가를 비교적 상세히 소개하고 덧붙여 필자의 판단도 소개하여 앞으로의 연구에 도움이 되도록 한다.

본 장의 구성은 다음과 같다. 먼저 12.1에서는 Schütze(1996, 2001)가 논의하기 시작하여 그 후 여러 차례 논쟁들이 벌어졌었던 주제인 격조사 결합 상의 구조격 조사의 성격에 대한 기존 논의를 정리, 소개하고 이에 대한 필자의 입장을 제시한다. 이어 12.2에서는 Schütze에 의해 재조명이 된 격조사 결합의 분포(?)에 대한 기존 논의를 소개, 정리하고 필자의 판단을 소개한다. 이어 12.3에서는 격조사 결합의 분포와 관련하여 12.2에서 정리된 자료를 토대로 격조사 결합이 왜 일어나는가에 대한 기존 연구

2) 이 용어는 Gerdts&Youn(1988)에서 처음 쓰인 것으로 보인다. 이를 직역하면 "격 쌓기" 혹은 "격조사 쌓기" 정도가 될 터인데 전통 문법에서는 서로 다른 조사가 같이 나타나는 현상이 "결합", "통합" 혹은 "중첩"으로 불리기도 하고 그 대상에는 특수조사도 포함되었었다. 이에 반해, Case stacking은 의미격 조사와 구조격 조사의 결합에만 국한되므로 본 장에서는 Case stacking을 "격조사 결합"으로 부르기로 한다.

3) 실제로 H.-S. Yoon(1996)은 이를 통해 사슬 조건이 수정되어야 함을 주장하였다. 수정 사슬 조건은 12.3.1에서 소개된다.

들의 입장을 소개, 정리하는 한편 필자의 입장도 소개한다. 마지막으로 12.4에서는 격조사 결합이 갖는 이론적 의의를 간단히 정리한다.

12.1 의미격 조사 뒤에 오는 구조격 조사의 성격

격조사 결합에서 의미격 조사 뒤에 오는 '-가', '-를'을 구조격의 실현으로 보는 입장은 Schütze(1996, 2001)가 지적하였듯이 한국어 통사론에서 널리 받아들여지는 견해이다. 그러나 이에 반대해 Schütze가 문제의 조사들을 격의 실현이 아니라 초점 표지로 보아야 한다는 견해를 제안한 후로 이 문제와 관련하여 여러 차례의 논의들이 있었다 (Gerdts&Youn(1999), D.-W. Yang(1999, 2000a), Y.-J. Jung(2001), H.-S. Yoon(2004a) 등 참조). 필자는 양동휘, 윤혜석 등과 마찬가지로 전통적 견해를 지지하는데, 본 절에서는 Schütze가 전통적 견해에 대해 반대 논리로 내세웠던 것들이 무엇인가를 소개하고 그런 가운데서도 어떻게 전통적 견해가 유지될 수 있는가를 논의하기로 한다.

12.1.1 Schütze의 논증

문제의 격조사를 초점 표지로 보아야 한다는 제안을 위해 Schütze가 제시하는 경험적 논증은 크게 두 가지 유형으로 나뉜다.[4] 그 중 첫 번째는 격조사 결합과 관련하여 Schütze가 추가적으로 조사한 현상들이 전통적 견해 하에서는 잘 해결이 안 된다는 것이고 두 번째는 초점 표지임을 보이는 긍정적 증거들에 대한 것이다. 이중 먼저 전자의 경우를 보는데, 모두 다섯 가지 논증이 제시되고 있다.[5]

---

4) 개념적 논증으로는 다음과 같은 것이 있다. 먼저 Schütze는 '-에게'와 같은 dative가 주어의 양상을 보이는 언어들에서 (예를 들어 Icelandic 따위) dative가 동사와 일치 현상을 보이지 않을 뿐 아니라, 주격을 취하지 못하는 것이 보편적 양상임을 지적한다. 이렇게 볼 때, 의미격 조사와 같이 나타나는 '-가'를 주격의 실현으로 보지 않는 방안이 가능하고 더 나아가서 옳다면 그런 보편적 양상을 유지할 수 있는 것이므로 좋다는 것이다. 이 논증은 주격 인가와 동사 일치가 항상 같이 일어난다는 가정에 의한 것인데, 지금까지의 논의는 한국어에서 그렇지 않은 경우가 있음을 보여 주었으므로(3장의 논의 및 주격 중출 참조) 한국어에 관한 한 약화된다고 할 수 있다. 게다가 아이슬랜드어의 경우에도 dat 주어가 동사와 일치하는 것으로 보아야 한다는 견해가 제시된 바 있어 (Boeckx(2000b)), Schütze의 개념적 논증은 더욱 약화된다고 할 수 있다. 이에 대한 본격적인 논의는 12.3을 참조할 것.

5) Schütze(2001)에서는 이들 다섯 가지 논증 외로 아래 예문에 대한 논의가 있다.

(i) 선생님들께서만이 그런 일을 하십니다.

첫째, Schütze에 의하면 격조사 결합의 경우, 주어 부분 다음에 쉼이 나타나고 격조사에는 강세가 반드시 와야 하나, 전형적인 경우 즉 구조격 조사만 단독으로 나타나는 경우(이후 격조사 결합과의 대비 차원에서 "단독 출현"이라고 부르기로 한다)에는 그런 운율이 올 수 있으나 필수적은 아니라고 한다. 이런 상황은 전통적 견해에는 불리하지만, Schütze의 견해에는 유리하다. 즉 전통적 견해에서는 격조사 결합의 격조사도 격의 실현으로 취급되므로 운율과 관련된 성격에 있어 단독 출현 격조사와 같은 성격을 보여야 하는데 그렇지 않으므로 그 차이를 설명하기가 어려운 반면, Schütze의 견해에서는 둘이 서로 다른 성격의 표현이고 게다가 '-에게' 뒤에 오는 '-가'는 초점 표지로 간주되므로 문제의 운율의 필수성이 쉽게 설명이 되는 것이다.

둘째, (1, 2)와 아래 (3)의 비교는 격조사 결합의 '-가', '-를'이 수의적으로 나타남을 보여주는데, Schütze에 의하면 이는 단독 출현 격조사의 양상과 다른 것이다.

(3) 가. 석이가 이 학교에 다닌다.
나. 순이가 영미에게 책을 주었다.
다. 이 천장에 물이 샌다.
라. 철이에게 돈이 많다.
마. 철이에게 영미가 무섭다.
바. 철이에게 돈이 필요하다.

즉 서술어가 타동사이고 목적어에 대격 조사가 나타나는 경우, 단독 출현 주격 조사의 출현은 아래 (4)가 보이듯이 필수적이다.[6]

그리고 Schütze의 주장은 이 예문의 '-이'도 격의 실현으로 보아서는 안 된다는 주장이다. 그 논리는 다음과 같다. 우선 전통적 입장을 따라 '-께서'를 주격의 존대형으로 본다. 문제는 그럴 경우 '-이'도 주격으로 보면 한 문장에 두 개의 주격 인가자를 인정해야 하는데 그럴 이유가 없다는 것이다. 그리고 (i)의 '-이'는 생략이 될 수 있다는 점에서 격조사 결합과 같은 양상이므로 격의 실현으로 봐서는 안 된다는 것이다. Schütze의 이런 분석에 반하여 위 문장의 '-이'를 주격의 실현으로 볼 수 있는 분석이 2.1.3에서 제시된 바 있다. 그리고 Schütze는 '-이'의 수의성이 격조사 결합의 양상과 같다고 했으나, 그렇지 않고 이 경우의 수의성이 '-만'에 의한 것임을 다음 예가 보여준다.

(ii) 철수만(이) 그 일을 할 수 있다.

6) 주어가 갖는 주격 조사의 출현이 필수적이냐 아니면 생략될 수 있느냐에 대해서는 기존 연구들의 입장이 엇갈리고 있는 것으로 보인다. 이에 대한 논의는 14장으로 미루고 여기서 필자는 기본적으로 Schütze의 관찰에 동의함을 밝힌다.

(4) 가. 민자가 영호를 만났어.
나. ??민자 영호를 만났어. =Schütze(2001:(5))

이와 같은 차이는 (2)의 '-가'와 (4)의 '-가'를 공히 구조격의 실현의 보는 전통적 견해에서는 설명되기 어려운 반면, Schütze의 이론에서는 쉽게 설명이 된다. 즉 (2)의 '-가'가 초점 표지이기 때문인 것이다.

셋째, Schütze에 의하면 '-시'의 출현을 결정하는데 있어서도 단독 출현 주격 조사와 격조사 결합 주격 조사가 양상이 다르다고 한다. 즉 전자의 경우는 (5)가 보이듯이 '-시'의 출현을 허용하지만,7) '-에게가'의 경우는 그렇지 않은 것으로 본다. 즉 (6가)의 예문을 비문법적으로 보는 것이다.

(5) 교수님이 영희가 무서우시다. =Schütze(2001:(6a))

(6) 가. *교수님에게가 영희가 무서우시다. =Schütze(2001:(6c))
나. *교수님에게 영희가 무서우시다. =Schütze(2001:(6b))

(5)와 (6가)의 이런 차이 또한 전통적 견해에 대한 문제점으로 지적된다. 즉 (6가)에 나타나는 '-가'가 주격의 실현이라면 (5)에서와 같이 '-시'의 출현을 허용해야 할 터인데 그렇지 않기 때문이다.8)

넷째, Schütze에 의하면 다음 예에서 보듯이 '-가, -를'이 주어나 목적어가 아닌 성분에 대해서도 나타날 수 있다. 고로 이들 예의 '-가, -를'을 구조격의 실현으로 보는 전통적 견해에서는 이들에 대한 특별한 취급이 필요하다. 그에 반해 Schütze의 이론에서는 초점이기에 나타나는 초점 표지로 취급되어 별도의 처리가 필요하지 않다.

---

7) Schütze는 이 경우 '-시'의 출현이 필수적인 것으로 보았다. 즉 '-시'가 안 나타나는 다음 예문을 비문법적인 것으로 보았다.

(i) 교수님이 영희가 무섭다.

그러나 주어가 일반적인 관념 상 존대의 대상이 된다 해도 정도의 차이에 따라 '-시'의 비출현을 허용하는 경우도 있다고 보며 (i)과 같은 경우가 그런 경우라 생각한다. C. Youn (1998: 각주8)도 같은 판단을 갖고 있다.

8) 한편 Schütze의 이론에서는 (6가)의 '-가'가 초점 표지이므로 (6가)의 비문법성은 전적으로 (6나)와 같은 선상에서 취급된다. 그리고 (6나)와 (5)의 차이는 '-에게' 즉 dat 표현이 일치를 유발하지 않는다는 일반화에 기인하는 것으로 본다.

(7) 가. 호랑이에게가 고양이가 먹히었다. =Schütze(2001:(7))
나. 그 그릇에서가 물이 샌다. =Schütze(2001:(8))
다. 어제부터가 날씨가 좋아졌다. =Schütze(2001:(9))

(8) 가. 어제부터를 죤이 한 시간 동안씩을 수학 공부를 하기 시작했다.
나. 죤이 순희에게를 영희에 대해서를 이야기했다. =Schütze(2001:(28))

다섯 번째 논증은 이른바 수량사 구성에 관한 것으로 Schütze는 일단 수량사 구성에 있어 명사 부분과 수-분류사 부분의 격이 항상 일치하는 것으로 보고 있다.[9] 고로 의미격 조사와 같이 나타나는 '-가'나 '-를'이 격의 실현이라면 수량사 구성의 어느 한 부분에서 이들 격조사가 의미격 조사와 같이 나타나면 다른 부분에서도 같은 양상을 보여야 할 것이다. 즉 이를 어기는 경우는 비문법적인 것으로 예측이 된다. 그러나 Schütze의 다음 예들 중 (9나, 마)와 (10)은 그렇지 않음을 보여준다.[10] 즉 어느 한 부분에 '-가, -를'이 없는데도 좋은 것으로 판정되고 있는 것이다. 고로 전통적 견해에서는 격조사 결합의 '-가, -를'의 이런 양상에 대해 별도의 설명을 해야 하는 어려움이 있다. 그에 반해 Schütze의 이론에서는 문제의 '-가, -를'이 초점 표지이므로 초점의 해석이 부과되는 표현에 독자적으로 나타날 수 있어 아무런 문제가 안 되는 것이다.

(9) 가. 학생들에게 돈이 세 명에게 필요하다. =Schütze(2001:(11))
나. 학생들에게가 돈이 세 명에게 필요하다.
다. *학생들에게가 돈이 세 명이 필요하다.
라. 학생들에게가 돈이 세 명에게가 필요하다.
마. 학생들에게 돈이 세 명에게가 필요하다.

(10) 순희가 학생들에게를 세 명에게 이야기했나. =Schütze(2001:(27b))

이상 의미격 조사와 같이 나타나는 '-가', '-를'을 격의 실현으로 보는 전통적 견해가 유지될 수 없음을 보이는 증거들을 살펴 보았는데 이들 논증은 모두 한 가지의 공통점을 갖고 있으니 그것은 바로 격조사 결합의 '-가', '-를'이 단독 출현하는 '-가', '-를'과 성격이 다르다는 점을 이용하고 있는 것이다. 아래 그 다른 점들을 표로 요약해 둔다.

---

9) 그러나 항상 그렇지 않음을 우리는 ECM 구문 논의에서 본 바 있다.
10) Schütze의 원래 예에는 수-분류사 대신 수사만이 제시되어 있다. 그러나 수량사 구성의 보다 더 자연스러운 예는 수-분류사가 포함되는 것이므로 본문의 예에서는 수사대신 수-분류사로 대신한다.

	단독 출현의 경우	격조사 결합의 경우
특별 운율의 부과	수의적	필수적
격조사의 출현	필수적	수의적
'-시'의 허용 여부	허용함	허용하지 않음
비주어 성분에서의 출현	허용하지 않음	허용함
수량사 구성 내 명사 부분과 수-분류사 부분 간의 일치 여부	일치해야 함	일치하지 않아도 됨

앞에서도 지적한 바 있듯이 단독 출현과 격조사 결합간의 이런 차이는 두 경우를 공히 격의 실현으로 보는 입장에 표면적으로 문제를 제기하는 것은 분명한 것으로 보이는데, 이제 이어 격조사 결합의 '-가'와 '-를'이 초점의 성격을 가진다는 증거들을 보자. 우선 기본적인 근거로는 문맥에 의해 "새 정보"라 판단되는 경우는 초점 해석을 가지므로 그런 표현에 격조사 결합이 가능하다는 점을 든다. 구체적으로는 모두 다섯 가지를 든다. 첫째, 의문사가 요구하는 정보는 기본적으로 새 정보일 수밖에 없는데 고로 의문사에 격조사의 결합이 가능할 것으로 보이는데, 실제로 그렇다.

(11) 누구에게가 메리가 무섭니? =Schütze(2001:(13))

둘째, 주어 의문사 의문문에 대한 답 또한 새 정보이므로 격조사의 결합이 가능할 것으로 보이는데 실제로 그렇다.

(12) 가. 누구에게 돈이 그렇게 많니?
나. 철수에게가 돈이 그렇게 많지. =Schütze(2001:(14))

셋째, 앞선 주장을 수정하는 상황에서 수정되는 내용은 새 정보이며 고로 그런 경우 격조사의 결합이 예측되는데, 실제로 그렇다고 한다.

(13) 가. 순희에게 철수가 좋은가 봐.
나. 아니야, 영희에게가 철수가 좋아. =Schütze(2001:(15))

넷째, '-만'을 초점 표지라 볼 때, '-만'이 오는 경우에도 격조사의 결합이 가능할 것으로 보이는데, 실제로 그렇다.

(14) 가. 나에게만이 뱀이 무섭다.
　　 나. 김 선생님께만이 학생들이 그리우시다. =Schütze(2001:(16))

다섯째, H.-S. Choe(1995)는 한국어에서 다중 초점이 가능하다고 했는데 이를 받아들일 때, 격조사 결합의 격조사가 초점 표지라면 결국 격조사 결합이 한 문장에서 여러 번 가능할 것으로 예측이 되는데 실제로 그렇다고 한다.

(15) 집 안에서가 겨울에가 순희에게 남편이 무섭다. =Schütze(2001:(18))

이상의 예들은 모두 독자적으로 초점의 해석을 가지는 표현에 대해 격조사 결합이 가능함을 보여주는데 사실 이 정도로는 격조사 결합의 '-가', '-를'을 초점 표지로만 보게 하는 데는 미약하다고 할 수 있다. 왜냐면 H.-S. Yoon(1996:각주 8)에서 지적되었듯이 단독 출현의 '-가'도 초점 해석을 가지는 경우가 있을 뿐 아니라, 초점 해석이 강제되는 상황이라면 초점 표지로서의 '-가'나 '-를'의 출현이 필수적일 것이 예상되기 때문이다. 이와 관련하여 Schütze는 앞의 경우는 안 그렇지만 실제로 '-가'의 출현이 필수적인 경우가 있다고 하면서 다음 예문을 든다.

(16) 가. 교수님에게가 아니라, 학생들에게(가) 돈이 필요하다.
　　 나. *교수님에게 아니라, 학생들에게(가) 돈이 필요하다. =Schütze(2001:(19))

즉 부정소가 초점을 부여한다는 입장에 비추어 볼 때, '교수님에게'가 초점의 해석을 받고 고로 초점 표지로서의 '-가'의 출현이 필수적인 상황이라는 것이다.

Schütze의 마지막 증거는 격조사 결합의 '-가'가 초점 표지이고 단독 출현의 '-가'가 아니라면 서로 간의 의미적 결과가 달라야 하는데 실제로 그렇다는 것으로 이는 비한정(indefinite) 명사구의 해석과 관련이 있다. 즉 '-가'만 있는 경우의 해석과 '-가'가 '-에게'와 같이 나타나는 경우의 해석이 다르다는 것인데 그 양상은 다음과 같다.

(17) 가. 소방수가 겨울 바람이 무섭다. 총칭 해석 또는 존재 해석
　　 나. 소방수에게가 겨울 바람이 무섭다. 총칭 해석/*존재 해석
=Schütze(2001:(22b, c))

12.1.2 의미격 조사와 같이 나타나는 '-가'와 '-를'은 구조격의 실현이다

지금까지 우리는 의미격 조사와 같이 나타나는 '-가'와 '-를'이 구조격의 실현이 아니라, 그 실현과 우연히도 음성적 내용이 같은, 그렇지만 전혀 별개의 초점 표지라는 입장이 내세우는 논증들이 무엇인가를 살펴 보았다. 격조사 결합의 구조격 조사를 격의 실현으로 보지 않은 Schütze의 이런 주장에 대해 그 이후 D.-W. Yang(1999), J.-M. Jo(2001), H.-S. Yoon(2004a) 등이 반론을 제기한 바 있는데, 본 절에서는 이들의 논의를 토대로 격조사 결합의 '-가'와 '-를'을 구조격의 실현으로 보아야 한다는 논증을 제시하기로 한다. 순서는 다음과 같다. 우선 격조사 결합의 '-가'와 '-를'이 구조격의 실현임을 보이는 직접적인 논증을 제시한다. 이어 Schütze가 그러한 견해에 대해 제기한 다섯 가지 문제점이 어떻게 해결될 수 있는가를 보이고 마지막으로는 H.-S. Yoon (2004a)의 논의를 빌어 Schütze의 견해가 갖는 문제점을 지적한다.

12.1.2.1 긍정적 근거들

그러면 문제의 '-가'와 '-를'을 구조격의 실현으로 보아야 할 직접적인 논증으로는 어떤 것들이 있는가? 이 문제와 관련하여 Schütze가 지적한 바대로 기존 견해에서는 이렇다 할 논증들이 제시된 적이 없는데, 이는 아마도 문제의 '-가'와 '-를'을 전형적인 구조격의 실현인 '-가'와 '-를'과 같은 것으로 보는 것이 영가설이기 때문이라고 본다. 즉 다른 조건이 동일하다면 발음이 같은 두 표현을 서로 다른 어휘로 보는 것보다는 하나의 어휘로 보는 것이 더 나은 가설인 것이다. 그렇다고 직접적이고도 경험적인 논증의 제시가 전혀 불가능한 것은 아니다.

먼저 격조사 결합의 '-가'와 '-를' 앞에 오는 표현들이('-에게', '-에', '-에서', '-로' 등) 모두 받침 없이 끝난다는 점과 주격과 대격이 '-가'와 '-를'로 실현되는 경우 그 앞에 오는 표현이 받침 없이 끝난다는 점을 우연의 일치로 보기 힘들다는 점을 지적할 수 있다. 다시 말해, 격조사 결합의 '-가'와 '-를'을 격의 실현으로 보면 그런 일치는 같은 어휘이기 때문에 나타나는 같은 현상인 것이다. 사실 이 점이 우연의 일치가 아니고 같은 어휘이기 때문이라는 점은 Schütze가 초점 표지가 나타나는 예라고 보았던 '아니다' 구문에 의해 입증이 된다. 즉 '아니다' 구문에는 앞에서 본 의미격 조사외에 다른 여러 가지 표현들이 올 수 있는데 여기서 중요한 것은 받침으로 끝나는 표현이 오는 경우도 있다는 것이다. 그리고 그 경우 그 표현 뒤에 오는 조사는 '-가'가 아닌 '-이'인 것이다.

(18) 가. 영미를 좋아했던 것은 철수만이 아니라, 진규도 그랬다.
나. 너뿐만이 아니라, 모든 사람이 영미를 좋아한다.
다. 영미를 만난 사람은 사장님이 아니라, 과장님이다.

다시 말해, (18)의 예들은 Schütze에 의해 초점 표지로 규정되는 표현이 이형태로 '-이'와 '-가'를 가지고 그리고 그 분포가 주격의 경우와 똑 같음을 보여주는데, Schütze에 의해 전혀 다른 어휘로 간주되는 두 표현의 이형태 목록 및 그 분포가 이와 같이 똑같다는 것은 Schütze의 이론에서는 설명될 길이 없을 것이다. 그에 반해 두 표현을 공히 주격의 실현으로 보는 입장에서는 아주 간단한 설명이 가능하다. 즉 같은 표현이므로 같은 이형태 양상을 보이는 것이다.

이어 격조사 결합의 '-가'와 '-를'의 분포 상의 차이가 주격과 대격의 분포 상의 차이와 일치한다는 점 또한 두 경우를 같은 어휘로 보게 하는 근거가 된다. 다시 말해, 격조사 결합의 '-가'와 '-를'은 Schütze에 의해 같은 초점 표지로 취급됨에도 불구하고 분포가 겹치는 일이 없는데, 격조사 결합의 '-가'는 대격을 인가하지 않는 서술어의 경우, 즉 주격이 인가되는 바로 그 환경에서 나타나고, 격조사 결합의 '-를'은 대격을 인가하는 서술어의 경우, 즉 대격이 인가되는 바로 그 환경에서만 나타나는 것이다. 이와 같은 점은 이미 J.-M. Yoon(1998:96-97), Schütze(2001:4.2), H.-S. Yoon(2004a:13) 등이 지적한 바 있는데 다음 예들이 이를 보여준다.

(19) 가. 영미에게 좋은 그림이 많다.
나. *영미에게 좋은 그림을 많다.

(20) 가. 영미에게가 좋은 그림이 많다.
나. *영미에게를 좋은 그림이 많다.

(21) 가. 순이가 영미에게 책을 주었다.
나. *순이가 영미에게 책이 주었다.

(22) 가. 순이가 영미에게를 책을 주었다.
나. *순이가 영미에게가 책을 주었다.

이와 같은 양상은 격조사 결합의 '-가'와 '-를'을 격의 실현으로 보면 자연스럽게 설명이 된다. 즉 (20나)의 비문법성은 문장 내에 대격 인가자가 없기 때문으로 설명이 되며, (22가)의 문법성은 '영미에게'가 대격 인가 영역인 vP 내부에 있기 때문으로 설명이 되는 것이다. 특히 이 점에 있어 (22나)의 양상은 주목할 만하다. 즉 (22나)의 양상은 vP 내부 성분에 대해 주격이 인가될 수 없다는 것으로 격조사 결합의 '-를'을 격의 실현으로 보는 입장에서는 바로 격 최소성의 양상인 것이다. 다시 말해, (19-22)가 보이는 격조사 결합의 '-가', '-를'의 분포의 양상은 지금까지 우리가 앞에서 본 주격 및 대격 인가와 관련된 기본 원리들에 의해 간단히 설명되며 이는 이들이 격의 실현임을 보이는 또 다른 증거가 된다.

한편 일반적으로 두 표현이 같은 어휘인가 아닌가를 판정하는 데 있어서 음성적 측면 외에 중요하게 고려되는 것으로 의미가 있다. 즉 발음이 같고 의미도 같거나 비슷하면 하나의 어휘로 판정하게 된다고 할 수 있다. 문제는 이 기준이 이 경우에 쉽게 적용될 수 없다는 데에 있다. 우선 기본적인 현상을 보면, 격조사 결합의 '-가'와 '-를'은 초점 해석을 필수적으로 가지는데 반해, 단독 출현의 '-가'와 '-를'은 초점 해석을 가지는 경우가 있는가 하면 그렇지 않은 경우들이 있다. 즉 아래 예에서 '나'는 초점 해석을 수의적으로 가지는 것으로 알려져 있으며(H.-S. Yoon(1996, 2004a) 등 참조), 주격 보어인 '뱀'과 '돈'은 초점 해석이 없는 것으로 알려져 있다.

(23) 가. 내가 뱀이 무섭다.
     나. 내가 돈이 필요하다.

그런데 통상 어휘의 상이성이 의미 내용의 차이에 의한다고 볼 때, 이와 같은, 어떤 해석의 필수성, 수의성의 차이가 어휘의 상이성을 결정하는 데 이용되기는 어려운 것으로 보인다. 그리고 이런 점은 앞의 예에서 보았듯이 단독 출현의 경우들 간에도 초점 해석의 유무 간의 차이가 있는데 이것만을 통해 서로 다른 어휘로 보기 어렵다는 점에 비추어 볼 때 더욱 그러하다.

한편 J.-M. Jo(2001), H.-S. Yoon(2004a) 등은 초점과 같은 담화적 해석에 대한 Chomsky(2001a)의 이론을 토대로[11] 위와 같은 초점 해석의 유무 및 필수성에 대한 분석을 제시한 바 있는데 그 내용은 다음과 같다.

---

11) 자세한 내용은 2장에서 이미 소개된 바 있다. 아래 그 내용은 다시 옮기면 다음과 같다.

(i) 가. 사슬의 꼬리 부분은 INT'를 가지며 이는 의미역 및 어휘의 고유 성질에 관여한다.
    나. 사슬의 머리 부분은 INT를 가지며 이는 특정성/한정성, 초점과 같은 담화적 해석에 관여한다.

(24) 가. 동사구 내부 요소에 주격이 인가될 수 있으나 이동하지 않는 성분에는 담화적 해석이 부여되지 않는다.
나. 동사구 외부로 이동한 주격 인가 표현에는 담화적 해석이 필수적으로 부여된다.

즉 (23)의 '뱀', '돈' 등에 초점 해석이 없는 이유는 이들이 동사구(보다 정확히는 형용사구) 내부 요소이고 해당 서술어의 보어로서 이동을 겪지 않아서 초점 해석이 없는 것이고 '내가'가 초점 해석을 수의적으로 갖는 것은 '내가'가 차지하는 구조적 위치가 다음의 두 가지이기 때문으로 분석된다: 형용사구 내부(지정어) 및 IP의 지정어. 이에 비추어 볼 때, 격조사 결합의 경우들이 초점 해석을 필수적으로 갖는 것은 결국 그 표현들의 구조적 위치가 (23)의 '내가'와는 달리 한 가지, 즉 동사구 혹은 형용사구 외부이기 때문으로 분석된다.[12]

이와 같은 분석이 맞다면 이는 격조사 결합의 '-가, -를'과 단독 출현의 '-가, -를'이 의미적으로도 같은 성격을 가짐을 보인다는 점에서 둘을 같은 어휘, 더 나아가서 격의 실현으로 보게 하는 또 하나의 근거가 된다고 본다. 위 분석의 중요한 점은 초점 해석이 특정 어휘에 의해 주어지는 것이 아니라, 어떤 표현의 구조적 위치에 의해 주어진다는 것으로 결국 초점 해석 외로 격조사 결합의 '-가, -를'에 어떤 의미가 있는가를 생각해 보면 아무런 고유 의미가 없는 것으로 보아야 하는데, 이는 물론 격의 실현으로서의 격조사의 양상과 같은 양상인 것이다.

이상 격조사 결합의 '-가, -를'을 단독 출현의 '-가, -를'과 같은 어휘로 보는 것이 영가설임을 지적하는 한편, 두 경우가 형태적 변이형도 같을 뿐 아니라, 의미적으로도 "비해석성" 특성을 공유한다는 점을 통해 생성 문법에서 말하는 구조격의 실현으로 보이야 함을 입증했다. 이어 다음 절에서는 Schütze가 앞에서 지적한 문제점들을 어떻게 다룰 것인가를 논의하는데, 그에 앞서 Schütze가 초점 표지임을 위해 제시한 마지막

12) 이 위치가 구체적으로 어딘가에 대해 H.-S. Yoon(2004a)는 주격의 경우는 대주어(major subject) 위치, 대격의 경우는 대목적어(major object) 위치로 보았다. 이 문제는 12.3에서 보다 더 자세히 다루기로 한다. 그리고 의미격 조사의 유무에 따른 이런 구조적 위치의 차이는 격조사 실현과 관련이 있는 것으로 보인다. 이에 대해서는 14장에서 다룬다. 여기 간단히 그 내용을 적으면 다음과 같다.

(i) 가. 서술어 내부에 있는 격조사의 실현은 수의적이다.
나. 의미격 조사가 있고 전체 표현이 서술어 내부일 경우 격조사는 실현되지 않는다.
다. 서술어 외부일 경우는 필수적으로 실현된다.

두 가지 근거, 즉 '아니다' 구문을 이용한 근거와 비한정 명사구의 해석을 통한 근거를 검토할 필요가 있다.

먼저 '아니다' 구문을 이용한 근거를 보기로 하자. Schütze의 논리를 다시 정리하면 다음과 같다. '아니다' 구문은 '아니다'의 특성에 의해 초점이 필수적으로 부가되는 구문인데 (16)에서 필수적으로 나타나는 것이 '-가'이므로 '-가'를 초점 표지로 보아야 한다는 것이다.[13] 이 논증의 문제는 다음 예에서 보듯이 (18)에서 Schütze에 의해 초점 표지로 여겨지는 '-이'의 실현이 항상 필수적이 아니라는 데에 있다.

(25) 가. 영미를 좋아했던 것은 철수만 아니라, 진규도 그랬다.
　　 나. 너뿐만 아니라, 모든 사람이 영미를 좋아한다.

이런 양상이 Schütze의 이론에서 어떻게 설명이 될지 의문으로 남는다. 그에 반해 '아니다' 구문에 대한 추가적 검토는 이 구문의 서술 명사구에 나타나는 '-이/가'의 출현 양상이 논항 명사구가 갖는 격조사의 출현 양상과 같음을 보여준다. 먼저 서술 명사구에서의 '-이/가'의 출현 양상을 보면, 우리는 이미 (18가, 나)와 (25)의 예를 통해 서술 명사구에 '-만'이 올 경우 '-이/가'의 출현이 수의적임을 보았다. 그리고 다음 예는 서술 명사구에 특수조사가 없을 경우에는 '-이/가'의 출현이 경우에 따라 수의적이기도 하고 필수적이기도 함을 보여준다.[14]

(26) 가. 철수가 범인(이) 아니니까 걱정하지 마라.
　　 나. *영미를 만난 사람은 사장님 아니라, 과장님이다.

한편 다음 예들은 '-만'과 같은 특수조사인 '-도'의 경우는 '-이/가'가 나타나지 못함을 보여준다.

---

13) J.-M. Cho(2001)는 격조사 결합의 '-가, -를'이 수의적이고 단독 출현의 '-가, -를'이 필수적이라는 Schütze 자신의 규정에 의하면 오히려 초점 표지이기보다는 격의 실현으로 보아야 한다는 논증을 제시한 바 있다. 그러나 이는 잘못된 논증으로 보인다. 왜냐면 Schütze에 의하면 격조사 결합의 '-가, -를'이 수의적이라는 것은 결국 '-가, -를'이 나타나는 경우는 초점 표지의 경우이고 안 나타나는 경우는 초점 해석을 안 가지는 경우이므로 결국 나타나는 경우는 그 자체로는 초점 표지가 필수적으로 나타나는 경우로 해석이 되기 때문이다.

14) 이 차이는 서술 명사구가 비교의 대상이 되느냐 아니냐와 관련이 있는 것으로 보인다. 즉 비교의 대상인 경우는 '-이/가'가 필수적으로 나타나는 반면, 그렇지 않은 경우는 생략될 수 있다. 이는 결국 '아니다' 구문이 필수적으로 초점의 특성을 가진다는 Schütze의 주장이 맞지 않음을 보여준다.

(27) 가. 영미가 편지를 보낸 것은 철수에게도 아니고 윤성이에게도 아니다.
나. *영미가 편지를 보낸 것은 철수에게도가 아니고 윤성이에게도가 아니다.

결국 이런 양상은 다음과 같이 정리될 수 있다.

(28) 가. '아니다' 구문의 서술 명사구에 아무런 특수조사가 없을 경우에는 '-이/가'의 출현이 수의적이기도 하고 필수적이기도 하다.
나. 서술 명사구에 '-만'이 올 경우에는 '-이/가'의 출현이 수의적이다.
다. 서술 명사구에 '-도'가 올 경우에는 '-이/가'가 나타나서는 안 된다.

이런 양상이 '아니다'가 초점 해석을 필수적으로 인가하고 그래서 초점 표지가 필수적으로 나타나야 한다고 보는 Schütze의 이론에서 적절히 설명되기는 어려운 것으로 보인다. 중요한 점은 (28)의 양상 특히 (28나)와 (28다)의 차이가 '-만', '-도'가 논항 명사구에 올 경우의 차이와 같다는 점이다.

(29) 가. 철수만 영미를 만났다.
나. 철수만이 영미를 만났다.

(30) 가. 철수도 영미를 만났다.
나. *철수도가 영미를 만났다.

필자는 2장에서 (29나)와 (29다)의 차이에 대해 격 이론적 분석을 시도한 바 있는데, 이는 물론 (29나, 다)의 '-이/가'를 주격의 실현으로 보는 것을 전제로 한다. 이 분석이 맞다면 (28나, 다)의 양상은 결국 '아니다' 구문에 나타나는 '-이/가'도 주격의 실현으로 보아야 함을 의미한다. 이렇게 보면 (28가)의 양상도 격 이론적으로 풀이가 된다. 즉 서술어 명사구에 격이 인가 안 되어 비문법적인 것으로 설명이 되는 것이다.[15]

---

15) 이상의 분석이 부정어가 초점을 인가하는 성분이라는 입장을 부정하는 것이 아님을 지적하고자 한다. 부정어가 초점을 인가하는 성분이라는 것은 다음 예에서 보듯이 부정의 대상이 달라지는 것을 통해서 확인이 된다.

(i) 철수가 영미를 만난 것이 아니다.

위의 예는 또한 부정어의 초점 인가에 의해 초점으로 지정되는(혹은 부정의 대상으로 지정되는) 성분이 항상 '-이/가'를 갖는 것이 아님을 보여준다. 즉 목적어인 '영미'가 부정의 대상이 되어도 여전히 '-를'을 갖는다.

마지막으로 비한정 명사구를 이용한 논증을 생각해 보자. 이 논증은 (17가)와 (17나)의 해석 차이에 근거한 것으로 Schütze는 그런 해석적 차이가 결국 두 문장에 나타나는 '-가'의 차이에 기인한다고 보았다. 두 문장에 나타나는 '-가'를 공히 주격의 실현으로 보는 본 책자의 입장에서 이에 대한 대안적 분석이 불가능한 것은 아니다. 그 방향은 물론 문제의 표현의 구조적 위치 및 구조적 위치에 따른 해석적 차이를 이용하는 것이다. 특히 후자와 관련해서 비한정 명사구의 해석이 그것의 위치에 따라 달라진다는 제안은 Diesing(1992a, b)의 제안 이후 널리 받아들여지는 견해로, 그 내용은 다음과 같다.

(31) 가. 비한정 명사구가 서술어 내부에 올 경우에는 존재 해석만 가능하다.
나. 비한정 명사구가 서술어 외부에 올 경우에는 총칭 해석만 가능하다.

한편 각주 14에 의하면 (17가)의 '소방수가'는 서술어 내부에 위치할 수도 있고 외부에 위치할 수도 있다. 고로 (31)에 의해 존재 해석 또는 총칭 해석을 가지게 된다. 그에 반해, '-에게' 표현에 주격이 인가되고 그 표현이 서술어 외부에 오는 경우에는 주격의 실현이 필수적이라고 가정해 보자. 이 가정에 의하면 (17나)의 '소방수에게가'는 서술어 외부에 있게 되고 (31)에 의해 오로지 총칭 해석만 가능하게 된다.

12.1.2.2 Schütze가 제기한 문제점의 검토

앞 절에서 우리는 격조사 결합의 '-가, -를'을 격의 실현으로 보아야 할 긍정적인 증거들을 제시했는데, 그럼 그런 견해에 대해 Schütze가 제기한 문제들은 어떻게 보아야 하는가? 여기서는 이 문제를 논하는데, 먼저 지적할 점은 Schütze의 문제 제기의 토대가 되었던 자료들에 대한 판단이 모국어 화자들 사이에 완전히 일치하지 않는다는 점이다. 문헌 상으로는 Schütze의 판단에 대한 검토가 C. Youn(1998), Gerdts&Youn (1999), D.-W. Yang(1999, 2000a), H.-S. Yoon(2004a) 등에서 이루어졌는데, 필자의 판단 또한 이들과 약간 다른 바 있으므로 문제별로 검토하면서 판단이 어떻게 다른가를 함께 정리하는 한편 필자의 견해가 있는 범위 안에서 그런 차이를 어떻게 다룰 것인가도 함께 논의하기로 한다.

먼저 특별 운율의 경우부터 보면, Schütze의 판단에 있어 중요한 것은 격조사 결합의 경우 특별 운율이 필수적이라는 것이다. 그러나 이 점에 있어 C. Youn(1998), Gerdts&

Youn(1999)의 판단을 달라 격조사 결합의 경우도 단독 출현의 경우와 마찬가지로 특별 운율의 부과를 수의적으로 본다.[16] 이 점에 있어 필자도 같은 판단을 갖고 있으며 이 판단이 맞다면 격조사 결합과 단독 출현 간에는 특별 운율에 있어 차이가 없는 것이 된다.

두 번째 경우인 조사 생략과 관련된 자료에 대해서는 별다른 이견이 없는 것으로 보인다. 고로 전통적 견해에서는 왜 그런 차이가 있는가에 대한 대안이 있어야 하는데, C. Youn(1998), Gerdts&Youn(1999)이 이 문제를 정식으로 다룬 것으로 보이지는 않는다.[17] 필자는 의미격 조사에 대한 2.2의 제안 및 구조격 조사의 실현에 관한 2.1.1.2의 제안을 토대로 다음과 같은 대안을 제시하고자 한다.

먼저 구조격 조사의 실현의 관한 제안을 다시 소개하면 다음과 같다.

(32) 가. 이동하지 않은 명사구의 격의 형태적 실현은 수의적이다.
　　 나. 이동한 명사구의 격의 형태적 실현은 필수적이다.

이 제안 특히 (32나)는 한국어의 주어 명사구의 이동이 현시적(overt)이라는 가정 하에 그 주어 명사구가 갖는 주격의 실현이 필수적이라는 사실을 설명해준다. 그러면 왜 격조사 결합의 '-가'는 주격의 실현인데도 그 실현이 수의적인가?[18] 사실 이 질문은 'N-에게'의 경우나 'N-에게가/를'의 경우 모두 해당 명사구에 구조격이 부여됨을 전제로 한 질문인데, 필자는 이와는 전혀 다른 접근법을 취한다.

필자는 앞서 2.2에서 '-에게'를 고유격의 실현으로 보는 견해와 달리 서술어가 부여하는 의미역 표지로 보아야 한다는 견해를 제시한 바 있다. 그리고 '-에게' 자체의 품사는 후치사이며[19] 후치사의 일반적 특성 상 별도의 격 인가 능력을 가지는 것으로 보았다. 더 나아가 '-에게'의 경우는 '-에서'나 '-로' 등의 후치사와 달리 격 인가 능력

16) 이런 차이를 방언적 차이로 보아야 할지에 대해서는 좀 더 깊은 관찰이 필요한 것으로 보인다.

17) 아마도 그들의 견해는 격조사 결합의 경우는 명사구가 의미격 조사에 의해 인가가 되므로 또 다른 격의 실현이 필요없다는 취지인 것으로 보인다. 그러나 이는 왜 격조사 결합이 일어나는가에 대한 C. Youn(1998:135)의 견해와 상충되는 면이 있다.

18) '-에게가'의 이동이 현시적(overt)이지 않다고 본다면 (32가)에 의거한 설명이 가능하다. 그러나 필자는 존대 일치 현상을 토대로 '-에게가' 성분이 현시적(overt)으로 IP 지정어 위치로 이동한다고 본다.

19) 그러나 전체 구조는 후치사구가 아니라 다음과 같은 명사구가 되는 것으로 보았다.

(i) $[_{NP}\ [_{N'}\ [_{N}\ [_{N}\ \ldots]\ [_{P}$ 에게$]]]]$

이 수의적임을 제안한 바 있다. 이 제안에 의하면 'N -에게'의 경우와 'N -에게가/를'의 경우는 구조격의 부여에 있어 상태가 다르다. 먼저 'N -에게'의 경우는 주격, 혹은 대격이 부여 되지 않은 상태로 분석이 된다. 그러나 '-에게' 자신이 격 인가 능력이 있어 'N -에게' 전체에 격이 인가되어 격여과를 통과하며 이 상태로 IP의 지정어 위치로 이동하는 것으로 본다. 이에 반해 'N -에게가/를'의 경우는 '-에게' 자신이 격을 인가하지 않은 상태에서 외부로부터 주격 혹은 대격이 인가된 상태로 분석이 된다. 그리고 IP 지정어 혹은 vP 지정어로 이동하게 되면 (32나)에 의해 '-가' 또는 '-를'이 반드시 실현되는 것으로 본다. 이상의 제안을 정리하면 다음과 같다.[20)]

(33) 가. 'N-에게': 주격 혹은 대격이 인가 안 되고 사격이 인가된 경우
　　나. 'N-에게-가/-를': 주격 혹은 대격이 인가된 경우

이상의 제안에서 중요한 점은 격조사 결합이 보이는 격조사의 생략 현상이 단독 출현이 보이는 격조사의 생략과는 전혀 다른 성격을 가지게 된다는 점이다. 즉 전자가 인가된 구조격의 차이에 의한 결과라면, 후자는 격조사가 있는 경우나 없는 경우 공히 구조격이 인가된 상태에서 단지 실현 여부에 의한 결과로 규정되는 것이다.

Schütze의 세 번째 문제는 '-시'와의 일치 현상에 관한 것인데, 이와 관련해서 C. Youn(1998), Gerdts&Youn(1999), H.-S. Yoon(2004a) 등은 전혀 다른 판단을 제시하고 있다. 즉 '-에게'의 경우와 '-에게가'의 경우 모두 그 앞에 존대의 대상이 되는 명사 표현이 올 경우 '-시'의 출현을 허용한다는 것이다. 즉 이들의 판단에 의하면 앞의 (6)은 모두 문법적이며 고로 이 점에 있어 단독 출현의 '-가'와 차이가 없다. 한편 필자도 이와 같은 판단에 동의하는 편인데,[21)] 이와 같은 판단에 의하면 격조사 결합의 '-

20) (33)은 문제의 명사 표현이 현시적(overt) 이동을 한 경우에 대한 기술이다. 이동하지 않는 경우는 (32나)에 의해 '-가', '-를'의 실현은 수의적이 된다. 이는 결국 '-에게'와 '-에게가/를'의 경우 모두 두 가지 서로 다른 도출을 가짐을 의미한다.

21) 좀 더 정밀하게 기술하자면, '-에게가' 경우가 '-에게'보다는 더 안 좋은 것으로 보이는데 이는 '-시'의 존재와는 무관한 차이이다. 그리고 필자는 심리서술어의 경우 '-에게'가 항상 '-가'보다는 안 좋다고 판단한다. 그리고 '-에게'의 경우 그 다음에 '-는'을 붙이거나, 서술어 뒤에 '-ㄴ가 보다'라는 표현을 붙이면 더 자연스러워지는데, 서술어에 '-시'가 와도 그러하다. 다음이 이를 보여준다.

(i) 가. 아버님에게 돈이 필요하신가 보다. 　나. 할아버님에게 그 영화가 지루하신가 보다.
　다. 박 선생님에게 걱정이 있으신가 보다. 라. 박 선생님에게 좋은 고서가 많으신가 보다.

이는 '-에게'의 경우(그리고 '-에게가'의 경우도 포함해서), '-시'를 허용하지 않는다는 Schütze

가'를 주격의 실현으로 보는 것에는 아무런 문제가 없다. 문제는 서로 다른 판단을 방언적 차이라고 할 때, 그 차이를 어떻게 설명할 것인가인데 이는 결국 C. Youn (1998:137)이 지적하였듯이 '-에게' 혹은 dat 성분이 주어-동사 일치를 막느냐 아니냐의 차이로 보인다. 즉 Schütze가 관찰한 방언에서는 '-에게'가 주어-동사 일치를 방해한다면, 다른 방언에서는 그렇지 않은 것으로 기술되는 것이다. 여기서 중요한 점은 Schütze가 관찰한 방언에 대한 이런 기술에 의하면 (6가)와 (6나)가 같은 이유로 비문법적이 되므로 (6가)와 같은 문장의 비문법성 자체는 격조사 결합의 '-가'의 성격에 대해 중립적이 된다는 사실이다.

Schütze가 제기한 네 번째 문제점은 격조사 결합의 '-가, -를'이 주어, 목적어가 아닌 성분에 대해서도 가능하다는 것이다. 이에 대해서는 Schütze가 제시한 예문 각각에 대한 판단이 엇갈린다. 먼저 C. Youn(1998:139)은 수동문의 경우는 격조사 결합이 불가능한 것으로 보고 있다. 즉 (7가)를 비문법적으로 보고 있다. 필자도 이 판단에 동의한다. 한편 필자는 '-를'이 격조사 결합하는 경우인 (8)의 예문도 안 좋은 것으로 보고 있다. 좀 더 자세히 얘기하면, '-동안' 다음에는 '-를'이 올 수 있으나, 그 외의 표현들 즉 '어제부터', '순희에게', '영희에 대해서' 다음에는 '-를'이 오지 못하는 것이다. 이에 반해 (7나, 다)의 예문에 대해서 C. Youn(1998)은 좋다고 하였으나, 필자의 판단은 약간 달라 (7다)는 아주 좋으나, (7나)는 (7다)보다는 안 좋다. 이상의 판단을 정리하면 다음과 같다.

	Schütze	Youn	필자
(7가)	좋음	나쁨	나쁨
(7나)	좋음	좋음	나쁨
(7다)	좋음	좋음	좋음
(8)	좋음	미확인	'동안씩'을 제외한 다른 모든 경우는 나쁨

먼저 판단이 모두 일치하는 (7다)의 경우부터 보자. Schütze는 이 문장의 '어제부터'가 부가어인데도 '-가'가 나타나므로 전통적 견해에 문제라고 하였다. 그러나 이는 격 인가에 대한 지금까지의 논의에 의하면 큰 문제가 아니다. 4장 이후 11장까지의 논의는 한국어에서 격 인가가 주어니 목적어니 하는 문법 기능과는 무관하게 특정

의 판단이 의심스러움을 의미한다.

격 인가자에 의해 성분-통어되고 격 최소성만 지키면 가능함을 보여주는데, (7다)의 경우는 6장에서 논의한 이중/다중 주어 구성의 예로서 '어제부터'는 AgrP(혹은 IP) 외곽 지정어 성분이며 고로 주격이 인가될 수 있다. 게다가 필자는 앞서 (7다)가 (7나)보다 자연스럽다고 하였는데, 이는 '-부터'가 의미격 조사가 아니라 특수조사라는 점과 연관이 있다고 본다.[22] 이는 이 경우가 이른바 격조사 결합의 경우와는 다른 경우임을 뜻하며 특수조사에 대한 필자의 제안(최기용(1996) 참조)에 의하면 '어제부터'는 '어제'와 '-부터'가 핵기저부가구조를 이루어 전체적으로는 다음과 같은 명사구를 이루며 명사구로서 격을 취하는 것이 자연스러운 현상이기 때문으로 분석된다.[23]

(34)

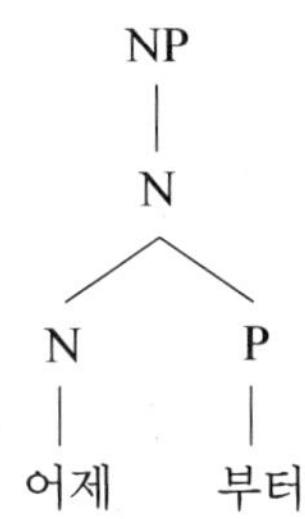

그러면 같은 '-부터'를 갖는 (8가)의 '어제부터를'은 왜 비문법적인가?[24] 두 가지 경우를 살펴야 할 것으로 보인다. 첫 번째는 '어제부터'가 (7다)에서와 같이 AgrP의 외곽 지정어로 기저 생성되는 경우이고 두 번째는 동사구/형용사구 내부의 시간 부사어가 scrambling을 통해 앞으로 이동한 경우이다. 전자의 경우는 6장의 논의에 의하면 해당 위치가 주격만이 인가되는 위치이며 고로 대격이 인가될 수 없어 비문법적이 된다. 한편 후자의 경우는 시간 부사어로서의 '어제'의 성격과 연관이 있는 것으로 보인다. 즉 '어제'가 동사구/형용사구 내부에서 시간 부사어의 기능을 하는 경우에는 다음 예가 보이듯이 주격 혹은 대격을 취하지 못하는데,[25] (34)의 구조에 의하면 '어제부터'가 '어제'의 성격을 그대로 가지므로 대격을 취하지 못하는 것으로 보인다.[26]

---

22) 이는 '-부터'가 구조격 조사하고는 물론이요 의미격 조사하고도 같이 어울린다는 점을 통해 알 수 있다: '집에서부터', '미국으로부터', 등. 또한 다른 의미격 조사는 서술어와 의미적으로 관계를 맺지만, '-부터'는 서술어와는 독립적인 고유의 의미를 갖는다는 점에서 특수조사의 성격을 띤다.
23) '-부터'도 궁극적으로는 후치사로 취급되며 격 인가 능력은 '-만'과 같이 수의적인 것으로 규정된다.
24) '어제부터를'을 문법적으로 본 Schütze의 방언과의 차이는 앞으로의 과제로 돌린다.
25) 이는 기간을 나타내는 '-동안'과는 다른 양상이다. 이에 대한 논의는 다음 장으로 미루기로 한다.
26) 이에 반해 (7다)와 다음 예들은 '어제'가 그 뒤 문장과 6장에서 논의한 의미적 관계를 충족시키는

(35) 가. *철수가 영미를 어제를 만났다.
나. *철수가 어제가 감기에 걸렸다.
다. *내가 어제가 몹시 아팠다.

이어 (7가)와 (8)의 '순희에게' 그리고 '영희에 대해서'의 경우를 보면, 이들이 모두 비문법적으로 판단되는 방언에서 이들 예문은 전통적 견해에 아무런 문제가 안 된다. 그리고 그 비문법성은 문제의 표현들이 부가어라는 점과 연관이 있는 것으로 보인다. 좀 더 구체적으로 필자는 2.2에서 'N-에게'가 논항이 아니라 부가어인 경우는 통사적으로 후치사구라는 제안을 했는데, 결국 (7가)의 비문법성은 다음 예에서 보듯이 한국어에서 전형적인 후치사구가 격조사를 취하지 못하는 것과 같은 현상으로 분석된다.

(36) 가. *대석이가 손으로를 영미를 잡았다.
나. *대석이가 집에서를 영미를 만났다.

그러면 문제의 표현들을 문법적으로 보는 방언들은 어떻게 보아야 할까? 문제는 부가어 성분으로서 어떤 경우가 '-가, -를'과 stacking할 수 있느냐인데, 이와 관련해서 필자는 일단 H.-S. Yoon(2004a)의 견해를 따르기로 한다. 이 견해는 나중에 다시 자세히 소개되므로 여기서는 그 개요만을 적는데 요점은 윤혜석에 의해 대주어(major subject), 대목적어(major object)로 규정되는 성분에 대해서만 격조사 결합이 허용된다는 것이다. 이중 대주어 개념은 6.3.2에서 본 AgrP의 외곽 지정어와 같은 것으로 앞에서도 보았듯이 논항뿐 아니라, 부가어도 외곽 지정어가 될 수 있고 또한 외곽 지정어에 대해 격이 인가되어 (7가)가 허용된다.[27] 결국 이에 의하면 필자의 방언과 Schütze/윤혜식/윤청의 방언 간의 차이는 다음과 같이 기술된다.

	필자	Schütze/윤혜석/윤청
논항 성분	격조사 결합 허용	격조사 결합 허용
비논항 성분(대주어/대목적어)	격조사 결합 불허	격조사 결합 허용[28]

경우에는 격이 인가됨을 보여준다. (35)의 '어제'와 (i)의 '어제' 사이에 왜 이런 차이가 있는가에 대해서는 앞으로의 과제로 돌린다.

(i) 어제가 날씨가 참 좋았다.

27) 한편 이런 분석에 의하면 부가어로서 격조사 결합을 허용하는 문장들은 모두 이중/다중 주어 구성의 의미적 특성을 가져야 한다. 혹은 그런 의미적 특성의 보장 여부에 따라 판단이 달라지는 상황이 되어야 한다.

이어 (7나)와 관련된 방언적 차이도 마찬가지로 설명될 수 있다. 즉 필자의 방언에서는 비논항 대주어에 대해 격조사 결합이 불가능하므로 비문법적인데 반해, 다른 방언에서는 격조사 결합을 허용하므로 문법적인 것이다.[29)]

한편 이상의 설명에 의하면 Schütze, 윤혜석, 윤청은 같은 방언을 공유하는 것으로 보이는데, 이는 물론 (7가)의 '호랑이에게'와 (7나)의 '그 그릇에서'가 AgrP 외곽 지정어의 성격을 가질 수 있음을 의미한다. 문제는 (7가)와 (7나)에 대한 윤청과 Schütze의 판단이 서로 다른데 이를 어떻게 볼 것인가 하는 점이다. 이는 적절한 이중/다중 주어 구성이 될 수 있는 상황에 대한 판단의 차이로 보인다. 이중/다중 주어 구성의 논의에서 우리는 AgrP 외곽 지정어와 그 뒤에 오는 문장 간에 적절한 관계가 성립되면(6장 (62) 참조) 자연스러운 문장이 되며 그 관계의 수립이 상황에 따라 많이 달라지는 것으로 보았다. 이 점에 비추어 볼 때, (7가)가 나타나는 상황에서 '호랑이에게'와 그 뒤에 오는 문장 간에 자연스러운 관계가 성립되기는 어려울 것으로 보이며 윤청의 판단은 이를 반영한 것으로 보인다. 그에 반해, Schütze의 판단은 아주 자연스럽지는 않겠지만 이중/다중 주어 구성이 나타내는 상황의 성립이 가능한 경우가 있다는 것에 근거한 것으로 분석될 수 있을 것이다.

마지막으로 수량사 구성을 보자. 먼저 지적할 점은 수량사 구성의 예인 (9)에 대한 필자의 판단이 Schütze의 것과도 다를 뿐 아니라, 윤청과도 다르다는 점이다. 다음은 이를 정리한 것이다.[30)]

---

28) 이런 차이는 대주어/대목적어 위치에 오는 부가어의 범주적 성격의 차이와 연관이 있는 것으로 보인다. 즉 필자의 방언에서는 부가어가 그런 위치에 와도 여전히 후치사구로서의 성격을 지녀 격이 인가되지 못하는 반면, 다른 방언에서는 그런 위치에 올 경우 명사구로서의 지위를 얻게 되고 이를 통해 격이 인가되는 것으로 보인다. 이는 앞서 각주 27에서 본 '어제'의 양상과 유사하다는 점에서 주목할 만하다.

29) C. Youn(1998:140)은 (7나)와 같은 문장의 '-에서' 성분이 주격 조사를 가질 수 있다는 점을 들어 부가어가 아니라 주어라고 보았다.

(i) 가. 이 천장에서가 물이 떨어진다. 나. 이 천장이 물이 떨어진다.

그러나 AgrP 외곽 성분도 주격 조사를 가질 수 있어 주어인지의 여부는 확실치 않다.

30) (9)에는 앞에서 지적하였듯이 수사 뒤에 분류사가 있다. C. Youn(1998:138-139)은 분류사가 있는 경우와 없는 경우 문법성이 판단이 다르다고 보았다. 본문의 내용은 분류사가 있는 경우에 대한 판단인데, 분류사가 없는 경우는 다음과 같다고 한다.

(i) 가. *학생들에게가 돈이 셋에게 필요하다. 나. 학생들에게가 돈이 셋이 필요하다.

	필자	Schütze	윤청
(9가)	나쁨	좋음	
(9나)	나쁨	좋음	좋음
(9다)	나쁨	나쁨	좋음
(9라)	나쁨	좋음	좋음
(9마)	나쁨	좋음	

먼저 필자의 방언에만 국한한다면 필자의 방언에서는 수량사 구성이 Schütze가 제기한 문제점과 아무런 연관이 없는 것이 된다.[31] 그러나 이것이 Schütze가 제기한 문제점의 해결이 될 수는 없을 것이다. 격조사 결합의 경우를 격의 실현으로 보면서도 Schütze와 윤청의 방언의 양상이 설명될 수 있음을 보여야 진정한 해결책이 될 수 있을 것인데, 수량사 구성에 대한 앞서의 논의 및 최기용(2001나)을 토대로 이를 시도해 보기로 한다.

이를 위해서는 먼저 수량사 구성에 대한 최기용(2001나)의 제안을 간단히 소개할 필요가 있다. 필자는 최기용(2001나)에서 조사가 수량사 구성 내부(즉 명사 부분과 수-분류사 부분) 어디에 나타나느냐에 따라 통사적 성격이 다르다고 한 바 있는데, 요점은 (37가, 나)에서와 같이 두 군데 다 나타나거나, 명사 부분에만 나타나는 경우는 (38가)와 같은 구조를 이루고, (37다)에서와 같이 수-분류사 부분에만 나타나는 경우는 (38나)와 같은 구조를 이룬다는 것이다(수-분류사 내부의 구조는 생략하였다. 보다 자세한 내부 구조에 대해서는 최기용(2001나) 참조).

(37) 가. 학생들이 세 명이 사라졌다.
　　 나. 학생들이 세 명 사라졌다.
　　 다. 학생들 세 명이 사라졌다.

필자에게는 모두 안 좋다.

31) 윤청의 방언에서는 윤청이 수량사 구성에서 명사 부분과 수-분류사 부분 간의 일치를 받아들인다면 윤청의 지적과는 달리 Schütze가 제기한 문제점이 그대로 유효한 것으로 보인다.

(38) 가.

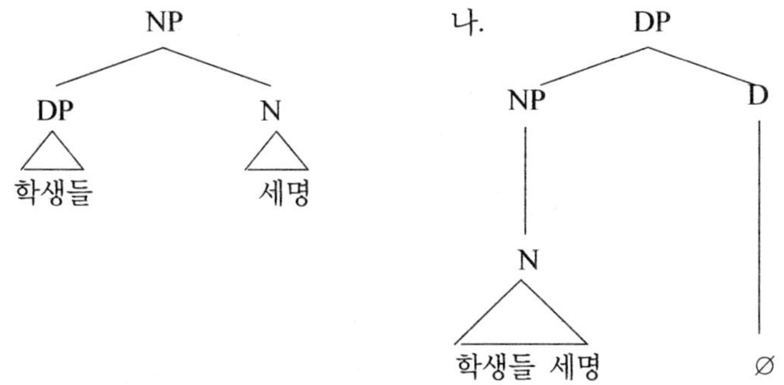

그리고 위와 같은 (38가)와 (38나) 간의 구조적 차이가 의미역 관계 상의 차이와도 연관이 있다고 보았는데, (38나)에서는 전체가 DP로서 의미역을 부여받지만, (38가)에서는 NP보다는 DP가 논항의 성격을 가지지만, NP와 DP가 의미역을 공유하는 경우로 분석되었다.

한편 앞서 필자는 논항의 '-에게'를 의미역 표지로 본 바 있는데, 앞에서 본 바와 같은 차이는 바로 (38가)가 갖는 구문적 특성 하에 의미역 표지 실현의 차이로 분석된다. 먼저 필자 방언의 특색은 격조사 결합의 '-가'와는 무관하게 '-에게'의 실현이 허용되지 않는 것이라 할 수 있으며, 이는 다음 예문에서도 확인이 된다.[32)]

(39) 가. *학생들에게 돈이 세 명이 필요하다.
나. *학생들에게 돈이 세 명에게 필요하다.
다. *학생들이 돈이 세 명에게 필요하다.

필자 방언의 이런 특색은 다음과 같이 풀이될 수 있을 것으로 보인다.

(40) 가. 명사 부분 혹은 수-분류사 부분 중 어느 한 쪽에 의미역 표지가 실현되는 것은 둘 간에 의미역이 공유되지 않음을 나타내는 것이므로 비문법적이다.
나. 두 부분 다에 의미역 표지가 실현되는 것은 두 부분 다 논항임을 말하는 것이므로 비문법적이다.

즉 (38가)의 서로 상반되는 두 특성을 동시에 충족시키는 것이 불가능한 점이 반영된 경우라 하겠다. 이에 반해, Schütze의 방언은 두 특성 중 후자만이 반영된 경우로

---

32) 아래 예문은 (38가)의 경우가 아니라, (38나)의 경우이다.

(i) 학생들 세 명에게 돈이 필요하다.

볼 수 있으며 이에 따라 명사 부분과 수-분류사 부분이 의미역 표지를 공유하지 않은 (9다)는 비문법적이 되고 그 외의 경우들은 '-에게'의 수의적 격 인가 성격에 의해 설명이 된다. 예를 들어 (9가)와 (9나)의 차이는 바로 (33가)와 (33나)의 차이로 파악이 되는 것이다. 중요한 점은 이런 설명에서 격조사 결합의 '-가'가 격의 실현으로 파악되고 있다는 점이다.

마지막으로 윤청의 방언은 (38나)의 두 특성이 이접의 양상으로 반영된 경우로 볼 수 있을 것이다. 즉 DP를 논항으로 보는 특성에 의해서 (9다)가 허용되고, 또한 DP와 NP가 의미역을 공유하는 특성에 의해서 (9나, 라)가 허용되는 것이다.

지금까지의 논의를 간단히 정리하기로 하자. 먼저 우리는 Schütze가 제기한 문제의 바탕이 되었던 격조사 결합의 자료에 대해 부분적으로 서로 다른 판단이 있음을 보았다. 그러나 이를 토대로 Schütze의 문제 제기를 비판하기보다는 방언적 차이를 인정한 상태에서 Schütze가 제기한 문제에 대해 어떤 해결책이 가능한가를 살펴 보았다. 그 해결책의 골자는 크게 다음 두 가지라 할 수 있다. 첫째, 한국어에서 격의 인가는 성분-통어라는 구조적 조건만 충족되면 되는 것이므로 논항이 아닌 성분에 대해서도 격 인가가 가능하다. 둘째, 논항이 갖는 '-에게'는 의미역 표지이자 후치사로서 스스로의 격 인가 능력을 수의적으로 갖는다. 이에 의하면 격조사 결합의 경우는 바로 '-에게'가 격 인가를 안 해 외부로부터 인가된 격이 실현된 경우가 되는 것이다. 그리고 이런 점을 토대로 방언적 차이가 이중/다중 주어 구성의 구조적, 의미적 특징 그리고 수량사 구성의 구조적, 의미적 특징에 기인함을 보였다.

12.1.2.3 Schütze의 문제점

지금까지 전통적 견해에 대한 긍정적 증거를 제시하고 이어 전통적 견해에 대해 Schütze가 제안한 문제점들이 어떻게 해결될 수 있는가를 보았다. 이제 남은 것은 Schütze의 견해가 갖는 문제점을 지적하는 일인데 이는 D.-W. Yang(1999), J.-M. Jo(2001), H.-S. Yoon(2004a) 등에서 충분히 논의된 바 있다. 여기서는 이중 윤혜석의 논의를 간단히 소개하기로 한다.[33]

33) 이 외 조정민은 이른바 동사구 초점 구문에서 '-가'나 '-를'이 못 나타나는 것이 Schütze의 이론에 문제가 된다고 지적하였다.

(i) *영미가 예쁘기가/를 하다.

Schütze에 의하면 한국어에서 초점 표지로서의 '-가'와 '-를'이 있게 되고 이들의 분포가 서로 배타적이므로 어떤 때 '-가'가 쓰이고 어떤 때 '-를'이 쓰이는가에 대한 언급이 있어야 하는데 이에 대한 Schütze의 제안은 다음과 같다.

> Distribution of stacked particles (Version 2)
> If a constituent XP allows case stacking, its stacked particle will be
> a. *lul* if the predicate is an ACC assigner and XP is in the domain of the predicate;
> b. *ka* otherwise.
>
> Schütze(2001:(39))

이는 대격 인가자 영역 내에서는 '-를'로 실현되고 그 외의 영역(즉 주격 인가자의 영역)에서는 '-가'로 실현됨을 뜻하는 것으로 이를 포착하는 형식적 장치로 Schütze는 다음을 제안한다.[34]

(41) 가. 한국어에는 다음과 같은 두 개의 초점 위치가 있다: IP-부가 위치, VP-부가 위치.[35]
나. I와 V는 초점을 인가하는 핵으로 [초점] 자질을 가진다.
다. [초점] 자질을 가지는 핵과 초점 표현 간의 점검에 의해 초점의 인가가 이루어진다.

그리고 Schütze는 이 제안에 의해 동사구 내부에 오는 '-에게' 표현에 대해 가까운 초점 인가핵은 I가 아니고 V이므로 초점 표지로 '-를'만이 허용되는 아래와 같은 예문이 설명이 되는 것으로 보고 있다.

(42) 가. *순희가 철수에게가 책을 주었다.
나. 순희가 철수에게를 책을 주었다.

그러나 윤혜석에 의하면 이 제안에는 다음과 같은 기술적 문제가 있다. (42)에 대한 Schütze의 설명에서 중요한 점은 I에 의한 [초점] 자질 점검을 막기 위해 V에 [초점] 자질이 반드시 있어야 한다는 점이다. 그러나 [초점] 해석의 부여가 수의적이라는 점에

즉 이 구문의 의미적 특성이 '-기' 표현을 두드러지게 하는 것임을 감안할 때, Schütze의 이론에 의하면 '-기' 뒤에 초점 표지로서의 '-가'나 '-를'이 나타날 수 있어야 하는데 그렇지 못하므로 문제라는 것이다.

34) 이는 결국 두 초점 표지의 분포가 주격 및 대격의 분포와 같음을 말하는 것이다. 고로 이런 일치는 J.-M. Yoon(1998:96-97) 등이 지적하였듯이 우연으로 남게 된다.

35) 즉 초점 표현은 이 위치로 이동해야 한다.

비추어 볼 때, I나 V가 [초점] 자질을 항상 가질 수는 없을 것이다. 즉 V에 [초점] 자질이 없는 경우도 가능한데, 이에 의하면 결국 (42가)가 허용되는 셈이 되는 것이다.

윤혜석의 두 번째 지적 또한 Schütze의 견해에 내재하고 있는 문제에 대한 것이다. 격조사 결합의 '-가, -를'을 초점 표지로 보는 Schütze의 견해에 의하면 주제의 성격을 가지는 표현이 '-가', '-를'을 가지면 그 경우는 주제 표지로 보게 되는데 다음의 경우가 바로 그것이다.

(43) 가. LA가 한국 사람이 제일 많이 산다.
　　 나. 민수가 LA를 한국 사람이 제일 많이 산다고 생각한다.

결국 Schütze에 의하면 한국어에는 같은 모습을 가지는 그러나 서로 성격이 전혀 다른 세 종류의 표지가 있게 되는 셈이다: **격 표지**, **초점 표지** 그리고 **주제 표지.** 이런 결과가 바람직하지 못하다는 것은 Schütze 자신도 인식하고 있는데, 그러나 '-가, -를'과 형태적으로 같은 slot에 속하는 '-는'도 같은 양상을 보인다는(즉 초점 표지로도 쓰이고 주제 표지로도 쓰인다는) 점을 들어 그리 무리는 아니라고 보고 있다.

그러나 윤혜석은 이 설명에 많은 무리가 있다고 보고 있다. 첫째, Schütze의 설명에 의하면 '-가, -를, -는'이 중의적 양상을 보이는 것은 같은 형태적 slot에 속하기 때문인데, 그러나 같은 slot에 속하는 조사가 항상 그런 것은 아니다. 즉 '-의'의 경우는 중의성을 전혀 보이지 않는다. 둘째, 윤혜석에 의하면 Schütze가 말하는 '-는'의 중의성은 부정확한 파악이다. 먼저 '-는'의 정확한 용법은 주제와 초점이 아니라, thematic topic과 contrastive topic이며 후자의 경우 항상 초점 해석을 가지는 것으로 보고 있다. 그리고 이 두 해석을 어휘 자체의 중의성의 결과이기보다는 문장 상의 '-는'의 위치에 따른 결과로 보는 것이 더 올바른 분석임을 지적한다. '-는'에 대한 이런 파악이 올바른 것이라면 결국 '-가, -를'을 세 종류의 표지로 보는 Schütze의 견해는 설득력이 떨어지게 되는 것이다.

세 번째 문제는 ECM 구문에서의 수량사 구성의 양상에 대한 것이다. Schütze는 격조사 결합의 경우 외에도 초점 표지인 경우가 있다고 보는데, ECM 구문의 대격 표현에 나타나는 '-를'이 바로 그 중 하나이다. 즉 아래 예문에서 '메리를'의 '-를'은 대격의 실현이 아니라, 초점 표지인 것이다.

(44) 죤은 메리를, 어리석게도, 영리하다고 생각한다. =Schütze(2001:(49a)

그러면 '메리'는 격이 인가 안 되는가? 그렇지는 않다고 보며 '메리'에 대해 인가되는 격은 '메리'가 내포문의 주어이므로 주격이 인가된다고 본다. 즉 격은 주격이 인가되고 초점 표지로는 '-를'이 인가되는데 이런 상황에서는 항상 초점 표지가 실현되는 것으로 본다. 그러나 격과 초점 표지가 따로 실현될 수 있는 상황이 있다고 보는데 그것이 바로 수량사 구성의 경우이다. 앞서 본 바와 같이 수량사 구성은 명사 부분과 수-분류사 부분으로 구성되어 있는데 수량사 구성이 ECM의 대상이 되는 경우 명사 부분에서는 초점 표지가 인가되고 수-분류사 부분에서는 격이 인가되어 (45가)와 같은 문장이 가능하다고 보는 것이다. 그리고 Schütze는 이것이 '-을'을 초점 표지로 보는 것에 대한 근거가 된다고 생각한다. 즉 '-을'이 격의 실현이라면 '세 명'도 대격을 가져야 하나 그렇지 않다는 것이다.

(45) 가. 죤이 학생을 세 명이 천재라고 믿었다. =Schütze(2001:(44a)
나. 죤이 학생을 세 명을 천재라고 믿었다.

그러나 문제는 윤혜석이 지적한 대로 (45나)가 가능하고 이 문장의 문법성이 Schütze의 이론에서는 설명이 안 된다는 점이다. 왜냐면 '학생'은 초점이고 '세 명'은 내포문의 주어라고 보았는데, 내포문내에는 대격 인가자가 없기 때문이다.[36)]

윤혜석이 지적한 네 번째 문제는 ECM 구문의 결속 현상에 대한 것으로 먼저 다음 예문을 보자.

(46) 가. 철이는$_i$ 그가$_i$ 똑똑하다고 믿는다.
나. *철이는$_i$ 그를$_i$ 똑똑하다고 믿는다. =H.-S. Yoon(2004a:(44))

즉 내포문 주어가 '-를'을 가지는 경우는 모문 주어와 같은 사람을 가리키는 해석이 불가능한데, '-를'을 초점 표지로 보는 Schütze의 견해에 의하면 이 현상이 문제가 된다. 먼저 초점 위치를 비논항 위치로 본다면 '그를'은 비논항 위치로 이동한 꼴이 된다. 문제는 비논항 이동의 다른 경우인 장거리 뒤섞기가 결속에 아무런 영향을 미치지 않는다는 데에 있다.

36) 이에 반해 '-을'을 격의 실현으로 보면 쉽게 설명이 된다. 즉 (45나)는 수량사 구성 전체가 모문으로 이동하고 그 위치에서 각각이 대격을 인가 받은 것이고 (45가)는 '학생'만이 모문으로 이동하여 대격을 인가 받고 '세 명'은 내포문 제자리에 남아 주격이 인가된 상황으로 분석된다.

(47) 가. 철이는$_i$ [영희가 그를$_i$ 좋아한다고] 생각한다.
나. 철이는$_i$ 그를$_i$ [영희가 t_i 좋아한다고] 생각한다. =H.-S. Yoon(2004a:(45))

윤혜석이 지적하는 마지막 문제는 다음 예문에 대한 것이다.

(48) 가. 철이는 꽃을 장미가 예쁘다고 믿는다.
나. 비행기가 747이 크다. =H.-S. Yoon(2004a:46))

Schütze에 의하면 '꽃을'의 '-을', '비행기가'의 '-가'는 격의 실현이 아니고 초점 표지이다. 문제는 Schütze의 이론에서도 명사구는 격이 인가되어야 하는데, 문제의 '-가, -을'을 격으로 보지 않으므로 격이 인가되지 못하는 상황이 된다는 데에 있다.

12.2 격조사 결합의 분포

지금까지 의미격 조사와 같이 나타나는 구조격 조사의 성격에 대한 논의를 살펴보았는데, H.-S. Yoon(2004a:(13))에 의하면 격조사 결합과 관련된 중요한 주제 중의 하나로 격조사 결합의 분포가 있다. 즉 지금까지의 예들은 격조사 결합이 항상 가능한 것이 아님을 보여주는데, 그렇다면 가능한 경우와 그렇지 않은 경우 간에 어떤 성격 차이가 있느냐 하는 것이다. 이는 다음 절에서 논의한 격조사 결합이 왜 일어나는가와도 관련이 있는 주제인데, 본 절에서는 이 주제를 현상에 대한 관찰의 차원에서 정리하기로 한다.

격조사 결합의 가능성에 대한 최초의 관찰은 Gerdts&Youn(1988), K.-S. Hong(1991), C. Youn(1995)에서 이루어진 것으로 그 내용은 다음과 같다.

(49) 격 교체를 허용하는 명사구에만 격조사 결합이 허용된다.

위에서 격 교체라 함은 의미격 조사와 구조격 조사 간의 교체를 말하는 것으로 어떤 명사구의 의미격 조사가 구조격 조사로 교체가 가능하면 그 명사구에는 해당 의미격 조사와 구조격 조사의 결합이 가능하지만 구조격 조사로의 교체가 불가능하면 격조사 결합이 불가능함을 의미한다. 이를 보여주는 예들은 다음과 같다.

--주격 조사의 경우--

(50) 가. 이 천장에 물이 샌다.
나. 이 천장이 물이 샌다.
다. 이 천장에가 물이 샌다.

(51) 가. 철이에게 돈이 많다.
나. 철이가 돈이 많다.
다. 철이에게가 돈이 많다.

(52) 가. 철이에게 영미가 무섭다.
나. 철이가 영미가 무섭다.
다. 철이에게가 영미가 무섭다.

(53) 가. 철이에게 돈이 필요하다.
나. 철이가 돈이 필요하다.
다. 철이에게가 돈이 필요하다.

(54) 가. 폭우로 그 다리가 무너졌다.
나. *폭우가 그 다리가 무너졌다.
다. *폭우로가 그 다리가 무너졌다. =C. Youn(1998:(16))

(55) 가. 이 의자에 철수가 앉았다.
나. *이 의자가 철수가 앉았다.
다. *이 의자에가 철수가 앉았다. =C. Youn(1998:(24))

(56) 가. 지난 일요일에 순이가 떠났다.
나. *지난 일요일이 순이가 떠났다.
다. *지난 일요일에가 순이가 떠났다. =C. Youn(1998:(25))

--대격 조사의 경우

(57) 가. 석이가 이 학교에 다닌다.
나. 석이가 이 학교를 다닌다.
다. 석이가 이 학교에를 다닌다.

(58) 가. 철수가 순이에게 책을 주었다.
나. 철수가 순이를 책을 주었다.
다. 철수가 순이에게를 책을 주었다. =C. Youn(1998:(3))

(59) 가. 김 교수님이 서울에 가셨다.
나. 김 교수님이 서울을 가셨다.
다. 김 교수님이 서울에를 가셨다. =C. Youn(1998:(4))

(60) 가. 목수가 나무로 책장을 만들었다.
나. *목수가 나무를 책장을 만들었다.
다. *목수가 나무로를 책장을 만들었다. =C. Youn(1998:(16))

(61) 가. 철수가 일곱시에 빵을 먹었다.
나. *철수가 일곱시를 빵을 먹었다.
다. *철수가 일곱시에를 빵을 먹었다.

(62) 가. 철수가 방에서 책을 읽고 있다.
다. *철수가 방을 책을 읽고 있다.
나. *철수가 방에서를 책을 읽고 있다.

(49)는 격조사 결합이 격 교체와 상관성이 있는 것으로 되어 있으나, 위 예문들은 격 교체가 이루어지는 성분들과 그렇지 않은 성분들 간의 차이가 논항 여부와도 관련이 있음을 보여주므로 (49)는 다음과 같이도 해석이 될 수 있을 것으로 보인다.

(63) 의미격 조사를 갖는 논항 성분은 격조사 결합을 허용하나, 부가어 성분은 격조사 결합을 허용하지 않는다.

이런 해석은 명시적으로 밝히지는 않았으나 격조사 결합 현상에 대한 Gerdts& Youn (1988), C. Youn(1995), H.-S. Yoon(1996) 등의 설명에서 확인할 수 있는데, 예를 들어 격조사 결합이 주어나 목적어 위치로의 이동에 의한다고 보는 것이 그것이다. 즉 이들 위치는 일반적으로 논항-위치로 알려져 있으므로 이들 위치로 이동할 수 있는 것은 의미격 조사를 가지는 성분 중에서도 논항에만 국한될 것이기 때문이다.

그러나 격조사 결합의 가능성에 대한 초기의 관찰인 (49)는 Schütze(1996, 2001)의 논의 이후 폐기되었다고 할 수 있다. 즉 Schütze(1996, 2001)가 (64)를 통해 주어가 아닌 성분에도 격조사 결합이 가능함을 지적한 후 C. Youn(1998), Gerdts&Youn(1999) 등도 (64)와 (65)의 대비를 통해 (49)를 버리고 있다.[37]

37) 그러나 윤청 등은 Schütze와 달리 (64가)와 같은 문장을 비문법적으로 보고 있다. 이런 차이에

(64) 가. 집안에서가 겨울에가 순이에게 남편이 무섭다. =Schütze(2001:(18))
나. 죤이 순희에게를 영희에 대해서를 이야기했다. =Schütze(2001:(28b))

(65) 가. 집안에서가 순희에게 남편이 무섭다. =C. Youn(1998:(55))
나. 겨울에가 순희에게 남편이 무섭다. =C. Youn(1998:(56))
다. 장마철에가 이 공장에서 폐수가 흘러나왔다. =C. Youn(1998:(58))

(66) 가. *집안이 순희에게 남편이 무섭다. =C. Youn(1998:(60))
나. *겨울이 순희에게 남편이 무섭다. =C. Youn(1998:(61))
다. *장마철이 이 공장에서 폐수가 흘러나왔다. =C. Youn(1998:(62))

더 나아가 H.-S. Yoon(2004a)도 다음 예문을 통해 격 교체가 격조사 결합의 필요조건이 아님을 지적하고 있다.

(67) 가. *그 다리가 무너진 것은 폭우로 아니었다. =H.-S. Yoon(2004a:(49b))
나. *그 다리가 무너진 것은 폭우가 아니었다.
다. 그 다리가 무너진 것은 폭우로가 아니었다.[38)]

(68) 가. 그 공구로 나에게는 차를 고치기가 어렵다. =H.-S. Yoon(2004a:(50b))
나. *그 공구가 나에게는 차를 고치기가 어렵다.
다. 그 공구로가 나에게는 차를 고치기가 어렵다.

(69) 가. 오스틴에서 빌이 공부를 잘 했었다. =H.-S. Yoon(2004a:(51b))
나. *오스틴이 빌이 공부를 잘 했었다.
다. 오스틴에서가 빌이 공부를 잘 했었다.

대한 자세한 분석은 C. Youn(1998), Gerdts&Youn(1999) 등을 참조할 것.

38) H.-S. Yoon(2004a:(49a))은 부정 계사의 경우로 본문의 것 외에도 다음을 들고 있다.

(i) 가. *철이가 나온 것은 이 방에서 아니었다.
나. ??철이가 나온 것은 이 방이 아니었다.
다. 철이가 나온 것은 이 방에서가 아니었다.

그러나 (나)와 (다)에 대해 김영희(1999나:50)는 정반대의 판단을 제시한 바 있다. 즉 (다)와 같은 예문이 (나)보다 더 나쁘다는 판단인데 김영희는 논항의 경우가 그런 양상을 보이고 부가어의 경우는 본문의 것과 같은 양상을 보인다고 했다. (i)에 대해서는 보다 더 신중한 검토가 필요하겠지만, 비논항 성분일수록 의미격조사가 있는 것이 더 자연스럽다는 것은 분명한 것으로 보인다.

이상의 예문들은 윤혜석이 지적하였듯이 격조사 결합이 격 교체 또는 논항 여부와 아무런 연관성이 없음을 보여준다고 하겠다.[39] 이 경우 남는 문제는 (49)를 대체할 일반화가 무엇이냐 하는 것인데 이와 관련하여 H.-S. Yoon(2004a)은 흥미로운 제안을 한 바 있는데 이는 다음 절의 논의와 관련이 있으므로 자세한 소개는 다음 절에서 하기로 하고 본 절에서는 지금까지 제시된 자료를 필자의 직관에 비추어 다시 검토하기로 한다.

먼저 지적할 점은 (49)의 토대가 되었던 (50-62)에 대한 필자의 판단도 기존 연구자들의 것과 거의 동일하다는 점이다. 그러나 다중 격조사 결합 그리고 비주어 성분에 대한 격조사 결합의 예에 대해서는 판단을 달리 하는데, 필자는 Schütze(2001), H.-S. Yoon(2004a) 등과 달리 다중 격조사 결합은 아주 안 좋은 문장으로 판단하고 있다. 구체적으로 (64) 및 H.-S. Yoon(2004a)에서 좋은 것으로 판단되었던 다음 문장들이 필자에게는 안 좋은 것으로 판단된다.[40]

(70) 가. ??*집안에서가 순희에게가 남편이 무섭다. =H.-S. Yoon(2004a:(54b))
나. ??*LA에서가 이민자들에게가 음식 장시를 하기가 어렵다.=H.-S. Yoon(2004a:(55b))

이어 다중 격조사 결합의 경우와 달리 C. Youn(1998)에서 좋은 것으로 취급되었던 비주어 성분에서의 격조사 결합도 필자의 판단으로는 (70)과 같은 정도로 어색하다. 구체적으로 (65), (68다), (69다) 및 다음 예문들도 다 안 좋은 것으로 판단된다.[41]

(71) 가. ??*LA에서가 이민자들에게 음식 장사를 하기가 어렵다.=H.-S. Yoon(2004a:(55a))
나. ??*이 의자에가 김 대통령이 앉으셨었다. =H.-S. Yoon(2004a:(71))
다. ?*지난 겨울에가 눈이 많이 왔다. =C. Youn(1998:(22))
라. ?*천장에서가 물이 떨어졌다. =C. Youn(1998:(23))
마. ?*이런 날에가 눈이 심하게 내린다. =C. Youn(1998:(50))

결국 필자의 판단에 의하면 (49)를 버리게 했던 예문들 중 (67다)와 같은 부정 계사문의 경우를 제외한 모든 예문들이 안 좋다는 것이므로 적어도 필자의 방언에서는 (49)

39) 그러나 격 교체가 가능하면 격조사 결합이 가능하다는 점은 여전히 유효하다. 고로 왜 이것이 성립하는가에 대한 설명이 있어야 할 것이다.

40) C. Youn(1998), Gerdts&Youn(1999)도 같은 판단을 갖고 있다.

41) 그에 반해 이른바 부정 계사 구문의 예인 (67다)는 나쁘지 않다. 이 차이는 나중에 논의된다.

가 여전히 유효할 가능성이 높다고 할 수 있다. 문제는 부정 계사 구문의 경우인데 다음 예들은 부정 계사 구문이 달리 취급되어야 함을 보인다.

(72) 가. 내가 영미를 좋아하는 것은 영미가 예뻐서가 아니다.
　　나. 내가 영미를 계속 만나는 것은 영미를 설득하기 위해서가 아니다.

즉 부정 계사 구문의 경우는 의미격 조사를 가진 명사 성분뿐 아니라, 문장 성분도 구조격 조사와 같이 나타날 수 있는데, 다른 격조사 결합의 경우가 전자에만 국한되므로 부정 계사문과 격조사 결합의 경우는 다른 메카니즘에 의한 것으로 보아야 하기 때문이다. 결국 이상의 검토에 의하면 필자의 방언에서는 (49)가 여전히 유효하다고 하겠다.

한편 필자로서는 필자의 이런 판단과 앞에서 검토한 기존 연구들의 판단의 차이를 개인 방언의 차이로 볼 수 있는지 아직 확고한 견해를 갖고 있지 못하다. 아마도 자료적 차원에서 앞으로 좀더 폭 넓은 조사가 필요한 부분이라고 할 수 있는데, 일단 필자는 방언적 차이로 보고자 한다.[42] 이에 의하면 필자의 방언과 앞선 연구(특히 윤혜석의 연구) 간의 차이는 다음과 같이 요약된다.

	필자(방언 "갑")	Schütze/윤혜석(방언 "을")
논항에서의 격조사 결합	문법적	문법적
다중 격조사 결합	비문법적	문법적인 경우가 있음
비논항에서의 격조사 결합	비문법적[43]	문법적인 경우가 있음

42) 윤혜석은 원래 marginal하던 다중 격조사 결합 및 비주어 성분에서의 격조사 결합의 예들이 적절한 환경만 주어지면 받아들일 수 있는 정도가 된다고 하였다. 이는 기본적으로 그런 문장들이 문법적임을 의미하는 것이다. 그러나 필자에게는 이와 달리 적절한 환경이 주어지더라도 어색함이 여전히 남는다. 이는 필자의 방언에서는 이들 문장이 비문법적으로 간주됨을 의미하는 것으로 해석한다.

43) C. Youn(1998:140)은 (71다-마)를 문법적인 문장으로 보며 더 나아가 격조사 결합 성분을 문장의 주어로 보고 있다. 유일한 근거는 '-들'에 의한 통제를 드는데, 필자는 격조사 결합 성분의 의미적 특성으로 판단하건대 주어로 보지 않는다. 그리고 윤청의 판단과 달리 격조사 결합이 안 좋은 것으로 보고 있다. 그러나 다음 예들이 보이듯이 주격 조사만 오는 경우는 격조사 결합의 경우보다는 좋은 것으로 보인다. 이는 이중/다중 주어 구성의 경우로 본다.

(i) 가. 지난 겨울이 눈이 많이 왔다.
　　나. (이) 천장이 물이 떨어진다.
　　다. 이런 날이 눈이 심하게 내린다.

12.3 격조사 결합은 왜 일어나는가?

앞에서 격조사 결합이 어느 경우에 나타나는가와 관련하여 방언적 차이가 있음을 보았다. 본 절에서는 방언적 차이를 염두에 두면서 각 방언에서 격조사 결합이 왜 일어나는가를 살펴 보는데, 이 문제에 대한 기존 연구들의 입장은 결국 의미격 조사 및 구조격 조사를 어떻게 보는가 그리고 비논항 성분에서의 격조사 결합을 허용하는 방언 "을"에서 그런 비논항 성분의 문법적 성격을 무엇으로 보느냐와 연관이 있다. 본 절에서는 먼저 기존 연구들의 입장을 소개하고 필자의 입장을 상세히 밝히기로 한다.

12.3.1 Gerdts&Youn(1988), C. Youn(1995), H.-S. Yoon(1996), D.-W. Yang(2000a): 하나의 논항 사슬에 다중 격이 인가될 수 있다.[44)]

격조사 결합이 왜 가능한가에 대한 최초의 제안은 관계 문법의 입장을 견지한 Gerdts&Youn(1988), C. Youn(1995)에서 이루어졌는데, 그 기본 내용은 어떤 명사구가 기저에서 서술어와의 의미역(?) 관계에 의해 얻게 되는 의미격과 문제의 명사구가 표면 주어 및 목적어 위치로 현시적(overt) 이동을 해서 얻은 구조격이 다 실현되는 경우가 바로 격조사 결합이라는 것이다.[45)] 기본적으로 같은 입장이 GB내에서는 H.-S. Yoon(1996)에 의해 표명된 바 있다. 그러나 서두에서 밝혔듯이 이런 입장은 결국 하나의 사슬에 두 개의 서로 다른 격이(사슬의 꼬리 위치에서는 고유격, 머리 위치에서는 구조격) 부여된다는 것이므로 그 당시 GB 내에서 인정되고 있었던 다음과 같은 사슬 조건과는 안 맞는다는 문제점을 안고 있다.

사슬 조건

(73) In a maximal Chain C = {α_1, . . ., α_n}, α_n occupies its unique thetat position and α_1 its unique Case-marked poisition. Chomsky(1986a:137)

그러나 윤혜석은 사슬 조건이 가지는 개념적 문제점 및 경험적 근거를 토대로 사슬 조건이 한국어에서와 같은 격조사 결합을 허용하게끔 다음과 같이 수정되어야 함을 주장한다.

---

44) D.-W. Yang(2000a:5절 참조)은 부가어에도 구조격이 인가될 수 있다고 보고 있으며 한국어에서 "격조사 결합"으로 나타나는 Case stacking이 보편적으로 허용되는 것으로 보고 있다.

45) 두 격 중 어느 하나만 실현되는 것도 물론 가능하다.

수정 사슬 조건(Revised Chain Condition)

(74) C = {α_1, . . ., α_n} is an A-chain iff C is the maximal sequence such that each member of C bears the same index and;

(i) α_n has a unique Theta-role.

(ii) For α_i, $1 \leq i \leq n$, the Case of α_i determined by a unique (Case)-governer.

{갑$_1$, ... 갑$_n$}의 사슬은 사슬의 각 구성원이 동일한 지표를 가지고 다음 조건을 충족시켰을 때 그리고 그런 경우에만 논항-사슬이다.

(가) 갑$_n$이 unique한 의미역을 가진다.

(나) 사슬의 임의의 구성원 갑$_i$의 격이 unique(오직 한) (격)-지배자에 의해 결정되어야 한다.46)

이 수정안이 원래의 사슬 조건과 다른 점은 바로 (나) 조항에 있다. 즉 원래의 사슬 조건에 의하면 사슬의 구성원 중 머리 부분만이 격을 가질 수 있는 반면, (나)에 의하면 사슬의 각 구성원이 unique한 (격)-지배자를 가지기만 하면 되므로 원래의 사슬 조건에서와는 달리 하나의 사슬에 여러 격이 인가되는 상황이 가능해지는데 바로 한국어의 격조사 결합의 경우가 그런 경우라는 것이다. 즉 해당 명사구가 제자리에 있을 경우의 unique 격-지배자는 그 명사구와 의미역 관계를 갖는 서술어이고(이 경우 인가되는 격은 고유격이다), 주어 위치로 이동하는 경우의 unique 격-지배자는 주격 인가자(Infl 따위)로서 문제의 사슬의 두 구성원이 별도로 unique 격-인가자를 가질 수 있어 격조사 결합의 양상으로 나타난다는 것이다.

12.3.2 Schütze(1996, 2001): 의미격 조사만이 격이고 구조격 조사는 초점 표지이다

격조사 결합에 대한 윤혜석의 제안이 두 격조사를 모두 격의 실현으로 보는 것을 가정한다면 Schütze의 제안은 앞에서 보았듯이 아주 다르다. 즉 그의 제안에 의하면 '-가, -를'은 격의 실현이 아니라 독자적인 초점 표지이며, 고로 한국어에서 격조사 결합이 가능한 이유는 의미격을 인가 받은 논항 성분 또는 비논항 성분이 초점 자질이 인가되는 위치에 오기 때문인 것이다.

46) 이 조항은 어떤 위치에 대한 unique 지배의 개념의 정의를 필요로 한다. 이에 대한 자세한 점은 H.-S. Yoon(1996: 3.1 참조). 필자의 판단으로는 결국 격 최소성의 개념과 비슷한 것으로 보인다.

12.3.3 H.-S. Yoon(2004a): 격조사 결합은 대주어/대목적어에 대해서만 허용된다

앞에서 격조사 결합의 가능성에 대해 방언적 차이가 있으며 그 중 한 방언인 방언 "을"에서는 논항 성분뿐 아니라, 비논항 성분에 대해서도 격조사 결합이 허용된다고 하였다. 이와 같이 격조사 결합의 가능성이 확장되는 방언에서 (74)와 같은 조건이 그 가능성을 설명하지 못하는 것은 자명한 것으로 보인다. 왜냐면 (74)는 오로지 논항 성분의 경우만을 담당하기 때문이다. 고로 방언 "을"에서의 격조사 결합 가능성에 대해서 지금까지와는 다른 설명이 필요한데 이와 관련하여 H.-S. Yoon(2004a)은 기본적으로 다음과 같은 취지의 제안을 하고 있다.

(75) 격조사 결합은 문장의 대주어 및 대목적어에 대해서만 허용된다.

이 제안의 핵심은 격조사 결합이 문장의 아무 성분에나 가능한 것이 아니라, 주격 조사의 경우는 "대주어", 대격 조사의 경우는 "대목적어"로 규정되는 성분에만 가능하다는 것이다.[47] 문제는 "대주어", "대목적어"의 개념이 무엇이냐인데, 필자의 이해에 의하면 이들 개념은 각각 본 책자의 6.3.2에서 논의한AgrP 외곽 지정어 성분 및 7장에서 논의한 ECM 구문의 대격 표현에 해당하는 개념으로 보이므로[48] 여기서 이들에 대한 자세한 소개는 다시 하지 않기로 한다. 다만 (75)와 같은 파악으로 인해 달라지는 면을 간단히 소개한다.

첫 번째 달라지는 면은 우선 비논항 성분에 대해서도 격조사 결합이 허용된다는 것이다. 즉 앞의 예 (64-69)에서 격조사 결합의 양상을 보이는 비논항 성분들은 그들이 모두 의미격 조사를 가진 채로 대주어 위치에 오기 때문이다. 두 번째 달라지는 면은

---

47) 윤혜석은 한 발 더 나아가 대주어, 대목적어에 대한 주격 및 대격의 인가는 필수적으로 보고 있다. 즉 이들 성분에서의 격조사 결합은 필수적이라는 것이다. 이는 결국 격조사 결합의 경우와 의미격 조사만 오는 경우의 도출이 서로 다름을 의미하는데, 구체적으로 윤혜석은 후자의 경우, 논항의 경우는 해당 성분이 제자리에에서 격이 인가되지 않은 상태이고 비논항의 경우는 대주어 및 대목적어 자리에 나타나지 않는 경우로 본다.

48) 즉 이들 뒤에 오는 문장과 앞에서 소개한 의미적 관계를 가진다는 점이 이들 성분의 주요 특성이다. 앞서 그런 의미적 관계의 성립이 서술어의 종류 또는 맥락에 의해 많이 좌우됨을 보았는데, 윤혜석은 비논항 성분의 격조사 결합에 대한 판단이 일차적으로 그리 안 좋은 것은 바로 그런 요인에 의한 것으로 보고 있다.
한편 대주어의 구조적 위치에 대해서는 논항의 경우와 비논항의 경우가 약간 다르다. 전자의 경우는 IP 지정어로 보고 있는데 반해, 비논항의 경우는 논항이 IP 지정어를 차지한다고 보고 IP 부가 위치로 보고 있다.

논항 성분에 대한 분석이다. 앞서 (74)의 분석에 의하면 논항 성분의 격조사 결합은 현시적(overt) 이동을 전제로 하고 있다. 그러나 대주어, 대목적어 자리가 이동에 의해 마련되는 자리가 아니므로 대주어, 대목적어와 논항 원래 자리 간의 관계를 이동으로 볼 수는 없으며 고로 일종의 통제 관계로 파악된다. 즉 이 분석에 의하면 (53다)와 같은 문장의 구조는 다음과 같다.

(76) $[_{IP}$ [철이에게가$]_i$ $[_{AP}$ e_i 돈이 많다]]

한편 대주어 위치에서의 격 부여가 필수적이라고 보는 윤혜석의 입장에 의하면 구조격 조사가 없는 경우는 구조격이 부여가 안 되는 경우이므로 (76)과 문장 구조가 달라진다. 구체적으로 윤혜석에 의하면 (53가)의 구조는 다음과 같다.

(77) $[_{AP}$ 철이에게 돈이 많다]

12.3.4 대안: 격조사 결합은 의미격 조사가 의미역 표지이기 때문에 가능하다

지금까지 우리는 격조사 결합이 왜 가능한가에 대해 기존 연구들이 제시한 견해들을 정리해 보았다. 이중 격조사 결합에 나타나는 '-가, -를'을 격의 실현으로 보는 것이 맞다면 Schütze의 견해는 본 절이 제기한 질문에 대한 적절한 답이 될 수 없을 것이다. 남는 것은 (74)와 (75)인데, 이들에 대한 본격적인 논의가 본 책자의 범위를 넘어서는 것이기는 하나, 이들에 대한 대안을 제시함에 있어 어떤 것이 문제로 지적될 수 있을 것인가를 간단히 지적하고 이어 대안을 제시하기로 한다.

먼저 (74)에 대해 생각해 볼 수 있는 문제점으로는 크게 두 가지가 있다. 첫째, (74)는 최근의 최소주의 하에서는 더 이상 설정할 수 없는 "지배" 개념에 의하고 있어 격의 논의에서 개념적 정당성을 잃고 있다고 할 수 있다. 이런 지적은 사슬 조건에도 마찬가지로 해당이 되는데, 격 인가가 성분-통어에 의한 "일치" 절차에 의한다고 보면 최소주의 하에서는 격의 인가는 이동 없이 가능하며 결국 현시적(overt) 이동은 격 이론적 이유에 의해 일어나는 것으로 보기 힘들기 때문이다. 다시 말해 격 인가에 대한 최근의 입장에 의하면 개념적으로 (74)의 상황이 보장될 이유가 없다.

둘째, (74)는 기본적으로 방언 "갑"을 그 대상으로 하는데 앞에서 보았듯이 논항 성분에 대해서만 격조사 결합이 가능한 경우 (49)와 같은 일반화가 성립한다. 그러나

(74)에서는 다음과 같은 이유로 이런 일반화가 포착되기가 어려운 것으로 보인다. (74)에 의하면 하나의 사슬에 고유격과 구조격이 함께 인가될 수 있다. 그러나 여러 언어에서 이 경우 구조격보다는 고유격이 실현되는데(Gerdts&Youn(1989) 참조), 이를 위해 윤혜석은 다음과 같은 제약을 제안한다.

(78) I-Case must be realized. H.-S. Yoon(1996:(32))

즉 두 개의 서로 다른 격이 인가될 경우 그 중 고유격만은 반드시 실현되어야 한다는 제약으로 이에 의하면 앞의 예문에서 격조사 결합의 경우와((50-53다) 및 (57-59다)) 의미격 조사만이 나타나는 경우는((50-53가) 및 (57-59가)) 서로 같은 도출을 갖게 된다. 반면에 구조격 조사만이 나타나는 경우는 (78)를 어기므로 앞의 두 경우와는 다른 도출을 가져야 하며 결국 윤혜석은 이 경우를 경험주가 bare NP로 실현되는 경우로 보고 있다(H.-S. Yoon(1996:133-134) 참조). 그러나 이런 제안이 윤혜석의 이론적 입장에서 가능한지 의문이다. 구조격 조사만이 나타나는 경우가 (78)을 어기지 않도록 하기 위해서는 해당 명사구에 의미역은 부여되지만 고유격은 부여되지 않는 것으로 봐야 한다. 왜냐면 부여되는 고유격은 (78)에 의해 반드시 실현되어야 하기 때문이다. 그러나 (50-53가)와 (57-59가)의 예문에는 고유격의 실현으로 간주되는 의미격 조사들이 없으므로 고유격이 부여되지 않은 것으로 봐야 한다. 이는 격 인가자에 의한 격 인가가 필수적이지 않음을 의미하는데, 이 가정은 격조사 결합을 가능케 하기 위해 필요했던 가정인 격 인가가 필수적이라는 가정과 상치된다. 다시 말해 격조사 결합을 가능하게 하기 위해 필요했던 가정과 (78)에 의하면 구조격 조사만 나타나는 예문들은 불가능하게 되거나 아니면 전혀 성격이 다른 예문이 되어야 하는데 어느 쪽도 맞지 않으며 이는 결국 (49)와 같은 일반화가 포착이 될 수 없음을 의미한다.

이어 (75)의 문제점을 생각해 보기로 하자. 앞서 본 바와 같이 (75)가 포착하고자 하는 방언에서는 논항은 물론이요 부가어에도 격조사 결합이 허용되는데, 후자에 대한 설명에 있어 (75)는 별 문제가 없는 것으로 보인다. 사실 필자는 부가어에 대해 격조사 결합을 허용하지 않는 모국어 화자이지만, 그런 것이 허용되는 방언에서의 격조사 결합이 (75)의 조건을 지키는 경우에만 가능하다는 윤혜석의 제안에 동의하는 입장이다.[49] 그러나 논항의 경우에는 여러 가지 문제점이 있는 것으로 보인다.

49) 즉 방언 "을"의 부가어 성분 중 어떤 경우에 격조사 결합이 가능한가에 대해서는 윤혜석의 입장을

우선 윤혜석도 지적한 바 있듯이 방언 "을"에서도 격 교체가 가능하면 항상 격조사 결합이 가능한데 (75)하에서는 이에 대한 설명이 힘들어 보인다는 점을 지적할 수 있다. 윤혜석의 분석에서 격 교체가 어떻게 분석이 되는지는 불분명해 보인다. 그러나 격 교체의 한 부문을 이루는 의미격 조사만 나타나는 구문이 앞에서 지적한 대로 격조사 결합과 전혀 성격이 다른 구문으로 간주되므로 격 교체와 격조사 결합 간의 상관성이 포착되기는 어려운 것으로 보인다.

둘째, (75)에 의하면 대주어나 대목적에 대해서는 구조격의 부여가 필수적이다. 이 규정은 해당 성분이 부가어인 경우에도 문제가 되나, 논항인 경우에도 왜 필수적인가가 의문으로 남는다는 점에서 더 문제이다.[50] 즉 논항인 경우는 윤혜석의 1996년도 입장에 의하면 의미격 조사를 고유격의 실현으로 보는 것으로 보이는데, 격이 인가된 명사 표현에 왜 또 다른 구조격의 인가가 필수적인가가 의문으로 남기 때문이다. 주목할 점은 96년도 제안에서는 이동으로 인해 사슬이 형성되므로 이에 대한 나름대로의 해결책이 가능했으나, 2004년도에서는 이동이 설정되지 않으므로 해결책을 찾기가 더 어려워진다는 점이다.

마지막으로, 격조사 결합의 구조인 (76)에 의하면 의미격 조사를 가지는 성분은 기저에서부터 대주어 및 대목적어 위치에 나타난다. 이 경우 해당 의미격 조사는 해당 성분과 같은 지수를 갖는 논항이(문법적 주어 또는 문법적 목적어) 서술어로부터 부여 받는 고유격의 실현으로 보이는데 이 격이 서술어로부터 멀리 떨어져 있는 상태에서 어떻게 부여되는지가 불분명하다. 하나 가능한 방안으로 문법적 주어 및 문법적 목적어를 통해 전달받는다고 얘기될 수 있을 것이다. 그러나 이는 새로운 메카니즘으로 많은 경험적 정당성이 요구되는 부담이 큰 방안이라는 점이 문제점이다.

이제 격조사 결합이 왜 가능한가에 대해 필자의 제안을 제시해 보기로 하자. 앞서

따른다. 그러나 논항 성분의 격조사 결합은 달리 본다. 한편 윤혜석은 방언 "을"에서 부가어 성분이 대주어나 대목적어인 경우 왜 격조사 결합이 가능한가는 논의하지 않았다. 즉 부가어 성분이 일반적으로 후치사구인 점에 비추어 볼 때, 격이 필수적으로 요구되는 것은 문제로 남는 것이다. 각주 29에서 필자는 후치사구가 대주어나 대목적어 위치에 올 경우에 범주적으로 명사구로 인식되며 그로 인해 격이 필수적으로 인가되는 것으로 볼 수 있다고 지적한 바 있다. 이런 현상은 계사 구문에서도 관찰되는 것으로 특수한 경우이며 이것이 바로 유표적으로 파악되는 까닭으로 본다. 한편 이에 의하면 방언 "갑"에서는 그런 가능성이 인정되지 않는 경우라 할 수 있다.

50) 그에 반해 동사구 내부에 위치하는 문법적 주어에 대해서는 격이 인가되지 않아야 한다. 그러나 동사구 내부의 다른 요소인 보어에 대해서는 격이 반드시 인가되어야 한다는 점에 비추어 볼 때, 왜 이런 비대칭이 있는지도 의문으로 남게 된다.

필자는 12.1.2.2에서 Schütze가 제기한 문제점을 검토하면서 그들 문제점이 어떻게 해결될 수 있을 것인가를 이미 소개한 바 있는데 그 제안의 핵심은 제목에 나와 있듯이 Chomsky (1986)를 따라 의미격 조사를 고유격의 실현으로 보는 것이 아니라 의미역 표지로 보는 데 있다. 이는 결국 의미격 조사를 가진 명사 표현에 아직 격이 인가되지 않은 상태임을 의미한다. 고로 범주적으로 후치사인 의미격 조사가 자체적으로 격 인가 능력을 가지지 않거나 수의적으로 가지는 경우라면 외부로부터 격이 인가될 수 있으며 인가되는 경우 바로 그 결과가 격조사 결합의 양상으로 나타나는 것이다.

이 가정은 여러 가지 장점을 갖고 있는 것으로 보인다. 먼저 이 가정에 의하면 기존의 견해들에서 포착이 어려웠던 (49)가 다음과 같이 간단히 설명될 수 있다. 먼저 (49)가 얘기하는 바를 잘 음미해야 하는데, (49)가 얘기하는 바는 의미격 조사와 구조격 조사 간의 교체가 격조사 결합의 가능성과 상관성이 있다는 것으로, 중요한 점은 앞서 보았듯이 교체되는 경우는 논항의 경우이고 교체되지 않는 경우는 비논항의 경우라는 점이다. 그리고 교체의 여부는 결국 의미격 조사의 실현 여부를 의미하므로 이는 다음과 같이 표현될 수 있을 것이다.

(79) 논항 성분의 의미격 조사는 안 나타날 수 있으나 비논항 성분의 의미격 조사는 반드시 나타나야 한다.

문제는 논항과 비논항 간에 의미격 조사의 실현을 두고 왜 이와 같은 비대칭을 보이느냐인데, 논항 성분에 나타나는 의미격 조사를 의미역의 실현으로 보고 비논항 성분에 나다나는 의미격 조사를 독자적 의미적 성분으로 보면 자연스러운 해결책이 가능하다. 즉 논항인 경우는 서술어와의 관계에 의해 어떤 의미역 관계라는 것이 예측이 되므로 의미역을 나타내는 의미격 조사의 생략이 가능한 반면,[51] 비논항의 의미격 조사는 서술어와는 무관하게 독자적인 의미를 가지는 요소이므로 생략이 안 되는 것이다. 이런 설명에 의하면 결국 격 교체가 가능한 경우의 의미격 조사는 의미역 표지가 되어 앞에서 설명한 대로 격조사 결합이 가능해지게 되는 것이다.

또 다른 장점은 앞선 견해들에 대해 제기되었던 문제들이 나타나지 않는다는 점이다. 그 이유는 물론 취하는 가정이 전혀 다르기 때문인데, 논항 성분의 의미격 조사를

51) 이는 고유격의 실현으로 의미격 조사가 반드시 실현되어야 한다는 (78)과 정반대의 가정이다.

고유격의 실현으로 보지 않고 의미역 표지로 봄으로 해서 (74)에 대해 제기되었던 개념적 문제들이 제기될 여지가 없어진다. 더 나아가 격조사 결합 구문 및 관련 구문이 보이는 격 현상이 격 인가에 대한 최근의 제안인 "일치" 즉 성분-통어의 결과로 풀이될 수 있다. 이를 다음 예문을 통해 좀 더 구체적으로 보기로 하자.

(80) 가. 이 천장에가 물이 샌다.
　　 나. 이 천장에 물이 샌다.
　　 다. 이 천장이 물이 샌다.

먼저 필자는 H.-S. Yoon(1996, 2004a)와 달리[52] 위 세 문장이 의미역 관계가 같으므로 모두 다음과 같은 기저구조를 가지는 것으로 본다.[53]

(81)

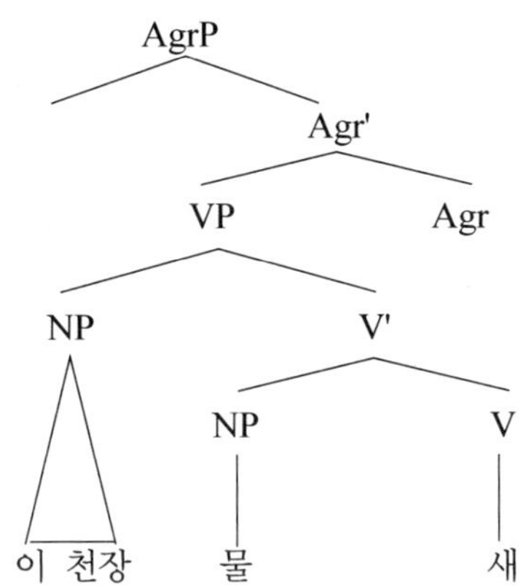

먼저 (80가)를 보자. 필자는 앞서 논항 성분이 갖는 의미격 조사는 의미역 표지라 했는데, 범주적으로는 후치사로 앞의 명사와 함께 다음과 같은 명사구를 형성하는 것으로 본다.

52) 앞서 언급한 바 있듯이 H.-S. Yoon(1996)에서는 (80다)가 다른 둘과 다른 구조를 가지게 되며, H.-S. Yoon(2004a)에서는 (80가)가 (80나)와 다른 구조를 가지게 된다. 이 점 또한 이들 견해의 문제로 지적될 수 있을 것이다.

53) 그러나 '이 천장'의 표면 위치는 세 문장 모두에서 AgrP 지정어로 본다. 이는 Gerdts& Youn (1989), C. Youn(1995)가 지적한 바 '이 천장에가', '이 천장에', '이 천장이' 모두가 같은 주어의 성격을 보인다는 관찰에 의한 것이다.

(82)

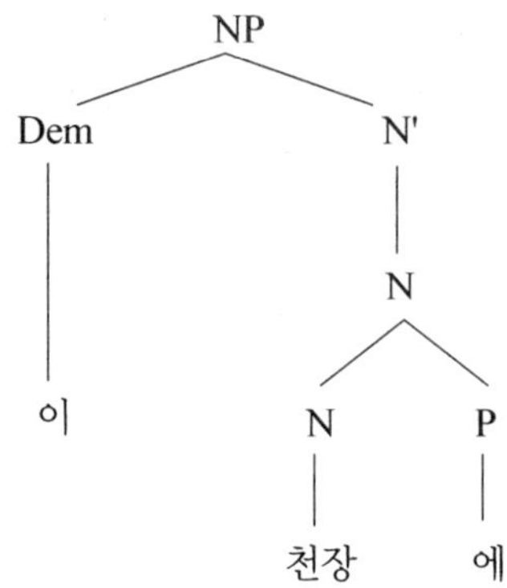

그리고 2장에서의 논의대로 이 구조에서 '-에'는 수의적 격 인가자이고 P가 N을 성분-통어하므로 영형으로 실현되는 사격(oblique Case)을 인가할 수도 있고 인가하지 않을 수도 있다. 후자의 경우 N 또는 NP는 외부로부터 격을 인가받아야 하는데, (81)의 구조에서 주격 인가자인 Agr이 '이 천장에'를 성분-통어하므로 N의 격을 인가해 줄 수 있으며[54] 그 격이 실현되면 결국 (80가)와 같은 격조사 결합의 양상으로 나타나는 것이다.[55] 한편 (80나)는 앞선 본 전자의 경우이다. 즉 '-에'가 '천장'의 격을 인가함으로 인해 주격 인가의 가능성이 실현되지 않는 경우인 것이다. 마지막으로 (80다)는 의미역 표지인 '-에'가 생략되고 그로 인해 주격 인가자에 의해 주격이 인가되는 경우이다.[56]

지금까지 우리는 격조사 결합이 왜 가능한가에 대해 기존 연구와 다른 방안을 제시하고 그 방안 하에서 (49)와 같은 일반화에 대한 설명이 가능함을 보았다. 이 방안의 핵심은 앞서 지적하였듯이 의미격 조사를 격의 실현으로 보는 것이 아니라 의미역 표지로 보는 것인데, H.-S. Yoon(1996:129-132)은 이 방안과 자신의 수정 사슬 조건 방안을 비교하면서 두 가지 점을 들어 반대한 적이 있는데 여기서는 그 중 한국어와 관련된 논의만을 검토하기로 한다.[57]

---

54) 즉 AgrP 지정어 위치로 현시적(overt) 이동을 하지 않은 채 제자리에서 격이 인가될 수 있다.

55) 격조사 결합에 대한 이런 분석은 지금까지 우리가 본 격 최소성에 반하는 사례이다. 이와 같은 사례를 우리는 2장의 특수조사 '-만이'의 경우에도 보았는데, 이에 대한 논의는 15장에서 이루어진다.

56) (75)에 대해 제기되었던 두 번째, 세 번째 문제가 어떻게 제기되지 않는가는 독자 스스로가 파악할 수 있을 것으로 보인다.

57) 다른 한 가지는 GEN/ACC의 양상을 보이는 Cuzeo Quechua어를 토대로 한 것이다. 즉 이 언어에서는 구조격도 stacking이 되므로 한국어의 격조사 결합을 격의 stacking으로 파악하는 것이 문제될

한국어와 관련된 논의는 수정 사슬 조건의 예측과 관련된 것으로, 문제의 조건에 의하면 하나의 명사 표현에 두 개의 격이 인가될 수 있어 두 개의 구조격이 나타날 수 있어야 하나 다음 예들이 보이듯이 그렇지 않다는 것과 관련이 있다.

(83) *철수가를, *철수를가, *철수가의, *철수의가, *철수를의, *철수의를

사실 이 예들은 이 자체로는 수정 사슬 조건에 유리하기보다는 사슬 조건에 유리하다고 할 수 있다. 왜냐면 사슬 조건은 하나의 사슬에 하나의 격만이 인가되는 것을 허용하는데 (83)은 이를 어기고 있기 때문이다. 이는 윤혜석에게 (83)의 비문법성을 설명할 별도의 제약이 필요함을 의미하는데, 윤혜석은 그 제약이 명사 활용의 형태적 제약과 관련이 있으므로 별 문제가 안 된다고 주장하고 있으며 더 나아가 한국어에도 구조격의 결합이 허용되는 경우가 있으므로 사슬 조건을 유지하는 방안은 문제라고 보고 있다.

명사 활용의 형태적 제약이라 함은 명사 뒤에 오는 조사들의 결합에 대한 것이다. 2장에서 보았듯이 한국어에는 여러 종류의 조사들이 있고 이들의 결합에는 일정한 양상이 있는데 이런 양상은 흔히 각 조사가 속하는 slot를 정하고 각 slot 간에 순서를 정하는 방식으로 기술되어 왔다(I.-S. Yang(1972), 임홍빈(1987가), H.-D. Ahn(1988) 등 참조). Cho&Sells(1995), Sells(1995)는 이에서 한 걸음 더 나아가 그런 양상을 한국어 활용에 대한 일종의 이론적 제약으로 제안하였는데, (84)는 명사 활용과 관련하여 Cho&Sells (1995)가 제시한 판(template)이고 (85)는 이들 판에 의거할 때, 각 조사들이 어느 slot에 할당되는가를 보여준다.

(84) 가. Nomimal: Nroot - Post - Conj+
나. Xdlim: <[TYPE:V-SIS]> - X-LIM - Z-LIM
(if there is an element specificed as [TYPE:V-SIS], it may be followed by an X-LIM and a Z-LIM) Cho&Sells(1995:(26))

것이 없을 뿐 아니라, 달리 파악되어서는 안 된다는 주장이다. 필자는 구조격 stacking의 사례가 그리 흔한 것이 아니라는 점에서 Cuzeo Quechua어의 예는 좀 더 신중히 검토되어야 하리라 본다. 그리고 최근의 국면(Phase) 이론 및 multiple Spell-Out 이론에 의하면 그러한 stacking이 허용될 수 있을지도 의문이다. 그리고 구조격의 stacking과 격조사 결합은 성격이 다르므로 달리 취급될 가능성은 여전히 남는다고 본다.

(85) Postpostions / Conjunctives

Postpostions		Conjunctives	
eykey(se), *hanthey(se)*	dative	*hako, (k)wa*	conjunctor
ey, eyse	locative	*pota*	comaprator
ey, (u)lo	directive	*(i)na*	disjunctor/ 'something like'
(u)lo	instrumental	*puwthe*	'from'
kkaci	goal	*chelem*	'like'
hako, (k)wa	comitative		
kkey	dative (hon.)		
kkeyse	hon. subj.		

Cho&Sells(1995:(24))

Delimiters

(86)

'X-LIM'		'Z-LIM'	
man	'only'	*(n)un*	TOPIC/FOCUS
kkaci	'even'	*to*	'also'
mace	'even'	*(i)lato*	'even'
cocha	'even'	*i/ka*	NOM
pakkey	'only'	*(l)ul*	ACC
		uy	GENN-SIS

Cho&Sells(1995:(25))

윤혜석이 지적하였듯이 이런 이론에 의하면 구조격 조사들이 같은 slot에 속하므로 (83)이 자연스럽게 설명될 뿐 아니라, 아래 (87)과 (88)의 대비도 잘 설명이 된다.

(87) 가. *철수도가 왔다.
나. *철수가도 왔다.
다. 철수도 왔다.

(88) 나는 그 책을 철수에게도 주었다. =H.-S. Yoon(1996:(30))

즉 (87가, 나)가 비문법적인 이유는 '-도'와 '-가'가 같은 slot에 있기 때문인데 반해, (88)이 문법적인 이유는 '-에게'와 '-도'가 서로 다른 slot에 있기 때문인 것이다.

(84)에서와 같은 판(template) 이론이 (83), (87), (88)의 현상을 설명하는 것은 분명한 것으로 보인다. 그러나 template 이론만이 문제의 예문에 대한 가능한 분석은 아닌 것으로 보인다. 필자는 최기용(1996) 및 2.3에서 격 이론에 입각한 분석을 제시한 바 있

다. 그 분석에 의하면 (87가, 나)는 하나의 명사에 두 개의 서로 다른 격이 인가되었기에 비문법적이며, (88)은 '-에게'가 **의미역 표지이**므로 문제가 없는 것이 된다. 게다가 앞서 (83)은 사슬 조건을 어긴 전형적인 경우로 볼 수 있다고 하였으므로 (84)에 대한 격 이론적 분석이 불가능한 것은 아니라고 할 수 있다. 결국 (84)의 현상에 대해 판(template) 이론과 격 이론적 분석이 대등하게 가능한 것으로 보이는데 둘에 대한 집중적인 비교는 본 책자의 범위를 넘어서는 것이므로 여기서는 판 이론만이 유일한 것이 아님을 지적하기로 한다.[58)]

이어 한국어에서도 구조격의 stacking이 있을 수 있다는 논증을 검토하기로 하자. 이를 보이는 예로 윤혜석은 다음 예문을 든다.

(89) 아버님께서만이 이런 일을 하실 수 있다.

즉 이 예에서 '-께서'는 존칭 주격 조사이고 '-이'도 주격 조사이므로 두개의 주격이 결합된 경우라는 것이다. 그러나 정상적으로는 '*철수가이, *철수이가'의 예에서처럼 결합될 수 없는데 이 경우가 허용되는 것은 바로 (84-86)의 판 이론 상 '-께서'의 위치와 '-이/가'의 위치가 서로 다르기 때문이라는 것이다.

H.-S. Yoon(1996:각주 24)은 (89)의 경우를 주어-주어 상승 구문으로 보고 바로 그런 경우 판 이론에 의해 이런 주격의 결합이 가능해지는 것으로 보고 있다. 그러나 다음 예들은 그런 stacking이 상승 구문에서만 가능한 것이 아니라, 일반 단문에서도 가능함을 보여주므로 수정 사슬 조건에서 어떻게 두 개의 주격 인가가 가능한지가 의문으로 등장한다.

(90) 가. 아버님께서만이 학교에 나오셨다.
나. 선생님들께서만이 그런 일을 하십니다. =Sells(1995:294)

한편 필자는 2.1.3에서 '-께서'를 주격의 실현으로 볼 수 없다는 근거 하에 (89)를 주격의 결합으로 보지 않는 분석을 이미 제시한 바 있다. 고로 그 분석이 맞다면 한국어에도 구조격의 결합이 허용되며 고로 수정 사슬 조건이 지지된다는 주장은 약화된다고 하겠다.

---

58) Cho&Sells(1995) 및 Sells(1995)가 제안한 template 이론에 대한 상세한 비판으로는 H.-S. Yoon (1995, 2005)를 참조할 것.

본 절의 대안에 대한 윤혜석의 반대는 기본적으로 한국어의 조사 결합 양상이 격 이론적으로는 분석되기 어렵다는 가정에 근거하고 있는 것으로 보인다. 그러나 필자는 명사구의 구조에 대한 특정 구조 그리고 성분-통어에 근거한 격 인가 등 몇 가지 가정에 의하면 그런 분석이 가능할 뿐 아니라, 몇몇 경우에는 더 바람직함을 보였다. 그리고 본 절의 대안이 그런 격이론적 분석의 정신과 잘 들어맞음을 보였다.

12.4 마무리

의미격 조사와 구조격 조사의 결합과 관련해서는 본 책자의 입장을 포함해 개념적으로 가능한 분석이 거의 다 제안된 것으로 보인다. 즉 둘 다를 격의 실현으로 보는 입장이 있었고(Gerdts&Youn(1989), C. Youn(1990, 1995), H.-S. Yoon(1996, 2004a) 등), 전자는 격의 실현으로 보고 후자는 격의 실현으로 보지 않은 입장이 있었는가 하면 (Schütze(1996, 2001), Y.-J. Jung(2001) 등), 본 책자에서처럼 전자는 격의 실현으로 보지 않고 후자만을 격의 실현으로 보는 입장도 있다. 각각은 서로의 입장 차이로 인해 문법의 다른 분야에 서로 다른 암시를 가지는데, 격 이론과 관련해서 각 입장들이 어떻게 다른가를 간단히 정리하면 다음과 같다.

"고유격-구조격" 입장

(91) 가. 하나의 사슬(명사 표현)에 여러 개 격의 인가가 가능하게 해야 한다.
나. 한국어 조사의 결합은 template에 의해 결정된다.

"고유격-초점 표지" 입장

(92) 하나의 사슬(명사 표현)에 하나의 격만이 인가된다.

"의미역 표지-구조격" 입장

(93) 가. 하나의 사슬(명사 표현)에 하나의 격만이 인가된다.
나. 격에는 구조격만이 있을 뿐이다.
다. 한국어 조사의 결합은 조사의 개별적인 격 인가 능력 및 격 이론에 의해 결정된다.

물론 이 외에도 여러 다른 입장 차이가 있을 수 있는데, 각 입장 간의 세밀한 비교, 검토는 앞으로의 과제로 돌리기로 하고 본 장에서는 이중 기존 연구를 소개함에 있어

“고유격-초점 표지” 입장이 여러 가지 많은 문제점을 갖고 있어 격조사 결합에 대해 올바른 분석이 될 수 없음을 보였다. 현재로서는 “고유격-구조격” 입장이 유력한 입장이기는 하나, 수정 사슬 조건이 갖는 개념적 문제 및 격 교체가 격조사 결합을 암시한다는 것을 설명하지 못하는 문제점 등을 들어 문제가 있음을 지적하였다. 그리고 부가어 성분에 대해서까지 격조사 결합을 허용하는 방언에서 이 입장은 효력을 많이 잃고 있다고 할 수 있다. 필자는 그에 대한 대안으로 “의미역 표지-구조격” 입장을 제시하였다. 이 입장이 갖는 가장 큰 암시는 격의 종류에서 고유격을 없앨 수 있는 것인데 이는 다른 언어에서 흔히 dative로 불리는 표현의 성격에 대해 지금까지와는 전혀 다른 시각을 제공하고 있다. 그런 시각이 얼마나 성공적일지는 앞으로의 과제로 돌리기로 한다.

제13장

부사적 명사구에 나타나는 격

13.1 머리말

격을 필요로 하는 표현이 무엇인가에 대해서는 1장에서 간단히 정리했듯이 두 가지 입장이 있다. 즉 명사구 중에서도 논항인 명사구가 필요로 한다는 입장(이른바 "가시성" 가설)과 논항 여부를 떠나서 음성적 내용을 가진 명사구가 격을 필요로 한다는 입장(이후 "형태적 격 여과" 가설로 부른다) 이 그것이다. 이런 두 입장 간의 차이는 결국 논항이 아닌 가시적 명사구에 있는데, 전자는 그런 명사구에 격이 나타나지 않을 것으로 예측하는데 반해, 후자는 그런 명사구에 격이 나타날 것으로 예측을 한다. 이 문제와 관련하여 지금까지의 논의는 여러 가지 면에서 후자의 입장이 옳다는 것을 보여주었다.[1)] 즉 한국어의 여러 구문에서 논항으로 볼 수 없는 명사 표현에 격이 나타나는 경우가 있음을 보았던 것이다. 구체적으로 이중/다중 주어 구성의 왼쪽 명사 표현, 전체-부분 구문의 부분 명사구, ECM 구문의 대격 명사구, 장형 부정 구문의 '-지', 계사 구문 및 '되-' 구문의 서술 명사구, 경동사 구문의 술어 명사구, 수량사 구성의 수-분류사 등이 그것인데 이들은 모두 논항으로 볼 수 없는 명사 표현이지만 구조격의 실현으로 간주되는 주격 및 대격 조사들을 취하는 양상을 보인 것이다. 본 장에서는 후자의 입장이 맞음을 보여줄 수 있는 또 다른 예인 부사적 명사구와 관련하여 기존 연구들이 논한 쟁점들을 정리, 소개하고 필자의 입장을 밝히기로 한다.

부사적 명사구라 함은 범주 상으로는 명사구이지만, 기능 상으로는 서술어를 꾸미는 역할을 하는 표현을 일컫는 말로 다음과 같은 예의 '세 번', '한 시간 동안' 등의

---

1) 격여과에 대한 최소주의적 입장에서 개념적으로 전자의 입장이 옳을 수 없다는 점에 대해서는 K. Choi(2000)의 논의를 참조할 것.

표현을 말한다.

(1) 가. 철수가 그 책을 세 번 읽었다.
나. 철수가 한 시간 동안 게임만 했다.

이런 부사적 명사구는 논항이 아님에도 불구하고 구조격 조사의 출현을 허용한다는 점에서 생성 문법 초기부터 많은 관심을 끌었는데, 관련 쟁점으로는 크게 다음의 세 가지가 있다. 첫째, 많은 연구들에서 지적되었듯이(Y.-S. Kang(1986, 1991), Maling (1989), Kim&Maling(1993), 홍기선(1995), Jun, Kim&Maling(2001) 등) 이들 표현 뒤에는 대격조사 또는 주격조사가 올 수 있는 것으로 보인다.

(2) 가. 철수가 그 책을 세 번을 읽었다.
나. 철수가 한 시간 동안을 게임만 했다.

(3) 가. 철수의 제안이 여러 번이 기각되었다.
나. 지도 상에 페테스부르그라는 이름이 없어졌는데 그것은 최근에 이름이 두 번이 바뀌어진탓이다. =국립국어원(2000)
다. 아기는 젖 먹을 동안이 가장 귀엽다. =Jun, Kim&Maling(2001:(5a))

그러나 이와 같은 예문이 완전히 자연스럽지 않고 또한 개인적 판단들이 많이 달라 대격 및 주격의 분포를 어떻게 볼 것인가에 대해 여러 차례의 논의가 있었다(Y.-S. Kang(1986, 1991), Maling(1989), Kim&Maling(1993), Jun, Kim&Maling(2001) 등). 이는 결국 부사적 명사구에 나타나는 대격 및 주격의 인가 문제와 연관이 있다고 할 수 있는데, 13.2에서 이와 관련된 기존 연구들을 정리, 소개하고 필자의 입장을 밝힌다.

둘째, 많은 연구들이 지적하였듯이 수식의 기능을 가지는 모든 명사구에 대격 또는 주격 조사가 가능한 것이 아니다. 앞의 예들에서 보듯이 의미적으로 “지속(duration)”, “빈도(frequency)”를 나타내는 부사적 명사구의 경우에 가능하고 또한 (4)에서 보듯이 “거리(distance)”를 나타내는 부사적 명사구도 구조격 조사를 취할 수 있으나, (5-7)의 예들은 “양태” 및 “시공간 상의 위치”를 나타내는 부사적 명사구가 구조격 조사를 취할 수 없음을 보여준다.[2]

2) Y.-S. Kang(1986, 1991)는 다음과 같은 예문을 통해 장소를 나타내는 부사적 명사구도 대격을 취할 수 있다고 보았다.

(4) 영미가 이십 킬로를 달렸다.

(5) 가. 철수가 돈으로 영미의 환심을 샀다.
나. *철수가 돈을 영미의 환심을 샀다.

(6) 가. 철수가 학교에서 영미를 만났다.
나. *철수가 학교를 영미를 만났다.

(7) 가. 철수가 한 시에 영미를 만났다.
나. *철수가 한 시를 영미를 만났다.

부사적 명사구의 의미적 성격에 의한 이런 대비는 한국어에만 국한되는 것이 아니고 부사적 명사구에 격이 나타나는 아이슬랜드어, 핀랜드어, 러시아어 등에서도 흔히 발견되는 현상이므로(Zaenen, Maling&Thrainsson(1985:458-459, 475-476), Svenonius (2001, 2002), Pereltsvaig(2000) 등을 참조할 것), 이에 대한 설명이 요구된다고 하겠다. 이와 관련하여 Wechsler&Lee(1996) 및 J.-M. Cho(2002)는 흥미로운 제안을 한 바 있는데 13.3에서 이를 정리, 소개한다.

13.2 부사적 명사구에 나타나는 격조사의 분포

앞서 우리는 부사적 명사구에 대격 혹은 주격 조사가 가능함을 보았다. 그러면 부사적 명사구에 나타나는 이와 같은 대격 조사와 주격 조사는 서로 자유롭게 교체가 되는가? 다음 예는 일단 그렇지 않음을 보여주는데, 이는 결국 부사적 명사구의 경우에도 그것이 갖는 대격 조사 및 주격 조사의 분포를 관장하는 그 무엇이 있음을 얘기하는 것이라 하겠다.

(8) 가. *철수가 그 책을 세 번이 읽었다.

(i) 가. 자동차가 과속으로 빗길을 달렸다.
나. 운전자가 빗길을 과속으로 자동차를 몰았다.
다. 자동차가 빗길을 과속으로 운행되었다.

이 판단이 맞다면 이들 예는 본문의 관찰에 문제를 제기하는데, 이에 대한 자세한 논의는 13.3에서 다루기로 한다.

나. *철수가 한 시간 동안이 게임만 했다.

(9) 가. ?*철수의 제안이 여러 번을 기각되었다.
나. ?*지도 상에 페테스부르그라는 이름이 없어졌는데 그것은 최근에 이름이 두 번을 바뀌어진 탓이다.
다. *아기는 젖 먹을 동안을 가장 귀엽다.

본 절에서는 이에 대한 해답을 찾고자 한다. 그러나 필자가 찾고자 하는 해답의 방향이 이 문제를 집중적으로 다룬 Maling(1989), Kim&Maling(1993), Jun, Kim&Maling (2001), Maling, Jun&Kim(2002) 등의 입장과 아주 크게 다른 것은 아니다. 큰 방향에 있어서는 같으나, 자료에 대한 판단의 차이로 인해 세부적인 면에 있어서는 다르다고 할 수 있다. 사실 부사적 명사구가 취하는 격에 대한 판단이 아주 다양하다는 것은 널리 알려져 있는데(Maling(1989:305) 및 Jun, Kim&Maling(2001) 참조), 본 절에서는 앞으로의 연구를 위해 문제가 되는 자료에 대한 위 연구들의 판단은 물론 필자의 판단도 같이 정리하고 이를 토대로 부사적 명사구가 취하는 격이 어떻게 인가되는가를 다루기로 한다.

13.2.1 부사적 명사구에 나타나는 격의 양상

13.2.1.1 동작 동사와 형용사의 경우

앞서 자료에 대한 판단에 있어 모국어 화자들 간에 많은 차이를 보인다고 했는데, 모든 서술어의 경우에 그런 것은 아니어서 일반적으로 행위를 나타내는 서술어가 대격 조사만을 취하고[3] 상태를 나타내는 형용사나 심리 술어가 주격 조사만을 취한다는 점에 대해서는 별 이견이 없는 것으로 보인다. 첫 번째 경우는 앞의 예문 (2)와 (8)의 대비가 그리고 두 번째 경우는 앞 예문 (3다)와 (9다)의 대비가 보이는데, 아래에 각각

3) 의미적으로 수동의 뜻을 가지는 '받-','맞-' '당하-'의 경우도 다음 예에서 보듯이 대격 조사만을 허용 한다(Maling, Jun&Kim(2002:(17)) 참조).

(i) 가. 그 황제는 일 주일 동안을 선물을 받았다. 나. *그 황제는 일 주일 동안이 선물을 받았다.
(ii) 가. 인호는 아버지에게 두 시간 동안을 야단 맞았다. 나. *인호는 아버지에게 두 시간 동안이 야단 맞았다.
(iii) 가. 인호가 김 부장에게 세 시간 동안을 모욕당했다. 나. *인호가 김 부장에게 세 시간 동안이 모욕당했다.

이는 문제의 서술어들이 통사적으로는 대격 목적어를 갖는다는 것과 관련이 있으며 고로 통사적으로 대격 인가자인 v가 있는 것으로 본다(Maling(1989:304), Maling, Jun&Kim(2002:331) 등 참조).

의 경우를 위한 예문을 더 제시한다.

행위를 나타내는 서술어

(10) 가. 철수가 그 보고서를 세 번을 검토했다.
나. *철수가 그 보고서를 세 번이 검토했다.

(11) 가. 철수가 집에서 석 달 동안을 쉬었다.
나. *철수가 집에서 석 달 동안이 쉬었다.

형용사 및 심리 술어

(12) 가. 이 방은 북향이어서 낮 동안이 어둡다.
나. *이 방은 북향이어서 낮 동안을 어둡다. =Maling, Jun&Kim(2002:(5c))

(13) 가. ??나는 커피가 여러 해 동안이 싫었다.
나 . *나는 커피가 여러 해 동안을 싫었다. =Maing, Jun&Kim(2002:(5d))

(14) 가. 인호가 처음 일 주일 동안이 아주 바빴다.
나. *인호가 처음 일 주일 동안을 아주 바빴다.

한편 위와 같은 판단은 부사적 명사구가 격조사를 갖는 문장의 판단에 대한 통계적 분석을 한 Jun, Kim&Maling(2001)의 분석 결과와도 부합한다. 즉 그들의 통계 분석에 의하면 심리 술어(혹은 개체 층위 술어) 및 형용사(혹은 장면 층위 술어)가 주격 조사를 취하는 경우가 허용도 위계(acceptability hierarchy) 상 [1]에 속하고 대격 조사를 취하는 경우는 [2]에 속해, 전자가 후자보다 뚜렷이 좋은 것으로 나타나며, 행위를 나타내는 서술어가 주격 조사를 취하는 경우가 가장 나쁜 것으로 나타나 위의 직관과 일치하는 면을 보이고 있는 것이다. 다만 그들의 통계 분석에서 다음 문장에 대한 선호도가 5를 최고 값으로 할 때 2.48로 나타나며 이는 아주 나쁜 것을 의미하지 않아 문제가 되었다.

(15) ??*미나는 그 후 여러 해 동안을 인호가 좋았다.

이에 대해 그들은 문법화에 바탕을 둔 해석을 제시한 바 있는데(자세한 내용은 Jun, Kim&Maling(2001:419)을 참조할 것), 필자는 다소 다른 해석을 갖고 있다. 우선 기본적으로 필자는 심리 술어의 경우는 형용사와 달리 '동안'과 잘 어울리지 못하는 것으로 본다. 즉 '동안'이 일정 기간 동안 서술어가 나타내는 상황이 계속됨을 의미한다면,

심리 술어는 기본적으로 순간적 심리 상태를 나타내므로 두 표현 간의 결합은 통사적으로는 가능해도 의미적으로 서로 잘 맞지 않는다고 보는 것이다. 그에 반해 심리 술어가 '하-'와 결합하는 경우에는 다음 예에서 보듯이 그런 부자연스러움이 없어진다고 할 수 있는데, 이는 물론 '하-'의 의미적 기여에 의해 '동안'과의 결합이 의미적으로 아무런 문제가 없어지기 때문이라고 볼 수 있다.4)

(16) 미나는 그 후 여러 해 동안을 인호를 좋아했다.

필자는 (15)에 대한 판단에 (16)이 영향을 미쳐, 문제의 통계적 수치가 나온 것으로 보고 있다. 즉 (15)가 그 자체로 의미적으로는 안 좋으나, 의미적으로 좋은 상황인 (16)에 비추어 완전히 불가능한 것은 아닌 것으로 판단하게 된다는 것이다.

13.2.1.2 피동의 경우들

이제 모국어 화자들 간에는 물론이요, 기존 연구들 간에도 판단이 다소 엇갈리는 '-어지-/되-' 그리고 어휘 피동의 경우를 보기로 하자.5) 일반적으로 이들은 대응되는 형식으로 아래와 같이 능동이 가능하여 피동이라는 공통점을 갖고 있는 것으로 알려지고 있으나, 부사적 명사구의 격에 있어서 서로 다른 양상을 보이고 있다.

(17) 가. 영미의 제안이 고쳐졌다.
　　 나. 철수가 영미의 제안을 고쳤다.

(18) 가. 영미의 제안이 수용되었다.
　　 나. 철수가 영미의 제안을 수용했다.

(19) 가. 문이 열렸다.
　　 나. 철수가 문을 열었다.

13.2.1.2.1 '-어지/되-'의 경우

먼저 '-어지/되-'의 경우를 보자. 서술어가 '-어지' 형 및 '되-'인 경우 부사적 명사구가 갖는 격에 대해 Maling(1989), Kim&Maling(1993), Maling, Jun&Kim(2002) 등은 다소

---

4) 이는 "심리 술어+하-"의 '하-'가 경동사가 아님을 보이는 하나의 근거가 된다.
5) '-어지'와 '되-'는 부사적 명사구가 갖는 격에 있어서 거의 같은 양상을 보이므로 함께 묶어 검토한다.

엇갈리는 판단을 하고 있는데, 아래 각각의 입장과 이를 보이는 예문들을 간단히 제시한다.

Maling(1989)

(20) 가. 지속 명사구인 경우 대격 조사는 허용하나, 주격 조사는 허용하지 않는다.
나. 빈도 명사구인 경우는 주격 조사를 허용한다.[6)]

(21) 가. 편지가 한 시간 동안을 쓰여지고 있었다.
나. *편지가 한 시간 동안이 쓰여지고 있었다. =(11a)

(22) 가. 영화가 한 시간짜리가 두 시간 동안을 만들어졌다.
나. *영화가 한 시간짜리가 두 시간 동안이 만들어졌다. =(18)

(23) 가. 차가 두 시간 동안을 수리가 되었다.
나. *차가 두 시간 동안이 수리가 되었다. =(11b)

(24) 가. 그 문제가 세 번이 생각(이) 되었다. =(6b)[7)]
나. 메리가 반지가 두 번이 선물(이) 되었다. =(6c)

Kim&Maling(1993)

(25) 빈도 명사구의 경우 주격 조사는 허용하고 대격 조사는 허용하지 않는다.

(26) 가. 이 책이 세 번이 읽혀졌다.
나. *이 책이 세 번을 읽혀졌다. =(3a)

(27) 가. 그 보고서가 두 번이 검토되었다.
나. *그 보고서가 두 번을 검토되었다. =(3b)

Maling, Jun&Kim(2002)

(28) 지속, 빈도 명사구의 경우 대격, 주격 조사를 다 허용한다.[8)]

---

6) 부사적 명사구가 갖는 격에 대한 Maling의 이론적 분석에 의하면 빈도 명사구도 (20가)와 같은 양상을 보여야 한다. 그러나 Maling이 제시한 '번'의 실제 예인 (23)은 문법적인 것으로 되어 있다. (20나)는 예문에 대한 판단을 토대로 한 것이다.

7) 술어가 '-어지'인 경우의 예는 제시되지 않았다. 필자는 이들 예에 쓰인 '생각되-', '선물되-' 자체가 어색하므로 (20나)를 보이는 그리 좋은 예라고는 생각하지 않는다. 그러나 (27)의 예는 여전히 (20나)가 유효함을 보여준다.

8) 이는 필자들의 다음과 같은 진술에 의한 것이다. 그러나 이를 보이는 실제 예는 K.-S. Hong (1991)에

(29) 가. 책이 한 시간 동안을 읽혀졌다.
나. 책이 한 시간 동안이 읽혀졌다. =(7c)

한편 Jun, Kim&Maling(2001)의 통계 분석에 의하면 '-어지' 형과 '되-'형의 양상은 다음과 같이 정리될 수 있다.

(30) 가. 대격 조사를 가지는 경우는 주격 조사를 갖는 경우보다 좋으며, 모든 모국어 화자에게 좋은 것으로 받아들여진다.
나. 주격 조사를 갖는 경우는 대격 조사를 갖는 경우보다 떨어지며, 주격 조사를 허용함에 있어서도 개인별 편차가 있다.

이제 이런 내용들과 관련 예들을 검토해 보기로 하자. 먼저 지적할 점은 같은 부사적 명사구라 해도 "지속"의 경우와 "빈도"의 경우에 대한 판단이 항상 같지 않다는 점이다. Maling, Jun&Kim(2002)의 경우 부사적 명사구라면 대격 조사 및 주격 조사를 다 허용한다고 했고 Jun, Kim&Maling(2001)에서도 '동안'과 '번'을 달리 보아야 한다는 언급이 없는 반면,[9] Maling(1989), Kim&Maling(1993)에 의하면 '동안'과 '번'은 정반대의 양상을 보이고 있는 것이다. 이 문제와 관련하여 필자는 Jun, Kim&Maling(2001), Maling, Jun&Kim (2002) 등과는 전혀 다른 차원에서 '동안'과 '번'이 같은 양상을 보이는 것으로 판단하고 있는데, 먼저 '번'의 경우를 보자.

'번'의 양상에 대해서는 Maling(1989), Kim&Maling(1993)과 입장을 같이 한다. 즉 대격 조사는 허용하지 않고 주격 조사는 허용한다고 보며 이를 보이는 예를 아래 더

서 따온 (23)뿐이다.

Accusative and nominative cases are equally possible if the verb has no external argument underlyingly. This includes

- Unaccusative verbs, including verbs of motion;
- Passive verbs in *-i/hi/i/ki*, *-ci*, and *toy*. Maling, Jun&Kim(2002:325)

9) 그러나 엄밀히 보면 Jun, KIm&Maling(2001), Maling, Jun&Kim(2002) 등도 위에서 정리된 바와 같은 입장인지는 불분명하다. 우선 전자의 통계 분석에 사용된 예들 중 서술어가 '-어지' 형과 '되'인 예에서 검토된 부사적 명사구는 아래의 경우를 제외하고는 모두 '동안'의 경우만이다.

(i) 김 기자는 지난 5 년 동안을 백악관에 초대가 세 번을 되었다.

이 예문에 대한 선호도는 1.70으로 아주 안 좋은 수준이라 할 수 있는데, 같은 문장에 '동안'과 '번'이 같이 있어 어떤 것에 기인하는 것인지가 불분명하다. 한편 Maling, Jun&Kim(2002)의 경우에도 (29)와 같은 '동안'의 예만 있을 뿐, '번'의 예는 없다.

제시한다.

'-어지'

(31) 가. 철수의 입이 모두 세 번이 벌어졌었다.
나. *철수의 입이 모두 세 번을 벌어졌었다.

(32) 가. 그 제안이 여러 번이 고쳐졌었다.
나. *그 제안이 여러 번을 고쳐졌었다.

(33) 가. 지도상에 페테스부르그라는 이름이 없어졌는데 그것은 최근에 이름이 두 번이 바뀌어진 탓이다. 국립국어원(2000)
나. *지도상에 페테스부르그라는 이름이 없어졌는데 그것은 최근에 이름이 두 번을 바뀌어진 탓이다

'되-'

(34) 가. 철수의 제안이 여러 번이 기각되었다.
나. ?*철수의 제안이 여러 번을 기각되었다.

이는 빈도 또는 지속 여부를 가리지 않은 채 부사적 명사구가 취하는 격으로 대격이 주격보다 더 좋다고 판단 혹은 분석한 Jun, Kim&Maling(2001), Maling, Jun&Kim(2002) 등과는 확연히 다른 입장이다.

그러면 '동안'의 경우는 어떤가? '동안'에 대해서는 '동안'을 다룬 앞의 세 연구들 간에(Maling(1989), Jun, Kim&Maling(2001), Maling, Jun&Kim(2002)) 현격한 차이는 없는 것으로 보인다. 즉 대격의 경우가 주격의 경우보다 좋다는 점에서는 일치를 보이며 단지 주격의 경우를 허용할 것이냐와 관련해서만 차이를 보이고 있는 것이다. 그러나 필자는 이와 정 반대의 판단을 갖고 있다. 이를 위해 먼저 다음 예들을 보자.

(35) 가. 나는 소설이 커피를 마시는 동안이 더 잘 써진다.
나. *나는 소설이 커피를 마시는 동안을 더 잘 써진다.

(36) 가. 편지가 처음 한 시간 동안이 잘 써졌는데, 그 뒤에는 잘 써지지 않는다.
나. ?*편지가 처음 한 시간 동안을 잘 써졌는데, 그 뒤에는 잘 써지지 않는다.

(37) 가. ?회의가 장장 세 시간 동안이 진행되었다.
나. ?*회의가 장장 세 시간 동안을 진행되었다.

(35-36)의 경우는 '-어지'의 경우이고 (37)은 '되-'의 경우인데 필자의 판단으로는 주격의 경우가 대격의 경우보다 더 자연스러우며 대격의 경우는 안 좋은 것으로 보인다. 이런 결과는 앞서 정리했던 기존 연구들의 입장과 반대되는데 사실 각 일반화의 예시가 되었던 문장들에 대한 필자의 판단은 문제의 일반화가 얘기하는 바와 다른 것이 사실이다. 즉 필자의 판단으로는 (35-37가)와 (35-37나) 간의 대비는 확실한 반면, (21가)와 (21나), (22가)와 (22나) 그리고 (23가)와 (24나) 간의 대비는 (35-37가)와 (35-37나)의 대비만큼 확실하지 않으며 문제의 문장들은 거의 비슷한 정도로 안 좋다.

한편 통계 분석의 결과로 제시된 (30가)의 내용도 실제 검토된 예문의 선호 수치에 의해 완전히 뒷받침된다고 볼 수는 없을 것 같다. 먼저 '-어지'형의 경우를 보면 검토된 대격 조사의 예문은 하나, 주격 조사의 예문은 다섯 개이므로 정당한 비교를 위해서는 주격 조사에 대응되는 대격 조사 예문에 대한 조사가 있어야 할 것으로 보인다.

		평균선호치	표준편차
(38)	이 목재는 100년 동안을 말려졌다.	2.74	1.36
(39)	가. 이 목재는 100년 동안이 말려졌다.	2.06	1.18
	나. 이 책이 한 시간 동안이 읽혀졌다.	2.20	1.25
	다. 한 시간짜리 영화가 두 시간 동안이 만들어졌다.	1.76	.99
	라. 집이 인호에 의해 페인트가 이틀 동안이 칠해졌다.	1.91	1.10
	마. 쇠가 한 시간 동안이 달궈졌다.	2.39	1.37

'되-'의 경우도 아래와 같이 대격 조사의 예문은 세 개, 주격 조사의 예문은 일곱 개이므로 마찬 가지이 문제점이 지적될 수 있을 뿐 아니라, 대격과 주격 간의 비교가 된 '파괴되-'의 경우는 오히려 주격 조사의 평균 선호치가 대격 조사의 경우보다 더 높아 좀 더 신중한 통계적 연구가 필요한 것으로 보인다.

		평균선호치	표준편차
(40)	가. 김 기자는 지난 5년 동안을 ... 초대가 세 번을 되었다.	1.70	1.02
	나. 그 음란물은 삼 년 동안을 인터넷 상에서 배포되었다.	3.48	1.38
	다. 그 도시가 한 달 동안을 파괴되었다.	1.62	.97
(41)	가. 그 도시가 한 달 동안이 파괴가 되었다.	2.28	1.24
	나. 그 차가 두 시간 동안이 수리가 되었다.	1.62	.90

다.	이순신 장군의 삶이 ... 한 달 간이 연구되었다.	2.70	1.33
라.	생태계의 회손 정도가 여러 달 동안이 조사되었다.	2.12	1.25
마.	100억의 돈이 ... 칠년 동안이 투자되었다.	2.40	1.35
바.	이번 연구가 삼 년 동안이 준비되었다.	2.25	1.24
사.	졸업장이 ... 두 시간 동안이 수여되고 있었다.	1.98	1.17

결국 '동안'에 대한 판단은 Jun, Kim&Maling(2001)의 통계적 분석에도 불구하고 앞으로 좀 더 광범위하고도 신중한 검토가 필요한 것으로 보이는데, 일단 필자의 입장은 대격 조사 대 주격 조사의 선호도에 있어 '동안'의 양상이 '번'의 양상과 같으며 이는 최종적으로 다음과 같이 정리될 수 있다.

(42) '-어지-', '되-' 술어의 경우, 지속/빈도 명사구는 주격 조사는 허용하나, 대격 조사는 허용하지 않는다.[10)]

13.2.1.2.2 어휘 피동의 경우

이제 어휘 피동의 경우를 보자. 어휘 피동의 경우도 기존 연구들 사이에 판단이 약간씩 다른데 그런 가운데서 '-어지-/되-'의 경우와 크게 다른 점은 대격, 주격 조사를 다 허용하는 경우가 있다고 본 것이다. 먼저 앞에서와 마찬가지로 기존 연구의 입장 또는 관련 예를 제시하고 보다 자세한 검토를 하기로 한다.

Maling(1989)

(43) 가. 편지가 한 시간 동안을 쓰였다.
나. *편지가 한 시간 동안이 쓰였다. (12)

(44) 가. 편지가 두 번을 쓰였다.
나. 편지가 두 번이 쓰였다. (15)

---

10) '-어지' 서술어에서 '동안'은 '번'의 경우와 달리 서술어의 상적 특성에 의해 어떤 격조사로도 허용이 안 되는 경우도 있는 것으로 보인다.

(i) 가. *시가 한 시간 동안이 써지겠니? 나. *시가 한 시간 동안을 써지겠니?

이는 '-어지'가 김윤신(2005)이 지적한 바 있듯이 기본적으로 끝점이 있는 달성 동사이기 때문으로 보인다(뒤에 언급될 (85가) 참조).

Kim&Maling(1993)

(45) 주어가 무정물이면 주격 조사만이 허용되고 유정물이면 주격 조사보다는 대격 조사가 더 자연스럽다.

(46) 가. ?*문이 저절로 두 번을 열렸다.
나. 문이 저절로 두 번이 열렸다. (5a)

(47) 가. 순이가 개에게 세 번을 물렸다.
나. ??순이가 개에게 세 번이 물렸다. (6b)

Maling, Jun&Kim(2002)

(48) 지속, 빈도 명사구의 경우 대격, 주격 조사를 다 허용한다.11)

(49) 가. 책이 한 시간 동안이 읽혔다.
나. 책이 한 시간 동안을 읽혔다. (7c)

마지막으로 Jun, Kim&Maling(2001)의 통계 분석에 의하면 어휘 피동의 양상은 '-어지-/되-'의 양상과 같은 것으로 되어 있다. 즉 (30)의 양상인데 관련 예문 및 통계 수치는 다음과 같다.

		평균선호치	표준편차
(50)	가. 저 은행이 지난 한 달 동안을 세 번을 털렸다.	1.95	1.11
	나. 자물통이 쇠톱으로 30분 동안을 잘리었다.	2.65	1.33
(51)	가. 자물통이 쇠톱으로 30분 동안이 잘리었다	2.51	1.34
	나. 한 가엾은 노인이 ... 한 시간 동안이 밟히었다.	1.75	1.08
	다. 신창원이 일 년 동안이 대여섯 번이 잡히었다.	1.44	.88

이상의 정리에서 알 수 있는 것은 어휘 피동의 경우에도 모국어 화자의 판단이 엇갈리는 경우가 많다는 것이다. Maling, Jun&Km(2002)에서는 부사적 명사구라면 주격, 대격이 다 허용된다고 했으나 Maling(1989)에서는 '동안'과 '번' 간에 차이가 있음이 지적되었고, Jun, Kim&Maling(2001)에서는 통계적으로 대격 조사의 경우는 항상 좋고 주격 조사의 경우는 개별 방언적 차이가 있는 것으로 해석되었으나 (46가)와 (46나)의

11) 그러나 실제로 '번'의 예는 주어지지 않았다.

대비는 오히려 주격 조사의 경우가 더 나음을 보여준다. 이런 상황은 어휘 피동의 경우에 대해 보다 면밀한 자료 검토가 필요함을 보여줌을 보여주는데, 이는 앞으로의 연구 과제로 돌리기로 하고 여기서는 필자의 판단에 입각하여 어휘 피동의 양상을 정리하기로 한다.

우선 지적하고자 하는 점은 위 예문 중 '쓰이-'와 '읽히-'가 '동안'과 함께 하는 경우는 주격 조사이건 대격 조사이건 거의 같은 정도로 안 좋다는 점이다.[12] 필자는 기본적으로 그 이유가 어휘 피동 서술어의 의미와 '동안'의 의미가 서로 맞지 않는다는 데에 있다고 본다. 즉 어휘 피동 서술어의 기본 의미가 서술어가 나타내는 상황이 완성되었음을 나타낸다면[13] '동안'은 어떤 사건이 지속됨을 나타내며,[14] 사건의 지속이 완성을 의미하지 않으므로 서로 의미적으로 상충된다고 보는 것이다.

그에 반해 '번'의 경우에는 이런 의미적 상충이 있을 이유가 없다. 즉 완성된 상황이 몇 번 일어났는가를 얘기하는 것이므로 '번'은 어휘 피동 서술어와 같이 나타날 수 있으며 이는 (46나), (47가) 등을 통해 쉽게 확인되는 바이다. 다시 말해, 필자의 판단에 의하면 어휘 피동에 있어 '동안'이 나타나는 경우와 '번'이 나타나는 경우 간에 뚜렷한 차이가 있으며 '번'의 경우는 아주 자연스러운 반면, '동안'의 경우는 아주 어색하다.

한편 '번'이 어휘 피동과 같이 나타나는 것이 허용된다면 어느 격 조사와 같이 나타나느냐가 논의되어야 하는데, 이 점에 있어 필자는 Kim&Maling(1993)의 (45)와 같은 관찰이 어느 정도 유효하지만[15] 하나의 경향일 뿐 항상 지켜지는 것은 아니라고 본다. 그 이유는 주어가 무정성인 경우에도 대격 조사가 자연스러운 경우들이 있기 때문이다.

---

12) 이 점에 있어 (50나)와 (51가)의 선호치가 2.65 대 2.51로 차이가 그리 크지 않다는 것은 시사하는 바가 크다고 본다.

13) 어휘 피동을 이용한 더 자연스러운 예들은 다음과 같다. 즉 대응되는 능동 서술어가 나타내는 행동과 관련된 의미보다는 상태를 나타내는 의미로. 이는 한국어의 어휘 피동이 모든 타동사에 대해 가능하지 않다는 것과 연관이 있는 것으로 본다.

(i) 가. 편지가 많이 쓰이던 때가 있었다. 나. 추리 소설 책이 많이 읽히는 편이다.

14) 이에 반해, '동안'에 '-에'가 붙으면 완성을 나타낸다. 이에 대한 자세한 논의는 13.3에서 이루어진다.

15) 유정성 주어에 대한 부분은 입장을 같이 한다. 이는 (51다)의 수치가 뒷받침하는 것으로 본다. 특히 (51다)의 경우 '동안' 뒤에 telic해석을 갖게 하는 '-에'를 붙이면 주격 조사보다는 대격 조사의 경우가 더 좋은 것으로 보인다.

(i) 가. 신창원이 지난 일 년 동안에 여섯 번을 잡히었다.
나. ?*신창원이 지난 일 년 동안에 여섯 번이 잡히었다.

(53) 가. 저 은행이 지난 한 달 동안에 모두 세 번을 털렸다.
나. 어머니의 소망은 계절이 몇 번을 바뀌어도 이룰 수 없었다. =국립국어원(2000)

이상의 검토는 다음과 같이 정리될 수 있을 것이다.

(54) 가. '동안'은 어휘 피동과 의미적 이유로 인해 잘 어울리지 않으며 고로 그 뒤에 대격 조사가 오건 주격 조사가 오건 다 안 좋다.
나. '번'의 경우는 주어가 무정물이면 주격 조사를 선호하는 경향이 있으며, 유정물이면 주격 조사보다는 대격 조사가 더 자연스럽다.[16)]

13.2.1.3 동사 '있-'의 경우

이제 마지막으로 '있-'의 경우를 보자. '있-'과 관련해서는 Maling(1989)과 Maling, Jun&Km(2002)의 논의가 있는데, '있-'이 기본적으로 능격 서술어로 상태성을 나타내며 고로 대격 조사가 기본적으로는 허용되지 않으나, 주어가 의지를 가지는 행동주의 의미를 가지는 경우는 대격 조사도 허용된다는 입장이다. 관련 예들은 다음과 같다.

(55) 가. *문이 한 시간 동안을 열려 있었다.
나. 문이 한 시간 동안이 열려 있었다. =Maling(1989:(14))

(56) 가. 노예들이 그 섬에 200년 간을 있었다.
나. 노예들이 그 섬에 200년 간이 있었다. =Maling, Jun&Km(2002:(15a))

(57) 가. 노예들이 그 섬에 200년 간을 숨어 있었다.
나. *노예들이 그 섬에 200년 간이 숨어 있었다. =Maling, Jun&Km(2002:(15b))

그러나 필자는 다소 다른 판단을 갖고 있다. 우선 (55)의 경우, 필자의 판단은 정반대로 (55가)는 좋고 (55나)는 나쁘다.[17)] 그리고 (56나)도 썩 좋아 보이지는 않는다. 요는 '-어 있'의 경우는 주어의 유정성 여부와는 별개로 항상 대격 조사만이 허용되며, '있-'의 경우에는 주격 주어가 유정성인 경우 대격 조사가 허용되는 것으로 보이는데 이를 보이는 예를 아래 더 제시한다.

16) 이는 vP의 외부 논항에 대한 유정성 선호 제약으로 설명될 수 있으리라 본다. 비슷한 내용이 연재훈(2005:594-599)에서도 언급된 바 있다.
17) Maling(1989: 각주 10)에 의하면 김영주도 같은 차원의 판단을 갖고 있는 것으로 보인다.

(58) 가. 오늘만 해도 벌써 세 번을 누워 있었다.
나. *오늘만 해도 벌써 세 번이 누워 있었다.

(59) 가. 얼마 동안을 이렇게 누워 있었다. =국립국어원(2000)
나. *얼마 동안이 이렇게 누워 있었다.

(60) 가. 내가 집에 삼 일 동안을 있었다.
나. *내가 집에 삼 일 동안이 있었다.

(61) 가. 강제하선자들은 며칠 동안을 그런 상태로 있었다. =국립국어원(2000)
나. *강제하선자들은 며칠 동안이 그런 상태로 있었다.

(62) 가. 의사를 붙들고 밤 동안을 병원에 있어 달라고 =국립국어원(2000)
나. *의사를 붙들고 밤 동안이 병원에 있어 달라고

13.2.2 정리 및 분석

지금까지 우리는 여러 유형의 서술어에서 지속 명사구와 빈도 명사구가 보이는 격 조사의 양상을 살펴 보았는데, 전체 양상을 도표로 정리해 보면 다음과 같다.

<표 1>

	동작 동사	형용사	'-어지-/되-'	어휘 피동	'-어 있-'
지속 명사구	-대격/*-주격	*-대격/-주격	*-대격/-주격	*-대격/*-주격	-대격/*-주격
빈도 명사구	-대격/*-주격	*-대격/-주격	*-대격/-주격	-대격/*-주격(주어가 유정물인 경우) *-대격/-주격(주어가 무정물인 경우)	-대격/*-주격

이제 위 내용을 토대로 부사적 명사구가 갖는 격조사의 분포에 대한 분석을 시도하자. 먼저 동작 동사와 형용사의 경우를 보면, 허용하는 격 조사에 있어 정반대의 성격을 보이는데, 이는 두 서술어가 자신의 보어 성분이 취하는 격 조사에 대해 가지는 양상과 같다. 즉 아래 예에서 보듯이 동작 동사의 보어는 대격 조사는 허용하지만, 주격 조사는 허용하지 않고 형용사의 보어는 정반대의 양상을 보이는데, 동작 동사와 형용사에 있어 보어와 부사적 명사구가 같은 양상을 보이는 것이다.

(63) 가. 철수가 영미를 만났다.
　　 나. *철수가 영미가 만났다.

(64) 가. *철수가 영미를 싫은가 보다.
　　 나. 철수가 영미가 싫은가 보다.

이는 궁극적으로 부사적 명사구에 나타나는 격 조사도 보어에 나타나는 격 조사와 마찬 가지로 격의 실현임을 의미하며 고로 보어가 갖는 격과 마찬 가지 방식으로 인가됨을 의미한다. 보다 구체적으로 제안한다면 부사적 명사구들이 구조적으로 다음과 같이 VP/AP에 부가된다고 볼 때, 동작 동사의 경우 대격 인가자인 v가 VP보다 상위에 있음으로 해서 v가 부사적 명사구를 성분-통어하여 대격이 인가되는 반면, 주격 인가자도 구조적으로 부사적 명사구를 성분-통어하나, v 또한 잠재적 격 인가지이므로 격 최소성에 의해 주격은 인가되지 않는 것이다.

(65)

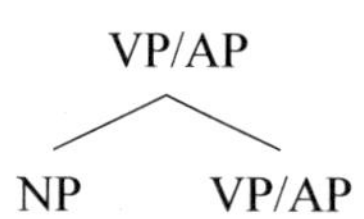

한편 형용사의 경우 대격 인가자인 v가 없으므로 대격이 인가되지 못하며 대신 주격 인가자에 의한 주격 인가만이 가능하게 된다.

이어 '-어지-/되-'의 경우의 양상도 앞의 경우와 마찬가지이다. 즉 '-어지-'나 '되-'의 경우 각각의 의미적 보어는 아래 예에서 보듯이 대격 조사는 허용하지 않으며 대신 주격 조사만을 허용하는데, 위 도표는 '-어지-/되-'의 부사적 명사구도 같은 양상임을 보이고 있기 때문이다.

(66) 가. 요즘은 시가 잘 써진다.
　　 나. *요즘은 시를 잘 써진다.

(67) 가. 조폭 영화가 많이 만들어졌다.
　　 나. *조폭 영화를 많이 만들어졌다.

(68) 가. 차가 수리가 다 되었다.
　　 나. *차가 수리를 다 되었다.

(69) 가. 철수가 회사의 대표가 되었다.
나. *철수가 회사의 대표를 되었다.

이들 자료 또한 이들 서술어에서 부사적 명사구가 취하는 격 조사가 격의 실현임을 보이는 근거가 되며 부사적 명사구에 주격 조사만이 허용되는 이유는 의미적 보어의 경우와 마찬가지로 결국 이들 서술어가 v를 갖지 못하기 때문으로 설명된다.

한편 어휘 피동의 양상은 지금까지의 양상과 두 가지 점에서 다르다. 첫 번째는 지속 명사구의 경우 대격 조사이건 주격 조사이건 다 허용이 안 된다는 것이고 두 번째는 주어의 유정성 여부와 부사적 명사구가 취하는 격 조사 간에 어느 정도의 상관성이 있다는 점이다. 첫 번째 양상은 언뜻 보면 부사적 명사구의 격에 대한 지금까지의 설명, 즉 격 이론적 설명에 문제를 제기하는 것으로 보일 수 있으나, 앞서의 설명에 의하면 그렇지 않다. 즉 앞의 설명에 의하면 어떤 격 조사가 와도 다 안 좋은 것은 격 이론과는 별도의 이유 때문이다. 두 번째 양상도 일견 격 이론적 설명에 문제를 제기하는 것으로 보이나, 9장에서의 어휘 피동의 논의에 의하면 그렇지 않은데 그 이유는 다음과 같다. 앞서의 논의를 통해 우리가 얻은 결론은 한국어의 어휘 피동에 통사적으로 v를 가지는 경우와 그렇지 않은 경우의 두 가지가 있다는 것이다. 이에 의하면 한국어의 어휘 피동이 형태적으로는 피동이더라도 통사적으로 대격을 허용함을 의미하는데 결국 부사적 명사구에 나타나는 대격은 그로 인한 결과로 해석된다. 보다 중요한 점은 v의 지정어 혹은 외부 주어에 대해 유정성 제약이 있다는 관찰들이 있는데(연재훈(2005) 등 참조), 부사적 명사구가 보이는 격의 양상이 바로 그런 제약의 결과로 해석될 수 있다는 점이다. 즉 그 제약에 의하면 주어가 유정성인 경우는 v가 있을 가능성이 많으며 그에 따라 주격 보다는 대격이 자연스러운 경우가 되고, 반대로 주어가 무정성을 띨 경우에는 v가 없을 가능성이 많아 대격보다는 주격이 선호되기 때문이다.[18] 이런 분석이 맞다면 이는 부사적 명사구의 격에 대해 격 이론적 분석이 올바른 방향임을 보이는 또 다른 근거가 된다.

마지막으로 '있-'의 경우를 보자. 일반적으로 '있-'은 그 의미적 특성으로 인해 능격 서술어로 인식되어 왔다(Maling(2001:331) 등). 필자도 형용사로서의 '있-'과 동사로서의 '있-'이 있다고 주장한 최기용(1998가)에서 존대형과 관련된 근거를 토대로 두 경우 모두를 능격 서술어로 보아야 한다는 입장을 취한 바 있다. 그러나 앞에서 제시한 (56),

18) '선호된다'는 표현은 정확하지 않다. 무정성의 경우에도 v를 가지는 경우가 있을 수 있기 때문이다. 즉 v가 유정성을 취하는 것은 경향이나, 그렇다고 무정성 표현이 허용되지 않는 것은 아니다.

(60), (61), (62)의 예들은 적어도 동사로서의 '있-'의 경우는 능격 서술어로 볼 수 없음을 얘기하며, 고로 필자는 동사로서의 '있-'은 형용사로서의 '있-'과 달리 v를 가지는 것으로 서술어로 보고자 한다.[19)]

이 점에 있어 주목할 점은 '-어 있' 구문에서의 양상이다. (55), (57), (58), (59)의 양상은 '-어 있-' 구문에서 '-어' 앞에 오는 서술어가 능격 서술어 혹은 v가 없는 서술어라 해도, 여전히 대격 조사만이 가능함을 보이고 있기 때문이다. '있-'을 능격 서술어로 본다면 이 현상은 풀리지 않을 것이나, '-어 있-'의 '있-'이 v를 가지는 동사로서의 '있-'이라면 이에 대한 해결책이 전혀 불가능한 것이 아니다. 즉 동사로서의 '있-'이 가지는 v에 의해 대격이 인가된다고 할 수 있는데, 필자는 최기용(1998가)에서 동사 '있-'과 형용사 '있-'이 있음을 지적하고 의존 명사 또는 서술어 등 다른 표현과 같이 나타나는 여러 구문에서의 '있-'의 범주를 확인한 적이 있으며 다음 예들을 통해 '-어 있-'의 '있-'을 동사로 보아야 함을 주장한 바 있다. 즉 부정형으로 '없-'을 취하지 못하며, 주어가 사람인 경우 명령형, 청유형이 가능한 것이다.

(70) 가. *철수가 침대에 누워 없었다.
　　나. 침대에 누워 있어라.
　　다. 침대에 누워 있자.

이상의 검토가 보여주는 바는 명백한 것으로 보인다. 즉 부사적 명사구가 여러 종류의 어휘에서 다양한 격 양상을 보여주나, 그 기본에 있어서는 각 어휘의 보어가 취하는 격의 양상과 같으며 결국 부사적 명사구의 주격/대격의 양상도 v의 유무와 상관성이 있다는 것이다. 이 두 가지 결론은 앞에서 지적한 바 있듯이 전혀 새로운 것이 아니다. 전자는 Maling(1989)에서 처음 지적된 이후, Wechsler&Lee(1996), Maling, Jun&Km (2002) 등에서 계속 제안되어 온 입장이며, 후자는 v가 외부 논항의 인가와 관련이 있다고 볼 때, Wechsler&Lee(1996:(23)) 및 Maling, Jun&Km(2002)의 입장과 기본적으로

---

19) (56), (60), (61), (62)의 '있-'이 형용사 '있-'이 아님은 부정형으로 '없-'을 취하지 못하는 것으로 입증된다.

(i) 가. *노예들이 그 섬에 200년 간을 없었다.
　　나. *내가 집에 삼일 동안을 없었다.
　　다. *강제하선자들은 며칠 동안을 그런 상태로 없었다.
　　라. *의사를 붙들고 밤 동안을 병원에 없어 달라고 ...

같은 것이라 할 수 있다. 반면에 이는 부사적 명사구에 대한 대격 인가가 서술어의 [-상태성]과 관련이 있다고 본 Y.-S. Kang(1986, 1991) 및 Maling(1989)의 입장과는 다른 것이다. 특히 Maling (I1989)은 논항의 대격 인가는 개별 어휘의 특성에 의하지만 부사적 명사구의 대격 인가는 서술어의 [-상태성]에 의한다고 하면서 고로 논항의 격과 부사적 명사구의 서로 다를 수 있다고 했는데 그 예가 앞에서 본 (22)이다(아래 (71)로 다시 옮김).

(71) 가. 영화가 한 시간짜리가 두 시간 동안을 만들어졌다.
나. *영화가 한 시간짜리가 두 시간 동안이 만들어졌다.

즉 '만들어지-'의 의미적 보어인 '영화'에는 대격이 인가 안 되지만, '만들어지-'가 의미적으로 [-상태성]이므로 부사적 명사구에는 대격이 인가될 수 있다는 것이다. 그러나 필자의 판단으로는 (71가, 나) 다 비슷한 정도로 안 좋으며 이는 어휘 피동이 지속 명사구와 같이 나타나는 것이 안 좋다는 앞서의 판단과 궤를 같이 한다. 즉 '만들어지-'는 기본적으로 완성을 나타내는 데 반해 '동안'은 지속을 나타내기 때문인 것이다.

13.3 격을 허용하는 부사적 명사구의 성격

본 장 서두에서 우리는 모든 부사적 명사구가 격을 가질 수 있는 것은 아니며 "지속", "빈도" 및 "거리"를 나타내는 부사적 명사구는 격을 가질 수 있으나, "양태" 및 "위치" 혹은 "장소"를 나타내는 부사적 명사구는 그렇지 못하다는 것을 보았다. 그렇다면 부사적 명사구 간에 왜 이런 차이가 나타나는가가 문제로 제기되는데, 이와 관련해서는 Wechsler&Lee(1996)의 제안이 널리 받아들여진다.[20] 필자도 그들의 제안에 동

20) Wechsler&Lee의 제안은 부사적 명사구에만 적용되는 것이 아니라 범주와 무관하게 부사적 기능을 가지는 모든 표현에 적용된다. 다음의 예들이 이를 보여준다.
(i) 가. *톰이 조용히를 왔다.
나. *톰이 곧바로를 왔다.
다. *톰이 그 일을 잘을 했다. =W&L(1996:(5))
(ii) 가. *톰이 식당에서를 밥을 먹었다.
나. *톰이 메리를 두시에를 만났다. =W&L(1996:(6))

그러나 이들이 명사가 아니어서 격이 인가 안 된다는 분석 또한 가능한 것이라고 본다. 본

의하므로 본 절에서는 그들의 견해를 소개하는 한편 관련 부수 논제들을 간단히 다루기로 한다.

그러나 본 논의에 앞서 다음 예를 통해 “장소”를 나타내는 부사적 명사구도 격을 가질 수 있다고 한 Y.-S. Kang(1986, 1991)을 살펴 볼 필요가 있다.

	강영세의 판단	필자의 판단
(72) 가. 자동차가 과속으로 빗길을 달렸다.	좋음	좋음
나. 운전자가 빗길을 과속으로 자동차를 몰았다.	좋음	나쁨
다. 자동차가 빗길을 과속으로 운행되었다.	좋음	나쁨

강영세의 주장은 위 문장들이 모두 좋다는 점에 근거하고 있는데, 필자의 판단은 약간 다르다. 필자의 판단에 의하면 (72가)는 좋으나, (72나, 다)는 안 좋다. (72나, 다)의 경우 좋은 문장은 다음에서 보듯이 ‘빗길’이 ‘-에서’를 갖는 것이며 필자에게는 (6나)가 안 좋은 것과 같은 이유에서 안 좋은 것으로 판단된다.[21)]

(73) 가. 운전자가 빗길에서 과속으로 자동차를 몰았다.
나. 자동차가 빗길에서 과속으로 운행되었다.

그에 반해 (72가)는 좋은데, 실제로 ‘달리-’가 대격 조사 표현을 갖는 예문은 많이 발견된다.

(74) 가. 장검을 휘두르며 산을 달리면 아름드리 나무가 다 누웠다 한다.
나. 협상을 해도 끝내 평행선을 달렸다. =국립국어원(2000)

결국 ‘달리-’를 서술어로 하는 (4)를 함께 고려하면 ‘달리-’의 경우는 “거리”를 나타내는 표현과 “장소”를 나타내는 표현 모두 대격 조사를 허용하는 꼴이 된다.

(75) 가. 영미가 이십 킬로를 달렸다. =(4)
나. 자동차자 과속으로 빗길을 달렸다.

책자에서는 그들의 제안을 부사적 명사구에 국한하여 소개한다.

21) 이들은 결국 Wechsler&Lee(1996)의 제안에 의해 설명이 되는 것들이다.

그러나 둘은 의미적 차이 외에도 다른 차이를 보이는데, 다음 예에서 보듯이 전자는 '-에서'를 취하지 못하지만, 후자는 '-에서'를 취할 수 있다.[22)]

(76) 가. *영미가 이십 킬로에서 달렸다.
　　나. 자동차가 과속으로 빗길에서 달렸다.

필자는 (72가)의 '빗길'은 부사적 명사구가 아니라, 논항으로 본다. 즉 '달리-'는 장소 표현을 논항으로 갖는데, 2장의 의미역 조사 이론에 입각하여 그 논항의 의미역 표지는 '-에서'이며 이 '-에서'가 '달리-'의 어휘적 특성에 의해 예견되므로 생략될 수 있고 그 경우 대격이 인가되고 그것이 실현된 경우를 바로 (72가)의 경우로 본다. 이런 이유로 '빗길'의 경우에는 '-에서'와 '-를' 간에 교체가 가능한 것이다. 그러나 "거리"를 나타내는 '이십 킬로'의 경우는 논항이 아니므로 그런 교체가 불가능하다. 이상의 분석이 맞다면 강영세의 (72)는 격 조사를 취하는 부사적 명사구에 대한 앞서의 일반화에 더 이상 문제가 되지 않는다.

이제 Wechsler&Lee(1996)의 제안을 소개하기로 하자. 그들의 제안은 격을 허용하는 "지속", "빈도", "거리"와 그렇지 못한 "양태", "위치"의 의미적 성격이 서술어가 나타내는 사건 혹은 상황을 수량화하는데 있어 서로 다르다는 것이다. 즉 전자는 해당 상황에 대한 "확장적 측정(extensive measure)" 혹은 수량화가 가능하지만,[23)] 후자의 경우는 불가능하다는 것이다.

두 개념의 차이를 먼저 사물을 예로 들어 이해해 보면, 사물을 측정하는 개념으로는 여러 가지가 있다. 무게, 온도, 질량 등이 예가 될 수 있는데 이들은 다음 예에서 보듯이 일단 이행성(transitivity)을 가진다.[24)]

(77) 가. '갑'이 '을'보다 무겁고 '을'이 '병'보다 무거우면 '갑'은 '병'보다 무겁다.
　　나. '갑'이 '을'보다 온도가 높고 '을'이 '병'보다 온도가 높으면, '갑'은 '병'보다 온도가 높다.

---

22) 이는 (74)의 경우에도 마찬가지라고 보인다.

(i) 가. ??장검을 휘드르며 산에서 달리면, 　나. ??협상을 해도 끝내 평행선에서 달렸다.

23) Wechsler&Lee(1996)는 이런 확장적 측정의 성격을 가지는 표현을 situation delimiter라 불렀다. 그러나 S. Cho(1999)가 지적하였듯이 한정(delimit)의 의미는 측정의 의미와는 다르므로 적절한 이름은 아닌 것으로 보여진다.

24) Wechsler&Lee(1996)은 이런 특성을 가진 측정 개념들을 "측정 함수"라고 규정한다.

다. '갑'이 '을'보다 부피가 크고 '을'이 '병'보다 부피가 크면, '갑'은 '병보다' 부피가 크다.

이와 같이 이행성에 있어서 세 측정 개념은 같지만, 다른 면도 있는데 예를 들어 '갑'과 '을'을 합친 것의 무게 및 질량은 각각의 무게 및 질량을 합친 것과 같지만, 온도의 경우는 다르다. 즉 '갑'과 '을'을 합친 것의 온도가 반드시 '갑'의 온도와 '을'의 온도를 합친 것과 같지 않을 수 있는 것이다. "확장적 측정(extensive measure)"이란 바로 무게 및 질량과 같은 성격을 가지는 경우를 말하는데 이들은 이행성 외에 다음과 같은 추가성(additivity)을 가지는 것으로 규정된다.

추가성

(78) '갑'과 '을'을 합한 것의 측정치가 '갑'의 측정치와 '을'의 측정치를 합한 것과 같다. 단 '갑'과 '을'은 겹치지 않아야 한다.

Wechsler&Lee(1996)에 의하면 앞에서 본 부사적 명사구의 의미적 성격들 중, "지속", "빈도", "거리"는 확장적 측정의 성격을 가지지만, "양태", "위치" 등은 그렇지 못하다. 물론 이 경우 측정의 대상이 사물이 아니라, 상황이라는 차이점이 있는데, 두 경우의 대표적 예로 "지속"과 "양태"만을 검토해 보기로 하자.

먼저 "지속"의 경우를 보면, 이 측정 개념은 이행성을 지닌다. 예를 들어 1시간 동안 책을 읽고 있는 상황이 45분 동안 책을 읽고 있는 상황보다 길고 45분 동안 책을 읽고 있는 상황이 30분 동안 책을 읽고 있는 상황보다 길면 1시간 동안 책을 읽고 있는 상황은 30분 동안 책을 읽고 있는 상황보다 길다. 이어 "지속" 개념은 추가성도 지닌다. 즉 30분 동안 책을 읽고 있는 상황 '갑'과 1시간 동안 책을 읽고 있는 상황 '을'이 있다고 하자. 이 두 상황을 연결할 경우 전체 지속 시간은 1시간 30분인데, 이는 두 상황의 개별적 지속 시간을 합한 것과 같다. 결국 "지속"은 확장적 측정의 성격을 가지는 것이다.

그에 반해 "양태"의 경우는 그렇지 못하다. 예를 들어 '빨리'라는 경우를 보자. 이 개념도 일단 "지속"의 경우처럼 이행성은 지닌다. 즉 상황 '갑'이 상황 '을'보다 빠르고 상황 '을'이 상황 '병'보다 빠르면 상황 '갑'은 상황 '병'보다 빠르다. 그러나 추가성은 지니지 못한다. "빠름"은 속도 개념인데 상황 '갑'과 상황 '을'을 합칠 경우 전체 상황의 속도는 두 개별 상황의 평균 속도가 될 것인데, 이는 개별 상황의 속도를 합친 것과 일치하지 않기 때문이다.[25] 고로 확장적 측정의 성격을 가지지 못하는 것이다.

이상과 같은 Wechsler&Lee(1996)의 의미적 제안은 격을 갖는 부사적 명사구의 성격을 명확히 했다는 점에서 큰 의의를 가진다. 그러나 왜 확장적 측정의 성격을 가지는 명사구만이 격을 가질 수 있는가에 대해서는 답을 주지 못하는데, 본 책자에서는 이 문제와 관련하여 명사구 인가에 대한 J. Cho(2002)의 이론을 수정하여 다음과 같은 가설을 제안하기로 한다.

명사구 인가에 대한 조준모 제안의 핵심은 문장 구조 상에서 문장의 특정 위치가 갖는 의미가 있으며 그런 위치에 나타나는 명사의 의미가 그 위치의 의미와 맞아야 한다는 것으로,[26] 그는 대격 조사를 갖는 부사적 명사구가 상황을 한정하는 의미를 가진다고 보고 그런 부사적 명사구만이 그리고 대격 조사만이 허용되는 이유는 다음과 같은 두 가지 특성을 동시에 가지는 v의 지정어라는 구조적 위치에 나타나기 때문으로 보고 있다.

(79) 가. 상황을 한정한다.
나. 대격이 인가된다.

즉 vP의 지정어는 위 두 성격을 동시에 가지는 위치인데, 이 위치에 오는 부사적 명사구 중 상황을 한정하는 명사구만이 허용되고 그리고 동시에 대격이 인가되지만, 그렇지 못한 명사구는 서로의 의미가 맞지 않아 인가되지 못한다는 것이다.

그러나 이런 제안에는 다음과 같은 두 가지 문제가 있는 것으로 보인다. 우선 12.2에서 보았듯이 부사적 명사구에는 대격만이 인가되는 것이 아니라, 주격도 인가된다. 보다 중요한 사실은 주격이 인가되는 경우 대격이 인가되지 못한다는 것으로, 대격 인가가 v에 의해 이루어진다고 볼 때, 이는 그런 경우 구조 상에 v가 없음을 의미하는 것이다. 즉 v 혹은 vP의 지정어가 없어도 부사적 명사구가 인가될 수 있음을 뜻하는 것이다. 둘째, S. Cho(1999)가 지적하였듯이 격을 허용하는 부사적 명사구의 정확한 의미적 성격이 한정이 아니라, 측정 또는 확장적 측정이므로 조준모가 의도하듯이 부사적 명사구가 나타나는 위치가 vP의 지정어가 아닐 수 있다는 점이다.

그러나 이런 문제에도 불구하고 필자는 명사구 인가에 대한 조준모의 "가독성" 제안을 받아들이는데, 다만 부사적 명사구가 인가되는 구조적 위치에 대해서만 입장을 달

---

25) "위치"의 경우는 이행성을 가지지 못하므로 아예 측정의 성격을 가지지 못한다.

26) 이중/다중 주어 구성의 AgrP 부가 위치, ECM 구문에서의 대격 주어의 원래 위치, 전체-부분 구성에서 부분 명사구의 위치 등이 좋은 예이다.

리 한다. 즉 앞에서 이미 제안한 바 있듯이 비논항 명사구가 VP 혹은 AP에 부가되어 나타날 수 있으며 이 위치는 다음과 같은 의미적 성격을 가지는 것으로 본다.

(80) VP/AP 부가 위치는 확장적 측정의 해석을 가진다.

결국 통사적으로 아무 명사구나 이 위치에 올 수 있고 그리고 v의 유무에 따라 대격 혹은 주격이 인가되지만, 의미적 차원에서 확장적 측정의 성격을 가지는 "지속", "빈도", "거리" 명사구만이 가독성 조건을 지켜 인가되고 그렇지 못한 부사적 명사구들은 인가되지 못하는 것이다.

마지막으로 '동안'과 관련하여 다음 예문들의 양상을 생각해 보자.

(81) 가. 나는 두 시간 동안 책을 읽었다.
나. 나는 두 시간 동안을 책을 읽었다.
다. ?*나는 두 시간 동안에 책을 읽었다.

(82) 가. 나는 두 시간 동안 공원을 걸었다.
나. 나는 두 시간 동안을 공원을 걸었다.
다. ?*나는 두 시간 동안에 공원을 걸었다.

(83) 가. 나는 두 시간 동안에 책을 다 읽었다.
나. *나는 두 시간 동안을 책을 다 읽었다.

(84) 가. 김 감독이 두 시간 동안에 한 시간짜리 영화를 만들었다.
나. *김 감독이 두 시산 농안을 한 시간짜리 영화를 만들었다.

'동안'은 서술어가 나타내는 행위의 완결 여부와 상관없이 서술어가 나타내는 행위가 지속되는 기간을 나타내는 표현이지만(bounded, atelic), (81, 82)와 (83, 84)의 대비는 그 뒤에 '-에'가 오는 경우와 격 조사가 오는 경우 서로 양상이 다름을 보여준다. 보다 구체적으로는 '-에'의 출현 여부가 격조사의 출현 여부와 상관성이 있음을 보여준다. 즉 '-에'의 출현이 가능하면 격조사가 오지 못하고 격조사가 올 수 있으면 '-에'가 오지 못하는 양상인 것이다. 필자는 이런 상관성이 '-에'의 의미와 그 뒤에 오는 서술어의 상적 특성과 연관이 있다고 본다. 즉 (81, 82)에서는 단순히 서술어가 나타내는 행위가 있었음을 말하는데 반해, (83, 84)의 경우는 서술어가 나타내는 행위가 부사의 도움 혹은 서술어 자체의 성격에 의해 완성되었음을 나타내고 있다. 즉 두 경우는 끝점(endpoint)이 있느냐 없느냐의 차이를 보이고 있는데, 바로 이런 차이로 인해 끝점이 있음을 나타내는 '-에'와의 결합 여부가 달리 나타나는 것이다.[27] 결국 (81, 82다)가 비문법적인 이유는 끝점을 나타내지 않는 서술어가 '동안'이 가리키는 시간 범위에 '-에'의 추가로 인해 끝점이 있게 되는 '동안에'와 의미적으로 충돌하기 때문이며, 그에 반해, (83, 84가)에서는 그런 의미적 충돌이 없어 좋은 문장인 것이다. 그리고 '-에'가 나타나지 않을 경우 구조격 조사의 출현이 가능하게 되는데, 이상의 상관성은 다음과 같이 정리될 수 있을 것이다.

(85) 가. 서술어가 끝점 해석을 가지면 '동안' 뒤에 '-에'가 오며 결국 격조사를 허용하지 않는다.[28]
나. 서술어가 끝점 해석을 안 가지면 '동안' 뒤에 '-에'가 오지 못하며 격조사를 허용한다.

이런 상관성에 대한 본격적인 분석은 앞으로의 과제로 돌리고 여기서는 간단한 분석을 시도해 보기로 한다. 먼저 (85나)의 내용은 부사적 명사구가 범주 상 명사(구)이므로 형태적 격 여과에 의해 격이 인가되기 때문으로 볼 수 있을 것이다.

한편 (85가)의 내용은 끝점 해석을 가지는 서술어와 격조사를 허용하는 atelic '동안'과의 의미적 충돌의 결과로 분석될 수 있을 것이다. 그리고 이와 유사한 취지의 분석이 아래의 예문을 통해 남승호(2005:260-262)에서도 이루어진 바 있다.

(86) 가. ??인부들은 두 달 동안 그 집을 지었다.
나. ??우리는 세 시간 동안 한라산에 올랐다.
다. *나는 세 시간 동안 인천공항에 도착했다.

즉 (86가)의 '짓-'은 완성(accomplishement)의 술어이고 (86나)의 '오르-'는 '-에'와 결합할 경우 완성의 사건을 나타내며[29] (86다)의 '도착하-'는 달성(achievement) 동사

27) '-에'가 한계성의 값이 고정되어 있는 그리하여 끝점이 있음을 나타낸다는 의견에 대해서는 양정석(2002:404) 등 참조.

28) 격조사의 출현이 문법적으로는 허용되나, 의미적으로 문제가 생기며 격조사의 가시적 실현이 그 문제점을 강화시키는 것으로 봐야 한다.

29) 남승호는 '산'이 대격 조사를 취하는 경우 '오르-'는 완성을 나타내지 못하며 고로 '동안'과 어울릴 수 있다고 보았다. 아래 예는 그 경우 '동안'이 대격 조사를 취할 수 있음을 보여준다.

(i) 가. 우리는 세 시간 동안 한라산을 올랐다.
나. 우리는 세 시간 동안을 한라산을 올랐다. =남승호(2005:(5나))

인데, 이들은 모두 지속을 나타내는 '동안'과 잘 어울리지 못한다는 것이다. 이 점은 '동안' 뒤에 구조격 조사가 와도 마찬가지이다.30)

(87) 가. *인부들은 두 달 동안을 그 집을 지었다.
나. *우리는 세 시간 동안을 한라산에 올랐다.
다. *나는 세 시간 동안을 인천공항에 도착했다.

13.4 정리 및 요약

부사적 명사구에 격 혹은 격조사가 나타나는 현상은 한국어뿐 아니라, 다른 여러 언어에서도 관찰되어 온 현상으로 격 이론과 관련하여 여러 흥미로운 논의를 유발하였던 현상이었다. 본 장에서는 한국어에만 국한하여 그동안의 연구 성과를 토대로 부사적 명사구에 나타나는 격의 분포 그리고 격을 허용하는 부사적 명사구에 대한 논의를 정리하였다. 전자와 관련해서는 격조사가 실현되는 경우가 그렇지 않은 경우보다 어색하며 그로 인해 여러 다양한 그리고 서로 상충되기까지 하는 판단들이 있음을 정리하고 필자 나름대로의 판단을 통해 현상을 정리해 보았다. 후자와 관련해서는 Wechsler&Lee의 의미적 제안을 소개하는 한편 그들의 제안을 구조적으로 수용할 수 있는 한 방안을 모색해 보았다. 이러한 정리를 통해 얻은 몇 가지 사항을 정리하면 다음과 같다.

첫째, '동안'의 경우는 '동안'이 bounded, atelic의 성격을 가지며 그로 인해 끝점 해석

30) Wechslcr&Lee는 아래의 두 예문을 통해 대상 명사구가 양화 표현일 경우 양화가 사건으로 전이되어 결국 그 사건을 한정하는 양상을 띤다고 보았다. 즉 목적어 자체의 수량화로 인해 사건이 한정(delimit) 혹은 양화(quantize)되었는데 다시 같은 기능을 하는 지속 표현이 오기에 어색하다는 것이다.

(i) 가. ??John drank a glass of wine for an hour. 나. John drank a wine for an hour.
=Wechsler&lee(1996:(37))

비슷한 현상이 한국어에서도 관찰이 된다.

(ii) 가. ?*철수가 세 시간 동안을 책을 다섯 권 읽었다.
나. ?*김 감독이 두 시간 동안을 영화 두 편을 만들었다.

그러나 (85가)에 근거한 분석도 가능한 것으로 보인다. 즉 목적어의 양화는 해당 사건이 완성됨을 함의하는 것으로 보이는데 그런 해석이 atelic 해석을 가지는 지속 명사구와 의미적으로 충돌이 되어 비문법적이 되는 것으로 볼 수도 있을 것이다.

을 가지는 telic 서술어와는 안 어울리므로 대격, 주격 모두를 허용하지 않는 경우들이 있을 수 있다. 고로 부사적 명사구에 나타나는 격의 분포를 정리하는 데 있어서는 조심해야 하며 '동안'보다는 '번'의 경우가 더 정확한 양상을 보여준다.

둘째, 부사적 명사구에 나타나는 격의 양상은 표 1로 정리되는데, 이것의 기본적 양상은 격의 종류가 v의 존재 여부와 상관성이 있다는 것이다. 이는 Maling(1989)이 일찍이 지적한 바 있듯이 부사적 명사구에 나타나는 격조사가 구조격의 실현임을 말하는 것으로 이는 이들을 격과는 다른 별도의 표현이라고 보는 K. Park(1998), H.-R. Chae(1999) 등의 입장이 올바른 방향이 아님을 보여준다. 그러나 이런 주장이 해당 격조사(특히 대격 조사)가 그들이 지적한 바의 별도의 의미를(그것이 무엇이든 간에)[31] 안 가짐을 의미하는 것이 아님을 분명히 하고자 한다. 지금까지의 관찰에 의하면 명사구가 나타나는 위치에 따라 해석적 성격이 다른 것으로 보이는데, 특히 VP의 부가어는 vP의 부가어와는 다른 해석적 성격을 지니는 것으로 보인다. 좀 더 일반적으로 얘기하면 조준모가 지적하였듯이 명사구의 위치에 따라 해석적 성격이 다르며 고로 그에 따른 가독성 조건이 있음을 의미한다. 그리고 중요한 것은 이런 입장이 맞다면 격조사가 갖는 특이한 의미적 성격을 격조사의 의미적 성격으로 돌리는 분석이 올바른 방향이 될 수 없다는 것이다.[32]

---

31) 박기성과 채희락이 논한 부사적 명사구의 경우에는 본 책에서 논항으로 보는 경우도 포함되어 있어 검토의 여지가 있으나(필자의 견해에 의하면 그런 경우는 vP 부가어에 위치하고 논항이 아닌 부사적 명사구는 VP에 부가된다), 박기성은 대격 조사가 "완성(accomplishment)"의미를 갖는다고 보았고, 채희락은 그 의미 기능을 다음과 같이 보았다.

> The *-ul/lul* marker attached to adverbial nominals has the function of making what is represented by the nominal as a unit which can be accessed or viewed from outside.
>
> H.-R. Chae(1999:229)

32) 아이슬랜드어의 부사적 명사구에 나타나는 격을 의미격으로 보느냐 구조격으로 보느냐 하는 논쟁에 대한 Svenonius(2002)의 입장도 이와 유사하다. 즉 그는 해당 격은 의미격이 아니라, 구조격으로 보아야 한다고 주장했다. 또한 핀랜드어의 경우도 이와 유사하다. Maling(1989:각주 13) 참조.

제14장

격조사의 비출현: 구조격의 형태적 비실현

14.1 머리말

1장에서 소개된 격 여과에 의하면 모든 명사 혹은 명사구는 추상격을 가져야 한다.[1] 그리고 이 추상격의 한 유형인 구조격이 한국어에서 '-이/가', '-를/을', '-의' 등의 구조격 조사로 실현된다고 보면, 한국어의 모든 명사구에는 의미격 조사나 특수 조사가 있는 경우를 제외하고는 앞의 구조격 조사 중 어느 하나가 반드시 나타나야 한다. 그러나 그렇지 않은 경우가 흔하다는 것은 다음의 예로부터 쉽게 알 수 있다.

(1) 가. 큰 일이/큰 일 났다.
  나. 철수가 어제 영미를/영미 만났다.
  다. 철수의/철수 가방

고로 (1)의 예들은 생성 문법의 격 이론적 처리에 일정한 문제점을 던지게 된다. 생성 문법 내부에서 이런 현상들에 대한 일반적 접근법은 이들 현상이 격조사 탈락 혹은 생략으로 불리고 있음에서 알 수 있듯이(홍용철(1994) 등 참조)[2], [3] 생략 혹은

1) 생성 문법 내부에서 격 여과의 적용 대상 및 그 형식적 내용과 관련하여 여러 가지 서로 다른 견해가 있어 왔다(Chomsky1981, 1986, 1995, 2000, 2001a, b) 등 참조). 그 중 어느 견해가 맞는가는 경험적 문제이나 본 장에서는 일단 최근의 최소주의적 입장, 즉 명사가 격자질을 가진다는 입장을 따른다(Chomsky(2000, 2001a, b) 참조). 필자의 이해에 의하면 명사가 통사적 도출에 도입될 당시 그 명사가 논항이 될지 비논항이 될지 알 수 없으므로 이 입장은 이른바 논항만이 격 여과의 대상이라고 보는 가시성 가설(Visibility hypothesis)과는 다른 입장이며 고로 비논항 명사(구)에도 격자질 즉 구조격 조사가 나타날 수 있음을 예상하는데, 13장 서두에서 그러한 예들이 많음을 지적하였다. 이와 관련된 논의로는 K. Choi(2000)를 참조할 것.

2) 어떤 경우에는 격 생략(Case drop)으로 불리기도 한다. 그러나 격이 추상격을 말한다면 이 현상을

공범주의 인가와 결부시키는 것이다. 그러나 문제의 격조사 비출현 현상을 생략으로 보는 것이 유일한 접근법은 아닌 것으로 보이는데, 본 논문은 격조사의 출현/비출현이 생략과 관련이 있기보다는 격 인가자에 의해 인가된(혹은 점검된) 구조격의 형태적 실현 및 비실현과 연관이 있다고 보고[4] 그와 관련된 일반화를 수립하는 것을 주목적으로 한다.[5]

한편 이런 격조사의 비출현 현상은 (1)과 같은 구조격 조사에만 국한되는 것이 아니라, 아래에서 보듯이 의미격 조사에서도 관찰되는데, 의미격 조사 또한 추상격의 한 종류인 고유격의 실현이라고 본다면 마찬 가지의 문제가 이 경우에도 제기된다고 할 수 있다.

(2) 가. 철수가 책을 영미에게/영미 주었다.
나. 철수가 서울에/서울 산다. =임홍빈(1987가:(27, 27‘))
다. 아이가 집에서/집 나갔다.
라. 할머니가 석이를 사위로/사위 삼았다. =김영희(1991/1998:273-274)

격 생략으로 부르는 것은 적절치 않은 것으로 보인다. 한편 탈락이니 생략이니 하는 것은 이미 일정한 분석적 시각을 담고 있으므로 본 장에서는 현상을 지칭하는 용어로 보다 중립적인 용어인 "격조사의 비출현"이라는 용어를 쓰기로 한다.

3) 이와 같은 격조사의 비출현 현상은 전통 문법에서도 논의되어 온 바 있는데, "정격(定格)/부정격(不定格)"(안병희(1966/1983), 이남순(1988) 등) 혹은 "유표격/무표격"(민현식(1982), 김영희(1991/1998) 등) 논의가 바로 그것이라 할 수 있다. 이들의 입장은 "부정격"을 단순히 정격의 비실현으로 보지 않고 서술어와 논항들의 통합 관계에 의해서 인가되는 정격과는 다른 독립적 격 범주로 본다는 점에서 본 장의 입장 및 격조사 생략으로 보는 입장과도 다른 것으로 보인다.

4) 격조사의 비출현을 생략 또는 형태적 비실현으로 보는 입장과 달리 아예 격자질이 없는 것으로 보는 입장이 있을 수 있다. 홍용철(2004), Ahn&Cho(2006b) 등이 그 대표적 예인데, 그러나 세부적 내용에 있어서는 서로 다르다. 홍용철은 격조사 탈락과 격조사 부재 현상의 구분이 필요함을 주장하면서 후자의 경우만을 격자질이 없는 경우로 보았다. 그에 반해, Ahn&Cho(2006b)는 격조사 탈락으로 논의된 기존의 현상 중 격조사가 나타나지 않는 보어 성분을 격자질이 없는 경우로 보고 있다. 홍용철이 격조사 부재로 파악한 구문은 각주 9에서 논의하는 구문 및 Ahn&Cho(2006b) 등에서 Left Dislocated로 규정된 구문과 같은 성격으로 이 구문의 격조사 비출현을 어떻게 볼 것인가는 해당 각주에서 다시 논하기로 한다. 한편 Ahn&Cho(2006b)에 의하면 한국어에서는 명사가 격자질을 안 가지는 상황이 가능하며 고로 격여과를 보편 원리로 보기보다는 매개변인적 원리로 보는 입장을 취하는 것으로 보인다. 필자는 격여과를 보편 원리로 보는 입장을 취한다.

5) 고로 본 장에서는 격조사의 출현/비출현 현상을 생략 또는 공범주의 인가로 보는 것에 대한 적극적 반박을 시도하지는 않는다. 그러나 격조사의 출현/비출현과 관련하여 본 장이 파악한 일반화는 그것이 보어 대 비보어 간의 비대칭과는 무관함을 보여주는데, 이는 문제의 현상을 생략 또는 공범주의 인가와 연관시키는 것에 문제가 있음을 보이는 것으로 생각한다.

또한 격조사의 출현/비출현에 대한 분석 문제와는 별도로, 둘 간의 해석적 차이에 대한 관찰 및 이를 어떻게 분석할 것인가 하는 문제도 학자들의 많은 관심을 받은 이슈인데(H.-D. Ahn(1988), 남기심(1991), D.-B. Kim(1993), K.-S. Kim(2000), Lee&Cho (2003), 고석주(2002, 2004) 등) 본 장에서는 이와 같은 격조사 비출현 현상을 둘러싼 여러 가지 논제들을 정리, 소개하는 한편 가능한 범위 내에서 필자의 입장을 밝히기로 한다.

본 장의 구성은 다음과 같다. 우선 14.2에서는 구조격 조사 중 주격, 대격 조사의 출현/비출현 양상과 그에 따른 해석적 차이에 따른 기존 문헌의 입장을 정리, 소개한다. 일반적으로 이와 관련된 논의는 주로 논항에 나타나는 구조격 조사에 대해서만 이루어졌으나 본 장에서는 비논항에 나타나는 구조격 조사의 출현/비출현 양상도 함께 논의한다. 이어 14.3에서는 의미격 조사의 비출현 양상을 정리한다. 의미격 조사의 비출현 양상과 관련하여 기존 문헌에서 언급된 일반화를 소개하고 이들이 어떻게 도출되어야 하는가를 논의하는 한편, 의미격 조사의 비출현의 성격 규정과 관련하여 서로 대립되는 견해를 살펴 보고 어떤 견해가 옳은가를 논의한다. 이어 14.4에서는 구조격 조사의 비출현의 성격 규정에 대한 기존 견해 및 필자의 견해를 정리, 비교하여 앞으로의 쟁점이 무엇인가를 지적한다. 14.5는 정리 및 요약을 담고 있다.

14.2 구조격 조사의 비출현[6]

본 절의 구성은 다음과 같다. 먼저 14.2.1에서는 기존 문헌을 토대로 논항 성분에 나타나는 주격 및 대격 조사의 출현/비출현 양상을 검토한다.[7] 기존 문헌은 주격 조사의 비출현 허용 여부와 관련하여 서로 다른 판단을 제시하고 있는데 이를 검토한 다음 주격 조사의 비출현이 원칙적으로 허용되어야 함을 제안한다. 이어 격조사의 출현/비출현의 성격과 관련하여 홍용철(1994)과 김용하(1999)의 입장을 검토한 후 김용하(1999)를 토대로 한 수정안을 제시한다.

한편 앞서 얘기했듯이 한국어에는 비논항 성분으로 보이는 명사 표현에 구조격 조사들이 나타나는 경우들이 많은데 14.2.2에서는 구조격 조사를 갖는 비논항 성분의 경우들을 확인하고 이들에 나타나는 주격 및 대격 조사의 출현/비출현 양상을 정리한

6) 이 절의 일부분이 최기용(2007)으로 발표된 바 있다.
7) 속격 조사 '-의'에 대한 논의는 앞으로의 과제로 돌린다. 최근의 연구로는 박정섭(2006)을 참조할 것.

다. 이어 14.2.3에서는 논항 성분 및 비논항 성분에 나타나는 구조격 조사가 격여과에 따른 동일한 격자질의 형태적 실현이라면 격조사의 출현 양상이 두 성분 사이에 다를 이유가 없다고 보고 구조격 조사의 출현/비출현과 관련하여 논항 성분 및 비논항 성분을 아우르는 일반화로 어떤 것이 가능한가를 살펴 본다. 마지막으로 14.2.4에서는 앞선 논의를 간단히 정리하고 앞으로의 과제를 지적한다.

14.2.1 논항 성분

14.2.1.1 구조격 조사의 출현/비출현 양상

한국어 구조격 조사의 출현 양상에 대한 생성 문법 내의 일반적인 입장은 김용하(1999:246-247)에서 잘 제시되었듯이 대격 조사는 물론이요 주격 조사의 비출현도 허용된다는 것이며 특히 비격식체 혹은 대화체에서 더욱 그러하다는 것이다(H.-S. Han(1987:43), H.-D. Ahn(1988:6), Y.-J. Kim(1992: 각주 6), K.-S. Kim(2000:78쪽 (83)) 등).[8] 즉 문장의 주어, 목적어 등에 나타나는 주격 조사나 대격 조사가 안 나타나도 문법성에 큰 지장을 주지 않는다는 것이다.

(3) 가. 내가 너를 사랑해.
  나. 나 너 사랑해. =H.-D. Ahn(1988:(12a))

(4) 가. 프레드가 그 여자 좋아해. =H.-S. Han(1987:2장의 (31a))
  나. 모두 안 왔다. =H.-S. Han(1987:3장의 (14))

(5) 가. 지금 메리가 공부하니까, 조용히 해.
  나. 지금 메리 공부하니까, 조용히 해. =K.-S. Kim(2000:(83a))

(6) 가. 메리가 존을 좋아한다는 것은 모든 사람이 알고 있다.
  나. 메리가 존 좋아한다는 것은 모든 사람이 알고 있다. =K.-S. Kim(2000:(83b))

---

8) To our judgment about Korean, the possibility of Case marker drop is closely related to the speech level. To put it another way, the more formal the speech level is, the more difficult it is to drop Case markers.

H.-S. Han(1987:43)

NOM/ACC case markers can be frequently dropped in the colloquial speech ..H.-D. Ahn(1988:6)

그리고 이런 입장은 전통 문법 내에서도 일반적으로 받아들여지는 입장인 것으로 보인다(안병희(1966/1983), 이남순(1988), 권재일(1989) 등).

(7) 가. 어머니가 오셨다.
나. 어머니 오셨다.

(8) 가. 아이가 밥을 먹는다.
나. 아이가 밥 먹는다. =안병희(1966/1983)

(9) 가. 자라가 토끼를 물었다. =이남순(1988: 3장 (2라))
나. 자라가 토끼 물었다. =이남순(1988: 3장 (2나))
다. 자라 토끼를 물었다. =이남순(1988: 3장 (2다))[9]

(10) 가. 내가 책을 읽었어.
나. 나 책 읽었어. =권재일(1989:136)

---

9) 원래 예문에는 주어인 '자라' 뒤에 쉼표가 소괄호 안에 들어 있다. 쉼표의 일반적 의미로 보아 이는 말 그대로 쉼(pause)이 있음을 의미하는 것으로 보인다. 그리고 소괄호는 그러한 쉼이 수의적임을 나타내는데 이는 결국 이남순이 쉼이 없어도 주어 성분의 주격 표지가 안 나타나는 것을 좋은 문장으로 판단한 것으로 이해하고자 한다. 한편 격조사가 나타나지 않는 성분 뒤에 쉼이 오는 구문이 특이한 양상을 보임을 여러 연구들이 이미 지적한 바 있다(김영희(1989/1998), 김용하(1999:279쪽 각주 27), K.-S. Kim(2000: 80쪽 각주 9), 홍용철(2004), Ahn&Cho(2006b) 등). 즉 주어 및 목적어 성분이 격 조사 없이 문장의 맨 앞에 나오는 것이 허용되며 그 경우 그 뒤에는 쉼이 있어야 하고 문장의 맨 앞에 나오는 성분은 일종의 제시어적 성격을 가지고 원래 위치에는 회상 대명사(resumptive pronoun)가 허용된다는 것이다. 다음이 이를 보여준다.

(i) 가. 그 책, 둘리가 (그걸) 읽는다.
나. 영미, 철수가 (그 애를) 제일 좋아하지.
다. 충무공, 온 백성이 (그를) 안다.
라. 충무공, 그가 나라를 구했다.
마. 둘리, 그 놈이 책을 읽는다.

이런 구문에 대한 본격적인 분석은 본 논문의 범위를 넘어서는 것이나(최근의 흥미로운 분석으로는 Ahn&Cho(2006b)를 참조할 것), 문장 앞 성분과 제자리 성분이 하나의 사슬을 이루고 그 사슬의 격은 제자리에서 인가되는 것으로 본다. 이는 문장 앞 성분에는 격자질이 없음을 의미하며 그로 인해 격조사가 나타나지 않음을 의미하는 바, 격조사 부재로 규정한 홍용철(2004)의 입장과 같은 것이라 할 수 있다. 그에 반해 본문에서 검토하는 경우들은 모두 쉼이 없는 경우들로 그 경우의 격조사 비출현은 격자질이 있음에도 불구하고 그것이 형태적으로 비실현된 경우로 파악된다. 즉 본 논문은 (3-7나, 9다, 10나) 및 (20)이 보이는 주격 조사의 비출현은 위의 경우와 다른 것으로 본다.

그러나 이와는 다른 입장을 표하는 연구들도 있는데, 목적어 성분의 대격 조사의 비출현은 허용하나, 주어 성분의 주격 조사의 비출현은 비문법적으로 보는 입장이 그것이다(김영희(1991/1998:276-277), 홍용철(1994:2) 등).

(11) 가. 그 애가 책을 읽는다.
나. 아빠가 너희를 사랑하셔.
다. 철이가 학교에 갔다. =김영희(1991/1998:(23))

(12) 가. 그 애가 책 읽는다.
나. 아빠가 너희 사랑하셔. =김영희(1991/1998:(26))

(13) 가. *그 애 책을 읽는다.
나. *아빠 너희를 사랑하셔.
다. *철이 학교에 갔다. =김영희(1991/1998:(24))

(14) 가. 철수가 책을 샀다.
나. 철수가 책 샀다. =홍용철(1994:(1a))

(15) 가. 누가 책을 샀니?
나. *누구 책을 샀니? =홍용철(1994:(2a))

앞에서 보듯이 두 입장 간에 차이도 있고 공통점도 있다고 할 수 있다. 공통점은 목적어 혹은 보어 성분의 대격 조사의 비출현을 허용한다는 점인데, 여기서 이런 공통점의 본질이 무엇인가를 잠시 생각해 볼 필요가 있다. 즉 단순히 대격 조사이기에 비출현이 허용되는 것인지 아니면 대격 조사를 가진 성분이 목적어이기 때문에 비출현이 허용되는 것인지가 하는 문제이다. 다음 예들은 비출현의 허용이 단순히 대격 조사에만 국한되는 것이 아니라, 목적어 혹은 보어 성분의 주격 조사에도 적용됨을 보여주며 고로 올바른 일반화는 (20)과 같은 내용이 되어야 할 것으로 보인다.

(16) 가. 철수가 책이 많다. 나. 철수가 책 많다.

(17) 가. 공장에 불이 났다. 나. 공장에 불 났다.

(18) 가. 철수가 영이가 싫은가 보다. 나. 철수가 영이 싫은가 보다.

(19) 가. 철수가 용기가 없다.　　　　　　　　나. 철수가 용기 없다.

(20) 보어 성분의 격 조사는 비출현이 허용된다.[10)]

결국 두 입장의 차이점은 주어 성분의 주격 조사의 비출현을 허용하느냐 아니냐에 있다고 할 수 있는데 먼저 위 문장에 대한 필자의 판단은 다음과 같다. (3-10)의 예문 중 필자는 (9다)를 제외한 다른 주격 조사 예문에 대해서는 동일한 판단을 가지나, (9다)에 대해서는 (13가, 나)와 같이 그리 안 좋은 것으로 본다. 그에 반해, (13다)는 좋은 문장으로 보인다. 결국 필자의 판단에 의하면 주어 성분의 어떤 경우는 주격 조사의 비출현이 허용되기도 하지만, 어떤 경우는 허용되지 않는다. 이 판단이 맞다고 할 때, 우리가 취할 수 있는 입장은 일단 후자의 입장보다는 전자의 입장이 아닌가 한다. 즉 후자의 입장대로 주어의 주격 조사의 비출현이 전혀 허용이 안 된다면 출현의 경우는 설명될 수 없는 예외로 남지만, 전자의 입장을 취할 경우에는 비출현이 허용 안 되는 경우에 대해 독립적인 설명이 주어질 수 있는 가능성이 남기 때문이다. 이 외에도 다음 예에서 보듯이 서술어가 동사인 문장에서 명시적 시제 표현이 없을 경우[11)] 주어 성분이 주격 조사를 안 가질 수 있으며 이는 주어 성분에 대해서도 주격 조사의 비출현이 원칙적으로 허용이 되어야 함을 보여준다고 하겠다.

(21) 가. 자라 토끼를 물다.
나. 철이 학교에 가다.
다. ?그 애 드디어 책을 읽다.
라. 아빠 영미를 사랑하다.
마. 철수 영미를 만나다.
바. 한국 꿈의 8강 이루다.　　　　　=고영근(2006:(2나))
사. 『학원』잡지 외국으로 나가다.　　　=고영근(2006:(2다))

이상의 검토를 토대로 필자는 주어 성분의 격 조사도 목적어 성분의 격 조사와 마찬가지로 비출현이 허용되어야 한다고 보며 이는 다음과 같이 정리될 수 있을 것이다.

10) 물론 이는 새로운 일반화는 아니다. 홍용철(1994), 김용하(1999)에서도 같은 차원의 일반화가 언급된 바 있다.

11) 이런 문장의 의미적 성격 및 논의에 대해서는 임홍빈(1983/1998가, 2007, 2008) 및 고영근(2006)을 참조할 것.

(22) 주어 성분의 격 조사의 경우에도 비출현이 허용된다.

14.2.1.2 출현/비출현의 성격

14.2.1.2.1 홍용철(1994) 대 김용하(1999)

지금까지 우리는 주어 또는 목적어 성분이 갖는 격 조사의 비출현이 허용되는가 아닌가에 대해서만 살펴 보았을 뿐, 비출현과 출현 간의 관계 또는 비출현의 경우를 어떻게 보아야 하는가에 대해서는 논의하지 않았다. 이와 관련해서 기존 문헌은 서로 다른 두 가지 일반화를 제시하고 있는데 이를 소개하면서 비출현 및 출현을 어떻게 보아야 하는가를 생각해 보기로 한다.

먼저 홍용철(1994:2)은 앞에서 제시된 (14, 15)의 예들을 토대로 격 조사의 비출현과 관련하여 다음과 같은 내용의 일반화를 제안하고 있다.

(23) 가. 격 조사는 보충어 자리(complement position)에서 탈락할 수 있다.
나. 격 조사는 지정어 자리(specifier position)에서 탈락할 수 없다.

이 일반화는 격 조사의 비출현이 구조 상의 위치와 연관성이 있음을 얘기하고 있는데, 목적어 성분이 구조적으로 보충어 자리에 오고 주어가 지정어 자리에 온다고 볼 때, (23)은 결국 목적어 성분의 격 조사는 안 나타날 수 있으나, 주어 성분의 격 조사는 반드시 나타나야 함을 말하는 것이 된다. 특히 주어 성분의 경우 동사구 내부 주어 가설에 의하면 이동 전의 위치는(vP의 지정어) 물론이요 이동 후의 위치도(IP, TP, AgrP 등의 지정어) 모두 지정어이므로 홍용철의 일반화에 의하면 주어 성분의 주격 조사의 비출현은 항상 허용되어서는 안 된다.

홍용철(1994:2)은 또한 다음과 같은 ECM 구문의 경우를 통해 주어 성분이 대격 조사를 가지는 경우에도 (23나)의 일반화가 적용됨을 지적하고 있다. 즉 '누구'가 대격 조사를 가지지만 주어이며 고로 지정어 위치에 오므로 (23나)의 적용을 받는다는 것이다.

(24) 가. 철수가 누구를 예쁘다고 생각하니?
나. *철수가 누구 예쁘다고 생각하니?

이제 이런 홍용철의 일반화를 검토해 보기로 하자. 먼저 (23가)는 보어의 전형적인 위치가 보충어 위치이고 그 자리에서 격조사의 비출현이 허용된다면 결국 (20)를 도출하므로 별 문제가 없는 것으로 보이며 사실 이 일반화는 널리 받아들여지는 견해이기도 하다(뒤에 논의될 김용하(1999) 참조). 그러나 (23나)는 앞서의 검토에 의하면 너무 강한 것으로 보인다. 즉 주어 성분의 비출현이 허용되지 않는 경우도 있지만 허용되는 경우도 있기 때문이다. 그리고 표면적으로 그렇게 보이는 경우가 있다는 점은 홍용철 자신도 지적하고 있는데 해당 예문은 다음과 같다.

(25) 철수 정말 영희를 사랑해. =홍용철(1994:(40))

그러나 홍용철은 이 예문이 자신의 일반화 (23나)에 대해 반례가 되지 않는다고 보고 있는데 그 근거는 '철수'가 주어 성분이 아니고 주제어이기 때문이라는 것이다. 즉 홍용철에 의하면 주어 성분의 격 조사는 반드시 나타나야 하며 주어 성분인데도 격 조사가 안 나타나는 경우는 실은 주어 성분이 아니라, 주제어 성분이라는 주장이다.

그럼 (25)의 '철수'가 주제어인 근거로는 어떤 것이 있는가? 홍용철이 제시한 근거는 한 가지인데, 그것은 '철수'를 의문사로 교체할 때 다음과 같이 나빠진다는 것이다.

(26) *누구 정말 영희를 사랑하니? =홍용철(1994:(42a))

즉 의문사가 주제어가 될 수 없다는 Kuno(1973)의 관찰이 맞다고 할 때, (26)의 비문법성이 (25)의 '철수'를 주제어로 보면 설명이 될 수 있으므로 (25)를 주제어로 보는 한 근거가 된다는 주장이다.

그러나 이 논증에는 몇 가지 문제점이 있는 것으로 보인다. 우선 (26)의 비문법성은 사실 (25)의 '철수'를 주어 성분으로 보아도 홍용철의 일반화 (23나)에 의해 설명이 된다. 즉 (25)에서 '누구'가 주어 성분인 '철수'를 교체하면 '누구' 자신도 주어이므로 (23나)에 의해 격 조사가 반드시 나타나야 하는데 그렇지 못해 비문법적이라고 얘기할 수 있기 때문이다.[12] 결국 (26)의 비문법성이 (25)의 '철수'를 주어로 보아도 설명이 되고 주제어로 보아도 설명이 되므로 (26)의 비문법성은 '철수'를 주제어로 보게 하는 근거가 되지 못한다.

둘째, 설사 (25)의 '철수' 같은 성분이 주제어라 하더라도 그것이 (23나)의 반례가

12) 사실 이 논리는 홍용철이 (15)의 대비를 토대로 (23나)를 얻어내는 데 쓴 논리와 같은 것이다.

되지 않는지는 확실치 않다. 왜냐면 주제어와 같은 담화 성분의 구조적 위치를 어떤 기능 범주의 지정어로 보는 것이 일반적이라고 할 때, (23나)의 일반화에 의하면 주제어의 경우에도 격 조사가 반드시 나타나야 하기 때문이다.

셋째, 격 조사가 없는 주어 성분이 주제어라면 주제임을 나타내는 '-는'이 나타나는 경우와 해석적으로 별 차이가 없어야 할 터인데, 다음 예들은 그렇지 않음을 보인다.

(27) 가. 나 너 사랑해.
나. 모두 안 왔다.
다. 지금 메리 공부하니까, 조용히 해
라. 자라 토끼를 물다.

(28) 가. 나는 너 사랑해.
나. 모두는 안 왔다.
다. 지금 메리는 공부하니까, 조용히 해.
라. 자라는 토끼를 물다.

특히 (27나)와 (28나)가 서로 다른 해석적 양상을 보인다는 점은 주목할 만하다. 즉 (27나)는 필자의 판단에 의하면 중의적이다. 즉 '모두'가 '안'보다 넓은 영향권을 가지기도 하지만, 좁은 영향권을 가질 수도 있다. 그에 반해, (28나)는 전자의 해석만이 가능하며 이런 차이는 격 조사 없는 주어 성분을 주제어로 보는 입장에서는 설명하기 어려운 현상이라 하겠다.[13)]

이상의 검토 및 논의를 통해 필자는 홍용철의 일반화 (23나)는 경험적으로 유효하지 않다고 본다.[14)] 그러나 (22)가 주어 성분의 격 조사가 안 나타나는 것을 허용할 뿐 반드시 나타나야 하는 경우들에 대해서는 아무런 얘기를 못하므로 (22) 자체로는 모자라는 것이 사실인데, 이 문제는 결국 격 조사가 나타나는 경우와 나타나지 않는 경우를

---

13) 혹자는 이상의 논의가 홍용철(1994)에는 적용될 수 있으나, (24)를 격조사 부재의 경우로 보는 홍용철(2004)에는 적용되지 않는다고 할 수 있다. 즉 (24)와 같은 격조사 부재의 경우는 (22나)의 일반화가 적용되지 않는 경우로 볼 수 있기 때문이다. 그러나 우리는 앞에서 격조사 부재의 경우가 아닌 주어 성분에 주격 조사가 나타나지 않을 수 있음을 보았다.

14) 홍용철은 (22가)와 (22나)의 대비를 보어 대 주어의 비대칭 현상으로 보고 공범주 원리적 성격을 원용한 융합 분석을 제시하고 있다. 그러나 지금까지의 검토가 맞는다면 격 조사의 비출현은 보어 대 주어의 비대칭 양상이 아니므로 융합 분석은 옳은 것이 될 수 없다. 이 외에도 김용하(1999:249)가 지적하였듯이 융합 분석은 너무 강력한 가정들을 많이 필요로 하며 이는 분석의 정당성에 의문을 제기하는 요인이 된다고 하겠다.

어떻게 보느냐에 달려 있다고 할 수 있다. 이 문제와 관련하여 주목할 제안은 김용하(1999)의 것으로 그는 둘의 차이를 이동에 의한 것으로 보고 있다. 즉 주어, 보어 성분이 제자리에 있는 경우에는 격 조사가 나타나지 못하며, 이동한 경우에는 격 조사가 반드시 나타난다는 것이다.

> 이들의[유표격 DP와 무표격 DP: 필자] 구조적 차이란 유표격 DP들은 음운화 이전에 이동을 경험해서 점검 위치에 도달해 있고 무표격 DP들은 음운화 이전에 이동을 경험하지 않아 의미역을 받는 위치에 그대로 남아 있다는 것이다.
>
> 김용하(1999:268)

보다 구체적으로 주어와 보어가 각각의 제자리인 vP의 지정어 그리고 VP의 보어 위치에 있을 경우에는 해당 격 조사가 나타나지 못하며, 각각이 가시적 이동을 하여 주어가 IP 지정어 위치 그리고 보어가 vP의 지정어 위치에 올 경우에는 해당 격 조사가 나타난다는 것이다.

이 제안은 주어 성분의 격 조사의 비출현을 허용하므로 일단 경험적으로 홍용철의 일반화보다는 옳다고 할 수 있으며, Diesing(1992a, b), Chomsky(1995, 2000, 2001a, b) 등이 지적한 이동의 해석적 효과와 격 표지 출현 여부 간에 보이는 상관성을 포착할 수 있다는 점에서 경험적 근거를 갖춘 일반화라 할 수 있다. 예를 들어 비한정(indefinite) 명사구의 특정성(specificity) 해석 여부가 보어가 갖는 대격 표지의 유무와 상관성이 있다는 관찰은 Enç(1991), Diesing(1992a, b), D.-B. Kim(1993) 이후 널리 받아들여지고 있는데 한국어의 관련 예들은 다음과 같다.

(29) 가. 나는 사과 세 개를 먹었다.
나. 나는 사과 세 개 먹었다.

(30) 가. 영희가 어떤 학생을 보았다.
나. *영희가 어떤 학생 보았다. =D.-B. Kim(1993:(23))

(31) 가. 한 시간 동안 철수가 편지 썼다.
나. 한 시간 동안 철수가 편지를 썼다. =Lee&Cho(2003:(9))

즉 김대빈은 (29가)의 '사과 세 개를'은 특정적 해석을 가지지만, (29나)의 '사과 세 개'는 비특정 해석만을 가진다고 보고 있으며, 특정 해석을 강요하는 '어떤'이 명사를 수식하는 경우 대격 조사를 갖는 (30가)는 좋으나, 대격 조사가 없는 (30나)는 안 좋은 것으로 보고 있다.[15)] (31)은 Lee&Cho(2003)에서 논의된 것으로 (31나)는 '편지'에 어떤 특정 편지를 가리키는 해석 즉 특정 해석이 있어 해당 술어가 단일 행위 해석을 가지나, (31가)의 '편지'는 특정 편지를 가리키지 않으므로 해당 술어가 반복적 해석을 가진다고 보고 있다.

이런 비한정 명사구의 특정 해석에 대해 Diesing(1992a, b), Chomsky(1995, 2000, 2001a, b) 등은 이동의 결과로 보고 있는데 위 예문에서 대격 조사를 가진 명사구의 이동에 대한 경험적인 근거는 찾기 어려우나, 한국어에서 이동과 특정성 해석 간의 상관성에 대한 근거가 전혀 없는 것은 아니어서 다음 예들이 그 상관성을 보여준다. 즉 특정 해석을 갖는 이른바 유표격 명사구는 뒤섞기가 가능하나, 비특정 해석을 갖는 무표격 명사구는 뒤섞기가 불가능한 것이다.[16)]

(32) 가. 사과 세 개를 나는 먹었다.
나. *사과 세 개 나는 먹었다. =D.-B. Kim(1993:(76))

이런 이동에 의한 해석적 효과와 격 표지 출현 여부 간의 상관성은 대격 조사뿐 아니라, 주격 조사에 대해서도 지적되어 왔다. 먼저 일본어의 예이기는 하지만 H.-D. Ahn(1988)은 Tateishi(1988)의 논의를 빌어 주격 조사의 출현 여부가 비한정 명사의 해석과 상관성이 있음을 보여 주었는데 한국어의 대응 구문에서도 유사한 점이 발견되는 것으로 보인다. 즉 (34나)의 '누군가'는 비특정 해석만을 갖는데 반해, (34가)의 '누군가가'는 특정 해석을 가질 수 있는 것으로 보인다.[17)]

---

15) Lee&Cho(2003:각주 6)는 아래 문장의 '어떤'은 a certain의 뜻이 아니라, some의 해석을 가지므로 문제의 상관성에 문제가 되지 않는 것으로 보고 있다.

(i) 나는 철수가 어떤 아이 야단치는 것을 보고 깜짝 놀랐다.

16) 위 상관성에 어긋나는 것으로 보이는 다음 예문에 대한 분석에 대해서는 Lee&Cho(2003:각주 3)를 참조할 것.

(i) 가. 사과 세 개 누가 먹었니? 나. 사과 세 개 내가 먹었다. 왜?

17) 그러나 필자의 판단으로는 비특정 해석도 배제하지는 않는 것으로 보인다. 이에 대한 논의는 아래에서 다시 한다.

(33) 가. Dare-ka-ga ki-ta
the one-NOM come-PAST
'The one came.'
나. Dare-ka ki-ta
someone come-PAST
'Someone came.' =H.-D. Ahn(1988:(29))

(34) 가. 누군가가 왔다.
나. 누군가 왔다.

물론 이 경우에도 '누군가가'가 가시적 이동을 한 직접적인 근거는 찾기 어려우나, 비특정 해석과 특정 해석 간의 차이를 이동의 결과로 본 Diesing(1992a, b), Chomsky (1995, 2000) 등의 제안이 이 경우에 적용되는 데에 큰 어려움은 없을 것으로 보인다.

위와는 성격이 좀 다르지만, 양화사의 유형과 격 조사 출현 간에 상관성이 있다는 점이 K.-S. Kim(2000:79-93)에서 지적된 바 있는데 이 또한 주격 조사의 출현 여부가 이동과 연관이 있음을 보여주는 근거가 된다.[18] 김광섭에 의하면 순수 양화사 혹은 강 양화사의 경우에는 주격 조사가 있어야 하나, 비양화사 혹은 약 양화사의 경우에는 주격 조사가 없어도 된다. 그리고 이 대비는 다음과 같이 설명된다. 먼저 비양화사/약 양화사가 동사구 내부에 그대로 있어도 해석적으로 아무런 문제가 없으며 고로 격 조사가 출현하지 않아도 된다. 그에 반해, 강 양화사의 경우 동사구 내부에 그대로 있으면 존재 운영자와 관계를 맺게 되며 이는 별도의 운영자를 갖는 강 양화사의 경우 문제가 되어 비문법적이 된다.[19] 이를 피하는 길은 존재 운영자의 영역 밖, 즉 동사구 외부로 이동하는 것이며 그 결과 주격 조사가 출현하게 되어 (35)와 (36)과 같은 대비가 나타난다는 것이다.

(35) 가. ??모든 사람 왔니?

---

18) 김광섭에 의하면 다음 예가 보여 주듯이 이 상관성은 대격 조사의 경우에도 적용된다. 고로 이들 예도 대격 조사 출현과 이동 간의 상관성에 대한 또 다른 근거가 될 수 있다.

(i) 가. 세 사람 만났니? 나. 철수 만났니? 다. 그 사람 만났니?
(ii) 가. ??모든 사람 만났니? 나. ??대부분의 사람 만났니? 다. ??세 명의 학생 만났니?

19) 한편 이 논의는 강 양화사와 약 양화사의 논리적 표상이 서로 다르고 그러한 서로 다른 논리적 표상이 논형 층위에 반영되어야 한다는 김광섭의 Mapping Principle에 의거하고 있다. 자세한 논의는 K.-S. Kim(2000)의 1장 3절을 참조할 것.

나. ??대부분의 사람 왔니?
다. ??세 명의 학생 왔니?

(36) 가. 모든 사람이 왔니?
나. 대부분의 사람이 왔니?
다. 세 명의 학생이 왔니?

(37) 가. 세 사람 왔니?
나. 철수 왔니?
다. 그 사람 왔니?

지금까지 우리는 격 조사 출현이 이동 여부와 상관성이 있다는 김용하의 견해를 소개하고 그에 대한 직/간접적 근거를 살펴 보았다. 필자는 이 견해가 기본적으로 올바른 방향이라고 보지만, 부분적으로는 너무 강하다고 보는데, 이 논의를 하기 전에 김용하의 견해에 문제가 되었던 예들, 즉 주격 조사의 출현이 필수적이라고 판단된 예들인 (9다), (13가, 나), (15나), (26)을 검토하기로 하자(편의상 해당 예들을 아래 다시 제시한다).[20]

(9) 다. ??자라 토끼를 물었다.

(13) 가. *그 애 책을 읽는다.
나. *아빠 너희를 사랑하셔.

(15) 나. *누구 책을 샀니?

(26) *누구 정말 영희를 사랑하니?

먼저 의문사를 가진 (15나)와 (26)의 경우를 보자.[21] 이들 예는 사실 주격 조사의

20) 대격 조사가 필수적으로 나타나는 예인 (23나)에 대해 홍용철은 (22나)에 의해 설명이 되는 것으로 분석한 바 있다. 그러나 (23나)를 버린 이상 다른 설명이 필요한데, J.-M. Yoon(1989), 홍기선(1997), H.-S. Yoon(2004b) 등에 의하면 ECM 구문의 대격 표현은 논항이기보다는 비논항으로 IP의 외곽 지정어 성분이 이동한 것이다. 그리고 주격 외곽 지정어 성분도 ECM 구문의 대격 표현처럼 주격 조사의 비출현을 허용하지 않는다. 이에 대한 분석은 아래 부분을 참고할 것.

(i) 가. 과일이 파인애플이 비싸다. 나. 비행기가 737이 크다.
(ii) 가. *과일 파인애플이 비싸다. 나. *비행기 747이 크다.

비출현을 허용했던 김용하(1999:260)에서 문제로 남았던 것인데, 의문사가 강 양화사라는 점에서 앞서의 김광섭의 설명이 해결책이 될 수 있을 것으로 보인다. 즉 강 양화사이므로 동사구 내부에 있게 되면 두 개의 운영자와 관련을 갖게 되거나 아니면 김광섭의 Mapping Principle을 어겨 비문법적이 되는 것이다. 이와 같은 분석이 옳은 방향임을 보여 줄 수 있는 근거가 김용하(1999) 및 K.-S. Kim(2000)에서 지적된 바 있다. 즉 '누구'가 양화사가 아니라 비한정 비특정 대명사의 해석 즉 someone일 경우에는 문법적이 된다는 것이다. 이 해석의 경우는 약 양화사이므로 동사구 내부에 남아도 문제가 없으며 고로 격 조사가 나타나지 않아도 좋은 것이다.22)

한편 의문사가 아닌 경우에 대해서는 비한정 명사구의 특정 해석 및 비특정 해석이 구조 상의 위치와 관련이 있다는 Diesing(1992a, b)의 가설이 적용될 수 있을 것으로 보인다. 즉 동사구 내부에 있을 경우에는 비특정 해석을 가지지만, 외부에 올 경우에는 특정 해석을 가진다는 제안인데, 고로 특정 해석의 경우에는 항상 주격 조사의 출현이 예상된다.

(9다), (13가, 나)에서 해당 주어 표현의 자연스러운 해석은 비특정 해석보다는 특정 해석인 것으로 보인다. 즉 (13나)의 '아빠'는 문맥 상 아무 아빠가 아니라, '너희'가 가리키는 대상과 관련된 특정 "아빠"이며, '그 애' 및 '자라'도 특정 대상을 가리키는 것으로 보인다. 이는 결국 담화 상의 요인에 의해 특정 해석을 가지게 되는 비한정 명사구는 구조적으로 동사구 외부에 오게 되며 결국 그로 인해 격 조사의 출현이 필수적이 됨을 의미한다.23)

---

21) K.-S. Kim(2000:91)은 다음 예를 들어 모든 의문사의 경우 격 조사 생략이 가능하다고 보고 자신의 분석에 문제가 됨을 지적하고 이에 대한 해결책을 제시한 바 있다. 필자의 판단에 의하면 목적어 의문사의 경우는 격 조사가 없어도 되나, 주어 의문사의 경우는 김광섭의 판단과 달리 안 좋은 것으로 보인다. 한편 이런 판단이 맞는다면 주어 의문사와 목적어 의문사 간에 비대칭이 있게 되는데, 이에 대한 분석은 앞으로의 과제로 돌린다.

(i) 가. 죤이 누구 좋아하니? 나. (?)어제 누구 왔었니?

22) (15나) 및 (26)에 대해 Ahn&Cho(2006a)는 의문사가 D-linked의 해석을 가지는 경우는 좋은 것으로 봤다. 특히 D-linked의 해석을 일으키는 '이 중에서'가 추가되는 다음 예문은 더 좋은 것으로 보았다. 그러나 필자의 판단에 의하면 (15나, 26) 및 (i)의 예문도 여전히 나쁘다.

(i) *이 중에서 누구 영희를 만났니?

23) 혹자는 비특정 해석을 갖는 아래 문장에서 주격 조사의 비출현이 가능해야 하나 그렇지 않으므로 문제임을 지적할 수 있다.

(i) 가. ??아빠 딸을 사랑한다. 나. ??애 만화책을 좋아한다. 다. ??자라 바다에서 산다.

중요한 점은 이런 분석이 맞는다면 주격 조사의 필수적 출현에도 불구하고 앞에서 언급한 김용하의 일반화가 유지될 수 있다는 점이다. 마지막으로 위와는 다른 종류의 주격 조사의 필수적 출현을 지적한 목정수(2003:161)의 견해를 검토하기로 하자.[24] 그는 다음과 같은 문답에서 주격 조사의 출현이 필수적임을 지적하고 있다.

(38) 가. 철수 갔니?
나. 뭐, 철수가 갔다고.

목정수(2003:161)는 이와 같은 경우의 특성에 대해 "{가}와 {를}이 필수적으로 요구되는 문장이 단순한 의문문이 아니라 수사의문문으로 해석되거나, 감탄, 반어 등의 의미를 수반한다"고 지적한 바 있는데, 이는 결국 해당 표현이 담화 관련 해석을 가짐을 의미하며 담화 관련 해석이 이동에 의해 얻어지는 해석이라는 Chomsky(2001a, b)의 INT 분석에 의하면 해당 표현의 주격 조사의 출현은 필수적이 되므로 김용하의 일반화에 문제가 되지 않는다고 하겠다.

14.2.1.2.2 김용하(1999)에 대한 수정안

위 예문에서 주어들이 특정 해석을 안 가지는 경우의 자연스러운 해석이 비특정인지는 검토가 필요한 것으로 보인다. 위 예문들은 모두 '-ㄴ다'라는 어미를 가지는데, 이 어미에 의해 이 예문의 주어에 주어지는 자연스러운 해석은 총칭 해석인 것으로 보인다. 그리고 총칭 해석이 동사구 바깥에서만 가능하다는 견해에 의하면 위 문장의 부자연스러움은 김용하의 일반화에 의해 쉽게 포착이 된다.

24) 이 외에 김용하(1999:250-255)는 다음 예를 통해 개체 층위 서술어의 주어의 주격 조사도 반드시 나타나야 한다고 보고 있다.

(i) 가. *누구 예쁘니? 나. *학생 한 명 예쁘다.

그러나 이 예들의 비문법성은 '누구'와 '학생 한 명'이 강 양화사이므로 개체 층위 서술어의 여부와는 무관하게 설명될 수 있다.한편 개체-층위 서술어의 주어가 비한정 명사구인 경우 총칭 해석만을 가지며 그리고 주격 조사의 출현 또한 필수적이라는 관찰이 있다(이정민(1992), Y.-C. Jun(2001) 등). 총칭 해석이 동사구 외부에서만 가능하다는 일반적인 분석에 비추어 볼 때, 이 상관성은 격 조사 출현에 대한 지금까지의 제안에 의해 설명이 되며 고로 이 경우의 필수적 출현도 문제가 되지 않는다. 문제는 그럼 개체-층위 서술어의 주어의 기저 위치가 항상 동사구 외부이고 따라서 주격 조사의 출현이 항상 필수적이냐 하는 점인데, 다음 예들은 그렇지 않음을 보여준다.

(ii) 가. 그 강아지 (참) 영리하네. 나. 이 꽃 (참) 예쁘네.

그럼 김용하의 일반화에 전혀 문제는 없는 것인가? 김용하의 일반화에 의하면 격 조사가 출현하는 경우와 출현하지 않는 경우는 서로 구조적 위치가 다르므로 구조적 위치와 해석 간에 있는 것으로 본 상관성에 의하면 두 경우 간에 해석이 같거나 출현의 경우가 중의적 해석을 가질 수 없어야 한다. 그러나 기존 연구들은 그렇지 않음을 이미 지적하고 있다.

먼저 주격 조사 표현이 중의성을 지닌다는 지적은 Kuno(1973)의 제안 이후 널리 받아들여지고 있는 것으로 이른바 중립적 기술(neutral description) 해석과 완전 열거(exhaustive listing) 해석이 그것으로 전자가 행위 또는 임시 상태를 중립적으로 기술하는 해석을 가진다면 후자는 일정한 맥락 하에서(전형적인 예로 주어 표현을 의문사로 하는 의문문에 대한 답의 경우를 들 수 있다) 주어가 가리키는 대상이 해당 술어에 걸리는 유일한 대상이라는 해석을 가진다. 각각의 전형적인 예는 다음과 같다.

(39) 가. 철수가 책을 읽고 있다.
나. 철수가 죽었다.

(40) 가. 누가 일본어를 아니?
나. 철수가 일본어를 안다.

대격 조사 표현이 중의성을 지닌다는 지적은 여러 문헌에서 지적되고 있는데, 먼저 김용하(1999:176, 264-266)는 (28가)의 '사과 세 개를'이 특정 해석 뿐 아니라, 비특정 해석도 가질 수 있음을 지적하고 있으며, C.-B. Lee(1993:381), D.-W. Yang(1996:161)도 다음 예를 통해 같은 취지의 지적을 하였다.

(41) 가. 너 밥 먹었니?
나. 너 밥을 먹었니?
다. 너 벌써 밥을 먹었니?

원래 (41가, 나)는 H.-D. Ahn(1988)에서 논의된 것으로 안희돈은 (41가)의 '밥'이 비한정, 비특정 해석을 가지는데 반해, (41나)의 '밥을'은 한정, 특정 해석을 가짐을 지적하고 이 차이가 대격 조사에 기인한다고 보았다. 그러나 이창봉은 (41다)의 '밥을'이 (41가)의 '밥'과 마찬가지로 비한정, 비특정 해석을 가짐을 지적하면서 대격 조사가 독점적으로 특정성을 결정하는 요인이 아님을 지적하고 있다. 마지막으로

Lee&Cho(2003)는 앞서 논의한 (31나)에 대해 '편지를'이 특정 해석뿐 아니라, 비특정 해석도 가지며 결국 (31나)가 중의성을 지닌다고 지적한 바 있다.

한편 주격 조사와 대격 조사의 두 가지 해석 중 중립적 기술과 비특정 해석은 해당 명사구가 제자리에 있는 경우의 해석과 같은 양상이므로 필자는 김용하의 일반화를 일부 수정하여 다음을 제안하기로 한다.

(42) 가. 주어 및 목적어가 제자리에 있을 경우 해당 명사구의 격자질의 형태적 실현은 수의적이다.
나. 주어 및 목적어가 이동한 경우 해당 명사구의 격자질의 형태적 실현은 필수적이다.

이 제안 중 김용하와 다른 것은 (42가)이다. 이 제안에 의하면 주어 성분의 주격은 제자리에서 형태적으로 실현될 수도 있고 안 될 수도 있다. 필자는 김용하(1999:256)에서 논의된 다음과 같은 수량사 구성의 양상이 이 제안에 대한 한 근거가 될 수 있다고 본다.[25)]

(43) 가. 학생 한 명이 꽃에 물을 준다.
나. *학생 한 명 꽃에 물을 준다.
다. 학생이 한 명이 꽃에 물을 준다.
라. 학생이 한 명 꽃에 물을 준다.

이들 구문은 주격 조사의 유무에 있어 다를 뿐, 모두 비슷한 구성으로 되어 있어 일반적으로는 동일한 구문으로 여겨지고 있다. 그러나 필자는 최기용(2001나)에서 명사 부분에 격 조사가 있는 경우와(이는 분류사에 격 조사가 있는가 없는가에 따라 "이중격형" 및 "명사 격형"이라 불리었다) 없는 경우("분류사 격형"이라 부름)가 서로 다른 구문으로 해석과 구조가 서로 다름을 주장한 바 있다. 그 제안에 의하면 분류사 격형인 (43가, 나)는 (44가)와 같은 구조를 가지고, 명사 격형과 이중격형은 (44나)와 같은 구조를 가진다.

---

25) 김용하는 (43)의 네 문장을 모두 문법적인 것으로 보고 있다. 그러나 필자의 판단에 의하면 (43나)는 다른 세 문장에 비해 아주 안 좋으며 고로 비문법적인 것으로 본다. 유사한 판단이 김용하(1999: 257쪽 각주 12)에서도 언급되고 있다.

(44) 가. 나.

이 구조가 보이듯이 두 구성 간의 주요 차이는 다음과 같다. 분류사 격형에서는 명사, 수사, 분류사가 하나의 구성체로서 DP를 이루나, 명사 격형과 이중격형에서는 명사 부분이 수사/분류사와 별도로 하나의 DP를 이룬다는 점이다. 이 제안에 의하면 먼저 (44가)와 (44나)의 대비는 분류사 격형이 전형적인 양화사라는 점에 의해 설명이 된다. 즉 양화사이므로 앞서의 김광섭의 제안에 의해 동사구 내부에 있지 못하며 그 결과 (44나)는 비문법적이 되는 것이다. 그에 반해, 이동해서 주격 조사가 실현되는 경우인 (44가)는 문법적이 되는 것이다.

한편 명사 격형과 이중격형의 경우 (44나)의 구조에 의하면 논항의 지위를 가지는 것은 분류사 격형의 경우와는 다르게 명사-수사-분류사 전체가 아니라 명사 부분만이다. 그리고 이에 따라 동사구 외부로 이동하는 것은 명사 부분만이며 수사-분류사 부분은 제자리에 남게 되는 것이다. 그리고 (44가)에 의해 제자리에 남은 NP 부분의 주격이 실현되는 경우는 (43다)이고 실현되지 않는 경우는 (43라)가 되는 것이다.

14.2.1.2.3 인접성 문제

지금까지 우리는 구조격 조사의 출현/비출현과 관련하여 그것이 논항 성분의 구조적 위치와 연관이 있다는 논의를 살펴 보았는데, 이와 달리 서술어와 인접성 여부가 일정한 역할을 한다는 관찰이 있어 이를 여기서 검토하기로 한다.

이 문제와 관련하여 K.-S. Kim(2000:80)은 다음 예를 들어 주어든 목적어이든 서술어와 인접하지 않으면 격 조사의 비출현이 허용되지 않는 것으로 보았다.

(45) 가. *지금 영희 철수를 만나고 있으니까
　　 나. *영희 철수가 좋아한다.

그러나 이와 같은 서술어와의 인접성 조건은 너무 강한 것으로 보인다. 우선 김영희(1998:284-284)에서 지적된 바 있듯이 목적어의 경우, 서술어와 목적어 사이에 각종 부사어가 와도 대격 조사의 비출현이 허용된다.

(46) 가. 언니가 방에서/돋보기로/세밀히/자주 그 책을 본다.
　　나. 언니가 방에서/돋보기로/세밀히/자주 그 책 본다.
　　다. 언니가 그 책 방에서/돋보기로/세밀히/자주 본다.[26)]

(47) 가. 외삼촌이 나에게 돈을 낮에/수표로/남몰래/종종 주셨어.
　　나. 외삼촌이 나에게 돈 낮에/수표로/남몰래/종종 주셨어.
　　다. 외삼촌이 나에게 낮에/수표로/남몰래/종종 돈 주셨어.

주어의 경우 앞에서 주어 명사구의 담화적 해석 및 의미적 특성에 의해 주격 조사의 출현이 필수적인 경우가 있으나, 기본적으로는 비출현이 허용되는 것으로 보았는데 다음 예들은 보어로 인해 서술어와 인접하지 않아도 비출현이 여전히 허용됨을 보여 준다.

(48) 가. 나 책을 다 읽었어.
　　나. 철이 학교에 갔다.
　　다. 자라 토끼를 물다.
　　라. 아빠 영미를 사랑하다.

필자는 이상의 예들을 들어 서술어와의 인접성 조건은 출현/비출현을 결정 짓는 올바른 조건이 될 수 없다고 본다. 이는 (45)의 예들이 인접성 조건에 의해 설명이 되기보다는 다른 조건들에 의해 설명이 되어야 함을 의미하는데, (45가)의 경우는 연결 어미 '-니까'가 나타내는 맥락과 관련이 있는 것으로 보인다. 즉 '-니까' 부분은 어떤 상황에 대한 이유를 나타내는데 이로 인해 그 문장의 주어는 담화 상의 초점을 받기 쉬운 것으로 보인다. 그리고 초점의 해석이 이동한 경우에만 가능하다고 볼 때, (42나)에 의하면 주격 조사의 출현이 필수적이며 (45가)는 이를 어겨 비문법적인 것으로 보인다.[27)] (45나) 또한 같은 취지의 분석이 가능하다. 즉 목적어인 '영희'가 주어 앞에 있으

26) 혹자는 이 예문과 (47나)에 대해 부사와 목적어의 상대적 위치로 보아 목적어가 이동한 것으로 보이므로 (42나)에 의하면 격조사의 출현이 필수적이어야 하는데 그렇지 않으므로 문제임을 지적할 수 있다. 이 문제는 부사의 구조적 위치와 한국어에서 핵 이동을 인정할 것이냐와 관련이 있다. 필자는 부사의 부가는 기본적으로 왼쪽, 오른쪽 다 가능하다고 가정하며 또한 한국어에서 핵 이동을 인정한다. 이에 의하면 관련 예문에서 목적어가 반드시 이동한 것으로 볼 이유는 없다.

27) 이런 분석에 대해 혹자는 다음 예문을 들어 왜 '-니까' 절의 목적어에 대해서는 초점 해석이 강제

며 이는 이 성분이 이동함을 의미하므로 (42나)에 의해 대격 조사가 반드시 나타나야 하는 것이다.

14.2.1.3 정리 및 요약

지금까지 우리는 생성 문법에서 구조격의 실현으로 취급되는 주격 조사 및 대격 조사의 출현/비출현의 양상이 논항 성분의 경우 어떤가를 살펴 보았다. 다음은 이를 간단히 정리한 것이다.

(49) 가. 주격 조사 및 대격 조사의 비출현은 기본적으로 허용된다.
나. 주어 및 목적어가 제자리에 있을 경우 해당 명사구의 격자질의 형태적 실현은 수의적이다.
다. 주어 및 목적어가 이동한 경우 해당 명사구의 격자질의 형태적 실현은 필수적이다.

(49나)와 (49다)에 의하면 주격 조사를 가진 명사구 및 대격 조사를 가진 명사구는 단일한 위치에 있지 않으며 서로 다른 구조적 위치를 점하는 것이 된다. 최근의 연구에 의하면(Diesing(1992a, b), Chomsky(1995, 2000, 2001a, b) 등), 서로 다른 구조적 위치 특히 동사구 내부와 외부는 서로 다른 해석적 성격을 가지는데 이는 결국 주격 조사 명사구 및 대격 조사 명사구의 해석이 중의적임을 의미하며 실제로 그런 양상을 보임을 우리는 앞에서 검토하였다. 그리고 격 조사가 안 나타나는 명사구의 해석은 홍용철의 격조사 부재 혹은 Ahn&Cho(2006b)가 Left Dislocation으로 부른 경우를 논외로 한다면 단일한데 앞의 분석에 의하면 그 이유는 해당 명사구가 격 조사 출현 명사구와 달리 단일한 구조적 위치를 점하기 때문이다.[28)]

되지 않는가 하는 의문을 제기할 수 있다. 앞으로의 연구 과제로 삼기로 한다.

(i) 지금 영희가 철수(를) 만나고 있으니까, ...

28) 이런 분석은 같은 현상에 대한 Lee&Cho(2003:46)의 제안과 다소 다르다. 격 조사 비출현 명사구가 단일 해석을 갖는 이유에 대해 그들은 필자와 마찬가지로 해당 명사구가 이동을 하지 않은 상태이기 때문이라고 했으나, 격 조사 비출현 명사구에는 격을 품는 D가 없다고 보았다. 반면 필자는 문제의 명사구도 공범주 D를 핵으로 하는 DP이며 고로 격도 인가되지만, 단지 구조적 위치로 인해 격이 형태적으로 출현되지 않을 뿐으로 본다. 결국 차이는 격 조사를 D로 보느냐 아니냐에 있다고 할 수 있는데, 이에 대한 논의는 K. Choi(2005), 최기용(2006나)을 참조할 것. 참고로 격 조사 출현 명사구의 경우 중의적 해석을 가지며 그 중 한 해석이 제자리 명사구의 것과 같은 현상은 Lee&Cho(2003)의 제안에 문제가 되는 것으로 보인다. 즉 격 조사가 있다는 것은 그들의 제안에 의하면 D가 있음을 의미하며 고로 vP의 D를 점검하기 위해 이동이 필수적이어야 하므로

14.2.2 비논항 성분

한국어에서 구조격의 실현인 주격, 대격 조사가 논항 성분에만 나타나는 것이 아님은 잘 알려져 있다. 그러나 그 출현/비출현의 양상이 어떠하고 이를 어떻게 보아야 할지 특히 논항 성분에서의 출현/비출현 양상과 어떻게 연관지어야 하는가에 대해서는 별 논의가 없었던 것으로 보인다. 본 절에서는 우선 비논항 성분에서의 양상을 살펴보고 이어 다음 절에서 그 양상이 논항 성분에서의 양상과 어떻게 통합될 수 있는가를 논의하기로 한다.

먼저 필자가 검토한 바에 의하면, 구조격 조사가 나타나는 비논항 성분은 다음과 같다.

(50) 가. 대격 전체-부분 구성 및 주어-보어 구성의 부분 명사구[29]
나. 이중/다중 주어 구성의 왼쪽 명사구[30]
다. ECM 구문의 대격 명사구[31]
라. 장형 부정 구문의 '-지'
마. 부정 계사 구문의 술어 명사구[32]
바. 피동/능동 경동사 구문의 한자어
사. 명사 격형 수량사 구성의 수사-분류사[33]

격 조사 출현 명사구는 제자리에 있을 수 없게 된다. 이를 막는 길은 vP의 D 자질이 수의적이라고 보는 것인데, 이는 결국 이동이 수의적이라는 가정과 같으며 결국 격 조사를 D로 보는 것과 무관하게 된다.

29) 5장 및 6.3.1 참조.

30) 6.3.2 참조

31) 7장 참조

32) 긍정 계사 구문의 경우는 해당 서술 명사구에 나타나는 '-이'를 무엇으로 보느냐에 따라 논의가 달라진다. 서술어로 보는 경우에는 격 자체가 인가되지 않는 것으로 봄으로 논외가 된다. 그에 반해, 필자와 같이(우순조(2000, 2001), 최기용(2001가, 2003가) 등) 주격 조사로 보는 입장에서는 함께 논의가 되어야 한다. 주격 조사로 볼 경우, '-이'의 출현/비출현 양상은 부정 계사 구문의 경우와는 두 가지 점이 다르다. 출현/비출현 여부가 서술 명사구의 끝소리가 모음이냐 자음이냐에 따라 다르며, 자음으로 끝날 경우에는 반드시 나타나야 한다.

(i) 가. 철수가 회사 대표이다. 나. 철수가 회사 대표다.
(ii) 가. 철수가 회사 사장이다. 나. *철수가 회사 사장다.

전자는 음운적 요인이므로 논외가 되나, 후자는 다른 경우와 비교하여 설명되어야 할 것으로 보인다. 이에 대해서는 각주 39를 참조할 것.

33) 이는 명사 격형에서 명사와 수사-분류사가 서로 별개의 구성체를 이룬다는 필자의 분석에 의한 것이다. 이에 반해 분류사 격형에서는 명사와 수사-분류사가 하나의 구성체를 이룬다. 자세한

아. '되-' 구문의 술어 명사구
자. 부사적 명사구

그리고 다음은 각 경우들의 출현/비출현 양상을 보여주는 예들로 비논항 성분은 진하게 표시하였다.

(50가)

(51) 가. 철수가 영미를 **팔을** 잡았다.
나. ?철수가 영미를 **팔** 잡았다.

(52) 가. 너, 영미를 **어디를** 때린 거니?
나. 너, 영미를 **어디** 때린 거니?

(53) 가. 철수가 **손이** 크다.
나. 철수가 **손** 크다.

(50나)

(54) 가. **존슨씨가** 아들이 눈이 크다.
나. **존슨씨** 아들이 눈이 크다.

(55) 가. **인수가** 아버지가 트럭을 운전하신다.
나. **인수** 아버지가 트럭을 운전하신다.

(56) 가. **개가** 허스키가 썰매를 잘 끈다.
나. ***개** 허스키가 썰매를 잘 끈다.

(57) 가. **이광수가** 소설이 더 유명하다.
나. ***이광수** 소설이 더 유명하다. ((57가)의 뜻인 경우)

(50다)

(58) 가. 철수는 **영미를** 똑똑했었다고 믿었다.
나.?*철수는 **영미** 똑똑했었다고 믿었다.

(59) 가. 나는 **철수를** 돈이 많다고 생각했다.
나.?*나는 **철수** 돈이 많다고 생각했다.

내용은 최기용(2001나)을 참조할 것.

(60) 가. 나는 **LA를** 한국 사람이 제일 많이 산다고 생각한다.
나.?*나는 **LA** 한국 사람이 제일 많이 산다고 생각한다.

(61) 가. 나는 **고층 건물을** 뉴욕에 제일 많다고 생각한다.
나.?*나는 **고층 건물** 뉴욕에 제일 많다고 생각한다.

(50라)

(62) 가. 영미가 몸이 **좋지를/가** 않다.
나. 영미가 몸이 **좋지** 않다.

(63) 가. 영미가 밥을 **먹지를** 않는다.
나. 영미가 밥을 **먹지** 않는다.

(50마)

(64) 가. 철수가 **범인이** 아니다.
나. 철수가 **범인** 아니다.

(65) 가. 영미가 **반 대표가** 아니다.
나. 영미가 **반 대표** 아니다.

(50바)

(66) 가. 그 가설이 **증명이** 되었다.
나. 그 가설이 **증명** 되었다.

(67) 가. 김 박사가 그 가설을 **증명을** 했다.
나. 김 박사가 그 가설을 **증명**했다.

(50사)

(68) 가. 학생이 **두 명이** 왔다.
나. 학생이 **두 명** 왔다.

(69) 가. 책상 위에 사과가 **세 개가** 놓여 있다.
나. 책상 위에 사과가 **세 개** 놓여 있다.

(70) 가. 철수가 사과를 **세 개를** 먹었다.
나. 철수가 사과를 **세 개** 먹었다.

(71) 가. 영수가 학생을 **세 명을** 만났다.
나. 영수가 학생을 **세 명** 만났다.

(50아)
(72) 가. 철수가 마침내 **사장이** 되었다.
나. 철수가 마침내 **사장** 되었다.

(73) 가. 아이가 자라서 **어른이** 된다.
나. 아이가 자라서 **어른** 된다.

(50자)
(74) 가. 철수가 그 책을 **세 번을** 읽었다.
나. 철수가 그 책을 **세 번** 읽었다.

(75) 가. 철수의 제안이 **여러 번이** 기각되었다.
나. 철수의 제안이 **여러 번** 기각되었다.

위 예들이 보여주는 일차적 양상은 (50나)의 몇 경우와 (50다)를 제외하고는 거의 같다고 할 수 있는데 그것은 물론 주격 조사, 대격 조사에 상관없이 출현이 수의적이라는 점이다. 그에 반해 (50다)의 모든 예문들은 대격 조사의 비출현을 허용하지 않는 것으로 보인다. 문제는 (50나)인데, 해당 예는 격 조사 출현 여부에 있어 서로 엇갈린 양상을 보인다. 그러나 필자는 이 경우도 (50다)와 마찬가지로 격 조사의 비출현을 허용하지 않는 경우로 보아야 한다고 생각한다.

먼저 허용하지 않는 예인 (56)과 허용하는 것으로 보이는 (54, 55)은 첫 번째 명사구와 두 번째 명사구의 관계에 있어 서로 다르다. 즉 (54, 55)의 경우에는 다음 예에서 보듯이 첫 번째 명사구 뒤에 속격 조사의 출현이 가능하나, (56)의 경우는 그렇지 못하다.

(76) 가. 존슨씨의 아들이 눈이 크다.
나. 인수의 아버지가 트럭을 운전하신다.
다. *개의 허스키가 썰매를 잘 끈다.

이는 (54나, 55나)가 (54가, 55가)로부터 도출된 것이 아니라, (76가, 나)에서 도출된 것임을 보인다. 이런 분석이 맞다는 점은 바로 (77)의 예가 보여준다.

(77) 이광수의 소설이 더 유명하다.

즉 (57가)가 "이광수가 쓴 소설이 이광수가 쓴 다른 장르보다 더 유명함"을 뜻한다면, (77)은 "다른 작가의 소설보다 이광수의 소설이 더 유명함"을 뜻한다. 중요한 점은 구조격 조사가 없는 (57나)가 (57가)를 뜻하기보다는 (77)을 뜻한다는 점이다. 이는 결국 이른바 이중/다중 주어 구성에서 왼쪽 명사구의 격 조사의 비출현이 허용되지 않음을 뜻하는 것이라 할 것인데, 이로서 이중/다중 주어 구성의 왼쪽 명사구와 ECM 구문의 대격 표현은 구조격 조사의 출현/비출현에 있어 같은 양상을 보인다고 할 수 있다. 사실 두 구문의 주격 표현과 대격 표현이 격 조사가 다름에도 격 조사의 출현/비출현에 있어 같은 양상을 보인다는 것은 홍기선(1997), H.-S. Yoon(2004b)의 논의 및 6, 7장의 논의에 의하면 자연스러운 일이라 할 수 있다. 왜냐면 둘이 같은 성격을 가진다고 보았기 때문이다. 결국 비논항 성분에서의 격 조사 출현/비출현 여부는 최종적으로 다음과 같이 정리된다.

(78) 가. 이중/다중 주어 구성의 왼쪽 명사구 및 ECM의 대격 표현이 갖는 격 조사의 출현은 필수적이다.
나. 그 외의 비논항 성분의 격 조사 출현은 수의적이다.

14.2.3 구조격 조사의 출현/비출현을 결정짓는 요인은 무엇인가: 이동, 의미역 영역, 또는 격인가 영역

논항 성분이든 비논항 성분이든 나타나는 격 조사가 구조격의 실현이라면 그 출현/비출현 양상에 대한 설명이 서로 다르기보다는 같은 것이 더 바람직할 것이다. 논항 성분의 검토를 통해 우리는 일단 이동 여부가 그 출현 여부를 결정짓는 요인임을 보았는데, 여기서는 비논항 성분이 보여주는 양상인 (78)도 과연 마찬가지로 설명이 될 수 있는지 그리고 될 수 없다면 어떤 요인이 올바른 것인지를 논의하기로 한다.

먼저 (78나)의 양상은 이동 여부에 의한 14.2.1의 파악에 별 문제가 없음을 보여주는 듯하다. 14.2.1의 파악이 맞다면 (78나)에 해당하는 모든 비논항 성분들의 구조격 조사의 출현이 수의적이므로 해당 성분들은 이동하지 말아야 한다. 이 점과 관련하여 주목할 점은 경동사 구문의 한자어의 경우를 제외하고는 각 구문의 해당 성분에 대해 이동을 제안한 분석은 과문의 탓이나 지금까지 거의 없다는 점이다.[34] 그 이유는 물론 이들 성분이 비논항 성분이므로 논항의 경우와 달리 이동 여부가 어떤 경험적 쟁점이 되지 못했기 때문이다. 이는 결국 이들 비논항 성분의 이동을 입증할 만한 경험적 근거가 없음을 말하며 고로 (78나)는 해당 비논항 성분이 제자리에 있기 때문에 일어나는 결과로 분석될 수 있을 것이다.

그러나 (78가)의 양상은 이동 여부에 의한 파악에 문제가 있음을 보여준다. (78가)의 양상을 보여주는 구문은 이중/다중 주어 구성 및 ECM 구문의 두 가지인데, 일단 ECM 구문의 경우는 7장에서 보았듯이 ECM 구문에 대한 대부분의 기존 연구들이 해당 대격 표현이 이동하는 것으로 보므로(J.-M. Jo(2001), Kim&Kim(2003), H.-S. Yoon(2004b) 등 참조) 문제가 안 된다. 그러나 이중/다중 주어 구성의 경우는 다르다. 앞서 6장의 논의에 의하면 대부분의 연구들이(H.-S. Yoon(1987), 남기심(1988/1996), 유동석(1998가, 나) 등 참조) 왼쪽 명사구가 기저-생성되는 것으로 보는데 그런 입장이 맞고 격 조사의 출현/비출현을 결정짓는 요인이 이동이라면 왼쪽 명사구에는 격 조사가 수의적으로 나타날 수 있어야 한다. 즉 비출현이 허용되어야 하는 것이다. 그러나 (50나)에 대한 검토에 의하면 왼쪽 명사구의 격조사의 출현은 필수적이다.

이동 여부가 논항 및 비논항 성분의 격 조사 출현 여부를 통괄하는 요인이 될 수 없다면 다른 요인을 찾아야 하는데, 다음의 두 가지 대안이 가능한 것으로 보인다: (가) 해당 성분이 의미역 영역 내에 있는가의 여부, (나) 해당 성분이 격 인가 영역 내에 있는가의 여부.

먼저 의미역 영역에 의한 해결책을 좀 더 구체화하면 다음과 같다.

(79) 가. 술어의 의미역 영역 내에 오는 성분은 격 조사 출현이 수의적이다.
나. 술어의 의미역 영역 바깥에 오는 성분은 격 조사 출현이 필수적이다.

그리고 의미역 영역은 다음과 같이 규정될 수 있을 것이다.[35)]

(80) vP가 관할하는 모든 위치

---

34) 경동사 구문의 경우 격 조사가 없는 경우를 핵-이동을 통한 융합(incorporation)의 결과로 보는 분석들이 있으나(김의수(1999:1013) 및 관련 참고문헌 참조), 격 조사 출현 여부에 의한 어떤 뚜렷한 차이가 없다는 지적이 있으며(엄정호(2003:176-177), 실제로 이동에 대한 경험적 근거는 제시된 적이 없는 것으로 보인다. 본 장의 분석에 의하면 격 조사가 없는 경우는 해당 한자어가 이동하지 않고 제자리에 남아 있는 결과이다.

35) 이 규정 및 부가 구조의 모든 조각(segment)에 의해 관할되어야만 관할된다는 규정에 의하면 (Chomsky(1986a:7, 9) 참조), vP에 부가되는 성분은 vP에 의해 관할되지 못하므로 의미역 영역의 바깥에 있는 것이 된다.

이 해결책은 목적어의 이동이 일반적으로 vP 부가로 분석된다는 점에서 논항 성분이 보이는 양상은 그대로 포착한다. 즉 이동한 주어와 이동한 목적어는 모두 의미역 영역 바깥에 있게 되나 이동하지 않은 논항 성분은 의미역 영역 내에 있게 되는 것이다. 보다 중요한 점은 앞서 이동 분석에 문제점이 되었던 이중/다중 주어 구성의 양상이 ECM 구문의 경우와 함께 제대로 포착된다는 점이다. 즉 이중/다중 주어 구성에 대한 앞서의 분석에 의하면 주제 표현은 해당 술어의 의미역 영역 바깥에 위치하게 되며 그로 인해 격 조사 출현이 필수적이라고 설명될 수 있기 때문이다.

그러나 의미역 영역을 이용한 분석은 오히려 수의적 양상을 보이는 경우를 다 포착하지 못하는 문제점이 있다. 우선 수의적 양상을 보이는 구문 중 (50가, 라, 사, 자)의 양상을 제대로 포착한다.[36] 즉 앞서의 분석에 의하면 해당 비논항 표현들이 모두 의미역 영역 내에 있게 되며 고로 수의적이라고 설명될 수 있다. 그러나 그 외의 경우들에는 간단치 않은 문제들이 있다. 먼저 술어 명사구를 가진 (50마, 아)의 경우는 의미역 구조가 명확하지 않은 상태에서 의미역 영역을 규정하기 어려운 점이 있다. 혹자는 술어 명사구 상위에 가상의 술어((50아)의 경우는 '되-'가 해당 술어가 될 수 있을 것이다)를 설정하고 의미역 영역을 확장하여 그 술어구가 관할하는 모든 위치까지 포함시키는 해결책을 제시할 수 있을 것이다. 즉 그런 가상 술어구의 내부에 오므로 격 조사 출현이 수의적이라는 설명이다. 그러나 의미역 영역의 확장이 자연스럽지 않다는 문제 외에도 가상 술어의 설정이 많은 부담을 주는 분석이라는 점이 문제로 지적되어야 할 것으로 보인다.

경동사 구문의 경우는 더욱 큰 문제를 제기할 것으로 보인다. 경동사 구문에서 의미역은 '하-'보다는 한자어에서 기원하는 것으로 분석된다. 그리고 (80)에 의하면 의미역 영역은 한자어를 핵으로 하는 한자어 명사구가 관할하는 모든 위치이므로 한자어 명사구 자신은 그 영역 외부에 있게 되어 (79나)에 의해 격 조사의 출현이 필수적 양상을 띠어야 하나 이는 사실과 다르기 때문이다.

사실 필자는 격의 형태적 출현 여부가 격과 무관한 의미역 영역에 의해 결정된다고 보는 것은 개념적으로 자연스럽지 않다고 보는데, 이는 물론 개념적으로 더 자연스러운 방안은 격 인가 영역에 의해 격 조사의 출현 여부가 결정된다고 보는 견해임을

---

36) 장형 부정 구문의 구조에 대한 가정에 따라 '-지'의 위치는 의미역 영역 바깥쪽이 될 수도 있고 안쪽이 될 수도 있다. 여기서 안쪽에 온다고 본 것은 최기용(1993)의 제안을 토대로 한 것이다.

의미한다. 그리고 경험적으로도 지금까지의 출현/비출현 양상을 설명하는 데 아무런 문제가 없다고 보는데, 이를 위해서는 먼저 구체적인 격 인가 영역 안을 제시해야 하는데 그 내용은 다음과 같다.

(81) 가. 격 인가 영역의 안쪽에 오는 성분의 격 조사 출현은 수의적이다.
나. 격 인가 영역의 바깥쪽에 오는 성분의 격 조사 출현은 필수적이다.

이어 격 인가 영역은 다음과 같이 규정된다.

(82) 격 인가 영역은 해당 격 인가자의 성분-통어 영역이다.[37)]

이제 (81, 82)에 의해 지금까지 본 격 조사의 출현/비출현 양상이 어떻게 문제 없이 설명이 되는가 보자. 이를 위해 (42)와 (78)을 아래 다시 옮긴다.

(42) 가. 주어 및 목적어가 제자리에 있을 경우 해당 명사구의 격자질의 형태적 실현은 수의적이다.
나. 주어 및 목적어가 이동한 경우 해당 명사구의 격자질의 형태적 실현은 필수적이다.

(78) 가. 주제 명사구의 성격을 가지는 비논항 성분은 격 조사 출현이 필수적이다.
나. 그 외의 비논항 성분은 격 조사 출현이 수의적이다.

먼저 (42가)의 경우. 주어 및 목적어의 제자리는 각각 vP의 지정어 및 VP의 보어이다. vP의 지정어 위치는 주격 인가자인 Agr(혹은 T, I)에 의해 성분-통어 되며 VP의 지정어도 대격 인가자인 v에 의해 성분-통어된다. 고로 이동하지 않은 주어 및 목적어는 모두 해당 격 인가자의 인가 영역 내에 있으므로 (81가)에 의해 격 조사 출현이 수의적이 된다.

---

37) 지금까지의 논의에 따라 주격 인가자는 Agr, 대격 인가자는 v로 본다. 그러나 주격 인가자를 T 혹은 I로 보아도 논의에 영향을 미치지는 않는다. 그리고 성분-통어는 다음 규정을 따른다.

(i) X is dominated by Y only if it is dominated by every segment of Y.
(ii) X excludes Y if no segment of X dominates Y. Chomsky(1986a:7, 9)
(iii)) X c-commands Y iff X and Y are categories and X excludes Y and every category that dominates X dominates Y. Kayne(1994:18)

(42나)의 경우. 일반적으로 주어의 이동 위치는 AgrP의 지정어로 되어 있고 목적어의 경우는 앞서 보았듯이 vP의 부가어로 되어 있다. 주목할 점은 성분-통어 규정에 의하면 이들 위치는 각 격 인가자에 의해 성분-통어되는 위치가 아니라는 점이며 고로 격 인가 영역 바깥에 있게 되고 (81나)에 의해 격 조사 출현이 필수적이 된다.

이어 (78가). 이중/다중 주어 구성의 왼쪽 명사구가 어디 나타나느냐에 대해 기존 문헌은 여러 견해를 제시하고 있으나 지배적 견해는 6장에서 보았듯이 문법적 주어가 있는 구 즉 AgrP 혹은 IP의 외곽 지정어라는 것이다(H.-S. Choe(1987), H.-S. Yoon (1987), H.-J. Yoon(1996:387) 등 참조). 이 위치는 주격 인가자에 의해 성분-통어되지 못하며[38] 고로 (81나)에 의해 격 조사 출현이 필수적이 된다. 한편 ECM 구문의 대격 표현은 대부분의 연구가 모문 vP에 부가되는 것으로 보는데, 이 위치 역시 대격 인가자 v에 의해 성분-통어되지 않으므로 (81나)에 의해 격 조사 출현이 필수적이 된다.[39]

마지막으로 (78나)를 보자. 먼저 의미역 영역 안에서 문제가 되지 않았던 (50가, 라, 사, 자)들은 격 인가 영역 안에서도 문제가 되지 않는다. 그 이유는 물론 해당 비논항 성분들의 격 인가 영역이 의미역 영역과 같거나 그보다 훨씬 크기 때문이다. 한편 의미역 영역 안에서 문제가 되었던 나머지 경우들은 격 인가 영역 안에서는 문제가 되지 않는다. 먼저 부정 계사 구문의 구조에 대해 필자는 다음을 가정한다.

(83)

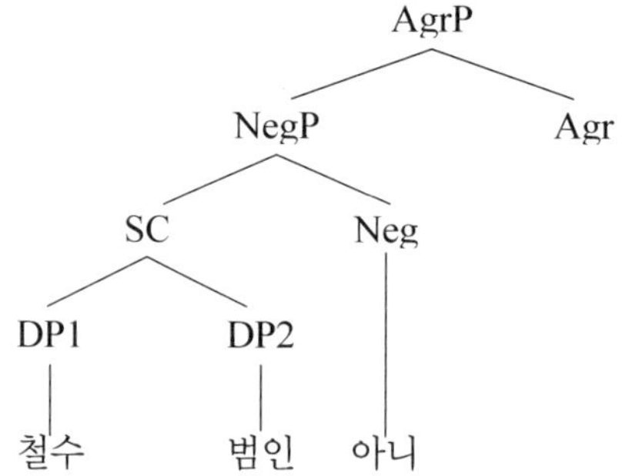

---

38) 앞서 6.3.2에서 이중/다중 주어 구성의 왼쪽 명사구의 주격이 핵 이동한 Agr에 의해 인가되는 것으로 보았다. 고로 (82)의 "격 인가 영역"은 격 인가자 사슬 중 꼬리(tail) 부분만이 참여하는 영역으로 규정된다.

39) 긍정 계사 구문의 '-이'의 필수적 출현도 계사 구문의 구조에 대한 필자의 제안(Choi(1993) 참조)을 가정할 때, (81나)에 의해 설명이 된다. 필자의 제안에 의하면 긍정 계사 구문의 서술 명사구의 핵은 상위의 기능범주로 이동하며 그로 인해 주격 인가자인 Agr의 성분-통어 영역 바깥에 위치하게 된다.

이 구조에 의하면 부정 계사 구문의 술어 명사구는 주어 성분과 함께 소절을 이루며 주격 인가자는 이 소절을 성분-통어한다. 즉 술어 명사구는 주격 인가자의 성분-통어 영역 내에 있게 되고 고로 (81가)에 의해 격 조사 출현이 수의적이 된다.

경동사 구문 및 '되-'의 경우도 문제가 없다. 필자는 이들 구문에 대해 11장에서 각각 다음과 같은 구조를 가정한 바 있다.

능동 경동사 구문

(84)

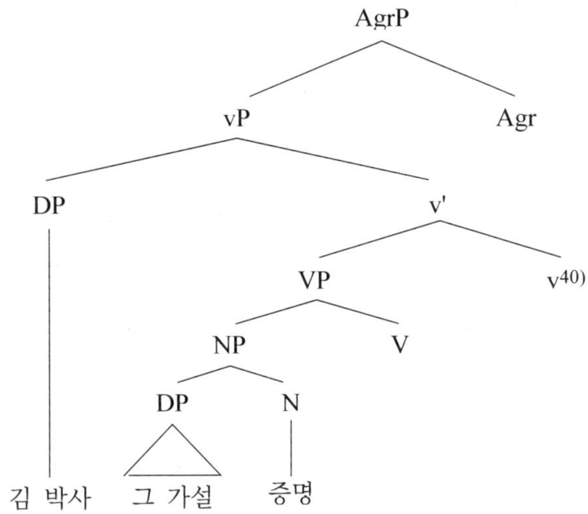

피동 경동사 구문

(85)

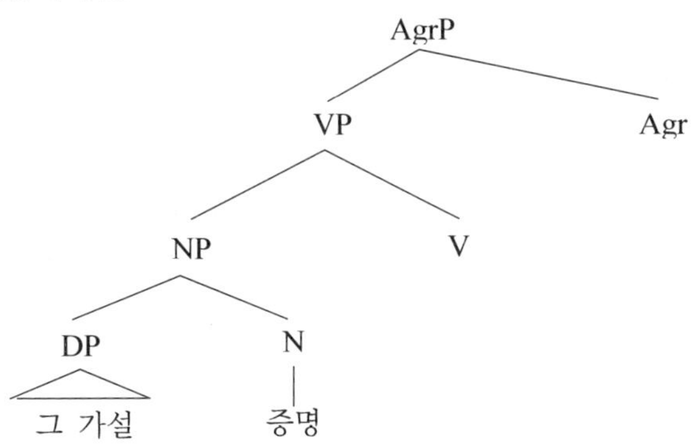

40) V가 v로 이동하여 만들어지는 V-v는 '하-'로 실현하는 것으로 본다. 그에 반해, 아래 (85)의 구조에서 v가 없는 경우의 V는 '되-'로 실현되는 것으로 본다. 11.1 참조.

'되-' 구문

(86)

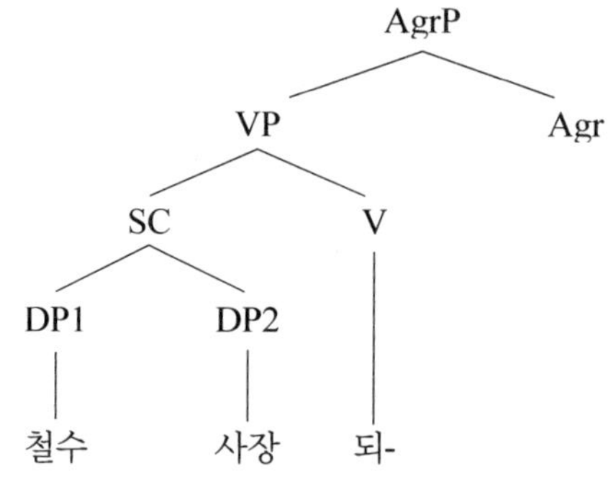

이상의 구조에 의하면 이들 구문의 비논항 성분의 격조사 출현이 수의적이라는 점이 쉽게 설명이 된다. 먼저 대격 조사를 갖는 경동사 구문의 구조에 의하면 한자어 명사구는 대격 인가자인 v의 성분-통어 영역 내에 있게 되며, 주격 조사를 갖는 경동사 구문이나 '되-' 구문의 경우, 해당 명사구는 주격 인가자인 Agr에 의해 성분-통어되므로 모든 경우에서 격 조사 출현이 수의적이 된다.

14.2.4 요약

구조격 조사의 출현/비출현을 어떻게 보느냐에 대한 기존의 연구들은 앞에서 언급하였듯이 격조사의 생략 혹은 공범주의 인가와 관련된 현상으로 보는 것을 전제로 하였다. 이는 격조사의 출현/비출현이 부분적으로 주어 대 보어의 비대칭 양상을 보이기 때문이었는데, 보다 광범위한 자료의 검토의 결과 그런 식으로 파악될 수 없음을 보았다. 먼저 논항 성분의 경우 구조격 조사의 출현 여부는 (49나, 다)로 정리되며 이는 궁극적으로 구조격 조사의 출현 여부가 주어 대 보어 차이를 토대로 한 생략 혹은 공범주의 인가 여부에 의해 파악되어야 할 것이 아니라, 논항 성분의 이동 여부에 따른 구조격의 형태적 실현의 차이로 파악되어야 함을 보이는 것이다.

한편 기존의 연구들은 비논항 성분의 경우를 논의하지 않았는바, 본 논문은 구조격 조사를 갖는 비논항 성분의 경우들을 검토하면서 비논항 성분이 보이는 구조격 조사가 대부분의 경우 그 출현이 수의적이지만, 이중/다중 주어 구성과 ECM 구문의 경우는 필수적임을 지적하였다. 비논항 성분이 논항이 아니라는 점에서 격조사 출현/비출현에 대한 기존 연구들의 입장에서는 비논항 성분에 왜 이런 비대칭 현상이 일어나는가가 의문으로 남는다고 할 수 있다. 그러나 그에 반해 이동 여부 혹은 구조적 위치의 차이로 보는 본 논문의 입장에 의하면 해결책이 불가능한 것이 아닌데, 비논항 성분에만 국한할 때에는 여러 가지 해결책이 가능하지만, 논항 성분의 경우와 함께 고려할 때, 우리는 두 경우를 아우르는 하나의 일반화가 가능함을 보았으며 그 내용은 결국 다음과 같이 정리될 수 있다.

(87) 가. 격 인가 영역 안쪽에 오는 성분은 인가된 격의 형태적 실현이 수의적이고
나. 격 인가 영역 바깥쪽에 오는 성분은 인가된 격의 형태적 실현이 필수적이다.

(87)이 맞다고 할 때, 이 일반화가 어떻게 설명될 수 있을 것인가 하는 문제가 남는데, 다음과 같은 해석이 가능하다. 즉 격이 인가된 성분이 제자리에 있으면 인가된 격의 종류에 따라 해당 격이 형태적으로 실현이 될 수도 있지만, 제자리에 있는 이상 구조적으로 어떤 격이 인가되었는지를 알 수 있으므로 해당 격이 형태적으로 실현이 안 될 수도 있다. 그에 반해, 격이 인가된 성분이 제자리를 떠나거나 혹은 기저 생성에 의해 격 인가 영역 바깥에 있게 되면 아무런 형태적 실현이 없이는 어떤 격이 인가되었는지 알 수 없을 것이며 고로 그 형태적 실현이 필수적이 되어야 한다. 그러나 이런 기능적 해석과 별개로 최소주의적 관점에서 (87)의 양상을 어떻게 볼지에 대해서는 아직 뚜렷한 생각을 갖고 있지 못하다. 앞으로의 과제로 돌린다.

14.3 의미격 조사의 출현/비출현[41)]

생성 문법 내에서 구조격 조사의 출현/비출현 양상은 비교적 높은 관심의 대상이 되었으나, 의미격 조사의 출현/비출현 양상은 H.-D. Ahn(1988)을 제외하고는 그리 주목받지 못했다고 할 수 있다. 그러나 앞에서도 보았듯이 의미격 조사도 이른바 생략이 가능하고 고로 그와 관련된 흥미로운 경험적 현상들이 있을 것인데, 이와 관련된 주요 관찰 및 일반화는 전통 문법 내부에서 이루어져 왔다고 할 수 있다. 본 절에서는 그 주요 내용을 소개하고 그것이 생성 문법에 던지는 이론적 질문이 무엇이며 그리고

41) 의미격 조사 중 본 책자에서는 '-에게' ,'-에서', '-로'의 경우만을 다룬다. '-와'의 경우는 앞으로의 과제로 돌린다.

그 질문에 대해 어떤 해답이 가능한가를 생각해 본다.

전통 문법에서 이루어진 의미격 조사의 출현/비출현에 대한 의미있는 관찰 또는 일반화는 서로 취지는 비슷하지만 구체적 내용에 있어서는 약간 다르다고 할 수 있는데, 이 문제를 최초로 깊이 있게 다룬 이남순(1988)은 '-에', '-에게', '-로'의 비출현과 관련하여 대략 다음과 같은 내용의 관찰을 한 바 있다.

> 처격, 조격, 공동격의 격표지들이 생략되어 실현되는 문장들은 대체로 본래 모습(즉 격표지들이 생략되기 이전의 모습)으로의 회복가능성(recoverability)을 지니고 있는 듯이 보인다.
>
> 이남순(1988:20)

> 처격(여격)이나 조격의 성분들은 주격이나 대격으로 구조상의 추이를 통해서 격표지 생략이 가능하게 되는 것이라고 할 수 있다.[42)]
>
> 이남순(1988:105)

첫 번째가 담고 있는 내용은 같은 처격, 조격 조사라 해도 생략이 되기도 하고 안 되기도 한다는 것으로 양자의 대비를 보여주는 예문으로는 다음과 같은 것이 있다.[43)]

(88) 가. 철수가 밥을 고추장에 비볐다.
나. *철수가 밥을 고추장 비볐다.

(89) 가. 철수가 밥을 수저로 비볐다.
나. *철수가 밥을 수저 비볐다.

(90) 가. 철수가 학교에 갔다.
나. 철수가 학교 갔다.
(91) 가. 철수가 영미를 친구로 삼았다.
나. 철수가 영미를 친구 삼았다.

이남순은 이 차이를 "회복가능성"의 차이라고 기술했으나, 사실 왜 이런 회복가능성

---

42) 이남순은 구조상의 추이를 겪지 않은 '-에게/에' 또는 '-로' 등이 생략되는 경우도 있다고 하나, 필자는 판단을 달리 한다. 그리고 이 외에 위 관찰과 부수적으로 관련이 있는 점들에 대한 논의들에 대해서는 이남순(1988:108-126)을 참조할 것.
43) 아래 예문은 이남순(1988:(11) - (21))을 약간 변형한 것이다.

의 차이를 보이는가에 대해서는 아무런 설명이 없어 단지 현상을 묘사한 것에 지나지 않는다고 할 수 있다. 이에 반해 두 번째 내용은 회복가능성의 차이가 왜 있는가에 대한 얘기를 담고 있는데, 그 내용은 결국 다음과 같은 것으로 이해될 수 있다.[44)]

(92) '-에/에게', '-로'는 주격 조사 혹은 대격 조사로 교체될 수 있는 경우에만 나타나지 않을 수 있다.

(92)를 보여주는 예들은 다음과 같다.[45)]

(93) 가. 순이가 극장에 갔다.
나. 순이가 극장을 갔다.
다. 순이가 극장 갔다.

(94) 가. 물이 얼음으로 된다.
나. 물이 얼음이 된다.
다. 물이 얼음 된다.

(95) 가. 며느리가 김 씨에게 용돈을 주었다.
나. 며느리가 김 씨를 용돈을 주었다.
다. 며느리가 김 씨 용돈을 주었다.

(96) 가. 돌이가 순이를 뒷방에 가두었다.
나. *돌이가 순이를 뒷방을 가두었다.
다. *돌이가 순이를 뒷방 가두었다.

(97) 가. 순이가 아침 열시에 갔다.
나. *순이가 아침 열시를 갔다.
다. *순이가 아침 열시 갔다.

(98) 가. 돌이가 망치로 판자에 못을 박았다.
나. *돌이가 망치를 판자에 못을 박았다.
다. *돌이가 망치 판자에 못을 박았다.

---

44) 이남순은 "구조상의 추이"란 용어를 썼으나, 실제로 '-에게/에', '-로' 의 경우와 주격 조사 혹은 대격 조사의 경우 구조적 차이가 어떤 것인지는 얘기하지 않고 있다.

45) 아래의 예들은 이남순(1988:109-111)에서 발췌한 것이다.

사실 H.-D. Ahn(1988:6-8)에서도 (93-95)와 (96-98) 간의 대비와 같은 성격을 보이는 (99)와 (100)의 대비를 토대로 (87)과 유사한 관찰이 언급된 바 있다.

> the dropped case marker in (13) [(99다)를 말한다: 필자] is Accusative, but not Dative.

(99) 가. 내가 영미에게 돈을 주었다.
　　나. 내가 영미를 돈을 주었다.
　　다. 내가 영미 돈을 주었다.

(100) 가. 내가 영미에게 공을 던졌다.
　　나. *내가 영미를 공을 던졌다.
　　다. *내가 영미 공을 던졌다.

한편 의미격 조사의 비출현과 관련하여 (92)와는 다른 성격의 일반화가 임홍빈(1987), 김영희(1991/1998) 등에서 제시된 바 있는데, 각각의 내용을 적으면 다음과 같다.

> 명사구가 조사없이[의미격 조사를 말함: 필자] 쓰이는 경우는 서술어가 가지는 의미역에 의하여 그 기능이 정해진다.
>
> 임홍빈(1987가:402)

> **명제격 명사구 조건**[46)]
> 서술소인 동사의 의미격 자질로부터 의미격을 부여받는 명제격 명사구는 무표격으로 실현될 수 있다.
>
> 김영희(1991/1998:276)

위의 일반화들은 의미격조사의 비출현이 해당 성분의 논항 여부와 상관성이 있다고 본 점에서는 같으나, 조건의 구체적 형식화에 있어서는 서로 다르다고 볼 수 있다. 즉 임홍빈의 일반화가 의미격조사 비출현의 필요 조건을 기술하였다면 김영희의 일반화는 의미격조사 비출현의 충분 조건을 기술한 것으로 이해할 수 있는데 각각의 일반화를 좀 더 명확히 하면 다음과 같을 것이다.[47)]

---

46) 김영희(1991/1998)는 각주 9에서 김영희(1981:30)을 빌어 (92)도 유효한 일반화임을 지적하고 있다. 그러나 내용이 다른 두 일반화를 어떻게 볼 것인가에 대한 논의는 찾아 볼 수 없다.

47) 김영희(1991/1998:279-280))에 의하면 '주-'의 보어 성분인 '-에게'의 비출현의 판단이 위치에 따라

의미격 조사 비출현의 필요 조건

(101) 의미격 조사의 비출현이 허용되면 해당 성분은 서술어에 의해 의미역이 부여되는 성분, 즉논항이다.

의미격 조사 비출현의 충분 조건

(102) 서술어에 의해 의미역이 부여되는 성분이면 해당 성분의 의미격 조사의 비출현이 가능하다.

김영희(1991/1998)는 아래의 예문들을 통해 (102)를 제안했지만,[48] 2장의 논의에 의하면 (102)는 너무 강한 것으로 보인다.

(103) 가. 철이가 학교에 갔다.
나. 아이가 집에서 나갔다.
다. 할머니가 석이를 사위로 삼았다.

(104) 가. ??철이가 갔다.
나. ??아이가 나갔다.
다. ?*할머니가 석이를 삼았다.

(105) 가. 철이가 학교 갔다.
나. 아이가 집 나갔다.
다. 할머니가 석이를 사위 삼았다.

(106) 가. 달이 중천에 떴다.
나. 아기가 안방에서 잔다.
다. 아이는 종이를 가위로 오린다.

다소 다른 것으로 되어 있다.

(i) 가. *외삼촌이 나 돈을 주셨어. 나. 외삼촌이 돈을 나 주셨어.

필자도 비슷한 판단을 갖고 있다. 즉 '-에게' 성분이 서술어에 가까운 경우가 훨씬 좋다고 보는데, 이것이 사실이라면 이 역시 (102)에 문제가 된다. 한편 (101)의 유지와는 별도로 위 두 문장의 대비가 설명되어야 하는데, 필자는 다음과 같은 견해를 갖고 있다. 먼저 '-에게' 성분의 원래 위치가 동사 '주-'의 보어 위치라고 가정하자. 이는 (i가)의 '나'가 이동했음을 의미하며 고로 (42나)에 의해 격 조사의 출현이 필수적이어야 한다. 즉 (i가)는 (42나)를 어겨 비문법적인 것으로 설명된다.

48) 이후의 예문은 김영희(1991/1998:269-270)에서 뽑은 것이다.

(107) 가. 달이 떴다.
나. 아기가 잔다.
다. 아이는 종이를 오린다.

(108) 가. *달이 중천 떴다.
나. *아기가 안방 잔다.
다. *아이는 종이를 가위 오린다.

먼저 김영희의 논의를 보면, (103)과 (104)의 대비는 의미격 조사 성분이 (103)에서 보어의 지위를 가짐을 보이는데 반해, (106)과 (107)의 대비는 같은 의미격 조사 성분이 (106)에서는 보어가 아닌 수식어의 지위를 가짐을 보인다. 그리고 (105)와 (108)의 차이는 바로 의미격 조사의 비출현에 (102)가 적용됨을 보인다는 것이다.

이런 (102)에 의하면 보어로 간주되는 성분의 의미격 조사는 항상 생략이 가능해야 하나, 2장의 논의에서 보듯이 그렇지 않음을 보이는 예들이 있으며 이를 토대로 필자는 (101)이 경험적으로 더 적절한 일반화라고 본다.[49)]

(109) 가. 철수가 선물을 영미에게 보냈다.
나. 철수가 우물에 빠졌다.
다. 철수가 의자에 앉았다.

(110) 가. ??철수가 선물을 보냈다.
나. ??철수가 빠졌다.
다. ??철수가 앉았다.

(111) 가. *철수가 선물을 영미 보냈다.
나. *철수가 우물 빠졌다.
다. *철수가 의자 앉았다.

이상 우리는 의미격 조사의 비출현과 관련하여 서로 다른 내용으로 되어 있는 두 가지 일반화가 있음을 보았다. 이제 이 일반화를 어떻게 볼 것인가를 생각해 보기로 하자. 어떤 현상에 대해 서로 다른 내용의 일반화가 성립될 경우 그 중 어느 것이 경험

49) 이 경우, 의미격 조사의 비출현과 관련하여 같은 의미격 조사를 갖는 논항 성분이 보이는 차이를 어떻게 기술할 것인가 하는 문제가 남는다. 이에 대해서는 앞서 2장의 제안을 그대로 따르기로 한다.

적으로 옳은 것인가를 검토하는 것이 통상적인 과제라 할 수 있다. 그러나 이 경우는 서로 다른 내용임에도 불구하고 의미격 조사의 비출현과 관련하여 둘 다 올바른 일반화로 보인다. 먼저 (102)보다는 (101)이 올바른 일반화임을 보이는 예문인 (109-111)은 (92)가 여전히 유효한 일반화임을 보여준다. 즉 보어 성분인데도 의미격 조사의 비출현을 허용하지 않는 문제의 경우들은 대격 조사를 허용하지 않는 것이다.

(112) 가. *철수가 선물을 영미를 보냈다.
나. *철수가 우물을 빠졌다.
다. *철수가 의자를 앉았다.

그에 반해 앞에서 의미격 조사의 비출현을 허용했던 예들인 (105)는 대격 조사의 출현을 허용한다.

(113) 가. 철이가 학교를 갔다.
나. 아이가 집을 나갔다.
다. 할머니가 석이를 사위를 삼았다.

이어 (92)를 보여 주었던 예문의 의미격 조사 성분은 다음 예에서 보듯이 생략이 부자연스럽거나 생략되는 경우 무언가가 상정되어야 하는데 이는 물론 이들이 논항 성분임을 말한다.

(114) 가. ??순이가 갔다.
나. *물이 된다.
다. ??며느리가 용돈을 주었다.

의미격 조사의 비출현과 관련된 이런 상황은 결국 두 일반화가 함께 포착이 되어야 함을 말하는데 사실 앞서 격조사 결합에 대한 2장 및 12장의 논의가 맞다면 앞의 두 일반화 및 아래의 일반화는 하나의 원리에 의해 같이 포착되어야 할 성질의 것이라 할 수 있다.[50)]

(115) 의미격 조사의 비출현이 허용되면 격조사 결합도 허용된다.

---

50) '-에서'의 어휘적 특성에 의한 예외는 논외로 한다.

고로 이들 일반화를 한꺼번에 포착하는 설명이 그렇지 못한 설명보다 더 낫다고 할 수 있는데, 지금까지 이를 시도한 분석은 없었던 것으로 보인다. 그러나 2장에서 제안한 의미격 조사에 대한 규정 및 12장에서 제안한 격조사 결합에 대한 분석에 의하면 이들 세 일반화는 동시에 포착될 수 있는데, 편의상 그 내용을 아래 다시 제시하기로 한다. 먼저 필요한 것은 논항 성분에 나타나는 의미격 조사에 대한 다음과 같은 규정이다.

(116) 가. 논항 성분에 나타나는 의미격 조사는 고유격의 실현이 아니라, 의미역 표지 즉 의미역의 실현이다.
나. 의미격 조사의 범주는 후치사이며 그 자체로 사격을 인가할 수 있다.
다. 격조사 결합을 허용하는 의미격 조사인 '-에게'의 경우, 격을 수의적으로 인가한다.

먼저 (101)은 (116가)에 의해 포착이 된다. (116가)에 의하면 논항 성분에 나타나는 의미격 조사는 서술어에 의해 부여되는 의미역의 표지이다. 의미역은 서술어의 고유한 성격이므로 서술어가 문장에 존재하는 한 예측 가능한 것이며 고로 논항 성분의 의미격 조사를 의미역 표지로 본다면 다른 어휘적 성격이 막지 않는 한 문제의 의미격 조사는 회복가능성 조건에 의해 나타나지 않을 수 있다. 결국 나타나지 않는 모든 경우는 논항의 성격을 띠게 되는 것이다.[51]

한편 (116가)에 의해 논항 성분의 의미격 조사가 나타나지 않을 수 있는데, 그렇게 되면 문제의 논항 성분은 구조적으로 점검을 요하는 격 자질을 가지고 있는 명사구가 된다. 그리고 이 명사구는 구조상 격 인가자인 의미격 조사를 가지고 있지 않으므로 다른 격 인가자에 의해 격이 인가되어야 하며 논항 성분의 구조적 위치에 따라 주격 또는 대격이 인가된다. 이는 결국 의미격 조사와 주격/대격 조사 간의 교체 현상으로 나타난다. 그러면 왜 이 교체 현상이 가능한 경우 해당 논항 성분에는 아무런 격 조사도 나타나지 않을 수 있는가? 이에 대해서는 앞 절에서 보았던 (42가)가 해답을 제공한다. 즉 구조격이 인가되는 경우 문제의 논항 성분이 제자리에 있으면 인가되는 격이 실현이 안 될 수 있는데, (92)은 바로 구조격의 수의적 실현을 허용하는 (42가)와 (116가), 그리고 격 인가 이론의 결과인 셈이다.

---

51) 의미역 표지가 나타나는 경우는 다음과 같은 구조를 가지는 DP 혹은 NP를 이루는 것으로 본다. 그리고 이 구조에서 격 인가자인 의미격 조사에 의해 NP/DP가 갖는 격이 점검되는 것으로 본다.

(i) $[_{DP}\ [_{D'}\ [_{NP}\ [_{N'}\ [_{N}\ [_{N}$ 철수$]\ [_{P}$ 에게$]]]]]\ [_{D}\ \emptyset]]$

마지막으로 (115)을 보자. (115)에서 의미격 조사의 비출현이 허용되는 것은 (116가)에 의하면 문제의 의미격 조사가 의미역 표지임을 말하는 것이다. (116나)에 의하면 의미격 조사는 후치사이고 사격을 인가한다고 했는데, (116다)에 의하면 의미격 조사가 '-에게'인 경우는 사격 인가가 수의적이다. 수의적이라 함은 '-에게'를 가지는 논항 성분이 각주 50에서와 같은 구조를 가진다 할 때, 명사구의 격이 '-에게'에 의해 인가되지 않는 상황이 가능하다는 얘기이다. 그 경우 명사구의 격은 여전히 인가를 필요로 하게 되고 논항 성분의 위치에 따라 주격 혹은 대격이 인가되며 그리고 그 격이 형태적으로 실현이 되면 바로 격조사 결합 양상이 되는 것이다.

이제 이런 분석이 의미격 조사의 비출현의 성격에 대해 갖는 의의를 생각해 보자. 먼저 이남순(1988)은 의미격 조사의 비출현에 대해 그것이 구조격 조사의 비출현과 표면적으로는 같아 보이지만 성격이 전혀 다른 것이라고 하면서 후자의 경우가 부정격(不定格/casus indefinitus)의 실현이라면[52] 전자는 의미격 조사의 생략으로 보아야 한다고 제안한 바 있다. 이와는 아주 다른 견해가 H.-D. Ahn(1988)에서 제시된 바 있는데, 의미격 조사의 비출현은 의미격 조사의 생략의 결과가 아니라, 구조격 조사의 생략으로 보아야 한다는 것이 그것이다. 중요한 점은 이남순(1988:18)은 의미격 조사의 생략이 가능하다고 본 반면, H.-D. Ahn(1988:7)은 의미격 조사가 생략될 수 없다고 본 점이다.

> 처격, 조격, 공동격이 경우에 따라 격표지의 실현 없이도 나타날 수 있는데 이러한 현상은 처격표지, 조격표지, 공동격표지의 생략에서 말미암은 것이다.
>
> 이남순(1988:18)

> only NOM/ACC case markers but not DAT can be dropped. ...
> the Dative marker cannot be omitted in Korean.
>
> H.-D. Ahn(1988:7)

지금까지의 논의는 다음과 같은 의미에서 서로 대립되는 두 견해 중 안희돈의 견해가 좀 더 올바른 방향에 있음을 보여준다. 즉 의미격 조사가 안 나타나는 경우는 단순히 의미역 표지인 의미격 조사가 실현이 안 되는 상태가 아니라, 의미격 조사가 실현이

52) 부정격의 개념은 곧 소개된다.

안 된 상태에서 구조격이 인가된 상태이다. 이에 의하면 의미격 조사가 실현이 안 된 상태는 비문법적 상태이다. 즉 회복가능성 조건에 의해 의미격 조사의 비실현이 가능하나, 그 후 아무런 일이 안 일어나면 문제의 논항 성분의 격이 인가 안 되어 비문법적이 되는 것이다. 이는 결국 의미격 조사의 단순한 생략은 비문법적임을 말하는 것이므로 안희돈의 분석이 더 적절함을 보인다. 그러나 안희돈은 단지 대격과의 교체를 보이는 의미격 조사가 생략될 수 없음을 지적할 뿐, 왜 생략이 되지 못하는가에 대해서는 답을 주지 못하고 있는데 본 책자에서의 제안은 그에 대한 해답을 제시하고 있다.

결국 H.-D. Ahn(1988) 및 본 책자의 분석에 의하면 의미격 조사의 비출현과 구조격 조사의 비출현은 기본적으로 같은 성격을 가진 것으로 파악된다. 즉 인가된 구조격이 형태적으로 실현되지 않은 경우로 파악되는 것이다.[53)]

14.4 구조격 조사의 비출현은 null D인가?

구조격 조사의 비출현을 어떻게 보느냐에 대해 기존 연구들은 여러 가지 종류의 견해를 제시하고 있다. 그리고 비출현을 부르는 용어들에도 "부정격(不定格/casus indefinitus)", 무표격, 비외현격(covert Case) 등 여러 가지가 제시된 바 있다. 이들 이름은 이름이 다른 만큼 서로 다른 견해를 나타내는 경우도 있지만 같은 견해가 서로 다른 이름으로 불리는 경우도 있는가 하면, 같은 이름이 서로 다른 견해를 나타내는 경우도 있으므로 용어에 대한 자세한 소개는 피하기로 하고 단지 비출현의 성격에 대한 각 연구들의 견해가 무엇인가를 정리, 소개하면서 본 장의 견해가 이들과 어떻게 다른가만을 명확히 하기로 한다. 견해가 다른 만큼 어떤 견해가 옳은 것인가에 대한 논의가 있어야 하나, 이는 앞으로의 과제로 넘기기로 한다.

구조격 조사의 출현/비출현에 대한 최초의 제안은 안병희(1966/1983)에서 살펴 볼 수 있는데, 전자는 "정격(定格/casus definitus)", 후자는 "부정격(不定格/casus indefinitus) "으로 불리었다. 여기서 중요한 점은 "부정격"이 단순히 정격의 비실현이 아니라, 서술

---

53) 이것이 의미격 조사의 비출현이 보이는 양상과 구조격 조사의 비출현이 보이는 양상이 같음을 의미하는 것으로 이해되어서는 안 된다. 앞에서 보았듯이 둘은 여러 가지 점에서 서로 다른 양상을 보인다. 즉 전자의 경우에는 논항 성분에 나타나고 격조사 교체 및 격조사 결합 양상이 있으나, 후자는 다른 양상을 보이는 것이다. 이남순은 이런 점을 토대로 둘이 다르다고 보고 그 다른 점이 의미격 조사의 생략 가능성에 있다고 본 것이다. 본 책자의 입장은 관련 표면적 양상은 다르나, 조사의 비출현의 성격에는 근본적인 차이가 없다는 주장이다.

어와 논항들의 통합 관계에 의해서 인가되는 정격과는 독립적인 격 범주라고 본 점이다. 즉 정격과 부정격은 서로 차원이 다른 격 범주에 속하는 것으로 본 것이다. 이와 같은 차원의 견해는 민현식(1982), 이남순(1988) 등에서도 제시된 바 있다.

이에 반해 비출현을 단순히 출현의 경우에 나타나는 격조사가 생략된 경우로 보는 견해가 있는데 H.-S. Han(1987:43f), 권재일(1989) 등이 그것이다. 이런 견해와 유사한 견해로 구조격 조사를 D로 보고 출현과 비출현 간의 차이를 영 범주의 차이로 보는 것이 있다. 즉 출현의 경우는 D 밑에 '-이/가', '-를/을', '-의' 등이 오는 반면, 비출현의 경우는 D 밑에 Ø가 온다고 보는 것인데(Y.-H. Kim(1998), 김용하(1999), Ahn&Cho(2006c), 홍용철(1994)등 참조), 이를 명시적으로 보이면 다음과 같다.

(117) 가.

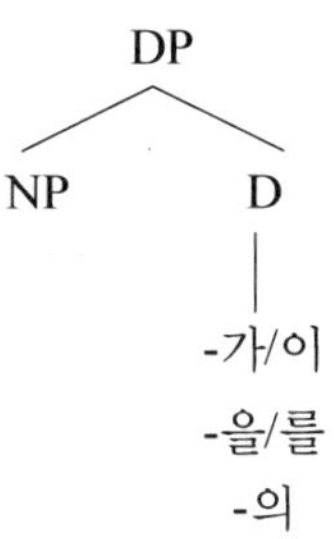

나.

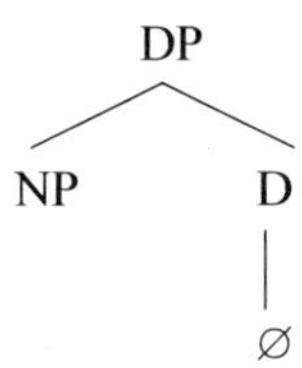

한편 필자의 이해에 의하면 이런 견해들이 출현의 경우와 비출현의 경우 인가되는 격이 서로 다르다고 보는 것 같지는 않다.[54] 다만 출현과 비출현 간에 나타나는 차이를 설명하는데 있어 영범주 D를 이용하고 있는데 구체적 설명에 있어서는 연구마다 좀 다르다. 예를 들어, 김용하(1999)는 문제의 차이를 이동의 차이로 보고 (118)과 같은 임의 규정 하에 영범주 D는 격 인가자의 강한 D-자질을 점검하지 못하며 고로 제자리에 있게 되는데 반해,[55] 어휘적 D(김용하의 유표격 D)는 격 인가자의 강한 D-자질의

---

54) 그런 점에서 두 경우를 지칭하기 위해 "유표격/무표격" 혹은 "외현격/내현격" 등의 용어를 사용하는 것은 적합하지 않은 것으로 보인다.

55) 김용하(1999:271-276)는 이 임의규정이 강자질이 output에 효력이 있을 때에만 도입된다는 Chomsky(1995:294)의 제안에 의해 도출되는 것으로 보고 있다. 즉 강자질에 의해 어휘적 D가 이동하면 의존 형태소인 구조격 조사들이 앞 명사들과 분리되어 결국 좌초되는(stranded) 양상이 되며 이를 막기 위해 명사의 동반 이동이 일어나 가시적 성과가 있는데 반해, 영범주 D가 이동하면 좌초의 문제가 안 일어나 이동으로 인한 아무런 차이가 없어 결국 영범주 D의 경우는 강자질이 도입이 안 된다는 것이다. 이런 설명에 대해 필자는 두 가지 의문점을 갖고 있다. 첫째, 자질 이동의 원래 규정에 의하면, 음성적 내용이 이동하는 것이 아니므로 어휘적 D가 이동한다는

점검을 위해 가시적 이동을 하기 때문에 일어난다고 보고 있다.

(118) 한국어에서 기능 범주(I, v, D)의 강한 D-자질은 유표격 D에 의해서만 점검될 수 있다.

김용하(1999:273)

한편 Ahn&Cho(2006c)에서는 보어 및 비주어 성분 간에 나타나는 것으로 간주되는 격조사 비출현의 비대칭 현상의 설명을 위해 김용하(1999)와는 다르게 영범주 D가 인가를 위해서는 이동하는 것으로 보고 있다. 즉 영범주 D가 이동을 통해 아무런 문제 없이 인가되면 비출현이 허용되며, 이동을 못하거나, 이동하고 난 후 문제가 생기면 비출현이 허용되지 않는 것으로 보는 것이다.

마지막으로 필자의 견해는 출현과 비출현 간에 인가되는 격에 차이가 없다고 보는 점에서는 바로 앞의 견해와 다르지 않다. 그러나 둘의 구조적 차이에 대해서는 바로 앞의 견해와 입장을 달리 하는데, 필자는 출현의 경우는 인가된 격이 형태적으로 실현되는 경우이고 비출현의 경우는 형태적으로 실현되지 않는 경우로 보며[56] 이를 좀 더 구체적으로 보이면 다음과 같다.

(119)

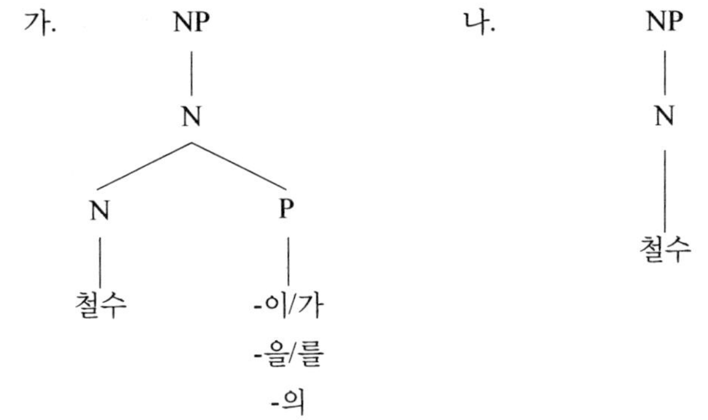

위의 가정은 또 하나의 임의 규정이다. 둘째, 조사의 이동에 이어 명사의 동반 이동이 있어도 결국 어순 상의 차이가 없으므로 어휘적 D의 경우에도 과연 강자질이 도입될 수 있는지 의문이다.

56) 김영희(1991/1998:290-291)도 필자와 유사한 입장을 표하고 있는 것으로 보인다.

이런 견해는 바로 앞의 견해와 몇 가지 점에서 다르다. 첫째, 구조격 조사를 D로 보지 않는다. (119가)가 이를 보여주는데 필자의 견해에 의하면 구조격 조사는 명사가 갖는 격이 인가되고 나서 다만 형태적으로 X^0 차원에서 형태 구조의 일원으로 참여하는 성분으로 파악된다. 둘째, 구조격 조사가 안 나타나는 경우는 (119나)가 보이듯이 인가된 격이 아예 실현되지 않는 경우로 보며 고로 필자의 분석에서는 영범주 D의 인가와 관련된 문제가 일어나지 않는다.[57)]

14.5 정리 및 요약

구조격 조사가 격의 실현이라고 할 때 그런 격조사가 안 나타나는 경우를 어떻게 볼 것인가가 생성 문법에서 문제가 될 수 있다는 지적을 앞에서 했는데, 이에 대한 해답을 찾기에 앞서 우리는 구조격 조사의 출현과 비출현과 관련된 일반화가 무엇인가를 살펴 보았으며 그 결과 구조격 조사의 경우는 다음과 같았다.

(81) 가. 격 인가 영역 안에 오는 성분은 구조격 조사 출현이 수의적이고
　　나. 격 인가 영역 바깥에 오는 성분은 구조격 조사 출현이 필수적이다.

그리고 필자는 구조격 조사 출현 및 비출현의 성격이 다음과 같다고 보았다.

(120) 가. 구조격 조사 출현은 인가된 격이 형태적으로 실현된 경우로 (119가)와 같은 구조를 가진다.
　　나. 구조격 조사 비출현은 인가된 격이 형태적으로 실현되지 않은 경우로 (119나)와 같은 구조를 가진다.

결국 (81)과 (120)에 의하면 한국어의 구조격 조사의 출현 및 비출현 양상은 다음과 같이 정리될 수 있다.

(121) 가. 격 인가 영역 안에서 인가되는 격을 가지는 성분은 그 격이 형태적으로 실현될 경우 (119가)의 구조를 가지며, 그렇지 않을 경우 (119나)의 구조를 가진다.

---

57) (119나)의 구조에 영범주 D와 유사하게 영범주 P를 설정할 수도 있을 것이다. 그러나 그런 설정에 아무런 경험적 의의가 없는 것으로 보인다.

나. 격 인가 영역 바깥에서 이미 인가된 격을 가지는 성분은 그 격이 형태적으로 반드시 실현되고 (119가)의 구조를 가진다.

먼저 이런 견해에 의하면 구조격 조사가 안 나타나는 경우도 격은 인가된 것으로 보므로 격 이론 상 아무런 문제가 없다. 그리고 (121)이 말하는 바는 아주 간단한 것으로 보인다. 즉 격이 인가된 성분이 제자리에 있으면 인가된 격의 종류가 달라 그 종류에 따라 형태적으로 실현이 될 수도 있지만, 제자리에 있는 이상 구조적으로 어떤 격이 인가된 것이 알 수 있으므로 형태적으로 실현이 안 될 수도 있다. 그에 반해, 격이 인가된 성분이 제자리를 떠나 격 인가 영역 바깥으로 가면 아무런 형태적 실현이 없이는 어떤 격이 인가되었는지 알 수 없을 것이며 고로 그 형태적 실현이 필수적이 되어야 할 것이다.

한편 (120)에 의하면 비출현의 경우 영범주 D를 설정하지 않으므로 영범주 D와 관련해서 김용하(1999), Ahn&Cho(2006c) 등에서 논의되었던 것 같은 문제가 생기지 않는다. 필자는 이 점이 필자의 견해와 이들 견해 중 어느 것이 올바른 방향에 있는가 하는 것을 결정하는 데 커다란 역할을 한다고 보지는 않는다. 혹은 논의하는 주제가 다르므로 비교 대상이 안 된다고 할 수도 있을 것이다. 그러나 앞서 14.2에서의 논의가 맞다면, 김용하(1999), Ahn&Cho(2006c) 등에서 영범주 D의 설정을 통해 얻으려고 했던 바를 생각해 볼 때, 과연 소기의 목적이 이루어졌는지는 의심스럽다. 먼저 김용하의 경우를 보면 영범주 D의 설정을 통해 이동이 없다고 보았으나 앞에서 우리는 이동이 없는 경우도 어휘적 D로 나타나는 경우가 있음을 보았다. 즉 이동 여부와 영범주 D 간에는 상관성이 없는 것이다. 그리고 Ahn&Cho(2006c)의 경우는 영범주 D의 설정 및 인가를 통해 보어 대 주어 간의 격조사 비출현 비대칭을 설명하려 했으나, (81)의 파악에 의하면 보어 대 주어 간에는 비대칭이 없으며 비대칭은 해당 성분이 격 인가 영역의 안에 있느냐 바깥에 있느냐인 것이다.

사실 구조격 조사의 출현/비출현과 관련해서는 이상의 문제 외에도 둘 간에 나타나는 해석적 차이를 어떻게 보느냐도 주 논의 대상이 되어 왔었다. 극단적 입장에 의하면 두 경우는 서로 별개의 경우이고 이른바 구조격 조사는 격의 실현이 아닌데, 본 책자에서는 이와 다른 견해를 제시하였다. 즉 격의 인가에 관한 한 둘 간에는 본질적인 차이가 없으며 차이는 단지 구조적 위치에 있다고 보았다. 그리고 그 구조적 위치 상의 차이가 격의 형태적 실현 그리고 그에 따른 해석적 차이도 유발한다고 보았다.

제15장

한국어는 격 이론에 대해 무엇을 얘기하는가: 결론을 대신하여

지금까지 필자는 한국어에서 격 이론의 격과 관련되는 것으로 보이는 표현인 조사 그리고 격 관련 양상을 보이는 여러 구문 및 통사적 현상들을 살펴 보면서 격 이론의 관점에서 이들을 어떻게 바라볼 수 있는지 혹은 어떻게 바라보는 것이 좋은지를 논의했다. 그리고 그런 논의 과정에서 여러 종류의 다양한 주장을 제시한 바 있다. 다소 지루하고 길었지만, 그런 작업을 했던 궁극적인 이유는 한국어의 표현, 통사 현상 및 통사 구문 중에서 격과 관련되는 것으로 보이는 것들의 총체적인 검토를 통해 한국어가 격 이론 및 기타 관련 논의에 대해 무엇을 얘기할 수 있을 것인가를 알아 보기 위한 것이었다. 본 책자에서 그 동안 이 작업이 다소 산발적으로 이루어져 왔는데, 본 장에서는 이들을 모아 격 이론과 관련된 논의들을 종합적으로 정리하고 격 이론 하면 흔히 우리가 배워오고 알아온 이론적 가정 및 주요 논의 그리고 기타 관련 논의에 대해 한국어가 무엇을 얘기하는가를 종합적으로 정리해 보기로 한다.

15.1 격의 종류: 조사의 생성 통사론

격 이론에 대한 1장의 소개에 의하면 격 이론은 기본적으로 추상격을 대상으로 한다. 그러나 추상격의 형태적 실현이 언어마다 다르므로 이 추상격을 연구하기 위해서는 추상격의 형태적 실현으로 볼 수 있는 표현을 통해 추상격을 연구해야 하는데, 한국어의 경우 그 일차 대상은 한국어 전통 문법에서 조사라 불리는, 명사 뒤에 오는 표현들이다. 고로 한국어 생성 통사론 특히 격 이론 연구에서 조사를 어떻게 보는가가 아주 중요한 과제라 할 수 있다.

앞서 1장에서 간단히 본 바에 의하면 격 이론에서 인정되는 격인 주격, 대격, 속격의 실현이라고 할 수 있는 조사들이 한국어에서 관찰되어 한국어를 통한 격 이론의 타당성을 기본적으로 인정할 수 있었다. 그러나 조사의 전반적 양상은 상당히 복잡하여 기본 격 이론에 대해 수정안은 물론이요 폐기안도 제시된 바 있었다. 폐기안의 대표적인 입장은 고석주(2001, 2002, 2004)에서 표명되었는데, 필자는 주격, 대격, 속격 등의 구분이 전혀 다른 언어에서 공히 나타나는 것이 우연이 아니라고 보고, 고석주의 논증에 문제가 있음을 지적하는 한편, 격 이론의 기본적인 내용이 유지될 수 있음을 보이고자 노력하였다. 그러나 그렇다고 1장에 소개된 격 이론의 내용이 그대로 유지되어야 한다고 주장하는 것은 아닌데 다음은 일단 격의 종류와 관련하여 2장 이후의 논의가 제안하게 되는 수정안을 정리한 것이다.

(1) 가. 추상격에는 구조격만 있으며 이른바 고유격은 의미역 표지이다.
　　나. 구조격에는 주격, 대격, 속격, 사격의 네 가지가 있다.

이중 (1나)는 그리 큰 수정은 아니라 할 수 있다. 속격을 고유격으로 보느냐 구조격으로 보느냐가 논란의 대상이 된 적이 있었는데 한국어 속격 조사의 통사적 양상을 토대로 속격이 구조격임을 주장한 것이다. 사격은 영어의 전치사, 한국어의 후치사가 인가하는 격으로 사격의 개념 자체도 새로운 것이 아니므로 큰 수정은 아니라고 본다. 이에 반해, (1가)는 본 책자가 제안하는 격 이론에 대한 큰 수정안으로 이 제안이 다른 언어에도 적용될 수 있는지 혹은 보편성을 띠는지의 여부는 기존 문헌에서 고유격으로 간주되어 온 다른 언어의 예들에 대한 전반적인 검토를 필요로 한다. 그러나 이는 본 책자의 범위를 넘어서는 것이므로 앞으로의 과제로 돌리고 여기서는 (1)에 기반을 둔 조사 및 조사 관련 현상(조사의 생략 및 격조사 결합 등)에 대해 본 책자가 취한 생성문법적 입장이 어떤 내용으로 되어 있는가를 정리하기로 한다.[1)]

15.1.1 조사의 통사적 성격

생성문법 하에서 조사의 통사적 성격에 대해서는 다음 두 가지가 얘기되어야 한다. 하나는 조사의 격 이론적 성격이고 다른 하나는 구조적 성격으로 이중 먼저 격 이론적 성격을 정리하면 다음과 같다.

---

1) 고로 각 입장에 대한 논증은 다시 제시하지 않는다. 이에 대해서는 해당 부분을 참고할 것.

(2) 가. '-이/가', '-을/를', '-의' 등의 구조격 조사는 해당 명사 표현에 인가된 주격, 대격, 속격의 형태적 실현이다.
나. 사격은 영형으로 실현된다.
다. '-에게/에', '-에서', '-로' 등의 의미격 조사는 후치사로서 사격 인가자이며 자신의 성분-통어 영역 내에 오는 명사 표현의 격을 사격으로 인가한다.
라. '-은/는', '-도', '-만' 등의 특수조사도 의미격 조사와 같은 성격을 가진다.
마. 후치사는 개별 어휘별로 격 인가의 수의성/필수성이 다르다.

(2가)는 문장에 나타나는 모든 구조격 조사들이 해당 격 인가자에 의해 인가되는 추상격의 실현임을 말하는 것으로 구조격 조사를 독립적인 초점 혹은 담화 표지로 보는 입장과는 대립된다. 그러나 2, 12, 14장에서 밝혔듯이 (2가)가 구조격 조사를 가진 명사 표현에 담화적 의미가 전혀 없다는 것을 의미하는 것은 아니며 다만 해당 담화적 의미가 구조격 조사의 고유 의미에서 기원하는 것이 아니라는 입장이다.

한편 (2나, 다, 라)는 구조격 조사 이외의 조사의 격 이론적 성격에 대한 내용으로 이들 조사가 통사 범주로는 후치사이며 격 인가 능력을 갖고 있다는 입장이다. 그리고 인가하는 격은 사격으로 다른 구조격과 달리 한국어에서는 영형으로 실현되는 것으로 본다. 이 견해는 특수조사의 처리에 있어 기존의 암묵적 견해와 크게 다르다. 기존 견해는 특수조사에 독자적인 격 인가 능력이 없다고 보고 특수조사와 같이 나타나는 명사 표현에 대해 구조격이 인가되는 것으로 보며 인가된 구조격의 실현 여부는 개별 특수조사와 구조격 조사의 형태적 판(morphological template) 상의 위치에 의해 결정되는 것으로 보고 있다. 예를 들어, '-은/는'과 구조격 조사는 같은 slot에 위치하므로 '-은/는-가' 등이 비문법적인데 반해, '-만'과 구조격 조사는 서로 다른 위치에 있어 '-만이' 등이 문법적이라는 설명이다.[2)]

이에 반해, (2라)에 의하면 특수조사도 범주 상으로는 후치사로 사격 인가 능력이 있으며 특수조사와 같이 나타나는 명사 표현은 특수조사로부터 격 인가를 받는다. 그리고 이 입장에서는 구조격 조사와 같이 나타날 수 있는가와 관련된 '-은/는'과 '-만' 간의 차이는 (2마)로 포착이 된다. 즉 '-은/는'의 격 인가가 가능한 상황에서 격 인가가 필수적으로 이루어지는 성격을 가지는 반면, '-만'은 동일 상황에서 격 인가가 수의적이라는 성격을 가지는 것으로 본다. 이에 의하면 '*-은/는-가'는 하나의 명사 표현에 서로 다른 격이 인가되어 비문법적이라거나 혹은 '-은/는'에 의해 이미 격이 인가되어

---

2) 고로 이 입장에서는 '-은/는' 표현에 인가되는 구조격이 다른 경우와 달리 항상 영형으로 실현되거나 혹은 형태적으로 실현되지 않는다는 작위적 규정이 필요하다.

격의 값이 정해진 상태이므로 다른 격이 인가될 수 없어 비문법적이라는 설명이 가능하다.

혹자는 특수조사에 대한 이런 입장이 특수조사의 분포로 볼 때, 문제가 될 수 있다고 지적할 수 있다. 즉 특수조사는 명사 이외에도 부사, 후치사, 심지어는 동사/형용사의 활용형에도 나타날 수 있는데 이들은 격을 필요로 하지 않는 표현이므로 특수조사에 격 인가 능력을 인정하는 것이 문제가 될 수 있다는 지적이다. 그러나 이는 격 인가 능력에 대한 Chomsky(1993, 1995)식의 처리에서는 문제가 되나, Chomsky(2000, 2001a, b)식 처리에서는 문제가 되지 않는다. 전자에 의하면 격 인가자도 [-해석성] 격 자질을 가지며 고로 특수조사도 격 자질을 가지게 되고 비명사 표현과 같이 나타나는 특수조사의 격 자질이 점검이 안 되어 문제가 될 수 있다. 그러나 후자에서는 격 인가자에 별도의 격 자질을 설정하지 않으며 고로 아무런 문제가 생기지 않는다.

이제 조사의 구조적 성격을 정리해 보기로 하자. 조사의 구조적 성격과 관련해서는 조사가 명사 표현의 뒤에 오고 한국어가 핵이 끝에 오는 언어라는 점에 비추어 조사를 통사 구조 상의 핵으로 보는 것이 일반적이다. 물론 각 조사 유형의 범주를 서로 달리 봄으로 해서 구조격 조사의 경우는 DP 혹은 KP, 의미격 조사의 경우는 PP, 특수조사의 경우는 DelP 등으로 보기도 하나, 조사를 해당 표현의 핵으로 보는 것은 공통적이다. 그러나 본 책자에서는 이와는 아주 다른 견해를 제안하였는데, 다음은 이를 정리한 것이다.

(3) 가. 구조격 조사는 인가 후 값이 정해진 격의 형태적 실현으로 통사적으로 별도의 핵을 이루지 못한다. 단지 형태부에서 앞 명사 표현에 접사로 부착되는 구조를 가진다.
나. 의미격 조사는 "명사+의미격 조사" 표현의 논항 여부에 따라 구조적 성격이 다르다.
(i) 논항인 경우는 "명사+의미격 조사"가 핵기저부가구조를 이루어 전체적으로는 NP혹은 DP의 구조를 이루며
(ii) 비논항의 경우는 "명사+의미격 조사"가 의미격 조사를 핵으로 하는 PP를 이룬다.
다. 특수조사는 앞에 오는 성분과 함께 핵기저부가구조를 이룬다.

즉 (3)에 의하면 통사 구조 상에서 핵을 이루는 것은 비논항에 나타나는 의미격 조사뿐이며, 다른 조사들은 구조 상에서 핵을 이루지 못한다. 더 나아가 핵을 이루지 못하는 이유에 있어서도 구조격 조사와 의미격조사/특수조사가 서로 다르다고 보았다. 즉 후자의 경우는 그 이유가 해당 조사들이 통사 구조 상에는 나타나나, 이른바 핵기저부가구조 상에서 비핵의 위치에 있기 때문이라면 전자의 경우는 조사가 통사 구조 상에

아예 나타나지 않기 때문이다. 의미격 조사/특수조사의 구조 문제 자체는 격 이론과 관련이 직접적 연관은 없으므로 본 책자에서는 (3나, 다)의 정당성에 대한 논의는 하지 않기로 한다.[3] 다만 문제의 구조에서 격 인가가 어떤 기제에 의해 일어나느냐에 대해서는 얘기가 있어야 하는데, 필자는 2장에서 문제의 격 인가가 성분-통어 즉 일치 기제에 의한 것으로 본 바 있다.

한편 (3가)는 구조격 조사가 통사적으로 아무런 기여를 하지 않다고 보는 점에서 구조격 조사를 KP 특히 DP의 핵으로 보는 견해와 대립된다. 그러나 필자는 구조격 조사를 구조격의 실현으로 본다면 구조격을 [-해석성]으로 보는 최소주의 하에서는 구조격 조사를 일정한 의미가 있는 것으로 보는 일체의 분석이 성립할 수 없음을 지적하였다. 이런 관점에서 볼 때, 구조격 조사가 D에 대응된다는 견해는 맞지 않는 것으로 보았다. 또한 KP로 보는 견해에 대해서도 비슷한 문제를 제기할 수 있다. KP 견해는 구조격 조사를 격의 실현으로 본다는 것인데 격이 [-해석성]이라면 영어의 파이-자질 자체가 [-해석성]이어서 독자적 핵인 Agr로 설정될 수 없다고 본 Chomsky(2000, 2001a, b)에서의 견해처럼 K도 독자적 핵으로 설정될 수 없다고 본다. 즉 KP 구조는 논리 형태에서 해석을 받을 수 없어 파탄(crash)의 상태가 되기 때문이다. 그에 반해, (3가)에서는 그런 문제가 일어나지 않는다. 즉 형태적으로 구조격 조사가 있는 구조라 하더라도 통사부에서는 이미 격 인가가 일어나 [-해석성] 자질인 격 자질 자체는 논리 형태에서 없어지기 때문이다.

15.1.2 조사의 생략과 격조사 결합(Case stacking)

조사의 생략과 관련해서 특수조사는 고유의 어휘적 의미가 있어 생략 논의의 대상이 된 적이 없었던 데 반해, 의미격 조사와 구조격 조사에 대해서는 생략과 관련된 논의들이 있어 왔다. 그 중에서도 구조격 조사의 생략에 대해서는 생략의 분포 및 조사 생략의 인가 그리고 조사 출현과 조사 생략의 의미적 차이 등 여러 문제들이 논의의 대상이 되었다. 특히 생략의 분포 및 인가와 관련해서는 통사적으로 조사에 대응하는 영형이 있는 것으로 보고 이 영형의 통사적 인가 조건의 관점에서 접근하는 것이 일반적이었다고 할 수 있다(홍용철(1994, 2004), Ahn&Cho(2006a, b, c) 등 참조). 이는 구조격 조사가 통사적 핵을 이룬다는 관점의 연장선 상에서 이루어진 논의들인데 필자는

---

3) 특수조사구성의 구조에 대해서는 최기용(1996) 및 최기용(1996)에서 소개된 참고문헌 그리고 홍용철(2005) 등을 참고할 것.

앞에서 이를 부정하였으므로 다른 입장을 취하였다. 즉 본 책자의 입장에 의하면 구조격 조사의 생략 혹은 비출현은 생략 현상이 아니며 단지 명사 표현의 격이 인가된 후, 인가된 격이 취하는 형태적 실현의 한 양상이다. 보다 구체적으로, 명사 표현의 격이 인가된 후 해당 명사 표현이 격 인가 영역 내에 있게 되는 경우 인가된 구조격은 형태적으로 실현될 수도 있고 그렇지 않을 수도 있는데, 구조격 조사의 생략은 바로 후자의 경우로 본 것이다. 고로 이런 관점에서 영형은 설정되지 않으며 그에 따라 그 영형의 인가도 논의의 대상이 되지 않는다.

한편 구조격 조사 생략의 분포, 보다 더 정확히는 출현/비출현의 분포도 영형 인가와는 다른 관점에서 파악되었는데, 이와 관련하여 본 책자는 다음을 제안하였다.

(4) 가. 격 인가 영역 안 쪽에 오는 성분은 인가된 격의 형태적 실현이 수의적이고
나. 격 인가 영역 바깥 쪽에 오는 성분은 인가된 격의 형태적 실현이 필수적이다.

(4)에 의하면 구조격 조사가 출현하는 경우와 출현하지 않는 경우 해당 명사 표현의 구조적 위치가 서로 달라진다. 즉 전자의 경우, 명사 표현이 제자리에 있거나 아니면 격 인가 영역 바깥으로 이동하게 되는데 반해, 후자의 경우는 명사 표현이 제자리에 있다. 필자는 이런 구조적 차이가 구조격 조사 출현의 경우와 비출현의 경우에 관찰되는 의미적 차이와 관련이 있는 것으로 보았고 이를 토대로 그런 의미적 차이가 조사 자체의 고유 의미에 기인하는 것으로 보는 입장이 잘못되었음을 지적하였다.

구조격 조사만큼은 아니나, 의미격 조사의 생략에 대해서도 논의가 있었는데, 주된 논의는 임홍빈(1987가), 이남순(1988), 김영희(1998) 등과 같은 전통문법적 입장의 연구에서 이루어졌으며 생성문법 내에서는 H.-D. Ahn(1988)의 논의 이후 별다른 논의는 없었다. 이는 아마도 구조격 조사와 달리 의미격 조사가 뚜렷한 어휘적 의미를 가지며 그리고 생략이 허용되지 않는 경우도 있기 때문인 것으로 보인다. 그러나 오히려 이런 점, 즉 의미격 조사가 고유 의미를 가진다는 점 그리고 한 의미격 조사에 생략이 되는 경우와 그렇지 않은 경우가 있다는 점 때문에 의미격 조사의 생략이 더 흥미로운 주제일 수 있는데 기존 연구들은 이와 관련하여 다음과 같은 흥미로운 상관성을 지적한 바 있다.

(5) 가. 의미격 조사의 비출현이 허용되는 성분은 서술어에 의해 의미역이 부여되는 성분 즉 논항이다.

나. 의미격 조사의 비출현이 허용되면 주격 혹은 대격 조사와의 교체가 허용되고 그 역도 성립한다.

그리고 더 나아가 필자는 Gerdts&Youn(1988), K.-S. Hong(1991), C. Youn(1995), 김영희(1999가, 나) 등을 토대로 의미격 조사 중 '-에게/에'의 경우 주격 혹은 대격 조사와의 교체가 격조사 결합과 다음과 같은 상관성이 있음을 지적하였다.

(6) 교체를 허용하는 "명사-에게/에" 표현에만 격조사 결합이 허용된다.

물론 격조사 결합 현상과 관련하여 Schütze(1996, 2001), C. Youn(1998), Gerdts&Youn(1999), H.-S. Yoon(2004a) 등은 '-에서', '-로'의 경우에도 격조사 결합이 허용되며 비논항 성분에도 격조사 결합이 허용되는 것으로 보았으나, 이는 (6)의 경우에만 격조사 결합이 허용되는 필자와의 방언적 차이로 보았다. 중요한 점은 격조사 결합이 (6)의 경우에만 허용되는 방언에서는 격조사 결합이 격조사 결합 독자적 현상으로 그치는 것이 아니라, 의미격 조사의 생략 및 의미격 조사와 구조격 조사와의 교체와 상관성을 가진다는 점이다. 또한 격조사 결합을 논외로 하더라도 (5)에서와 같은 상관성이 맞다면 이에 대한 설명이 있어야 하는데, 필자는 문제의 상관성이 (1가)의 제안을 토대로 한 다음과 같은 주장과 (2, 3)에서와 같은 제안에 의해 설명이 됨을 보였다.

(7) 논항에 나타나는 의미격 조사는 그 논항에 부여되는 개별 의미역의 형태적 표지이다.[4)]

우선 (7)에 의하면 논항에 나타나는 의미격 조사는 서술어의 의미역에 의해 예측이 되므로 실현이 안 될 수 있다. 그에 반해, 서술어와 수식 관계에 있는 비논항의 의미격 조사는 서술어에 의해 예측이 되지 않으므로 반드시 나타나야 하며 이로서 (5가)가 설명이 된다.[5)] 그리고 의미격 조사가 실현되는 논항은 (3)에 의해 PP가 아닌, NP 혹은 DP로 구현되는 핵기저부가구조를 이루고 그런 구조 하에서 (2)에 의해 명사 표현의 격이 사격으로 인가된다. 그러나 의미격 조사가 실현 안 되면 명사 표현은 사격 인가자

4) 이에 대해 서술어 별로 예외적 조항이 있을 수 있음에 대해서는 2장을 참조할 것.

5) 그러나 이 설명이 의미격 조사의 비실현 자체가 문법적임을 의미하는 것으로 이해되어서는 안 된다. 14.3에서 지적하였듯이 의미격 조사의 비실현 구조에서 명사 표현의 격은 주격 혹은 대격으로 인가되는데, 이들은 (4)에 의해 형태적으로 실현되지 않을 수 있다. 즉 의미격 조사의 비실현 구조는 의미역 표지의 비실현에 이은 격조사의 비실현의 결과로 이해되어야 한다.

인 의미격 조사로부터 격을 인가받을 수 없게 되어 외부의 구조격 인가자로부터 격을 인가 받게 되는데 바로 그 결과가 교체 현상으로 나타나며 이로서 (5나)가 설명이 된다. 마지막으로 (6)은 의미격 조사의 격 인가가 수의적으로 이루어지는 '-에게/에'에서만 일어나는 현상으로 포착이 된다. 즉 의미격 조사가 실현이 되었으나 격 인가를 안 하는 경우 명사 표현의 격은 외부 성분에 의해 인가되는데 그 결과가 격조사 결합으로 나타나는 것이다.

15.2 격의 인가: 격 중출의 생성 통사론

격 인가와 관련된 주요 주제로는 개별 격 인가자의 목록 그리고 격 인가의 기제 등을 들 수 있다. 그러나 한국어를 토대로 한 이런 주제들의 논의가 기존 연구에서 그리 활발했다고 할 수는 없다. 물론 한국어에서 주격 인가자 및 대격 인가자를 무엇으로 볼 것인가와 관련된 논의가 산발적으로 있었으나, 암묵적으로는 영어를 토대로 한 견해 즉 주격 인가자는 T, 대격 인가자는 v로 보는 견해가 한국어에도 적용된다고 보는 것이 일반적이었으며 격 인가 기제와 관련해서는 1장에서 논의된 여러 기제들을 적용해 보는 정도에 머무르고 있다고 할 수 있다.[6)]

그러나 필자는 본 책자의 논의를 통해 한국어가 격 인가와 관련하여 여러 가지 다른 얘기를 해 줄 수 있음을 제안하였다. 먼저 주격 인가자와 관련해서 필자는 언어의 일치

---

6) 1장의 보편적 성격을 띠는 격 인가 기제와 별도로 김의수(2002)는 한국어에 작용하는 격 인가 기제(혹은 격 여과 회피 기제)로 "명사 포합(incorporation)", "보조사 첨가", "어휘격 허가", "자립격(default Case)" 등을 제안한 바 있다. 그러나 김의수 스스로 각주 38에서 지적한 바 있듯이 "국어에 왜 이렇게 다양한 격 허가 가제들이 공존하는가 하는 문제는 중요하면서도 매우 어려운 것이다." 그러나 본 책자의 입장에 의하면 김의수(2002)에서 한국어를 위해 제안된 격 인가 기제들은 독자적인 격 인가 기제로 볼 필요가 없다. 김의수(2002)에 대한 본격적인 비판은 앞으로의 과제로 돌리고 여기서는 김의수가 제안한 개별 격 인가 기제가 본 책자에서는 어떻게 취급되는가만을 간단히 기술하기로 한다.

   먼저 "명사 포합"은 '공부하-'와 같은 경동사 구문의 '공부'의 격 인가를 위해 제안된 기제이다. 그러나 본 책자의 입장에 의하면'공부'는 일치 기제에 의해 격이 인가된 상태에서 다만 그 격이 형태적으로 실현이 안 된 경우이므로 "명사 포합" 같은 별도의 기제를 필요로 하지 않는다. 이어 "보조사 첨가"는 "명사+보조사(혹은 특수조사)"의 경우를 위한 기제인데, 이도 일치 기제에 의해 격이 인가되는 경우로 분석되므로 "보조사 첨가"같은 별도의 기제는 필요 없게 된다. 이어 "어휘격 인가"는 격 인가자인 의미격 조사에 의해 일치 기제에 의해 격이 인가되는 경우로 분석되며 "자립격"은 인정되지 않는다.

관련 자질이 주격 인가자임을 제안하였다. 그러나 언어마다 일치 관련 자질의 내용이 다를 수 있다고 보았는데, 영어에서는 성, 수, 인칭의 이른바 파이-자질이 일치 관련 자질이나, 한국어에서는 파이-자질이 통사적으로 어떤 역할도 하지 못한다고 보고 대신 [화자 존대 의향]이라는 자질이 일치에 관여하는 것으로 보았다. 더 나아가 한국어의 [화자 존대 의향]은 내용상 [+해석성]이므로 영어의 경우와 달리 이 자질을 핵으로 하는 통사 구조가 구현된다고 보았다. 즉 파이-자질이 독립적 핵을 이루지 못하고 T에 있게 되는 영어와 달리 한국어에서는 [화자 존대 의향]이 Agr이라는 독립적 핵을 이룬다고 보았다. 즉 일치 관련 자질이 주격 인가를 한다는 점에서는 같으나, 일치 관련 자질의 [해석성] 여부에 따라 독립적 핵으로서의 통사적 구현이 서로 다를 수 있다고 본 것이다.

한편 필자는 이런 차이가 영어와 한국어 격 인가에 있어 다음과 같은 중요한 차이를 유발하는 것으로 보았다. 즉 영어의 경우 격 인가가 격 인가자의 파이-자질과 맞물려 파이-자질이 온전한 경우에만 격 인가가 일어나고 격 인가와 파이-자질 인가가 동시에 일어나나, 한국어에서는 파이-자질이 통사적으로 아무런 역할을 하지 않아 격 인가시 격 인가만 일어난다.7) 이는 결국 격 인가와 파이-자질 인가 혹은 일치가 동시에 일어나는 것으로 보는(George&Kornfilt(1981), Chomsky(1995) 등) 지금까지의 파악 혹은 "일치" 기제가 격 인가의 보편적 기제가 아님을 말하는 것으로 필자는 이를 토대로 격 인가 기제의 보편적 내용에는 단지 격 인가자에 의한 격 인가만 포함되는 것으로 보았다.

그럼 격 인가 시 파이-자질 인가의 참여 여부에 따른 차이는 어떤 차이를 유발하는가? 필자는 이 차이가 한국어의 격 중출 현상과 연관이 있는 것으로 보았다. 즉 영어에서는 격 인가가 파이-자질의 존재에 의존하고 격 인가와 파이-자질 인가가 함께 일어나므로 한번 격 인가가 일어나면 격 인가자에 있는 파이-자질이 점검 후 생략되어 더 이상의 격 인가가 불가능해지며 고로 격 중출 현상이 나타나지 않는다. 그에 반해, 한국어에서는 격 인가자에 의해서만 격 인가가 일어나고 주격 인가자를 포함한 모든 격 인가자가 [+해석성]이어서 동일한 격의 다중 인가가 가능하며 이것이 격 중출 현상으로 나타난다고 본 것이다. 즉 한국어의 격 중출은 격 중출만을 위한 별도의 매개변인적 기제에 의해 한국어에 나타나는 현상이 아니라, 파이-자질의 통사적 구현과 관련된 독립적 매개변인 그리고 일치 관련 자질과 관련된 한국어의 선택에 의해 나타나는

7) 그렇다고 한국어에 일치 현상이 없는 것은 아니다. 필자는 3장에서 '-시/Ø'가 지정어-핵의 형상에서 일치에 관여하는 것으로 보았다. 이는 격 인가와 일치가 기본적으로는 별개의 기제(즉 전자는 성분-통어, 후자는 지정어-핵)에 의해 이루어짐을 보이는 것으로 이해된다.

현상으로 본 것이다.

지금까지 우리는 격 인가 기제의 보편적 내용에 격 인가자에 의한 격 인가만이 있다고 했는데, 그럼 격 인가자와 명사 표현 간의 구조적 관계는 어떤 모습이어야 하는가? 1장에 그동안 제안된 여러 개념들이 소개되었는데, 필자는 본 책자의 논의를 통해 그 중 격 인가자에 의한 성분-통어가 경험적으로 타당한 기제임을 주장하였다. 즉 격 자질을 가진 명사 표현이 도출 중 자신을 성분-통어하는 격 인가자가 있게 되면 제자리에서 격이 인가되는 것으로 보았다. 이를 보편적 내용으로 하고 파이-자질이 통사적으로 관여하는 영에서는 격 인가와 파이-자질 인가가 동시에 일어나지만, 파이-자질이 통사적으로 관여하지 않는 한국어에서는 그냥 격 인가만 일어나는 것으로 본 것이다.

이상으로 한국어가 격 인가의 보편적 기제에 대해 무엇을 얘기해 줄 수 있는가를 보았다. 한편 이외에 한국어의 논의는 격 인가 자체가 수의적이고 격 최소성이 작동함을 보여주는데 이제 이 문제를 생각해 보기로 하자. 먼저 격 인가의 수의성 자체는 격 여과가 있는 한, 격 인가를 필수라고 보는 견해에 반해 개념적으로 나은 개념이므로 문제는 없다고 할 수 있다. 다만 한국어를 토대로 격 인가의 필수성을 주장해 온 견해들이 있었는데 필자는 그런 견해를 대체할 분석을 제시하였고 또한 장형 부정 구문 및 ECM 구문의 격 교체를 격 인가의 수의성을 위한 경험적 근거로 제시하였다.

이어 격 최소성을 생각해 보자. 필자는 본 책자에서 한국어의 여러 구문을 통해 격 최소성이 작동함을 보여 주었는데, 사실 격 최소성이 담고 있는 직관적 내용은 한국어를 논의한 J.-S. Lee(1991, 1992, 1994), H.-S. Yoon(2004a:279)[8] 등에서는 물론이요 한국어가 아닌 다른 언어에서도 이미 지적되어 온 바 있다. 즉 Kim&Maling(1998:139)에 의하면 Finnish어, 일본어, Icelandic어 등에서 동사구 내부 보어가 주격을 취하는 일이 있는데, 이 현상에 대해 Takezawa(1987), Sigurðsson(1989) 등의 연구를 토대로 문제의 구문에 대격 인가자가 없으며 그로 인해 동사구 내부 보어에 주격이 인가되는 것으로 보고 있는 것이다.[9]

---

8) 다음 구절 참조.

> ... INFL and V assign/check case multiply in Korean and will block an external case-assginer from Agree-ing with constituents within its domain.

9) 이에 비추어 보면, 논란의 여지는 있으나 영어의 수동 구문, 능격 구문 등에서도 격 최소성 효과가 있는 것으로 보인다. 즉 수동 술어 및 능격 술어의 보어에는 주격이 인가되는데 이는 이들 구문에 대격 인가자가 없는 것과 연관성이 있기 때문이다. 그러나 두 개의 논항을 갖는 한국어의 심리 형용사 구문의 보어가 주격을 취하는 것과 달리, 영어의 대응 구문의 보어는 주격을 취하지 못하는

이와 같이 본 책자를 포함한 기존 연구들이 격 최소성을 위한 많은 경험적 증거들을 제시하였으므로 경험적 증거만으로 충분하다고 할 수 있으나 이런 격 최소성에 대해 두 가지 질문이 제기될 수 있다. 첫 번째는 격 최소성에 대한 반례의 문제이다. 즉 필자는 앞서 2장의 특수조사 '-만이'의 양상, 10장의 장형부정구문에서의 주격/대격 교체 양상 그리고 12장의 '-에가'의 양상 등이 격 최소성에 반례가 됨을 지적하였는데 이를 어떻게 볼 것인가 하는 문제이다. 두 번째는 개념적 문제로 격 최소성이 성분-통어에 의한 수의적 격 인가와는 별도의 조건인데 이것이 왜 필요한가 하는 문제이다. 즉 성분-통어에 의한 수의적 격 인가에 의하면 가까운 격 인가자에 의해 격 인가가 안 이루어지는 경우 보다 더 먼 격 인가자에 의한 격 인가가 가능할 수 있는데, 격 최소성이 그런 상황을 배제하고 있기 때문이다.

먼저 격 최소성에 대한 개념적 문제는 격 최소성이 적어도 기본 원리가 아님을 말하는 것으로 이해된다. 즉 다른 개념에 의해 도출될 수 있음을 의미하는데, 필자는 격 최소성 효과가 도출 상의 국면 개념 및 국면 불침투 조건(Phase-Impenetability Condition)에 의해 설명될 수 있다고 본다.[10] 이를 위해 우선 지금까지 격 최소성이 작동하는 경우들을 정리해 보자.

(8) 가. 대격 인가자인 v가 없어 하위 성분에 대해 주격이 인가되는 경우: 4장의 (94가), 8장의 (1나)
나. 대격 인가자가 있어 하위 성분에 대해 주격이 인가 안 되는 경우: 4장의 (94나), 8장의 (1가), (47가), (50가), 10장의 (11가)
다. 속격 인가자인 D가 없어 하위 성분에 대해 대격이 인가되는 경우: 5장의 (37나), 11장의 수량사 구성 및 능동 경동사 구문
라. 속격 인가자인 D가 없어 하위 성분에 대해 주격이 인가되는 경우: 6장의 주어-보어 구성,11장의 수량사 구성 및 피동 경동사 구문
마. 속격 인가자인 D가 있어 하위 성분에 대해 대격이 인가 안 되는 경우: 5장의 (37가)

이들 경우에서 주목할 점은 이들 모두에서 격 최소성이 v나 D와 관련이 있다는 점이다. 즉 v나 D가 없을 경우에는 상위 격 인가자에 의해 격이 인가되지만, v나 D가 있을 경우에는 이들에 의해서만 격이 인가되는데 v나 D를 국면의 핵으로 볼 때, 이들 모두는 국면 불침투 조건에 의해 설명이 될 수 있다. 즉 즉 v나 D가 국면의 핵이므로 v나

데, 이는 격 중출이 영어에서는 허용되지 않기 때문이다.

10) 이런 제안의 가능성을 김랑혜윤 교수도 지적한 바 있다.

D가 있을 경우에는 그 내부 성분에 대해 상위 격 인가자가 침투할 수 없는 반면, v나 D가 없을 경우에는 그 상위 국면 내부에 있는 격 인가자에 의해 격이 인가되는 양상인 것이다.

격 최소성이 기본 원리가 아니고 이와 같이 국면 불침투 조건에 의해 설명될 수 있다고 볼 때, 격 최소성에 대한 반례 또한 문제가 되지 않는다. 즉 격 최소성이 국면 불침투 조건으로부터 도출된다면 국면 불침투 조건이 적용되지 않는 경우에는 오히려 격 최소성에 반하는 양상이 나타날 것으로 예측되는데, 위의 반례들에 대한 필자의 분석에 의하면 반례들이 모두 그러한 경우이다. 중요한 점은 반례들이 갖는 구조적 공통성이다. 즉 필자의 분석에 의하면, 문제가 되는 '-만이', '-에게가', '-지를/가 않-'의 모든 경우가 핵기저부가구조를 가지며 그런 구조 하에서 구조상 하위 격 인가자에 해당하는 '-만', '-에게', '않-' 등이 국면을 형성하고 있지 않다. 즉 전형적인 격 최소성의 상황과는 달리 반례에서는 두 개의 서로 다른 격 인가자가 하나의 국면 내에 오는 상황이며 고로 국면 불침투 조건이 적용되는 상황이 아닌 것이다. 그리고 그런 상황에서는 오히려 격 인가의 수의성에 의해 두 격 인가자 어느 쪽에 의해서도 격이 인가되는 상황이 상황이 나오는 것이다.[11)]

이상 격 인가에 대한 지금까지의 논의를 정리하면 다음과 같다.

(9) 가. 격 인가의 보편 기제는 격 인가자에 의한 성분-통어이다.
나. 격 인가 시 파이-자질의 참여는 매개변인적 요인에 의한 것이다.
다. 격 인가는 수의적으로 일어난다.
라. 격 최소성 효과는 국면 불침투 조건에 의한 것이다.

15.3 격 여과

1장에 소개된 전통적 격 여과에는 "형태적" 혹은 "어휘적" 격 여과(1장 (27) 참조)와 가시성 가설(1장 (28) 참조)의 두 가지가 있었다. 둘은 어떤 명사 표현이 격을 필요로 하는가에 있어 서로 다른 입장을 보이는데, 후자에 의하면 명사 표현 중 논항만이 격을 필요로 하지만, 전자에 의하면 논항 여부와는 상관없이 음성적으로 실현되는 어휘적

11) '-에게'와 같은 후치사가 후치사구를 이루는 비논항의 경우 후치사의 보어에 외부 격이 인가되지 않는다는 것은 후치사구도 국면임을 얘기하는 것으로 보인다.

명사 표현만이 격을 필요로 한다. 이 중 어느 것이 맞는가에 대한 논의는 여러 언어에 대한 보다 더 광범위한 연구에 의해야 할 것으로 보인다. 그러나 최기용(2007:각주1)에서 지적한 바 있듯이 명사가 통사적 도출에 도입될 당시 격 자질을 가진다는 최소주의적 입장(Chomsky(2000, 2001a, b) 참조)에 의하면 논항은 물론이요 비논항 명사 표현에도 격이 나타날 것으로 예상이 된다. 그 이유는 통사적 도출에 앞서 배번집합(numeration)에 있는 명사가 논항인지 비논항인지를 알 수 없기 때문인데 본 책자의 분석이 맞다면 한국어에는 그런 최소주의적 견해가 맞음을 보여주는 예들이 많다. 즉 비논항 명사 표현으로 격을 가지는 여러 경우들이 있는데 이중/다중 주어 구성의 외곽 지정어, 장형 부정 구문의 '-지', 피동/능동 경동사 구문의 한자어[12], 긍정/부정 계사 구문의 서술 명사, 부사적 명사구[13] 등이 그런 예들이다.

한편 앞의 최소주의적 입장은 영형 명사 표현도 격 자질을 가질 것으로 보는데, PRO 및 null operator가 이에 해당된다고 볼 수 있다. PRO에 대해서는 PRO도 격을 가진다는 분석이 Chomsky&Lasnik(1993), Martin(1996, 1999) 등에 의해 제안된 바 있어 이들 연구가 최소주의적 입장이 유지될 수 있음을 보여 주었다면, Lasnik&Uriagereka (2005:137)에서 논의된 다음 예들은 영운용자(null operator)가 격을 필요로 함을 보여주는 것으로 재해석될 수 있다.

(10) 가. Mary is the woman who [I believe [t seems [t to like John]]]
나. Mary is the woman Ø [I believe [t seems [t to like John]]]
다. *Mary is the woman who [I believe [it seems [t to like John]]]
라. *Mary is the woman Ø [I believe [it seems [t to like John]]]

즉 Lasnik&Uriagereka는 (10다, 라)의 예를 통해 의문사 흔적이 격을 필요로 한다고 했는데, 가시적 의문사가 없는 경우 영운용자가 있다고 본다면 이 경우 또한 영형 명사 표현이 격을 필요로 하는 경우로 해석될 수 있어 최소주의적 입장에 부합된다고 할 수 있다.

---

12) Lasnik&Uriagereka(2005:1장 각주 12)는 일본어 대응 구문의 동사성 명사도 마찬가지 성격을 가지는 것으로 보고 있다.

13) Lasnik&Uriagereka(2005:13)은 아래의 이른바 cognate object도 비논항이지만 격을 가지는 경우로 보고 있다.

(i) John slept a long/nightmarish sleep.

15.4 남은 문제들

1장에서 본 격 이론의 일반적 내용은 격의 종류, 격의 인가 및 격 여과 등으로 되어 있고 각 주제와 관련된 제안들도 비교적 간단하다고 할 수 있다. 문제는 그런 간단한 제안들이 일견 복잡해 보이는 한국어에 성공적으로 그리고 어떻게 적용될 수 있느냐 인데, 본 책자를 통해 필자는 격 이론의 기본 골격이 한국어에도 그대로 적용될 수 있음을 보였다. 즉 구조격의 종류, 성분-통어에 근거한 격 인가 기제 및 격 여과 등이 그것이다. 그리고 더 나아가 한국어 자료를 토대로 격 이론 자체에 대한 몇 가지 수정 제안 그리고 격 중출을 둘러싼 한국어와 영어의 차이에 대한 새로운 제안을 하였다. 고유격의 제거, 격 인가와 일치 자질 인가의 분리, 격 인가자의 [+해석성]에 따른 격 중출의 가능성 등이 그것이다. 이들 제안은 격 현상 뿐 아니라, 일치 현상 및 이동 현상에 대해서도 일정한 암시를 가지는데,[14] 바로 그런 점에서 좀 더 많은 언어 연구를 토대로 한 심층적인 검토가 필요하다고 할 수 있다. 이는 앞으로의 과제로 돌리기로 한다.

14) 3장의 논의에 의하면 격 인가와 일치 자질 인가는 서로 별도의 기제에 의한다. 그러나 격 인가가 파이-자질에 종속되는 영어와 같은 언어에서는 격 인가 시 파이-자질 인가가 함께 일어날 수 있는 것으로 보았는데, 고로 그런 언어에서는 일치를 담당하는 기제에 두 가지가 있게 된다.
한편 격 인가가 성분-통어에 의한 일치 기제에 의한다면 격 인가가 이동의 원인이 될 수는 없다는 점에서 그런 주장을 한 많은 연구들에(Bejar&Massam(1999), Castillo, Drury&Grohmann (1999:23), Epstein &Seely(1999:64-65, 72-73), Martin(1999), Boeckx(2000a), Bošković (2002:172) 등) 대한 재검토가 필요하다.

참고문헌

강명윤. 1995. 주격보어에 관한 소고. 생성문법연구 5:391-418.

강명윤. 1996. 이중주격구문에 대한 최소주의적 접근. 한국어학 4:117-139.

강명윤 · 김선웅 · 문귀선 · 박갑용 · 안성호 · 이숙희 · 최기용. 1999. 최소주의 이론의 이해. 서울: 아르케.

고광주. 1999. 국어의 능격성에 대한 검토. 한국어학회 편, 1999, 국어의 격과 조사, 867-891. 서울: 월인.

고광주. 2000. 예외적 격표시 구성에서의 격교체. 시정곤 · 고광주 · 유혜원 · 김미령 지음, 2000, 논항구조란 무엇인가, 281-294. 서울: 월인.

고광주. 2001. 국어의 능격성 연구. 서울: 월인.

고석주. 2001. 한국어에서 격 범주 설정의 문제. 남기심 엮음, 2001, 국어문법의 탐구 V. 서울: 태학사.

고석주. 2002. 조사 '가'의 의미. 국어학 40:221-246.

고석주. 2004. 현대 한국어 조사의 연구 I - '격 개념'과 조사 '-가'와 '-를'을 중심으로. 서울: 한국문화사.

고영근. 2006. 절대문은 세울 수 있는가 - 임홍빈(1983)을 중심으로. 형태론 8:103-112.

고재설. 1999. 주격 중출문과 형용사의 내부 주어. 언어 24:531-556.

국립국어원. 2000. 21세기 세종계획 연구·교육용 현대국어 균형말뭉치.

권재일. 1989. 조사의 성격과 그 생략 현상에 대한 한 기술 방법. 어학연구 25:129-139.

김광섭. 2000. 비한정사구(non-DP) 주어에 관한 연구. 생성문법연구 10:37-70.

김귀화. 1994. 국어의 격 연구. 서울: 한국문화사.

김동석 · 김용하. 2002. 겹음운화와 한국어의 겹주어/겹목적어. 생성문법연구 12:3-47.

김선웅. 1996. 한국어 주격 목적어 연구. 언어 21:241-262.

김수연 · 윤정미. 2005. 국면과 국면 침투 불가 조건. 최기용 편저, 2005, 최소주의의 최근

흐름: Chomsky(1995) 이후, 305-322. 서울: 한국문화사.
김영화・문귀선・장영준・김선웅・박명관・윤항진. 2002. 허사 총론. 서울: 도서출판 소화.
김영희. 1978. 겹주어론. 한글 162. [김영희(1988:7-36)에 다시 실음].
김영희. 1980. 정태적 상황과 겹주어 구문. 한글 169.
김영희. 1981. 언어의 기능과 통사 구조. 현상과 인식 5.4.
김영희. 1986. 머리 성분 위치 제약과 겹목적어. 언어논총 4. [김영희(1988:37-58)에 다시 실음]
김영희. 1988. 한국어 통사론의 모색. 서울: 탑출판사.
김영희. 1989. 한국어 제시어의 문법. 주시경학보 4:114-138. [김영희(1998:355-386)에 다시 실음]
김영희. 1991. 무표격의 조건. 언어논총 제9집, 5-32. [김영희(1998:263-292)에 다시 실음]
김영희. 1998. 한국어 통사론을 위한 논의. 서울: 한국문화사.
김영희. 1999가. 보족어와 격 표시. 한글 244:75-109.
김영희. 1999나. 사격표지와 후치사. 국어학 34:31-58.
김용석. 2005. 다중문자화에 관한 모든 것. 최기용 편저, 2005, 최소주의의 최근 흐름: Chomsky(1995) 이후, 322-351. 서울: 한국문화사.
김용하. 1999. 한국어의 격과 어순의 최소주의 문법. 서울: 한국문화사.
김윤신. 2005. '-어지다'류 기동동사의 어휘 의미 구조-생성 어휘부 이론적 접근-. 이정민・최기용・강범모・김세중・남승호・신효필 공편, 2005, 의미구조와 통사구조, 그리고 그 너머, 237-258. 서울: 한국문화사.
김의수. 1999. 자립격(default case)으로서의 대격 가능성 시고 - 경동사 '하-' 구문을 중심으로. 한국어학회 편, 1999, 국어의 격과 조사, 986-1018. 서울: 월인.
김의수. 2002. 국어의 격 허가 기제 연구. 국어학 39:49-74.
김진형. 2000. 조사연속구성과 합성조사에 대하여. 형태론 2:59-72.
남기심. 1988. 이중주어구문 재고. 조선학보 126. [남기심(1996:52-67)에 다시 실음]
남기심. 1991. 국어의 격과 격조사에 대하여. 겨레문화 5. [남기심(1996:68-92)에 다시 실음]
남기심. 1996. 국어문법의 탐구 I-국어 통사론의 문제. 서울: 태학사.
남기심・고영근. 1993. 표준국어문법론 개정판. 서울: 탑출판사.
남기심・고영근・이익섭 편. 1983. 현대국어문법. 대구: 계명대학교 출판부.
남승호. 2005. 한국어 술어의 상 분류 기준. 이정민・최기용・강범모・김세중・남승호・신효필 공편, 2005, 의미구조와 통사구조, 그리고 그 너머, 259-288. 서울: 한국문화사.
목정수. 2003. 한국어 문법론. 서울: 월인.
민현식. 1982. 현대국어 격에 관한 연구. 국어연구 49.
박승혁. 1997. 최소주의 문법론. 서울: 한국문화사.
박정섭. 1992. 중주어와 중목적어. 생성문법연구 2:293-334.
박정섭. 2006. 속격 표지 '의'의 수의성에 대하여. 생성문법연구 16:2-18.
박철우. 2002. 국어의 보충어와 부가어의 판별 기준. 언어 34:75-112.

서정수. 1996. 현대국어문법론. 서울: 한양대학교 출판원.
성기철. 1984. 현대 국어 주체 대우 연구. 한글 184:81-111.
안명철. 2001. 이중주어구문과 구-동사. 국어학 38:181-208.
안병희. 1966. 부정격(Casus Indefinitus)의 정립을 위하여. [남기심 · 고영근 · 이익섭 편 (1983:99-101)에 다시 실음]
양동휘. 2003. 최소주의 가설. 서울: 한국문화사.
양정석. 1996. '-와/과' 문장의 통사구조. 남기심 엮음, 1996, 국어문법의 탐구 III-국어 통사론의 문제와 전망, 217-288. 서울: 태학사.
양정석. 2002. 시상성과 논항 연결. 서울: 태학사.
엄정호. 2003. '-고 싶다' 구문의 격교체. 국어학 41:169-196.
연재훈. 1996. 국어 여격주어 구문에 대한 범언어적 관점의 연구. 국어학 28:241-276.
연재훈. 2005. 피동문의 유형론. 이정민 · 최기용 · 강범모 · 김세중 · 남승호 · 신효필 공편, 2005, 의미구조와 통사구조, 그리고 그 너머, 581-685. 서울: 한국문화사.
우순조. 2000. '이다'와 '아니다'의 상관성: 표지 개념에 의한 분석. 형태론 2:129-138.
우순조. 2001. '이다'의 '이'가 조사인 새로운 증거. 형태론 3:345-358.
유동석. 1994. 한국어의 일치. 생성문법연구 4:211-248.
유동석. 1995. 국어의 매개변인 문법. 서울: 신구문화사.
유동석. 1998가. 국어의 격 중출 구성에 대하여. 국어학 31:307-337.
유동석. 1998나. 주제어와 주격중출문. 서태룡 · 민현식 · 안명철 · 김창섭 · 이지양 · 임동훈 공편, 1998, 이익섭 선생 회갑 기념 논총 문법연구와 자료, 47-82. 서울: 태학사.
유현경. 2003. "주다" 구문에 나타나는 조사 "에게"와 "에". 한국어학 20:155-174.
유현경. 2007. '에게'와 유정성. 형태론 9:257-276.
유형선. 1999. 이중주격 구문의 논항구조에 대한 연구. 한국어학회 편, 1999, 국어의 격과 조사, 717-731. 서울: 월인.
이광호. 1988. 국어 격조사 「을/를」의 연구. 서울: 탑출판사.
이남순. 1985. 주격중출문의 통사구조. 국어국문학 93. [이남순(1998:9-38)에 다시 실음]
이남순. 1988. 국어의 부정격과 격표지 생략. 서울: 탑출판사.
이남순. 1996. 주어와 경어법. 동서문화연구 4. [이남순(1998:39-62)에 다시 실음]
이남순. 1998. 격과 격표지. 서울: 월인.
이만기. 2004. 스페인어와 한국어에서의 구조격과 D-자질. 생성 문법 연구 14:137-156.
이만기 · 최기용 · 최동신. 2005. 왜 "일치(Agree)"인가? 최기용 편저, 2005, 최소주의의 최근 흐름: Chomsky(1995) 이후, 159-184. 서울: 한국문화사.
이숙희. 2005. 일치와 결여성분 간섭조건. 최기용 편저, 2005, 최소주의의 최근 흐름: Chomsky (1995) 이후, 185-204. 서울: 한국문화사.
이익섭 · 임홍빈. 1983. 국어문법론. 서울: 학연사.
이익섭 · 채완. 1999. 국어문법론 강의. 서울: 학연사.

이정민. 1992. (비)한정성/(불)특정성 대 화제(Topic)/초점 - 개체 층위/단계 층위 술어와도 관련하여. 국어학 22: 397-424.

이정민·남승호·강범모. 1998. 한국어 술어의 어휘의미에 대한 생성적 연구 방법. 한국인지과학회 논문지 9:19-33.

이정훈. 2006. 한국어 조사 통합관계의 도출. 2006년도 1차 한국생성문법학술대회 발표집, 8-16.

이홍배. 2003. 최소주의 통사론, 개정판. 서울: 한국문화사.

이홍식. 1991. 피동과 피동구문. 주시경학보 8:113-118.

임동훈. 1991. 격조사는 핵인가. 주시경학보 8:119-130.

임동훈. 2000. 한국어 어미 '-사-'의 문법. 서울: 태학사.

임동훈. 2004. 한국어 조사의 하위 부류와 결합 유형. 국어학 43:119-154.

임홍빈. 1974. 주격중출론을 찾아서. 문법연구 1:111-148. [임홍빈(1998나:169-206)에 다시 실음]

임홍빈. 1983. 국어의 '절대문'에 대하여. 진단학보 54:97-136. [임홍빈(1998가:7-57)에 다시 실음]

임홍빈. 1985. {-시-}와 경험주 상정의 시점. 국어학 14:287-336. [임홍빈(1998가:97-142)에 다시 실음]

임홍빈. 1987가. 국어의 명사구 확장 규칙에 대하여. 국어학 16:379-429.

임홍빈. 1987나. 국어의 재귀사 연구. 서울: 신구문화사.

임홍빈. 1998가. 국어문법의 심층 1: 문장 범주와 굴절. 서울: 태학사.

임홍빈. 1998나. 국어문법의 심층 2: 명사구와 조사구의 문법. 서울: 태학사.

임홍빈. 2007. 절대문은 왜 세워야 하는가(1): 고영근(2006)에 답함. 형태론 9:331-340.

임홍빈. 2008. 절대문은 왜 세워야 하는가(2): 고영근(2006)에 답함. 형태론 10:145-155.

임홍빈. 1999. 국어 명사구와 조사구의 통사 구조에 대하여. 관악어문연구 24:1-62.

임홍빈·장소원 1995. 국어 문법론 1. 서울: 방통대.

정용길. 2000. COMP '-는'의 격자질. 어학연구 36:63-82.

정인상. 1980. 현대국어의 주어에 대한 연구. 국어연구 44호.

최기용. 1993. 한국어 장형부정구문의 구조. 생성문법연구 3:25-78.

최기용. 1994. 한국어의 경동사 구문 판정에 대하여. 양동휘 선생 화갑기념 논총 발간 위원화 엮음, 1994, 생성문법의 탐구, 750-781. 서울: 한국문화사.

최기용. 1996가. 의미역 배정과 관련된 명사의 성격에 대하여. 생성문법연구 6:85-119.

최기용. 1996나. 한국어 특수조사 구성의 구조. 언어 21:611-650.

최기용. 1998가. '있-'의 범주, 논항 구조 그리고 능격성. 국어학 32:107-134.

최기용. 1998나. 한국어의 부정극어 '아무'에 대하여. 생성문법연구 8:313-342.

최기용. 2001가. '-이다'의 '-이'는 주격조사이다. 형태론 3:101-112.

최기용. 2001나. 한국어 수량사 구성의 구조와 의미: 비속격형을 중심으로. 어학연구

37:445-482.
최기용. 2002. 한국어의 용언 반복 구문: 동사의 가시적 이동을 위한 또 하나의 근거. 생성문법연구 12:139-167.
최기용. 2003가. 시정곤(2002) 및 김의수(2002)에서 지적된 몇 가지 의문에 답하여. 형태론 5:111-121.
최기용. 2003나. 한국어와 핵 이동: 종결형을 중심으로. 생성문법연구 13:119-142.
최기용. 2005. 소망 구문에서의 주격/대격 교체. 이정민・최기용・강범모・김세중・남승호・신효필 공편, 의미구조와 통사구조, 그리고 그 너머, 2005, 369-408. 서울: 한국문화사.
최기용. 2006가. 장형 부정 구문의 격교체. 언어 31:441-462.
최기용. 2006나. 한국어의 "명사+조사" 구성의 구조. 생성문법연구 16:311-332.
최기용. 2007. 구조격 조사의 비출현: 구조격의 형태적 비실현. 생성문법연구 17:199-232.
최기용. 2008가. 생성문법의 격이론. 인문사회 과학논문집 39. 광운대 인문사회과학연구소.
최기용. 2008나. 한국어 주격 중출 구문의 두 유형: 속격/주격 교체의 경우, 언어 38: 901-928.
최동주. 1997. 현대국어의 특수조사에 대한 통사적 고찰. 국어학 30:201-224.
최동주. 2000. '들' 삽입 현상에 대한 고찰. 국어학 35:67-92.
최형용. 2002. 국어 단어의 형태・통사론적 연구. 서울대 박사 학위 논문.
한정한. 1999. 의미격과 화용격 어떻게 다른가? 한국어학회 편, 1999, 국어의 격과 조사, 361-392. 서울: 월인.
한정한. 2003. 격조사는 핵이 아니다. 한글 260:149-182.
한학성. 1993. 한국어의 AgrP와 NegP. 언어 18:437-462.
허웅. 1962. 「존대법」의 문제를 다시 논함. 한글 130.
홍기선. 1994. 한국어 대격의 의미. 언어 19:287-311.
홍기선. 1995. 이동동사와 장소명사 표지. 어학연구 31:461-480.
홍기선. 1997. 영어와 국어의 인상 구문 비교 분석. 어학연구 33:409-434.
홍용철. 1994. 융합이론과 격조사 분포. 생성문법연구 4:1-44.
홍용철. 1998. 한국어의 부정구문. 생성문법연구 8:25-72.
홍용철. 2001. 중주격 구문의 구조. 프랑스어문교육 11:159-183.
홍용철. 2004. 한국어의 격조사 탈락과 격조사 부재. 프랑스어문교육 18:295-314.
홍용철. 2005. 특수조사 "는"에 대한 통합적 분석. 생성 문법 연구 15:397-413.
Adger, David. 2003. *Core syntax: A minimalist approach*. Oxford: Oxford University Press.
Ahn, Hee-Don. 1988. Preliminary remarks on Korean NP. In *Papers from the Sixth International Conference on Korean Linguistics*, 1-15. ICKL and Department of East Asian Studies, University of Toronto, Ont.
Ahn, Hee-Don. 1991. Light verbs, VP-movement, negation and clausal architecture in Korean and English. Doctoral dissertation, University of Wisconsin, Madison.

Ahn, Hee-Don. 2002. Notes on Case alternations. In *Selected papers from the twelfth international conference on Korean linguistics*, ed. by Hee-Don Ahn and Namkil Kim, 19-29. Seoul: Kyungjin.

Ahn, Hee-Don, and Sungeun Cho. 2006a. *Wh*-topics and unpronounced cases on *wh*-phrases. *Studies in Generative Grammar* 16:61-90.

Ahn, Hee-Don, and Sungeun Cho. 2006b. Layered nominal structures: Implications for caseless nominals. *Korean Journal of Linguistics* 31:165-186.

Ahn, Hee-Don, and Sungeun Cho. 2006c. Unpronounced case markers and apparent subject-object asymmetry. *Studies in Modern Grammar* 43:55-80.

Ahn, Hee-Don, and Hang-Jin Yoon. 1989. Functional categories in Korean. In *Harvard studies in Korean linguistics III*, ed. by Susumu Kuno, Ik-Hwan Lee, John Whitman, Sung-Yun Bak, Young-Se Kang, and Young-joo Kim, 79-88. Seoul: Hanshin Publishing Co.

Ahn, Sung-Ho. 2001. What can Korean say about the v-VP structure. In *Harvard studies in Korean linguistics IX*, ed. by Susumu Kuno, Ik-Hwan Lee, John Whitman, Joan Maling, Young-Se Kang, and Young-joo Kim, 251-264. Seoul: Hanshin Publishing Co.

Aoun, Joseph, Lina Choueiri, and Norbert Hornstein. 2001. Resumption, movement, and derivational economy. *Linguistic Inquiry* 32:371-404.

Aoyagi, Hiroshi. 1999. Morphological case vs. Abstract Case. A paper presented at the KGGC monthly colloquium.

Bejar, Susana, and Diane Massam. 1999. Multiple case checking. *Syntax* 2:65-79.

Belletti, Adriana. 1988. The case of unaccusatives. *Linguistic Inquiry* 19:1-35.

Boeckx, Cedric. 2000a. EPP eliminated. Ms. University of Connecticut, Storrs.

Boeckx, Cedric. 2000b. Quirky agreement. *Studia linguistica* 54:354-380.

Boeckx, Cedric. 2002. Agree or attract? In *Theoretical approaches to Universals*, 41-64.

Bošković, Željko. 1999. On multiple feature checking: Multiple wh-fronting and multiple head movement. In *Working minimalism*, ed. by Samuel David Epstein and Norbert Hornstein, 159-187. Cambridge, Mass.: MIT Press.

Bošković, Željko. 2002. A-movement and the EPP. *Syntax* 5.3:167-218.

Bowers, John. 2002. Transitivity. *Linguistic Inquiry* 33:183-224.

Castillo, Juan Carlos, John Drury, and Kleanthes K. Grohmann. 1999. Merge over Move and the Extended Projection Principle. In *University of Maryland Working Papers in Linguistics* 8, ed. by Sachiko Aoshima, John Druruy and Tuomo Newvonen, 63-103. University of Maryland, College Park.

Cha, Jong-Yul. 2008. A typology of double nominative constructions in Korean. Paper presented at CIL 18.

Chae, Hee-Rahk. 1999. Adverbial nominals and the *-ul/lul* marker. In *Harvard studies in*

Korean linguistics VIII, ed. by Susumu Kuno, Ik-Hwan Lee, John Whitman, Joan Maling, Young-Se Kang, and Young-joo Kim, 223-234. Seoul: Hanshin Publishing Co.

Chae, Hee-Rahk. 2000. Complements vs. adjuncts (in Korean). *Studies in Modern Grammar* 19:69-85.

Chae, Hee-Rahk. and Il-Jyu Kim. 2008. A clausal predicate analysis of Korean multiple nominative constructions. Paper presented at CIL 18.

Chang, John Whan and Dong-In Cho. 1991. Head movement and Case theory. In *Harvard studies in Korean linguistics IV*, ed. by Susumu Kuno, Ik-Hwan Lee, John Whitman, Joan Maling, Young-Se Kang, and Young-joo Kim, 217-228. Seoul: Hanshin Publishing Co.

Chappell, H., and W. McGregor. 1996. *The grammar of inalienability*. The Hague: Mouton de Gruyter.

Cho, Eun. 1996. Multiple feature checking and accusative case on the passives. In *Morphosyntax in generative grammar*, ed. by Hee-Don Ahn, Myung-Yoon Kang, Yong-Suck Kim and Sookhee Lee, 113-122. Seoul: Hankuk Publishing Co.

Cho, JunMo. 2000. The nature of legibility conditions. Doctoral dissertation, University of Toronto, Toronto.

Cho, JunMo. 2002. LF legibility and licensing of nominals. In *Selected papers from the twelfth international conference on Korean linguistics*, ed. by Hee-Don Ahn and Namkil Kim, 75-88. Seoul: Kyungjin.

Cho, Sae-Youn. 1999. The syntactic structure of some double nominative constructions in Korean. *Linguistics* 7:335-348.

Cho, Sae-Youn, and Jong-Bok Kim. 2002. Echoed verb construction in Korean: A construction-based HPSG analysis. *Korean Journal of Linguistics* 27:661-682.

Cho, Sungeun. 1998. A new analysis of Korean inalienable possession constructions. In *Proceedings of the North Eastern Linguistic Society 28*, 79-93. Amherst, Mass.: GLSA Publications.

Cho, Sungeun. 1999. Case checking in measure adverbials. 280-294. In *Harvard studies in Korean linguistics VIII*, ed. by Susumu Kuno, Ik-Hwan Lee, John Whitman, Joan Maling, Young-Se Kang, and Young-joo Kim, 280-294. Seoul: Hanshin Publishing Co.

Cho, Sungeun. 2000. Three forms of Case agreement in Korean. Doctoral dissertation, SUNY at Stony Brook.

Cho, Sungeun. 2001. Two forms of case agreement in Korean. In *Harvard studies in Korean linguistics IX*, ed. by Susumu Kuno, Ik-Hwan Lee, John Whitman, Joan Maling, Young-Se Kang, and Young-joo Kim, 297-306. Seoul: Hanshin Publishing Co.

Cho, Sungeun. 2003. A conditioning factor in possessor agreement constructions. In *Japanese/Korean Linguistics Vol 11*, ed. by P. Clancy, 343-351. Stanford: CSLI Publications.

Cho Yu, Young-Mee, and Peter Sells. 1995. A lexical account of inflectional suffixes in Korean. *Journal of East Asian Linguistics* 4:119-174.

Choe, Hyun-Sook. 1985. Remarks on Configurationality Parameter. In *Harvard studies in Korean linguistics,* ed. by Susumu Kuno, John Whitman, Ik-Hwan Lee, and Young-Se Kang. Seoul: Hanshin Publishing Co.

Choe, Hyun-Sook. 1987. Syntactic adjunction, A-chains, and multiple identical case constructions. In *Proceedings of the North Eastern Linguistic Society 17*, 100-121. Amherst, Mass.: GLSA Publications.

Choe, Hyun-Sook. 1988. Restructuring parameters and complex predicates-A transformational approach. Doctoral dissertation, MIT, Cambridge, Mass.

Choe, Jae-Woong. 2004. Obligatory honorification and the honorific feature. *Studies in Generative Grammar* 14:545-560.

Choi, Kiyong. 1991a. A theory of syntactic X^0-subcategorization. Doctoral dissertation, University of Washington, Seattle.

Choi, Kiyong. 1991b. Double accusatives in part/whole constructions in Korean. *Eoneohag (Journal of the Linguistic Society of Korea)* 13:165-176.

Choi, Kiyong. 1993. On the so-called copular construction in Korean. *Eoneohag (Journal of the Linguistic Society of Korea)* 15:397-413.

Choi, Kiyong. 2000. Minimalist interpretation of the Case filter. *Eoneohag (Journal of the Linguistic Society of Korea*) 26:287-306.

Choi, Kiyong. 2003. The echoed-verb constructions in Korean: Evidence for V-raising. In *Japanese/Korean linguistics 11*, ed. by P. Clancy, 457-470. Stanford: CSLI Publications.

Choi, Kiyong. 2005. Remarks on structural case particles in Korean. *Studies in Generative Grammar* 15:29-51.

Choi, Young-Seok. 1988. A study of ascension constructions in Korean. Doctoral dissertation. University of Hawaii.

Choi, Young-Seok. 2000. Possessor ascension and lexical passive. *Studies in Modern Grammar* 21:73-86.

Chomsky, Noam. 1973. Conditions on transformation. In *A Festschrift for Morris Halle,* ed. by S. R. Anderson and P. Kiparsky, 232-286. New York: Holt, Rinehart and Winston.

Chomsky, Noam. 1977. On wh-movement. In *Formal syntax*, ed. by P. Culicover, T. Wasow and A. Akmajian, 71-132. New York: Academic Press.

Chomsky, Noam. 1981. *Lectures on government and binding*. Dordrecht: Foris.

Chomsky, Noam. 1986a. *Barriers*. Cambridge, Mass.: MIT Press.

Chomsky, Noam. 1986b. *Knowledge of language: Its nature, origin and use*. New York,

N.Y.: Praeger.

Chomsky, Noam. 1991. Some notes on economy of derivation and representation. In *Principles and parameters in comparative grammar*, ed. by Robert Freidin, 417-454. Cambridge, Mass.: MIT Press.

Chomsky, Noam. 1993. A minimalist program for linguistic theory. In *The view from building 20: Essays in linguistics in honor of Sylvain Bromberger*, ed. by Ken Hale and Samuel Jay Keyser. Cambridge, Mass.: MIT Press.

Chomsky, Noam. 1995. *The Minimalist Program*. Cambridge, Mass.: MIT Press.

Chomsky, Noam. 2000. Minimalist inquiries: The framework. In *Step by step: Essays in Minimalist Syntax in honor of Howard Lasnik,* ed. by R. Martin, D. Michaels and J. Uriagereka, 89-155. Cambridge, Mass.: MIT Press.

Chomsky, Noam. 2001a. Beyond explanatory adequacy. *MIT Occasional Papers in Linguistics 20*, Cambridge, Mass.: MITWPL.

Chomsky, Noam. 2001b. Derivation by phase. In *Ken Hale: A life in language*, ed. by M. Kenstowicz, 1-52. Cambridge, Mass.: MIT Press.

Chomsky, Noam, and Howard Lasnik. 1977. Filters and control. *Linguistic Inquiry* 8: 425-504.

Chomsky, Noam, and Howard Lasnik. 1993. The theory of principles and parameters. In *Syntax: An international handbook of contemporary research*, ed. by Joachim Jacobs, Arnim von Steechow, Wolfgang Sternfeld, and Theo Vennemann, 506-569. Berlin: Walter de Gruyter. [Reprinted in *The Minimalist Program,* Noam Chomsky, 13-127. Cambridge, Mass.: MIT Press]

Collins, Chris. 1997. Argument sharing in serial verb constructions. *Linguistic Inquiry* 28:461-497.

Collins, Chris. 2002. Multiple verb movement in ǂHoan. *Linguistic Inquiry* 33:1-29.

Diesing, Molly. 1992a. Bare plural subjects and the derivation of logical representation. *Linguistic Inquiry* 23: 353-380.

Diesing, Molly. 1992b. *Indefinites*. Cambridge, Mass.: MIT Press.

Emonds, Joseph. 1976. *A transformational approach to English syntax: Root, structure-preserving and local transformations.* New York: Academic Press.

Enç, Mürvet. 1991. The semantics of specificity. *Linguistic Inquiry* 22:1-25.

Epstein, Samuel D., and T. D. Seely. 1999. SPEC-ifying the GF "subject": Eliminating A-chains and the EPP within a derivational model. Ms. University of Michigan and Easten Michigan University.

Freidin, Robert. 1992. *Foundations of generative syntax*. Cambridge, Mass.: MIT Press.

George, E., and J. Kornfilt. 1981. Finiteness and boundedness. In *Binding and filtering*, ed. by F. Heny. Cambridge, Mass.: MIT Press.

Gerdts, Donna B. 1991/2000. The syntax of Case-marked possessors in Korean. In *Korean syntax and semantics: LSA Institute Workshop: '91 Santa Cruz*, ed. by John Whitman and Chungmin Lee, 19-34. Seoul: Taehaksa.

Gerdts, Donna B., and Cheong Youn. 1988. Korean psych constructions: advancement or retreat? In *Papers from the 24th annual meeting of the CLS*, ed. by L. MacLeod, G. Larson and D. Brentari, 155-175. Chicago: Chicago Linguistic Society.

Gerdts, Donna B., and Cheong Youn. 1989. Non-nominative subjects in Korean. In *Harvard studies in Korean linguistics III*, ed. by Susumu Kuno, Ik-Hwan Lee, John Whitman, Sung-Yun Bak, Young-Se Kang, and Young-joo Kim, 235-248. Seoul: Hanshin Publishing Co.

Gerdts, Donna B., and Cheong Youn. 1999. Case stacking and focus in Korean. In *Harvard studies in Korean linguistics VIII*, ed. by Susumu Kuno, Ik-Hwan Lee, John Whitman, Sung-Yun Bak, Young-Se Kang, and Young-joo Kim, 325-339. Seoul: Hanshin Publishing Co.

Gerdts, Donna B., and Cheong Youn. 2001. Korean dative experiencers: The evidence for their status as surface subjects. In *Harvard studies in Korean linguistics IX*, ed. by Susumu Kuno, Ik-Hwan Lee, John Whitman, Joan Maling, Young-Se Kang, and Young-joo Kim, 317-327. Seoul: Hanshin Publishing Co.

Grimshaw, Jane, and Armin Mester. 1988. Light verbs and theta-marking. Linguistic Inquiry 19: 205-232.

Groat, Erich M. 1995. English expletives: A minimalist approach. *Linguistic Inquiry* 26:354-365.

Gusati, Maria Terresa, and Luigi Rizzi. 2002. Agreement and Tense as distinct syntactic positions. In *Functional structure in DP and IP: The cartography of syntactic structures*, Vol. 1, ed. by Guglielmo Cinque, 167-194. Oxford: Oxford University Press.

Haegeman, Liliane. 1991. *Introduction to government and binding theory.* Oxford: Blackwell.

Han, Hak-Sung. 1987. The configurational structure of the Korean language. Doctoral dissertation, University of Texas at Austin.

Han, Hak-Sung. 1989. Nominative case assignment in Korean. *Language Research* 25: 611-644.

Han, Hak-Sung. 1991. The case of Korean adjectives and passive verbs, *Studies in Generative Grammar* 2:219-249.

Heine, B. 1997. *Possession.* Cambridge: Cambridge University Press.

Heycock, C., and Y.-S. Lee. 1989. Subjects and predication in Korean and Japanese. *Language Research* 25:775-792.

Higginbotham, James. 1985. On semantics. *Linguistic Inquiry* 16:547-594.

Hiraiwa, Ken. 2001. Multiple Agree and the Defective Intervention Constraint in Japanese. Ms., MIT, Cambridge, Mass.

Hong, Ki-Sun. 1991. Argument selection and case marking in Korean. Doctoral dissertation, Stanford University, Stanford, Calif.

Hong, Ki-Sun. 1991/2000. Alternation between obliques and objects in Korean. In *Korean syntax and semantics:LSA Institute Workshop: '91 Santa Cruz*, ed. by John Whitman and Chungmin Lee, 9-18, Seoul: Taehaksa.

Hong, Ki-Sun. 1994. Subjecthood tests in Korean. *Language Research* 30:99-136.

Hornstein, Norbert, Jairo Nunes, and Kleanthes K. Grohmann. 2005. *Understanding minimalism.* Cambridge: Cambridge University Press.

Jaeggli, Oswaldo. 1986. Passive. *Linguistic Inquiry* 17:587-633,

Jeong, Yongkil. 1999. COMP *-ko* and case markers. *Studies in Generative Grammar* 9:39-88.

Jo, Jung-Min. 2001. Focus in the disguise of case markers in Korean. In *Harvard studies in Korean linguistics IX*, ed. by Susumu Kuno, Ik-Hwan Lee, John Whitman, Joan Maling, Young-Se Kang, and Young-joo Kim, 399-412. Seoul: Hanshin Publishing Co.

Johnson, Kyle. 1991. Object positions. *Natural Language and Linguistic Theory* 9:577-636.

Jun, Jong Sup, Soowon Kim, and Joan Maling. 2001. A statistical survey on the case-marking of adverbial NPs in Korean. In *Harvard studies in Korean linguistics IX*, ed. by Susumu Kuno, Ik-Hwan Lee, John Whitman, Joan Maling, Young-Se Kang, and Young-joo Kim, 413-422. Seoul: Hanshin Publishing Co.

Jun, Youngchul. 2001. Clausal structure and cyclic mapping hypothesis for generic sentences in Korean. *Studies in Generative Grammar* 11:275-302.

Jung, Yeun-Jin. 2001. Multiple case marking and its PF interpretation. *Korean Journal of Linguistics* 26:239-268.

Kang, Beom-Mo. 1988. Functional inheritance, anaphora, and semantic interpretation. Doctoral dissertation, Brown University.

Kang, Myung-Yoon. 1987. "Possessor raising" in Korean. In *Harvard studies in Korean linguistics II*, ed. by Susumu Kuno, Ik-Hwan Lee, John Whitman, Sung-Yun Bak, and Young-Se Kang, 80-88. Seoul: Hanshin Publishing Co.

Kang, Myung-Yoon. 1988. Topics in Korean syntax: Phrase structure, variable binding, and movement. Doctoral dissertation, MIT, Cambridge, Mass.

Kang, Young-Se. 1986. Korean syntax and Universal grammar. Doctoral dissertation, Harvard University, Cambridge, Mass.

Kang, Young-Se. 1991. Adverbial Nominals' Case is well explained by the Generalized

Case Marking Principle. In *Harvard studies in Korean linguistics IV*, ed. by Susumu Kuno, Ik-Hwan Lee, John Whitman, Joan Maling, Young-Se Kang, and Young-joo Kim, 295-304. Seoul: Hanshin Publishing Co.

Kayne, Richards. 1994. *Antisymmetry of syntax*. Cambridge. Mass.: MIT Press.

Kim, Dae-Bin. 1993. *The specificity/Non-specificity distinction and scrambling theory*. Seoul: Taehaksa.

Kim, Dongseok, and Yong-Ha Kim. 2003. Korean ECM constructions and the theory of phase. *Studies in Modern Grammar* 33:47-78.

Kim, Jong-Bok, and Peter Sells. 2007. Korean honorification: a kind of expressive meaning. *Journal of East Asian Linguistics* 16:303-336.

Kim, Kwang-Sup. 1991/2000. Licensing constructions on multiple subject constructions in Korean. In *Korean syntax and semantics:LSA Institute Workshop: '91 Santa Cruz*, ed. by John Whitman and Chungmin Lee, 65-78, Seoul: Taehaksa.

Kim, Kwang-sup. 1996. Multiple subject constructions in Korean and English. In *Morphosyntax in generative grammar*, ed. by Hee-Don Ahn, Myung-Yoon Kang, Yong-Suck Kim and Sookhee Lee, 235-249. Seoul: Hankuk Publishing Co.

Kim, Kwang-Sup. 2000. *(Anti)-connectivity*. Seoul: Hanshin Publishing Co.

Kim, Soowon, and Joan Maling. 1993. Syntactic case and frequency adverbials in Korean. In *Harvard studies in Korean linguistics V*, ed. by Susumu Kuno, Ik-Hwan Lee, John Whitman, Joan Maling, Young-Se Kang, and Young-joo Kim, 368-378. Seoul: Hanshin Publishing Co.

Kim, Soowon, and Joan Maling. 1998. Case assignment in the *sipta* construction and its implications for case on adverbials. In *Description and explanation in Korean linguistics,* ed. by Ross King, 133-168. Ithaca, N.Y.: East Asia Program, Cornell University.

Kim, Yong-Ha. 1998. Overt case and covert case in Korean. *Studies in Generative Grammar* 8:177-237.

Kim, Young-joo. 1989. Inalienable possession as a semantic relationship underlying predication. In *Harvard studies in Korean linguistics III*, ed. by Susumu Kuno, John Whitman, Young-Se Kang, Ik-Hwan Lee, Sung-Yun Bak, and Young-joo Kim, 445-468. Seoul: Hanshin Publishing Co.

Kim, Young-joo. 1990. The syntax and semantics of Korean case. Doctoral dissertation, Harvard University, Cambridge, Mass.

Kim, Young-joo. 1992. Nominative case marking in Korean. *Studies in Generative Grammar* 2:113-148.

Kishimoto, Hideki. 2001. Binding of indeterminate pronouns and clause structure in Japanese. *Linguistic Inquiry* 32:597-634.

Koizumi, M. 1995. Phrase structure in minimalist syntax. Doctoral dissertation, MIT, Cambridge, Mass.

Koopman, Hilda, and Dominique Sportiche. 1991. The position of subjects. *Lingua* 85:211-258.

Kuh, Hakan. 1987. Plural copying in Korean. In *Harvard studies in Korean linguistics II*, ed. by Susumu Kuno, Ik-Hwan Lee, John Whitman, Sung-Yun Bak, and Young-Se Kang, 239-250. Seoul: Hanshin Publishing Co.

Kuno, Susumu. 1973. *The structure of the Japanese langauge*. Cambridge, Mass.: MIT Press.

Kuroda, S.-Y. 1988. Whether we agree or not: A comparative syntax of English and Japanese. *Lingvisticae Investigationes* 12:1-47.

Lasnik, Howard 1992. Case and expletives: Notes toward a parametric account. *Linguistic Inquiry* 23:381-405.

Lasnik, Howard. 1995. Case and expletives revisited: On Greed and other human failings. *Linguistic Inquiry* 26:615-633.

Lasnik, Howard. 1999. *Minimalist analysis.* Oxford: Blackwell.

Lasnik, Howard. 2002. Feature movement or agreement at a distance? In *Dimensions of Movement: From features to remnants,* ed. by Artemis Alexiadou, Elena Anagnostopoulou, Sjef Barbiers, and Hans-Martin Gaertner, 189-208. Amsterdam: John Benjamins Publishing Company.

Lasnik, Howard, and Robert Freidin. 1981. Core grammar, Case theory, and markedness. In *Theory of markedness in generative grammar,* ed. by A. Belletti, L. Brandi and L. Rizzi, 407-421. Pisa: Scuola Normale Superiore de Pisa.

Lasnik, Howard, and Mamoru Saito. 1991. On the subject of infinitives. In *Papers from the 27th Regional Meeting of the Chicago Linguistic Society 1991. Part 1: The General Session*, ed. by L. K. Dobrin, L. Nichols, and R. M. Rodriguez, 324- 343. Chicago, IL.: Chicago Linguistic Society. [Reprinted in Lasnik (1999), 7-24.]

Lasnik, Howard, and Juan Uriagereka. 1988. *A course in GB syntax: Lectures on binding and empty categories.* Cambridge, Mass.: MIT Press.

Lasnik, Howard, and Juan Uriagereka. 2005. *A course in minimalist syntax*. Oxford: Blackwell.

Lee, Chang-Bong. 1993. Are there functional categories in Korean? In *Harvard Studies in Korean Linguistics V*, ed. by Susumu Kuno, Ik-Hwan Lee, John Whitman, Joan Maling, Young-Se Kang, and Young-Joo Kim, 379-388. Seoul: Hanshin Publishing Co.

Lee, Chungmin. 1973. Abstract syntax and Korean with reference to English. Doctoral dissertation, Indiana University, Bloomington.

Lee, Chungmin. 1989. Argument structure and psych-predicates. In *The sixth Japanese-Korean joint conference of formal linguistics proceedings,* The Logico-Linguistic Society of Japan, Tokyo.

Lee, Doo Won. 2003. Two types of object and object shift. *Studies in Generative Grammar* 13:565-596.

Lee, Hyeran. 2008. Criterial effects and multiple nominative constructions. *Studies in Generative Grammar* 18:477-508.

Lee, Ik-Hwan. 1987. Double subject constructions in GPSG. In *Harvard studies in Korean linguistics II*, ed. by Susumu Kuno, Ik-Hwan Lee, John Whitman, Sung-Yun Bak, and Young-Se Kang, 287-296. Seoul: Hanshin Publishing Co.

Lee, Jeong-Sik. 1991. Case minimality: Case alternation in the Korean ECM constructions. In *Harvard studies in Korean linguistics IV*, ed. by Susumu Kuno, Ik-Hwan Lee, John Whitman, Joan Maling, Young-Se Kang, and Young-joo Kim, 317-328. Seoul: Hanshin Publishing Co.

Lee, Jeong-Sik. 1992. Case alternation in Korean: Case minimality. Doctoral dissertation, University of Connecticut, Storrs.

Lee, Jeong-Shik. 1994. Case minimality. *Studies in Generative Grammar* 4:133-172.

Lee, Jeong-Shik. 1995. The role of case in exceptional Case marking. *Studies in Generative Grammar* 5:265-318.

Lee, Jong Keun. 2001. Light verbs and argument structures. In *Harvard studies in Korean linguistics IX*, ed. by Susumu Kuno, Ik-Hwan Lee, John Whitman, Joan Maling, Young-Se Kang, and Young-joo Kim, 542-551. Seoul: Hanshin Publishing Co.

Lee, Kwangho. 1995. Verb movement and Case marking in Korean negation constructions. In *Harvard studies in Korean linguistics VI*, ed. by Susumu Kuno, Ik-Hwan Lee, John Whitman, Joan Maling, Young-Se Kang, and Young-joo Kim, 328-342. Seoul: Hanshin Publishing Co.

Lee, Kwangho. 2000. A minimalist account of Case marking in Korean negation constructions. In *Proceedings of the 2000 international workshop on generative grammar*, ed. by Youngjun Jang and Jeong-Seok Kim, 141-154. Seoul: Hanshin Publishing Co.

Lee, Kwangho. 2002. An Agree-based account of case marking in Korean negation constructions. *Studies in Modern Grammar* 29:67-80.

Lee, Wonbin, and Sungeun Cho. 2003. Argument scrambling and object shift. *Studies in Generative Grammar* 13:39-59.

Lee, Wonbin, and Sungeun Cho. 2003. Case agreement in Possessive Constructions. *Studies in Generative Grammar* 13:633-655.

Lim, Jeeya. 1996. Case alternations on the object: Externalization or internalization of the subject. In *Morphosyntax in Generative Grammar*, ed. by Hee-Don Ahn, Myung- Yoon Kang, Yong-Suck Kim and Sookhee Lee, 333-343. Seoul: Hankuk Publishing Co.

Lim, Jeeya. 1997. Case alternation on the object in Korean. *Harvard studies in Korean linguistics VII*, ed. by Susumu Kuno, Ik-Hwan Lee, John Whitman, Joan Maling, Young-Se Kang, and Young-joo Kim, 414-428. Seoul: Hanshin Publishing Co.

Lopez, Luis. 2001. On the (non)complementarity of theta-theory and checking theory. *Linguistic Inquiry* 32:678-694.

Maling, Joan. 1989. Adverbials and structural case in Korean. In *Harvard studies in Korean linguistics III*, ed. by Susumu Kuno, John Whitman, Young-Se Kang, Ik-Hwan Lee, Sung-Yun Bak, and Young-joo Kim, 297-308. Seoul: Hanshin Publishing Co.

Maling, Joan. 1991. Whether to Agree or Not: The case of the Part-NP. In *Harvard studies in Korean linguistics IV*, ed. by Susumu Kuno, Ik-Hwan Lee, John Whitman, Joan Maling, Young-Se Kang, and Young-joo Kim, 339-352. Seoul: Hanshin Publishing Co.

Maling, Joan. 1991/2000. Stalking the elusive argument: the Case of the part-NP. In *Korean syntax and semantics:LSA Institute Workshop: '91 Santa Cruz*, ed. by John Whitman and Chungmin Lee, 35-50. Seoul: Taehaksa.

Maling, Joan. 2001. Dative: The heterogeneity of the mapping between morphological case, grammatical funcitons, and thematic roles. *Lingua* 111:419-464.

Maling, Joan, and Soowon Kim. 1992. Case assignment in the inalienable possession construction in Korean. *Journal of East Asian Linguistics* 1:37-68.

Maling, Joan, Jong Sup Jun, and Soowon Kim. 2002. Case-marking on duration adverbials revisited. In *Selected papers from the twelfth international conference on Korean linguistics*, ed. by Hee-Don Ahn and Namkil Kim, 323-336. Seoul: Kyungjin.

Marantz, Alec. 1984. *On the nature of grammatical relations*. Cambridge, Mass.: MIT Press.

Martin, Roger. 1996. A minimalist theory of PRO and control. Doctoral dissertation, University of Connecticut, Storrs.

Martin, Roger. 1999. Case, the Extended Projection Principle, and minimalism. In *Working minimalism*, ed. by S. Epstein and N. Hornstein, 1-25. Cambridge, Mass.: MIT Press.

McFadden, Thomas. 2004. The position of morphological case in the derivation: A study on the syntax-morphology interface. Doctoral dissertation, University of Pennsylvania.

Miyagawa, Shigeru. 1989. Light verbs and the ergative hypothesis. *Linguistic Inquiry* 20: 659-668.

No, Yongkyoon. 1988. Negative morphemes in Korean: Evidence for a derivational treatment. In *Proceedings of the sixth international conference of Korean linguistics,* ed. by E.-J. Baek, 556-567. Toronto: Department of East Asian Studies, University

of Toronto.
Moon, Gui-Sun. 2000. The predication operation and multiple subject constructions in Korean. *Studies in Generative Grammar* 10:239-263.
Ochi, Masao. 1999. Some consequences of Attract F. *Lingua* 109: 81-107.
O'Grady, William. 1991. *Categories and Case*. Amsterdam: John Benjamins.
Ouhalla, Jamal. 1999. *Introducing transformational grammar* (2nd edition). London: Edward Arnold.
Park, Byung-Soo. 1973. On the multiple subject constructions in Korean. *Linguistics* 100:63-76.
Park, Hyeson. 2001. Object raising and theticity in Korean. In *Harvard studies in Korean linguistics IX*, ed. by Susumu Kuno, Ik-Hwan Lee, John Whitman, Joan Maling, Young-Se Kang, and Young-joo Kim, 630-639. Seoul: Hanshin Publishing Co.
Park, Kabyong. 1992. Light verb constructions in Korean and Japanese. Doctoral dissertation, University of North Carolina, Chapel Hill.
Park, Ki-seong. 1998. Accomplishment semantics and the case marking of adverbial nominals in Korean. *Korean Journal of Linguistics* 23:323-342.
Park, Myung-Kwan. 1994. An event-structure analysis of the stative/non-stative distinction in periphrastic causative and *mit*-type verb constructions in Korean. In *Theoretical issues in Korean linguistics*, ed. by Y. Kim-Renaud, 343-366.
Park, Sang Doh. 2001. Passive constructions in Korean. In *Harvard studies in Korean linguistics IX*, ed. by Susumu Kuno, Ik-Hwan Lee, John Whitman, Joan Maling, Young-Se Kang, and Young-joo Kim, 640-649. Seoul: Hanshin Publishing Co.
Pereltsvaig, A. 2000. On accusative adverbials in Russian and Finnish. In *Adverbs and adjunction,* ed. by A. Alexiadou and P. Svenonius, 145-176. Universitat Postdam, Potsdam.
Pesetsky, David. 2000. *Phrasal movement and its kin*. Cambridge, Mass.: MIT Press.
Pinker, Stephan. 1989. *Learnability and cognition: The acquisition of argument structure.* Cambridge, Mass.: MIT Press.
Postal, Paul. 1974. *On raising*. Cambridge, Mass.: MIT Press.
Radford, Andrew. 2004. *English syntax: An introduction*. Cambridge: Cambridge University Press.
Raposo, E. 1987. Case theory and INFL to COMP: the inflected infinitive in European Portugese. *Linguistic Inquiry* 18:85-109.
Rizzi, Luigi. 1978/1982. Violations of Wh-island constraint in Italian and the Subjacency Condition. In *Montreal working papers in linguistics 11*, ed. by C. Dubuisson, D. Lightfoot and Y. C. Morin. [Reprinted in Rizzi(1982:49-76)]

Rizzi, Luigi. 1982. *Issues in Italian syntax.* Dordrecht: Foris.

Rizzi. Luigi. 1990. On the anaphor agreement effect. *Rivista di Linguistica* 2:27-42.

Roberts, Ian. 1997. *Comparative syntax*. London: Arnold.

Saito, Mamoru. 1985. Some asymmetries in Japanese and their theoretical implication. Doctoral dissertation, MIT, Cambridge, Mass.

Saito, Mamoru. 1992. Long-distance scrambling in Japanese. *Journal of East Asian Linguistics* 1:69-118.

Schütze, Carson T. 1996. Korean "Case stacking" isn't: Unifying Noncase uses of Case particles. In *Proceedings of the North Eastern Linguistic Society 26*, 351-365. Amherst, Mass.: GLSA Publications.

Schütze, Carson T. 2001. On Korean "Case stacking": The varied functions of the particles *ka* and *lul*. *The Linguistic Review* 18:193-232.

Schütze, Carson T. 2003. On the nature of default Case. Ms.

Sells, Peter. 1995. Korean and Japanese morphology from a lexical perspective. *Linguistic Inquiry* 26:277-326.

Sells, Peter. 1995. The category and Case marking properties of verbal nouns in Korean. In *Harvard studies in Korean linguistics VI,* ed. by Susumu Kuno, Ik-Hwan Lee, John Whitman, Joan Maling, Young-Se Kang, and Youn-joo Kim, 370-386. Seoul: Hanshin Publishing Co.

Sigurðsson, Halldor Armann. 1989. Verbal syntax and case in Icelandic. Doctoral dissertation, University of Lund.

Sigurðsson, Halldor Armann. 1996. Icelandic finite verb agreement. *Working papers in Scandinavian Syntax* 57, 1-46.

Song, Seok Choong. 1975. Rare plural marking and ubiquitous plural marker in Korean. *Language Research* 11:77-86.

Speas, Margaret. 1986. Adjunctions and projections in syntax. Doctoral dissertation, MIT, Cambridge, Mass.

Sportiche, Dominique. 1988. A theory of floating quantifiers and its corollaries for constituent structure. *Linguistic Inquiry* 19:425-449.

Stowell, Tim. 1981. Origins of phrase structure. Doctoral dissertation, MIT, Cambridge, Mass.

Svenonius, Peter. 2001. Case and event structure. Paper presented at the 16th Workshop on Comparative Germanic Syntax, McGill University, May 5-6, 2001.

Svenonius, Peter. 2002. Icelandic Case and the structure of events. *Journal of Comparative Germanic Linguistics* 5:197-225.

Tateishi, Koichi. 1988. SPEC in Japanese and universality of X'-Theory. Ms., University of Massachusetts, Amherst.

Takano, Yuji. 2003. Nominative objects in Japanese complex predicate constructions: A prolepsis analysis. *Natural Language and Linguistic Theory* 21:779-834.

Takezawa, Koichi. 1987. A configurational approach to Case-marking in Japanese. Doctoral dissertation, University of Washington, Seattle.

Tanaka, Hidekazu. 2002. Raising to object out of CP. *Linguistic Inquiry* 33:637-652.

Tenny, C. 1987. Grammaticalizing aspect and affectedness. Doctoral dissertation, MIT, Cambridge, Mass.

Ura, Hiroyuki. 1996. Multiple feature checking: A theory of grammatical functions splitting. Doctoral dissertation, Cambridge, Mass.

Ura, Hiroyuki. 2001. Case. In *The handbook of contemporary syntactic theory,* ed. by Mark Baltin and Chris Collins, 335-373. Oxford: Blackwell.

Urushibara, Saeko. 1991. *Ey/eykey*: A postposition or a Case marker? In *Harvard studies in Korean linguistics IV*, ed. by Susumu Kuno, Ik-Hwan Lee, John Whitman, Joan Maling, Young-Se Kang, and Young-joo Kim, 421-432. Seoul: Hanshin Publishing Co.

Vainikka, Anne, and Joan Maling. 1996. Is partitive case inherent or structural? In *Partitives: Studies on the syntax and semantics of partitive and related Constructions*. ed. by J. Hoeksma, 179-208. Berlin/New York: Mouton de Gruyter.

Vermeulen, R. 2005. Possessive and adjunct multiple nominative constructions in Japanese. *Lingua* 115:1329-1363.

Wechsler, Stephen, and Yae-Shiek Lee. 1996. The domain of direct case assignment. *Natural Language and Linguistic Theory* 14:629-664.

Whitman, John. 1991. Locative nominatives in Korean. In *Harvard studies in Korean linguistics IV*, ed. by Susumu Kuno, Ik-Hwan Lee, John Whitman, Joan Maling, Young-Se Kang, and Young-joo Kim, 407-420. Seoul: Hanshin Publishing Co.

Whitman, John. 1991/2000. Adjunct major subjects in Korean. In *Korean syntax and semantics: LSA Institute Workshop: '91 Santa Cruz*, ed. by John Whitman and Chungmin Lee, 1-8. Seoul: Taehaksa.

Woolford. Ellen. 1999. More on the anaphor agreement effect. *Linguistic Inquiry* 30: 257-288.

Yang, Dong.-Whee. 1983. The extended binding theory of anaphors. *Language Research* 19:169-192.

Yang, Dong-Whee. 1995. The minimalist theory and the structure of Korean. In *Minimalist Approaches to Syntax and Morphology*, ed. by Sung-Hyuk Park, Yong-Suck Kim, Myung-Yoon Kang, and Hak-Sung Han, 71-136. Seoul: Hankuk Publishing Co.

Yang, Dong-Whee. 1996. The Korean case structure in the minimalist program. *Korean Journal of Linguistics* 21:139-189.

Yang, Dong-Whee. 1999. Case features and case particles. In *Proceedings of the 18th WCCFL*, ed. by S. Bird, A. Carnie, J. Haugen and P. Norquest, 626-639. Stanford: SCLI Publications.

Yang, Dong-Whee. 2000a. Atypical aspects of Korean case: a minimalist perspective. *Language and Information Society* 1. Language and Information Institute, Sogang University.

Yang, Dong-Whee. 2000b. Quirky case and the maximization principle. In *Proceedings of the 2000 International workshop on generative grammar*, ed. by Youngjun Jang and Jeong-Seok Kim, 281-296. Seoul: Hanshin Publishing Co.

Yang, Dong-Whee. 2002. Case agreement and the bijection principle: A review article of *Three forms of case agreement in Korean* by Sungeun Cho. *Glot International* 6.5:130-136.

Yang, Dong-Whee. 2003. Optionality, output effects, and the EPP. *Studies in Modern Grammar* 32:43-68.

Yang, In-Seok. 1972. *Korean syntax.* Seoul: Beakhapsa.

Yim, Changguk. 2001. The morphology of event plurality in Korean. In *Harvard studies in Korean linguistics IX*, ed. by Susumu Kuno, Ik-Hwan Lee, John Whitman, Joan Maling, Young-Se Kang, and Young-joo Kim, 669-682. Seoul: Hanshin Publishing Co.

Yoo, Eun-Jeung. 2002. Auxiliary verbs and structural case agreement in Korean. *Language Research* 38:1009-1036.

Yoon, Hang-Jin. 1993. Functional categories and ECM. *Studies in Generative Grammar* 3:131-159.

Yoon, Hang-Jin. 1996. Nominative Case and predication. *Studies in Generative Grammar* 6:385-411.

Yoon, James Hye-Suk. 1987. Some queries concerning the syntax of multiple subject constructions in Korean. In *Harvard studies in Korean linguistics II*, ed. by Susumu Kuno, Ik-Hwan Lee, John Whitman, Sung-Yun Bak, and Young-Se Kang, 138-162. Seoul: Hanshin Publishing Co.

Yoon, James Hye-Suk. 1989. The grammar of inalienable possession constructions in Korean, Mandarin and French. In *Harvard studies in Korean linguistics III*, ed. by Susumu Kuno, John Whitman, Young-Se Kang, Ik-Hwan Lee, Sung-Yun Bak, and Young-joo Kim, 357-368. Seoul: Hanshin Publishing Co.

Yoon, James Hye Suk. 1995. Nominal, Verbal, and Cross-categorial affixation in Korean. *Journal of East Asian Linguistics* 4:325-357.

Yoon, James Hye-Suk. 1996. Ambiguity of government and the chain condition. *Natural Language and Linguistic Theory* 14:103-162.

Yoon, James Hye-Suk. 2004a. Non-nominative (major) subjects and case stacking in Korean. In *Non-nominative subjects* Vol. 2, ed. by Peri Bhaskararo and Karumuri Venkata Subbaro, 265-314. Amsterdam: John Benjamins.

Yoon, James Hye-Suk. 2004b. Raising specifiers: A macroparametric account of subject-to-object Raising in some Altaic languages. In *Perspectives on Korean case and case marking*, ed. by Byung-Soo Park and Jong-Bok Kim, 245-266. Seoul: Taehaksa.

Yoon, James Hye-Suk. 2005. Non-morphological determination of nominal affix ordering in Korean. In *Clitic and affix combinations: Theoretical perspectives*, ed. by L. Heggie and F. Ordóñez, 239-282. Amsterdam: John Benjamins.

Yoon, James Hye-Suk. 2007. The distribution of subject properties in multiple subject constructions. In *Japanese/Korean linguistics 16*, ed. by Y. Takubo. Stanford: CSLI Publications.

Yoon, Jeong-Me. 1989. ECM and multiple subject constructions in Korean. In *Harvard studies in Korean linguistics III*, ed. by Susumu Kuno, Ik-Hwan Lee, John Whitman, Sung-Yun Bak, Young-Se Kang, and Young-joo Kim, 369-382. Seoul: Hanshin Publishing Co.

Yoon, Jeong-Me. 1991. The syntax of A-chains: A typological study of ECM and scrambling. Doctoral dissertation, Cornell University, Ithaca, N.Y.

Yoon, Jeong-Me. 1993. Non-clause-bounded A-movement: A cross-linguistics study of ECM constructions. *Language Research* 29:495-534.

Yoon, Jeong-Me. 1997. The argument structure of relational nouns and inalienable possessor constructions in Korean. *Language Research* 33:231-265.

Yoon, Jeong-Me. 1998. A critical survey of GB/Minimalist research on Case and A-chains in Korean. *Language Research* 34:73-126.

Yoon, Jong-Yurl. 1989. On the multiple 'ka' and 'lul' constructions in Korean. In *Harvard studies in Korean linguistics III*, ed. by Susumu Kuno, Ik-Hwan Lee, John Whitman, Sung-Yun Bak, Young-Se Kang, and Young-joo Kim, 383-394. Seoul: Hanshin Publishing Co.

Yoon, Jong-Yurl. 1992. Functional categories in Korean clausal and nominal structures. *Studies in Generative Grammar* 2:427-464.

Youn, Cheong. 1990. A relational analysis of Korean multiple nominative constructions. Doctoral dissertation, SUNY at Buffalo.

Youn, Cheong. 1995. A relational analysis of case stacking. *Studies in Modern Grammar* 6:121-147.

Youn, Cheong. 1998. Case stacking revisited. *Studies in Modern Grammar* 14:125-149.

Youn, Cheong. 2001. Korean experiencers: Dative subjects or I-nominals. *Studies in*

Modern Grammar 26:135-160.

Zaenen, Annie, Joan Maling, and Hoskuldur Thrainsson. 1985. Case and grammatical functions: The Icelandic passive. *Natural Language and Linguistic Theory* 3:441-483.

색인

<영한 (English-Korean)>

<한영 (Korean-English)>

ㄱ

ㄴ

ㄷ

ㅁ

ㅂ

ㅈ

ㅊ

ㅌ

ㅍ

ㅎ